D1720791

Krieg in der Geschichte
(KRiG)

Krieg in der Geschichte (KRiG)

BAND 114

STRAHLEN IM KALTEN KRIEG

BRILL | Ferdinand Schöningh

Sibylle Marti

Strahlen im Kalten Krieg

Nuklearer Alltag und atomarer Notfall in der Schweiz

BRILL | **Ferdinand Schöningh**

DOI: https://doi.org/10.30965/9783657704439

Bibliografische Information der Deutschen Nationalbibliothek

Die Deutsche Nationalbibliothek verzeichnet diese Publikation in der Deutschen Nationalbibliografie; detaillierte bibliografische Daten sind im Internet über http://dnb.d-nb.de abrufbar.

© 2021 bei der Autorin. Verlegt durch Ferdinand Schöningh Verlag, ein Imprint der Brill-Gruppe (Koninklijke Brill NV, Leiden, Niederlande; Brill USA Inc., Boston MA, USA; Brill Asia Pte Ltd, Singapore; Brill Deutschland GmbH, Paderborn, Deutschland)

www.schoeningh.de

Coverabbildung: Abbildung auf einem Werbeflyer von Landis & Gyr für ein „Spürgerät für Kernstrahlen", [1960er Jahre]
Quelle: AfZ, LG-Archiv, Dossier Nr. 2835
Covergestaltung: Evelyn Ziegler, München
Herstellung: Brill Deutschland GmbH, Paderborn

ISSN 2629-7418
ISBN 978-3-506-70443-6 (hardback)
ISBN 978-3-657-70443-9 (e-book)

Inhalt

Notfall

Ernstfall

Vorwort zur Reihe

Seit ihrer Gründung im Jahre 1999 hat die Reihe ‚Krieg in der Geschichte' in zahlreichen Bänden illustriert, welch enorme Vielfalt an Fragestellungen und Perspektiven das Themenfeld Krieg generiert. Die Buchreihe thematisiert die Rolle des Krieges und des Militärs in verschiedenen historischen Perioden und Gesellschaften seit der Antike. Unter den Begriff Krieg fassen wir dabei die gesamte Bandbreite kriegerischer Konflikte zwischen konkurrierenden militärischen oder paramilitärischen Gruppen, Kampfeinheiten oder Staaten in all ihren Ausformungen, von auf Schlachtfeldern ausgetragenen Kämpfen bis hin zu hochtechnisierten Kriegsformen, welche auf die Zivilbevölkerung abzielen. Die historiographische Erforschung des Krieges kann nicht losgelöst vom Militär und der Zivilgesellschaft erfolgen. Die Herausgeberinnen und Herausgeber von ‚Krieg in der Geschichte' sind methodologisch der neuen und kritischen Militärgeschichte verbunden, wie sie sich seit den 1990er Jahren auch im deutschsprachigen Raum entwickelt hat. Insbesondere von der Erweiterung um sozial-, alltags-, kultur-, mentalitäts- und geschlechterhistorische Perspektiven hat die Kriegs- und Militärgeschichte viel profitiert. Die Reihe sieht es als ihre Aufgabe, die enge Verknüpfung von Militär und Gesellschaft sichtbar zu machen und aufzuzeigen, wie die historisch unterschiedlichen militärischen Verbände in die zivile Gesellschaft eingebettet sind und von ihr geformt werden, umgekehrt auch in diese Gesellschaft stark normierend und reglementierend eingreifen. Ein derartiger Ansatz bedeutet nicht nur für die sogenannte ‚Moderne', dass Beziehungen zwischen ‚Front' und ‚Heimat', gesellschaftliche Militarisierungsprozesse und Militarismus sowie die sozialen, wirtschaftlichen und gesellschaftlichen Folgen von Kriegen verstärkt in den Blick genommen werden. Darüber hinaus gilt es, die Verschränkung von ‚Krieg' und ‚Frieden' zu untersuchen und deshalb auch Nach- oder Zwischenkriegszeiten einzubinden. ‚Krieg in der Geschichte' will Studien, die sich mit Ursachen, den Akteuren und Akteurinnen sowie den Auswirkungen von Kriegen in der Geschichte auseinandersetzen ebenso Raum geben wie technischen oder strategischen und operationalen Aspekten der Kriegsführung. Das Themenspektrum umfasst u. a. sozialhistorische Forschungen, die Strukturen und soziale Praxen des Militärs, die Auswirkungen des Krieges auf Soldatinnen und Soldaten, auf die Zivilbevölkerung oder den Alltag des Krieges in den Blick nehmen. Ebenso finden Untersuchungen ihren Platz in der Reihe, die Verknüpfungen von Krieg und Militär mit Normierungen von Geschlecht, zeitgenössischen Geschlechterordnungen oder der Verbindung von Gewalt und Geschlecht behandeln. ‚Krieg in der Geschichte' will auch ein

Forum für kulturgeschichtliche Zugänge bieten, welche den Krieg als Kultur beziehungsweise als Zerstörer von Kultur problematisieren oder der Frage nachgehen, wie verschiedene Medien Krieg visualisieren, kommentieren und propagieren. Emotions-, körper- und erfahrungsgeschichtliche Perspektiven, die Fragen der individuellen und gesellschaftlichen Traumatisierung oder die Verknüpfung von Gefühlen und kriegerischer Gewalt thematisieren, sind gleichfalls willkommen. Dasselbe gilt für Studien zu den umweltgeschichtlichen Dimensionen des Krieges. Im Rahmen der thematischen und methodologischen Vielfalt, welche die Reihe ‚Krieg in der Geschichte‘ auszeichnet, finden Untersuchungen, die außereuropäische Schauplätze und globale Verflechtungen von Kriegen behandeln, hier ebenso ihren Ort. Publikationssprachen der Reihe sind Deutsch und Englisch.

> *Horst Carl*
> *Maria Fritsche*
> *Christa Hämmerle*
> *Christian Koller*

Problemfall

KAPITEL 1

Strahlen nach 1945

Strahlen prägten die Geschichte des Kalten Krieges. Atombomben avancierten zum bedeutendsten Bedrohungspotenzial der Epoche, Kernkraftwerke versprachen schier unendliche Mengen an Energie und Radioisotope befeuerten den Aufstieg neuer Technologien in der Biomedizin. Die expandierende Nutzung und zunehmende Verfügbarkeit von radioaktiver Strahlung führten während des Kalten Krieges jedoch auch zu virulenten politischen und wissenschaftlichen Diskussionen über schädliche Strahlenwirkungen.[1] Strahlen bündelten und beförderten Ambitionen und Strategien, Hoffnungen und Ängste, Projekte und Auseinandersetzungen. Sie bildeten einen zentralen Bestandteil der politischen Kultur des Kalten Krieges.

Strahlen vermochten nicht nur bei Staaten im Zentrum des Systemkonflikts Ressourcen zu mobilisieren. Auch zahlreiche Länder, die im internationalen Kalten Krieg nur am Rande eine Rolle spielten, konnten sich weder den Zukunftsversprechen noch den Bedrohungsbildern, die Strahlen evozierten, entziehen. Dies galt besonders auch für die ‚neutrale' Schweiz. Der politische Wille, Strahlen in ihren vielfältigen Anwendungsgebieten produktiv zu nutzen, verbunden mit der einsetzenden öffentlichen Debatte über die von Strahlen ausgehenden Gefahren, machten es aus Sicht der schweizerischen Behörden erforderlich, bestimmte Schutzmaßnahmen zu ergreifen. Diese dienten nicht nur der Vorbereitung auf einen möglichen Atomkrieg, sondern auch als Vorkehrungen für einen nuklearen Alltag, in dem die Verwendung von Strahlen in der Medizin, der Forschung und der Industrie stetig zunahm. Der behördliche Umgang mit radioaktiven Stoffen und ionisierenden Strahlen – genauer: die Frage, wie Strahlen und ihren Gefahren in der Schweiz des Kalten Krieges begegnet wurde – steht im Zentrum dieser Arbeit.

---

1 Radioaktive Strahlung ist ein umgangssprachlicher Begriff für die von radioaktiven Stoffen ausgesandte ionisierende Strahlung. Wenn Strahlung durch Materie hindurchdringt, gibt sie Energie ab und kann die Struktur von Atomen verändern. Diese Veränderungen in der Zusammensetzung eines Atomkerns – sogenannte Ionisationen – können zu Mutationen und letztlich zu Schädigungen an Zellen von Lebewesen führen. Röntgenstrahlung wirkt ebenfalls ionisierend, auch wenn diese nicht radioaktiv ist. Als Strahlen werden in dieser Arbeit sowohl radioaktive Substanzen als auch deren Strahlung bezeichnet, zumal dies auch in den verwendeten Quellen nicht konsequent unterschieden wird. Nicht-ionisierende Strahlung wie bspw. Ultraviolettlicht findet in dieser Arbeit keine Berücksichtigung. Dazu: Ingold 2015.

Problematisierungen von Strahlen

Die gesellschaftliche und politische Diskussion über die von Strahlen ausgehenden Gefahren verdichtete sich während des Kalten Krieges in der
Problematisierung zweier Strahlenquellen: Atomwaffen und Kernkraftwerke.
Es lassen sich drei zentrale Phasen und zwei Ereignisse ausmachen, welche
die globale öffentliche Wahrnehmung und Bewertung von Strahlen maßgeblich beeinflussten, auch in der Schweiz. Ab Mitte der 1950er Jahre war es zunächst die sogenannte Fallout-Debatte, in welcher die Gefährlichkeit des von
den atomaren Versuchsexplosionen verursachten radioaktiven Niederschlags
von Atom- und Wasserstoffbomben im Zentrum stand. Diese Debatte, die von
der Anti-Atom-Bewegung wesentlich mitgeformt wurde, flachte nach dem
Ende der oberirdischen Testversuche im Jahr 1963 vorübergehend ab. In den
1970er Jahren dominierte dann nicht mehr das Thema der militärischen,
sondern der zivilen Nutzung der Atomenergie die öffentlichen Auseinandersetzungen. Eines der wesentlichen Argumente der Anti-Atomkraft-Bewegung
im Widerstand gegen den Bau von Kernkraftwerken stellte die von Atomanlagen emittierte radioaktive Strahlung dar. Im sogenannten Zweiten Kalten
Krieg zu Beginn der 1980er Jahre rückte mit der wieder erstarkten nuklearen
Aufrüstung die Atom- und Strahlenangst erneut ins Zentrum der für Abrüstung kämpfenden Friedensbewegung. Schließlich bildeten die beiden
Reaktorunfälle von Harrisburg 1979 und Tschernobyl 1986 internationale Dis-
kursereignisse, welche nicht nur den gesellschaftlichen Widerstand gegen
die zivile Nutzung der Atomenergie verstärkten, sondern auch Staaten und
Behörden für die mit der Nutzung von Atomenergie verbundenen Risiken
sensibilisierten.

Bereits seit Ende der 1920er Jahre war wissenschaftlich unbestritten, dass von
ionisierenden Strahlen und radioaktiven Stoffen eine Gefahr für den menschlichen Organismus ausgeht. Damals gelang es Genetikern experimentell zu
zeigen, dass Strahlen an Lebewesen somatische und genetische Mutationen
hervorrufen können.[2] Spätestens seit den Atombombenabwürfen auf
Hiroshima und Nagasaki waren auch die Wirkungen hoher Strahlendosen
bekannt, die zum unmittelbaren Tod oder zum Ausbruch der sogenannten
Strahlenkrankheit führen können. Schwieriger abzuschätzen waren indessen
die von Strahlen verursachten Spätfolgen. Um deren Erforschung bemühte
sich die 1946 eingesetzte *Atomic Bomb Casuality Commission* und ihre

---

2   Von zentraler Bedeutung waren hier insbesondere die Experimente des US-amerikanischen
    Genetikers Hermann Joseph Muller, der 1927 die mutationsauslösende Wirkung von Strahlen
    nachwies. Es gab indessen schon früher Hinweise darauf, dass Strahlen mutagen wirken. Vgl.
    Campos/von Schwerin 2016; von Schwerin 2015, S. 126–132.

Nachfolgeorganisation, welche die japanischen Überlebenden und deren Nachkommen untersuchten.[3] Ähnliche Schwierigkeiten bereiteten auch die Folgen schwacher Strahlendosen. So herrschte über die gesundheits- und umweltschädigenden Effekte von Niedrigstrahlung, die in künstlicher Form etwa als radioaktiver Niederschlag bei Atombombenexplosionen oder als Emission beim Normalbetrieb eines Kernkraftwerkes entsteht, unter Biologen und Medizinern Uneinigkeit.[4]

Zu Beginn des Kalten Krieges verfügten in der Schweiz nur wenige Hochschulinstitute über Erfahrungen mit radioaktiver Strahlung und Atomenergie.[5] Gewissermaßen als ‚Stunde null' für die staatliche Auseinandersetzung mit Strahlen fungierte eine im November 1945 vom Eidgenössischen Militärdepartement einberufene Konferenz, an der sich einheimische Wissenschaftler zum ersten Mal mit Vertretern der Bundesbehörden über einen möglichen Einsatz und die Wirkung von Atomwaffen, aber auch über das Potenzial einer künftigen zivilen Nutzung der Atomenergie austauschten. Das überlieferte Konferenzprotokoll macht deutlich, dass in der Bundesverwaltung kaum Wissen über Atomenergie, ionisierende Strahlen und radioaktive Stoffe sowie Know-how über entsprechende Schutzmaßnahmen vorhanden waren.[6] Ab diesem Zeitpunkt jedoch musste und wollte sich die schweizerische Regierung mit radioaktiver Strahlung auseinandersetzen.

Regieren von Strahlen

Den theoretischen Ausgangspunkt meiner Arbeit bilden Michel Foucaults Überlegungen zur Gouvernementalität sowie zum Sicherheitsdispositiv.[7] Hinsichtlich der Gouvernementalität ist Foucaults Feststellung relevant, dass es sich beim Regierungshandeln eines modernen Staates um eine Machttechnik handelt, die mit Sicherheitsdispositiven operiert, wesentlich auf die Bevölkerung ausgerichtet ist und sich auf eine Verwaltung stützt, die beständig Institutionen und Wissen produziert. Ausgehend von dieser Perspektive liegt der vorliegenden Arbeit das Erkenntnisinteresse zugrunde, wie die

---

3 Zur *Atomic Bomb Casuality Commission*: Schull 1995; Lindee 1994.

4 Vgl. Dry 2006; Caufield 1994 [1989], S. 207–226. Es existiert überall auf der Welt auch ein natürlicher Pegel an Niedrigstrahlung.

5 Vgl. Wildi 2003, S. 19.

6 Vgl. CH-BAR#E7170B#1968/105#141*, Protokoll der Konferenz über die Verwendung der Atomenergie, 5.11.1945. Vgl. auch Wildi 2003, S. 34 f.

7 Vgl. Foucault 2006a [2004]; Foucault 2006b [2004]; Foucault 2003 [1994]; Foucault 1978. Meine Lesart von Foucaults Texten zur Gouvernementalität fokussiert nicht die vielfach analysierten Technologien des Selbst. In einer Deutung nahe an Foucaults Texten steht vielmehr die Frage im Zentrum, wie gouvernementales Handeln Sicherheitsdispositive hervorbringt. Vgl. Sarasin 2016, S. 181–191; Purtschert/Meyer/Winter 2008b; Sarasin 2007.

schweizerische Regierung und ihre Verwaltung – und darunter verstehe ich in
erster Linie den Bund mit seinen Behörden und Institutionen – während des
nach 1945 einsetzenden ‚Atomzeitalters' Sicherheitsdispositive gegen die von
Strahlen ausgehenden Gefahren entwickelten.

Unter einem (Sicherheits-)Dispositiv versteht Foucault „ein entschieden
heterogenes Ensemble, das Diskurse, Institutionen, architekturale Einrichtungen, reglementierende Entscheidungen, Gesetze, administrative Massnahmen, wissenschaftliche Aussagen, philosophische, moralische oder
philanthropische Lehrsätze, kurz: Gesagtes ebensowohl wie Ungesagtes umfasst."[8] Wird diese Beschreibung auf meinen Untersuchungsgegenstand, also
die Strahlen während des Kalten Krieges, übertragen, so können als Elemente
der gegen Strahlen errichteten Sicherheitsdispositive etwa die Debatten
um Strahlenangst, die Eidgenössische Kommission für Strahlenschutz, die
nationale Alarmzentrale und die schweizerische Strahlenschutzverordnung,
aber auch der Aufbau eines atomaren Schutzdienstes, strahlenbiologische
Forschungsresultate und der Bericht des Bundesrates zur Sicherheitspolitik
der Schweiz genannt werden. Zwischen all diesen diskursiven und nicht-
diskursiven Elementen wird durch ein Dispositiv ein „Netz" geknüpft. Dieses
Netz kann sich laut Foucault auch transformieren und so immer wieder auf
neuartige Weise gespannt werden.[9] Die von den schweizerischen Behörden
gegen Strahlen installierten Sicherheitsdispositive wandelten sich im Verlaufe
des Kalten Krieges somit immer wieder und mussten neuen Bedingungen
und Erkenntnissen angepasst werden. Dem Dispositiv kommt nach Foucault
dabei eine strategische Funktion zu, da damit auf einen *„Notstand (urgence)"*
reagiert werden soll.[10] Die Implementierung von Sicherheitsdispositiven
gegen Strahlen kann so als Strategie der schweizerischen Regierung verstanden
werden, mit der sie gegen die vorhandenen Strahlengefahren sowie die als
problematisch wahrgenommenen Strahlen- und Atomängste zu intervenieren
versuchte. Schließlich tendieren Sicherheitsdispositive Foucault zufolge dazu,
„sich auszudehnen", indem ständig neue Elemente hinzugefügt und in die
Konzeption und Organisation miteinbezogen werden.[11] Diese inhärente *Expansionslogik* konnte in der Schweiz des Kalten Krieges etwa bedeuten, dass
neue Akteure, neue Objekte oder neue Maßnahmen in die Dispositive zur
Herstellung von Strahlensicherheit integriert wurden.

---

8   Foucault 1978, S. 119 f.
9   Ebd., S. 120.
10   Ebd., Hervorh. i. O.
11   Foucault 2006a [2004], S. 73.

Sicherheitsdispositive erweisen sich gemäß Foucault deshalb als produktiv, weil sie es ermöglichen, zwei oftmals als sich widersprechend taxierte Ziele gleichzeitig zu verfolgen: die Gewährleistung von Freiheit zum einen *und* die Gewährleistung von Sicherheit zum anderen.[12] Unter Freiheit versteht Foucault dabei „die Möglichkeit von Bewegung, Umstellung, Zirkulationsvorgängen sowohl der Leute als auch der Dinge".[13] Freiheit meint also „Zirkulations-freiheit" von Individuen und – hier vor allem wichtig – von *Dingen*, so etwa von ionisierenden Strahlen und radioaktiven Stoffen. Die Sicherstellung von Zirkulationsfreiheit und die Herstellung von Sicherheit bedingen sich dabei gegenseitig, denn „auf eine präzisere und bestimmtere Weise ist die Freiheit nur das Korrelat der Einsetzung von Sicherheitsdispositiven".[14] Die Gewähr-leistung von Zirkulationsfreiheit bedeutete für die schweizerische Regierung im Zusammenhang mit Atomenergie und radioaktiver Strahlung zweier-lei, nämlich die Sicherstellung der Optionen sowohl einer militärischen als auch einer zivilen Nutzung der Atomenergie. Während die seit dem Ende des Zweiten Weltkrieges verfolgte Option auf eine militärische Nutzung der Kernenergie, sprich die Beschaffung eigener Atomwaffen, seit Mitte der 1960er Jahre zumindest offiziell aufgegeben wurde, konnte die Option auf eine zivile Nutzung der Nuklearenergie, insbesondere der Betrieb von Atomkraft-werken, während des gesamten Kalten Krieges und darüber hinaus aufrecht-erhalten werden.[15]

Die Gewährleistung der Zirkulationsfreiheit der zivilen und – wenn auch mit Vorbehalten – der militärischen Nutzung der Atomenergie bedingte in-dessen als Gegenstück die Gewährleistung der Herstellung von Strahlensicher-heit. Um die erhofften, als fortschrittlich und gewinnbringend erachteten Errungenschaften auf dem Gebiet der Atomenergie nützen zu können, galt es für die schweizerische Regierung, gleichzeitig präventive Sicherheitsvor-kehrungen für den Umgang mit radioaktiver Strahlung zu schaffen. Durch die Planung, den Aufbau und die Anwendung dieser Sicherheitsmaßnahmen ent-stand ein Netzwerk von staatlichen, aber auch privaten Akteuren, die sich auf die Handhabung und die Kontrolle von Strahlen fokussierten. Die konzipierten

---

12   Zum vermeintlichen Widerspruch zwischen Freiheit und Sicherheit: Demirovic 2008.
13   Foucault 2006a [2004], S. 78.
14   Ebd.
15   Für die Aufgabe der nuklearen Option der Schweizer Armee waren insbesondere drei Gründe ausschlaggebend: Erstens waren große Militärkredite nach einer enormen Kosten-überschreitung bei einer Kampfflugzeugbeschaffung, der sogenannten Mirage-Affäre im Jahr 1964, nur noch wenig populär. Vgl. Urio 2008. Zweitens hatte der schweizerische Re-aktorbau fortwährend mit Problemen zu kämpfen. Vgl. insb. Wildi 2003. Drittens unter-zeichnete die Schweiz 1969 den Atomsperrvertrag. Vgl. Wollenmann 2004.

Überwachungs-, Regulierungs-, Alarmierungs- und Rettungsdispositive zielten
darauf ab, in der Schweiz sowohl im Hinblick auf einen nuklearen Alltag als
auch einen atomaren Notfall Strahlensicherheit zu gewährleisten.

Die Analyse dieser verschiedenen Sicherheitsdispositive gegen Strahlen
bildet den Kern dieser Arbeit. Dabei wird sich zeigen, dass bei der Herstellung
von Strahlensicherheit unterschiedliche Regierungsrationalitäten vorherrschend waren, je nachdem, ob die Sicherheitsdispositive auf den Normal- oder
den Notfall abzielten. Um Strahlensicherheit für den Normalfall und hier insbesondere für einen expandierenden nuklearen Alltag herzustellen, etablierte
sich ein Modus Operandi, den ich als ‚verteilte Sicherheit' beschreiben
möchte.[16] Das heißt, es gab keine zentrale Stelle, die für Strahlensicherheit,
Strahlenschutz und Strahlenüberwachung zuständig war, sondern eine Vielzahl von Milizkommissionen, Amtsstellen und Organisationen, die sich jeweils
mit spezifischen Fragen oder Aufgaben befassten. Diese ‚verteilte Sicherheit'
führte zu einer Aufteilung und damit zu einer Komplexitätsreduktion der
eruierten Probleme. Zudem hatte diese Fragmentierung von Aufgaben und
Zuständigkeiten zur Folge, dass immer wieder Kompetenzkonflikte entstanden und Strahlenrisiken selten gesamthaft betrachtet wurden.

Für einen möglichen atomaren Notfall jedoch war eine andere Regierungsrationalität vorherrschend. Bei dieser avancierte die eingespielte Zusammenarbeit unterschiedlicher Akteure zum handlungsleitenden Imperativ. Ich
möchte sie deshalb als ‚koordinierte Sicherheit' bezeichnen.[17] Eine nukleare
Katastrophe wurde als derart schwerwiegend und umfangreich vorgestellt,
dass Verteidigungs-, Schutz- und Rettungsmaßnahmen nur in koordinierter
Form eine Aussicht auf Erfolg hatten. Deshalb war für das Notfallmanagement
das Zusammenspiel aller verfügbaren militärischen und zivilen Ressourcen
und Mittel sämtlicher föderalen Ebenen zentral. ‚Koordinierte Sicherheit'
zielte also darauf ab, einer neuen, als massiv komplexer wahrgenommenen
Bedrohung – der atomaren Katastrophe – zu begegnen. Paradoxerweise führten
die getroffenen Koordinationsanstrengungen in planerischer, organisatorischer und kommunikativer Hinsicht jedoch selbst zu einer Komplexitätssteigerung. Dies hatte anhaltende Koordinationsprobleme und stets prekäre
Koordinationsleistungen zur Folge: Die im Rahmen der Gesamtverteidigung
anvisierte ‚koordinierte Sicherheit' erwies sich als beinahe aussichtsloses

---

16   Das Prinzip der ‚Verteilung' von Sicherheit im Normalfall meint somit nicht dasselbe wie
      die „distributed preparedness" bzw. der „emergency federalism", die auf einen möglichen
      (atomaren) Notfall ausgerichtet sind. Vgl. dazu Kapitel 6.2 und 7.3.
17   Die Kapitel zum atomaren Notfall werden zeigen, dass ‚Koordination' bereits zeit-
      genössisch ein prominent verwendeter Begriff war.

Projekt. ‚Verteilung' im Normalfall und ‚Koordination' im Notfall – mit diesen beiden Regierungsweisen wurde in der Schweiz des Kalten Krieges versucht, Strahlengefahren gouvernemental zu begegnen und so Strahlensicherheit zu produzieren.

Fragestellungen und Forschungskontexte

Die vorliegende Untersuchung orientiert sich an folgenden Leitfragen: Wie und warum wurden Strahlen in der Schweiz des Kalten Krieges zu einem Problem des Regierens? Wie waren gouvernementale Diskurse und Praktiken mit den sich wandelnden Problematisierungen von Strahlen verknüpft? Wie veränderten sich die gegen Strahlen entworfenen Sicherheitsdispositive? Diese Fragen zielen darauf ab, die politische Kultur der Schweiz des Kalten Krieges zu erforschen. Dabei zeigt sich, dass sich Bedrohungsvorstellungen und Konjunkturen des internationalen Kalten Krieges für das gouvernementale Handeln mit Strahlen als äußerst wirkmächtig erwiesen. Dies wird in den Konzeptionen und Praktiken der schweizerischen Landes- bzw. Gesamtverteidigung besonders deutlich. Gleichzeitig waren die handlungsleitenden Prinzipien des Regierens von Strahlen ebenso durch Deutungen und Entwicklungen geprägt, die zwar während des Kalten Krieges stattfanden, mit dem Systemkonflikt aber keinen direkten Zusammenhang hatten. Aus diesem Grund wird der Begriff des Kalten Krieges in dieser Arbeit sowohl als analytische Kategorie als auch als Epochenbezeichnung verwendet.

Die vorliegende Arbeit schreibt sich in drei Forschungsfelder ein: die Geschichte von Sicherheit, die Geschichte ionisierender Strahlen und radioaktiver Stoffe sowie die Geschichte der Schweiz im Kalten Krieg. Diese drei Forschungskontexte werden im Folgenden referiert und dabei auch eigene Positionen und Beiträge erläutert.

Geschichte der Sicherheit: Sicherheitsgeschichte stellt derzeit ein wachsendes epochen- und grenzüberschreitendes, inter- und transdisziplinäres Forschungsfeld dar.[18] Gefragt wird dabei nach Begriffen und Konzepten, Institutionen und (Macht-)Strukturen, aber auch nach Wahrnehmungs- und Beschreibungsweisen von Sicherheit.[19] Sicherheit stieg erst in der Nachkriegszeit zu einem

---

18   Davon zeugt eine steigende Zahl von Einführungen und Überblicken, Themenheften und Sammelbänden. Siehe u. a. Conze 2018; Bauerkämper/Rostislavleva 2014; Lange/Wendekamm/Endress 2014; Hempel/Bartels/Markwart 2013; Daase/Offermann/Rauer 2012; Zwierlein 2012a; Hempel/Krasmann/Bröckling 2011; Zoche/Kaufmann/Haverkamp 2011; Tönsmeyer/Vowinckel/Kirsch 2010; Zwierlein/Graf/Ressel 2010; Lüthi/Purtschert 2009; Purtschert/Meyer/Winter 2008a.

19   Vgl. Zwierlein 2012b, S. 367; Tönsmeyer/Vowinckel 2010, S. 165.

umfassenden politischen und gesellschaftlichen Leit- und Zielbegriff auf.[20] Im
engeren Sinn avancierte Sicherheit als ‚Sicherheitspolitik' zu einem zentralen
Politikfeld des Kalten Krieges. Der Erforschung von nationaler Sicherheit
kommt in der Zeitgeschichte schon seit längerem anhaltende Bedeutung
zu. Diese Studien ordnen sich aber meist nicht in das neue Feld der Sicherheitsgeschichte ein, sondern sind Teil einer älteren, militär- und politik-
geschichtlich ausgerichteten Kalte-Krieg-Forschung.[21] Demgegenüber operiert
die neuere Sicherheitsgeschichte verstärkt mit kulturwissenschaftlichen
Konzepten. Zu diesen zählt auch der dieser Arbeit zugrundeliegende Ansatz
der Gouvernementalität und der Sicherheitsdispositive.[22] Wie der Historiker
Eckart Conze betont, rückt mit diesem Zugang insbesondere die zentrale Bedeutung der Verwaltung für die gouvernementale Wissensproduktion in den
Blick. Bürokratien nehmen bei der Herstellung von Sicherheit somit nicht einfach „eine zuarbeitende Rolle" für die Regierung ein, ihnen kommt vielmehr
„die Funktion einer politisch gestaltenden und entscheidenden Steuerungs-
instanz" zu.[23] Die vorliegende Arbeit wird zeigen, wie sich verschiedene Ämter
und Departemente der Bundesverwaltung im Verlaufe des Kalten Krieges
immer mehr Wissen und Know-how über Strahlensicherheit aneigneten und
die Ausgestaltung des Strahlenschutzes in der Schweiz kontinuierlich stärker
prägten. Dadurch büßte die zu Beginn noch unverzichtbare Expertise von
Akteuren außerhalb der Verwaltung zunehmend an Führungsanspruch und
Gestaltungsraum ein.

Neuere Arbeiten aus der Sicherheitsforschung weisen weiter darauf hin, dass
sich seit den 1970er Jahren ein „erweiterter Sicherheitsbegriff" etablierte. In der
Sachdimension – so der Politikwissenschaftler Christopher Daase – umfasse
Sicherheit seither nicht mehr nur die militärische Sicherheit, sondern vielmehr auch die innere, die soziale und die ökonomische sowie spätestens seit
den 1990er Jahren zusätzlich die ökologische und die humanitäre Sicherheit.[24]
Mit dem Bericht des Bundesrates zur Sicherheitspolitik, auch als Konzeption
der Gesamtverteidigung bekannt, näherte sich 1973 auch die schweizerische

---

20   Zur „Suche nach Sicherheit" in der Bundesrepublik Deutschland: Conze 2009; Conze
     2005.
21   Vgl. bspw. die klassische Studie von John Lewis Gaddis: Gaddis 1982. Eine Ausnahme
     bildet Martin Diebels Studie zum Zivil- und Katastrophenschutz in der Bundesrepublik
     Deutschland und in Großbritannien, die Perspektiven der Sicherheitsgeschichte auf-
     greift: Diebel 2017.
22   Vgl. Conze 2018, S. 67–105, bes. S. 101–105.
23   Ebd., S. 105.
24   Vgl. insb. Daase 2012a; Daase 2012b; Daase 2011; Daase 2010; Daase 2009.

Regierung einem derart breiten Verständnis von Sicherheit an.[25] Diese Veränderung bezüglich der Vorstellung nationaler Sicherheit spiegelt sich in der
Forschung zur schweizerischen Sicherheitspolitik im Kalten Krieg wider. Es
dominieren politikwissenschaftlich orientierte Studien, die den Wandel von
einer anfänglich noch hauptsächlich militärisch ausgerichteten Verteidigungs-
hin zu einer umfassenden Sicherheitspolitik nachzeichnen. Dabei entstehen
relativ lineare Narrative, welche die Erweiterung der militärischen Sicherheit als eine fortschrittliche und lernfähige Adaptierung der traditionellen
Landesverteidigung hin zu einer verbesserten zivilen Sicherheit deuten.[26]
Diese Studien unterschätzen die Komplexität und Widersprüchlichkeit der
schweizerischen Gesamtverteidigung. Vor allem aber blenden sie aus, dass
durch diese Erweiterung von Sicherheit während des Kalten Krieges zahlreiche
neue Bedrohungs- und Feindbilder entstanden und so auch neue soziale Ausgrenzungslinien gezogen wurden.

Während die konzeptionelle Ausrichtung der schweizerischen Sicher-
heitspolitik bereits Aufmerksamkeit erfahren hat, stellt die Erforschung der
Herstellung von Sicherheit noch weitgehend ein Desiderat dar. Vor diesem
Hintergrund plädiert der Historiker Cornel Zwierlein dafür, „die Entstehung,
Entwicklung und Änderung von Sicherheitsproduktionsmechanismen" in
unterschiedlichen Themenbereichen und Handlungsfeldern zu untersuchen.[27]
Diesen Ansatz verfolgt die vorliegende Arbeit. Damit gelangen nicht nur
Konzeptionen und Strategiepapiere, sondern mehr noch Konflikte und Aus-
handlungsprozesse, Praktiken und strategisches Handeln in den Fokus.
Dadurch kann nicht nur herausgearbeitet werden, wie Strahlensicherheit
konzipiert und gedacht, sondern auch wie diese konkret hergestellt und
praktisch umgesetzt wurde und welche Hindernisse und Herausforderungen
dabei auftraten. Strahlensicherheit tritt so nicht nur als Problem der Sicherheitspolitik bzw. der Gesamtverteidigung im Hinblick auf einen atomaren
Notfall in Erscheinung, sondern auch als Herausforderung in einem nuklearen
Alltag, in dem Strahlen möglichst frei zirkulieren können sollten. Erst aus einer
solchen Perspektive lässt sich das Regieren von Strahlen rekonstruieren.

Geschichte ionisierender Strahlen und radioaktiver Stoffe: Die Geschichte
von Strahlen wurde in der historischen Forschung bislang insbesondere aus
zwei Perspektiven untersucht: zum einen aus einer kulturgeschichtlichen,

---

25 Vgl. Bundesrat 1973.
26 Vgl. Schneider 2013; Haltiner 2011; Breitenmoser 2002; Frey 2002; Spillmann/Wenger/
    Breitenmoser/Gerber 2001; Mantovani 1999; Däniker/Spillmann 1992; Senn 1983. Zum
    Topos der zivilen Sicherheit: Kaufmann 2011.
27 Zwierlein 2012b, S. 382.

zum anderen aus einer wissenschafts- und technikhistorischen. Die populär-
kulturelle Verbreitung von Atombildern – um mit der kulturgeschichtlichen Perspektive zu beginnen – weckte und kanalisierte unterschiedliche
Emotionen und war insofern immer auch mit (angenommenen) sozialpsycho-
logischen Wirkungen verbunden.[28] Verschiedentlich wird dabei betont, dass
der Atomenergie bzw. der Atombombe eine affektive technoästhetische Kraft
zukomme, die ihren Ausdruck nicht nur in der Wahrnehmung von Furcht und
physischer Gefahr, sondern auch in Gefühlen wie Genuss und Erhabenheit
gefunden habe.[29] Dennoch hat sich die historische Forschung bislang hauptsächlich auf die Atom- und Strahlenangst konzentriert und Angst damit als die
zentrale Emotion des Kalten Krieges benannt.[30] Der Historiker Bernd Greiner
hat dabei auf die Funktion von Angst in der politischen Kommunikation
hingewiesen.[31]

Zu einer solchen Perspektive leistet meine Arbeit insofern einen Beitrag,
als deutlich wird, wie Strahlen- und Atomängste politische Wirkungen ent-
falteten. Die gouvernementale Ausgestaltung von Sicherheitsdispositiven
gegen Strahlen war durch wahrgenommene und/oder vorgestellte gesellschaftliche Ängste und Unsicherheiten mitgeprägt. In den 1950er Jahren wurden
Strahlen- und Atomängste von behördlicher Seite häufig dazu benutzt, um vorhandene zivilgesellschaftliche Kritik an einer zunehmenden (militärischen)
Verwendung der Atomenergie zu diskreditieren. Ab den 1970er Jahren lässt
sich diesbezüglich ein Wandel feststellen. Während der gesellschaftlichen
Auseinandersetzungen um die zivile Nutzung der Atomenergie, aber auch im
Zuge der Reaktorunfälle von Harrisburg und Tschernobyl wurden Ängste und
Emotionen nun als ernstzunehmende politische Faktoren wahrgenommen,
die es beim Regieren von Strahlen zu berücksichtigen galt.

Die neuere Forschung zur Wissenschaft im Kalten Krieg postuliert – und
damit komme ich zur wissenschafts- und technikhistorischen Perspektive
auf die Geschichte von Strahlen –, dass die Struktur und die Entwicklung
der Wissenschaft nach dem Zweiten Weltkrieg durch den Systemkonflikt

---

28   Überblicke über Verbreitung und mediale Inszenierung populärkultureller Atombilder
      bieten u. a.: van Lente 2012; Bigg/Hennig 2009; Zeman/Amundson 2004.
29   Vgl. Masco 2006, bes. S. 43–98.
30   Einen Überblick über Angst im Kalten Krieg bietet: Greiner/Müller/Walter 2009. Siehe
      auch die auf den Kalten Krieg bezogenen Texte in: Bormann/Freiberger/Michel 2010.
      Zur Geschichte der *nuclear fear* grundlegend: Weart 2012; Weart 1988. Zur Strahlen- und
      Atomangst auch: Hogg 2012; Biess 2009; Nehring 2009; Schregel 2009; Masco 2008; Geyer
      2001 [2001]. Für emotionsgeschichtliche Forschungen, die nicht Angst, sondern andere
      Gefühle wie Gemeinschaft und Solidarität fokussieren: Brauer 2015; Kühn 2015; Lorenz
      2015. Zum Aufstieg von Emotionen in der Wissenschaft ab 1960: Biess/Gross 2014.
31   Vgl. Greiner 2009a, S. 18; Greiner 2009b, S. 75.

entscheidend geprägt wurden.[32] Zur Geschichte der biologischen Strahlenforschung während des Kalten Krieges existieren verschiedene Studien,
welche die Verwendung von Radioisotopen in der Wissenschaft und in der
Medizin untersuchen. Dabei wird hauptsächlich der konstitutive Beitrag
der sogenannten Tracertechnik für die Entwicklung von bildgebenden Verfahren zum einen und für die Molekularisierung der Biologie zum anderen
betont.[33] Zum letztgenannten Aspekt arbeitet Bruno J. Strasser mit Blick
auf die Schweiz heraus, wie an der Universität Genf aus einer Kombination
zwischen der mit Strahlen operierenden Biophysik und der neuen Technologie der Elektronenmikroskopie die molekularbiologische Forschung
hervorging.[34] Zur eigentlichen Radiobiologie findet sich hingegen nur wenig
wissenschaftsgeschichtliche Forschung. Eine Ausnahme bilden Alexander von
Schwerins Arbeiten zur Entwicklung der biologischen Strahlenforschung in
(West-)Deutschland, welche maßgeblich von der Deutschen Forschungsgemeinschaft gefördert wurden. Diese wird als risiko- und biopolitische
Institution beschrieben, die gleichzeitig versuchte, den technischen Fortschritt
zu ermöglichen und die mit Strahlen verbundenen Risiken zu regulieren.[35]

Zu den ionisierenden Strahlen zählen auch Röntgenstrahlen, deren
Geschichte in der Schweiz nach 1945 mit derjenigen der radioaktiven
Strahlung verwoben war. Monika Dommann legt hier dar, wie das Ge-
fährdungspotenzial ionisierender Strahlen in der Schweiz erst Mitte der 1950er
Jahre öffentliche Resonanz gewann, als die Förderung der Atomenergie und
die Frage einer Atombewaffnung der Armee breite Diskussionen auslösten.[36]
Weiter existieren einige historische Studien zu gesundheitlichen Schäden,
die ionisierende Strahlen und radioaktive Stoffe verursachten.[37] Ebenfalls

---

32   Vgl. van Dongen 2015; Oreskes/Krige 2014; Erickson/Klein/Daston/Lemov/Sturm/
      Gordin 2013; Wolfe 2013; Heyck/Kaiser 2010; Reynolds 2010; Engerman 2007; Unger 2006;
      Engerman 2003; Geiger 2003 [1997]; Krige 2003 [1997]; Pestre 2003 [1997]; Hounshell
      2001; Solovey 2001; Hounshell 1997; Geiger 1992. Spezifisch zu den Sozialwissenschaften:
      Link 2018; Müller 2013; Solovey/Cravens 2012; Engerman 2010. Klassisch mit vielen Bei-
      trägen zum Kalten Krieg: Mendelsohn/Smith/Weingart 1988.

33   Vgl. von Schwerin 2015, bes. S. 305–338; Creager 2014; Creager 2013; von Schwerin 2012;
      von Schwerin 2010b; Boudia 2009; Creager 2009; Herran/Roqué 2009; von Schwerin 2009;
      von Schwerin 2008; Creager 2006; Gaudillière 2006; Rheinberger 2006b; Santesmases
      2006; Creager 2004; Creager 2002; Rheinberger 2001.

34   Vgl. Strasser 2006; Strasser 2004.

35   Vgl. von Schwerin 2015; von Schwerin 2010a; von Schwerin 2010b; von Schwerin 2008.

36   Vgl. Dommann 2006; Dommann 2003. Zur Geschichte der Röntgenstrahlen auch:
      Holtzmann Kevles 1998.

37   Diese beziehen sich zum einen auf die Geschichte der Erforschung der von Strahlen
      hervorgerufenen Spätschäden bei den Überlebenden der Atombombenabwürfe auf
      Hiroshima und Nagasaki: Schull 1995; Lindee 1994. Zum anderen gerät die Geschichte

eine wissenschafts- und technikhistorische Perspektive auf die Geschichte
von Strahlen nehmen Studien zum Auf- und Ausbau von Strahlenschutzbestimmungen und technischen Strahlenschutzmaßnahmen ein. In seinem
Überblickswerk zur Geschichte des Strahlenschutzes stellt J. Samuel Walker
ausgehend von den US-amerikanischen Aufsichts- bzw. Regulierungs-
behörden dar, wie die Festlegung von maximal zulässigen Strahlendosen ein
sich stetig veränderndes Produkt von wissenschaftlichen, politischen und gesellschaftlichen Auseinandersetzungen und Aushandlungsprozessen bildete.[38]
Johannes Abele analysiert die technische Handhabung und die politisch-
kulturelle Bedeutung von Geiger-Müller-Zählrohrgeräten im bundesdeutschen
Strahlenschutz und zeigt, wie diese Geräte Eingang in die Regulierung von
Risikotechnologien fanden und Gegenstände öffentlicher Interessenkonflikte
wurden.[39]

Betrachtet man die Arbeiten zur Geschichte ionisierender Strahlen und
radioaktiver Stoffe, so fallen insbesondere zwei Desiderate auf: Zum einen
umfassen die vorhandenen Studien selten den gesamten Zeitraum des Kalten
Krieges. Dies hat zur Folge, dass die Einflüsse der Anti-Atomkraft-Debatte sowie
der Reaktorunfälle von Harrisburg und Tschernobyl auf die Formulierung von
Strahlenschutzkonzepten und die Implementierung entsprechender Maßnahmen bislang nur wenig Beachtung fanden. Dadurch fällt insbesondere
der in dieser Arbeit feststellbare Wandel von Sicherheitsdispositiven und
Regierungsweisen ab den 1970er Jahren aus dem Blickfeld.

Zum anderen blieb die bisherige Forschung stark auf die Wissenschaftsgeschichte fokussiert. Dies ist insofern produktiv, als es sich bei der Strahlenforschung und dem Strahlenschutz um einen stark wissensbasierten
Gegenstand handelt, für den wissenschaftliche Experten und Expertise zentral
sind. Dennoch muss festgehalten werden, dass der Einfluss der Wissenschaft auf
das Regieren von Strahlen immer auch begrenzt war. So wurde der gouvernementale Umgang mit Strahlen auch wesentlich durch politische Kontexte, Vorstellungen von Staatlichkeit, ökonomische Erwägungen, Konzepte nationaler
Verteidigung und nukleare Bedrohungsszenarien geprägt. Diese politische

---

gesundheitsgefährdender Strahlenanwendungen in der Radiumindustrie und in der
Medizin in den Blick: Emmenegger 2018a; Emmenegger 2018b; Greene 2000; Welsome
1999; Clark 1997. Zur Geschichte von Radium und Radioaktivität auch: Studer 2017;
Campos 2015; Rentetzi 2008a; Rentetzi 2008b; Caufield 1994 [1989]; Badash 1979.

38   Vgl. Walker 2000. Zur Geschichte des Strahlenschutzes und der Regulierung von Strahlen
      auch: Boudia 2008; Boudia 2007; Lindell 2006 [1999]; Lindell 2004 [1996]; Caufield 1994
      [1989]; Hacker 1994; Walker 1994; Walker 1992; Hacker 1987; Mazuzan/Walker 1984; Taylor
      1979; Serwer 1976.

39   Vgl. Abele 2002; Abele 2000.

Dimension der Geschichte von Strahlen gelangt indessen erst in den Blick, wenn die konkreten Praktiken und präventiven Maßnahmen, institutionellen Konflikte und Aushandlungsprozesse, Wissensaneignungen und Know-how-Transfers, atomaren Bedrohungsbilder und Imaginationen untersucht werden, welche für die Herstellung von Strahlensicherheit konstitutiv waren.

Geschichte der Schweiz im Kalten Krieg: Der Kalte Krieg wird in der aktuellen historischen Forschung zunehmend dezentriert.[40] Damit geraten vermehrt Akteure jenseits der beiden Supermächte und ihrer jeweiligen Bündnissysteme in den Blick. Dazu zählen zum einen die sogenannten blockfreien Staaten, zum anderen die ‚neutralen‘ Länder.[41] Für letztere bilden innerhalb des ‚westlichen‘ Referenzrahmens die Schweiz, aber auch Österreich sowie Finnland und Schweden, welche nicht direkt in die geopolitischen Krisen und Konflikte des Kalten Krieges involviert waren, deren Gesellschaften aber dennoch stark von der Deutungsmacht des Systemkonfliktes geprägt wurden, interessante Beispiele.[42] Die historische Forschung zur Geschichte der Schweiz im Kalten Krieg hat erst in jüngster Zeit größere Aufmerksamkeit erfahren. So liegen bereits zahlreiche Einzelstudien aus den Bereichen der Politik- und Militär-, Kultur-, Gesellschafts- und Technikgeschichte vor, während Syntheseleistungen noch weitgehend ausstehend sind.[43]

In Untersuchungen zu den internationalen Beziehungen der Schweiz während des Kalten Krieges wird deutlich, wie stark die ‚neutrale‘ Schweiz ideologisch Teil des ‚Westens‘ war, ihre ‚Neutralität‘ aber gleichzeitig vor allem in wirtschaftlicher Hinsicht nutzte, um sich, etwa mit Rüstungsgeschäften, auf beiden Seiten des ‚Eisernen Vorhangs‘ und auch in der sogenannten Dritten Welt Handels- und Absatzmärkte zu erschließen.[44] Das flexibel einsetzbare Konzept der Neutralität erwies sich nicht nur in der Außen- bzw. Außenwirtschaftspolitik, sondern insbesondere auch in der Sicherheitspolitik als handlungsleitend. Dies zeigt sich in der vorliegenden Arbeit in Gestalt von gerade zu Beginn des Kalten Krieges ausgeprägten Autarkievorstellungen

---

40   Vgl. Pieper Mooney/Lanza 2013.

41   Vgl. Bott/Hanhimäki/Schaufelbuehl/Wyss 2017.

42   Zwischen Schweden und der Schweiz existierten zahlreiche Parallelen, so neben der ‚Neutralität‘ etwa bezüglich der fehlenden Kriegserfahrung und eines ausgeprägten Sonderfalldenkens. Gleiches gilt für die enormen Zivilschutzanstrengungen. Zum schwedischen Zivilschutz: Bennesved/Norén 2018; Cronqvist 2015; Cronqvist 2012; Cronqvist 2009.

43   Eine Ausnahme bildet jüngst: Buomberger 2017. Kritisch dazu: Berger Ziauddin/Eugster/ Marti/Meier/Meier/Ritzer 2017. Für einen Überblick: Tanner 2015, S. 292–466; Kreis 2014; Gilg/Halblützel 2006 [1986], S. 821–968; Bretscher-Spindler 1997.

44   Vgl. Bott/Hanhimäki/Schaufelbuehl/Wyss 2015; Wyss 2012; Bott/Schaufelbuehl/Zala 2011; Schaufelbuehl/König 2009; Gaffino 2006; Kreis 1996.

in der schweizerischen Landesverteidigung. Solche nationalen Beharrungs-
tendenzen standen indessen in einem Spannungsverhältnis zu Prozessen der
Transnationalisierung, welche das Regieren von Strahlen in der Schweiz des
Kalten Krieges ebenfalls maßgeblich prägten.[45]

Zur totalen Landesverteidigung, ab den 1970er Jahren Gesamtverteidigung
oder auch Sicherheitspolitik genannt, sowie zum Ausbau von Armee und Zivilschutz während des Kalten Krieges liegt ebenfalls historische Forschung vor.[46]
Die meisten dieser Darstellungen sind indessen stark institutionsgeschichtlich
ausgerichtet und referieren Entwicklungen auf strategisch-konzeptioneller
Ebene. Eine bemerkenswerte Ausnahme bilden die neuen Arbeiten von Silvia
Berger Ziauddin, welche das umfassende Programm des schweizerischen
Schutzraumbaus aus einer raum- und wissensgeschichtlichen Perspektive
fokussieren und zeigen, dass der Schweizer Zivilschutz im Bunkerbau während des Kalten Krieges international führend war.[47] Die totale Landes-
bzw. Gesamtverteidigung bildet für die vorliegende Arbeit einen wichtigen
Referenzpunkt, da viele Strahlenschutzmaßnahmen, Alarmorganisationen
und Rettungsdienste in diesem Kontext entstanden sind. In den dabei entworfenen Sicherheitsdispositiven für atomare Notfälle spiegelt sich die
permanente Kriegsbereitschaft wider, gleichsam der „war-like character"
und die „totale Politik" des schweizerischen Kalten Krieges.[48] Hier wird die
vorliegende Arbeit zeigen, wie stark sich die dichotome Struktur des Kalten
Krieges auch in Ländern wie der Schweiz, die scheinbar am Rande des Systemkonfliktes standen, als wirkmächtig erwies.

Zur Frage einer möglichen atomaren Bewaffnung der Schweizer Armee
gibt es mehrere einschlägige Studien.[49] Ebenso liegen zur schweizerischen

---

45   Zum Beharrungsvermögen des Nationalen: Greiner 2009a, S. 19; Greiner 2009b, S. 76.

46   Zum Konzept der totalen Landes- bzw. Gesamtverteidigung: Kälin 2018; Breitenmoser
      2002; Spillmann/Wenger/Breitenmoser/Gerber 2001; Däniker/Spillmann 1992; Senn 1983.
      Kritisch dazu: Degen 2009; Degen 2007; Tanner 1997; Hug 1988; Tanner 1988b; Schnyder
      1988. Zur Schweizer Armee im Kalten Krieg: Jaun 2019, S. 245–336; Fuhrer/Wild 2010;
      Braun 2006; Beck/Braun 2003; Guisolan 2003; Kurz 1985. Zur Geschichte des Zivil-
      schutzes: Meier/Meier 2010; Meier M. 2007; Meier Y. 2007; Aeberhard 1983; Aeberhard
      1978.

47   Vgl. Berger Ziauddin 2019; Berger Ziauddin 2018; Berger Ziauddin 2017a; Berger Ziauddin
      2017b; Berger Ziauddin 2015a; Berger Ziauddin 2015b.

48   Zum „war-like character" des Kalten Krieges: Nehring 2012. Zur „totalen Politik" des
      Kalten Krieges: Greiner 2003.

49   Zur Option einer schweizerischen Atombewaffnung grundlegend: Cerutti 2011; Hug 1998;
      Metzler 1997; Stüssi-Lauterburg 1995; Hug 1991; Hug 1987, bes. S. 39–127. Vgl. auch Braun
      2007; Braun 2006, S. 745–824; Wollenmann 2004; Beck/Braun 2003; von Falkenstein 1997;
      Ulrich/Baumann 1997.

Anti-Atom-Bewegung der 1950er und der für nukleare Abrüstung kämpfenden Friedensbewegung der 1980er Jahre einige ältere Forschungsbeiträge vor.[50] Die Geschichte der schweizerischen Atomtechnologieentwicklung der 1950er und 1960er sowie der Auseinandersetzungen um die zivile Nutzung der Atomenergie der 1970er Jahre ist relativ gut erforscht.[51] Dies ist in erster Linie den technikgeschichtlichen Arbeiten von Peter Hug, Tobias Wildi und Patrick Kupper zu verdanken. Während Hug die Verbindungen zwischen militärischen, wissenschaftlichen und privatwirtschaftlichen Interessen betont, arbeitet Wildi die Strukturen und Pfadabhängigkeiten heraus, mit welchen die letztlich gescheiterte Entwicklung einer schweizerischen Reaktorlinie zu kämpfen hatte. Kupper wiederum zeigt auf, wie neue gesellschaftliche Diskurse und eine veränderte Wahrnehmung der Umwelt für den zivilgesellschaftlichen Widerstand gegen den Bau von Atomkraftwerken ausschlaggebend waren. Der über Jahre virulente Konflikt um Atomenergie und Kernkraftwerke wird so als eines der zentralen innenpolitischen Themen der Schweiz während des Kalten Krieges fassbar. Fragen des Strahlenschutzes und der Herstellung von Strahlensicherheit, welche in dieser Arbeit im Zentrum stehen, werden in diesen Untersuchungen jedoch nur am Rande behandelt.[52]

Kultur- und gesellschaftsgeschichtlich ausgerichtete Forschungsbeiträge liegen für die Schweiz insbesondere für die ersten beiden Nachkriegsjahrzehnte vor. Für diese beiden Dekaden etablierten sich die Bezeichnungen der von Hochkonjunktur und Geistiger Landesverteidigung geprägten ‚langen‘ 1950er Jahre sowie der darauffolgenden ‚bewegten‘ 1960er Jahre. Die vorhandenen Arbeiten weisen auf die bestehenden gesellschaftlichen Widersprüche hin, die sich zwischen kulturellem Beharren und sozialem Wandel, wirtschaftlichem

---

50   Zur schweizerischen Anti-Atom- und Friedensbewegung im Kalten Krieg: Brunner/
     Culetto/Habicht/Hohl/Müller-Berger/Müller-Vonder Mühll/Stoll-Bauer 2006; Rengel 1995;
     Epple-Gass 1988; Tanner 1988a; Brassel/Tanner 1986; Epple 1986; Amherd 1984.

51   Zur schweizerischen Reaktor- und Atomtechnologieentwicklung grundlegend: Kupper
     2006; Wildi 2005; Wildi 2003; Kupper 2003a; Gugerli/Kupper/Wildi 2000; Hug 1998; Hug
     1994; Hug 1991; Hug 1987. Vgl. auch Fischer 2019; Schweizerische Gesellschaft der Kern-
     fachleute 1992; Favez/Mysyrowicz 1987; Meylan 1983. Zur Anti-Atomkraft-Bewegung
     grundlegend: Häni 2018; Kupper 2003a. Vgl. auch Kupper 2006; Kupper 2005a; Kupper
     2005b; Graf 2003; Kupper 1998; Kriesi 1985; Kriesi 1982.

52   Journalistisch hierzu: Boos 1999. Der Geologe und Sozialwissenschaftler Marco Buser hat
     sich zudem mit der Geschichte der radioaktiven Endlagerung in der Schweiz befasst. Er
     spricht davon, dass das Problem der langfristigen Entsorgung von radioaktivem Material
     lange Zeit „vergessen" wurde: Buser 2019. Vgl. auch Buser 1988; Buser/Wildi 1984. Auch für
     den Strahlenschutz spielte diese Thematik eine untergeordnete Rolle; hier bezeichneten
     „radioaktive Abfälle" in erster Linie Emissionen radioaktiver Stoffe aus Atomanlagen,
     Industriebetrieben und Spitälern. Vgl. dazu Kapitel 3.3.

Aufschwung und Geistiger Landesverteidigung, florierendem Osthandel und grassierendem Antikommunismus auftaten.[53] Für die Schweiz der 1970er und 1980er Jahre ist hingegen erst spärlich historische Forschung vorhanden.[54] Dementsprechend fehlt für die Schweiz für diese Dekaden ein etabliertes Narrativ, wiewohl sich die 1970er Jahre – im Einklang mit den Ergebnissen aktueller zeitgeschichtlicher Forschungen[55] – in den wenigen vorhandenen Studien als *das* Jahrzehnt eines bisweilen widersprüchlichen Umbruchs herauskristallisieren.[56] Die vorliegende Arbeit bestätigt diese vorläufigen Befunde. So zeigt sich sowohl in der Ausrichtung der Gesamtverteidigung auf zivile atomare Katastrophen als auch bei der Überwachung und Regulierung im nuklearen Alltag, wie sich in den 1970er Jahren in der Regierungsweise von Strahlen ein Wandel vollzog.

Schweizerischer Kalte-Krieg-Konsens und schweizerisches Strahlenschutznetzwerk

Die in dieser Arbeit in den Blick genommenen politischen, wirtschaftlichen und wissenschaftlichen Kräfte teilten eine Grundüberzeugung, die ich in Anlehnung an das im US-amerikanischen Kontext entstandene Konzept des ‚Cold War Consensus' als schweizerischen Kalte-Krieg-Konsens bezeichnen möchte.[57] Ausgehend von meiner Analyse zeigt sich, dass dieser insbesondere vier miteinander verknüpfte Pfeiler aufwies: erstens die Landesverteidigung, deren bedingungslose Unterstützung als conditio sine qua non galt; zweitens die Neutralität, die sich in strategischer Weise sowohl gegen ‚außen' als auch gegen ‚innen' einsetzen ließ;[58] drittens ein – auch im westeuropäischen Vergleich – starker Antikommunismus, mit welchem gesellschaftliche

---

53   Zur Schweiz der 1950er Jahre: Buomberger/Pfrunder 2012; Imhof 2010; Leimgruber/
        Fischer 1999; Furrer 1998; Imhof/Kleger/Romano 1996; Blanc/Luchsinger 1994; Tanner
        1992. Zur Schweiz der 1960er Jahre: Imhof/Kleger/Romano 1999; König/Kreis/Meister/
        Romano 1998a.

54   Zur Schweiz der 1970er und 1980er Jahre: Schaufelbuehl 2009; Furrer/Weder/Ziegler
        2008; König/Kreis/Meister/Romano 1998a.

55   Zu den 1970er Jahren als Umbruchjahrzehnt: Bösch 2019; Hellema 2019; Levsen 2016;
        Reitmayer/Schlemmer 2014; Doering-Manteuffel/Raphael 2012 [2008]; Ferguson/Maier/
        Manela/Sargent 2011 [2010]; Jarausch 2008; Jarausch 2006.

56   Vgl. bspw. Ritzer 2015.

57   Zum ‚Cold War Consensus' in den USA insb.: Fordham 1998.

58   Zur Neutralität der Schweiz während des Kalten Krieges grundlegend: Kreis 2004. Vgl.
        auch Schaufelbuehl/Wyss/Bott 2015; Fischer 2004; Flury-Dasen 2004; Trachsler 2002;
        Cerutti 2000; Möckli 2000; Mantovani 1999.

Ausgrenzung legitimiert werden konnte;[59] viertens schließlich die Atomenergie, die zunächst im militärischen und dann vor allem im zivilen Bereich mit allen verfügbaren Mitteln gefördert wurde. Die Schweiz des Kalten
Krieges zeichnete sich – um eine Begriffsprägung von Gabrielle Hecht zu
verwenden – durch eine hochgradige „Nuklearität" aus, weil maßgebliche
Akteure zentrale Probleme und deren Lösungen als „nuklear" definierten.[60]
Der schweizerische Kalte-Krieg-Konsens erwies sich über rund 30 Jahre nicht
nur als politisch handlungsleitend, sondern auch als relativ stabil, fing indessen ab Mitte der 1960er Jahre an zu bröckeln, geriet in den 1970er Jahren ins
Wanken und zerbrach in den 1980er Jahren. Insofern stellten die ersten drei
Nachkriegsjahrzehnte – auch als „Trente Glorieuses" bezeichnet[61] –, in denen
große Teile der nationalen Elite durch einen sehr hohen Grad von Konsens zusammengehalten wurden, für die moderne Schweiz eine historisch einmalige
Phase dar.

Der schweizerische Kalte-Krieg-Konsens zeigt sich in der vorliegenden
Arbeit insbesondere in einer hohen Konsensorientierung der für den
Strahlenschutz wesentlichen Akteure. So ist es bemerkenswert, dass es hinsichtlich der Formulierung und Umsetzung von Strahlenschutzkonzepten
und -maßnahmen zwar zu vielfältigen Auseinandersetzungen kam, diese aber
kaum grundlegend inhaltlicher Art waren. Vielmehr handelte es sich primär
um Kompetenzstreitigkeiten, Finanzkonflikte und Ressourcenkämpfe. Der
Kalte-Krieg-Konsens wird in den untersuchten Akten und Dokumenten selten
explizit, sondern, wenn überhaupt, implizit adressiert – und stellt insofern ein
quellenkritisches Problem dar. Er manifestiert sich in den analysierten Quellen
indessen in denjenigen Situationen, in denen bestimmte Pfeiler – die nukleare
Aufrüstung der Schweizer Armee, die zivile Nutzung der Atomenergie und die
gesellschaftliche Unterstützung von Armee und Zivilschutz – während verschiedener Phasen des Kalten Krieges aufgrund zivilgesellschaftlicher Kritik
auf dem Spiel standen. Dann wird deutlich, dass Abweichungen vom Kalte-
Krieg-Konsens nicht geduldet und mit Vehemenz bekämpft wurden.

---

59   Zum Antikommunismus in der Schweiz grundlegend: Caillat/Cerutti/Fayet/Roulin 2009.
     Vgl. auch Zimmermann 2019. Zum Antikommunismus im Kalten Krieg allgemein: van
     Dongen/Roulin/Scott-Smith 2014; Greiner 2011; Whitfield 2006; Whitfield 1996. In der
     Schweiz: Buclin 2017; van Dongen 2014; Gillabert 2014; van Dongen 2011; Burri 2004.

60   Vgl. Hecht 2006. „Nuklearität" fungiert gemäß Hecht als Gradmesser dafür, inwiefern eine
     Nation, ein Programm, eine Technologie oder ein Material als „nuklear" wahrgenommen
     wird. In diesem Sinn bildet „Nuklearität" nicht nur ein sich wandelndes technopolitisches
     Spektrum, sondern zeitigt auch Folgen für Politik, Kultur und Gesundheit, da Nukleari-
     tätsgrade bspw. die Konzeptionen von Anti-Atom- und Anti-Atomkraft-Bewegungen, aber
     etwa auch die Bedingungen des Arbeitsschutzes in der Nuklearindustrie strukturieren.

61   Tanner 2015, S. 381.

Den schweizerischen Kalte-Krieg-Konsens teilten auch die in den schweizerischen Strahlenschutz involvierten Personen und Institutionen, die ich im Folgenden gesamthaft als schweizerisches Strahlenschutznetzwerk bezeichnen werde. Der Begriff des Netzwerks verweist auf die engen Verflechtungen der in diesem Bereich tätigen Akteure. Das Strahlenschutznetzwerk umfasste in erster Linie staatliche, aber auch einige private Akteure, von denen die meisten Teil der Bundesverwaltung oder dieser administrativ angegliedert waren. Es bestand zwar aus einer Vielzahl von Institutionen, aber letztlich aus einer überschaubaren Anzahl von prägenden Personen, die sich gegenseitig gut kannten, Grundüberzeugungen teilten, in verschiedenen Funktionen zusammenarbeiteten und so vielfältige Beziehungen unterhielten. Die Wissenschaftshistorikerin Soraya Boudia hat die internationale Strahlenschutzgemeinschaft als „small world" bezeichnet, weil deren Mitglieder häufig gleichzeitig in verschiedenen Strahlenschutzorganisationen tätig waren.[62] Diese Beobachtung trifft auch auf das schweizerische Strahlenschutznetzwerk zu, das über viele Jahre von einem kleinen Expertenkreis geprägt wurde. Dies wird in dieser Arbeit daraus ersichtlich, dass gewisse Personen – bisweilen in unterschiedlichen Funktionen – in verschiedenen Kapiteln immer wieder auftauchen. Diese Rollenakkumulation führte dazu, dass der Kreis der tonangebenden Strahlenschützer in der Schweiz relativ klein war. Zudem zeichneten sich die Strahlenschutzgremien durch eine große personelle Kontinuität aus. Viele Personen fungierten jahrelang als Mitglied der auf Milizbasis operierenden außerparlamentarischen Expertenkommissionen oder als leitende Mitarbeiter in den zuständigen Ämtern und Abteilungen des Bundes, was die enge Verflechtung des schweizerischen Strahlenschutznetzwerks verstärkte.

Beim schweizerischen Strahlenschutznetzwerk handelte es sich – von wenigen Ausnahmen abgesehen – fast ausschließlich um ein Männernetzwerk. Die meisten Strahlenschutz-Fachleute waren ausgebildete Physiker, Mediziner, Biologen oder Chemiker. Sie befassten sich mit Strahlenwirkungen, -messungen und -grenzwerten, spielten nukleare Bedrohungsszenarien durch, entwickelten Alarmsysteme gegen Strahlen und bauten Rettungsdienste für atomare Katastrophen auf. Kaum involviert waren sie hingegen in den nun ebenfalls stärker historisch erforschten Schutzraumbau. Hier waren es nämlich weniger die großen Mengen an freigesetzter Radioaktivität, sondern vielmehr die ungeheuren Druck- und Hitzewellen einer Atombombe, welche die Ingenieure des Zivilschutzes umtrieben.[63] Mit ihrem Fokus auf die Herstellung

---

62   Boudia 2007, S. 399 f.
63   Vgl. Berger Ziauddin 2017a, bes. S. 932–939.

von Strahlensicherheit rückt die vorliegende Arbeit eine weitgehend unbekannte Dimension der Geschichte des schweizerischen Kalten Krieges in
den Blick.

Bürokratie, Papierberge und imaginärer Kalter Krieg

Das für das Regieren von Strahlen verantwortliche schweizerische Strahlenschutznetzwerk operierte primär auf eidgenössischer Ebene. Dies ist dadurch
bedingt, dass Atomenergie und Strahlenschutz schon vor und insbesondere
nach Annahme des entsprechenden Verfassungsartikels im Jahr 1957 in die
Kompetenz des Bundes fielen. Aus diesem Grund nimmt die vorliegende
Arbeit hauptsächlich diese Ebene in den Blick. Der Bund war sowohl im Hinblick auf die Forschungsförderung als auch die Rechtsgrundlagen und die Verteidigungsmaßnahmen die entscheidende Instanz.

Die maßgebenden Strahlenschutzinstitutionen waren drei Bereichen
der Bundesverwaltung zugeordnet: Im Bereich des Gesundheitsschutzes
der Bevölkerung war das Eidgenössische Departement des Innern mit dem
Eidgenössischen Gesundheitsamt und dessen 1958 geschaffenen Sektion für
Strahlenschutz federführend. Administrativ zugeordnet waren hier ab 1956
die Eidgenössische Kommission zur Überwachung der Radioaktivität, ab
1964 der Alarmausschuss für den Fall erhöhter Radioaktivität und ab 1967 die
Eidgenössische Kommission für Strahlenschutz. Im Bereich der Bewilligung
und Kontrolle von Atomanlagen war das Eidgenössische Verkehrs- und
Energiewirtschaftsdepartement federführend. Hier entstanden mit der 1960
eingesetzten Eidgenössischen Kommission für die Sicherheit von Atomanlagen
und der 1964 geschaffenen Sektion für Sicherheitsfragen von Atomanlagen die
beiden wesentlichen nuklearen Sicherheitsbehörden. Im Bereich der totalen
Landes- bzw. Gesamtverteidigung beschäftigte sich insbesondere die 1950 geschaffene Sektion für Schutz und Abwehrmaßnahmen von ABC-Waffen der
Abteilung für Sanität des Eidgenössischen Militärdepartements mit Strahlenschutzproblemen. Aber auch der Oberfeldarzt und verschiedene Studiengruppen befassten sich mit Alarmierungs-, Schutz- und Rettungsaufgaben für
eine mögliche Atomkatastrophe, ebenso das 1963 im Eidgenössischen Justiz-
und Polizeidepartement entstandene Bundesamt für Zivilschutz. Diese –
keineswegs abschließende – Aufzählung verdeutlicht nicht nur, dass sich eine
Vielzahl verschiedener eidgenössischer Behörden und Gremien mit Strahlensicherheit befassten, sondern auch, dass die meisten davon erst in der Nachkriegszeit entstanden. Insofern bilden diese Institutionen einen Ausdruck der
„Nuklearität" des schweizerischen Kalten Krieges.

Die Quellen all dieser und einiger weiterer Strahlenschutzakteure sind zu
großen Teilen im Schweizerischen Bundesarchiv in Bern zu finden. Neben

diesen Kernbeständen stützt sich diese Arbeit auf Quellen aus dem Archiv
des Bundesamtes für Gesundheit in Liebefeld bei Bern, das ältere Unterlagen der Sektion für Strahlenschutz enthält. Weiter wurden das Archiv des
Schweizerischen Nationalfonds in Bern, das Universitätsarchiv Zürich, die
Staatsarchive Bern und Zürich, das Archiv der Schweizerischen Gesellschaft
für Strahlenbiologie und Medizinische Physik im Inselspital in Bern sowie das
Archiv der Schweizerischen Akademie der Medizinischen Wissenschaften
im Institut für Medizingeschichte in Bern gesichtet, um Dokumente über die
Förderung und Entwicklung der biologischen Strahlenforschung zu studieren.

Die wissenschaftliche, technische und bürokratische Auseinandersetzung
mit Strahlen expandierte während des Kalten Krieges und dehnte sich auf
immer mehr Objekte aus. Rund um die ionisierenden Strahlen und die radioaktiven Stoffe gruppierte sich ein wachsender Verwaltungsapparat, welcher
in den Konflikten um die Verteilung von Kompetenzen und Ressourcen, in
den Aushandlungen von Verordnungen und Gesetzen, in der Konzeption und
Organisation von Schutzmaßnahmen sowie in der Produktion von Wissen über
Strahlen eine gewaltige Menge an unpublizierten und bislang unbearbeiteten
Archivquellen hervorbrachte.[64] Deren Analyse ermöglicht es, die Strukturen
und Denklogiken des Regierens von Strahlen im Kalten Krieg zu untersuchen.

Die hier in den Blick genommene Ausweitung der Bürokratie korrespondiert
mit dem generellen Ausbau der Bundesverwaltung nach 1945. Als Folge wissenschaftlicher und technischer Entwicklungen sowie eines sozioökonomischen
und soziopolitischen Wandels übernahm diese im Verlaufe des Kalten Krieges
kontinuierlich neue Aufgaben. Der Verwaltungshistoriker Peter Fink spricht
davon, dass „gesellschaftliche Probleme in Staatsaufgaben [verwandelt]"
wurden.[65] Neben dieser zunehmenden funktionalen Differenzierung der Verwaltung trug aber auch der Kalte Krieg als *imaginary war* dazu bei, dass zu den
in dieser Arbeit untersuchten Fragestellungen Unmengen an Dokumenten
und Akten existieren.[66] In (west-)europäischen Gesellschaften dominierte der
Kalte Krieg als etwas Imaginäres. Er entfaltete seine Virulenz und Persistenz
dadurch, dass er permanent ausgemalt, inszeniert und eingeübt wurde.[67] Die

---

64   Zur Theorie der Verwaltung und der Bürokratie: Balke/Siegert/Vogl 2016; Seibel 2016. Für
      eine Kritik der Bürokratie: Graeber 2016 [2015].
65   Fink 1999, S. 199.
66   Zum Konzept des Kalten Krieges als imaginärer Krieg: Kaldor 1992 [1990]; Geyer 1990.
      Für aktuelle Forschungen, welche an die Interpretation des imaginären Kalten Krieges
      anschließen: Grant/Ziemann 2016; Eugster/Marti 2015a; Bernhard/Nehring 2014; Devlin/
      Müller 2013; Vowinckel/Payk/Lindenberger 2012. Für ältere Studien zum „imaginären
      Krieg" grundlegend: Oakes 1994.
67   Vgl. Eugster/Marti 2015b, bes. S. 4.

umfassende Vorbereitung auf einen künftigen Atomkrieg mobilisierte nicht nur unzählige Objekte, Personen und Institutionen, sondern auch sehr viel Papier. Diese Papierberge, diese „fiktionalen Inszenierungen" – so die Literaturwissenschaftlerin Eva Horn – ermöglichen es, das „Kippen der Hypothese in Wirklichkeit, der Simulation in Kriegsführung, der Spekulation in Gewissheit" zu rekonstruieren.[68] Tatsächlich hinterließ das Imaginäre des schweizerischen Kalten Krieges nicht nur ein faszinierendes papiernes Erbe. Vielmehr zeitigte es, wie diese Arbeit zeigen wird, auch vielfältige ,reale' Effekte.

Problemfall – Normalfall – Notfall – Ernstfall

Die vorliegende Arbeit gliedert sich in vier Teile: Problemfall, Normalfall, Notfall und Ernstfall. Nachdem in diesem Kapitel skizziert wurde, wie und weshalb Strahlen nach 1945 in der Schweiz zu einem *Problemfall* des Regierens wurden, bilden die je drei Kapitel zum Normal- bzw. zum Notfall die beiden Hauptteile der vorliegenden Arbeit. Sie sind dabei komplementär aufgebaut: Während das jeweils erste Kapitel die maßgebende Form der Wissensproduktion in den Blick rückt, fokussieren die zwei weiteren Kapitel die dominanten gouvernementalen Handlungsansätze, mit welchen Strahlensicherheit hergestellt werden sollte.

Im den Kapiteln zum *Normalfall* stehen mit dem Forschen, dem Überwachen und dem Regulieren Tätigkeiten im Zentrum, die routinemäßig durchgeführt oder kontinuierlich angewandt wurden. Die dabei auftretenden Akteure befassten sich also mit Strahlen, solange alles ,normal' lief. Sie stellten mit ihren Interventionen mitunter auch ,Normalität' her, indem ihre Handlungen entweder fortlaufend bestätigten, dass alles ,normal' war, oder aber Wissen oder Bestimmungen hervorbrachten, die vor allem unter ,normalen' Bedingungen Anwendung finden sollten. Die im Normalfall ausgeübten Tätigkeiten wurden zu Friedenszeiten überwiegend von zivilen Institutionen und Personen ausgeübt und fanden dabei in erster Linie, jedoch nicht ausschließlich im Hinblick auf einen nuklearen Alltag statt. Den kennzeichnenden Operationsmodus der Herstellung von Strahlensicherheit bildete dabei die bereits erwähnte ,Verteilung' von Sicherheit.

Im Kapitel zum *Forschen* wird nachgezeichnet, wie verschiedene Forschungsförderungsinstitutionen des Bundes die Produktion von Strahlenwissen vorantrieben. Der Erforschung von Strahlenwirkungen wurde zu Beginn des Kalten Krieges im Hinblick auf Schutzmöglichkeiten in einem künftigen Atomkrieg eine hohe Priorität beigemessen. Ab Mitte der 1950er Jahre verschob sich der Fokus bei der Förderung der biologischen Strahlenforschung immer stärker

---

68   Horn 2004, S. 328.

weg von militärischen hin auf zivile Anwendungshorizonte von Strahlen in der biowissenschaftlichen und klinischen Forschung, woraus ein Boom der schweizerischen Biomedizin resultierte. Demgegenüber verloren strahlenbiologische Untersuchungen, die auf Präventivwissen gegen Strahlen abzielten, bereits ab Mitte der 1960er Jahre mehr und mehr an Bedeutung.

Das darauffolgende Kapitel widmet sich dem *Überwachen* von Strahlen. Um die Schweizer Armee für einen möglichen Atomkrieg auszurüsten, beschäftigten sich im frühen Kalten Krieg vor allem Stellen im Eidgenössischen Militärdepartement mit Strahlenmessungen und trieben gemeinsam mit Schweizer Industrieunternehmen die Herstellung der dazu notwendigen Messgeräte voran. Mitte der 1950er Jahre rückte aufgrund der Fallout-Debatte die Überwachung der Umweltradioaktivität in den Vordergrund des öffentlichen Interesses. Während der gesellschaftlichen Debatte um die zivile Nutzung der Atomenergie in den 1970er Jahren brachen zwischen verschiedenen Strahlenschutzakteuren der Bundesverwaltung langwierige Konflikte aus, welche sich an der Umgebungsüberwachung von Kernkraftwerken entzündeten. Diese Auseinandersetzungen verdeutlichen die eminent politische Dimension der Strahlenüberwachung.

Das Kapitel zum *Regulieren* befasst sich mit der Aushandlung und Implementierung von Strahlenschutzvorschriften. Bei der Erarbeitung von Richtlinien, Verordnungen und Gesetzen wird deutlich, dass das Regieren von Strahlen in der Schweiz zum einen von internationalen Normen, zum anderen von öffentlichen Debatten über den radioaktiven Fallout, die zivile Nutzung der Kernkraft und die Sicherheit von Atomanlagen beeinflusst wurde, wobei wirtschaftlichen Interessen ein starkes Gewicht zukam. Als Rechtsgebiet erfuhr der Strahlenschutz während des Kalten Krieges eine zunehmende Bedeutungssteigerung. Wurden in den 1950er Jahren noch unverbindliche Richtlinien formuliert, galt ab 1963 die schweizerische Strahlenschutzverordnung. Anfang der 1980er Jahre bildete sich ein politischer Konsens heraus, ein eigenes Strahlenschutzgesetz zu erlassen.

In den Kapiteln zum *Notfall* stehen mit dem Simulieren, dem Alarmieren und dem Retten die Maßnahmen gegen einen künftigen Atomkrieg oder eine nukleare Katastrophe im Zentrum. Die involvierten Personen und Institutionen sollten – so die Hoffnung – zwar möglichst nie zum Einsatz kommen müssen, sie bereiteten sich aber dennoch unablässig auf einen atomaren Notfall vor. In die im Rahmen der totalen Landes- bzw. der Gesamtverteidigung geplanten Tätigkeiten, die strategisch auf eine ‚Koordination' von Sicherheit ausgerichtet waren, wurden sowohl militärische als auch zivile Akteure eingebunden. In der Vorbereitung auf ein nukleares Ereignis verschwammen dabei nicht nur die Grenzen zwischen den Sicherheitsdispositiven für atomare Notfälle im nuklearen Alltag und im Kriegsfall, sondern auch diejenigen zwischen Friedens- und Kriegszustand. In diesen in der Schweiz des Kalten Krieges besonders ausgeprägten Grenzverwischungen werden die Gesamtverteidigungsorganisationen als hybride Einrichtungen kenntlich, in welchen sich der Anspruch auf eine permanente Kriegsbereitschaft der Schweizer Nation widerspiegelte.

Im Kapitel zum *Simulieren* wird herausgearbeitet, wie in der Schweiz des Kalten Krieges mittels Kriegsspielen und Szenariobildungen Wissen über (nukleare) Bedrohungen produziert wurde. Stand in den 1950er Jahren die Bedrohungsvorstellung eines Atomkrieges im Zentrum, verlagerte sich das Bedrohungsbild ab Mitte der 1960er und vor allem in den 1970er Jahren zum einen auf den ‚inneren Feind', zum anderen auf eine mögliche ökonomische Bedrohung. Im Zuge der nuklearen Aufrüstung zu Beginn der 1980er Jahre wurde die Nuklearkriegsgefahr dann erneut virulent. Gleichzeitig zeigte sich immer deutlicher, dass sich der seitens des Zivilschutzes und der Gesamtverteidigung propagierte Plan- und Machbarkeitsglaube als eine technokratische Illusion erwies.

Das Kapitel zum *Alarmieren* untersucht den Auf- und Ausbau von Alarmorganisationen und Alarmsystemen. Die Schaffung einer Alarmorganisation für den Fall erhöhter Radioaktivität rückte zwar bereits Anfang der 1960er Jahre in den Handlungsfokus, zog sich allerdings schließlich über Jahre hin und war von vielfältigen Kooperations- und Kommunikationsproblemen zwischen unterschiedlichen Akteuren des schweizerischen Gesamtverteidigungssystems geprägt. Ab den 1970er Jahren rückte die zivile atomare Katastrophe in den Fokus. In der Folge wurde in der Umgebung von Kernkraftwerken ein rasches Alarmsystem errichtet und damit der Umbau der Gesamtverteidigung in Richtung Katastrophenhilfe eingeleitet.

Im Kapitel zum *Retten* werden die medizinischen Präventionsmaßnahmen behandelt, mit welchen die Schweiz im Falle eines eingetretenen atomaren Notfalls das Überleben der Bevölkerung oder – bei kleineren nuklearen Unfällen – der betroffenen Patientinnen und Patienten zu sichern gedachte. In den 1950er Jahren wurde der schweizerische Blutspendedienst vor allem deshalb massiv ausgebaut, weil man im Falle eines Atomkrieges mit einer riesigen Zahl an Strahlenverletzten rechnete. Gleiches galt für den Aufbau des Koordinierten Sanitätsdienstes ab Mitte der 1960er Jahre. In den 1970er und zu Beginn der 1980er Jahre rückten dann auch vermehrt Strahlenunfälle im nuklearen Alltag in den Blick.

Forschen, Überwachen und Regulieren im Normalfall, Simulieren, Alarmieren und Retten im Notfall – unter diesen Überschriften behandelt die vorliegende Arbeit sechs Mal die zentralen Etappen des Kalten Krieges. Sie erzählt die Geschichte des Regierens von Strahlen dabei jedes Mal aus einer anderen Perspektive und mit einem anderen Fokus, verbunden mit jeweils neuen Herausforderungen und Problemstellungen.

Im Kapitel zum atomaren *Ernstfall* fließen diese Geschichten zusammen. Im Zentrum steht die tatsächlich eingetretene nukleare Katastrophe, welche die gegen Strahlen errichteten Sicherheitsdispositive real auf die Probe stellte. Ein solcher Ernstfall ereignete sich in der Schweiz während des Kalten Krieges nur einmal, ausgelöst durch den schweren Reaktorunfall in Tschernobyl im Jahr 1986. Durch dieses Katastrophenereignis wurden die Sicherheitsdispositive gegen Strahlen sowohl hinsichtlich der Vorbereitung auf einen atomaren Not-fall als auch der Organisation im Normalfall im letzten Jahrzehnt des Kalten Krieges beschleunigt transformiert und neu konfiguriert.

Normalfall

KAPITEL 2

Forschen

Wissen über die Wirkungen radioaktiver Strahlung bildet eine zentrale Voraussetzung für das Regieren von Strahlen. Um Sicherheitsdispositive gegen Strahlen entwerfen zu können, braucht es Erkenntnisse darüber, welche Effekte Strahlen auf lebende Organismen ausüben und welche Strahlendosen bzw. -mengen gefährlich sind. Im beginnenden ‚Atomzeitalter' schien es deshalb zunehmend dringlich, zu erforschen, inwiefern Strahlen schädliche Auswirkungen auf Menschen, andere Lebewesen und die Umwelt haben. Erst wenn bekannt war, wie Strahlen wirken, konnten Grenzwerte festgelegt werden, um Strahlen in ihren vielfältigen Anwendungen in der Medizin, der Industrie und der Forschung zu überwachen und zu regulieren. Wissen über die Wirkungen von Strahlen war jedoch ebenso notwendig, um Schutzmaßnahmen gegen den Einsatz von Atomwaffen zu entwickeln. Sowohl im Hinblick auf einen nuklearen Alltag als auch einen atomaren Notfall erwies sich strahlenbiologisches Grundlagenwissen folglich als unabdingbar.

Dieses Kapitel behandelt die Förderung und Entwicklung der biologischen Strahlenforschung in der Schweiz während des Kalten Krieges. Die Produktion von Strahlenwissen wurde Ende der 1940er Jahre zu einer gouvernementalen Aufgabe erklärt. Als zunehmend wichtiger Bestandteil der schweizerischen Atompolitik vermochte die biologische Strahlenforschung in der Folge umfangreiche Ressourcen zu mobilisieren.[1] Untersucht wird, wie sich die schweizerische Forschungspolitik in diesem Wissensgebiet im Verlaufe des Kalten Krieges veränderte und welche Interessen und Strategien, Strukturen und Paradigmen den Forschungs- und Forschungsförderungsbereich der biologischen Strahlenforschung prägten.[2] Damit rückt die wenig bekannte Geschichte eines Forschungsfeldes in den Blick, das mit den politischen Kontexten des Kalten Krieges ebenso verschränkt war wie mit den grundlegenden Transformationen der Biowissenschaften im ‚Atomzeitalter'.

Für die folgenden Ausführungen ist eine begriffliche Vorbemerkung notwendig: Das Forschungsfeld der Strahlenbiologie lässt sich insbesondere

---

1 Zur schweizerischen Atompolitik: Gisler 2014; Joye-Cagnard 2010, S. 55–145; Kupper 2003b.

2 Zur schweizerischen Forschungspolitik grundlegend: Joye-Cagnard 2010; Joye-Cagnard 2009; Joye-Cagnard 2008; Fleury/Joye 2002. Vgl. auch Honegger/Jost/Burren/Jurt 2007; Lepori 2006; Benninghoff/Leresche 2003; Horváth 1998; Heiniger 1990; Hill/Rieser 1983; Latzel 1979.

bis Mitte der 1960er Jahre nicht klar von anderen biowissenschaftlichen Forschungsgebieten abgrenzen, was eine Definition erschwert. Grundsätzlich lassen sich jedoch zwei Verwendungen des Begriffs unterscheiden: In einem weiten Sinn stellte Strahlenbiologie ein Sammelbegriff dar, unter welchem sämtliche medizinische und biologische Forschungen subsumiert wurden, die sich in irgendeiner Weise mit Wirkungen und Anwendungen von Strahlen befassten.[3] In einem engeren Sinn stand die Bezeichnung der Strahlenbiologie für eine selbstständige Disziplin, die Strahlen als epistemische Dinge erforschte, das heißt, das Forschungsinteresse galt den biologischen Wirkungen, die Strahlen auf lebende Organismen ausüben.[4] Im Folgenden verwende ich den Begriff Strahlenbiologie (sowie das Synonym Radiobiologie) in der Regel für die engere Lesart, während ich für die weiter gefasste Bedeutung den Begriff der biologischen Strahlenforschung benutze.[5] Allerdings handelt es sich bei den Forschungsfeldern, die diese Begriffe bezeichnen, um *moving targets*, was eine trennscharfe Abgrenzung über den gesamten Untersuchungszeitraum unmöglich macht.[6]

2.1   Autarkie und Offenheit. Anfänge der biologischen Strahlenforschung, 1947–1958

Die Schweizerische Studienkommission für Atomenergie (SKA) war die erste Institution der schweizerischen Atompolitik, und sie war auch die erste Organisation, die sich mit der Forschungsförderung im Bereich der biologischen Strahlenforschung befasste.[7] Sie wurde im Herbst 1945 auf Initiative von Bundesrat Karl Kobelt, dem Vorsteher des Eidgenössischen Militärdepartements (EMD), ins Leben gerufen und war aufgrund des starken Interesses des Militärs

---

3   Vgl. bspw. CH-BAR#E7170B#1968/105#58*, Bericht über den Besuch von strahlenbiologischen Arbeitsstellen in den U.S.A., 25.1.1952.
4   Vgl. bspw. Archiv SNF, Schachtel „Atomforschung 1960- Nr. 4 Diverses FK Texte Hochschulbeitrag", Bericht über das „Symposium on Research Programms in Radiobiology", ohne Datum; Fritz-Niggli 1988, S. 76. Zum Begriff des epistemischen Dings: Rheinberger 2006a [1997]; Rheinberger 2005; Rheinberger 1992. Kritisch dazu: Bloor 2005.
5   Auch der Wissenschaftshistoriker Alexander von Schwerin benutzt den Begriff der biologischen Strahlenforschung als Sammelbegriff für die medizinisch-biologische Forschung mit Strahlen. Vgl. von Schwerin 2015.
6   Zum Begriff der *moving targets*: Hacking 2007.
7   Wesentliche Teile dieses Teilkapitels wurden bereits publiziert in: Marti 2017a.

an der Atomtechnologie dessen Departement unterstellt.[8] Wie im Zweckartikel ausgeführt, bestand die offizielle, in einer bundesrätlichen Verordnung fest-geschriebene Aufgabe der SKA darin, das in der Schweiz verfügbare Wissen und Know-how im Bereich der Atomphysik zu erweitern. Dazu sollte die aus zunächst elf, später zwölf Vertretern der Wissenschaft und der Bundesver-waltung zusammengesetzte Expertenkommission Forschungen an Schweizer Hochschulen anregen und unterstützen, Forschungsaufträge erteilen, Be-hörden beraten und Wissenschaftler ausbilden.[9] Das EMD erließ indessen zusätzliche, als geheim deklarierte „Richtlinien für die Arbeiten der SKA auf militärische[m] Gebiet" (Abb. 1).

In diesem inoffiziellen militärischen Arbeitsprogramm beauftragte das EMD die SKA nicht nur damit, „die *Schaffung einer schweizerischen Bombe* oder anderer geeigneter Kriegsmittel, die auf dem Prinzip der Atomenergie beruhen", anzustreben, sondern wies diese auch an, „die *Mittel* [zu] studieren, *die uns ermöglichen, uns gegen Uran-Bomben und ähnliche Kriegsmittel mög-lichst wirksam zu schützen.*" Neben der Prüfung baulicher Schutzmaßnahmen sollte in diesem Zusammenhang untersucht werden, „[w]elche Gefahr der Nachwirkung durch radioaktive Elemente besteht."[10] Die klandestin verfolgte Beschaffung eigener Atomwaffen und die angestrebte Suche nach Strahlen-schutzmitteln bildeten folglich zwei komplementäre Teile desselben militär-strategischen Projekts. Die von der SKA aufgrund militärischer Interessen geförderte biologische Strahlenforschung steht im Zentrum dieses Teilkapitels. Sie fand in der schweizerischen Geschichtswissenschaft bisher nur marginale Beachtung, obwohl sie für die Entwicklung der biomedizinischen Forschung in der Schweiz von großer Bedeutung war.[11]

---

8   Zur SKA: Joye-Cagnard 2010, S. 55–145; Wildi 2003, S. 34–42; Kupper 2003a, S. 171–174; Kupper 2003b; Hug 1998; Hug 1994; Hug 1991; Hug 1987, bes. S. 71–90; Studienkommission für Atomenergie 1960.

9   Vgl. CH-BAR#E7170B#1968/105#141*, Verordnung des Bundesrates über die Schweizerische Studienkommission für Atomenergie, 8.6.1946.

10 CH-BAR#E7170B#1968/105#141*, Richtlinien für die Arbeiten der S.K.A. auf militärischem Gebiet, 5.2.1946, Hervorh. i. Orig. In CH-BAR#E7170B#1968/105#141* finden sich zwei Ab-schriften der militärischen Richtlinien, die inhaltlich nicht identisch sind. So wird die Schaffung einer schweizerischen Bombe in der anderen Version nur implizit erwähnt, in-dem es heißt, die SKA solle „die Verwendung der Atomenergie für den Einsatz von Kriegs-mitteln [...] studieren und prüfen".

11 Eine kurze inhaltliche Auseinandersetzung bietet lediglich: Hug 1987, S. 104–106. Er-wähnung findet die von der SKA geförderte biologische Strahlenforschung zudem bei: Joye-Cagnard 2010, S. 113 f.; Strasser 2004, S. 3; Hug 1991, S. 331.

Fe.

EIDGENOESSISCHES MILITAERDEPARTEMENT

Geheim!

Kontr.Nr. 70.32 v.45   Bern, 5. Februar 1946.

G e h e i m

R i c h t l i n i e n

für die Arbeiten der S.K.A. auf militärischem Gebiet.

1.   Die S.K.A. soll durch ihre Arbeit in die Lage kommen,
die militärischen Behörden so genau als möglich über den Stand
der Entwicklung der Atomenergie-Verwendung für militärische
Zwecke im Ausland zu orientieren.

Insbesondere sollen festgestellt werden:

a. Lage und Ausmass der Uran-Vorkommen in der Welt sowie derjenigen andern Elemente, die für die Ausnützung der Atomenergie in Frage kommen.

b. Grösse und Art des Einsatzes der Uran-Bomben sowie aller
andern auf der Ausnützung der Atomenergie beruhenden Kriegsmittel.

c. Lage und Produktionskapazität der ausländischen industriellen Anlagen für militärische Ausnützung der Atomenergie.

d. Im Ausland angewendete Abwehrmittel gegen Uran-Bomben und
ähnliche Kriegsmittel.

2.   Die S.K.A. soll die Mittel studieren, die uns ermöglichen, uns gegen Uran-Bomben und ähnliche Kriegsmittel möglichst wirksam zu schützen.

Insbesondere sollen geprüft werden:

a. Die Wirkung der festgestellten Uranbomben gegen unterirdische
Anlagen und Befestigungswerke.

Welche Ueberdeckung ist notwendig?

Wie sollen die Zugänge ausgebildet werden?

Welche Wirkung ist gegen leichte Feldbefestigungen bisheriger Bauart (z.B. leichte Bunker) zu erwarten?

b. Die Wirkung der festgestellten Uranbomben gegen oberirdische
Anlagen, insbesondere

Ortschaften.

Wie gross ist der Todesradius?

Wie gross ist der Zerstörungsradius für Gebäude/Gelände?

Bilden leichte Luftschutzanlagen bisheriger Bauart einen
Schutz gegen Uranbomben?

Welche Gefahr der Nachwirkung durch radioaktive Elemente
besteht?

./.

Abb. 1   Die geheimen militärischen Richtlinien des EMD für die SKA vom 5.2.1946.

- 2 -

c. Die möglichen aktiven Abwehrmittel, insbesondere die Geräte
für die Feststellung von im Lande bei Agenten vorhandenen
Uranbomben und die Mittel zur vorzeitigen Auslösung von
Uranbomben, die auf dem Luftwege transportiert werden.

3.   Die S.K.A. soll überdies die Schaffung einer schweizerischen Bombe oder anderer geeigneter Kriegsmittel, die auf
dem Prinzip der Atomenergie beruhen, anstreben.

    Es ist zu versuchen, ein Kriegsmittel zu entwickeln,
das aus einheimischen Rohstoffquellen erzeugt werden kann.

    Der Einsatz dieser Kriegsmittel auf verschiedene Art
ist zu prüfen, namentlich:

a. Uranbomben als Zerstörungsmittel ähnlicher Art wie Minen
für Zwecke der Defensive und aktive Sabotage.

b. Uranbomben als Artilleriegeschosse.

c. Uranbomben als Flugzeugbomben.

4.   Das eidg. Militärdepartement erwartet von den Mitgliedern der S.K.A., dass sie die Arbeiten auf militärischem
Gebiet mit der grösstmöglichen Energie fördern und nichts
unterlassen, um so rasch als möglich zu konkreten Resultaten
zu kommen.

    Im Bewusstsein, dass das Schicksal des Landes von
diesen Arbeiten abhängen kann, sichert das Departement der
Kommission die weitgehendste Unterstützung zu.

                 Eidg. Militärdepartement:

                    sig. Kobelt.

Strahlenbiologisches Wissen und totale Landesverteidigung

In der unmittelbaren Nachkriegszeit und verstärkt im frühen Kalten Krieg avancierte die Vorstellung eines mit Atom- und anderen Massenvernichtungswaffen geführten Krieges in der Schweiz zum neuen Bedrohungsszenario.[12] Für diese neue Form der Kriegsführung wurde der Begriff des totalen Krieges verwendet und – als Gegenstück zu dieser Vorstellung – die Idee der totalen Landesverteidigung entwickelt.[13] Dem stark auf Erfahrungen und Denkweisen aus dem Zweiten Weltkrieg beruhenden Konzept der totalen Landesverteidigung lag die Überlegung zugrunde, dass der totale Krieg sämtliche Gesellschaftsbereiche verletze, weshalb alle potenziellen gesellschaftlichen Verwundbarkeiten bereits bei der Planung der nationalen Verteidigung mitberücksichtigt werden müssten.[14] Das ideologische Fundament der totalen Landesverteidigung, welche in die beiden Hauptbereiche militärische und zivile Landesverteidigung unterteilt wurde, bildete die Geistige Landesverteidigung.[15] In der Zwischenkriegszeit als staatstragende Integrationsideologie gegen den Kommunismus einerseits und den Nationalsozialismus andererseits entstanden, erlebte dieses gemeinschaftsideologische Konstrukt im Kalten Krieg eine Renaissance, in deren Zug sowohl Aufrüstungsbestrebungen als auch Repressionen gegen (vermeintliche) äußere und innere Feinde leichter legitimierbar und durchsetzbar wurden. Als identitätsstiftende Kernelemente beschwor die Geistige Landesverteidigung nationale Symbole und Mythen wie die Milizarmee und die Wehrbereitschaft und zementierte einen auf einem starken Antikommunismus und der bewaffneten Neutralität basierenden politischen Grundkonsens.[16]

Mit Blick auf die schweizerische Atomtechnologieentwicklung und insbesondere die im Geheimen angestrebte Beschaffung einer eigenen Atom-

---

12   Zu den Bedrohungsvorstellungen in der Schweiz des Kalten Krieges: Marti 2015a.

13   Zur Geschichte und zum Konzept des totalen Krieges siehe die fünf aus einer Konferenzserie entstandenen Bände, erschienen in der Publikationsreihe des Deutschen Historischen Institutes Washington: Förster/Nagler 1997; Boemeke/Chickering/Förster 1999; Chickering/Förster 2000; Chickering/Förster 2003; Chickering/Förster/Greiner 2010. Zum Begriff des totalen Krieges: Jaun 2001.

14   Vgl. Breitenmoser 2002, S. 105; Spillmann/Wenger/Breitenmoser/Gerber 2001, S. 63 f.; Däniker/Spillmann 1992, S. 592; Senn 1983, S. 46 f.

15   Zum zivilen Bereich zählten zunächst vor allem der Zivilschutz und die wirtschaftliche Landesverteidigung, später insbesondere auch der Staatsschutz und die Außenpolitik. Vgl. Degen 2009, S. 93 f.; Degen 2007, S. 79.

16   Vgl. Imhof 1996a, S. 180 f.; Kreis 1993, S. 254; Tanner 1992, S. 353. Zur Geistigen Landesverteidigung im Kalten Krieg auch: Imhof 2010; Sidler 2006; Tanner 1999; Perrig 1993. Zur Geistigen Landesverteidigung vor dem Kalten Krieg: Schnetzer 2009; Sarasin 2003; Jost/Imhof 1998; Mooser 1997; Imhof 1996b.

bombe haben verschiedene Historiker die Zusammenarbeit zwischen Wissenschaftlern und Militärvertretern in der SKA auf eine militärisch-wissenschaftliche Allianz zurückgeführt.[17] Der Begriff der Allianz weckt indessen falsche Vorstellungen. Er suggeriert nämlich, Militär und Wissenschaft seien ursprünglich ‚autonome' gesellschaftliche Teilsysteme gewesen, die dann zu einer bestimmten Zeit eine Allianz gebildet hätten. Eine solche Deutung ist für die Schweiz – gerade während des Kalten Krieges – nicht plausibel: Für das schweizerische Milizsystem – so auch für die SKA als Expertenkommission – war vielmehr die permanente Vermischung der männlichen Eliten aus Wissenschaft, Militär, Verwaltung, Politik und Wirtschaft konstitutiv.[18] Zusammengehalten wurden diese Eliten durch gemeinsame Normen und Werte sowie politische Maximen, insbesondere die Einhaltung des schweizerischen Kalte-Krieg-Konsenses. Wer sich nonkonformistisch verhielt und diese Überzeugungen nicht teilte, drohte mundtot gemacht und aus diesem Machtzirkel ausgeschlossen zu werden. Ein kurzes Beispiel aus der SKA verdeutlicht dies: Mit Rekurs auf die humanitäre Tradition der Schweiz warf Kommissionsmitglied Jean Rossel, Professor für Physik an der Universität Neuenburg, anlässlich einer Sitzung im Januar 1956 die Frage auf, ob nicht die SKA oder der Bundesrat im Namen der Schweiz einen Appell zur Vermeidung eines Atomkrieges oder zumindest zur Einstellung der oberirdischen Atombombenversuche erlassen solle. Dieser Antrag wurde klar abgelehnt. Die protokollierte Diskussion ist zwar in höflichem Ton gehalten, die gegen Rossels Idee ins Feld geführten Argumente zeigen jedoch, dass dieser durch sein pazifistisches Ansinnen in die Nähe von Defätisten respektive Kommunisten gerückt wurde. So meinte ein Kommissionsmitglied, Rossels Vorschlag sei „Wasser auf die Mühle der PdA [Partei der Arbeit]", während ein anderes befürchtete, dass „wir damit nur unsere Bevölkerung beunruhigen würden". Am Ende sah sich Rossel dazu veranlasst, nachzugeben und sich persönlich zu verteidigen.[19] Pazifistische Haltungen galten vor dem Hintergrund des schweizerischen Kalte-Krieg-Konsenses tendenziell als verdächtig, weil sie die militärischen und politischen Ziele der totalen Landesverteidigung sowie die mit dieser verbundenen idealisierten Imaginationen einer wehrhaften und autarken Schweiz infrage stellten. Dies war in der SKA nicht erwünscht. So gaben militärisch begründete Autarkievorstellungen, wie ich im Folgenden

---

17   Vgl. Strasser 2004, S. 4; Wildi 2003, S. 37 f.; Kupper 2003a, S. 173; Hug 1998, S. 234; Hug 1994, S. 170; Hug 1987, S. 71–90. Kritisch dazu: Joye-Cagnard 2010, S. 62–66 und S. 143.

18   Vgl. Tanner 1997, S. 319.

19   CH-BAR#E7170B#1968/105#70*, Protokoll der 31. Sitzung der SKA, 23.1.1956.

zeigen werde, den wesentlichen Anstoß für das Engagement der SKA im Bereich der biologischen Strahlenforschung.

Strahlenschutzfragen waren nach Ansicht der schweizerischen Militärspitze von zentraler Bedeutung, um in einem künftigen Atomkrieg die militärische Handlungsfähigkeit aufrechtzuerhalten. Bereits anlässlich einer vor der konstituierenden Sitzung der SKA im November 1945 durchgeführten Gesprächsrunde, an welcher neben den designierten Kommissionsmitgliedern auch Bundesrat Karl Kobelt und weitere hochrangige Vertreter des EMD teilnahmen, stellten Schutzmaßnahmen gegen Atomwaffen ein zentrales Diskussionsthema dar. Generalstabschef Louis de Montmollin wollte von Kommissionspräsident Paul Scherrer, Professor an der Eidgenössischen Technischen Hochschule Zürich und Leitfigur der schweizerischen Atomphysik, etwa wissen, welche Schutzvorkehrungen die Armee „im Hinblick auf einen Angriffskrieg mit Atombomben" treffen müsse. Den Ausbildungschef der Armee Hans Frick wiederum beschäftigte die Frage, ob ein Gelände nach einem Atombombeneinsatz „wegen einer allfälligen radioaktiven Strahlung" noch betretbar sei.[20] Einen weiteren Hinweis darauf, als wie wichtig die Schweizer Militärs Probleme des Strahlenschutzes erachteten, stellt die Wahl von Hermann Gessner dar, der im Dezember 1950 vom Bundesrat auf Antrag der Kriegstechnischen Abteilung des EMD als zusätzliches zwölftes Mitglied in die SKA gewählt wurde. Gessner hatte kurz zuvor die Leitung der Sektion für Schutz und Abwehr gegen ABC-Waffen in der Abteilung für Sanität des EMD übernommen und baute die neugeschaffene ABC-Sektion in der Folge kontinuierlich aus.[21]

Auf Initiative von Kommissionsmitglied Alexander von Muralt, Physiologieprofessor an der Universität Bern, begann die SKA 1947 damit, die biologischen Wirkungen von Strahlen zu erforschen. Der spätere Initiant und erste Präsident des Schweizerischen Nationalfonds zur Förderung der wissenschaftlichen Forschung schlug vor, „dass nun auch die Probleme der durch die Uranmaschine und Atombombe hervorgerufenen Strahlenschädigungen vom medizinischen und biologischen Standpunkte aus in Angriff genommen werden sollten."[22] Von Muralt plädierte dafür, zur Klärung dieser Fragen zusätzlich den Berner Radiologen Adolf Zuppinger hinzuzuziehen. In der SKA war zu diesem Zeitpunkt augenscheinlich nur wenig strahlenbiologisches Wissen vorhanden. Als ersten Schritt nahm ein Assistent der unter der Leitung

---

20   CH-BAR#E7170B#1968/105#141*, Protokoll der Konferenz über die Verwendung der Atomenergie, 5.11.1945.
21   Vgl. Hug 1997, S. 89. Zur ABC-Sektion vgl. Kapitel 3.1.
22   CH-BAR#E7170B#1968/105#141*, Protokoll der 6. Sitzung der SKA, 18.12.1946.

von von Muralt und Zuppinger stehenden Arbeitsgruppe deshalb die Aufarbeitung der aktuellen Forschungsliteratur in Angriff. Die Resultate dieser
Recherche – im Wesentlichen eine Zusammenfassung der bis zu diesem
Zeitpunkt zugänglichen mehrheitlich US-amerikanischen und britischen
medizinischen Forschungsliteratur – fanden Eingang in den zweiten von insgesamt vier geheimen militärischen Berichten, welche die SKA zwischen 1947
und 1950 verfasste, um die in den militärischen Richtlinien aufgeworfenen
Fragen zu beantworten.[23] Dieser Bericht über die „Wirkung der Atombombe
auf den Menschen" befasste sich aus medizinischer Sicht mit der biologischen
Wirkung von Strahlen. Gleich zu Beginn hielt der Bericht fest, deren Kenntnis bilde „die Voraussetzung, um für evtl. Atombombenangriffe die nötigen
Schutzmassnahmen und Hilfsvorbereitungen treffen zu können."[24] Eigene
Forschungsergebnisse enthielt der Bericht hingegen praktisch keine, da
sich die entsprechenden Untersuchungen der SKA erst im Anfangsstadium
befanden.

Um die biologische Strahlenforschung gezielt voranzutreiben, hielten
Mitglieder der SKA im Dezember 1947 eine spezielle Sitzung ab. Auf der
Tagesordnung stand ein einziger Punkt: „Welches Gerät oder Mittel ist am
zweckmässigsten und steht am schnellsten zur Verfügung zur Untersuchung der Wirkung der von der Atombombe ausgehenden durchdringenden
Strahlen auf den tierischen Körper?" Während der Diskussion setzte sich
von Muralt besonders stark für die Durchführung strahlenbiologischer
Forschungen ein. Für ihn bestand der Zweck der dringend nötigen Strahlenuntersuchungen darin,

> therapeutische Massnahmen gegen die beim Bestrahlen durch eine A-Bombe
> auftretenden Körperschäden treffen zu können und wenn möglich, Vorräte von
> Heilmitteln zu schaffen. Wenn zweckmässige Heilmittel in genügender Menge
> vorhanden sind, dann ist die Stellung des Bundesrates in einem Konfliktsfalle
> wesentlich anders, als wenn keine Vorkehren getroffen sind.

---

23 Vgl. CH-BAR#E7170B#1968/105#72*, Jahresbericht Prof. A. von Muralt für 1948, 22.12.1948.
    Die militärischen Berichte wurden Bundesrat Karl Kobelt sowie den Mitgliedern der
    Landesverteidigungskommission, einem aus den höchsten Schweizer Offizieren be-
    stehenden militärischen Leitungs- und Beratungsgremium, zugestellt. Zur Landesver-
    teidigungskommission: Huber 1960.

24 CH-BAR#E27#1000/721#19039*, Militärischer Bericht No. 2, Juni 1948. Der erste Bericht
    vom Oktober 1947 bildete einen vorläufigen Versuch der Beantwortung aller in den
    militärischen Richtlinien aufgeworfenen Fragen, der dritte Bericht vom Oktober 1949 be-
    fasste sich mit den baulichen Schutzmaßnahmen gegen Atombomben, und im vierten Be-
    richt vom Mai 1950 wurden die Schutzmaßnahmen gegen radioaktive Seuchsubstanzen
    behandelt. Die vier Berichte sind enthalten in: CH-BAR#E27#1000/721#19039*.

Seine Ausführungen schloss er mit den eindringlichen Worten, er sei dafür, „dass etwas und zwar etwas Rechtes geschieht.“[25] Die übrigen Sitzungsteilnehmer teilten von Muralts Überzeugungen. Nach rund eineinhalbstündiger Diskussion entschieden sich die Mitglieder der SKA für die Anschaffung eines Betatrons – ein Teilchenbeschleuniger –, das sie als das geeignetste Gerät für die beabsichtigten Strahlenversuche betrachteten.

Bis zu diesem Zeitpunkt hatte die Arbeitsgruppe unter von Muralt und Zuppinger lediglich einige erste experimentelle Bestrahlungsversuche mit bereits seit dem Ende des 19. Jahrhunderts bekannten Strahlungsquellen durchgeführt. So waren im Einklang mit der internationalen strahlenbiologischen Forschung allgemeine Fragen der Strahlenwirkung untersucht und mittels Röntgenstrahlen und Radium Tiere und einzelne Nervenfasern bestrahlt sowie die blutbildende Wirkung bestimmter Stoffe studiert worden.[26] Für die von der SKA geplanten strahlenbiologischen Versuche sollte nun die viel leistungsfähigere Betatron-Anlage angeschafft werden. Mit diesem Teilchenbeschleuniger konnten hochenergetische Photonenstrahlen erzeugt werden, was 1947 in der Schweiz nirgends möglich war, weil die dazu notwendigen Apparate fehlten. Da Zuppinger davon ausging, dass auch Neutronenstrahlen für die bei den Atombombenabwürfen auf Hiroshima und Nagasaki entstandenen Strahlenschäden verantwortlich waren, hätte er gerne sowohl mit energiereichen Photonen- als auch mit Neutronenstrahlen experimentiert.[27] Ein Neutronengenerator, der im Bedarfsfall für Tierversuche zur Verfügung stand, befand sich bereits im Physikalischen Institut von Kommissionsmitglied Paul Huber an der Universität Basel, und die Mitglieder der SKA hielten es für „sehr schwierig und kostspielig“, eine solche Apparatur zusätzlich in Bern zu installieren.[28]

In einem Bericht begründete Zuppinger die Beschaffung des Betatrons mit der Relevanz der strahlenbiologischen Forschung für die schweizerische Landesverteidigung. Als besonders problematisch erachtete er, dass die SKA hinsichtlich der schädlichen Wirkungen von Strahlen „vollständig auf die Mitteilungen amerikanischer und englischer Beobachter angewiesen“ sei. „Diese Mitteilungen sind von beschränktem Wert, da gegenwärtig das ganze Atombombenproblem von einer Geheimsphäre umgeben ist. [...] Bei der Durchsicht der veröffentlichten offiziellen Berichte gewinnt man den Eindruck, dass

25   CH-BAR#E7170B#1968/105#57*, Protokoll der Sitzung einer Gruppe der SKA, 4.12.1947.

26   Vgl. CH-BAR#E7170B#1968/105#72*, Jahresbericht Prof. A. von Muralt für 1948, 22.12.1948,
      und Jahresbericht Arbeitsgruppe Prof. v. Muralt – Prof. Zuppinger für 1949, 1.3.1950.

27   Vgl. CH-BAR#E7170B#1968/105#58*, Bericht und Antrag für die Beschaffung eines Beta-
      trons, Dezember 1947.

28   CH-BAR#E7170B#1968/105#57*, Protokoll der Sitzung einer Gruppe der SKA, 4.12.1947.

wichtige Punkte nicht gebührend berücksichtigt resp. ‚aus Sicherheitsgründen' übergangen wurden." Die in der Schweiz geplanten „Vorbereitungen für Abwehr und Behandlung der Geschädigten" müssten „sich auf sichere Unterlagen stützen können". Aus diesem Grund schlug Zuppinger vor, selbst Tierversuche durchzuführen, „um die vorhandenen Angaben zu verifizieren und die fehlenden Daten nach Möglichkeit durch eigene Versuche zu ergänzen."[29] Zuppinger argumentierte also, eigenständig und unabhängig durchgeführte strahlenbiologische Untersuchungen würden eine wesentliche Voraussetzung dafür darstellen, dass die Schweiz militärisch relevantes Strahlenschutzwissen gewinnen könne. In diesem Plädoyer für eine autarke Wissensproduktion spiegelte sich das militärstrategische und das ideologische Konzept der totalen Landesverteidigung wider.

Im März 1948 fällte die SKA den grundsätzlichen Beschluss, für die angestrebten strahlenbiologischen Untersuchungen ein eigenes Betatron zu kaufen. Kommissionssekretär Alfred Krethlow holte zu diesem Zweck bei einer US-amerikanischen, einer britischen und der im aargauischen Baden ansässigen Firma Brown, Boveri & Cie. (BBC) Offerten ein. Die SKA entschied sich schließlich dafür, den Bau eines Betatrons mit einer Elektronenenergie von 30 MeV bei der BBC in Auftrag zu geben.[30] Die Auftragsvergabe für die Herstellung von Apparaten und Forschungsinstrumenten an die nationale Industrie ist als eine schweizerische Strategie interpretiert worden, um die Embargo-Politik der USA auf dem Gebiet der Atomenergie zu umgehen.[31] Tatsächlich hätte – dies war den Kommissionsmitgliedern bewusst – die Lieferung eines amerikanischen Betatrons in die Schweiz einer Bewilligung der US-Regierung bedurft. Die im entsprechenden Sitzungsprotokoll zusammengefassten Voten deuten indessen nicht darauf hin, dass die Umgehung des US-Embargos der ausschlaggebende Grund für die Wahl der BBC als Herstellerfirma darstellte, zumal ja auch ein britisches Gerät im Gespräch war. In der protokollierten Diskussion werden vielmehr zwei andere Kriterien erwähnt. Erstens bot die BBC in ihrer Offerte die kürzeste Lieferfrist für die Anfertigung eines Betatrons an.[32] Der Frage des Liefertermins kam seit Beginn der Anschaffungsdiskussion hohe Priorität zu, da die SKA daran interessiert war, möglichst rasch mit den Bestrahlungsversuchen zu beginnen.[33] Zweitens

---

29   CH-BAR#E7170B#1968/105#58*, Bericht und Antrag für die Beschaffung eines Betatrons, Dezember 1947.

30   Vgl. CH-BAR#E7170B#1968/105#57*, Protokoll der 13. Sitzung der SKA, 4.3.1948.

31   Vgl. insb. Joye-Cagnard 2010, S. 114 und S. 144.

32   Vgl. CH-BAR#E7170B#1968/105#57*, Protokoll der 13. Sitzung der SKA, 4.3.1948.

33   Vgl. ebd., Protokoll der Sitzung einer Gruppe der SKA, 4.12.1947, und Protokoll der 13. Sitzung der SKA, 4.3.1948. Nach dem grundsätzlichen Beschaffungsentscheid hielt die

spielte die Tatsache, dass es sich bei der BBC um ein schweizerisches Unternehmen handelte, bei der Wahl der Herstellerfirma eine entscheidende Rolle. Dies verdeutlicht die unwidersprochene Aussage eines Kommissionsmitglieds, welches dafür plädierte, „dass man ein B.B.C.-Betatron kaufen solle und nicht ein ausländisches.“[34] Der Beschluss der SKA, einer Schweizer Firma den Vorzug zu geben, fügte sich in symbol- wie auch in wirtschaftspolitischer Hinsicht bestens in die Autarkievorstellungen der totalen Landesverteidigung ein.

Die Autarkielinie wurde im frühen Kalten Krieg von der Kriegstechnischen Abteilung besonders vehement vertreten. Diese fungierte als Schlüsselstelle für die Entwicklung und Beschaffung von Rüstungsgütern für die Schweizer Armee und war in der SKA durch ihren Chef René von Wattenwyl sowie durch den Sektionschef Alfred Krethlow vertreten.[35] Eine möglichst autarke Forschung und Entwicklung wurde zu Beginn des Kalten Krieges indessen nicht nur bei der Beschaffung von Kriegsmaterial angestrebt.[36] Vielmehr war dieses Postulat auch für die wirtschaftliche und die zivile Landesverteidigung sowie allgemein für die Versorgung des Landes mit als lebenswichtig erachteten Produkten und Gütern maßgebend.[37] So sollte beispielsweise der Blutspendedienst ab dem Ende der 1940er Jahre so aufgebaut werden, dass er in einem Katastrophenfall eine autarke Versorgung der Schweiz mit Blut und Blutprodukten garantieren würde.[38] Im Bereich der Energieversorgung war die Vorstellung der Autarkie ebenfalls präsent, was sich in den 1950er und 1960er Jahren unter anderem im Versuch niederschlug, eine eigene Reaktorlinie zu entwickeln, an welcher sich die SKA finanziell beteiligte.[39] In der Realität waren solchen Autarkiebestrebungen aufgrund zunehmender wirtschaftlicher und technologischer Verflechtungen und Abhängigkeiten indes Grenzen gesetzt. Dennoch zeigt

---

SKA stets an der schweizerischen BBC als Herstellerfirma fest – obwohl sich sehr bald abzeichnete, dass es bis zum Liefertermin voraussichtlich vier Jahre dauern und die Herstellung bei US-amerikanischen Firmen vermutlich schneller vonstattengehen würde. Für von Muralt stellte sich Ende des Jahres 1948 deshalb „von neuem die Frage, ob nicht ein amerikanisches Instrument angeschafft werden sollte." Diese Aussage deutet abermals darauf hin, dass das US-Embargo in der SKA offenbar nicht als ein unumgehbares Problem betrachtet wurde. Ob es sich dabei um eine Fehleinschätzung handelte, muss hier offenbleiben. Vgl. CH-BAR#E7170B#1968/105#72*, Jahresbericht Prof. A. von Muralt für 1948, 22.12.1948.

34   CH-BAR#E7170B#1968/105#57*, Protokoll der 13. Sitzung der SKA, 4.3.1948.
35   Zu den Autarkieidealen der Kriegstechnischen Abteilung: Schiendorfer 2020; Schiendorfer 2015; Vautravers 2013; Vautravers 2004, bes. S. 214–220, S. 247 f. und S. 283 f.
36   Zu schweizerischem Kriegsmaterial im Kalten Krieg: Dommann/Marti 2020.
37   Zur Versorgungspolitik: Cottier 2014.
38   Zum Blutspendedienst: Germann 2015. Vgl. dazu Kapitel 7.1.
39   Vgl. insb. Wildi 2003.

der Betatron-Kaufentscheid, dass die Produktion von Strahlenwissen für die SKA auch in technologischer Hinsicht eine Aufgabe darstellte, die mit dem Autarkieideal der totalen Landesverteidigung übereinstimmen sollte und deshalb in Zusammenarbeit mit der nationalen Industrie zu lösen war.

Transnationaler Know-how-Transfer und nationale Wissensproduktion

Die Beschaffung des Betatrons war mit großen Schwierigkeiten verbunden. Rund drei Jahre nach dem grundsätzlichen Kaufentscheid war die SKA aufgrund von Entwicklungsschwierigkeiten der BBC noch keinen Schritt weitergekommen. Zudem waren auf dem Markt inzwischen neue, leistungsfähigere Betatron-Typen erhältlich, sodass sich erneut die Frage stellte, welches Gerät nun tatsächlich angeschafft werden sollte.[40] Wie sich im Folgenden zeigen wird, trug der Austausch mit US-amerikanischen Wissenschaftlern und Forschungsinstituten maßgeblich dazu bei, die von der SKA anvisierte strahlenbiologische Forschung schließlich doch in Gang zu setzen. Dieser transnationale Know-how-Transfer konterkarierte die schweizerische Prämisse einer autarken Wissensproduktion.

Der aufgrund der Entwicklungsschwierigkeiten des Betatrons stark verzögerte Beginn der Strahlenversuche sorgte unter den Mitgliedern der SKA für Unmut. In einer Sitzung im Januar 1951 diagnostizierte Alexander von Muralt unter Verweis „auf die in grossem Umfange in den U.S.A. laufenden Arbeiten" dringenden Handlungsbedarf und betonte: „Auch bei uns muss etwas geschehen." Später setzte er nach: „Tun wir nichts, so vernachlässigen wir die der SKA übertragene Aufgabe." Kommissionsmitglied Max Kaufmann, Direktor des Bundesamtes für Industrie, Gewerbe und Arbeit, sah dies genauso und rekurrierte auf die öffentliche Meinung: „Das Volk erwartet, dass die SKA betreffend Strahlungsschäden auf biologischem Gebiete etwas tut." René von Wattenwyl unterstützte die Voten seiner Vorredner und ergänzte, dass „das ganze Volk an den Strahlungsproblemen interessiert" sei. Die Mitglieder der SKA waren sich zudem einig darüber, dass man den Standort Bern unter der Führung der Professoren von Muralt und Zuppinger „zum Zentrum für biologische Forschung ausbaut".[41]

Hauptgegenstand der anlässlich dieser Sitzung geführten Diskussion bildete die Frage, ob, wie ursprünglich beabsichtigt, ein Betatron mit einer

---

40   Vgl. CH-BAR#E7170B#1968/105#57*, Protokoll der 14. Sitzung der SKA, 10.1.1949, Protokoll der 15. Sitzung der SKA, 28.6.1949, Protokoll der 18. Sitzung der SKA, 3.7.1950, und Protokoll der 19. Sitzung der SKA, 25.1.1951.

41   Ebd., Protokoll der 19. Sitzung der SKA, 25.1.1951.

Elektronenenergie von ungefähr 30 MeV oder ein Gerät mit einer Energie von
60–100 MeV angeschafft werden solle. Während für die strahlenbiologischen
Forschungen ein 30 MeV-Betatron genügt hätte, zeigten vor allem Physiker
Interesse an einem Apparat mit einer energiereicheren Strahlung, da mit
einem derartigen Gerät auch Materialuntersuchungen durchgeführt werden
konnten, wie sie insbesondere die Kriegstechnische Abteilung plante.[42]

Um – wie ein Sitzungsprotokoll festhielt – „einwandfrei festzustellen,
welches Betatron für die vorgesehenen Arbeiten am zweckmässigsten ist",
unternahm Adolf Zuppinger im Auftrag der SKA im Oktober und November
1951 eine Studienreise in die USA.[43] Während seines sechswöchigen Auf-
enthalts besuchte er über ein Dutzend Universitätsinstitute, Nationale
Forschungslaboratorien und Armeeforschungseinrichtungen, deren strahlenbiologische Arbeiten größtenteils von der *Atomic Energy Commission*, dem
amerikanischen Pendant zur SKA, in Auftrag gegeben oder von dieser
finanziell unterstützt wurden.[44] Aus dem Reisebericht, den Zuppinger für die
SKA verfasste, wird ersichtlich, dass er in den renommiertesten strahlenbiologischen Forschungseinrichtungen mit führenden Wissenschaftlern, rang-
hohen Militärs und wichtigen Funktionären der *Atomic Energy Commission* in
Kontakt kam.[45] Um nur zwei Beispiele zu nennen: Im kalifornischen Berkeley
besprach sich Zuppinger mit den Brüdern Ernest O. und John Lawrence sowie
mit Joseph Hamilton. In Berkeley befand sich bereits seit den 1930er Jahren
ein Teilchenbeschleuniger, ein sogenanntes Zyklotron, mit dem Radioisotope
produziert werden konnten und für dessen Entwicklung Ernest O. Lawrence
1939 den Nobelpreis für Physik erhalten hatte. Die Radioisotope fanden in
den Laboratorien von Berkeley sowie an der *Medical School* der *University
of California* in San Francisco in biologischen und therapeutischen Experimenten Verwendung.[46] Am *Oak Ridge National Laboratory* in Tennessee
tauschte sich Zuppinger mit Alexander Hollaender aus. Hollaender hatte nach
dem Zweiten Weltkrieg mit Unterstützung der *Atomic Energy Commission* ein
großes strahlenbiologisches Forschungsprogramm initiiert, das von Strahlen
verursachte genetische Mutationen an Mäusen untersuchte mit dem Ziel, die

---

42   Vgl. ebd.

43   Ebd., Protokoll der 20. Sitzung der SKA, 22.5.1951.

44   Zur *Atomic Energy Commission*: Walker 2000; Caufield 1994 [1989]; Walker 1994; Walker
       1992; Mazuzan/Walker 1984.

45   Vgl. CH-BAR #E7170B#1968/105#58*, Bericht über den Besuch von strahlenbiologischen
       Arbeitsstellen in den U.S.A., 25.1.1952.

46   Zu den Forschungsarbeiten und Wissenschaftlern in Berkeley: Creager 2013, S. 24–59.

Säugetiergenetik mit der anhand von Untersuchungen der Drosophila-Fliegen entwickelten Mutationstheorie zu verbinden.[47]

In seinem Reisebericht strich Zuppinger besonders „die ausserordentliche Offenheit und Bereitwilligkeit" heraus, „mit der sie [die Forscher] ihre bisherigen Ergebnisse und ihre laufenden Untersuchungen mitteilen". Zudem zeigte er sich äußerst beeindruckt darüber, „mit welcher Energie und mit welchem Ausmass von Mitteln in den USA an der Lösung strahlenbiologischer Probleme gearbeitet wird", da „ein allgemeines Verständnis dafür [besteht], dass die Förderung der Wissenschaft lebens-, ja existenznotwendig ist."[48] In einer Übersicht fasste Zuppinger die in den USA behandelten strahlenbiologischen Probleme in fünf Aufgabenkreisen zusammen: erstens strahlenbiologische Forschungen zu Strahlentod und -schäden, die – wie die von der SKA angestrebten Untersuchungen – das Ziel verfolgten, Mittel zu finden, um diese Schäden zu kurieren oder zumindest zu minimieren; zweitens die Anwendung radioaktiver Isotope in Forschung, Diagnostik und Therapie; drittens die Abklärung allgemeiner biologischer Probleme mittels radioaktiver Substanzen, auch wenn diese nicht in einem offensichtlichen Zusammenhang mit strahlenbiologischen und kernphysikalischen Fragen standen; viertens die Verhütung von Strahlenschäden und – mit diesem Punkt verbunden – fünftens die Ausbildung von Spezialisten für die Durchführung von Strahlenschutzmessungen und die sichere Anwendung radioaktiver Substanzen.[49] Weil die USA damals auf dem Gebiet der biologischen Strahlenforschung weltweit führend waren, gaben diese Themenfelder den angestrebten internationalen Standard für Forschungsprogramme vor. Wenngleich Zuppinger einräumte, dass es „keiner Erläuterung" bedürfe, „dass man die Verhältnisse in den USA nicht ohne weiteres auf unser Land übertragen kann", orientierten sich seine Vorschläge für die SKA praktisch eins zu eins an den in seinem Bericht erwähnten Empfehlungen der US-amerikanischen Wissenschaftler.[50] So regte er an, dass sich die SKA künftig neben der eigentlichen strahlenbiologischen Forschung auch für Untersuchungen mit radioaktiven Substanzen und stabilen Isotopen sowie – über die Forschungsförderung hinausgehend – für übergeordnete Aufgaben wie den Auf- und Ausbau von Strahlenschutzmaßnahmen für den Friedens- und den Kriegsfall einsetzen solle.[51]

---

47   Zu Alexander Hollaenders strahlenbiologischem Forschungsprogramm: von Schwerin 2010d; Rader 2006.

48   CH-BAR#E7170B#1968/105#58*, Bericht über den Besuch von strahlenbiologischen Arbeitsstellen in den U.S.A., 25.1.1952.

49   Vgl. ebd.

50   Ebd.

51   Vgl. ebd.

Zuppingers Aufenthalt in den USA brachte auch die gewünschte Klärung hinsichtlich der Frage des anzuschaffenden Gerätetyps. Einstimmig schloss sich die SKA der Empfehlung „[a]merikanische[r] Fachkreise" an, die „dem 60 MeV-Beta-Synchrotron unbedingt den Vorzug vor dem 30 MeV-Gerät" gaben, und bestellte bei der BBC Ende 1951 ein Beta-Synchrotron mit einer Leistung von 60 MeV.[52] Die BBC war indessen wiederum nicht in der Lage, dieses Gerät bis zum vereinbarten Liefertermin Ende Juni 1954 fertigzustellen.[53] Immerhin konnte die Berner Arbeitsgruppe für ihre Strahlenexperimente ab Juli 1953 ein Betatron mit einer Leistung von rund 30 MeV benutzen, welches die BBC leihweise zur Verfügung stellte.[54]

Die von Zuppinger unternommene Studienreise zeigt exemplarisch, dass die SKA auf den US-amerikanischen Know-how-Transfer angewiesen war, um die eigene strahlenbiologische Forschung basierend auf internationalen Forschungs- und Technologiestandards voranzutreiben. Es war in erster Linie dieser unverzichtbare transnationale Wissenstransfer, welcher das vor dem Hintergrund der totalen Landesverteidigung propagierte Ideal einer autonomen Wissensproduktion von Anfang an unterminierte.

Kooperationen und ,strategische Multioptionalität'

Mit dem von der BBC geliehenen Betatron (Abb. 2) unternahm Adolf Zuppingers Team am Röntgeninstitut der Universität Bern ab dem Sommer 1953 physikalische, biologische und therapeutische Bestrahlungsversuche, wobei letztere primär auf die Behandlung von Krebstumoren ausgerichtet waren.[55] Daneben arbeiteten Zuppinger und seine Mitarbeiter auch mit

---

52   CH-BAR#E7170B#1968/105#57*, Protokoll der 22. Sitzung der SKA, 18.1.1952.

53   Die Gründe für diese Entwicklungsschwierigkeiten sind nicht einfach zu eruieren. Plausibel ist, dass die Produktion von Bestrahlungsgeräten bei der BBC Ende der 1940er bzw. Anfang der 1950er Jahre keine Priorität genoss. Vgl. Hug 1987, S. 104. Das Beta-Synchrotron der BBC wurde schließlich nie geliefert. 1958 schlug die BBC im Einverständnis mit Zuppinger vor, anstelle des Beta-Synchrotrons zusätzlich zum bereits vorhandenen Betatron noch ein Asklepitron zu liefern, wogegen die SKA keine Einwände hatte. Vgl. Marti 2017a, S. 93–98.

54   Vgl. CH-BAR#E7170B#1968/105#57*, Protokoll der 22. Sitzung der SKA, 18.1.1952; CH-BAR#E7170B#1968/105#72*, Jahresbericht Arbeitsgruppe Prof. Dr. A. v. Muralt und Prof. Dr. A. Zuppinger für 1952, 27.2.1953, und Jahresbericht Prof. Dr. A. Zuppinger für 1953, 27.1.1954; Hug 1987, S. 105.

55   Von 1947–1952 leiteten von Muralt und Zuppinger an der Universität Bern gemeinsam eine Arbeitsgruppe, die sowohl an von Muralts Physiologischem Institut als auch an Zuppingers Röntgeninstitut angesiedelt war. Ab 1953 fungierte Zuppinger als alleiniger Leiter der Berner Arbeitsgruppe. Vgl. CH-BAR#E7170B#1968/105#72*, Jahresberichte von A. von Muralt und A. Zuppinger für die Jahre 1948–1952 und Jahresberichte von A. Zuppinger für die Jahre 1953–1958. Vgl. auch Joye-Cagnard 2010, S. 119.

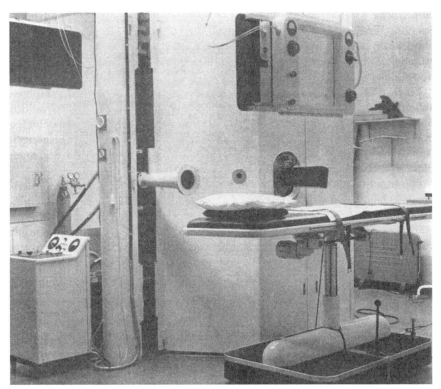

Abb. 2   Das Berner Betatron. Schwarzer Tubus rechts: Austritt der Strahlung von circa 30
           MeV. Weißer Tubus links: Austritt der diagnostischen Röntgenstrahlung.

chemischen Strahlenschutzstoffen sowie mit radioaktiven Isotopen, die ihnen
sowohl zu diagnostischen als auch zu therapeutischen Zwecken dienten.[56] Im
Folgenden fokussieren meine Ausführungen die von der Berner Arbeitsgruppe
durchgeführten Strahlenversuche und die damit verbundenen Kooperationen.

Die Versuchsanordnungen der biologischen Strahlenforschung waren
durch eine Offenheit gegenüber unterschiedlichen Forschungsstrategien und
-zielen charakterisiert. Solche Untersuchungsanordnungen lassen sich im
Sinne von Hans-Jörg Rheinberger als Experimentalsysteme auffassen, die sich
„durch Mehrdeutigkeit" sowie durch den Umstand auszeichnen, „dass sie noch
unbekannte Antworten auf Fragen geben, die der Experimentator ebenfalls

56   Für einen Überblick über die von Zuppingers Team durchgeführten Strahlenforschungen:
       Zuppinger 1960.

noch gar nicht klar zu stellen in der Lage ist."[57] Diese für Experimentalsysteme charakteristische Offenheit führte dazu, dass sich für Zuppingers Arbeitsgruppe vielfältige Kooperationsmöglichkeiten eröffneten, die sowohl disziplinäre als auch räumliche Grenzen überschritten. Zudem bedingten die Planung, Vorbereitung und Durchführung der Strahlenexperimente und -behandlungen, aber auch die Konstruktion, Handhabung und Optimierung der dafür notwendigen technischen Apparate und Instrumente sowohl Know-how und Wissen aus verschiedenen Disziplinen als auch Objekte und Materialien von anderen Forschungseinrichtungen, privaten Unternehmen oder staatlichen Stellen. Für eine erfolgversprechende Durchführung der Forschungsarbeiten war Zuppingers Team folglich in konstitutiver Weise auf Zusammenarbeit angewiesen.

Aus den Jahresberichten, die Adolf Zuppinger für die SKA verfasste, lassen sich zahlreiche lokale, nationale und transnationale Forschungskooperationen erschließen. Auf lokaler Ebene fand eine rege Zusammenarbeit zwischen Zuppingers Röntgeninstitut und anderen Instituten und Kliniken der Universität Bern und des Inselspitals statt.[58] Aufgeführt sei nur eine kleine Auswahl von Beispielen: Mit dem Anatomischen Institut unternahm Zuppingers Team Strahlenversuche an Gewebekulturen, mit der Augenklinik führte es die Strahlentherapie zur Behandlung von Augenkrankheiten ein, mit der Frauenklinik arbeitete es mit radioaktiven Kobaltperlen an der Behandlung von Gebärmuttergeschwülsten, und mit der Urologischen Klinik experimentierte es mit Kobaltisotopen an der Beseitigung von Blasentumoren.[59] Zudem testete Zuppingers Forschergruppe mit dem Medizinisch-Chemischen Institut chemische Substanzen auf deren Potenzial als Strahlenschutzstoffe. Untersuchungen mit chemischen Strahlenschutzstoffen lösten zu Beginn der 1950er Jahre international große Hoffnungen auf eine Heilung von Strahlenschäden aus. Durchschlagende Erfolge blieben allerdings aus.[60] Schließlich führte Zuppingers Arbeitsgruppe mit dem Physiologischen und dem Physikalischen Institut physikalische Versuche – beispielsweise thermische Messungen und Neutronenmessungen – am Betatron durch, um Dosierungsprobleme zu lösen. Die Beantwortung von Dosierungsfragen bildete die Voraussetzung für die strahlentherapeutische Anwendung des Betatrons am Menschen.[61] Daneben entwickelte und verbesserte Zuppingers Forschergruppe

---

57   Rheinberger 2006a [1997], S. 25.
58   Zur Geschichte des Inselspitals Bern: Leu 2006.
59   Zur Geschichte der medizinischen Nutzung von Kobalt: Almond 2013.
60   Vgl. auch von Schwerin 2015, S. 380–384.
61   Vgl. auch Zuppinger 1960, S. 58.

in Zusammenarbeit mit dem Theodor-Kocher-Institut verschiedene Apparate. Darunter befand sich ein sogenannter Scinti-Scanner, mit dem sich als Tracer verwendete Radioisotope lokalisieren ließen. Beim Berner Scinti-Scanner handelte es sich, wie der Name schon antönt, um einen Szintillationszähler, einen Prototypen moderner bildgebender Verfahren. Mit dieser Methode konnten unter anderem Leber- und Hirntumore festgestellt, aber beispielsweise auch Schilddrüsenfunktionen untersucht werden.[62]

Zu diesen lokalen Kooperationen kam auf nationaler Ebene die Zusammenarbeit mit schweizerischen Hochschulinstituten und Bundesstellen hinzu. Mit dem Röntgeninstitut der Universität Genf führten die Berner Forscher eine Versuchsserie zum Vergleich der Betatron- und der Kobaltstrahlung durch, während sie mit der Abteilung für Sanität des EMD die Schutzwirkung verschiedener Strahlenschutzmittel überprüften. Das Physikinstitut der Universität Fribourg machte für die Berner Wissenschaftler mit einer Tropfenkammer Aufnahmen der Betatron-Strahlung, und die Reaktor AG in Würenlingen aktivierte Gold für die Behandlung von Tumoren. Außer zur BBC unterhielt Zuppingers Team Kontakte zu weiteren Schweizer Industrieunternehmen – hauptsächlich, um für diese Materialuntersuchungen und -messungen vorzunehmen. Für die Berner Firma Wander AG etwa wurden C14-Messungen an organischen Präparaten und für die ebenfalls in Bern ansässige Firma G. Hasler Materialprüfungen an Flugzeuginstrumenten durchgeführt.[63]

Auf transnationaler Ebene tauschte sich das Berner Team mit verschiedenen US-amerikanischen Forschungseinrichtungen aus. Eine besonders enge Kooperation bestand mit der *Medical School* der *University of California* in San Francisco, deren Leiter Robert Stone Zuppinger auf seiner Studienreise kennengelernt hatte.[64] Bei dieser Zusammenarbeit ging es insbesondere um den Vergleich von Messwerten von mit dem Betatron durchgeführten physikalischen und biologischen Experimenten. Weitere Zusammenarbeiten fanden auch mit der *University of Illinois School of Medecine* in Chicago statt. Verbindungen bestanden ebenfalls zu Wissenschaftlern und Forschungsstellen in der Bundesrepublik Deutschland und in Großbritannien. So führte etwa Richard Glocker,

---

62 Vgl. für den ganzen Absatz CH-BAR#E7170B#1968/105#72*, Jahresberichte von A. Zuppinger für die Jahre 1953–1958. Zur Entwicklung von Szintillationszählern: Rheinberger 2006b. Vgl. dazu auch Zuppinger 1960, S. 61.

63 Vgl. für den ganzen Absatz CH-BAR#E7170B#1968/105#72*, Jahresberichte von A. Zuppinger für die Jahre 1953–1958. Zur Firma Wander AG: Thut 2005.

64 Vgl. auch CH-BAR#E7170B#1968/105#58*, Bericht über den Besuch von strahlenbiologischen Arbeitsstellen in den U.S.A., 25.1.1952. Zu Robert Stone: Creager 2013, Register S. 485.

Direktor des Röntgeninstituts an der Technischen Universität Stuttgart, für ein Forschungsprojekt von Zuppingers Team verschiedene Messvergleiche durch.[65] Mitte der 1950er Jahre absolvierte ein Mitarbeiter von Zuppinger einen dreimonatigen Aufenthalt in Großbritannien, um sich an führenden britischen Forschungszentren über den neuesten Entwicklungsstand auf den Gebieten der Isotopenanwendung und der Strahlenbiologie zu orientieren. Aus Großbritannien fanden überdies verschiedene Therapiestoffe und Forschungsobjekte den Weg nach Bern. Die Berner Wissenschaftler pflegten auch Kontakte mit ausländischen Firmen, um technische Instrumente und Apparaturen zu erhalten, etwa mit den Physikalisch-Technischen Werkstätten Dr. Pychlau GmbH in Freiburg im Breisgau, die sich zu einem führenden Unternehmen in der Herstellung von Dosimetern und anderen Strahlenmessgeräten entwickelten.[66]

Im Hinblick auf diese Forschungsverbindungen sind drei Punkte hervorzuheben: Erstens verdeutlichen die erwähnten Kooperationen, dass es sich bei der biologischen Strahlenforschung um ein multidisziplinäres Forschungsgebiet handelte, in welchem medizinisches, chemisches, biologisches und physikalisches Wissen und Know-how ineinanderflossen und die Disziplinengrenzen mitunter verschwammen. Eine starke Transdisziplinarität zeichnete die biologische Strahlenforschung von Beginn an aus, weil die epistemischen und technologischen Anforderungen der Experimentalsysteme in diesem Forschungsgebiet äußerst voraussetzungsreich waren.[67] So bedurften die Mediziner an Zuppingers Röntgeninstitut beispielsweise der Mitarbeit eines erfahrenen Physikers, damit das Betatron reibungslos funktionierte.[68] Die biologische Strahlenforschung erwies sich somit nicht nur als offen und attraktiv für den Zugriff verschiedener Disziplinen, diese Offenheit bildete vielmehr die unabdingbare Voraussetzung für eine erfolgreiche Durchführung der Strahlenversuche. Insofern war eine fächerübergreifende Zusammenarbeit für die Entwicklung dieses Forschungsfeldes förderlich. Gleichzeitig erschwerte diese Transdisziplinarität – darauf werde ich im nächsten Teilkapitel zurückkommen – die Disziplinbildung bzw. die Ausbildung eines Fachverständnisses, was sich für die Institutionalisierung der Strahlenbiologie als selbstständiges Fach an schweizerischen Universitäten als hinderlich erwies.

65   Zu Richard Glocker: von Schwerin 2015, Register S. 495; von Schwerin 2010a.
66   Vgl. für den ganzen Absatz CH-BAR#E7170B#1968/105#72*, Jahresberichte von A. Zuppinger für die Jahre 1953–1958.
67   Vgl. von Schwerin 2015, bes. S. 12–14; Creager 2013, bes. S. 4; von Schwerin 2010b, S. 309; Strasser 2006, bes. S. XXIX–XXXI.
68   Vgl. CH-BAR#E7170B#1968/105#72*, Jahresbericht Prof. Dr. A. Zuppinger für 1954, 17.2.1955.

Zweitens zeugen diese Kooperationen erneut davon, dass Autarkieideale, wie sie im Konzept der totalen Landesverteidigung propagiert wurden, für die Berner Arbeitsgruppe im Forschungsalltag nicht handlungsleitend waren. Vielmehr orientierte sich Zuppingers Team an internationalen Forschungsstandards und aktuellen Forschungsthemen und veröffentlichte in zahlreichen Konferenzbeiträgen und Fachpublikationen eigene Forschungsergebnisse, die in renommierten internationalen Zeitschriften wie dem *American Journal of Radiology* und dem *American Journal of Urology* erschienen.[69] Diese im Wissenschaftsbetrieb übliche Zirkulation von Wissen ist keineswegs so selbstverständlich, wie es auf den ersten Blick scheinen mag. Aufgrund einer bundesrätlichen Verordnung bedurfte nämlich jede Publikation von Forschungsresultaten, die mit Geldern der SKA unterstützt worden waren, der Zustimmung des EMD.[70] Es finden sich zwar keinerlei Hinweise darauf, dass es im Bereich der biologischen Strahlenforschung je zu einer Einschränkung oder gar einem Verbot einer wissenschaftlichen Veröffentlichung gekommen wäre. Die vom Bundesrat aufgestellte Regelung unterstreicht jedoch deutlich die militärstrategische Bedeutung, welche die schweizerische Regierung der Atom- und Strahlenforschung zuschrieb.

Drittens zeigen diese Kooperationen, dass für die erfolgreiche Durchführung der Strahlenexperimente der transnationale Austausch von Methoden und Techniken, Materialien und Objekten grundlegend war. Als besonders wichtig erwiesen sich Austauschbeziehungen mit US-amerikanischen Wissenschaftlern und Instituten. Die im vorherigen Abschnitt beschriebene Studienreise von Adolf Zuppinger sowie die eben erläuterte Zusammenarbeit mit US-amerikanischen Forschungseinrichtungen können – folgt man dem Wissenschafts- und Technikhistoriker John Krige – als Beispiele für die transnationale Koproduktion von Wissen interpretiert werden, die auf einer „amerikanischen Hegemonie" basierte. Krige vertritt die These, dass die USA mit solchen Zusammenarbeiten das Ziel verfolgten, andere Staaten an die US-amerikanische Forschungs- und Technologieentwicklung zu binden und dadurch dem sowjetischen Einflussbereich zu entziehen. Mit dieser Strategie versuchten die USA im beginnenden Kalten Krieg, ihre globale Führungsrolle in wissenschaftlicher und technologischer Hinsicht auszubauen.[71] Allerdings zeigt die Liste der Kooperationspartner, dass die USA nicht den einzigen

---

69 Vgl. ebd., Jahresberichte von A. von Muralt und A. Zuppinger für die Jahre 1948–1952 und Jahresberichte von A. Zuppinger für die Jahre 1953–1958.

70 Vgl. CH-BAR#E7170B#1968/105#141*, Verordnung des Bundesrates über die Schweizerische Studienkommission für Atomenergie, 8.6.1946. Vgl. auch Joye-Cagnard 2010, S. 63.

71 Vgl. Krige 2011; Krige 2006.

Bezugspunkt für Kooperationen der Berner Forscher bildeten. Mit Wissenschaftlern und Forschungseinrichtungen aus Großbritannien und der Bundesrepublik Deutschland wurden ebenfalls wichtige Austauschbeziehungen
gepflegt. Das in der Schweiz erarbeitete Strahlenwissen ist deshalb nicht
oder zumindest nicht nur als Produkt US-amerikanischer Hegemonie zu
verstehen.[72] Die Arbeits- und Austauschbeziehungen der Berner Arbeitsgruppe sollten vielmehr dazu beitragen, auch ohne die Möglichkeiten von
Großforschung international konkurrenzfähige Forschung zu betreiben.
Die handlungsleitende Maxime der Schweizer Forscher lässt sich deshalb
als ‚strategische Multioptionalität‘ beschreiben, indem die schweizerische
Strategie darauf abzielte, für mangelndes Wissen, fehlendes Know-how und
benötigte Materialien alle verfügbaren Kanäle zu mobilisieren.

Die inhärente Offenheit und Eigendynamik von Experimentalsystemen be-
günstigten indessen nicht nur vielfältige, über die Grenzen von Nationen und
Disziplinen hinausgehende Kooperationen. Vielmehr ermöglichten sie auch
eine Verschiebung von Untersuchungszielen und Anwendungshorizonten.
Wiewohl die SKA einen militärstrategischen Auftrag hatte, verloren die aus
militärischen Interessen verfolgten Strahlenuntersuchungen zunehmend an
Bedeutung. Demgegenüber kam es, wie der nächste Abschnitt zeigt, zu einem
Aufschwung klinischer Strahlenanwendungen im diagnostisch-therapeutischen
Bereich.

Grenzauflösungen und Verschiebungen

Kliniker des Inselspitals interessierten sich von Anfang an für Strahlenuntersuchungen mit dem Betatron. Dies belegt ein Vertrag, welcher auf Vorschlag
der SKA zwischen dem Bund und dem Kanton Bern abgeschlossen wurde. Gemäß diesem Übereinkommen aus dem Jahr 1953, seitens des Bundes vom EMD
und seitens des Kantons Bern von der Erziehungsdirektion unterzeichnet,
zahlte die SKA die Kosten für das Gerät, während sich der Kanton Bern zur
Übernahme der Raum-, Unterhalts- und Betriebskosten des Betatrons auf
dem Areal des Inselspitals verpflichtete. Als Gegenleistung für diese Kostenbe-
teiligung erhielt das Inselspital im Abkommen das Recht zugesichert, das Betatron während der halben Arbeitszeit für medizinisch-therapeutische Zwecke
zu nutzen.[73]

---

72   Für eine Kritik an John Kriges These auch: Kehrt 2012.

73   Vgl. StABE, BB 8.1.2003, Vertrag zwischen der Schweiz. Eidgenossenschaft und dem Staate
      Bern, 15.8.1953/1.9.1953. Zu den Verhandlungen zwischen dem Bund und dem Kanton
      Bern: Marti 2017a, S. 84 f.

Zum einen verdeutlicht das institutionelle Arrangement zwischen dem Bund bzw. der SKA und dem Kanton Bern bzw. dem Inselspital die gemeinsamen Interessen von Militär und Medizin im Bereich der immer apparateintensiveren Strahlenforschung. Der Zugang zu modernen, teuren Geräten sowie radioaktiven Substanzen bildete sowohl für die strahlenbiologische Grundlagenforschung als auch für die Weiterentwicklung der klinischen Strahlenmedizin eine unabdingbare Voraussetzung.[74] Die Beschaffung der technischen Ausrüstung von Hochschulinstituten stellte deshalb ein wichtiges, jedoch äußerst kostspieliges Aufgabengebiet staatlicher Forschungsförderung in diesem Bereich dar.[75] Die von der SKA im Falle des Betatrons angewandte Praxis, das Gerät an sich, nicht aber die dafür notwendige Infrastruktur zu finanzieren, wurde von ihren Nachfolgeorganisationen im Bereich der Forschungsförderung beibehalten. Das Inselspital wiederum konnte durch die Beteiligung am Gemeinschaftsprojekt über die Nutzung der Anlage mitbestimmen.

Zum anderen basierte dieses Joint Venture auf Seiten der Vertragspartner auf unterschiedlichen Forschungsprämissen: Die SKA war aus militärstrategischen Gründen primär an Grundlagenforschungen über Strahlen interessiert. Ziel dieser Untersuchungen war die Produktion von Präventivwissen für den Strahlenschutz. Die SKA wollte Strahlen somit als eigentliche Wissensobjekte – als epistemische Dinge – erforschen. Demgegenüber waren für das Inselspital Bern zivile Anwendungshorizonte maßgebend, weshalb es in erster Linie ein Interesse an klinischer Forschung im Hinblick auf neue, strahlenbasierte Diagnose- und Therapiemethoden zeigte. Das Berner Inselspital wollte Strahlen demnach als technische Dinge, das heißt als analytische und therapeutische Werkzeuge, verwenden.[76] Bisweilen gingen militärische und zivile Untersuchungsziele und Anwendungshorizonte von Strahlen jedoch fließend ineinander über. So betonte Zuppinger: „Beim Betrieb werden sich die durch die Untersuchungen der SKA verursachten Kosten nicht genau von den Kosten der Benützung für medizinische Zwecke unterscheiden lassen; zum Teil werden jene Untersuchungen sogar unmittelbar für medizinische Belange ausgewertet werden können."[77] In diesem Zitat wird deutlich, wie unscharf die Grenze zwischen militärischen und zivilen Erkenntnisinteressen war. Gleiches galt für die herkömmliche Unterscheidung von Grundlagenforschung und

---

74 Zu den technologischen Voraussetzungen der biologischen Strahlenforschung: von Schwerin 2015, S. 23–25; von Schwerin 2010c; Strasser 2006, bes. S. 115–227; Osietzki 1993.

75 Vgl. für die Schweiz etwa Bundesrat 1946, S. 932 f. Für (die Bundesrepublik) Deutschland: von Schwerin 2015, S. 47, S. 174 und S. 322 f.

76 Zum Konzept des epistemischen und des technischen Dings vgl. Kapitel 2, Fn. 4.

77 StABE, BB 8.1.2003, Vortrag der Erziehungsdirektion betr. Betatronanlage, ohne Datum.

anwendungsorientierter Forschung.[78] Dies lässt sich anhand zweier Beispiele illustrieren: Zuppingers Arbeitsgruppe führte mit dem Betatron unter anderem Strahlenversuche an Mäusetumoren durch, die menschlichen Karzinomen ähnlich waren. Diese Bestrahlungsversuche schufen sowohl Grundlagenwissen über die biologische Strahlenwirkung als auch praxisorientierte Erkenntnisse für die Krebstherapie.[79] Das zweite Beispiel betrifft die Arbeit mit Radio-isotopen, welche die Berner Forscher für diagnostische und therapeutische Zwecke benutzten. Zuppingers Arbeitsgruppe entwickelte dabei eine eigene Methodik, um mit radioaktivem Gold Krebsmetastasen in der Leber zu er-kennen. Gleichzeitig zeigten diese als Tracer verwendeten Radioisotope, wie radioaktive Stoffe im Stoffwechsel des Körpers zirkulierten, was wiederum von grundlegendem strahlenbiologischem Erkenntnisinteresse war.[80] In der Forschungspraxis erwies sich die Trennlinie zwischen Grundlagen- und An-wendungsforschung also als unscharf, weil Strahlen im experimentellen Setting der biologischen Strahlenforschung gleichzeitig als epistemische und als technische Dinge fungieren konnten.

Diese Grenzauflösungen in den Experimentalsystemen der biologischen Strahlenforschung dürfen indessen nicht darüber hinwegtäuschen, dass in forschungsprogrammatischer Hinsicht eine Verschiebung hin zur klinischen Forschung einsetzte. Zivile Forschungsinteressen, insbesondere im Bereich der Krebstherapie, verdrängten die ursprünglichen militärischen Forschungs-ziele zusehends.[81] Vertreter des Militärs befürchteten mitunter, die klinische Forschung konkurriere die von ihnen gewünschten Untersuchungen, die zum strahlenbiologischen Präventivwissen beitragen sollten. Diese Bedenken ge-langten 1955 anlässlich einer Reorganisation des Betatron-Betriebs im Insel-spital zum Ausdruck, als sich die Kriegstechnische Abteilung schriftlich bestätigen ließ, dass die vertraglich festgelegten Verpflichtungen gegenüber

---

78   Zur (Un-)Unterscheidbarkeit von Grundlagen- und angewandter Forschung in der bio-
      logischen Strahlenforschung: von Schwerin 2015, S. 20 f.; Rader 2006, S. 690 f.; Fritz-Niggli
      1988; S. 76. Zur wissenschaftshistorischen Diskussion dieser Unterscheidung u. a.: Sachse
      2014; Schauz 2014; Bud 2012; Gooday 2012; Pielke 2012; Calvert 2006; Calvert 2004.
79   Vgl. Zuppinger 1957, S. V f. Vgl. auch CH-BAR#E7170B#1968/105#72*, Jahresberichte von
      A. Zuppinger für die Jahre 1954–1956. Zur Strahlentherapie mit Megavolt-Bestrahlungs-
      anlagen auch: Weiss 2000b.
80   Vgl. Zuppinger 1960, S. 61; CH-BAR#E7170B#1968/105#72*, Jahresberichte von A. Zuppinger
      für die Jahre 1954–1957. Vgl. dazu auch Reinberger 2006a [1997], S. 38.
81   Zur Geschichte der Krebsforschung u. a.: Greiner/Seiler 2015; Timmermann/Toon 2012;
      Kauz 2010; Kutcher 2009; Leopold 2009; Cantor 2007; Moscucci 2007; Pickstone 2007;
      Löwy 2003; Eckart 2000.

dem EMD bzw. der SKA tatsächlich eingehalten würden.[82] Die Befürchtungen des Militärs waren nicht gänzlich unbegründet. Wie das nächste Teilkapitel zeigen wird, wurde die Atom- und Strahlentechnologie im zweiten Nachkriegsjahrzehnt unter zivilen Vorzeichen neu positioniert. Parallel zum Aufschwung der zivilen Nutzung der Atomenergie gewann insbesondere die aufstrebende biomedizinische Forschung massiv an Bedeutung.

2.2 Förderung und Institutionalisierung. Aufschwung der Biowissenschaften und Blüte der Strahlenbiologie, 1958–ca. 1965

Ende der 1950er Jahre intensivierte der Bund seine Anstrengungen auf dem Gebiet der Atompolitik.[83] Die zivile Nutzung der Atomenergie hatte in den Industrieländern seit Mitte der 1950er Jahre zunehmend Fahrt aufgenommen, und die Schweiz bemühte sich darum, den Anschluss an die internationale Entwicklung nicht zu verpassen.[84] Aus diesem Grund reorganisierte der Bund auch seine Forschungsförderung im Bereich der Atomforschung. Die bis dahin zuständige Schweizerische Studienkommission für Atomenergie wurde Ende 1958 aufgelöst und ihre Aufgabe der im selben Jahr neu geschaffenen, dem Schweizerischen Nationalfonds zur Förderung der wissenschaftlichen Forschung angegliederten Kommission für Atomwissenschaft (KAW) übertragen.[85] Mit dieser Neuorganisation der Atompolitik rückten militärische Forschungsinteressen aus mindestens zwei Gründen weiter in den Hintergrund: Erstens lag der förderpolitische Fokus nun – wie bereits angetönt – klar auf den zivilen Anwendungen der Atomenergie, zweitens gehörte die KAW nicht mehr dem Eidgenössischen Militärdepartement an und es waren in ihr auch keine Militärangehörigen mehr vertreten.[86] Unter der Ägide der KAW

---

82 Vgl. StABE, BB 8.1.2003, Erziehungsdirektion des Kantons Bern an Kriegstechnische Abteilung, 24.11.1955, Kriegstechnische Abteilung an Erziehungsdirektion des Kantons Bern, 5.12.1955, und Erziehungsdirektion des Kantons Bern an Kriegstechnische Abteilung, 29.12.1955. Vgl. auch Hug 1987, S. 105.

83 Wesentliche Teile dieses Teilkapitels wurden bereits publiziert in: Marti 2017a; Marti 2015b.

84 Vgl. Bundesrat 1957, S. 999–1001; Bundesrat 1958, S. 507.

85 Zur KAW: Joye-Cagnard 2010, S. 55–145; Strasser 2006, S. 32–34; Strasser 2004, S. 12–15.

86 In einem Memorandum hatte sich auch der SNF für eine Loslösung der Atompolitik vom EMD ausgesprochen: „So gut diese Organisation [die SKA] auch bis jetzt gearbeitet hat, muss man doch sagen, dass die Fragen der *friedlichen* Ausbeutung der Atomenergie und der wissenschaftlichen Forschung nicht mehr in den äusseren Rahmen des Militärdepartementes hinein passen. Eine Umorganisation und Neugestaltung im Sinne der Vermehrung der wissenschaftlichen Sitze und eines Abbaues der Bundesvertretungen

fand also eine inhaltliche und institutionelle Neuausrichtung der schweizerischen Atompolitik im Hinblick auf einen künftigen nuklearen Alltag statt.

Das atompolitische Förderprogramm der KAW umfasste neben der
Kernphysik, für die am meisten Ressourcen bestimmt waren, weitere Forschungsgebiete, darunter die biologische Strahlenforschung.[87] In diesem biomedizinischen Bereich war ein breites Spektrum von Forschungen vorgesehen.
Dazu zählten Untersuchungen, welche die Wirkungen von und den Schutz vor
Strahlen fokussierten, wie auch solche, die auf Anwendungen von Strahlen ausgerichtet waren. So sah die Förderagenda des Bundes unter der Bezeichnung
„Strahlenschutz, Strahlenbiologie" Studien „über die Einwirkung der Radioaktivität auf den lebenden Organismus" sowie „über die unmittelbaren und die
langfristigen Folgen radioaktiver Bestrahlung unter Einschluss des Einflusses
auf das Erbgut" vor. Weiter sollten „Bemühungen um geeignete Substanzen
und Verfahren, welche die schädliche Strahlenwirkung vermindern", unterstützt werden.[88] Neben diesen strahlenbiologisch-präventivmedizinischen
Forschungen wollte der Bund im Bereich der Biomedizin insbesondere „Tracer-
Anwendungen" fördern. Das Tracer-Verfahren erweise sich „von ausserordent-
licher Bedeutung sowohl für die Chemie, die Biologie, die Medizin als auch
für die Landwirtschaft, ganz abgesehen von den Anwendungen in der Praxis".
Es ermögliche, „die Entstehung von Krankheiten zu beobachten, Krankheits-
ursachen festzustellen und ihrem Auftreten entgegenzuwirken", ebenso ließe
sich „die Wirkungsweise von Heilmitteln verfolgen". Auf diesen Gebieten
seien Untersuchungen beabsichtigt, die „eine enge Zusammenarbeit zwischen
Medizinern, Radiologen, Physikern und Biochemikern sowie auch die Errichtung besonderer klinisch-wissenschaftlicher Zentren" erfordern würden.

---

drängt sich auf, und das Problem einer Neu-Eingliederung muss diskutiert werden."
Archiv SNF, Ordner „Kommission für Atomwissenschaft Korrespondenz I Jan. 58–30.
Juni 59", Memorandum zur Frage der Förderung der Forschung und Ausbildung auf dem
Gebiet der Kernenergie in der Schweiz, 24.9.1957, Hervorh. i. Orig. Im Gründungsjahr 1958
setzte sich die KAW aus folgenden Mitgliedern zusammen: fünf Physikern, vier Vertretern
der anderen an der Atomforschung interessierten Fächer, einem Reaktorphysiker, einem
Ingenieur, dem Delegierten des Bundesrates für Fragen der Atomenergie, einem Stände-
und einem Nationalrat. Vgl. Jahresbericht SNF 1958, S. 4 f. Zum Ende der Dominanz des
EMD in der schweizerischen Atompolitik auch: Wildi 2003, S. 40–42; Kupper 2003a,
S. 173 f.

87   Zur wissenschaftlichen und forschungspolitischen Dominanz der Physiker in der Schweiz
      der ersten beiden Nachkriegsjahrzehnte: Strasser 2006, S. 1–34.
88   Bundesrat 1958, S. 519.

Ähnliche Zentren seien „namentlich für die Krebsforschung geplant, bei der Biochemiker und Physiker mit den Medizinern zusammenwirken" sollten.[89]

Im anvisierten Arbeitsprogramm des Bundes verdeutlichte sich die zunehmende Ausdifferenzierung der biologischen Strahlenforschung in zwei Felder: auf der einen Seite die strahlenbiologische Forschung im engeren Sinn, die sich mit der gesundheitsschädigenden Wirkung von Strahlen und dem Strahlenschutz beschäftigte, und auf der anderen Seite die biomedizinische Forschung mit Radioisotopen, deren mithilfe von Tracern durchgeführten Untersuchungen entweder auf biochemisches Grundlagenwissen oder auf medizinisch-klinische Anwendungshorizonte abzielten. Zum einen spiegelten sich in dieser Aufteilung die mit der Atomenergie assoziierten Verheißungen und Risiken wider. In den 1950er und frühen 1960er Jahren war die gesellschaftliche Wahrnehmung der von Strahlen ausgehenden Gefahren, für welche sich die Strahlenbiologie interessierte, vor allem mit Atombombenexplosionen und radioaktivem Niederschlag verknüpft. Demgegenüber eröffneten sich durch Radioisotope – wie bereits im letzten Teilkapitel angetönt – neue Diagnose- und Therapiemöglichkeiten, insbesondere im Bereich der Krebsforschung. Radioisotope eigneten sich deshalb hervorragend, um für die zivile Nutzung der Atomenergie zu werben. Zum anderen drückte sich in dieser Aufteilung der ebenfalls bereits im letzten Teilkapitel erwähnte Trend aus, dass die Anwendung von Strahlen in der biowissenschaftlichen und klinischen Forschung eine immer größere Anzahl von Akteuren und Institutionen zu mobilisieren vermochte, welche andere Forschungsinteressen verfolgten als die Produktion von Präventivwissen über Strahlen. Diese Entwicklung akzentuierte sich durch die Forschungsförderung der KAW und führte dazu, dass sich das heterogene Forschungsfeld der biologischen Strahlenforschung disziplinär ausdifferenzierte. Neben die traditionell mit Strahlen operierende Radiologie traten aufstrebende Fachgebiete wie die Strahlenbiologie und die Biophysik. Im Folgenden werde ich nun zunächst diejenigen gesellschaftlichen Debatten und wissenschaftlichen Entwicklungen beleuchten, die eine verstärkte Förderung der biologischen Strahlenforschung in der Schweiz Ende der 1950er Jahre als dringlich erscheinen ließen.

Globaler Fallout, Schweizer Atombombe und Atoms for Peace

1957 hielt ein Exposé des Bundes zur Förderung der Forschung im Bereich der Atomenergie fest, dass „eine Intensivierung der biologischen Strahlenforschung

---

89   Ebd. Vgl. auch Strasser 2004, S. 13.

ein Gebot der Stunde" darstelle.[90] Zum gleichen Schluss gelangte nur wenige
Monate später Paul Scherrer. Als die neu geschaffene KAW – deren Präsident
nun Scherrer war – im Sommer 1959 ihr Programm zur Förderung und Koordinierung der Grundlagenforschung besprach, plädierte er dafür, dass die
„Biologie [...] stark gefördert werden [muss]".[91] Wie lassen sich diese Ende der
1950er Jahre laut werdenden Rufe nach einer Forschungsförderungsinitiative
im Bereich der biologischen Strahlenforschung erklären?

In den 1950er Jahren gerieten Strahlen in den Fokus der öffentlich-
medialen Diskussion.[92] Besonders problematisiert wurden dabei die gesundheitsschädigenden Langzeiteffekte kleiner Strahlendosen.[93] Gleichzeitig
ermöglichte die Anwendung von Radioisotopen die Entwicklung neuer
Therapie-, Diagnose- und Forschungsverfahren im Bereich der Biomedizin.[94]
Die Thematisierung von Strahlen oszillierte deshalb zwischen der Problematisierung von Strahlengefahren einerseits und der Propagierung von Strahlen-
technologien andererseits.[95] In dieser Janusköpfigkeit der Strahlen reflektierten
sich in erster Linie internationale Entwicklungen und Debatten. Doch auch
nationale Vorkommnisse und Bezugspunkte formten die gesellschaftliche
Auseinandersetzung um das Gefahren- und das Innovationspotenzial von
Strahlen maßgeblich mit.

Die Atombombenabwürfe auf die beiden japanischen Städte Hiroshima
und Nagasaki im August 1945 gelten gemeinhin als Beginn des ‚Atomzeitalters'.
Das Neuartige an der Bombe – ihre radioaktive Strahlung – fand allerdings
zunächst nur wenig Beachtung. Im Zentrum der Presseberichte über die
atomare Bombardierung Japans standen die ungeheuren Druck- und Hitzewellen, während die von der Atombombe freigesetzte Radioaktivität häufig
nicht thematisiert oder stark relativiert wurde. Die von den USA verhängte, bis

---

90   Archiv SNF, Ordner „90/908 bis 1960 Nr. 5 Berichte an den Bundesrat / Budgetkommission
      KAW / Departement des Innern / Politisches Departm. / Delegierter für Fragen der Atom-
      energie", Exposé zur Förderung der Grundlagenforschung und des Nachwuchses, 1957.
91   Archiv SNF, Schachtel „Atomkollektion Prof. A. v. Muralt 1958–1959", Protokoll der
      18. Sitzung der KAW, 15.7.1959. Vgl. auch Strasser 2004, S. 15.
92   Vgl. für die Schweiz Dommann 2003, S. 373–375. Für die Bundesrepublik Deutschland:
      Stölken-Fitschen 1995a; Stölken-Fitschen 1995b.
93   Vgl. u. a. Bröndsted 1956; Auerbach 1957a [1956]; Auerbach 1957b [1956]; Braunbek/
      Hofmann/Reinig/Schurz/Stierstadt 1957; Marquardt 1957; Marquardt/Schubert 1959.
94   Zur Wissenschaftsgeschichte der Radioisotope vgl. Kapitel 1, Fn. 33 und Fn. 34.
95   So zeigt etwa Bruno J. Strasser, wie 1955 an der *Atoms-for-Peace*-Ausstellung in Genf
      von ‚West' und ‚Ost' die Nutzung von Radioisotopen popularisiert und gleichzeitig die
      genetischen Schäden von Strahlen problematisiert wurden, was seinen Niederschlag
      auch in der Medienberichterstattung fand. Vgl. Strasser 2006, S. 18–30; Strasser 2004,
      S. 9–12.

1952 geltende Pressezensur sowie das Bestreben der japanischen Regierung, die atomare Katastrophe möglichst schnell vergessen zu machen und zur Normalität zurückzukehren, erschwerten eine umfassende Information. Dies hatte zur Folge, dass die Medien zu Beginn des Kalten Krieges nur unzulänglich über Strahlenschäden und deren mögliche Spätfolgen berichteten und bisweilen hoffnungsvolle, wenn nicht gar enthusiastische Meldungen über den Wiederaufbau Hiroshimas und das Weiterleben der Überlebenden zirkulierten.[96]

Die historische Forschung ist sich einig, dass sich die öffentliche Einstellung gegenüber Strahlen erst durch die Atom- bzw. Wasserstoffbombentests der USA Mitte der 1950er Jahre entscheidend veränderte.[97] Diese Versuchsexplosionen erregten weltweites Aufsehen und trugen maßgeblich zu einer Verbreitung der Angst vor radioaktivem Fallout bei.[98] Durch die einsetzende Debatte über die gesundheitsschädigenden Effekte des radioaktiven Niederschlags rückte mit aller Kraft ins globale Bewusstsein, was Wissenschaftler und Ärzte bereits kurze Zeit nach der Entdeckung der Röntgenstrahlen praktisch erkannt und Genetiker Ende der 1920er Jahre an Drosophila-Fliegen experimentell bewiesen hatten: Ionisierende Strahlen verursachen Mutationen an lebenden Organismen.[99] Um der wachsenden öffentlichen Sensibilität für die von Strahlen ausgehenden Gefahren zu begegnen, setzte der schweizerische Bundesrat 1956 die Eidgenössische Kommission zur Überwachung der Radioaktivität ein, die fortan für die Strahlenüberwachung in der Luft, im Boden, in Lebensmitteln und im menschlichen Körper zuständig war. Die Schaffung dieser Kommission weist darauf hin, dass sich auch in der Schweiz die gesellschaftliche Wahrnehmung von Strahlen im Verlauf der 1950er Jahre wandelte.[100]

Parallel zur Diskussion über die gesundheitlichen Gefahren des radioaktiven Fallouts rückte in der Schweiz ab Mitte der 1950er Jahre die Frage der

---

96   Vgl. Wildi 2003, S. 25–29; Walker 2000, S. 18; Stölken-Fitschen 1994, S. 140–143; Caufield 1994 [1989], S. 87–90.

97   Vgl. u. a. Stölken-Fitschen 1994, bes. S. 146–150. Zwar unternahmen auch Großbritannien und die UdSSR Atombombentests, da diese aber geheimer gehalten wurden als diejenigen der USA, erlangten sie weniger mediale Aufmerksamkeit. Vgl. Caufield 1994 [1989], S. 159. Zu den britischen Atomwaffenversuchen: Cross 2001.

98   Zur Fallout-Debatte in den USA: Walker 2000, S. 18–28; Hager 1995, S. 461–494; Caufield 1994 [1989], S. 169–183. Zu den ökologischen und gesellschaftlichen Folgen des Fallouts: Masco 2016; Masco 2015; Rothschild 2013; Higuchi 2010; Merlin/Gonzalez 2010; Boyer 1998.

99   Zu von Strahlen ausgelösten Mutationen und deren Erforschung: Creager 2015; von Schwerin 2010d; de Chadarevian 2006. Zur Nutzung von Drosophila in der genetischen Forschung: Brookes 2002 [2001].

100   Zur Eidgenössischen Kommission zur Überwachung der Radioaktivität vgl. Kapitel 3.2 und 3.3.

Atombewaffnung der Armee in den Fokus der politischen Debatte. Diese Auseinandersetzung intensivierte sich ab 1958, als sich der Bundesrat öffentlich für eine atomare Bewaffnung aussprach. Wie in anderen westeuropäischen Ländern formierte sich auch in der Schweiz eine zivilgesellschaftliche Bewegung gegen Atomwaffen.[101] Die Kontroverse um die atomare Bewaffnung der Schweizer Armee gipfelte Anfang der 1960er Jahre in Volksabstimmungen über zwei eidgenössische Volksinitiativen, die von der Anti-Atom-Bewegung respektive der Sozialdemokratie lanciert wurden. Während die eine Initiative ein generelles Verbot von Atomwaffen verlangte, forderte die andere im Hinblick auf eine allfällige Atomwaffenbeschaffung ein obligatorisches Mitspracherecht der Bevölkerung.[102] Zwar verwarf das Volk beide Atominitiativen 1962 bzw. 1963, das Instrument der Volksinitiative führte jedoch dazu, dass die Frage der atomaren Aufrüstung wirkungsvoll auf die innenpolitische Agenda gesetzt wurde.[103] Mit zahlreichen Zeitungsartikeln, Flugblättern, Broschüren und Dokumentationen warnte die Anti-Atom-Bewegung die schweizerische Bevölkerung eindringlich vor den Folgen des atomaren Rüstungswettlaufes und den Auswirkungen eines Atomkrieges (Abb. 3).[104] Hinzu kamen weitere Aktionsformen der Bewegung wie Parlamentsvorstöße, Vorträge und Protesterklärungen.[105] Diese Anti-Atom-Kampagne blieb offenbar nicht wirkungslos: So gelangte eine im Auftrag der linksliberalen National-Zeitung vor den Stimmlokalen in Basel durchgeführte Umfrage zum Resultat, dass für Befürworter der ersten Atominitiative die *„Angst vor Atomwaffen"* den Hauptgrund darstellte, sich für ein Atomwaffenverbot auf Verfassungsebene einzusetzen.[106] Dieses Ergebnis deckt sich mit dem Befund des Historikers Holger Nehring, Angst habe sich – aufgrund des nuklearen Wettrüstens, der oberirdischen

---

101 Deren Kern bildete die im Mai 1958 gegründete Schweizerische Bewegung gegen die atomare Aufrüstung, welche in den Kontext der schweizerischen Friedensbewegung einzuordnen ist und ihre Anhängerschaft aus religiösen und pazifistischen Gruppierungen, politisch linken Kreisen und kritischen Wissenschaftlern rekrutierte. Dazu: Heiniger 1995; Heiniger 1980. Zur Anti-Atom- und Friedensbewegung in der Schweiz der 1950er Jahre vgl. auch Epple 1995; Epple-Gass 1994; Kapitel 1, Fn. 50. Zu den westeuropäischen Anti-Atom-Bewegungen der 1950er Jahre: Nehring 2013; Burkett 2012; Nehring 2009; Nehring 2005a; Nehring 2005b; Nehring 2004; Dülffer 2003; Wette 2000; Wette 1998. Für einen globalen Überblick: Wittner 2009; Ziemann 2009; Wittner 1997.

102 Vgl. Epple-Gass 1988, S. 35–56; Tanner 1988a, S. 75–78; Brassel/Tanner 1986, S. 64–70; Heiniger 1980.

103 Vgl. Heiniger 1980, bes. S. 171 f.

104 Vgl. bspw. Schweizerische Zentralstelle für Friedensarbeit 1957; Schweizerische Bewegung gegen die atomare Aufrüstung [1962]. Vgl. auch Heiniger 1980, S. 123.

105 Vgl. Heiniger 1980, S. 116–121.

106 Vgl. ebd., S. 114–116, Zitat S. 115, Hervorh. i. Orig.

Abb. 3   Broschüre „Atomgefahr über der Schweiz!", 1957.

Atombombenversuche und des damit verbundenen radioaktiven Fallouts
sowie verschiedener internationaler Krisen – im Westeuropa der späten
1950er und frühen 1960er Jahre „als zentraler Parameter des Kalten Krieges"
manifestiert.[107]

Dass Atom- bzw. Strahlenangst in der Schweiz Ende der 1950er, Anfang
der 1960er Jahre als politischer Faktor wahrgenommen wurde, belegt die
publizistische Tätigkeit des Delegierten des Bundesrates für Fragen der Atomenergie. Der Delegierte, der vom Bundesrat 1956 die Aufgabe erhalten hatte,
wissenschaftliche, privatwirtschaftliche und staatliche Interessen auf dem
Gebiet der Atomtechnologie zu koordinieren, gab ab 1957 ein Mitteilungsblatt

---

107   Nehring 2009, S. 436.

heraus.[108] In den Ausgaben der ersten beiden Jahrgänge – also während der
einsetzenden Debatte um die atomare Bewaffnung der Schweizer Armee –
monierte er darin wiederholt, es werde „befürchtet, dass Atomreaktoren grundsätzlich gleiche Gefahren in sich bergen wie die Atombomben, und eine
allgemeine Atomfurcht scheint daher breite Bevölkerungskreise erfasst zu
haben."[109] Der Delegierte war nicht der Einzige, der gegen Ende der 1950er Jahre
eine in der Schweizer Bevölkerung vorhandene „Atomfurcht" diagnostizierte.
Auch der Verfasser des eingangs dieses Abschnitts zitierten Exposés zur Atompolitik konstatierte 1957, „mangels einer genügenden Aufklärung" herrsche „in
weiten Kreisen Konfusion und Unsicherheit", da die mit der zivilen Anwendung
der Atomenergie verbundenen Strahlenrisiken mit den von Atomexplosionen
verursachten Strahlengefahren vermischt würden.[110] Die diskursive Strategie,
Kritik an der Atomenergie in der Öffentlichkeit auf Atom- bzw. Strahlenangst
zu reduzieren und derart als psychologisches Problem zu reformulieren, war in
den 1950er Jahren unter Befürwortern der Atomtechnologie weit verbreitet.[111]
Gleichzeitig – und für mein nachfolgendes Argument wichtiger – weist diese
Kommunikationsstrategie darauf hin, dass die Atomenergie gegen Ende der
1950er Jahre offenbar in weiten Kreisen der Schweizer Bevölkerung mit einem
Imageproblem zu kämpfen hatte; dies hauptsächlich deshalb, weil die später
durchaus erfolgreiche diskursive Trennung zwischen der zivilen und der
militärischen Nutzung der Atomenergie zu diesem Zeitpunkt noch brüchig
war.[112]

Unter dem Schlagwort des ‚friedlichen' Atoms diese diskursive Trennung
zu propagieren und – damit verbunden – das Image der zivilen Nutzung der
Atomenergie zu steigern, bildete eines der Ziele des von den USA initiierten

---

108   Zum Delegierten des Bundesrates für Fragen der Atomenergie: Wildi 2003, S. 40–42;
Kupper 2003a, S. 174 und S. 178 f. 1960 stellte der Delegierte sein eigenes Informationsblatt
ein, da seine Mitteilungen künftig im Bulletin der Schweizerischen Vereinigung für Atomenergie veröffentlicht wurden.

109   Vgl. Mitteilungsblatt des Delegierten für Fragen der Atomenergie 1957/1–1960/Juli, Zitat in
1957/3, S. 29 f. 1958 wurde der Problematik der Atomangst ein größerer Artikel gewidmet;
gegen Ende 1959 schien sich die öffentliche Meinung über die zivile Nutzung der Atomenergie allerdings ins Positive zu wandeln.

110   Archiv SNF, Ordner „90/908 bis 1960 Nr. 5 Berichte an den Bundesrat / Budgetkommission
KAW / Departement des Innern / Politisches Departm. / Delegierter für Fragen der Atomenergie", Exposé zur Förderung der Grundlagenforschung und des Nachwuchses, 1957.

111   Vgl. Abele 2002, S. 133 f. Die westeuropäischen Anti-Atom-Bewegungen der 1950er und
1960er Jahre distanzierten sich von Angstsemantiken und waren bemüht, rational und
sicherheitsliebend zu erscheinen. Insofern folgten sowohl Befürworter als auch Gegner
der Atomenergie der Rationalität des Kalten Krieges. Vgl. Nehring 2009, bes. S. 463.

112   Zum Erfolg dieser diskursiven Trennung in der Schweiz: Kupper 2003a, S. 111.

Atoms-for-Peace-Programms. Nach der berühmten *Atoms-for-Peace*-Rede von US-Präsident Dwight D. Eisenhower im Dezember 1953 stellte die im August 1955 in Genf stattfindende erste *Atoms-for-Peace*-Konferenz den symbolischen Startschuss für die zivile Nutzung der Atomenergie auf internationaler Ebene dar. In der schweizerischen Geschichtswissenschaft wird *Atoms for Peace* insbesondere im Zusammenhang mit der nationalen Atomtechnologieent-wicklung erwähnt. Tatsächlich markierte die Genfer Atomkonferenz dies-bezüglich eine wichtige Etappe, da die Schweiz im Anschluss an dieselbe einen US-amerikanischen Ausstellungsreaktor mit angereichertem Uran erwerben konnte und sich in der Folge im Rahmen eines staatlich-privatwirtschaftlichen Joint Ventures im Reaktorbau versuchte.[113] Der Reaktorbau für Kernkraftwerke befand sich jedoch erst im Anfangsstadium und zudem waren Reaktoren als Dual-Use-Produkte nicht von der militärischen Nutzung der Atomenergie zu trennen – das spaltbare Material eines Reaktors lässt sich grundsätzlich auch für den Atombombenbau verwenden.[114] Aus diesen Gründen war die Promotion des ‚friedlichen' Atoms an der Genfer Atomkonferenz weniger an den Reaktorbau und die damit verbundene Aussicht auf unerschöpfliche Energieressourcen gebunden. Vielmehr wurde – und dies war für die Ent-wicklung der biologischen Strahlenforschung wesentlich – stark mit der Ver-wendung von Radioisotopen in Medizin, Forschung und Technik geworben.[115]

Die Euphorie für die zivile Nutzung der Atomenergie wurde umso stärker, je deutlicher sich in den 1950er Jahren die von der Atombombe ausgehenden Gefahren abzeichneten. Die Diskussion über das ‚friedliche' Atom und die damit assoziierten Hoffnungen erfüllten eine Kompensationsfunktion, mit der sich vorhandene Ängste verdrängen ließen.[116] Radioisotope spielten dabei eine zentrale Rolle. Sie verstärkten – insbesondere hinsichtlich biomedizinischer Anwendungen wie der Krebsforschung – das Bild des ‚friedlichen' Atoms und trugen dadurch zu einer größeren gesellschaftlichen Akzeptanz sowohl der Atomtechnologie als auch einer potenziell steigenden Strahlenbe-lastung bei.[117] Dies zeigte sich in der Schweiz zum ersten Mal 1953 im Kanton Genf anlässlich der Volksabstimmung über den Bau des Laboratoriums der

---

113   Vgl. Wildi 2003, S. 58–62, Kupper 2003a, S. 173 f.; Dommann 2003, S. 373 f.; Hug 1998, S. 238; Hug 1994, S. 176; Hug 1987, S. 132 f.

114   Das war bspw. auch dem Bundesrat klar, wie eine entsprechende Aussage in einer Botschaft aus dem Jahr 1946 zeigt: Bundesrat 1946, S. 932 f.

115   Vgl. von Schwerin 2015, S. 305 f.; Strasser 2006, S. 18–30; Strasser 2004, S. 9–12.

116   Vgl. Stölken-Fitschen 1994, S. 150–155. Joachim Radkau hat das ‚friedliche' Atom in Bezug auf die Bundesrepublik Deutschland als „Integrationsideologie" bezeichnet. Vgl. Radkau 1983, S. 78–100.

117   Vgl. bspw. Santesmases 2006; Strasser 2006, S. 23 f.; Strasser 2004.

Europäischen Organisation für Kernforschung, besser bekannt unter der Ab-
kürzung CERN, gegen welchen die kommunistische Partei der Arbeit das
Referendum ergriffen hatte.[118] Während des Abstimmungskampfes versuchten
Physiker sowie insbesondere Biologen und Mediziner der Universität Genf,
Stimmbürger in öffentlichen Veranstaltungen und Zeitungsartikeln von der
Ja-Parole zum CERN zu überzeugen, indem sie erklärten, das CERN würde
auch Radioisotope produzieren, die in modernen strahlentherapeutischen
und nuklearmedizinischen Verfahren unter anderem in der Krebsbehandlung
zum Einsatz kämen, sprich: Das CERN würde mithelfen, den Fortschritt in
der Medizin zu befeuern.[119] Das ‚friedliche‘ Atom in Form der Radioisotope
übte damit auch eine Legitimationsfunktion aus. Die Verbreitung von Radioisotopen wurde deshalb nicht zufällig häufig von denjenigen Institutionen
propagiert und gefördert, welche auch für die – zivile und/oder militärische –
Nutzung der Atomenergie verantwortlich zeichneten.[120] Für die Verwendung
von Radioisotopen warben in der Schweiz etwa der Delegierte des Bundesrates
für Fragen der Atomenergie, welcher als Mitglied der Studienkommission für
Atomenergie auch in die heimliche Beschaffung von Atomwaffen involviert
war, sowie die Schweizerische Vereinigung für Atomenergie, eine 1958 gegründete Lobbyorganisation für die zivile Nutzung der Atomenergie, der auch
Bundesinstitutionen angehörten.[121] Gleichzeitig wurde die Strahlengefahr
durch *Atoms for Peace* als Problem des technischen Fortschritts reformuliert:
Angesichts eines künftigen, von der „Isotopenökonomie“, das heißt der Verwendung von Radioisotopen in der Medizin, der Industrie und der Forschung
dominierten nuklearen Alltags schien das Problem des radioaktiven Fallouts
von Atombomben in den Hintergrund zu rücken, während die Gefahr, die von
zivilen Strahlenexpositionen ausging, als technisch lösbares Problem galt.[122]

Durch die Promotion des ‚friedlichen‘ Atoms, aber auch durch die Debatten
über die gesundheitsschädigenden Effekte des radioaktiven Niederschlags
und die atomare Bewaffnung der Schweizer Armee wurde Wissen über die
biologischen Wirkungen und die medizinischen Anwendungshorizonte von

---

118   Zur Geschichte des CERN: CERN 2004; Krige 1996; Hermann/Krige/Mersits/Pestre 1990;
        Hermann/Krige/Mersits/Pestre 1987.
119   Vgl. Strasser 2006, S. 12–18; Strasser 2004, S. 8 f.
120   Vgl. Creager 2013; Boudia 2009; Creager 2009; Creager 2006; Creager 2004; Strasser 2004,
        S. 12; Creager 2002.
121   Vgl. Mitteilungsblatt des Delegierten für Fragen der Atomenergie 1957/1–1960/Juli;
        Bulletin der Schweizerischen Vereinigung für Atomenergie 1959–1970. Für eine Kritik an
        der Schweizerischen Vereinigung für Atomenergie: Boos 1999, S. 364–367.
122   Von Schwerin 2015, S. 323–327. Vgl. auch Creager 2013, S. 10; Strasser 2004, S. 12.

Strahlen vermehrt nachgefragt. Dadurch eröffnete sich ein neues Betätigungsfeld für die biomedizinische Forschung. Aufstrebenden biowissenschaftlichen Disziplinen wie der Strahlenbiologie und der Nuklearmedizin gelang es, dieses Feld in den 1950er und 1960er Jahren erfolgreich zu besetzen. Durch ihre Wissensproduktion auf den Gebieten der biologischen Strahlenwirkungen und des Strahlenschutzes sowie der Strahlenanwendungen trugen Strahlenbiologen und Biomediziner ebenfalls zu einer größeren gesellschaftlichen Akzeptanz der Atomtechnologie bei.[123] Insofern wurde die zivile Nutzung der Atomenergie auch durch die Biowissenschaften legitimiert. Der diskursiv umkämpfte Möglichkeitsraum, der sich zwischen den Verheißungen von *Atoms for Peace* in Form von Radioisotopen und zukünftiger Energieerzeugung auf der einen und den Schrecken von Atomwaffen und radioaktivem Fallout auf der anderen Seite auftat, erklärt die wachsende gesellschaftliche Bedeutung von Strahlen in der Schweiz ab Mitte der 1950er Jahre. Diese schuf den sozialen Nährboden für die einsetzenden Rufe, die nach einer verstärkten Förderung der biologischen Strahlenforschung durch die KAW verlangten.

Dabei kam den Krediten der KAW im Bereich der strahlenbiologischen und biomedizinischen Forschung auch in der Schweiz eine Kompensations- und Legitimationsfunktion zu, um das als negativ wahrgenommene gesellschaftliche Bild der Atomenergie zu verbessern. Zum einen sollte die biologische Strahlenforschung dazu beitragen, das Atom zu zivilisieren. Durch eine Ausweitung des Forschungs- und Anwendungsbereichs sollte die Atomenergie, welche in der öffentlichen Wahrnehmung noch immer stark mit der Atombombe verknüpft war, entmilitarisiert und entpolitisiert werden. Zum anderen fungierten die Investitionen in Wissensgebiete außerhalb der Kernphysik auch als Ausgleichsmedien, dank welcher sich die großen Beiträge für die Physik und den Reaktorbau besser rechtfertigen ließen.[124]

Im nächsten Abschnitt werde ich darstellen, wie viele Förderungsgelder die biologische Strahlenforschung im Verlauf des Kalten Krieges von Forschungsförderungsinstitutionen des Bundes zugesprochen bekam. Dabei wird deutlich, dass die Forschungsförderungstätigkeit der KAW Ende der 1950er Jahre einen Aufschwung der schweizerischen Biowissenschaften auslöste.

---

123   Vgl. Strasser 2004, S. 12; Rasmussen 1997, bes. S. 245.

124   Vgl. Joye-Cagnard 2010, S. 121, S. 136 und S. 145; Strasser 2004, S. 15 f. Vgl. auch die Diskussion der KAW über das Programm zur Förderung und Koordinierung der Grundlagenforschung bis 1962 in: Archiv SNF, Schachtel „Atomkollektion Prof. A. v. Muralt 1958–1959", Protokoll der 18. Sitzung der KAW, 15.7.1959.

Atomkredite und Boom der Biomedizin

Ab 1958 war die KAW, die hinsichtlich der involvierten Wissenschaftler starke
personelle Kontinuitäten zur Studienkommission für Atomenergie aufwies, für
die Förderung der biologischen Strahlenforschung verantwortlich.[125] Strahlenbiologische und biomedizinische Forschungsprojekte hatten eine gute Chance,
von der KAW Unterstützung zu erhalten, und profitierten von einer im internationalen Vergleich überdurchschnittlichen Forschungsförderung. Während
ähnliche europäische Forschungsförderungsinstitutionen ungefähr ein bis
zwei Prozent ihres Budgets für die biologische Strahlenforschung ausgaben,
investierte die KAW rund zehn Mal mehr.[126] Die Forschungsförderung der
KAW im Bereich der biologischen Strahlenforschung löste in der schweizerischen Biomedizin einen Forschungsboom aus.[127] Dies wird noch deutlicher, wenn die Förderung der biologischen Strahlenforschung über einen
langen Zeitraum betrachtet wird.

Im Folgenden stelle ich dar, wie viele Forschungsförderungsgelder in der
Schweiz während des Kalten Krieges für die biologische Strahlenforschung
ausgegeben wurden. Dabei beschränke ich mich auf die Finanzierung von
Forschungsprojekten durch diejenigen Forschungsförderungsinstitutionen,
welche in der Schweiz neben den Hochschulen während des Kalten Krieges
für die Förderung der Grundlagenforschung zuständig waren, das heißt zu-
nächst die Studienkommission für Atomenergie (1945–1958), später die
KAW (1958–1962) und nach deren Auflösung schließlich der Schweizerische
Nationalfonds (ab 1963). Diese Einschränkung ist aus zwei Gründen sinnvoll:
Erstens verfügten diese Forschungsförderungsinstitutionen über die meisten
Finanzmittel.[128] Es ist deshalb plausibel anzunehmen, dass die Förderungs-

---

125   Vgl. Studienkommission für Atomenergie 1960, S. 14.

126   Vgl. Archiv SNF, Schachtel „Atomforschung 1960- Nr. 4 Diverses FK Texte Hochschulbei-
      trag", Symposium on Research Programmes in Radiobiology: Answer to the Questionnaire
      Proposed by Prof. A. Buzzati-Traverso, ohne Datum. Vgl. auch Joye-Cagnard 2010, S. 124;
      Strasser 2004, S. 14. So wurden beinahe alle Gesuche diskussionslos bewilligt und
      anzahlmäßig – wenn auch nicht in Bezug auf die Summe der Einzelprojekte und die
      Gesamtsumme des Forschungsbereichs – mehr Bewilligungen erteilt als im Bereich der
      Kernphysik. Vgl. Strasser 2004, S. 14.

127   Vgl. Joye-Cagnard 2010, S. 120, S. 134, S. 136 und S. 145; Strasser 2006, S. 33; Strasser 2004,
      S. 14.

128   Die SKA verfügte für die Jahre 1947–1951 über einen Rahmenkredit von 18 Millionen
      Schweizer Franken, während das Budget der ETH Zürich für Forschung und Lehre zur
      selben Zeit etwa vier Millionen Schweizer Franken pro Jahr betrug. Vgl. Wildi 2003, S. 39;
      Kupper 2003a, S. 172. Die KAW wiederum erhielt von 1958–1962 jährlich circa 10 Millionen
      Schweizer Franken, während der SNF in dieser Zeit ein Budget von ungefähr sechs
      Millionen Schweizer Franken pro Jahr aufwies. Vgl. Joye-Cagnard 2010, S. 118 f; Strasser
      2006, S. 33. Der SNF schließlich bekam pro Jahr mehr Mittel als die Ressortforschung, die

konjunkturen dieser Institutionen aussagekräftig für die gesamte staatliche Förderung der biologischen Strahlenforschung in der Schweiz sind. Zweitens liegt zu diesen Institutionen, die in ihrer Forschungsförderungstätigkeit aufeinander folgten, Zahlenmaterial vor, das sich über den ganzen Untersuchungszeitraum erstreckt.

Die abgebildeten Grafiken illustrieren, wie viele Forschungsförderungsgelder in der Schweiz von 1947 bis 1996 – also im Untersuchungszeitraum dieses Kapitels – für die biologische Strahlenforschung bzw. die Strahlenbiologie ausgegeben wurden. Die Kurve in der ersten Grafik (Abb. 4) stellt die von der Studienkommission für Atomenergie, der KAW und dem Schweizerischen Nationalfonds im Bereich der biologischen Strahlenforschung bzw. der Strahlenbiologie investierten Forschungsförderungsgelder dar. In der zweiten Grafik (Abb. 5) sind in der roten Kurve zusätzlich diejenigen Ausgaben ersichtlich, welche diese Institutionen für biologische und medizinische Forschungen insgesamt aufwendeten. In der Kurve der dritten Grafik (Abb. 6) wird das prozentuale Verhältnis zwischen den Förderungsgeldern für die biologische Strahlenforschung bzw. die Strahlenbiologie und den Gesamtausgaben für Forschungen im Bereich Biologie und Medizin abgebildet.

Diese Grafiken lassen folgende Phasen erkennen: Unter der Ägide der Studienkommission für Atomenergie, also zwischen 1947 und 1958, floss verhältnismäßig wenig Geld in die biologische Strahlenforschung, da in dieser Phase nur gerade zwei Forschungsprojekte aus dem Bereich der Biologie und der Medizin zur Durchführung gelangten, nämlich die im letzten Teilkapitel erwähnten Arbeiten der Gruppe um Alexander von Muralt und Adolf Zuppinger an der Universität Bern.[129] In den Jahren von 1958 bis 1962, in welchen die KAW für die Förderung der biologischen Strahlenforschung zuständig war, lässt sich ein markanter Anstieg der Forschungsausgaben auf diesem Gebiet erkennen. So vergab die KAW 1959 mit rund 1,3 Millionen Franken sogar mehr Fördermittel für biologische und medizinische Forschungen als der Schweizerische Nationalfonds, der im selben Jahr gut 1,2 Millionen Franken dafür aufwendete.[130] Wie die dritte Grafik (Abb. 6) zeigt, machten die Unterstützungsgelder im Bereich der biologischen Strahlenforschung in diesem Jahr über 50 Prozent der Gesamtausgaben für Forschungen im Bereich Biologie und Medizin aus. Ein weiterer Höhepunkt dieser Entwicklung war im Jahr

---

Annexanstalten der ETH und internationale Organisationen wie das CERN. Vgl. Latzel 1979, S. 79 und S. 84.

129   Vgl. Archiv SNF, Schachtel „Atomforschung 1960- Nr. 4 Diverses FK Texte Hochschulbeitrag", La recherche radiobiologique en Suisse, 15.3.1960.

130   Vgl. Jahresbericht der KAW im Jahresbericht des SNF 1959; Jahresbericht des SNF 1959.

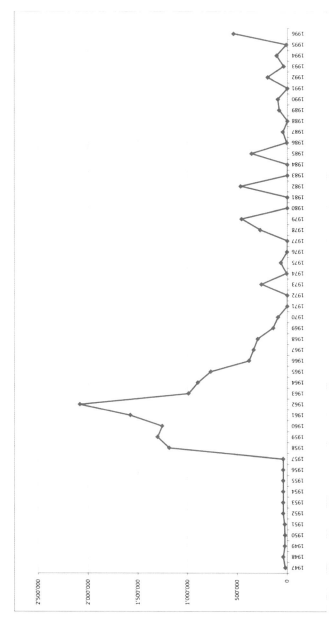

Abb. 4   Ausgaben der SKA (1947–1958), der KAW (1958–1962) und des SNF (1963–1996) für die biologische Strahlenforschung bzw. die Strahlenbiologie in Schweizer Franken.

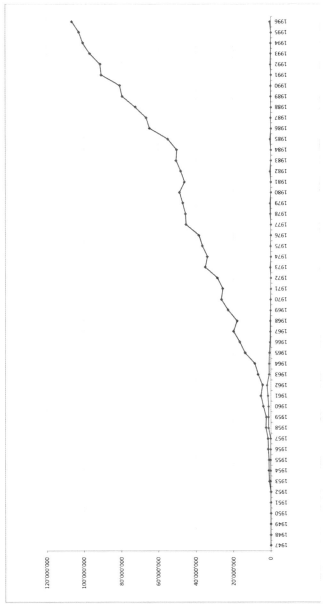

Abb. 5   Ausgaben der SKA (1947–1958), der KAW (1958–1962) und des SNF (1963–1996) für die biologische Strahlenforschung bzw. die Strahlenbiologie in Schweizer Franken sowie Gesamtausgaben dieser Institutionen (1947–1996) für biologische und medizinische Forschungen in Schweizer Franken.

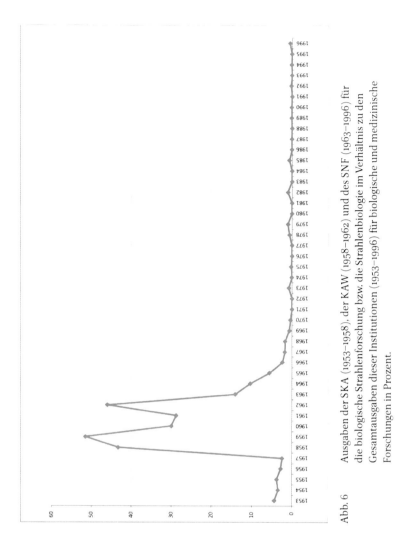

Abb. 6   Ausgaben der SKA (1953–1958), der KAW (1958–1962) und des SNF (1963–1996) für die biologische Strahlenforschung bzw. die Strahlenbiologie im Verhältnis zu den Gesamtausgaben dieser Institutionen (1953–1996) für biologische und medizinische Forschungen in Prozent.

*   Von 1947–1952 existierte als Forschungsförderungsinstitution einzig die SKA. Die Ausgaben der SKA für die biologische Strahlenforschung bzw. die Strahlenbiologie bildeten in diesen Jahren somit die Gesamtausgaben für biologische und medizinische Forschungen (hundert Prozent). Die Grafik beginnt deshalb erst 1953, als neben der SKA auch der neu gegründete SNF Forschungen im Bereich Biologe und Medizin förderte.

1962 erreicht, in welchem die biologische Strahlenforschung hinsichtlich der absolut aufgewendeten Förderungsgelder die höchsten Werte innerhalb des gesamten Untersuchungszeitraumes aufwies, nämlich über zwei Millionen Franken. Auch die Anzahl der bewilligten Förderungsgesuche (insgesamt 46) erreichte in diesem Jahr den Höchstwert.[131]

Die durch die Finanzmittel der KAW auf dem Gebiet der biologischen Strahlenforschung ausgelöste Forschungsdynamik wirkte in abgeschwächter Form noch bis Mitte der 1960er Jahre weiter, nahm danach allerdings rasch ab. Ab Ende der 1960er Jahre bildete die Strahlenbiologie im Vergleich zu anderen Teildisziplinen der Biologie und Medizin lediglich eine Randdisziplin. Von 1969 bis 1996 wurden jeweils noch höchstens zwei strahlenbiologische Forschungsprojekte pro Jahr unterstützt, mit Beträgen zwischen etwas über 10.000 und 540.000 Franken. Da die Gesamtausgaben für den Bereich Biologie und Medizin im Verlaufe des Untersuchungszeitraumes kontinuierlich anstiegen und zuletzt über hundert Millionen Franken betrugen, verlor die Strahlenbiologie im Vergleich zu anderen biologischen und medizinischen Fachgebieten anteilmäßig immer mehr an Bedeutung. Zwischen 1969 und 1996 schwankte ihr Anteil auf tiefem Niveau zwischen null und knapp einem Prozent. Auf die Gründe für diesen Bedeutungsverlust komme ich im nächsten Teilkapitel zu sprechen; hier interessiert nun zunächst die Hochphase der biologischen Strahlenforschung.

Das große finanzielle Engagement der KAW veränderte die Forschungslandschaft der Biowissenschaften in der Schweiz maßgebend. Durch die Verfügbarkeit der Kredite der KAW stieg die Zahl der geförderten strahlenbiologischen und biomedizinischen Untersuchungen ab 1958 markant an, wobei ein Großteil der Wissenschaftler zum ersten Mal auf diesen Gebieten forschte.[132] Während die Radiologen die Anfänge der biologischen Strahlenforschung in der Schweiz stark geprägt hatten – die ersten universitären Arbeitsgruppen in diesem Bereich waren vorwiegend an Medizinischen Fakultäten angesiedelt[133] –, arbeiteten nun neben Radiologen und Medizinern vermehrt auch Biologen,

---

131   Vgl. Jahresberichte der KAW in den Jahresberichten des SNF 1958–1962; Jahresberichte des SNF 1963–1996.

132   Vgl. Archiv SNF, Schachtel „Atomforschung 1960- Nr. 4 Diverses FK Texte Hochschulbeitrag", La recherche radiobiologique en Suisse, 15.3.1960.

133   Dies gilt nicht nur für die Arbeitsgruppe von Adolf Zuppinger an der Universität Bern ab 1947, sondern auch für das 1949 gegründete Strahlenbiologische Laboratorium der Universität Zürich, das Hans Rudolf Schinz, dem Ordinarius für Medizinische Radiologie, unterstellt war, sowie für das universitätsnahe *Centre Anticancéreux Romand* in Lausanne. Zur Geschichte der Radiologie in der Schweiz: Wyss 1995; Wellauer/Etter/Wieser 1989; Schmid 1986.

Chemiker, Biophysiker und Biochemiker mit Strahlen an biologischen und medizinischen Problemen.[134] Es bestand somit eine Konvergenz zwischen dem forschungspolitischen Interesse der KAW, die biologische Strahlenforschung zu fördern, und dem Eigeninteresse von Wissenschaftlern, sich in diesem zukunftsträchtigen und gleichzeitig finanziell attraktiven Bereich zu engagieren. Illustrieren lässt sich dies am Beispiel der Biophysiker. Diese hatten keinerlei Mühe, sich Zugang zu den Krediten der KAW zu verschaffen, indem sie ihre Forschungsprojekte derart ausrichteten, dass sie in einen der geförderten strahlenbiologischen bzw. biomedizinischen Themenbereiche passten. So forschten Biophysiker mit Geldern der KAW insbesondere auf dem Gebiet der biologischen Strahlenwirkungen sowie im Bereich der Anwendungen von Radioisotopen.[135] Unter der Ägide der KAW brachten die Wechselbeziehungen zwischen Forschungs- und Forschungsförderungsinteressen somit Win-win-Situationen hervor. Mit dem Wissenschaftshistoriker Mitchell G. Ash können Wissenschaft und Politik hier „als Ressourcen füreinander" verstanden werden.[136] Im nächsten Abschnitt werde ich darstellen, welche Wissensfelder und Aktivitäten die KAW konkret unterstützte.

Traceranwendungen und Strahlenbiologie, Projektförderung und Vernetzung

Die KAW förderte die strahlenbiologische und biomedizinische Forschung durch zwei verschiedene Formen der Unterstützung: Erstens finanzierte sie – wie bereits erwähnt – direkt Forschungsprojekte und zweitens trug sie zur nationalen und internationalen Vernetzung der in diesen Forschungsgebieten tätigen Wissenschaftler bei. Die im Bereich der biologischen Strahlenforschung von der KAW finanzierte Forschung – um mit dem ersten Punkt zu beginnen – konzentrierte sich auf folgende Themenfelder: die experimentelle Strahlenbiologie und hier insbesondere auf das Problem somatischer und genetischer Strahlenschädigungen und die Entwicklung von Strahlenschutzsubstanzen, die Anwendung ionisierender Strahlen und radioaktiver Isotope zu diagnostischen und therapeutischen Zwecken sowie die Untersuchung medizinischer, pharmakologischer und biologischer Fragen mittels radioaktiver Indikatoren.[137] Anzahlmäßig befassten sich zwei Drittel der geförderten Projekte mit der Anwendung von Radioisotopen als Tracern in der klinischen

134 Vgl. Jahresberichte der KAW in den Jahresberichten des SNF 1958–1962; Archiv SNF, Gesuche KAW, Gesuch A 89 (Biophysik) und Gesuch A 115 (Biochemie).
135 Vgl. Strasser 2006, S. 33. Vgl. auch Joye-Cagnard 2010, S. 110.
136 Vgl. Ash 2016; Ash 2006; Ash 2002.
137 Vgl. Archiv SNF, Schachtel „Atomforschung 1960- Nr. 3 Memorandum Finanzielles Nachwuchs", Bericht über die Tätigkeit der Kommission für Atomwissenschaft 1958 bis

und biochemischen Forschung, lediglich ein Drittel bearbeitete grundlegende strahlenbiologische Fragestellungen.[138] Dass die KAW Forschungsprojekte förderte, die Radioisotope als biologische Tracer verwendeten, war nicht selbstverständlich. Derartige Untersuchungen erforschten Strahlen nämlich nicht als epistemische Dinge, sondern nutzten sie lediglich als technische Hilfsmittel, um in den untersuchten Organismen biologische Prozesse sichtbar zu machen.[139] Tatsächlich gab es zu Beginn ihrer Tätigkeit innerhalb der KAW Diskussionen darüber, ob bzw. unter welchen Umständen Traceruntersuchungen unter deren Förderbereich fielen. Wiewohl die Unterstützung von Traceranwendungen in der Förderagenda des Bundes eine explizite Erwähnung erfahren hatte, wurde gegen deren Finanzierung zum einen moniert, es handle sich dabei eigentlich um angewandte und nicht um Grundlagenforschung, und die KAW sei nur für letztere zuständig. Zum anderen wurde beanstandet, diese Forschungen hätten zum Teil gar nichts mit Atom- bzw. Strahlenforschung zu tun und würden deshalb unter die reguläre Forschungsförderungstätigkeit des Schweizerischen Nationalfonds fallen. Schließlich fasste die KAW jedoch den Beschluss, im Bereich der Biomedizin auch Forschungen zu fördern, „die mit Atomforschung, Strahlengefährdung und Strahlenschutz nur in indirektem Zusammenhang stehen, und die im wesentlichen radioaktive Isotopen als Tracersubstanzen verwenden."[140] Sie übernahm damit die von im Bereich der Biowissenschaften führenden Ländern wie den USA, Großbritannien und der Bundesrepublik Deutschland verfolgte forschungspolitische Strategie, das transdisziplinäre Feld der biologischen Strahlenforschung über die im Rahmen der Atompolitik zur Verfügung gestellten Kredite in seiner ganzen Breite zu fördern, wobei in Bezug auf die Tracertechnik insbesondere versucht wurde, in technologischer Hinsicht innovationsfördernd zu wirken.[141]

Die Förderung im Bereich der biologischen Strahlenforschung wurde durch die Verfügbarkeit der Kredite der KAW massiv ausgeweitet. Je mehr

---

Mitte 1960, ohne Datum, und Budget 1961 der Kommission für Atomwissenschaft des Schweizerischen Nationalfonds, 29.8.1960. Vgl. auch Strasser 2006, S. 33.

138   Vgl. Archiv SNF, Schachtel „Atomforschung 1960- Nr. 4 Diverses FK Texte Hochschulbeitrag", La recherche radiobiologique en Suisse, 15.3.1960, Bericht über das „Symposium on Research Programms in Radiobiology", ohne Datum, und Symposium on Research Programmes in Radiobiology: Answer to the Questionnaire Proposed by Prof. A. Buzzati-Traverso, ohne Datum.

139   Vgl. dazu auch Creager 2006, S. 677.

140   Archiv SNF, Schachtel „Atomkollektion Prof. A. v. Muralt 1958–1959", Protokoll der 4. Sitzung der KAW, 11.4.1958. Vgl. auch ebd., Protokoll der 1. Sitzung der KAW, 25.1.1958, Protokoll der 10. Sitzung der KAW, 25.10.1958, und Protokoll der 14. Sitzung der KAW, 7.2.1959.

141   Vgl. von Schwerin 2010b, S. 322.

Forschungsgelder in diesen Bereich flossen, desto mehr akzentuierte sich die bereits im letzten Teilkapitel beschriebene Tendenz, Strahlen weniger als epistemische Dinge auf ihre biologischen Wirkungen hin zu untersuchen, als sie – in Form von Radioisotopen – als technische Dinge einzusetzen und zwar sowohl in der biochemischen Grundlagenforschung als insbesondere auch in der Anwendung für die klinische Therapie und Diagnostik. Als wie wichtig Radioisotope für die schweizerische Medizin eingeschätzt wurden, belegt der Hinweis, dass die Schweizerische Akademie der Medizinischen Wissenschaften von 1944 bis Ende der 1960er Jahre über eine eigene Isotopenkommission verfügte, welche sich für die Verfügbarkeit und die Produktion von Isotopen für Forschung, Therapie und Diagnostik einsetzte.[142]

Neben der Projektförderung im Bereich der Strahlenbiologie und der Tracermethode förderte die KAW – und damit komme ich zum zweiten Punkt – auch den wissenschaftlichen Austausch von Schweizer Strahlenforschenden auf nationaler und internationaler Ebene. Bis zur Übernahme der Forschungsförderung durch die KAW war gerade zu Problemen der Strahlenbiologie nur an vereinzelten Universitäten gearbeitet worden. Danach wurden an sämtlichen schweizerischen Universitäten strahlenbiologische Forschungsprojekte durchgeführt, die sich in ihren Fragestellungen teilweise ähnelten.[143] Eine große Herausforderung für die KAW bestand folglich darin, die von ihr finanzierten Grundlagenforschungen innerhalb des föderalistisch organisierten schweizerischen Hochschulsystems besser aufeinander abzustimmen. Die mangelnde Koordination hatte wiederholt Anlass zur Kritik gegeben, und die noch wenig entwickelten Wissensgebiete außerhalb der Kernphysik waren davon besonders betroffen. In Bezug auf die geplante Stärkung der biologischen Strahlenforschung wurde deshalb über die Möglichkeit nachgedacht, die strahlenbiologischen und biomedizinischen Studien in einer Institution oder einer Arbeitsgemeinschaft zu zentralisieren. Solche Ideen stießen jedoch unter Verweis auf die Tradition des Föderalismus und die Freiheit der einzelnen Forschenden bereits innerhalb der KAW auf Widerstand. Um den geforderten Koordinationsbedarf dennoch anzugehen, wurden für die Wissensgebiete der Nicht-Physiker, also für Mediziner, Chemiker und Biologen, schließlich gesamtschweizerische Arbeitsgruppen geschaffen, in

---

142 Vgl. Archiv SAMW, B01/6, Protokoll der 103. Vorstandssitzung, 10.2.1968; Archiv SAMW, B01/7, Protokoll der 122. Vorstandssitzung, 8.12.1972. Zur Geschichte der Isotopenkommission: Feld/De Roo 2000, S. 113.

143 Vgl. Archiv SNF, Schachtel „Atomforschung 1960- Nr. 4 Diverses FK Texte Hochschulbeitrag", La recherche radiobiologique en Suisse, 15.3.1960.

denen an regelmäßigen Arbeitstagungen ein Austausch über die Forschungsprojekte stattfinden sollte.[144]

Gezielt förderte die KAW auch die Vernetzung von Schweizer Strahlenforschenden mit der internationalen Wissenschaftsgemeinde. So unterstützte sie im Frühjahr 1961 – entgegen ihrer üblichen Beitragspraxis – ein
einwöchiges internationales Symposium in Montreux zum Thema „Strahlen-
effekte und Milieu". An diesem Symposium wurden Strahlenwirkungen unter
den Aspekten des Schutzes, der Erholung und der Sensibilisierung behandelt.
Die Veranstaltung war Teil einer Reihe von kleineren, in Europa abgehaltenen
Symposien, die zwischen dem ersten und dem zweiten Internationalen
Kongress für Strahlenbiologie, die 1958 im US-amerikanischen Burlington
bzw. 1962 im britischen Harrogate stattfanden, durchgeführt wurden, um
auch zwischen den großen Kongressen die neuesten Ergebnisse strahlenbiologischer Forschungen zu diskutieren.[145] Organisiert wurde das Symposium
von der Zürcher Professorin Hedi Fritz-Niggli, die als Pionierin der Strahlenbiologie in der Schweiz gilt.[146] Wie Fritz-Niggli in einem Schreiben an Alexander von
Muralt, mittlerweile Präsident des Schweizerischen Nationalfonds, erläuterte,
war sie vom renommierten Strahlenbiologen Alexander Hollaender, Direktor
der *Biology Division* im US-amerikanischen *Oak Ridge National Laboratory* und
Präsident des ersten Internationalen Strahlenbiologie-Kongresses, angefragt
worden, ob sie nicht in der Schweiz ein solches Symposium organisieren
könne.[147] Der Schweizerische Nationalfonds übernahm daraufhin das Patronat
der Veranstaltung, von der sich von Muralt, wie er in einem internen Papier
mitteilte, „einen sehr starken Impuls für unsere Strahlenbiologie" erhoffte: „Es
handelt sich hier um durchwegs führende Wissenschafter aus dem Gebiet der
Strahlenbiologie, und zu diesen werden sich noch eine Reihe von jüngsten
Forschern gesellen, die nun zusammen mit all den Kräften in unserem Lande,
die auf dem Gebiet der Strahlenbiologie mit der Arbeit begonnen haben,

144   Vgl. Archiv SNF, Schachtel „Atomkollektion Prof. A. v. Muralt 1958–1959", Protokoll der
        18. Sitzung der KAW, 15.7.1959; Archiv SNF, Schachtel „Atomforschung 1960- Nr. 5 Rund-
        schreiben Reglemente Einladungen", Schreiben von H. Aebi inkl. Programm für die
        Arbeitstagungen, 28.3.1961, und Schreiben von H. Aebi betreffend Arbeitstagungen der
        KAW-Projektmitarbeiter inkl. Einladungen zu den Tagungen, 24.4.1961. Vgl. auch Strasser
        2004, S. 15.

145   Vgl. Archiv SNF, Gesuche KAW, Gesuch A 210, Gesuch von H. Fritz-Niggli, 4.8.1960.

146   Zu Hedi Fritz-Niggli: Marti 2015b.

147   Vgl. Archiv SNF, Gesuche KAW, Gesuch A 210, Schreiben von H. R. Schinz und H. Fritz-
        Niggli an A. v. Muralt, 12.2.1960. Zu Alexander Hollaenders strahlenbiologischen
        Forschungen vgl. Kapitel 2, Fn. 47.

während einer Woche diskutieren werden."[148] Dem Organisationskomitee gehörten neben Alexander Hollaender und Alexander von Muralt auch die Präsidenten der Eidgenössischen Kommission zur Überwachung der Radioaktivität, der Schweizerischen Akademie der Medizinischen Wissenschaften und der Schweizerischen Naturforschenden Gesellschaft sowie die Direktoren des Eidgenössischen Gesundheitsamtes, des Röntgeninstituts der Universität Zürich und der *Clinique Médicale Universitaire* in Lausanne an.[149]

Am Symposium nahmen über hundert Wissenschaftler aus elf westeuropäischen Ländern, aus Indien und aus den USA teil. Eingeladen wurde auch ein Vertreter der sowjetischen Atombehörden, ein Professor aus Moskau, der allerdings auf eine Teilnahme verzichtete.[150] Alexander Hollaender setzte sich zudem dafür ein, dass die *Atomic Energy Commission*, das US-amerikanische Pendant zur KAW, sowie die *National Science Foundation of the United States*, das Gegenstück zum Schweizerischen Nationalfonds, die Reisekosten für die Teilnahme der US-amerikanischen Forscher in Höhe von rund 50.000 Franken übernahmen, was ungefähr der Hälfte der gesamten Veranstaltungskosten entsprach.[151] Insofern kann dieses Symposium als schweizerisch-USamerikanisches Joint Venture bezeichnet werden, in welchem sich einmal mehr die starke Westbindung der Schweiz im Kalten Krieg zeigt.

Hedi Fritz-Niggli beurteilte das Symposium in einer informellen Rückmeldung an Alexander von Muralt als vollen Erfolg:

> Das wissenschaftliche Programm hat sich ganz vorzüglich entwickelt, die Diskussion stand auf einem ausserordentlich hohen Niveau und der Kontakt zwischen den verschiedensten Forschungsgruppen wurde hergestellt. So habe ich bereits gehört, dass schweizerische Forscher Kontakt mit den ausländischen Forschern aufgenommen haben und von ihnen in ihre Institute eingeladen wurden. Es ist genau das, was wir ja mit dem Symposium erhofften.[152]

Die 28 Vorträge und Diskussionen der neun Sitzungen wurden schließlich in einem Sonderband der Zeitschrift *Strahlentherapie* publiziert.[153] Dass die KAW das Symposium entgegen ihrer sonst üblichen Unterstützungspraxis förderte, zeigt, welche Priorität sie der Förderung der biologischen Strahlenforschung sowie der internationalen Vernetzung der auf diesem Gebiet tätigen

---

148   Ebd., Antrag des Praesidenten, 13.12.1960. Zudem versprach sich von Muralt gute Werbung für den wegen Geldnöten in die Kritik geratenen SNF.
149   Vgl. ebd., Referent Matthey: Gesuch Nr. 1986, [12.8.1960].
150   Vgl. ebd., Schlussbericht, 14.11.1961.
151   Vgl. ebd., Gesuch von H. Fritz-Niggli, 4.8.1960.
152   Ebd., Schreiben von H. Fritz-Niggli an A. von Muralt, 14.6.1961.
153   Vgl. Fritz-Niggli 1962.

Schweizer Forschenden zusprach. Wissenschaftler, die in aufstrebenden Forschungsfeldern wie beispielsweise der Strahlenbiologie tätig waren, versuchten, den vorhandenen Schub für ihr Forschungsfeld zu nutzen, so etwa – wie ich im nächsten Abschnitt ausführen werde –, um ihre Disziplinen innerhalb der schweizerischen Forschungslandschaft institutionell stärker zu verankern.

Gründungen von Fachgesellschaften und Komitees

Anfang 1963 ergriff Hedi Fritz-Niggli, Leiterin des Strahlenbiologischen Instituts und erste Professorin an der Medizinischen Fakultät der Universität Zürich, die Initiative zur Gründung einer Schweizerischen Gesellschaft für Strahlenbiologie. Für ihr Vorhaben konnte sie den Zürcher Professor Jean Hermann Müller, Leiter der Strahlenabteilung und des Histologischen Laboratoriums der Frauenklinik am Kantonsspital Zürich, den Lausanner Professor und Leiter des *Centre Anticancéreux Romand* Pierre Lerch, den Berner Professor und Direktor des Medizinisch-Chemischen Instituts Hugo Aebi sowie Gerhart Wagner, Biologe und Leiter der Sektion für Strahlenschutz im Eidgenössischen Gesundheitsamt, gewinnen.[154] Die Gesellschaft sollte Naturwissenschaftler verschiedener Disziplinen, die in irgendeiner Form an strahlenbiologischen Fragen interessiert waren, zusammenführen.[155] Dieser seitens der Strahlenbiologen auf nationaler Ebene unternommene Institutionalisierungsversuch löste allerdings insbesondere bei den Schweizer Radiologen Konkurrenzängste und Abwehrreflexe aus. Letztere hatten den Anspruch auf die Führungsrolle im Umgang mit Strahlen in der Zwischenkriegszeit durchgesetzt und ihr Fach als eigenständige medizinische Disziplin etabliert.[156] Nun entstanden Konflikte über die Frage, welche Wissenschaftler den Status als Strahlenexperten für sich in Anspruch nehmen durften.

Im März 1963 trafen sich 17 Wissenschaftler am Theodor Kocher Institut der Universität Bern zu einer Gründungsversammlung der geplanten Schweizerischen Gesellschaft für Strahlenbiologie. Darunter befanden sich renommierte Radiologen wie der Berner Professor Adolf Zuppinger und sein Zürcher Kollege Hans Rudolf Schinz sowie der stellvertretende Präsident der Schweizerischen Gesellschaft für Radiologie und Nuklearmedizin Hans-Rudolf

---

154 Zu Jean Hermann Müller: Koelbing 1983, S. 399. Zu Hugo Aebi: Boschung 2001.

155 Vgl. Archiv BAG, 18.2.18, Schweizerische Gesellschaft für Strahlenbiologie, Notiz über die Gründungsversammlung einer Schweizerischen Arbeitsgruppe für Strahlenbiologie, 28.3.1963.

156 Vgl. Dommann 2003, S. 193–214.

Renfer.[157] Die Radiologen opponierten vehement gegen die Idee, eine selbstständige Gesellschaft für Strahlenbiologie zu schaffen, und regten stattdessen an, diese Gesellschaft in die bereits bestehende Schweizerische Gesellschaft für Radiologie und Nuklearmedizin zu integrieren.[158] Der Grund für die ablehnende Haltung lag darin, dass die Radiologen die Strahlenbiologie nach wie vor als Hilfswissenschaft für die medizinische Radiologie bzw. die Radioonkologie betrachteten. So betonte etwa Adolf Zuppinger „die grundlegende Bedeutung der Strahlenbiologie für die Radiologie und das zunehmende Gewicht, das der Strahlenbiologie in der Ausbildung der Medizinstudenten gegeben" werde, und Hans Rudolf Schinz ergänzte, „dass die Strahlenbiologie die Grundlage für die Therapie" darstelle.[159] Demgegenüber sprachen sich Hedi Fritz-Niggli und die übrigen Nicht-Mediziner für die Bildung einer selbstständigen Organisation im Rahmen der Schweizerischen Naturforschenden Gesellschaft aus, wobei etwa der an der Eidgenössischen Technischen Hochschule Zürich tätige Zoologieprofessor Johannes Martin (Hans) Ulrich erklärte, „dass es sich hier um eine Gruppierung nach der Natur der Effekte und nicht nach dem Objekt handle, und dass deshalb die Interessen der SGS [Schweizerischen Gesellschaft für Strahlenbiologie] quer durch Zoologie, Botanik, Physik, Chemie und Medizin hindurch laufen" würden.[160] Da sich die anwesenden Wissenschaftler in diesem Punkt nicht einigen konnten, wurde beschlossen, diesbezüglich keinen definitiven Entscheid zu fällen und vorerst keine Gesellschaft, sondern lediglich eine Arbeitsgemeinschaft für Strahlenbiologie zu konstituieren und die Frage des Anschlusses an die Schweizerische Gesellschaft für Radiologie und Nuklearmedizin oder an die Schweizerische Naturforschende Gesellschaft offen zu lassen.[161]

157　Hinzu kamen sechs weitere Forscher, die sich als Mitglieder anmeldeten, an der Gründungversammlung jedoch abwesend waren, sowie das Eidgenössische Institut für Reaktorforschung in Würenlingen als Kollektivmitglied. Zur Geschichte der Schweizerischen Gesellschaft für Strahlenbiologie und Medizinische Physik: SGSMP 1989.

158　Vgl. auch Archiv BAG, 18.2.18, Schweizerische Gesellschaft für Strahlenbiologie, Schreiben von R. Sarasin an H. Fritz-Niggli, 27.2.1963; Archiv SGSMP, Ordner „SGSS Schweizerische Gesellschaft für Strahlenbiologie und Strahlenphysik 1964-", Geschichte der ersten zwanzig Jahre der Schweiz. Gesellschaft für Strahlenbiologie und Strahlenphysik, ohne Datum. Zur Geschichte der Schweizerischen Gesellschaft für Radiologie und Nuklearmedizin: Wieser 1988.

159　Vgl. auch die – inhaltlich identischen – Aussagen von Hans Rudolf Schinz in: StAZH, Z 70.2886, Protokoll der Fakultätssitzung, 5.11.1958.

160　Zu Johannes Martin (Hans) Ulrich: Stettler 2002, S. 248.

161　Vgl. für den ganzen Absatz Archiv BAG, 18.2.18, Schweizerische Gesellschaft für Strahlenbiologie, Notiz über die Gründungsversammlung einer Schweizerischen Arbeitsgruppe für Strahlenbiologie, 28.3.1963, Zitate ebd.

Die Klärung dieser Frage führte zu monatelangen Querelen und zeitweise getrübten Beziehungen zwischen den involvierten Personen, wie Briefwechsel zwischen den Initiierenden der Schweizerischen Gesellschaft für Strahlenbiologie und Vertretern der Schweizerischen Gesellschaft für Radiologie und Nuklearmedizin verdeutlichen.[162] Schließlich kam rund ein Jahr nach der Gründungsversammlung im Frühjahr 1964 ein Kompromiss zustande: Es wurde eine selbstständige Schweizerische Gesellschaft für Strahlenbiologie gebildet, diese schloss sich aber mit der Schweizerischen Gesellschaft für Radiologie und Nuklearmedizin zu einer Schweizerischen Vereinigung für Radiologie, Nuklearmedizin und Strahlenbiologie zusammen. Ziel dieser Vereinigung waren die Durchführung gemeinsamer wissenschaftlicher Tagungen sowie die Herausgabe einer gemeinsamen Fachzeitschrift.[163]

Was aber waren die Gründe dafür, dass die Strahlenbiologen eine selbstständige Gesellschaft anstrebten? Zum einen befürchteten sie, ihre an naturwissenschaftlicher Grundlagenforschung orientierten Interessen als Nicht-Mediziner innerhalb der Schweizerischen Gesellschaft für Radiologie und Nuklearmedizin, welche wesentlich auch als Standesorganisation für die beruflichen Interessen der Radiologen fungierte, nicht effektiv umsetzen zu können.[164] Zum anderen hielten die Strahlenbiologen den Zeitpunkt für einen Alleingang für politisch günstig, wie Fritz-Niggli in einem Schreiben an die übrigen Initianten ausführte: „Die Strahlenbiologie, incl. Strahlenschutz wird ohne Zweifel in naher Zukunft an Bedeutung zunehmen, sodass sie durchaus eine selbstständige Gesellschaft tragen könnte. Wir wissen, dass die Probleme unseres neuen Atomgesetzes in Kürze eine Fülle praktischer Probleme

---

162   Vgl. ebd., Schreiben von H. R. Renfer an H. K. Wagner, 25.5.1963, Schreiben von G. Wagner an H. Fritz-Niggli, H. J. Müller, H. Aebi und P. Lerch, 4.5.1963, Schreiben von G. Wagner an H. R. Renfer, 9.5.1963, Schreiben von H. Fritz-Niggli an G. Wagner, 10.6.1963, Schreiben von G. Wagner an H. R. Renfer, 9.7.1963, Schreiben von G. Wagner an H. Fritz-Niggli, 9.7.1963, Schreiben von H. Aebi an G. Wagner, 10.7.1963, Schreiben von H. R. Renfer an H. Fritz-Niggli, 4.11.1963, Schreiben von H. R. Renfer an H. Fritz-Niggli, 10.12.1963, und Schreiben von H. R. Renfer an H. Fritz-Niggli, 14.1.1964.

163   Vgl. ebd., Protokoll der Besprechung zwischen den Delegierten beider Gesellschaften, 13.2.1964, und Protokoll der Besprechung zwischen den Delegierten beider Gesellschaften, 6.3.1964.

164   Vgl. ebd., Schreiben H. Fritz-Niggli an R. Sarasin, 5.3.1963, und Schreiben von G. Wagner an H. R. Renfer, 9.5.1963; Archiv SGSMP, Ordner „SGSMP Archiv 1963–1981", Entwurf eines Schreibens an den Präsidenten der Schweizerischen Gesellschaft für Radiologie und Nuklearmedizin, ohne Datum. Tatsächlich konnten laut Statuten nur Radiologen FMH Vollmitglieder der Röntgengesellschaft werden; Röntgenphysiker etwa wurden nur als außerordentliche Mitglieder geführt. Vgl. Archiv BAG, 18.2.18, Schweizerische Gesellschaft für Strahlenbiologie, Notiz über die Gründungsversammlung einer Schweizerischen Arbeitsgruppe für Strahlenbiologie, 28.3.1963.

aufwerfen wird [sic], deren Erledigung vornehme Pflicht unserer Gesellschaft sein könnte."[165] Aus diesem Zitat wird deutlich, dass die Strahlenbiologen hofften, sich im Hinblick auf die in den 1960er Jahren weiter zunehmende zivile Nutzung der Atomenergie – in einem von Radioisotopen und Atomreaktoren geprägten nuklearen Alltag – gegenüber der Öffentlichkeit und der Politik als Experten für die biologische Wirkung von Strahlen profilieren zu können.

Die Strahlenbiologen konnten sich also teilweise erfolgreich gegen die Führungsansprüche der Radiologen behaupten. Dies zeigen auch zwei weitere Beispiele. So gelang es Hedi Fritz-Niggli 1963, das von ihr geleitete, jedoch Hans Rudolf Schinz' Röntgeninstitut unterstellte Strahlenbiologische Laboratorium zu einem selbstständigen Institut aufzuwerten. Trotz anfänglicher Widerstände innerhalb der Medizinischen Fakultät avancierte Fritz-Nigglis Institut an der Universität Zürich damit zum einzigen explizit auf Strahlenbiologie spezialisierten Hochschulinstitut der Schweiz (Abb. 7).[166] Auch bei der Aufwertung der Strahlenbiologie innerhalb der medizinischen Ausbildung, für welche sich die Schweizerische Gesellschaft für Strahlenbiologie unter der Federführung von Fritz-Niggli seit ihrer Gründung wiederholt einsetzte, kam schließlich ein Teilerfolg zustande, als die Strahlenbiologie 1975 zum Prüfungsfach im Rahmen der Radiologie erhoben wurde.[167] Den schweizerischen Strahlenbiologen gelang es in den 1960er und 1970er Jahren somit, partielle Institutionalisierungserfolge zu erzielen und sich als Strahlenexperten zu positionieren.

Gemäß ihren Statuten war die Schweizerische Gesellschaft für Strahlenbiologie offen für Wissenschaftler aus verschiedenen Disziplinen.[168] Die für das Forschungsfeld der Strahlenbiologie charakteristische Transdisziplinarität zeigte sich exemplarisch bei Hedi Fritz-Niggli, der ersten Präsidentin der Gesellschaft, die als promovierte Biologin an der Medizinischen Fakultät der Universität Zürich habilitierte (Abb. 8). Tatsächlich war der Forschungsbereich der Strahlenbiologie nicht klar von anderen Forschungsgebieten im Bereich der biologischen Strahlenforschung abgrenzbar, was sich auch in

---

165   Archiv SGSMP, Ordner „SGSMP Archiv 1963–1981", Schreiben von H. Fritz-Niggli an
       H. Aebi, P. Lerch, J. H. Müller und G. Wagner, 4.7.1963. Zur Geschichte der Strahlenbiologie in der Schweiz: Lüthy/Fritz-Niggli 1989.
166   Vgl. Marti 2015b, S. 233 f.
167   Vgl. ebd., S. 236–238.
168   Vgl. Archiv SGSMP, Ordner „SGSS Schweizerische Gesellschaft für Strahlenbiologie und
       Strahlenphysik 1964–", Statuten der Schweizerischen Gesellschaft für Strahlenbiologie,
       24.4.1964.

Abb. 7   Der Neubau des Strahlenbiologischen Instituts der Universität Zürich von 1970.

uneinheitlichen Bezeichnungen niederschlug: Teilweise wurde Biophysik, teilweise Strahlenbiologie als Sammelbegriff verwendet, unter den biologisch-medizinische Forschungen mit Strahlen subsumiert wurden. Auch anlässlich der Konstituierung der Arbeitsgemeinschaft für Strahlenbiologie standen für deren Namen zunächst verschiedene Varianten – Strahlenbiologie, Radiobiologie, Strahlenforschung, Biophysik – zur Diskussion und es wurde die Frage besprochen, ob auch der Begriff Strahlenschutz im Titel zu nennen sei.[169]

Mit ihrer Initiative, die Forschungsinteressen im heterogenen Forschungsfeld der Strahlenbiologie bzw. der Biophysik zu bündeln, waren Fritz-Niggli und ihre Mitstreiter nicht allein. So gründete eine Gruppe von Wissenschaftlern der Universität Bern ebenfalls im Frühjahr 1963 eine Schweizerische Gesellschaft für Zell- und Molekularbiologie, die auch über einen Ausschuss

---

169 Vgl. Archiv BAG, 18.2.18, Schweizerische Gesellschaft für Strahlenbiologie, Notiz über die Gründungsversammlung einer Schweizerischen Arbeitsgruppe für Strahlenbiologie, 28.3.1963. Der Wissenschaftshistoriker Bruno J. Strasser bspw. subsumiert die Radiobiologie und die Nuklearmedizin unter dem Oberbegriff der Biophysik. Vgl. Strasser 2004, S. 12.

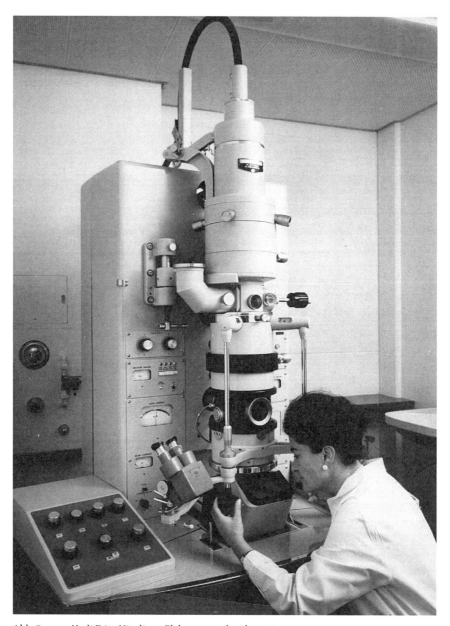

Abb. 8   Hedi Fritz-Niggli am Elektronenmikroskop, circa 1970.

für Strahlenbiologie verfügen sollte.[170] Weiter bildete der Genfer Professor und Leiter des Laboratoriums für Biophysik Eduard Kellenberger gemeinsam mit seinem Mitarbeiter und späteren Nobelpreisträger Werner Arber ein Komitee für Biophysik, welches den Kontakt mit der Internationalen Organisation für reine und angewandte Biophysik pflegen und die Interessen dieses Forschungsgebietes in der Schweiz vertreten sollte.[171] Kellenberger und Fritz-Niggli, die beiden treibenden Kräfte hinter der Gründung der Gesellschaft für Strahlenbiologie respektive der Bildung des Komitees für Biophysik, wurden beide Mitglied in der jeweils anderen Organisation.[172] Zudem hatten beide für ihre Forschungen – ebenso wie ein Großteil der übrigen Mitglieder beider Fachgremien – zwischen 1958 und 1962 Förderbeiträge der KAW erhalten.[173] Dass Hedi Fritz-Niggli das Strahlenbiologische Laboratorium an der Universität Zürich ab Ende der 1950er Jahre kontinuierlich ausbauen und, wie bereits erwähnt, später sogar verselbstständigen konnte, war maßgeblich auf die Gelder der KAW zurückzuführen, die sie für ihre strahlenbiologischen und strahlengenetischen Forschungen erhielt.[174] Das gleiche galt – wie der Wissenschaftshistoriker Bruno J. Strasser gezeigt hat – für die Institutionalisierung der molekularbiologischen Forschung an der Universität Genf. Eduard Kellenberger konnte dort 1963 das erste Institut für Molekularbiologie in der Schweiz gründen, was ebenfalls wesentlich der Förderung seiner biophysikalischen bzw. molekularbiologischen Forschungen durch die Kredite der KAW zu verdanken war.[175] Die von der KAW für die strahlenbiologische und biomedizinische Forschung zur Verfügung gestellten Kredite befeuerten somit die universitäre Etablierung biowissenschaftlicher Fachgebiete und zeitigten insofern Auswirkungen auf die Ausgestaltung der schweizerischen Hochschullandschaft in diesem Bereich.

---

170   Vgl. Archiv BAG, 18.2.18, Schweizerische Gesellschaft für Strahlenbiologie, Notiz über die Gründungsversammlung einer Schweizerischen Arbeitsgruppe für Strahlenbiologie, 28.3.1963.

171   Vgl. ebd., Schreiben von E. Kellenberger und W. Arber an H. Aebi, W. Arber, H. Brintzinger, E. Flückiger, H. Fritz-Niggli, E. Kellenberger und S. Weidmann, ohne Datum, und Notiz über die Gründungsversammlung einer Schweizerischen Arbeitsgruppe für Strahlenbiologie, 28.3.1963; Arber 1964; Arber 1965. Vgl. auch Strasser 2006, S. 209.

172   Vgl. Archiv BAG, 18.2.18, Schweizerische Gesellschaft für Strahlenbiologie, Schreiben von E. Kellenberger und W. Arber an H. Aebi, W. Arber, H. Brintzinger, E. Flückiger, H. Fritz-Niggli, E. Kellenberger und S. Weidmann, ohne Datum, Schreiben von H. Fritz-Niggli an E. Kellenberger, 22.2.1963, und Schreiben von E. Kellenberger an H. Fritz-Niggli, 25.3.1963.

173   Für Fritz-Niggli vgl. Archiv SNF, Gesuche KAW, Gesuche A 58 und A 81. Für Kellenberger vgl. Archiv SNF, Gesuche KAW, Gesuch A 89.

174   Vgl. Marti 2015b, S. 234.

175   Vgl. Strasser 2004, S. 14.

Diese augenfälligen strukturellen Gemeinsamkeiten sowie die bisweilen überlappenden Forschungsinteressen dürfen indessen nicht darüber hinwegtäuschen, dass das weite, unscharf definierte Gebiet der biologischen Strahlenforschung zu Beginn der 1960er Jahre zunehmend auseinanderdivergierte. Exemplarisch lässt sich dies anhand der beiden von Fritz-Niggli bzw. Kellenberger initiierten Organisationen illustrieren: So hielt die Gesellschaft für Strahlenbiologie im Zweckartikel ihrer Statuten fest, Ziel sei es, „die Forschung und Lehre auf den Gebieten der Strahlenbiologie, des Strahlenschutzes und ihrer Grundlagen zu fördern und zu verbreiten."[176] Für die Mitglieder der Strahlenbiologie-Gesellschaft stand demnach die Erforschung von Strahlenwirkungen bzw. von Präventivwissen gegen Strahlen im Zentrum. Demgegenüber klärte Kellenberger Fritz-Niggli in einem Schreiben darüber auf, Biophysik stelle „heutzutage leider nicht mehr bloss Strahlenbiologie weder bloss Elektronenmikroskopie" dar, weshalb es klar sei, dass im Komitee für Biophysik „neben Vertretern der Strahlenbiologie auch Vertreter der Molekularbiologie, insbesondere der Molekulargenetik, [...] vertreten sein sollten. Ebenso Vertreter der modernen Biochemie sollten eingeladen werden, daran teilzunehmen."[177] In diesem Zitat wird deutlich, dass neben die noch junge Strahlenbiologie, die sich primär für die genetischen und somatischen Strahlenschäden und somit für Strahlen als epistemische Dinge interessierte, weitere aufstrebende Disziplinen wie die Biophysik, die Molekularbiologie, die Molekulargenetik und die Biochemie traten, welche Strahlen vorwiegend als technische Dinge benutzten, um biochemische Prozesse in Zellen sichtbar zu machen. Aufgrund dieser unterschiedlichen Forschungsstile bildete sich im Bereich der biologischen Strahlenforschung immer mehr eine scharfe Trennlinie heraus zwischen denjenigen Forschern und Fachgebieten, die Organismen mithilfe von biologischen Tracern auf molekularer Ebene untersuchten, und denjenigen Wissenschaftlern und Forschungsfeldern, welche weiterhin strahlenbiologische und -genetische Grundlagenforschung betrieben, ohne die molekulare Wende zu vollziehen. Wie das nächste Teilkapitel zeigen wird, hatte die Molekularisierung der Biowissenschaften große Auswirkungen auf die weitere Entwicklung und Förderung der Strahlenbiologie, die ab der Mitte der 1960er Jahre einen kontinuierlichen Niedergang erlebte.

---

176   Archiv SGSMP, Ordner „SGSS Schweizerische Gesellschaft für Strahlenbiologie und
        Strahlenphysik 1964-", Statuten der Schweizerischen Gesellschaft für Strahlenbiologie,
        24.4.1964.
177   Archiv BAG, 18.2.18, Schweizerische Gesellschaft für Strahlenbiologie, Schreiben von
        E. Kellenberger an H. Fritz-Niggli, 25.3.1963.

2.3 Konkurrenz und Bedeutungsverlust. Disziplinäre Weiterentwicklung der Biowissenschaften und Niedergang der Strahlenbiologie, ca. 1965–1996

Die Atomenergie stellte nicht nur ein Pioniergebiet schweizerischer Forschungsförderung dar, sondern bildete nach dem Zweiten Weltkrieg in der Schweiz ebenso wie in anderen Industrieländern den Hauptgegenstand staatlicher Forschungspolitik. Aufgrund der ihr verliehenen Vorrangstellung hat die historische Forschung die schweizerische Atompolitik als Sonderfall bezeichnet.[178] Diese Sonderstellung endete indessen Ende 1962, als die Kommission für Atomwissenschaft (KAW) aufgelöst und die schweizerische Atompolitik in die normale Forschungsförderungstätigkeit des Schweizerischen Nationalfonds zur Förderung der wissenschaftlichen Forschung integriert wurde.[179] Der von den Geldern der KAW verursachte Aufschwung der biologischen Strahlenforschung wirkte über deren Auflösung hinaus noch bis in die Mitte der 1960er Jahre nach. Ab Mitte der 1960er sowie verstärkt in den 1970er und 1980er Jahren verlor die Strahlenbiologie als selbstständige Disziplin, einem internationalen Trend folgend, zunehmend an Bedeutung. Parallel zum Niedergang der Strahlenbiologie erlebten neue Wissensgebiete wie die Molekularbiologie, die Biochemie, die Ökologie und die Umweltforschung, die in ihren Ursprüngen allesamt mit der biologischen Strahlenforschung verwoben waren, einen Aufschwung sowie entsprechenden Zuwachs und staatliche Förderung.[180]

Ich möchte nun darlegen, weshalb die Strahlenbiologie ab Mitte der 1960er Jahre im Vergleich zu anderen biowissenschaftlichen Disziplinen nach und nach an Terrain einbüßte und damit einhergehend weniger gefördert wurde. Eine wichtige Rolle spielte dabei ein internationaler Kontext. So verloren die von Strahlen ausgehenden Gefahren seit dem Abschluss des internationalen Abkommens über den Stopp oberirdischer Atomwaffentests 1963 an gesellschaftspolitischer Brisanz.[181] Im Folgenden werde ich zwei weitere wesentliche Gründe für den Bedeutungsverlust der Strahlenbiologie näher ausführen, die beide sich wandelnde Forschungsparadigmen und -konjunkturen innerhalb der Biowissenschaften betreffen: Erstens war die disziplinäre Weiterentwicklung der Biowissenschaften für den Bedeutungsverlust der Strahlenbiologie

---

178 Vgl. Joye-Cagnard 2010, S. 56, S. 142 und S. 145; Kupper 2003a, S. 171 f.; Kupper 2003b, S. 87 f.; Latzel 1979, S. 200.

179 Vgl. Jahresbericht des SNF 1962, S. 11.

180 Vgl. u. a. von Schwerin 2008, S. 199–209.

181 Vgl. von Schwerin 2008, S. 205; Abele 2002, S. 18 und S. 197.

mitverantwortlich. Die Biowissenschaften wurden durch die molekulare Wende stark transformiert, weshalb die bis dahin prägende genetische bzw. klinische Strahlenbiologie gegenüber der molekularen Biologie in eine ungünstige Lage geriet.[182] Zweitens waren neue gesellschaftspolitische Problematisierungen ausschlaggebend. Mit der umweltpolitischen Wende zu Beginn der 1970er Jahre setzte eine Phase ein, in welcher Strahlen ihre privilegierte Stellung als gefährlichste und am besten untersuchte Umweltagenzien verloren.[183]

Dominanz der Molekularbiologie

Die molekulare Wende und ihre Auswirkungen auf die Strahlenbiologie lassen sich für die Schweiz gut an einem Vergleich der Entwicklung des unter Hedi Fritz-Nigglis Leitung stehenden Strahlenbiologischen Laboratoriums der Universität Zürich und dem von Eduard Kellenberger geführten Biophysikalischen Laboratorium der Universität Genf nachvollziehen. Während der Forschungsförderungstätigkeit der KAW, also von 1958 bis 1962, erhielten beide Institutionen für ihre Arbeiten im Bereich der biologischen Strahlenforschung Unterstützung durch deren Kredite. Zu dieser Zeit war indessen noch keineswegs klar, welche Disziplinen in Zukunft als biowissenschaftliche Leitwissenschaften fungieren würden.[184] Der Aufstieg der Molekularbiologie erweist sich erst ex post als selbstverständliche Entwicklung.

Hedi Fritz-Niggli befasste sich seit der Gründung des Strahlenbiologischen Laboratoriums im Jahr 1949 mit strahlengenetischen und strahlenbiologischen Forschungsfragen. Bevor die Gelder der KAW verfügbar waren, hatte bereits der Schweizerische Nationalfonds ihre Forschungen unterstützt.[185] Wie aus einem Gutachten hervorgeht, genoss Fritz-Niggli innerhalb der KAW ein hohes Ansehen:

> Sowohl auf dem Gebiet der Strahlengenetik, dem Hauptarbeitsfeld, als auch über die Studien, welche somatische Strahlenschädigungen betreffen, hat Frau Dr. Fritz-Niggli zahlreiche, sehr schöne und vielbeachtete Arbeiten veröffentlicht. Man darf ruhig sagen, dass sie diejenige Forscherin ist, welche sich in der Schweiz am intensivsten mit der Frage des genetischen und somatischen Strahlenschadens beschäftigt hat. Angesichts ihrer bisherigen erfolgreichen

---

182 Zur Molekularisierung der Biologie u. a.: Strasser 2006; Brandt 2004; Abir-Am 2003 [1997]; de Chadarevian 2002; Fox Keller 2001 [2000]; Kay 2001 [1999]; Morange 1998.

183 Zur umweltpolitischen Wende der 1970er Jahre insb.: Kupper 2005b; Kupper 2003c; Kupper 2001.

184 Vgl. von Schwerin 2015, S. 340–353.

185 Vgl. Archiv SNF, Gesuche Abteilung Biologie und Medizin, Gesuche Nr. 750, Nr. 1299 und Nr. 1356.

Tätigkeit erscheint eine tatkräftige Förderung dieser Arbeit durch die KAW angezeigt.[186]

Fritz-Niggli erhielt ab 1958 jährlich Förderungsgelder von der KAW und warb für ihr Strahlenbiologisches Laboratorium bis 1962 insgesamt über 360.000 Franken ein. Dies entsprach 4,9 % der Gesamtausgaben im Bereich der von der KAW unterstützten biomedizinischen und strahlenbiologischen Forschung.[187]

Das Genfer Team um Eduard Kellenberger hatte zwei Hauptarbeitsgebiete: die Elektronenmikroskopie und die Bakteriophagenforschung.[188] Kellenberger, ursprünglich ausgebildeter Physiker und Schüler von Paul Scherrer, hatte sein Forschungsinteresse in den 1950er Jahren hin zu den Biowissenschaften verschoben.[189] Mithilfe des Elektronenmikroskops, das, wie er selbst festhielt, zu einem der wichtigsten Hilfsmittel der experimentellen Biologie avancierte, erforschten er und seine Mitarbeiter an Mikroorganismen intrazelluläre dynamische biochemische Prozesse.[190] Dieser neue Forschungsstil stellte – wie die wissenschaftshistorische Forschung gezeigt hat – ein Pioniergebiet der molekularen Biologie dar.[191] Von der KAW erhielt Kellenberger Gelder in der Höhe von knapp einer Viertelmillion Franken, also weniger als Fritz-Niggli. Damit untersuchten er und seine Mitarbeiter unter anderem die Wirkung von Strahlen auf die DNS von Escherichia coli-Bakterien.[192]

Dies zeigt, dass bis Anfang der 1960er Jahre innerhalb der biologischen Strahlenforschung unterschiedliche Forschungsstile parallel zueinander existierten und unterstreicht nochmals die genuine Transdisziplinarität dieses Forschungsfeldes, in dem Strahlengenetiker, Biophysiker, Radiologen, Biochemiker und Molekularbiologen tätig waren. Trotzdem zeugen die zwei Forschungsstile mit unterschiedlichen Versuchsanordnungen und verschiedenartigen Modellorganismen – Drosophilagenetik in Zürich versus Bakteriengenetik in Genf – in geradezu exemplarischer Weise von einer Auseinandersetzung um die künftige Ausrichtung der Biologie.[193] Die Frage, ob

186   Archiv SNF, Gesuche KAW, Gesuch A 58, Antrag des Referenten: Aebi, 27.4.1958.

187   Vgl. Jahresberichte der KAW in den Jahresberichten des SNF 1958–1962.

188   Vgl. Strasser 2006, S. 229–279; Strasser 2004, S. 14.

189   Vgl. Strasser 2006, S. 179–227.

190   Vgl. Kellenberger 1965.

191   Vgl. Strasser 2006.

192   Vgl. Archiv SNF, Gesuche KAW, Gesuch A 89. Vgl. auch Strasser 2004, S. 14.

193   Es verhält sich indessen nicht so, dass Hedi Fritz-Niggli kein Interesse an Fragen der molekularen Strahlenbiologie gezeigt hätte. Im März 1958 stellte sie ein Fördergesuch an die KAW, mit welchem sie für ihre strahlenbiologischen Forschungen in einem groß angelegten Fünfjahresprogramm eine Summe von über 300.000 Schweizer Franken beantragte. Neben ihren angestammten Forschungsgebieten – Mutationsforschung,

die Zukunft der Säugetier- und Humangenetik oder der Molekularbiologie bzw. -genetik gehöre, wurde Anfang der 1960er Jahre zwar noch divergierend beantwortet.[194] Ungefähr ab Mitte der 1960er Jahre kam es allerdings zu einer stärkeren disziplinären Ausdifferenzierung innerhalb der Biowissenschaften, in deren Zuge die molekulare Biologie die Vorreiterrolle übernahm. Wie der Wissenschaftshistoriker Bruno J. Strasser gezeigt hat, bildete die Institutionalisierung der Molekularbiologie an der Universität Genf im Jahr 1963 das erste Indiz für diesen Wandel in der Schweiz.[195] Anhand von zwei Beispielen – der schweizerischen Unterstützung für europäische Forschungskooperationen in den Biowissenschaften und der Verschiebung der Schwerpunkte der Forschungsförderung beim Schweizerischen Nationalfonds – werde ich im Folgenden darstellen, wie die zunehmende Dominanz der molekularen Biologie die (klinische) Strahlenbiologie nach und nach an den Rand drängte.

Das erste Beispiel betrifft die zu Beginn der 1960er Jahre lancierten Pläne für die Gründung eines europäischen Zentrums für Strahlenbiologie,

---

embryonale Schädigungen, Krebsinduktion und biologischer Strahlenschutz – wollte sie mit einem ähnlichen Untersuchungsdesign wie Eduard Kellenberger auch Strahlenwirkungen an Nukleinsäuren und biochemische Prozesse in Einzellern untersuchen. Für diese Ausdehnung ihrer Forschungsaktivitäten verlangte sie von der KAW nicht nur zusätzliches Laborpersonal, sondern auch zusätzliche Geräte, so unter anderem ein Elektronenmikroskop. Vgl. Archiv SNF, Gesuche KAW, Gesuch A 81, Gesuch von H. Fritz-Niggli, 13.3.1958. Die KAW bewilligte eine Förderung im bisherigen Ausmaß, nicht jedoch die Gelder für die elektronenmikroskopischen und die biochemischen Untersuchungen. Die Gründe für diesen Entscheid waren vielfältig; wesentlich war allerdings die Opposition seitens der Medizinischen Fakultät der Universität Zürich. Zahlreiche Fakultätsmitglieder lehnten das Gesuch ab, weil sie befürchteten, die aufstrebende Strahlenbiologie würde anderen medizinischen Disziplinen finanzielle und personelle Ressourcen streitig machen. Möglicherweise spielten bei diesem Ressourcenneid auch geschlechtsspezifische Komponenten eine Rolle. Vgl. Marti 2015b, S. 233 f. Zudem wollten tonangebende Zürcher Biologen und Mediziner verhindern, dass Fritz-Niggli neben der klinischen Strahlenbiologie weitere neue, zukunftsträchtige Forschungsfelder zu okkupieren begann. Zu Beginn der 1960er Jahre waren an der Universität Zürich nämlich Diskussionen über eine Institutionalisierung zunächst der Human- sowie später auch der Molekulargenetik im Gange. 1963 wurde ein Chromosomenlabor am Kinderspital in Zürich eingerichtet. Bei der Schaffung dieses Labors bildete das Zukunftspotenzial der Molekularbiologie zwar noch nicht das Hauptargument; die Vision, die menschliche Vererbungslehre auf molekularer Ebene zu reformulieren, war indessen bereits vorhanden. Vgl. Germann 2016, S. 296 f. Sowohl die elektronenmikroskopischen als auch die biochemischen Untersuchungen machen deutlich, dass Fritz-Niggli sich auch in molekularer Strahlenbiologie betätigen wollte. Aufgrund des ablehnenden Entscheids der KAW verzichtete sie Ende der 1950er Jahre jedoch vorläufig darauf, sich in dieses neue Forschungsfeld einzuarbeiten.

194   Vgl. von Schwerin 2015, S. 344–353.
195   Strasser 2006.

Strahlentherapie und Nuklearmedizin. Ausgangspunkt dieser Idee war, eine Organisation ähnlich der 1953 ins Leben gerufenen Europäischen Organisation für Kernforschung, kurz CERN, zu schaffen, um durch eine europäische Zusammenarbeit die großen Investitionskosten für die weitere Entwicklung der Strahlenforschung mit dicht ionisierenden Teilchen – Protonen- und Ionenstrahlen –, deren Förderung von nationalen Forschungsförderungsinstitutionen nicht geleistet werden könne, zu teilen.[196] Initiator der Idee für ein europäisches Strahlenbiologie-Zentrum war Rolf Wideröe, Ingenieur bei der Brown, Boveri & Cie. und Erfinder des im ersten Teilkapitel erwähnten Betatrons, der seinen Plan anlässlich eines internationalen Symposiums für Hochenergie-Strahlentherapie im Juli 1961 in Turin zum ersten Mal präsentierte und mit führenden europäischen Radiologen und Strahlenbiologen besprach. An der Gründungsversammlung der Weltvereinigung akademischer Lehrer der medizinischen Radiologie im Oktober 1961 in Zürich wurde der Vorschlag daraufhin erneut diskutiert und beschlossen, das Vorhaben weiterzuverfolgen.[197] In der Schweiz fand Wideröe für sein Vorhaben rasch Unterstützung beim Zürcher Radiologen Hans Rudolf Schinz sowie bei Hedi Fritz-Niggli. Zunächst war geplant, im Januar 1962 eine kleine Konferenz mit circa zwölf Teilnehmern in Zürich durchzuführen, um über die Grundzüge der geplanten Organisation zu sprechen. Diese sollte organisatorisch dem CERN ähnlich sein, etwa dessen halbe Größe aufweisen und erweiterungsfähig für angrenzende Disziplinen wie Chemotherapie, Strahlenschutz und Strahlendiagnostik sein. Zur Durchführung dieser Konferenz und als Anschubfinanzierung für das Projekt ersuchte Wideröe die KAW um einen Unterstützungsbeitrag von 12.000 Franken.[198] Diese bewilligte den von Wideröe verlangten Kredit. An der im März 1962 in Zürich abgehaltenen Konferenz verabschiedeten die 34 Teilnehmenden aus zwölf westeuropäischen Ländern eine Resolution, in welcher sie die Schaffung eines europäischen Forschungszentrums für Radiobiologie forderten.[199] Die Teilnehmenden setzten zudem ein zehnköpfiges Planungskomitee ein, von dessen Mitgliedern vier – darunter Wideröe, Schinz und Fritz-Niggli – aus der Schweiz, die restlichen aus der Bundesrepublik Deutschland,

---

196 Vgl. Archiv SNF, Gesuche KAW, Gesuch A 222, Votum zu Punkt 10 des provisorischen Programmes, ohne Datum, und Schreiben von R. Wideröe an E. Cherbuliez, 21.11.1961.

197 Vgl. ebd., Schreiben von R. Wideröe an E. Cherbuliez, 21.11.1961. Zu Rolf Wideröe, der während des Zweiten Weltkrieges mit der deutschen Luftwaffe zusammengearbeitet hatte: Waloschek 2002, S. 59, S. 63 f., S. 78 und S. 104; Weiss 2000a, bes. S. 82 f.

198 Vgl. Archiv SNF, Gesuche KAW, Gesuch A 222, Schreiben von R. Wideröe an E. Cherbuliez, 21.11.1961.

199 Vgl. ebd., Resolution, 3.3.1962, Liste der Teilnehmer, ohne Datum, und Schlussbericht, 24.6.1963.

Frankreich, Großbritannien, Dänemark und den Niederlanden stammten. Zusätzlich wurde ein aus dreizehn Mitgliedern bestehender Länderausschuss gebildet, dessen Vorsitz Hans Rudolf Schinz übernahm. Die Mitglieder dieses Ausschusses sollten für das Projekt in ihren Herkunftsländern Unterstützung suchen und als Kontaktpersonen für die entsprechenden Länder dienen.[200]

Nach etlichen offiziellen und inoffiziellen Gesprächen mit Vertretern wichtiger Institutionen, so unter anderem der *European Nuclear Energy Agency*, der Euratom und der Internationalen Atomenergie-Organisation,[201] kristallisierte sich – so Wideröe in einem Bericht an die KAW – folgendes vorläufiges Ergebnis heraus: „Die meisten Wissenschaftler sind für den Plan; diejenigen, die glauben, dass die nationale Forschung unter der gemeinsamen leiden wird und somit ihre eigenen Interessen gefährdet sehen, sind deutlich in der Minderzahl."[202] Für die Initiierenden eines „Intereuropäischen Forschungszentrums für Strahlenbiologie", kurz CERB, schien im Juni 1963 deshalb der Zeitpunkt gekommen, ihr Projekt mit einem offiziellen Vorstoß auf die europäische Regierungsebene zu tragen. Dazu wurden sie bei Jakob Burckhardt, dem ehemaligen Delegierten des Bundesrates für Fragen der Atomenergie und jetzigen Leiter der Abteilung für internationale Organisationen im Eidgenössischen Politischen Departement, vorstellig.[203] Die schweizerische Regierung sollte die Initiative ergreifen und die anderen westeuropäischen Regierungen zu einer Besprechung einladen.[204]

Bekanntlich kam das CERB nicht zustande. Zwei Gründe waren dafür ausschlaggebend: Zum einen stieß das Projekt bei den Mitgliedstaaten der relevanten europäischen Institutionen, so insbesondere denen der *European Nuclear Energy Agency*, auf wenig Unterstützung. Die Quellenhinweise deuten darauf hin, dass diese Staaten die Strahlenbiologie als unerwünschte Konkurrenz um Ressourcen und Investitionen für die physikalisch-technische Atomforschung betrachteten und deshalb die Meinung vertraten, es sei nicht notwendig, die Strahlenbiologie auf europäischer Ebene derart großangelegt

---

200   Vgl. ebd., Planungskomitee, ohne Datum, Länderausschuss, ohne Datum, und Schluss-
        bericht, 24.6.1963. Rolf Wideröe und Hedi Fritz-Niggli beschrieben das geplante Projekt
        auch in einem Artikel in der spanischen Fachzeitschrift *Acta Ibérica. Radiologica.
        Cancerologica*: Wideröe/Fritz-Niggli 1963.
201   Zur Euratom und der Internationalen Atomenergie-Organisation u. a.: Krige 2015.
202   Archiv SNF, Gesuche KAW, Gesuch A 222, Schlussbericht, 24.6.1963.
203   Zu Jakob Burckhardt: Steffen Gerber 2011.
204   Vgl. Archiv SNF, Gesuche KAW, Gesuch A 222, Schlussbericht, 24.6.1963.

zu institutionalisieren, zumal sich bereits die Euratom in diesem Bereich engagiere.[205]

Zum anderen – und für mein Argument wichtiger – zeichnete sich gegen Mitte der 1960er Jahre ab, dass die Molekularbiologie das Zukunftsfeld der Biowissenschaften war. 1962 ging der Nobelpreis für Chemie, Physiologie oder Medizin an ein molekularbiologisch arbeitendes Forschungsteam. Im September 1963 gründete eine Gruppe von Forschenden in diesem Bereich die *European Molecular Biology Organization*. Eduard Kellenberger, Mitglied im Gründungskomitee dieser Organisation, trug dieses Projekt im April 1964 an den Vorsteher des Politischen Departements, Bundesrat Friedrich Traugott Wahlen, heran. Wahlen unterstützte diese Initiative in der Folge tatkräftig.[206] Der Bund verfolgte mit der Beteiligung an europäischen Forschungskooperationen spezifische Interessen: Zunächst boten ihm diese Engagements die Gelegenheit, dem Konzept der bewaffneten Neutralität – während des Kalten Krieges das außenpolitische Pendant zur verteidigungspolitischen Maxime der totalen Landesverteidigung – im europäischen bzw. ,westlichen' Kontext mehr Anerkennung zu verschaffen.[207] Indem die schweizerische Regierung ihre politisch neutrale Position diplomatisch dafür einsetzte, diesen Forschungsinstitutionen und dem von ihnen produzierten Wissen ebenfalls ein ,neutrales', sprich unpolitisches und nicht-militärisches Image zu verleihen, konnte die Schweiz ihre Neutralitätspolitik gegen außen festigen und sich dabei gleichzeitig Europa bzw. dem ,Westen' annähern, ohne dafür innenpolitisch kritisiert zu werden.[208] Zudem war es gerade für kleinere europäische Länder wie die Schweiz aus finanziellen Gründen attraktiv, in kostenintensiven Forschungsgebieten wie der Atomphysik und der Raketenforschung mit anderen Staaten zusammenzuarbeiten, um die großen Investitionen mit denselben teilen zu können.[209] Maßgeblich auf schweizerische Initiative wurde im Jahr 1969 von den dreizehn europäischen Mitgliedstaaten des CERN ein Vertrag unterschrieben, welcher den Grundstein für das 1974 in Heidelberg gegründete Europäische Laboratorium für Molekularbiologie

---

205   Vgl. ebd. Vgl. auch CH-BAR#E8210A#1985/91#27*, Comité de direction de l'énergie nucléaire, Sous-comité de la santé et la sécurité: Procès-verbal de la neuvième session, 22./23.3.1962; CH-BAR#E8210A#1972/73#130*, Comité de direction de l'énergie nucléaire: Procès-verbal de la 21ème Session, 13.4.1962.

206   Vgl. Strasser 2009, S. 181–187; Strasser/Joye 2005a, S. 107–111; Strasser/Joye 2005b, S. 68–71.

207   Zur Schweiz als ,Sonderfall' im ,Westblock': Imhof 1996c.

208   Vgl. Strasser 2009; Strasser/Joye 2005a; Strasser/Joye 2005b. Ähnliche Thesen zur ,neutralen' Wissenschaft und der Einbindung der Schweiz in den ,Westen' finden sich in: Joye-Cagnard/Strasser 2009; Krige 2008.

209   Vgl. Latzel 1979, S. 200.

legte.[210] Es ist plausibel, dass Bundesrat Wahlen sein Engagement für eine europäische Zusammenarbeit im Bereich der Biowissenschaften auf das Molekularbiologie-Projekt konzentrieren und die Aktivitäten seines Departements nicht durch ein zweites, weniger prioritäres Projekt im Bereich der Biomedizin verzetteln wollte. Zudem zeichnete sich bereits ab, dass das CERB bei anderen europäischen Ländern auf wenig Unterstützung stoßen würde.[211]

Nicht nur auf internationaler, sondern auch auf nationaler Ebene waren Initiativen zur Institutionalisierung der Strahlenbiologie wenig Erfolg beschieden. So kam auch die Idee der Schaffung eines Eidgenössischen Strahlenschutzinstitutes, die Professor Rudolf Schuppli, Vorsteher der Dermatologischen Universitätsklinik des Bürgerspitals Basel, 1961 an das Eidgenössische Gesundheitsamt herantrug, nicht zustande. Zweck dieses Institutes hätte es sein sollen, die Forschungen zu Strahlenschutzproblemen schweizweit zu koordinieren sowie die personelle und materielle Ausrüstung der dazu notwendigen Laboratorien sicherzustellen.[212] Das Gesundheitsamt hielt jedoch sowohl die Sicherstellung der Koordination als auch diejenige der Ausrüstung für die Aufgabe der KAW bzw. des Schweizerischen Nationalfonds.[213] Ebenfalls nicht realisiert wurde der ab 1960 innerhalb der Abteilung für Strahlenüberwachung der Reaktor AG bzw. später im Eidgenössischen Institut für Reaktorforschung in Würenlingen diskutierte Vorschlag, dort neben den physikalischen und chemischen in Zukunft auch medizinische und strahlenbiologische Forschungsarbeiten durchzuführen sowie eventuell eine strahlenbiologische Abteilung aufzubauen.[214] Gegen Mitte der 1960er Jahre wurde es somit offensichtlich, dass die Strahlenbiologie – im Gegensatz zur Molekularbiologie – sowohl im nationalen als auch im europäischen Kontext immer weniger Ressourcen und Unterstützung zu mobilisieren vermochte.

---

210   Vgl. Strasser 2009, S. 181–187; Strasser/Joye 2005a, S. 107–111; Strasser/Joye 2005b, S. 68–71. Zur Geschichte der Molekularbiologie in Europa: de Chadarevian/Strasser 2002; Strasser 2002.

211   Tatsächlich stand das Eidgenössische Politische Departement dem CERB-Projekt von Anfang an skeptisch gegenüber. Vgl. CH-BAR#E8210A#1972/73#130*, Schreiben der Abteilung für internationale Organisationen an U. Hochstrasser, 19.3.1962.

212   Vgl. Archiv BAG, 18.9.5, Schaffung eines Institutes für Strahlenschutz, Schreiben von R. Schuppli an G. Wagner, 7.9.1961, und Schreiben von R. Schuppli an Bundesrat Tschudi, 27.10.1961.

213   Vgl. ebd., Schreiben von G. Wagner an R. Schuppli, 21.10.1961, und Schreiben von Sauter an R. Schuppli, 11.1.1962.

214   Vgl. Archiv BAG, 18.9.2, Biologische Forschungen in Würenlingen und Diverse, Aktennotiz betreffend Medizinische und radiobiologische Forschungsarbeit in der Reaktor AG, 12.4.1960; Archiv BAG, 18.9.5, Schaffung eines Institutes für Strahlenschutz, Schreiben von G. Wagner an R. Schuppli, 21.10.1961.

Auch beim Schweizerischen Nationalfonds – und damit komme ich zum zweiten Beispiel – stand die Forschungsförderung ab Mitte der 1960er Jahre ganz im Zeichen der Molekularbiologie. Als maßgeblicher Promoter dieser Forschungsrichtung fungierte auch hier Eduard Kellenberger. Kellenberger, seit 1963 Mitglied des Nationalen Forschungsrats in der Abteilung Biologie und Medizin und später dessen Vizepräsident, setzte sich für die Förderung einer „modernen Biologie" ein und verfasste für den Nationalfonds zu diesem Zweck ein Strategiepapier mit dem Titel „Les sciences biologiques modernes en Suisse".[215] Aufgrund der Transdisziplinarität in den Biowissenschaften ist es bisweilen schwierig, Forschungsprojekte einem bestimmten Forschungsfeld zuzuteilen. Deshalb ist diesbezüglich das Selbstverständnis der Wissenschaftlerinnen und Wissenschaftler aufschlussreich, da dieses darüber Auskunft gibt, wo sich die Forschenden selbst verorten bzw. welchem Forschungsfeld sie zugehörig sein wollen. Von der Physik über die Biophysik zur Molekularbiologie gelangt, identifizierte sich Kellenberger spätestens seit der Gründung des Molekularbiologischen Instituts in Genf und dem von ihm verfassten Strategiepapier immer mehr mit der Molekularbiologie und versuchte, diese Disziplin inner- und außerhalb der Schweiz weiter zu etablieren. Demgegenüber blieb Hedi Fritz-Niggli zeitlebens der Selbstbezeichnung als Strahlenbiologin treu. Als Forschungsrat beim Schweizerischen Nationalfonds begutachtete Kellenberger Mitte der 1960er Jahre Gesuche der Abteilung Biologie und Medizin, darunter auch einige von Fritz-Nigglis Forschungsanträgen. In seinen Beurteilungen gelangt zum Ausdruck, dass er die am Zürcher Institut durchgeführten – insbesondere klinisch bzw. medizinisch orientierten – strahlenbiologischen Forschungen größtenteils für veraltet hielt. Anlässlich einer Forschungsratssitzung im Jahr 1965 plädierte Kellenberger sogar explizit dafür, „die Gesuchstellerin darauf aufmerksam zu machen, dass die Radiobiologie, die sie betreibt, noch nicht modern genug ist und sie nach bisherigen Methoden etwas zu klassisch arbeitet."[216] Eine Ausnahme in Kellenbergers Beurteilung erfuhren lediglich diejenigen Arbeiten, die Fritz-Niggli und ihr

---

215 Vgl. Archiv SNF, Protokolle der Sitzungen des Nationalen Forschungsrates, Band 6, 127.–134. Sitzung, 1964, Protokoll der 127. Sitzung des Nationalen Forschungsrates, 12.2.1964, und Protokoll der 128. Sitzung des Nationalen Forschungsrates, 12.2.1964.

216 Archiv SNF, Gesuche Abteilung Biologie und Medizin, Gesuch Nr. 3462, Beschluss 141. FR-Sitzung, 2.6.1965. Weiter existierten Bedenken, Hedi Fritz-Niggli verliere sich in zu vielen verschiedenen Forschungsprojekten. Mitte der 1960er Jahre bestand zudem die Absicht, im Bereich der molekularbiologischen Arbeiten eine Zusammenarbeit mit Eduard Kellenberger in Genf und mit Urs Leupold in Bern zu versuchen.

Team an Modellorganismen wie Hefepilzen auf molekularer Ebene durchführten.[217] Dies ist ein starkes Indiz dafür, dass das Forschungsinteresse des
Genfer Forschungsteams um Kellenberger nie darin bestanden hatte, Strahlen
als epistemische Dinge zu erforschen. Die biologische Strahlenforschung hatte
für Kellenbergers Gruppe vielmehr ein Mittel zum Zweck dargestellt, um Geld
aus den Krediten der KAW zu erhalten. Strahlen als technische Dinge be-
nutzend, zielte das Forschungsdesign der Genfer Forschungsgruppe – ihrem
gewandelten Selbstverständnis als Molekularbiologen entsprechend – darauf
ab, die DNS und Proteine als epistemische Dinge zu untersuchen. Viele
Forschende der Molekularbiologie arbeiten auch heute noch mit Radioisotopen, um biologische Prozesse in Modellorganismen sichtbar zu machen.
Die Tatsache, dass ab 1969 pro Jahr nur noch maximal zwei strahlenbiologische
Forschungsprojekte vom Schweizerischen Nationalfonds gefördert wurden,
bedeutet deshalb nicht, dass außerhalb des Strahlenbiologischen Instituts der
Universität Zürich keine Forschungen mehr betrieben wurden, die unter der
Ägide der KAW noch unter dem Sammelbegriff der biologischen Strahlen-
forschung subsumiert worden wären. Die Kurven in den im vorangehenden
Teilkapitel abgebildeten Grafiken spiegeln deshalb nicht nur einen Wandel im
Forschungsstil wider, sondern auch einen Wandel bezüglich der forschungspolitischen Anreize, die eigene Forschung mit einem bestimmten Label zu
versehen.

Die Zugkraft der Molekularbiologie zeigte sich beim Schweizerischen
Nationalfonds ab Mitte der 1960er Jahre auch in deren institutioneller
Förderung. Im Jahresbericht 1967 erklärte Nationalfondspräsident Alexander
von Muralt, die Entdeckung des genetischen Codes Anfang der 1960er Jahre
sei „der grösste Schritt zum Verständnis des Fortbestehens des Lebens, der je
gemacht wurde und es besteht wohl kein Zweifel, dass auf diesem Gebiet in
nächster Zeit noch ganz grosse Funde zu erwarten sind."[218] Wie wichtig dem
Schweizerischen Nationalfonds die Förderung der Molekularbiologie war,
lässt sich auch daran erkennen, dass im Herbst 1967 auf dessen Initiative die
Schweizerische Kommission für Molekularbiologie ins Leben gerufen wurde,
deren Tätigkeit der Nationalfonds „mit namhaften Mitteln" unterstützte.[219] Die
Hauptaufgabe dieser Kommission, die ab Mai 1968 der Schweizerischen Naturforschenden Gesellschaft angehörte, lag in der Koordination der Forschung

217   Vgl. Archiv SNF, Gesuche Abteilung Biologie und Medizin, Gesuch Nr. 2887, Antrag des
      Referenten: Kellenberger, 28.11.1963.
218   Jahresbericht des SNF 1967, S. 8 f.
219   Jahresbericht des SNF 1968, S. 74.

und Ausbildung der Molekularbiologie in der Schweiz.[220] Eine „enge Zusammenarbeit" beabsichtigte der Nationalfonds auch mit der Kommission für
experimentelle Biologie.[221] Diese Kommission koordinierte die Forschungen
der 1969 gegründeten Union der Schweizerischen Gesellschaften für
experimentelle Biologie, einem Zusammenschluss der vier schweizerischen
Fachgesellschaften für Biochemie, Pharmakologie, Physiologie sowie Zell- und
Molekularbiologie.

Vergleicht man die Unterstützungsbeiträge für die Molekularbiologie Ende
der 1960er Jahre mit denjenigen für die Strahlenbiologie, so waren die Kredite
für die Molekularbiologie fast dreizehn Mal größer.[222] Bis zum Ende des hier
untersuchten Zeitraums Mitte der 1990er Jahre stellte die Molekularbiologie
neben der Biochemie und der Genetik stets eine der größten Nutznießerinnen
des Schweizerischen Nationalfonds im Bereich der biologischen und
medizinischen Forschungsdisziplinen dar. Aber auch die Umweltforschung
gewann gegenüber der biologischen Strahlenforschung an Bedeutung, wie der
nächste Abschnitt zeigen wird.

Umwelt- statt Strahlengefahren

1963 einigten sich die USA, die UdSSR und Großbritannien darauf, die oberirdischen Atomwaffentests zugunsten von unterirdischen einzustellen.
Darauf verschwand nicht nur die Fallout-Thematik aus der Medienberichterstattung, sondern parallel dazu büßte auch die Frage des Strahlenschutzes
für die Gesamtbevölkerung vorübergehend an öffentlichem Interesse ein.[223]
Auf geopolitischer Ebene war der Kalte Krieg fortan von der einsetzenden
Entspannungspolitik geprägt, was die Angst vor einem drohenden Atomkrieg parallel dazu schwinden ließ.[224] Gleichzeitig rückte in der Schweiz die
atomare Aufrüstung der Armee immer weiter in die Ferne. In den 1970er Jahren
führte die zunehmende Politisierung der Umwelt zu einer grundsätzlichen
Neudefinition des Mensch-Umwelt-Verhältnisses.[225] Diese neue gesellschaftliche Problematisierung ökologischer Fragen blieb nicht ohne Auswirkungen
auf den Diskurs über Strahlenwirkungen. Neben den Strahlen wurden eine
ganze Reihe von gesundheitsschädigenden Umweltagenzien – beispielsweise

---

220   Vgl. Leupold 1969.
221   Jahresbericht des SNF 1969, S. 50.
222   Vgl. ebd. Auch die einzelnen molekularbiologischen Forschungsprojekte erhielten mehr
      Geld als die in der Strahlenbiologie geförderten Forschungsvorhaben, und zwar je un-
      gefähr drei bis vier Mal so viel.
223   Vgl. dazu Kapitel 2, Fn. 181.
224   Zur Entspannungspolitik während des Kalten Krieges: Kieninger 2016.
225   Vgl. Kupper 2005; Kupper 2003c; Kupper 2001.

Pestizide, Abwässer und Luftschadstoffe – Gegenstände einer neuen Umwelt-
hygiene, in der die Strahlenhygiene der vorangehenden Jahrzehnte weitgehend aufging. Strahlenbiologie, Umweltforschung und Toxikologie gingen
fortan fließend ineinander über.[226] Auch die von der Anti-Atomkraft-Bewegung, dem wichtigsten Zweig der ökologischen Bewegung in der Schweiz,
problematisierten Strahlenemissionen von Kernkraftwerken sind als Teil
dieses neuen Diskurses über Umweltgefahren zu verstehen.[227]

Dieser Wandel von der Strahlen- zur Umweltforschung lässt sich für die
Bundesrepublik Deutschland anhand institutioneller Veränderungen der Gesellschaft für Strahlenforschung nachzeichnen, die ab 1970 als sichtbarstes
Zeichen für die umweltpolitische Wende den Begriff „Umweltforschung"
in die Namensgebung ihrer Institution aufnahm.[228] In der Schweiz ist der
umweltpolitische Wandel, wie ich im Folgenden an zwei Beispielen zeigen
werde, ebenfalls anhand institutioneller Veränderungen erkennbar. Ein erstes
Beispiel betrifft das Zoologische Institut der Eidgenössischen Technischen
Hochschule (ETH) Zürich. Dort wurde unter Johannes Martin (Hans) Ulrich,
der – wie im letzten Teilkapitel gezeigt – eine wichtige Rolle bei der Gründung
der Strahlenbiologischen Gesellschaft spielte, seit den 1950er Jahren intensiv
strahlenbiologische und experimentelle Mutationsforschung betrieben. International zählte er zu den renommiertesten Forschern im Grenzgebiet zwischen
Mutations- und Strahlenforschung, wie seine Mitgliedschaft im Herausgeber-
gremium der Zeitschrift *Mutation Research* belegt. Diese 1964 gegründete
Zeitschrift entwickelte sich zum zentralen Publikationsorgan der trans-
disziplinären Mutationsforschung, indem sie gezielt die Zusammenarbeit von
Molekularbiologen, Biochemikern, Mikrobiologen, Genetikern und Strahlen-
biologen zu fördern begann. Ein wesentliches Gebiet, auf dem sich auch Ulrichs
Team bewegte, stellte die Erforschung von DNS-Reparaturmechanismen dar.
Untersuchungen zur Funktionsweise des *DNA-Repair* bildeten eines der
Hauptarbeitsfelder innerhalb der neuen Forschungsrichtung der molekularen
Strahlenbiologie und weckten im Hinblick auf die Therapie von Strahlen-
schäden in den 1960er Jahren große Hoffnungen.[229] Im Zuge der Emeritierung
Ulrichs wurde das Zoologische Institut 1977 aufgehoben. An seine Stelle trat
das von der ETH gemeinsam mit der Universität Zürich betriebene Institut
für Toxikologie, an welchem künftig die Wirkung verschiedener Umweltgifte

---

226   Vgl. von Schwerin 2008, S. 205–209.
227   Vgl. Kupper 2003a, S. 119 f. und S. 122.
228   Vgl. Reuter-Boysen 1992.
229   Vgl. von Schwerin 2008, S. 199–204; Yi 2007; Brandt 2004, S. 216–220; Friedberg 1997.

untersucht werden sollte.[230] Die Umwandlung des Zoologischen Instituts steht als Beispiel dafür, dass ein Teil der biologischen Strahlenforschung in den 1970er Jahren zunehmend unter der Umweltforschung subsumiert wurde.

Ein zweites Beispiel betrifft die Förderung von Forschungen auf dem Gebiet der Umweltforschung und der Ökologie durch den Schweizerischen Nationalfonds. Ab Anfang der 1970er Jahre erfuhren diese neuen Forschungsgebiete jeweils eine explizite Erwähnung in dessen Jahresberichten.[231] Im Verlaufe der 1970er Jahre erhielten die Umweltforschung und die Ökologie eine jährliche Unterstützung von im Schnitt circa 1,7 Millionen Franken, während die Strahlenbiologie im gleichen Zeitraum lediglich auf durchschnittlich rund 150.000 Franken pro Jahr kam.[232]

Während von Ende der 1950er bis Mitte der 1960er Jahre beinahe an sämtlichen Schweizer Hochschulen strahlenbiologische Forschungsprojekte unterstützt worden waren, stammten die wenigen vom Schweizerischen Nationalfonds geförderten, explizit als Strahlenbiologie ausgewiesenen Forschungsprojekte in den 1970er und 1980er Jahren fast ausnahmslos von Hedi Fritz-Nigglis Team am Strahlenbiologischen Institut der Universität Zürich.[233] Daneben wurde am 1968 gegründeten Schweizerischen Institut für Nuklearforschung, einer Annexanstalt der ETH, biologische Strahlenforschung mit hochenergetischen Teilchen, unter anderem Pionen und Mesonen, betrieben.[234] Diese Forschungen, an denen das Strahlenbiologische Institut in Zürich in den 1980er Jahren mitbeteiligt war, fanden jedoch primär im Bereich der Krebsforschung, genauer in der Weiterentwicklung der Strahlentherapie und -diagnostik, statt und waren insofern nicht in erster Linie darauf ausgelegt, grundlegende strahlenbiologische Fragen zu den Strahlenwirkungen von Niedrigstrahlung zu klären.

Ab den 1970er Jahren wurde von der Bundesverwaltung allerdings vermehrt Ressortforschung durchgeführt bzw. in Auftrag gegeben. Diese stand – nachdem 1969 im Kanton Aargau das unter dem Namen Beznau I bekannte erste schweizerische Kernkraftwerk in Betrieb gegangen war – häufig in

---

230 Zum Aufstieg der genetischen Toxikologie: Frickel 2004; Frickel 2001. Vgl. auch von Schwerin 2010e.

231 Bspw. wurde im Jahresbericht von 1970 ein Forschungsprojekt im Bereich der Umwelttoxikologie vorgestellt, welches die von Herbiziden und Insektiziden verursachten „Störungen im ökologischen Gleichgewicht der Natur" sowie die Verteilung und allfälligen Auswirkungen von Abbauprodukten dieser Substanzen im tierischen und pflanzlichen Organismus untersuchte. Vgl. Jahresbericht des SNF 1970, S. 65.

232 Vgl. Jahresberichte des SNF 1973–1979.

233 Vgl. Jahresberichte des SNF 1969–1996.

234 Zur Geschichte des Schweizerischen Instituts für Nuklearforschung: Pritzker 2014; Pritzker 2013; Gugerli/Kupper/Speich Chassé 2005, S. 251.

einem Zusammenhang mit den von Kernkraftwerken ausgehenden – und
von der Anti-Atomkraft-Bewegung stark thematisierten – Strahlengefahren.
So erledigte unter anderem das Zürcher Strahlenbiologie-Institut von Hedi
Fritz-Niggli verschiedene Auftragsstudien für die Sektion Personen- und Um-
gebungsstrahlung der Abteilung für die Sicherheit von Kernanlagen des Eidgenössischen Amtes für Energiewirtschaft.[235] Insofern kann für die Förderung
der Strahlenbiologie in der Schweiz ab den 1970er Jahren von einer Verschiebung von der Grundlagen- hin zur Ressortforschung gesprochen werden,
in deren Zentrum nun die Strahlen- und Umweltgefahren von Kernkraftwerken standen.

Von der Strahlenbiologie als Randdisziplin zu ihrem Ende in der Schweiz

Der kontinuierliche Niedergang der Strahlenbiologie in der Schweiz machte
sich auch innerhalb der Fachgesellschaft der Strahlenbiologinnen und
Strahlenbiologen bemerkbar. Diese war, wie bereits im vorangehenden Teilkapitel ausgeführt, 1964 auf Initiative von Hedi Fritz-Niggli als Schweizerische
Gesellschaft für Strahlenbiologie gegründet worden. Unter den Gründungs-
mitgliedern fanden sich praktisch alle auf dem Gebiet der biologischen
Strahlenforschung tätigen Wissenschaftlerinnen und Wissenschaftler, so
neben Fritz-Niggli wie erwähnt auch Eduard Kellenberger, Adolf Zuppinger,
Hugo Aebi und Johannes Martin (Hans) Ulrich. Die Mehrheit von ihnen waren
ausgebildete Biologen oder Mediziner.[236] In den 1970er und 1980er Jahren
verschob sich das disziplinäre Gewicht innerhalb der Schweizerischen Gesellschaft für Strahlenbiologie immer mehr von Biologie und Medizin hin
zur Physik. Zu Beginn der 1980er Jahre waren 90 Prozent der Mitglieder der
Strahlenbiologie-Gesellschaft studierte Physiker, während die Biologen und
Mediziner eine Minderheit darstellten.[237] Diese Verschiebung schlug sich
auch in der Namensgebung der Gesellschaft nieder, die 1980 in Schweizerische
Gesellschaft für Strahlenbiologie und Strahlenphysik und 1988 schließlich in
Schweizerische Gesellschaft für Strahlenbiologie und Medizinische Physik
umbenannt wurde.[238]

---

235 Vgl. bspw. CH-BAR#E3310A#2003/209#127*, Neue Risikoeinschätzungen über die
      strahleninduzierte Kanzerogenese, ohne Datum.
236 Vgl. Archiv SGSMP, Ordner „SGSMP Archiv 1963–1981", Verzeichnis der Mitglieder, Ende
      Juli 1963.
237 Vgl. ebd., Schreiben von G. Poretti an A. Kaul, 17.3.1980.
238 Vgl. Archiv SGSMP, Ordner „SGSS Schweizerische Gesellschaft für Strahlenbiologie und
      Strahlenphysik 1964-", Statuten der Schweizerischen Gesellschaft für Strahlenbiologie

Seit ihrer Gründung wurde innerhalb der Schweizerischen Gesellschaft für Strahlenbiologie wiederholt diskutiert, ob diese Mitglied eines Dachverbandes, beispielsweise der Schweizerischen Naturforschenden Gesellschaft oder der 1969 gegründeten Union der Schweizerischen Gesellschaften für experimentelle Biologie werden sollte.[239] 1982 wurde die Schweizerische Gesellschaft für Strahlenbiologie und Strahlenphysik schließlich Mitglied der *European Federation of Organisations for Medical Physics* sowie der *International Organisation for Medical Physics*.[240] Auch daran zeigt sich, dass sich das Gewicht der Gesellschaft hin zur Strahlen- bzw. Medizinphysik verschob. Ebenfalls in den 1980er Jahren wurde seitens der Schweizerischen Gesellschaft für Strahlenbiologie und Strahlenphysik erfolgreich eine eidgenössische Fachanerkennung für den Titel in medizinischer Strahlenphysik angestrebt.[241] Hedi Fritz-Niggli regte zwar an, auch für die Strahlenbiologie eine eidgenössische Fachanerkennung zu versuchen.[242] Dieses Vorhaben wurde vom Vorstand der Gesellschaft aufgrund der erwarteten geringen Nachfrage indessen fallen gelassen.[243] Im Gegensatz zur Strahlenbiologie war die Medizinphysik geringeren Konjunkturschwankungen unterworfen, da insbesondere in Spitälern – beispielsweise in der Radioonkologie, der Nuklearmedizin und der Röntgendiagnostik – und anderen Einrichtungen mit Strahlenquellen permanent Personal mit einer strahlen- bzw. medizinphysischen Ausbildung benötigt wurde.[244] Zusammenfassend kann festgehalten werden, dass es in den 1980er Jahren in der Schweiz immer weniger Biologen gab, die sich als Strahlenbiologen verstanden und dieser Disziplin zugehörig fühlten – auch wenn sie vielleicht durchaus strahlenbiologisch forschten. Die Strahlenbiologie

und Strahlenphysik, 7.11.1980, und Statuten der Schweizerischen Gesellschaft für Strahlenbiologie und Medizinische Physik, 30.9.1988.

239 Vgl. Archiv SGSMP, Ordner „SGSMP Archiv 1963–1981", Entwurf eines Schreibens an den Präsidenten der Schweizerischen Gesellschaft für Radiologie und Nuklearmedizin, ohne Datum, und Schreiben von G. Wagner an H. Lüthy, 22.8.1968; Archiv SGSMP, Ordner „SGSS Schweizerische Gesellschaft für Strahlenbiologie und Strahlenphysik 1964-", Protokoll der Generalversammlung, 9.12.1977.

240 Vgl. Archiv SGSMP, Ordner „SGSS Schweizerische Gesellschaft für Strahlenbiologie und Strahlenphysik 1964-", Geschichte der ersten zwanzig Jahre der Schweiz. Gesellschaft für Strahlenbiologie und Strahlenphysik, ohne Datum; SGSMP 1989, S. 5 f. und S. 9.

241 Vgl. Archiv SGSMP, Ordner „SGSMP Archiv 1987–1990", Entwurf eines Schreibens von J. Roth, ohne Datum.

242 Vgl. Archiv SGSMP, Ordner „SGSS Schweizerische Gesellschaft für Strahlenbiologie und Strahlenphysik 1964-", Schreiben von H. Fritz-Niggli an G. Poretti, 16.9.1981.

243 Vgl. Archiv SGSMP, Ordner „SGSMP Archiv 1982–1986", Protokoll der Vorstandssitzung, 4.9.1984.

244 Vgl. Archiv SGSMP, Ordner „SGSP Vorstand", Entwurf eines Schreibens von J. Roth und J.-F. Valley an die Erziehungsdirektion des Kantons Bern, 16.11.1989.

war der Konkurrenz durch andere biowissenschaftliche Fächer ausgesetzt; ein in der molekularen Strahlenbiologie tätiger Forscher verstand sich eher als Molekularbiologe oder Biochemiker. Die wenigen jungen Strahlenbiologen innerhalb der Schweizerischen Gesellschaft für Strahlenbiologie und Strahlenphysik suchten vermehrt Anschluss an die Union der Schweizerischen Gesellschaften für experimentelle Biologie, befanden sich in dieser Gesellschaft aber in der Minderheit.[245]

Der Niedergang der Strahlenbiologie zeigt sich auf internationaler Ebene besonders deutlich am CERN, dessen strahlenbiologische Arbeitsgruppe zu Beginn der 1980er Jahre abgebaut wurde. Die Schweizerische Gesellschaft für Strahlenbiologie und Strahlenphysik entschied sich dazu, gegen diesen Beschluss beim CERN zu protestieren, da sie diese Entscheidung aufgrund der exzellenten Arbeiten und der großen Erfahrung der Gruppe für „extrem bedauernswert" hielt.[246] In einem Schreiben verwies sie zum einen auf die sehr beschränkte Anzahl von strahlenbiologisch arbeitenden Forschungsgruppen während der laufenden „Atomkontroverse". Zum anderen legte sie dar, dass die Bestimmung der Effekte kleiner Strahlendosen lange und intensive Vorarbeiten bedinge und die Strahlenbiologiegruppe am CERN bereits über ein ausgereiftes Forschungsdesign verfüge, das es erlaube, Effekte „sehr interessanter Strahlendosen" sichtbar zu machen. Das CERN müsse über „den bedeutenden Verlust" Rechenschaft ablegen, welcher die Auflösung der Strahlenbiologiegruppe am CERN für die europäische Radiobiologie zur Folge habe, und die Schweizerische Gesellschaft für Strahlenbiologie und Strahlenphysik hoffe „inständig", dass eine Lösung gefunden werden könne, um das Fortbestehen der Arbeitsgruppe zu gewährleisten.[247] Das CERN antwortete auf dieses Protestschreiben, es sei durch die „wirtschaftliche Lage der Mitgliedsländer" dazu gezwungen, sich auf „Hauptaufgaben zu konzentrieren und Nebentätigkeiten weitgehend einzuschränken". Zudem sei nach dem Ausscheiden eines führenden Mitarbeiters in der Strahlenbiologie innerhalb des CERN „eine ungenügende Kompetenz auf dem Gebiet der Radiobiologie" vorhanden, um strahlenbiologische Forschungsprojekte „in einer vom wissenschaftlichen Standpunkt zu rechtfertigenden Art und Weise weiterführen zu können".[248] Die Intervention der Schweizerischen Gesellschaft für Strahlen-

---

245   Vgl. Archiv SGSMP, Ordner „SGSS Schweizerische Gesellschaft für Strahlenbiologie und Strahlenphysik 1964-", Protokoll der Generalversammlung, 9.12.1977.

246   Vgl. Archiv SGSMP, Ordner „SGSMP Archiv 1963–1981", Protokoll der Vorstandssitzung, 18.9.1981.

247   Ebd., Schreiben von G. Poretti und J.-F. Valley an H. Schopper, 14.10.1981.

248   Ebd., Schreiben von H. Schopper an G. Poretti, 26.11.1981.

biologie und Strahlenphysik blieb somit wirkungslos. Die strahlenbiologische
Arbeitsgruppe am CERN wurde im Jahr 1982 aufgelöst.[249]

Auf dem Wissenschaftsplatz Schweiz existierte im Bereich der Strahlenbio-
logie in den 1980er Jahren also im Prinzip nur noch das Strahlenbiologische
Institut der Universität Zürich. Nach dem Reaktorunfall von Tschernobyl im
April 1986 kam diesem eine wichtige Funktion bei der Aufklärung, Information
und Beratung der Öffentlichkeit und der Politik zu. So schrieb Hedi Fritz-
Niggli in einem Institutsbericht Ende der 1980er Jahre: „Stets werden auf dem
Gebiete der Strahlenrisiken telefonisch und brieflich Anfragen in grossem
Masse an uns gestellt. Zusätzlich hatten wir eidgenössische Gremien über
Strahlenschutz und Strahlenrisiken zu beraten [...].“[250] Dieser neuerliche Auf-
schwung der Strahlenbiologie an der Universität Zürich war indessen nur von
kurzer Dauer. Im Frühjahr 1989 wurde Fritz-Niggli emeritiert. Dies bot der
Medizinischen Fakultät der Universität Zürich die Gelegenheit, über eine Neu-
ausrichtung dieses Forschungsbereichs nachzudenken.

Die Medizinische Fakultät entwickelte die Idee, die bisher betriebene, als
klinische oder medizinische Radiobiologie bezeichnete Forschung zusammen
mit dem durch die Fusion der Bundesinstitute für Reaktor- und Nuklearforschung neu entstandenen Paul Scherrer Institut weiterzuführen und den
ehemaligen Lehrstuhl Fritz-Niggli in einen Lehrstuhl für molekulare Radiobiologie umzuwandeln.[251] Diejenigen Stimmen, die für eine Beibehaltung
der klinischen Radiobiologie plädierten, standen noch unter dem Eindruck
der Tschernobyl-Katastrophe, wie eine Stellungnahme des damaligen Rektors
zeigt: „Dass Zürich (als einzige Schweizer Universität) die klinische Strahlenbiologie fortsetzt und neu akzentuiert, ist zweifellos sowohl aus medizinischen
als auch aus allgemein gesundheitspolitischen Gründen angezeigt (Strahlen-
therapien; Strahlenschäden, Stichwort Tschernobyl).“[252] 1991 kam eine Vereinbarung zwischen der Erziehungsdirektion des Kantons Zürich und dem Paul
Scherrer Institut sowie dem Schweizerischen Schulrat über die Schaffung
eines gemeinsamen Instituts für Medizinische Radiobiologie zustande. Das
Institut für Medizinische Radiobiologie sollte aus den beiden Abteilungen
Klinische und Molekulare Radiobiologie bestehen und seinen Sitz sowohl

---

249   Vgl. Archiv SGSMP, Ordner „SGSMP Archiv 1982–1986", Protokoll der Vorstandssitzung,
       21.6.1982.
250   UAZ, I.1.0022, Jahresbericht des Strahlenbiologischen Instituts für 1988/89.
251   Vgl. UAZ, E.18.1.055, Schreiben von A. Gilgen an die Mitglieder der Hochschulkommission
       und des Erziehungsrates, 10.7.1991.
252   UAZ, E.18.2.595, Stellungnahme des Rektors zur Nachfolge Strahlenbiologie, 12.6.1989.

an der Universität Zürich als auch am Paul Scherrer Institut haben.[253] Die
Kandidatensuche für die Besetzung der beiden Professuren in klinischer und
molekularer Radiobiologie gestaltete sich indessen schwierig. Die Nachfolge-
kommission hatte die Leiter von mehr als 30 Instituten für Strahlenbiologie
und verwandte Institutionen über ganz Europa persönlich angeschrieben und
um Nennungen gebeten. Ebenso war eine Ausschreibung in der renommierten
Fachzeitschrift *Nature* erfolgt. In den Antwortschreiben von Strahlenbiologen
aus der Bundesrepublik Deutschland und Belgien wurden mehrere Gründe
dafür angegeben, weshalb es in diesem Fachgebiet sehr wenig Nachwuchs gebe:
In Deutschland habe man die vorgesehene Schaffung neuer Lehrstühle plötzlich aufgegeben und den klinischen Radiologen die Lehre in Strahlenbiologie
und Strahlenschutz übertragen. Damit sei der Anreiz, sich für das spezielle
Arbeitsgebiet der Strahlenbiologie zu habilitieren, entfallen, zumal in der
Folgezeit einige der vorhandenen Institute nach Emeritierung des Lehrstuhl-
inhabers umfunktioniert worden seien. Ähnlich verhalte sich die personelle
Situation in den Großanlagen von Harwell (Großbritannien), Mol (Belgien),
Fontenay-aux-Roses (Frankreich) und Oak Ridge (USA).[254] Dieser Mangel an
geeigneten Kandidaten hatte zur Folge, dass zunächst nur der Lehrstuhl für
Klinische Radiologie besetzt werden konnte, die Besetzung der Professur für
Molekulare Radiobiologie zog sich über mehrere Jahre hin.[255]

1996 wurde der vakante Lehrstuhl für Molekulare Radiobiologie endlich besetzt und der neue Lehrstuhlinhaber zum Leiter des Instituts für Medizinische
Radiobiologie ernannt. Gleichzeitig mussten im Zuge kantonalzürcherischer
Sparmaßnahmen aber zahlreiche Stellen abgebaut werden.[256] Dies führte, wie
die Schweizerische Gesellschaft für Strahlenbiologie und Medizinische Physik
richtig vorausgesehen und wogegen sie sich auch zu wehren versucht hatte,
zur Schließung der Abteilung für Klinische Strahlenbiologie am Institut für
Medizinische Radiobiologie.[257] Nach dieser Redimensionierung wurde das
Institut für Medizinische Radiobiologie stark umgestaltet und konzentrierte
sich fortan vornehmlich auf molekularbiologisch orientierte Strahlenforschung.

---

253   UAZ, E.18.1.055, Schreiben von A. Gilgen an die Mitglieder der Hochschulkommission
        und des Erziehungsrates, 10.7.1991.

254   Vgl. ebd., Zwischenbericht zur Nachfolgeregelung des Lehrstuhls für Strahlenbiologie
        und der Direktion des Strahlenbiologischen Institutes, ohne Datum.

255   Ebd., Vorläufige Stellungnahme des Rektors zum Strukturbericht Molekulare Radiobio-
        logie, 6.4.1993.

256   UAZ, I.1.0043, Institut für Medizinische Radiobiologie der Universität Zürich und
        des Paul Scherrer Instituts: Akademischer Bericht 1996/97 bzw. Annual Report
        August 1996–March 1998.

257   Vgl. Archiv SGSMP, Ordner „SSRPM Comité 1995–1997", Schreiben von J.-F. Germond
        und L. André an die Direktion des Gesundheitswesens, 6.6.1996.

2002 wurde die Zusammenarbeit mit dem Paul Scherrer Institut, die stark auf der klinischen Strahlenbiologie basiert hatte, aufgelöst und das Institut für Medizinische Radiobiologie 2003 in *Institute for Molecular Cancer Research* umbenannt, das bis zum heutigen Zeitpunkt existiert.

Werden die Gründe für die Preisgabe der klinischen bzw. medizinischen Strahlenbiologie und damit für die faktische Auflösung des ehemaligen Strahlenbiologischen Instituts der Universität Zürich analysiert, lassen sich mindestens vier miteinander verknüpfte Faktoren eruieren: Erstens war die veränderte politische Themenlage wesentlich. Mitte der 1990er Jahre vermochte ein Rekurs auf das Tschernobyl-Unglück nicht mehr gleich zu mobilisieren wie noch Ende der 1980er Jahre. Mit dem Ende des Kalten Krieges büßte die Strahlenproblematik zusätzlich an politischer Bedeutung ein, weil die in der ersten Hälfte der 1980er Jahre auch in der Schweiz vorhandene Problematisierung der Strahlengefahren von Atomwaffen durch die Friedens-bewegung weitgehend wegfiel.[258] Zweitens spielte die anhaltende Dominanz der Molekularbiologie innerhalb der Biowissenschaften eine Rolle. So war die Medizinische Fakultät der Meinung, „dass die klinische, d.h. anwendungs-orientierte Strahlenbiologie allein kein ausreichendes wissenschaftliches Ent-wicklungspotential bietet" und „[e]in modernes Strahlenbiologisches Institut, das sich nicht mit den Grundlagen der Strahlenwirkung auf biologische Systeme beschäftigt, wissenschaftlich kaum wettbewerbsfähig [wäre].“[259] Drittens waren sich wandelnde institutionelle Prioritäten ausschlaggebend. Die Medizinische Fakultät und die Leitung der Universität Zürich wollten in neue, als zukunftsträchtig erachtete Forschungsrichtungen und -technologien wie beispielsweise die Neuroinformatik investieren und waren gewillt, dies wenn nötig auf Kosten bereits bestehender Fächer zu tun. So widmeten sie dafür Stellen der Strahlenbiologie um.[260] Viertens waren finanzielle Faktoren wesentlich. Die als angespannt wahrgenommene Finanzlage des Kantons Zürich in den 1990er Jahren führte zu einem massiven Sparkurs, der auch den Bildungsbereich betraf und das Strahlenbiologische Institut zu einem Opfer von Sparvorhaben machte. Das Ende der Strahlenbiologie in der Schweiz ist somit als das Ergebnis eines komplexen Zusammenspiels sich wandelnder politischer, disziplinärer, institutioneller und ökonomischer Ressourcen-ensembles zu verstehen.[261]

---

258   Vgl. Tanner 1988a, S. 69 f. und S. 81 f.
259   UAZ, E.18.2.595, Schreiben von P. Kleihues an A. Gilgen, 16.5.1990.
260   Vgl. ebd.
261   Zum Begriff der Ressourcenensembles vgl. Kapitel 2, Fn. 136.

Der Abbau der Strahlenbiologie an der Universität Zürich bildete keinen
Einzelfall. Auch verwandte Forschungsgebiete wie die Strahlenchemie oder
der praktische Strahlenschutz mussten zu Beginn der 1990er Jahre Kürzungen
hinnehmen. So plante die ETH in Lausanne, den Lehrstuhl von Pierre Lerch,
Professor am Institut für Elektro- und Radiochemie, nach dessen Emeritierung
1992 aufgrund fehlender Finanzmittel nicht mehr wiederzubesetzen.[262] Inhaltlich wurde der Verzicht vor allem damit begründet, dass dieses Forschungsgebiet nur sehr begrenzt in die Hauptaktivitäten des Chemiedepartements
involviert sei.[263] Lerch und sein Institut waren seit Jahren in das Dispositiv
zur Überwachung der schweizerischen Umweltradioaktivität eingebunden gewesen.[264] Das Bundesamt für Gesundheitswesen wehrte sich deshalb bei den
Präsidenten des Schweizerischen Schulrates und der ETH Lausanne gegen
diese Abbaupläne mit dem Argument, eine Schließung des Instituts würde die
Durchführung der Radioaktivitätsüberwachung in der Schweiz gefährden.[265]
Der Protest des Bundesamtes blieb ebenfalls folgenlos. Die Radiochemie in
Lausanne wurde zugunsten der Universität Bern und des Paul Scherrer Instituts
aufgegeben.[266] Der zu Beginn der 1990er Jahre vorherrschende Finanzdruck
führte zu einer Konzentration der Kräfte, die indessen selbstredend einen
Abbau darstellte und mit einem Wissens- und Know-how-Verlust einherging.
Auch das Paul Scherrer Institut war von Sparmaßnahmen betroffen. So kam es
Anfang der 1990er Jahre zu einem Stellenabbau in dessen Abteilung Strahlen-
hygiene sowie zu Mittelkürzungen bei deren Schule für Strahlenschutz.[267]

Die Beispiele der Radiochemie an der ETH Lausanne und des Strahlen-
schutzes am Paul Scherrer Institut verdeutlichen zusätzlich, dass die
Produktion von strahlenbiologischem Präventivwissen zu Beginn der 1990er
Jahre nochmals stark an Gewicht verlor. Angesichts knapper finanzieller
Mittel vermochten Themen wie Strahlenbiologie, Radioaktivitätsüber-
wachung, Strahlenschutz und Radiochemie im Wissenschaftsbetrieb keine

---

262 Vgl. CH-BAR#E3300C#2002/40#712*, Planifications EPFL 1992–1995, 23.1.1991.
263 Vgl. CH-BAR#E3300C#2002/40#560*, Schreiben des Präsidenten des Schweizerischen
     Schulrates an B. Roos, 12.7.1990.
264 Vgl. CH-BAR#E3300C#2002/40#712*, Schreiben von B. Roos an H. Ursprung, 25.6.1990.
     Zu Pierre Lerchs Tätigkeit im Rahmen der Überwachung der Umweltradioaktivität vgl.
     Kapitel 3.2.
265 Vgl. ebd. Vgl. auch ebd., Schreiben von Th. Zeltner an B. Vittoz, 12.2.1991.
266 Vgl. Pont 2010, S. 102 und S. 142.
267 Vgl. CH-BAR#E3310A#2003/209#33*, Abbaumassnahmen im Bereich des Strahlen-
     schutzes, 3.12.1990.

Ressourcen mehr zu mobilisieren – und galten nur noch als begrenzt an-
schlussfähig an disziplinäre Weiterentwicklungen innerhalb der Bio- und
Naturwissenschaften.

2.4   Fazit

Die gouvernementale Strategie hinsichtlich der Förderung der biologischen
Strahlenforschung zielte zu Beginn des Kalten Krieges darauf ab, strahlenbiologisches Präventivwissen zu produzieren. Die von der Schweizerischen
Studienkommission für Atomenergie ab 1947 anvisierten Forschungsprojekte
orientierten sich dabei hauptsächlich an militärischen Interessen: Wissen über
Strahlenwirkungen und Strahlenschutzmöglichkeiten sollte dazu beitragen,
die Verteidigung der Schweiz im Kriegsfall zu verbessern. Strahlenbiologische
Forschung bildete das Gegenstück zur seitens der Studienkommission bzw.
des Eidgenössischen Militärdepartements ebenfalls angestrebten Beschaffung
eigener Atomwaffen. Die Anfänge der biologischen Strahlenforschung in der
Schweiz waren somit – ähnlich wie dies in zahlreichen anderen Industrie-
staaten der Fall war – programmatisch eng an die Entwicklungen in der Atomforschung geknüpft und sind insofern als Teil einer „Kriegstechnologie im
Kalten Krieg" zu verstehen.[268]
   Im Einklang mit der Ideologie der totalen Landesverteidigung wurde dabei
eine möglichst autarke Wissensproduktion angestrebt, was sich bei der Wahl
eines Schweizer Unternehmens als Herstellerfirma des für die Forschungen
notwendigen Teilchenbeschleunigers zeigte. Davon abgesehen blieben die
propagierten Autarkievorstellungen indessen in erster Linie rhetorischer Natur
und entsprachen nie der forschungspraktischen Realität. Vielmehr basierte die
Produktion des strahlenbiologischen Wissens von Anfang an auf vielfältigen
lokalen, nationalen und insbesondere auch transnationalen Kooperationen,
wobei letztere wesentliche Impulse für den Beginn der schweizerischen
Strahlenexperimente lieferten. Die konstitutive Offenheit der biologischen
Strahlenforschung, die verschiedene wissenschaftliche Disziplinen zu
mobilisieren vermochte, führte zudem dazu, dass neben experimentellen von
Beginn an auch klinische Forschungen durchgeführt wurden. Der militärisch
motivierte Ausgangspunkt der Forschungsförderung, die Wirkung von Strahlen
auf Organismen und damit Strahlen als epistemische Dinge zu untersuchen,
verschob sich zusehends dahin, Strahlen als technische Dinge einzusetzen.
Je mehr Forschung im Bereich der biologischen Strahlenforschung gefördert

268   Von Schwerin 2010b, S. 321.

wurde, desto häufiger fanden Radioisotopen – in der biowissenschaftlichen Grundlagenforschung, aber auch in Therapie und Diagnostik – als Tracersubstanzen Anwendung.

Diese Tendenz verstärkte sich im zweiten Nachkriegsjahrzehnt nochmals deutlich, als die Kommission für Atomwissenschaft 1958 die Forschungsförderung im Bereich der biologischen Strahlenforschung übernahm. In dem sich rasant entwickelnden ‚Atomzeitalter' wurde die biologische Strahlenforschung im internationalen Vergleich überdurchschnittlich gefördert, was die Entwicklung der Biomedizin in der Schweiz entscheidend beeinflusste: Die von der Kommission für Atomwissenschaft gesprochenen Kredite führten zu einem Boom der schweizerischen Biowissenschaften. Zivile Anwendungshorizonte von Strahlen rückten nun noch stärker in den Vordergrund, sodass sich die biologische Strahlenforschung zunehmend zu einer Wissensproduzentin für den nuklearen Alltag entwickelte. Auch die Strahlenbiologie im engeren Sinn, die sich hauptsächlich für präventionsrelevante Fragen der Strahlenwirkung interessierte, vermochte von diesem Aufschwung zu profitieren.

Die Blüte der Strahlenbiologie war indessen nur von kurzer Dauer. Gegen Mitte der 1960er Jahre, als sich die Strahlenbiologie in der Schweiz in einer Fachgesellschaft zu organisieren begann und an der Universität Zürich das einzige explizit auf Strahlenbiologie spezialisierte Hochschulinstitut der Schweiz entstand, war der Höhepunkt der strahlenbiologischen Forschung – und damit verbunden der Forschungsförderung auf diesem Gebiet – bereits erreicht. Ab Mitte der 1960er Jahre befand sich die Strahlenbiologie in einem kontinuierlichen Niedergang. Wesentliche Gründe dafür bildeten zwei Wenden innerhalb der Biowissenschaften sowie damit verbundene disziplinäre Weiterentwicklungen. Im Zuge der molekularen Wende avancierte die Molekularbiologie zur neuen biowissenschaftlichen Leitdisziplin und machte der Strahlenbiologie in der Folge zunehmend Ressourcen und institutionelle Unterstützung streitig. Durch die umweltpolitische Wende erhielt die Erforschung von gesundheitsschädigenden Umweltagenzien neue Dringlichkeit. Die Untersuchung von Strahlengefahren – ausgehend etwa von Atomkraftwerken – ging mitunter in dieser neuen Umweltforschung auf. Parallel zum Aufschwung dieser Fachgebiete verlor die Strahlenbiologie an Bedeutung – obwohl bzw. gerade weil sowohl die Molekularbiologie als auch die Umweltforschung in ihren Anfängen eng mit der biologischen Strahlenforschung verbunden waren.

Die Konjunkturen des Kalten Krieges sowie – damit verbunden – die Ausrichtung der schweizerischen Atompolitik stellen somit wichtige, jedoch keine ausreichenden Erklärungsfaktoren dar, um die Forschungsförderung im Bereich der biologischen Strahlenforschung bzw. der Strahlenbiologie zu verstehen. Wie das Beispiel des Strahlenbiologischen Instituts der Universität Zürich gezeigt hat, war die konkrete Unterstützung jeweils auch maßgeblich von disziplinären Machtansprüchen, institutionellen Eigenlogiken und ökonomischen Zwängen abhängig, welche mit dem Verlauf des Kalten Krieges oder dem öffentlich-medialen Diskurs über Strahlengefahren wenig zu tun hatten. So blieb das erneute Aufflammen der Atomangst gegen Ende des Kalten Krieges und insbesondere nach dem Reaktorunfall von Tschernobyl forschungspolitisch folgenlos und konnte die Auflösung des Instituts für Strahlenbiologie und anderer Institutionen im Bereich von Strahlenüberwachung und Strahlenschutz schließlich nicht verhindern. Die gesellschaftliche Problematisierung gesundheitsschädigender Strahlenwirkungen zeitigte in der Schweiz folglich lediglich in der Hochblüte des ,Atomzeitalters‘, insbesondere von Mitte der 1950er bis Mitte der 1960er Jahre, einen bedeutenden Einfluss auf die Förderung der Strahlenbiologie. Danach genossen andere gesellschaftspolitische Themen forschungspolitische Priorität.

Überwachen

Strahlen entziehen sich der sinnlichen Wahrnehmung. So setzt ein wirksamer Strahlenschutz voraus, vorhandene Radioaktivität überhaupt nachweisen zu können.[1] Der Nachweis von Strahlen bildet damit die Grundlage für die Planung und Anordnung von Schutzmaßnahmen. Um (eine gefährliche Erhöhung von) Radioaktivität festzustellen, gilt es, potenzielle Kontaminationsquellen zu überwachen. Diese Überwachung von Strahlen erfolgt über entsprechende Messungen. Die Möglichkeit, Strahlen messen und deren Art und Menge bestimmen zu können, war während des Kalten Krieges nicht nur im Hinblick auf Schutzvorkehrungen für einen künftigen Atomkrieg, sondern auch für den Strahlenschutz im nuklearen Alltag von zentraler Bedeutung.[2] Radioaktivitätsmessungen bildeten deshalb eine wesentliche Komponente für die Herstellung von Strahlensicherheit.

In diesem Kapitel geht es um das Messen von Radioaktivität und die Überwachung von Strahlen. Messen und Überwachen stehen dabei in einem engen Zusammenhang, wobei der zweite Begriff umfassender ist. So impliziert Strahlenüberwachung stets auch gouvernementale Zugriffe auf die zu messende Radioaktivität, und schließt insofern auch Interventionsmöglichkeiten in Form von Normsetzungen und Präventivmaßnahmen ein, die jeweils auf unterschiedliche Interpretationsspielräume treffen und auf spezifische Politikerfordernisse reagieren. Das Kapitel behandelt die Frage, unter welchen politischen, technischen und epistemischen Voraussetzungen Strahlen in der Schweiz während des Kalten Krieges überwacht wurden und wie sich die gewonnenen Messresultate in gouvernementales Handeln übersetzen ließen.

3.1 Kooperation von Militär und Industrie. Strahlenüberwachung für den Atomkriegsfall, 1950er Jahre

Das Eidgenössische Militärdepartement (EMD) entwarf im Februar 1946 geheime militärische Richtlinien für die Schweizerische Studienkommission für Atomenergie (SKA).[3] Wie im letzten Kapitel ausgeführt, erhielt die SKA

---

1 Vgl. Abele 2002, S. 11.

2 Vgl. ebd., S. 14.

3 Wesentliche Teile dieses Teilkapitels wurden bereits publiziert in: Marti 2020.

in diesen Richtlinien nicht nur den Auftrag, die Option einer schweizerischen Atombombe zu prüfen, sondern sie sollte auch nach wirksamen Strahlenschutzmitteln suchen.[4] In ihrem vierten militärischen Bericht vom Mai 1950 setzte sich die SKA mit Schutzmaßnahmen gegen radioaktive Substanzen auseinander. Als wichtigste Schlussfolgerung hielt sie darin fest, es sei „notwendig, den Abwurf von Seuchsubstanzen sofort feststellen zu können". „Dazu sind", so hieß es im Bericht weiter,

> Geräte notwendig, die ständig in Betrieb sind, auf radioaktive Strahlungen ansprechen und ein Signal geben, sobald die Intensität dieser Strahlung die zulässigen Werte übersteigt. Um die versuchten Gegenden lokalisieren zu können, sind mit tragbaren Geräten ausgerüstete Suchtrupps notwendig, die feststellen, welche Gebiete so stark verseucht wurden, dass ein längerer Aufenthalt gefährlich wäre. Da diese Suchtrupps der Bestrahlung durch die radioaktiven Substanzen ausgesetzt sind, müssen sie zu ihrem persönlichen Schutz mit Dosimetern ausgerüstet sein, welche die während einer bestimmten Zeit eingestrahlte Dosis angeben.[5]

Für einen wirksamen Strahlenschutz im Rahmen der schweizerischen Landesverteidigung galten somit verschiedene Typen von Strahlenmessgeräten als erforderlich, namentlich fest montierte Überwachungsgeräte, mobil einsetzbare Strahlensuchgeräte und individuell tragbare Dosimeter.[6]

Dieses Teilkapitel rekonstruiert die Anfänge der Strahlenüberwachung in der Schweiz. Im Zentrum steht die Entwicklungsgeschichte von Strahlenmessgeräten als Joint Venture von Schweizer Militär und Industrie.[7] Um die Schweizer Armee für einen künftigen Atomkrieg auszurüsten, schien es ab dem Ende der 1940er Jahre zunehmend dringlich, Strahlenmessgeräte zu beschaffen, um radioaktive Strahlung nachweisen und – falls notwendig – Strahlenschutzmaßnahmen ergreifen zu können. Wie bei der Erforschung der biologischen Strahlenwirkungen waren es also auch bei der Strahlenüberwachung zunächst militärische Stellen, die sich – in enger Kooperation mit nationalen Unternehmen – mit der Produktion, Technik und Anwendung von Strahlenmessgeräten befassten.

---

4 Vgl. CH-BAR#E7170B#1968/105#141*, Richtlinien für die Arbeiten der S.K.A. auf militärischem Gebiet, 5.2.1946. Zur SKA vgl. Kapitel 2.1.

5 CH-BAR#E27#1000/721#19039*, Militärischer Bericht Nr. 4, 12.5.1950.

6 Diese Unterteilung entsprach einer gängigen Klassifizierung von Strahlenmessgeräten, wie sie etwa auch im bundesdeutschen Luftschutz Verwendung fand. Vgl. Abele 2002, S. 119.

7 Eine kurze inhaltliche Auseinandersetzung bietet bislang lediglich: Hug 1987, S. 102 f.

Schweizerische Strahlenmessgeräte und transnationales
Strahlenschutzwissen

Die von SKA-Mitglied René von Wattenwyl geleitete Kriegstechnische Abteilung (KTA) des EMD war federführend an der Beschaffung der erforderlichen Strahlenmessgeräte beteiligt.[8] Ab 1948 begann sie in Zusammenarbeit
mit Schweizer Hochschulen und insbesondere mit der einheimischen
Industrie damit, Überwachungs- und Suchgeräte für Radioaktivität zu entwickeln.[9] An einer auf Initiative von Generalstabschef Louis de Montmollin
im Juni 1950 organisierten „Konferenz über Atomenergie, biologische und
chemische Kriegsführung" informierte Alfred Krethlow, Sekretär der SKA
und gleichzeitig Sektionschef in der KTA, über den Entwicklungsstand der
Strahlenmessgeräte. Er berichtete über die Zusammenarbeit mit der Zuger
Firma Landis & Gyr, die auf Steuerungs- und Zählergeräte spezialisiert war.
Diese hatte schon ein ortsfestes Gerät für Routineüberwachungen fertig ge-
baut, ein tragbares Messgerät für mobile Einsatzgruppen befand sich im Bau
und ein individuelles Dosismessgerät im Studium.[10] Die KTA kooperierte auch
mit weiteren Schweizer Unternehmen, so etwa mit der Brown, Boveri & Cie.
(BBC).[11] Die BBC war gemeinsam mit Wissenschaftlern der Universität Basel,
darunter Physikprofessor Paul Huber, der ebenfalls Mitglied der SKA war,
daran beteiligt, einen ersten Prototypen zu entwickeln.[12]

Die KTA suchte also vornehmlich die Zusammenarbeit mit der nationalen
Industrie. Wie wichtig der Faktor des Produktionsstandortes Schweiz war,
zeigt sich unter anderem daran, dass die KTA in den 1950er Jahren stets an
einheimischen Unternehmen als Herstellerfirmen festhielt, auch wenn diese
mit Entwicklung- und Lieferproblemen zu kämpfen hatten und andere, insbesondere US-amerikanische und kanadische Geräte auf dem Markt erhältlich
gewesen wären.[13] Dieses Vorgehen führte mitunter zu Kritik, so insbesondere
seitens der 1950 innerhalb der Abteilung für Sanität des EMD neu geschaffenen
Sektion für Schutz und Abwehr gegen ABC-Waffen.[14]

---

8   Zur KTA: Schiendorfer 2020; Schiendorfer 2015; Vautravers 2013; Vautravers 2004.

9   Vgl. CH-BAR#E7170B#1968/105#72*, Jahresbericht der Schweizerischen Studienkom-
     mission für Atomenergie 1949, ohne Datum.

10   Vgl. CH-BAR#E27#1000/721#19038*, Aktennotiz von der Konferenz über Atomenergie,
     biologische und chemische Kriegsführung, 5.6.1950. Zur Geschichte der Firma Landis &
     Gyr: Huber 2015; Jacobi 2015; Jacobi 2014; Wagner-Menzi 2014; Wiesmann 2012; Lussi 1986.

11   Vgl. die entsprechenden Korrespondenzen zwischen der KTA und der BBC in: CH-
     BAR#E9500.77#1971/159#2* und CH-BAR#E9500.77#1971/159#3*.

12   Vgl. Hug 1987, S. 102.

13   Nach dem Zweiten Weltkrieg wuchs im Umfeld der US-amerikanischen, kanadischen und
     britischen Atomzentren der Bedarf an Strahlenmessgeräten, was auch deren Produktion
     anregte. Vgl. Abele 2002, S. 102.

14   Zur ABC-Sektion: Hug 1997.

Im November 1951 hielt der Chef der ABC-Sektion Hermann Gessner, ebenfalls Mitglied der SKA und in seiner zivilen Stellung als Professor an der Eidgenössischen Materialprüfungsanstalt unter anderem mit der Giftgas-Kriegführung befasst,[15] in einer Aktennotiz fest, er könne sich „des unbehaglichen Gefühls nicht erwehren, dass offenbar technische Schwierigkeiten und Mangel an praktischer Erfahrung (die in der schweizerischen Industrie gar nicht vorhanden sein kann) die Fertigstellung eines brauchbaren Gerätes innert nützlicher Frist in Frage stellen."[16] Anfang des Jahres 1954 beklagte sich Gessner bei der KTA zudem darüber, die von Landis & Gyr hergestellten Dosimeter würden ein „mangelhafte[s] Messprinzip" aufweisen. Eine Rücknahme und Verbesserung der Geräte wurde allerdings nur für den Fall verlangt, dass dies bei der Zuger Firma nicht zu „erheblichen finanziellen Opfern" führen würde.[17] Mitunter entsprachen die von Landis & Gyr produzierten Strahlenmessgeräte auch nicht den als notwendig erachteten kriegsmässigen Anforderungen. 1957 wehrte sich die ABC-Sektion deshalb gegen den seitens der Generalstabsabteilung geplanten Kauf von knapp 10.000 Landis & Gyr-Dosimetern, weil sie diese Instrumente für den militärischen Einsatz für ungeeignet hielt. Gessner meinte in der entsprechenden Stellungnahme: „Die ABC-Sektion möchte den massgebenden Instanzen nahelegen von der Beschaffung von Geräten, von denen man zum voraus weiss, dass sie für die Bedürfnisse der Truppe unzulänglich sind, Abstand zu nehmen."[18] Wieso hielt die KTA trotz solcher Einwände und der bisweilen festgestellten Qualitätsmängel an der Zusammenarbeit mit Landis & Gyr fest?

Die angestrebte industrielle Fabrikation von Strahlenmessgeräten vollzog sich im Rahmen der Förderung und Nutzung der Atomtechnologie.[19] Vor dem Hintergrund des Konzepts der totalen Landesverteidigung spielten in der

---

15 Vgl. Hug 1997, S. 89 f. Die ABC-Sektion baute auch auf dem bereits 1936 entstandenen Gasdienst auf. Dazu: Flury 2004.

16 CH-BAR#E5540C#1982/81#89*, Aktennotiz betr. Spürgeräte, 19.11.1951. Vgl. auch ebd., Gedanken zur Frage der Beschaffung von Dosimeter, 1.11.1952.

17 CH-BAR#E5540D#1967/106#105*, Schreiben von Oberst Gessner an die KTA, 11.1.1954. Vgl. auch ebd., Aktennotiz für Herrn Oberst Gessner, 11.2.1954.

18 Ebd., Zur Frage der Ausrüstung der Armee mit Dosimetern, 25.3.1957. Vgl. auch ebd., Schreiben von Oberst Gessner an den Oberfeldarzt, 13.5.1957, Schreiben von Oberst Gessner an die Gst. Abt., Op. Sektion, die Gst. Abt., Materialsektion, und die KTA, 13.5.1957, Schreiben von Oberst Gessner an Oberst Gygli, 14.5.1957, Schreiben von Oberst Kessler an Oberst Gessner, 14.6.1957, und Schreiben von Oberst Kessler an den Oberfeldarzt, 21.6.1957.

19 Dies war auch in anderen Industrieländern so: Zwar begann die Konstruktion von Strahlenmessgeräten bereits vor dem Ersten Weltkrieg; deren industrielle Fertigung setzte indessen erst im Zuge der Atomwaffenprojekte des Zweiten Weltkrieges und insbesondere der rasanten Entwicklung der Atomtechnologie im beginnenden Kalten Krieg ein. Vgl. Abele 2002, S. 102.

schweizerischen Atomtechnologieentwicklung – darauf habe ich schon im
letzten Kapitel hingewiesen – militärstrategisch und ideologisch motivierte
Autarkieideale eine entscheidende Rolle. Mit der Strategie der Autarkie wollte
die ‚neutrale' Schweiz zum einen ihre militärische Unabhängigkeit gegenüber
dem Ausland sichern respektive Abhängigkeiten verringern. Zum anderen
sollte über die nationale Produktion die einheimische Industrie gestärkt
werden.[20] Das Beispiel der Entwicklung und Herstellung von Strahlenmessgeräten macht hier erneut deutlich, wie die nationale Industrie aus sicherheitspolitischen und wirtschaftlichen Gründen bevorzugt behandelt und
unterstützt wurde, um Material und Apparate für die Landesverteidigung
zu produzieren. Die starke militärisch-politische Unterstützung der einheimischen Industrie zeigte sich auch, als Strahlenmess- und andere kernphysikalische Geräte ab 1951 den Kriegsmaterialvorschriften unterstellt waren.
Vor dem Hintergrund des Systemkonflikts des Kalten Krieges musste sich die
Schweiz mit dieser Unterstellung zwar dem wirtschaftspolitischen Druck der
USA beugen, versuchte dabei aber gleichzeitig weiterhin, die ökonomischen
Interessen der Schweizer Industrie so gut wie irgend möglich zu wahren.[21]
    Die mit einheimischen Industrieunternehmen vorangetriebene Produktion
von Strahlenmessgeräten darf indessen nicht darüber hinwegtäuschen, dass
das Schweizer Militär Ende der 1940er, Anfang der 1950er Jahre in Bezug auf
Kenntnisse und Erfahrungen mit Strahlenüberwachung und Strahlenschutz
auch wesentlich auf den grenzüberschreitenden Transfer von Strahlenschutzwissen angewiesen war. Die Beschaffung bzw. Übersetzung von ausländischen
und internationalen Publikationen, namentlich Artikel aus Zeitschriften
und Zeitungen aus den Bereichen Militär, Zivilschutz und Politik sowie mitunter auch aus populären Medien, bildeten dabei einen wichtigen Pfeiler
der Informationsbeschaffung. Die erhaltenen Dokumente zirkulierten dann
innerhalb des EMD zwischen den interessierten Dienststellen.[22] Gerade die
neu geschaffene ABC-Sektion, die auf dem Gebiet des Schutzes vor radioaktiver Strahlung die Führungsrolle beanspruchte,[23] war stark auf Wissen

---

20   Vgl. dazu Kapitel 2.1.

21   Vgl. dazu Marti 2020, S. 62–69.

22   Vgl. bspw. Übersetzungen verschiedener schwedischer Dokumente zum Thema Atom-
      schutz in: CH-BAR#E5540D#1967/106#73*.

23   Dieser Führungsanspruch zeigte sich u. a. darin, dass die ABC-Sektion auch die
      Aufgabe des ABC-Schutzes für die Zivilbevölkerung übernehmen wollte. Vgl. CH-
      BAR#E5540C#1982/81#83*, Der Einbau der Abwehrmassnahmen gegen Atomwaffen im
      Luftschutz, 1.10.1952; CH-BAR#E5540D#1967/106#70*, Orientierender Bericht über die
      Tätigkeit der Sektion für Schutz und Abwehr gegen ABC-Waffen, 19.8.1953, und Schreiben
      von Oberst Gessner an den Oberfeldarzt, 26.5.1955.

aus dem Ausland angewiesen. Dies zeigt sich zum Beispiel bei der Festlegung der maximal zulässigen Strahlungsdosis, also derjenigen Radioaktivitätsmenge, die Soldaten maximal aufnehmen dürften, ohne – so zumindest die Annahme – schwere Gesundheitsschäden zu erleiden. Sektionschef Gessner meinte diesbezüglich Ende 1950, diese Dosis sei für kriegsmäßige Bedingungen auf 25 Röntgeneinheiten festzusetzen. Als Begründung für diesen Wert gab er an, es sei hier „auf die amerikanischen Zahlen abzustellen; da die Amerikaner über eine viel grössere Erfahrung verfügen als irgendjemand bei uns."[24] Andere militärische Abteilungen bestätigten diese Einschätzung ebenfalls unter Verweis auf US-amerikanische sowie auch britische und schwedische Referenzen.[25]

Die Abhängigkeit von vom Ausland publizierten Informationen führte indessen wie im Bereich der biologischen Strahlenwirkungen auch auf den Gebieten der Strahlenüberwachung bzw. des Strahlenschutzes dazu, dass den in diesen Quellen veröffentlichten Angaben misstraut wurde. So erläuterte Gessner in einem Bericht, die verfügbaren Unterlagen würden zwar fortlaufend ausgewertet, es zeige sich aber, „dass sehr viele, an sich zuverlässige Unterlagen (Literatur) lückenhaft sind oder unklare Angaben enthalten über Dinge, die offenbar nicht bekannt gegeben werden dürfen."[26] Aus diesem Grund schlug Gessner im März 1952 vor, den einzigen fachtechnischen Mitarbeiter der ABC-Sektion, einen diplomierten Physiker, für einige Monate in einen Kurs für die Ausbildung von Ärzten und Physikern ans *Oak Ridge National Laboratory* in die USA zu entsenden.[27] Offenbar war dem Berner Radiologen Adolf Zuppinger, der im Herbst 1951 im Auftrag der SKA eine Studienreise in die USA unternommen hatte, um sich über die dort durchgeführten strahlenbiologischen Arbeiten zu orientieren, zugesichert worden, die USA seien bereit, einen Schweizer Physiker auszubilden.[28] Gessner erläuterte nun, es sei „klar", dass dieser Physiker „nicht nur gerade das sehen und hören würde, was in den Kursen gelehrt wird, sondern dass er im engen persönlichen Kontakt mit amerikanischen Kollegen sehr vieles erfahren könnte,

---

24 CH-BAR#E27#1000/721#19046*, Schreiben des Chefs ABC-Sektion an den Oberfeldarzt, 15.12.1950.

25 Vgl. ebd., Schreiben von Oberstbrigadier Münch an den Chef der KTA, 31.10.1950; CH-BAR#E4390A#1000/862#518*, Schreiben von R. v. Wattenwyl an die Abteilung für Sanität, 27.11.1950; CH-BAR#E4390A#1000/862#519*, Protokoll der Konferenz betreffend Warngeräte für radioaktive Substanzen, 6.2.1951.

26 CH-BAR#E5540D#1967/106#70*, Schreiben von Oberst Gessner an den Oberfeldarzt, 29.3.1952.

27 Vgl. ebd., Schreiben von Oberst Gessner an den Oberfeldarzt, 26.5.1955.

28 Vgl. ebd., Schreiben von Oberst Gessner an den Oberfeldarzt, 29.3.1952. Zu Adolf Zuppingers Studienreise in die USA vgl. Kapitel 2.1.

was offiziell niemals bekannt gegeben würde." Nach seinem USA-Aufenthalt sollte der Physiker dann in der Lage sein, „die anhand lückenhafter Literatur-angaben ausgearbeiteten Behelfe für den ABC-Dienst [...] zu überprüfen und, soweit notwendig, zu verbessern."[29] Anfang der 1950er Jahre stellte die Möglichkeit, Studienreisen zu absolvieren, somit einen zweiten zentralen Pfeiler der Informationsbeschaffung für die ABC-Sektion dar. In den Quellen finden sich verschiedene Berichte über von ABC-Offizieren unternommene Studienreisen nach Großbritannien, nach Schweden, zu US-amerikanischen Stützpunkten in der Bundesrepublik Deutschland und nach Frankreich.[30] Wie im Bereich der biologischen Strahlenforschung zeigt sich somit auch bei den Wissensfeldern der Strahlenüberwachung und des Strahlenschutzes, dass die Schweiz im frühen Kalten Krieg zur Informationsbeschaffung auf das Konzept der ‚strategischen Multioptionalität' setzte, indem sie versuchte, für fehlendes Wissen und mangelndes Know-how alle verfügbaren Kanäle zu aktivieren. Gleichzeitig verdeutlichen die Destinationen der Studienreisen und die persönlichen Kontakte etwa mit US-amerikanischen Wissenschaftlern, wie gezielt sich die Schweiz bemühte, in den transnationalen Wissensaustausch innerhalb des ‚Westblocks' eingebunden zu werden.

Produktentwicklung als Gemeinschaftsarbeit

Zu Beginn der 1950er Jahre beabsichtigten die Armee und der Luftschutz, eine große Anzahl Strahlenmessgeräte zu beschaffen. Je nach Apparatetyp be-wegte sich die kalkulierte Menge zwischen mehreren Hundert und mehreren Zehntausend Messinstrumenten, wofür insgesamt mit Kosten von etwa zehn Millionen Schweizer Franken gerechnet wurde.[31] In der Folge korrigierte die ABC-Sektion diese Zahlen – nicht zuletzt aufgrund des beim Bund zu Beginn der 1950er Jahre angesagten Sparkurses, welcher auch das Militärbudget betraf – stark nach unten.[32] Die Abteilung für Luftschutz, mit ihren durch die Truppenordnung von 1951 neu geschaffenen militärischen Luftschutz-truppen, welche der Zivilbevölkerung im Kriegs- und Katastrophenfall Hilfe leisten sollten, war von diesen Sparmaßnahmen besonders betroffen.[33] Die

---

29   Ebd.

30   Vgl. die entsprechenden Berichte in: CH-BAR#E5540D#1967/106#73*.

31   Vgl. CH-BAR#E4390A#1000/862#519*, Protokoll der Konferenz betreffend Warngeräte für radioaktive Substanzen, 6.2.1951.

32   CH-BAR#E5540C#1982/81#89*, Schreiben von Oberst Gessner an die Materialsektion der Generalstabsabteilung, 22.11.1952. Vgl. auch CH-BAR#E4390A#1000/862#519*, Akten-notiz zur Konferenz betr. Geräte für rad. Substanzen, 21.4.1951.

33   Zum Luftschutz nach 1945: Meier/Meier 2010, S. 214 f. und S. 220; Meier Y. 2007, S. 40–42 und S. 49–51; Aeberhard 1983, S. 71 f.; Aeberhard 1978, S. 43–46.

Beschränkung der Finanzmittel führte dazu, dass das Militär die verfügbaren Mittel für eigene Anschaffungen gebrauchen und nicht für Aufgaben des Bevölkerungsschutzes ausgeben wollte.[34] Die Abteilung für Luftschutz musste den Kauf der von ihr für den zivilen Luftschutz verlangten Geräte deshalb zurückstellen.[35] Ende der 1960er Jahre waren indessen sowohl der AC-Schutzdienst der Armee als auch derjenige des Zivilschutzes, welcher den zivilen Luftschutz Anfang der 1960er Jahre institutionell ablöste,[36] mit schweizerischen Strahlenmessgeräten ausgerüstet.[37] Wie ich im Folgenden zeige, wurden diese Apparate in einer engen Kooperation zwischen Schweizer Militär und Industrie entwickelt, in die auch zahlreiche Wissenschaftler involviert waren.

Die ersten Prototypen, welche die KTA ab 1948 gemeinsam mit der SKA sowie in Zusammenarbeit mit der einheimischen Industrie entwickelte, stellte die BBC her. Ursprünglich war es Paul Huber als Mitglied der SKA und Physikprofessor gewesen, welcher der BBC den Auftrag zur Fabrikation von zwei Strahlenmessgeräten erteilt hatte. Unterstützt mit Mitteln der SKA hatte Paul Huber selbst ein Radioaktivitätsmessgerät entwickelt. Sein Auftrag an die BBC wurde dann aber von der KTA übernommen, wobei sich Paul Huber dazu bereit erklärte, der BBC das Gerät sowie die dazu gehörigen Unterlagen zur Verfügung zu stellen.[38] Die BBC konstruierte die Prototypen in der Folge in engem Austausch mit Huber und anderen Wissenschaftlern der Universität Basel.[39] Daneben testete Huber für die KTA Strahlenmessgeräte und entwickelte für diese weitere Apparate, darunter ein Geiger-Müller-Zählrohr für Messungen bei tiefen Temperaturen.[40] Ende 1949 bestellte die KTA über einen Kredit der SKA bei der BBC schließlich sechs Prototypen, deren Lieferung innerhalb von sechs Monaten erfolgen sollte.[41] Im Oktober 1950 erhielt die

---

34   CH-BAR#E4390A#1000/862#521*, Schreiben des Generalstabschefs an die Direktion der eidg. Militärverwaltung, 29.12.1952. Vgl. auch CH-BAR#E4390A#1000/862#522*, Schreiben des EMD an die Abteilung für Luftschutz, 9.1.1953; CH-BAR#E4390A#1000/862#521*, Schreiben von Oberstbrigadier Münch an das EMD, 8.12.1952; CH-BAR#E5540C#1982/81#89*, Schreiben von Oberst Gessner an die Materialsektion der Generalstabsabteilung, 22.11.1952.

35   Vgl. CH-BAR#E4390A#1000/862#521*, Schreiben von Riser an die KTA, 14.1.1953. Vgl. auch ebd., Schreiben von Oberstbrigadier Münch an die KTA, 26.11.1952.

36   Vgl. Meier Y. 2007, S. 49–51; Aeberhard 1983, S. 87–94; Aeberhard 1978, S. 49–55.

37   Vgl. Der Zivilschutz und die Aufgaben des Strahlenschutzes 1969, S. 276.

38   Vgl. CH-BAR#E9500.77#1971/159#2*, Schreiben der KTA an die BBC, 27.10.1948. Vgl. dazu auch Hug 1987, S. 102.

39   Vgl. CH-BAR#E5150B#1968/10#680*, Schreiben der BBC an die KTA, 16.2.1949. Vgl. dazu auch Hug 1987, S. 102.

40   Vgl. CH-BAR#E5150B#1968/10#683*, Schreiben der KTA an P. Huber, 30.6.1949.

41   Vgl. CH-BAR#E5150B#1968/10#1175*, Schreiben der BBC an die KTA, 11.1.1950, und Bestell-Bestätigung der BBC für 6 Warngeräte, 12.1.1950. Vgl. dazu auch Hug 1987, S. 102.

Eidgenössische Materialprüfungs- und Versuchsanstalt für Industrie, Bau-
wesen und Gewerbe eines dieser Geräte für Testzwecke.[42]

Weitere Prototypen wurden von Landis & Gyr fabriziert. Die Zuger Firma
wandte sich im Februar 1949 selbst an die KTA und bot als Spezialistin für
Elektrotechnik sowie insbesondere Mess- und Regeltechnik ihre Expertise zur
Entwicklung von Strahlenmessgeräten an. Hinter dieser Kontaktaufnahme
stand SKA-Präsident Paul Scherrer, der Landis & Gyr nahegelegt hatte, sich
mit der KTA in Verbindung zu setzen.[43] Letztere brachte Landis & Gyr mit
Walter Graffunder von der Universität Fribourg zusammen.[44] Der aus Deutschland emigrierte Physiker arbeitete in Fribourg im Physikalischen Institut von
Professor Friedrich Dessauer[45] und hatte dort versuchsweise ein Radioaktivitätsmessgerät entwickelt, für das sich die KTA interessierte.[46] In der Folge ergab sich eine Zusammenarbeit zwischen Graffunder und Landis & Gyr, wobei
die Zuger Firma von Graffunder verschiedene Unterlagen erhielt und mit
ihm einen Optionsvertrag für sein Patent abschloss. Gemeinsam führten der
Wissenschaftler und das Industrieunternehmen anschließend Verbesserungen
und Tests am Gerät durch.[47] Im Oktober 1949 bestellte die KTA bei Landis
& Gyr zwei Prototypen dieser Geräte.[48] Im Zuge deren Weiterentwicklung
entsandte das Unternehmen einen seiner Mitarbeiter für einige Zeit an die
unter Paul Hubers Leitung stehende Physikalische Anstalt der Universität
Basel, um weiter über Radioaktivitätsmessgeräte zu forschen.[49] Huber und
andere Wissenschaftler der Universität Basel boten zudem an, Landis & Gyr
in unentgeltlicher Zusammenarbeit bei der Entwicklung von Geiger-Müller-
zählrohren und Untersetzerschaltungen behilflich zu sein.[50] Kontakte des

---

42   Vgl. CH-BAR#E9500.77#1971/159#3*, Schreiben der Eidgenössischen Materialprüfungs-
      und Versuchsanstalt für Industrie, Bauwesen und Gewerbe an die KTA, 16.10.1950.

43   Vgl. CH-BAR#E9500.77#1971/159#2*, Schreiben von Landis & Gyr an die KTA, 5.2.1949.

44   Vgl. CH-BAR#E5150B#1968/10#680*, Schreiben der KTA an Landis & Gyr, 17.2.1949. Vgl.
      dazu auch Hug 1987, S. 102.

45   Vgl. Joye-Cagnard 2010, S. 66.

46   Vgl. CH-BAR#E9500.77#1971/159#2*, Schreiben von Walter Graffunder an die KTA,
      31.1.1949; CH-BAR#E5150B#1968/10#680*, Schreiben der KTA an W. Graffunder, 3.2.1949.
      Vgl. dazu auch Hug 1987, S. 102.

47   Vgl. CH-BAR#E9500.77#1971/159#2*, Schreiben von Landis & Gyr an die KTA, 28.2.1949,
      Schreiben von Landis & Gyr an die KTA, 13.4.1949, Schreiben von Landis & Gyr an die
      KTA, 13.5.1949, Schreiben von Landis & Gyr an die KTA, 4.6.1949, und Schreiben von
      Landis & Gyr an die KTA, 6.9.1949. Vgl. dazu auch Hug 1987, S. 102.

48   Vgl. CH-BAR#E5150B#1968/10#680*, Schreiben der KTA an Landis & Gyr, 25.10.1949. Vgl.
      dazu auch Hug 1987, S. 102.

49   Vgl. CH-BAR#E5150B#1968/10#1635*, Schreiben der KTA an A. Stebler, 2.3.1951. Vgl. dazu
      auch Hug 1987, S. 102.

50   Vgl. AfZ, LG-Archiv, Dossier Nr. 2203, Entwicklung von Geräten zur Messung der Radio-
      aktivität, 30.1.1950.

Zuger Unternehmens bestanden auch mit verschiedenen Instituten der Eidgenössischen Technischen Hochschule Zürich.[51]

Aus den vorhandenen Quellen lässt sich ein reger Austausch von Informationen, Konstruktionsplänen, Offerten und Geräten rekonstruieren, die zwischen den oben genannten Akteuren hin und her zirkulierten. Dies führte zu einer kontinuierlichen Weiterentwicklung und Optimierung der Prototypen, zur Behebung von Konstruktionsmängeln und Funktionsstörungen sowie zu Versuchen mit unterschiedlichen Varianten und Ausführungen. Die Entwicklung und Adaptierung der Geräte, welche die KTA ab Ende der 1940er Jahre für die Schweizer Armee zu beschaffen versuchte, vollzogen sich somit in einer engen Kooperation von militärischen Stellen und Schweizer Firmen sowie den mit diesen Unternehmen zusammenarbeitenden Wissenschaftlern.

Einen entscheidenden Faktor für diese Gemeinschaftsarbeit bildete das schweizerische Milizsystem, und zwar nicht nur im Rahmen von Expertenkommissionen wie der SKA, die als Bindeglied zwischen hochrangigen Vertretern aus Militär, Verwaltung, Politik, Wissenschaft und Wirtschaft fungierte, sondern auch im Rahmen der Armee. Die Armee erhielt über das Milizsystem Zugriff auf wissenschaftlich ausgebildetes Personal aus der Industrie. Sie war vor allem darauf angewiesen, dass ihr genügend ABC-Fachleute zur Verfügung standen. Bereits im Juli 1951, also gut ein halbes Jahr nach der Gründung der ABC-Sektion, warnte Sektionschef Hermann Gessner davor, dass „[d]ie Rekrutierung der notwendigen Zahl an Spezialisten [...] einige Schwierigkeiten bieten" werde.[52] Da Strahlenmessgeräte technisch anspruchsvoll waren und deren Bedienung bestimmte Kenntnisse voraussetzte, war es von Vorteil, wenn das dafür vorgesehene Personal das notwendige technische Wissen schon aus dem Zivilbereich mitbrachte. In den Anfangsjahren der ABC-Sektion waren daher ausnahmslos Ingenieure, Chemiker, Physiker und Biologen als ABC-Offiziere tätig.[53] Wie ein internes Papier festhielt, war es nämlich unabdingbar, dass „die allgemeinen elementaren Kenntnisse der Physik und der radioaktiven Vorgänge [...] aus dem Zivilberuf mitgebracht werden". Die benötigten Physiker, Ingenieure und Techniker müssten also – so war im Papier weiter zu lesen – „aus entsprechenden Firmen rekrutiert werden".[54] Im Gegenzug wurden in den von der ABC-Sektion durchgeführten

---

51   Vgl. ebd., Reisebericht, 24.1.1949.

52   CH-BAR#E4390A#1000/862#519*, Einige Bemerkungen zur Frage des Einsatzes von Strahlensuchgeräten, 30.6.1951.

53   Vgl. CH-BAR#E5540D#1967/106#70*, Schreiben von Oberst Gessner an den Oberfeldarzt, 26.5.1955.

54   CH-BAR#E4390A#1000/862#519*, Einige Bemerkungen zur Frage des Einsatzes von Strahlensuchgeräten, 30.6.1951.

Ausbildungskursen immer wieder Strahlenmessgeräte getestet.[55] Wie ausgeführt, prüfte und evaluierte auch die KTA regelmäßig Prototypen. Die Resultate
dieser Tests flossen direkt in die Produktentwicklung der erwähnten Unternehmen ein.[56] Die durch das Milizsystem begünstigte enge Verschränkung
von Militär und Industrie erwies sich somit auch für Schweizer Firmen als
vorteilhaft.

Die KTA beschaffte schließlich fast alle Apparate für Radioaktivitätsmessungen bei Landis & Gyr.[57] Die von ihr im Rahmen der totalen Landesverteidigung verfolgte Autarkiestrategie spielte dafür eine entscheidende
Rolle. So suchte die KTA nicht nur gezielt die Zusammenarbeit mit Schweizer
Unternehmen, darunter in erster Linie die BBC und Landis & Gyr, sondern
formulierte auch explizit die Anforderung, dass die gewünschten Strahlenmessgeräte in der Schweiz produziert werden müssten.[58] Zeitweise stand bei
der KTA zwar auch die Beschaffung von US-amerikanischen, britischen und
kanadischen Geräten zur Diskussion. Der Kauf von ausländischen Geräten
erwies sich Ende der 1940er, Anfang der 1950er Jahre indessen nicht nur aufgrund der bestehenden Ausfuhrsperren als schwierig,[59] sondern war aus
ideologischen Gründen auch nicht erwünscht, da das Ziel darin bestand,
einen einheimischen Produktionszweig aufzubauen.[60] So dienten ausländische Geräte, wenn sie denn überhaupt beschafft werden konnten, eher
Vergleichszwecken.[61]

Im Unterschied zu Landis & Gyr entschied sich die BBC Ende 1951 dazu, die
Produktion von Strahlenmessgeräten aufzugeben.[62] Dies war in erster Linie
darin begründet – so teilte das Badener Unternehmen der KTA mit –, dass
kein Interesse mehr daran bestand, Entwicklungsarbeiten auf diesem Gebiet
durchzuführen, „welche nie zu einer Fabrikation führen. So müssen wir mit
Bedauern feststellen, dass die im Jahre 1949 auf Ihren ausdrücklichen Wunsch

---

55   Vgl. bspw. CH-BAR#E5540C#1982/81#89*, Schreiben von Oberst Gessner an den Chef
      der KTA, 25.7.1952.
56   Vgl. bspw. CH-BAR#E4390A#1000/862#521*, Schreiben des Chefs der Sektion 3, Dienst-
      kreis II, der KTA an die Abteilung für Luftschutz, 11.8.1952. Vgl. auch ebd., Entwurf Budget
      1952, 2.5.1951.
57   Vgl. Hug 1987, S. 103.
58   Vgl. CH-BAR#E5150B#1968/10#1635*, Schreiben der KTA an verschiedene Firmen,
      16.6.1951.
59   Vgl. bspw. CH-BAR#E5150B#1968/10#680*, Schreiben der KTA an den Generalstabschef,
      14.1.1949.
60   Vgl. dazu auch Hug 1987, S. 103.
61   Vgl. CH-BAR#E5150B#1968/10#1638*, Schreiben von H. Gessner an R. von Wattenwyl,
      3.1.1951.
62   Vgl. Hug 1987, S. 103.

durchgeführte Entwicklung auf ein Warngerät eigentlich zwecklos war."[63] Aus diesem Grund konnte sich die BBC nur noch vorstellen, bereits entwickelte Apparate zu fabrizieren. Die BBC war also nicht bereit, selbst maßgeblich in die Forschung und Entwicklung von Strahlenmessgeräten zu investieren und stieg deshalb aus diesem Industriezweig aus.

Der Historiker Peter Hug hat die Entwicklung von Strahlenmessgeräten als gezieltes strategisches Manöver der KTA interpretiert. So sei es der KTA gelungen, die interessierten Schweizer Firmen durch „eine geschickte Verhandlungstaktik" dazu zu treiben, „immer grössere Mittel in die Entwicklung verschiedener Gerätetypen zur Messung von Radioaktivität einzusetzen", wodurch diese mit „einem minimalen Mitteleinsatz" zu den gewünschten Geräten gelangt sei. Sie habe unter den verschiedenen Schweizer Unternehmen eine „inländische Wettbewerbssituation" inszeniert und diese zusätzlich „durch die scheinbar ernsthafte Prüfung ausländischer Produkte" angeheizt.[64] Hugs Formulierungen implizieren, dass vor allem das Schweizer Militär von der Zusammenarbeit mit der einheimischen Industrie profitiert habe. Tatsächlich mussten die Firmen den größten Teil der Forschung- und Entwicklungskosten selbst tragen, die KTA wollte sich nicht festlegen, bei wem bzw. ob sie die entwickelten Geräte schließlich kaufen würde und sie gelangte mit ihrer Auftragsausschreibung gleichzeitig an verschiedene Schweizer Unternehmen.[65]

Ich möchte hier dennoch eine andere Deutung vorschlagen: Die einzelnen Unternehmen verfolgten eigene Strategien und Pläne, welche denjenigen des Militärs durchaus zuwiderlaufen konnten. Es hing wesentlich von diesen internen Ausrichtungen und Zielsetzungen ab, ob sie sich dafür entschieden, in die Forschung und Entwicklung von Strahlenmess- und anderen kernphysikalischen Geräten zu investieren. Die BBC zeigte grundsätzlich kein großes Interesse an der Atomtechnologieentwicklung, weshalb sich die Badener Firma letztlich dafür entschied, im Bereich der Forschung und Entwicklung andere Prioritäten zu verfolgen.[66] Demgegenüber verfügte Landis & Gyr über viel Expertise in der Messgerätetechnik und hatte sich aus diesem Grund selbst als potenzielle Herstellerfirma ins Spiel gebracht. Zudem war eine im Januar 1950 durchgeführte firmeninterne Untersuchung zu dem Schluss gelangt, das Unternehmen solle es aufgrund „der zukünftigen Bedeutung

---

63   CH-BAR#E5150B#1968/10#1635*, Schreiben der BBC an die KTA, 15.3.1951.

64   Hug 1987, S. 102 f.

65   Vgl. CH-BAR#E5150B#1968/10#1175*, Schreiben der KTA an die BBC, 5.12.1950; CH-BAR#E5150B#1968/10#1635*, Schreiben der KTA an die BBC, 27.3.1951, und Schreiben der KTA an verschiedene Firmen, 16.6.1951.

66   Vgl. Wildi 2003, bes. S. 261.

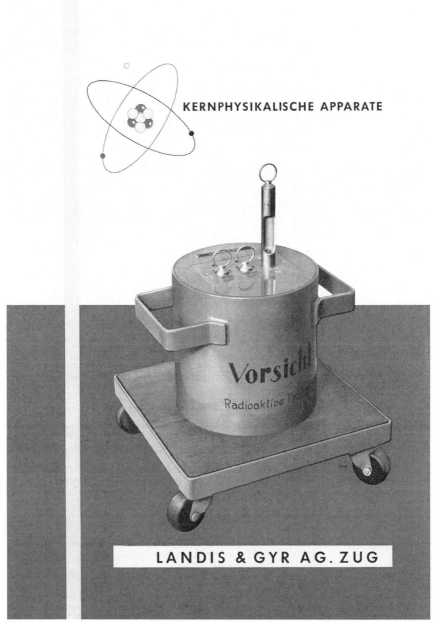

Abb. 9   Werbebroschüre von Landis & Gyr für ihre kernphysikalischen Apparate,
            [1960er Jahre].

Dekadischer Impulsuntersetzer
Type ELB 2

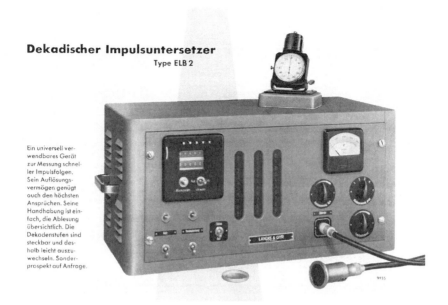

Ein universell ver-
wendbares Gerät
zur Messung schnel-
ler Impulsfolgen.
Sein Auflösungs-
vermögen genügt
auch den höchsten
Ansprüchen. Seine
Handhabung ist ein-
fach, die Ablesung
übersichtlich. Die
Dekadenstufen sind
steckbar und des-
halb leicht auszu-
wechseln. Sonder-
prospekt auf Anfrage.

Dosimeter und Ladeablesegerät
Typen EQC ... EQD ...

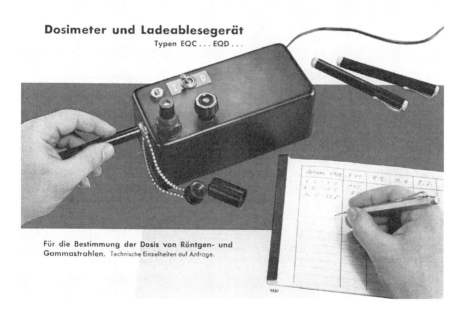

**Für die Bestimmung der Dosis von Röntgen- und
Gammastrahlen.** Technische Einzelheiten auf Anfrage.

Der Pegelwächter ETA 1 als Luftwarngerät

Der ortsfeste Pegelwächter ETA1 kann als ideales Luft-
warngerät für die nächste Zukunft angesehen werden.
Beim Überschreiten einer bestimmten Strahlungsintensität
wird ein optisches oder akustisches Alarmzeichen ausgelöst. Zur Ermittlung der Dosisleistung kann beim ETA1
überdies noch die Empfindlichkeit mit einem Stufenschalter
variiert werden. Das Gerät besteht aus einem Meßkopf
(Halogenzählrohr) und einem Meß- und Anzeigegerät. Der
Meßkopf kann im Freien montiert werden, z. B. auf einem
Hausdach. Er wird durch ein Kabel mit dem im Gebäude-
innern angebrachten Meß- und Anzeigegerät verbunden,
das den Stufenschalter, die Steuergeräte, die Alarmlam-
pen und den Kontrollknopf zur Nachprüfung der Funk-
tionsfähigkeit des Meßkopfes enthält.

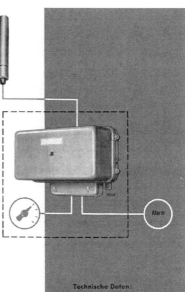

Der Pegelwächter ETA 1 als Niveaumeßgerät

Technische Daten:
Betriebsspannung: 220 V, 50 Hz
Leistungsaufnahme: 29 VA (18 W)
Maximale Empfindlichkeit:
0,1 mr h . . . 150 mr/h (je nach
Zählrohrtype)
Empfindlichkeitsbereich:
1:25, z. B. 0,1 . . . 2,5 mr/h
Umgebungstemperatur: −20° C
bis +50° C

Die Verwendung radioaktiver Isotope in der Industrie
nimmt ständig zu. In der Praxis bereits bewährt hat sich
die berührungslose Niveau-, Füllstands- und Dichtemes-
sung. Mit einer Strahlungsquelle und einem Detektor kann
das Niveau oder der Füllstand eines Behälters ständig
überwacht oder gemessen werden. Das geschieht in Fällen, wo z. B. hoher Druck oder agressive Medien eine
Überwachung mit konventionellen Mitteln verunmöglichen.
Die berührungslose Überwachung und Messung bewährt
sich nicht nur bei flüssigen Füllgütern, sondern auch bei
Schüttgütern wie Kohle, Zement, Getreide, Schotter usw.
Einzelheiten auf Anfrage.

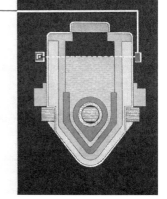

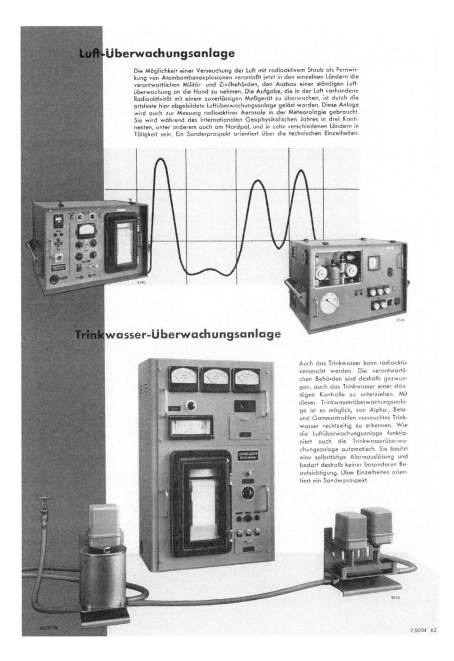

Luft-Überwachungsanlage

Die Möglichkeit einer Verseuchung der Luft mit radioaktivem Staub als Fernwirkung von Atombombenexplosionen veranlaßt jetzt in den einzelnen Ländern die verantwortlichen Militär- und Zivilbehörden, den Ausbau einer ständigen Luftüberwachung an die Hand zu nehmen. Die Aufgabe, die in der Luft vorhandene Radioaktivität mit einem zuverlässigen Meßgerät zu überwachen, ist durch die ortsfeste hier abgebildete Luftüberwachungsanlage gelöst worden. Diese Anlage wird auch zur Messung radioaktiver Aerosole in der Meteorologie gebraucht. Sie wird während des Internationalen Geophysikalischen Jahres in drei Kontinenten, unter anderem auch am Nordpol, und in zehn verschiedenen Ländern in Tätigkeit sein. Ein Sonderprospekt orientiert über die technischen Einzelheiten.

Trinkwasser-Überwachungsanlage

Auch das Trinkwasser kann radioaktiv verseucht werden. Die verantwortlichen Behörden sind deshalb gezwungen, auch das Trinkwasser einer ständigen Kontrolle zu unterziehen. Mit dieser Trinkwasserüberwachungsanlage ist es möglich, von Alpha-, Beta- und Gammastrahlen verseuchtes Trinkwasser rechtzeitig zu erkennen. Wie die Luftüberwachungsanlage funktioniert auch die Trinkwasserüberwachungsanlage automatisch. Sie besitzt eine selbsttätige Alarmauslösung und bedarf deshalb keiner besonderen Beaufsichtigung. Über Einzelheiten orientiert ein Sonderprospekt.

wagen", die Entwicklung der Zähl-, Mess- und Regeltechnik im Bereich der Kernphysik zu erweitern.[67] Das Beispiel von Landis & Gyr zeigt, dass die enge Kooperation von Militär und Industrie schließlich zu einer Win-win-Situation führte.

Bei der Konstruktion und Herstellung von Strahlenmessgeräten in den 1950er Jahren profitierten somit beide Seiten: Die Schweizer Armee erhielt die gewünschten Strahlenmessgeräte und konnte dringend benötigtes Fachpersonal für ABC-Fragen rekrutieren, welches in der Industrie ausgebildet worden war. Landis & Gyr wiederum erhielt Unterstützung bei der Weiterentwicklung von Prototypen, welche durch die KTA und die neu geschaffene ABC-Sektion getestet wurden. In der Folge avancierten kernphysikalische Geräte zu einem wichtigen Bestandteil der Produktpalette von Landis & Gyr und dem Unternehmen gelang es, in diesem Industriezweig auch international konkurrenzfähig zu werden.[68] So wurde Ende der 1960er Jahre in der schweizerischen Zivilschutz-Zeitschrift nicht ohne Stolz berichtet, die Zuger Firma habe mit „den bekannten, von ihr weitsichtig entwickelten Strahlenspürgeräten und Dosimetern [...] hohes Ansehen in allen Weltteilen erlangt".[69] Neben der Schweiz verkaufte Landis & Gyr ihre Luftüberwachungsgeräte auch in die Bundesrepublik Deutschland, nach Frankreich, Belgien und in die Niederlande.[70]

Beim Joint Venture für die Produktion von schweizerischen Strahlenmessgeräten fungierten Militär und Industrie „als Ressourcen füreinander".[71] Wie im Bereich der biologischen Strahlenforschung waren es auch auf dem Gebiet der Strahlenüberwachung zunächst die Vorbereitungen der Schweizer Armee auf den Atomkriegsfall, welche die Forschung und Entwicklung von Radioaktivitätsmessgeräten als dringlich erscheinen ließen. Aus dem in diesem Zusammenhang produzierten Wissen und Know-how gingen in der Folge verschiedene zivile Anwendungsgebiete von Radioaktivitätsmessungen für den beginnenden nuklearen Alltag hervor. So waren bei Landis & Gyr ebenso wie bei anderen in der Messgeräteindustrie tätigen Unternehmen bis um 1960 neben Strahlenschutzapparaten für Militär und Zivilschutz drei weitere Formen von Radioaktivitätsmessgeräten auf dem Markt: Strahlenmessgeräte zur Überwachung und Kontrolle von Kernreaktoren, Strahlenmessgeräte für industrielle Anwendungen radioaktiver Isotope sowie Messinstrumente für

---

67   AfZ, LG-Archiv, Dossier Nr. 2203, Entwicklung von Geräten zur Messung der Radioaktivität, 30.1.1950.
68   Vgl. Marti 2020, S. 76–79.
69   Der Zivilschutz und die Aufgaben des Strahlenschutzes 1969, S. 277.
70   Vgl. Abele 2002, S. 143. Vgl. auch Huber/Jeschki/Prêtre/Völkle 1995, S. 29.
71   Ash 2016; Ash 2006; Ash 2002.

physikalische, medizinische und geologische Anwendungen.[72] In der öffentlichen Debatte gewann ab Mitte der 1950er Jahre die von zivilen Institutionen durchgeführte Überwachung der Umweltradioaktivität zunehmend an Bedeutung. Wie das nächste Teilkapitel zeigen wird, rückten damit die epistemischen, technischen und politischen Herausforderungen der Messtätigkeit immer mehr ins Zentrum der Strahlenüberwachung.

3.2 Mess(un)schärfen und Messkonjunkturen. Überwachung der Umweltradioaktivität, 1956–1969

Mitte der 1950er Jahre veränderte sich die Wahrnehmung von Strahlen grundlegend. Eine zentrale Rolle spielten dabei die oberirdischen Versuchsexplosionen mit Atom- und Wasserstoffbomben, deren radioaktiver Fallout weltweit nachweisbar war und zunehmend als Gesundheitsgefahr anerkannt wurde.[73] In der Schweiz wie auch in zahlreichen anderen Staaten zeitigte die wachsende Sensibilisierung gegenüber den von Strahlen ausgehenden Gefahren Mitte der 1950er Jahre institutionelle Folgen. Meldungen über Strahlenmessungen im Schwarzwald, bei denen erhöhte Radioaktivitätswerte festgestellt wurden, beunruhigten nicht nur die Presse und die Öffentlichkeit, sondern gaben auch Anlass für parlamentarische Vorstöße, so etwa im Basler Großen Rat.[74] Daraufhin setzte der Bundesrat im November 1956 die Eidgenössische Kommission zur Überwachung der Radioaktivität (KUeR) ein.[75] Zu Beginn stellte der von den Atomwaffenversuchen herrührende radioaktive Ausfall die primäre Kontaminationsquelle der in der Umwelt gemessenen Radioaktivität dar.[76] Aber auch Reaktoren, Atomanlagen und weitere Einrichtungen des expandierenden nuklearen Alltags verursachten zunehmend radioaktive Emissionen, deren Werte es zu messen galt. Mitte der 1950er Jahre setzte in der Schweiz folglich eine dauernde Überwachung der Umweltradioaktivität ein, die ein permanentes Messen von Strahlen erforderlich machte.

Der Vorgang des Messens lässt sich als ein quantifizierendes Verfahren beschreiben, mit welchem Eigenschaften aus der Natur in Zahlen übersetzt werden. Die Messtätigkeit gilt dabei als ein objektivierender und

---

72 Vgl. Abele 2002, S. 106.

73 Vgl. dazu Kapitel 2.2.

74 Vgl. CH-BAR#E3300C#1968/236#294*, Protokoll der Sitzung der technischen Subkommission für den Schutz gegen ionisierende Strahlen, 6.12.1956.

75 Vgl. CH-BAR#E3300C#2002/40#560*, Antrag des EDI, 8.11.1956, und Beschluss des Bundesrates, 16.11.1956.

76 Vgl. KUeR 1982, S. 7.

automatisierter Prozess, bei dem subjektive Einflüsse seitens der Beob-
achtenden gleichsam ausgeschaltet werden. Die eruierten Zahlen und Daten
scheinen dabei für sich zu sprechen: Sie zeigen an, ob sich ein ausgemessener
Gegenstand oder ein vermessenes Phänomen noch in einem definierten
Normbereich befindet oder nicht. Messvorgänge bzw. -resultate sollen somit
Unschärfen und Unsicherheiten reduzieren sowie Evidenz und Transparenz
erzeugen. Wie der Wissenschaftshistoriker Theodore M. Porter überzeugend
gezeigt hat, bilden (Mess-)Zahlen ein wesentliches Mittel, um Vertrauen in
Expertisen herzustellen.[77] Dies gilt auch für die Messungen der Umweltradioaktivität während des Kalten Krieges, welche dem Zweck dienten, Normalität und Sicherheit zu evozieren, indem kontinuierlich festgestellt wurde, dass
sich die gemessene radioaktive Strahlung noch unterhalb eines festgelegten
Toleranzwertes befand. Radioaktivitätsmessungen orientierten sich also an
einem Ideal, welches die beiden Wissenschaftsforschenden Lorraine Daston
und Peter Galison „mechanische Objektivität" nennen: Durch regelhafte und
reproduzierbare Messverfahren sollten subjektive und andere, etwa ‚natürliche' Störmomente minimiert und somit Vertrauen in die Herstellung von
Strahlensicherheit gebildet werden.[78]

Das Messen von Radioaktivität – so wird dieses Teilkapitel zeigen – erwies sich indessen als sehr viel voraussetzungsreicher und kontingenter, als
es das Ideal der „mechanischen Objektivität" vermuten lässt. Für die ab Mitte
der 1950er Jahre einsetzende Überwachung der Umweltradioaktivität war es
nicht nur notwendig, Wissen und Know-how aus unterschiedlichen wissenschaftlichen Disziplinen und Feldern beizuziehen, sondern die Messenden
mussten auch vielfältige Interventionen und Anpassungsleistungen vornehmen, damit die Radioaktivitätsmessungen verwert- und kommunizierbare
Resultate hervorbrachten. Gleichzeitig beruhten die Strahlenmessungen auch
auf politischen Annahmen und Bedingungen, die darauf abzielten, allfällige
Ängste gegen die einsetzende zivile Nutzung der Atomenergie abzubauen. Für
das Regieren von Strahlen erwies sich die Messtätigkeit also in verschiedener
Hinsicht als anforderungsreich. Auf dem Problem des Messens liegt der
Fokus der folgenden Ausführungen. Dabei sollen die folgenden Fragen ge-
klärt werden: Welche Kriterien beeinflussten den Aufbau des schweizerischen
Radioaktivitätsmessnetzes? Welche Unschärfen und Strategien prägten den
Messprozess und die Kommunikation der Messresultate? Wie wirkten sich die
Konjunkturen des atomaren Wettrüstens auf die Strahlenmessungen aus?

---

77   Vgl. Porter 1995. Der Titel der Studie lautet dementsprechend: *Trust in Numbers*.
78   Vgl. Daston/Galison 2007.

Messnetzaufbau

Im Dezember 1956 traf sich die neu geschaffene KUeR zu ihrer ersten Sitzung. Sie bestand aus fünf Mitgliedern, war administrativ dem Eidgenössischen Gesundheitsamt (EGA) des Eidgenössischen Departements des Innern angegliedert und wies personelle Überschneidungen zur Schweizerischen Studienkommission für Atomenergie auf.[79] Sogleich nahm die KUeR ihre Hauptaufgabe – die Messung der Radioaktivität der Luft, der Niederschläge und der Gewässer – in Angriff. Zu diesem Zweck erarbeitete sie ein Messprogramm, welches die Aufstellung von schweizweit verteilten Luftüberwachungsanlagen, Regensammlern und Probenahmestellen für Oberflächengewässer, Grundwasser und Zisternen vorsah. Mit diesem Messnetz sollte die Umweltradioaktivität landesweit fortlaufend kontrolliert werden. Ähnliche Überwachungsnetze zur Erfassung des Kernwaffenausfalls wurden zu diesem Zeitpunkt in den meisten industrialisierten Ländern der Nordhalbkugel errichtet.[80]

Um die Standorte für ihre Messstationen auszuwählen, berücksichtigte die KUeR eine Reihe sehr unterschiedlicher Faktoren. Der radioaktive Fallout, welcher bei den oberirdischen Atomwaffenexplosionen entstand, breitete sich in Form von Aerosolen – feine, in der Luft schwebende, Kondensationskeime bildende Teilchen – in kleinen Dosen gleichmäßig in der Luft der Atmosphäre aus und konnte ausgeregnet werden. Wetterbedingungen wie Windströmung, Luftfeuchtigkeit und Regenmenge sowie – diese beeinflussend – orografische Bedingungen wie Höhenlage und Oberflächenstruktur wirkten sich auf die an einem bestimmten Ort messbaren Radioaktivitätswerte aus.[81] Gleichzeitig ermöglichten es radioaktive Teilchen in der Atmosphäre, globale Windströmungen zu erforschen, was für die Weiterentwicklung der Meteorologie wichtig war.[82] Erkenntnisse aus der Radioaktivitätsüberwachung und der Meteorologie beeinflussten sich also wechselseitig. Um das Messprogramm für das Luft- und das Niederschlagsmessnetz festzulegen, benutzte die KUeR Angaben aus der Regenkarte der Schweiz, die Aufschluss über besonders niederschlagsreiche Zonen gab. Ebenso plante sie Messstationen in Höhenlagen wie auf dem Jungfrau- und dem Weissfluhjoch ein, um Vergleiche

79   Vgl. CH-BAR#E8190B-01#1986/181#130*, Protokoll der 1. Sitzung der KUeR, 7.12.1956, und
       Protokoll der 2. Sitzung der KUeR, 17.1.1957. Zur SKA vgl. Kapitel 2.1.
80   Vgl. Völkle 2000, S. 12. Zur Überwachung der Umweltradioaktivität in der Bundesrepublik
       Deutschland: Abele 2002, S. 129–158.
81   Vgl. bspw. 5. Bericht der KUeR 1961, S. 11 f.
82   Vgl. Edwards 2010, S. 207–215; Weart 2008, S. 25.

zwischen Berg- und Talstandorten zu ermöglichen.[83] Zudem konnte sie auf in meteorologischen Zeitschriften erscheinende Studien über Radioaktivität zurückgreifen, welche das US-amerikanische *Weather Bureau* in einer Bibliografie aufgelistet hatte.[84] Für die Errichtung von Messstationen bildete der Zugriff auf lokal verfügbares und transnational zirkulierendes meteorologisches Wissen folglich eine wichtige Voraussetzung.

Neben der Berücksichtigung meteorologisch-orografischer Parameter versuchte die KUeR auch gezielt, beim Messnetzaufbau personelle und technische Ressourcen zu optimieren. So installierte sie für die Luftüberwachung verschiedene Messgeräte bei Außenstationen der Schweizerischen Meteorologischen Zentralanstalt, und ins Gewässermessnetz waren bestehende Messstellen des Eidgenössischen Amtes für Wasserwirtschaft und der Internationalen Kommission zum Schutze des Rheins gegen Verunreinigung integriert.[85] Als Messstellen fungierten somit häufig Orte, wo auf vorhandene Infrastrukturen zurückgegriffen werden konnte, was eine effiziente und wirtschaftliche Probeerhebung garantieren sollte.

Bemerkenswert ist nun jedoch, dass auch politische Überlegungen den Aufbau des Radioaktivitätsmessnetzes beeinflussten. Vor dem Hintergrund der Fallout-Debatte und des expandierenden nuklearen Alltags war ein Teil dieser politisch motivierten Maßnahmen – wie ich nun anhand dreier Beispiele darlegen werde – auf die Beruhigung der Bevölkerung ausgerichtet. Ein erstes Beispiel betrifft das Niederschlagsmessnetz, für das mehrere Regensammelstellen an landwirtschaftlichen Schulen errichtet wurden. Die Einbindung von Landwirtschaftsschulen in das Messnetz bot sich aus praktischen Gründen an, weil die KUeR beabsichtigte, auch die Kontaminationskette Regen-Viehfutter-Milch zu studieren und das Radioaktivitätsmessnetz für diese drei miteinander zusammenhängenden Komponenten zusammenlegen wollte. Der Idee, Messstationen an landwirtschaftlichen Schulen zu errichten, lag jedoch noch ein anderes Motiv zugrunde. Wie Paul Ackermann, Mitglied der KUeR sowie Meteorologe und Leiter der Aerologischen Station in Payerne, einer Außenstation der Schweizerischen Meteorologischen Zentralanstalt, ausführte, hätte deren Integration in das Messnetz

---

83   Vgl. CH-BAR#E8190B-01#1986/181#130*, Organisation des Messdienstes für Luft und Niederschläge, ohne Datum.

84   Ebd., Protokoll der 4. Sitzung der KUeR, 11.4.1957.

85   Vgl. ebd., Organisation und Durchführung der Dauerkontrolle über die Radioaktivität von Niederschlägen und Gewässern, 17.1.1957.

den nicht zu unterschätzenden Vorteil, dass, abgesehen von ihrem beruflichen Interesse an unseren Arbeiten, die Leiter und Lehrer dieser Schulen
mit ihren weitreichenden persönlichen Verbindungen in alle Landesteile,
sachliche Kenntnisse über die uns beschäftigende Materie erhalten würden.
Das würde ausserordentlich helfen unverantwortlichen Gerüchten die Spitze
abzubrechen.[86]

Tatsächlich hatte die Fallout-Problematik bei Schweizer Bauern und Milchproduzenten besondere Besorgnis erregt, weil im In- und Ausland Berichte
über radioaktive Kontaminationen von Milchprodukten kursierten.[87] Dieser
Sorge wollte die KUeR durch eine aktive Einbindung der Landwirtschaftsschulen offenbar entgegenwirken.

Ein zweites Beispiel bildet die Aufstellung von Strahlenmessgeräten in unmittelbarer Nähe von projektierten oder bereits realisierten Atomanlagen.
Zum Zeitpunkt der Planung des Messnetzes stand am CERN in Genf ein
Teilchenbeschleuniger kurz vor der Inbetriebnahme,[88] die Reaktor AG im
aargauischen Würenlingen verfügte über einen Leichtwasserreaktor[89] und
die Eidgenössische Technische Hochschule in Zürich beabsichtigte die Aufstellung eines Heizreaktors.[90] Um „die Befürchtungen gewisser Volkskreise
[zu] berücksichtigen", schlug Paul Ackermann der KUeR vor, in Genf, Basel und
westlich des Reaktors von Würenlingen je ein Luftmessgerät zu installieren.
Ebenso plädierte er dafür, in Genf, Basel und Zürich aus „psychologische[n]
Gründe[n]" Regensammler aufzustellen.[91] Aufgrund wissenschaftlicher Kriterien waren diese städtischen Messstandorte nicht unbedingt notwendig, und
bei der Luftüberwachung erwiesen sie sich sogar als nachteilig, weil in Städten
Dreckpartikel das Filterpapier der Messgeräte vermehrt zu verschmutzen oder
zu verstopfen drohten.[92] Aus den Quellen geht nicht klar hervor, auf welche
„Befürchtungen" Ackermann genau anspielte. Es ist jedoch plausibel – ich

---

86 Ebd., Organisation des Messdienstes für Luft und Niederschläge, ohne Datum.

87 Vgl. Archiv BAG, 18.2.1k, Eidg. Kommission zur Überwachung der Radioaktivität monatliche Pressemitteilungen, Schreiben des Zentralverbandes Schweiz. Milchproduzenten
an das EGA, 17.11.1962, Schreiben von P. Huber an den Zentralverband Schweizerischer
Milchproduzenten, 30.11.1962, und Schreiben des Zentralverbandes Schweiz. Milchproduzenten an P. Huber, 3.12.1962.

88 Vgl. CERN 2004, S. 22–27.

89 Vgl. Wildi 2003, S. 63–80.

90 Vgl. ebd., S. 83–95.

91 CH-BAR#E8190B-01#1986/181#130*, Organisation des Messdienstes für Luft und Niederschläge, ohne Datum.

92 Dieses Problem, das allgemein bekannt war, wiesen etwa auch Luftmessgeräte in der
Bundesrepublik Deutschland auf. Vgl. Abele 2002, S. 134 f.

komme auf diesen Punkt zurück –, dass er die aufkommenden Ängste gegenüber der wachsenden zivilen Nutzung der Atomenergie abfedern wollte. Die
aus „psychologischen Gründen" geforderten Luft- und Niederschlagsmessstationen ließen sich allerdings nur teilweise realisieren. Immerhin wurden
in der Nähe des Reaktors in Würenlingen ein Luft- und in Basel ein Nieder-
schlagsmessgerät installiert.[93]

Das letzte Beispiel betrifft die Berücksichtigung sämtlicher Landesteile in
die Radioaktivitätsüberwachung. Nach der Publikation ihres ersten Tätigkeitsberichts im August 1957, als sich das Messnetz noch im Aufbau befand, erntete
die KUeR Kritik, weil der Bericht keine Messergebnisse für die Südschweiz
enthielt. Es seien – wie ein Sitzungsprotokoll festhält – „Befürchtungen über
Vernachlässigung des Tessins" zum Ausdruck gekommen. Im Messprogramm
waren Messstellen im Kanton Tessin eingeplant und deren Inbetriebnahme
für 1958 vorgesehen. Die KUeR hoffte, dass die geäußerten Bedenken „dadurch
erledigt werden". Darüber hinaus erklärte sich Otto Jaag, Mitglied der KUeR
sowie Professor für spezielle Botanik an der Eidgenössischen Technischen
Hochschule Zürich und Direktor der Eidgenössischen Anstalt für Wasserversorgung, Abwasserreinigung und Gewässerschutz, bereit, „unverzüglich"
mit der Überwachung von Tessiner Gewässern zu beginnen und sofort zwei
entsprechende Messstationen in das von ihm verantwortete Gewässermessnetz einzubeziehen.[94] Das Radioaktivitätsmessnetz musste also auch die verschiedenen Landesgegenden und damit den schweizerischen Föderalismus
angemessen berücksichtigen.

Die drei Beispiele zeigen, dass die KUeR bestrebt war, systematisch bestimmte Akteure und Regionen in ihr Messprogramm und – damit verbunden –
in ihre Informationspolitik einzubinden. Ihre Messtätigkeit zielte also auch
darauf ab, die schweizerische Bevölkerung zu beruhigen und dadurch Ängste
und Kritik bezüglich der Atomenergienutzung abzufedern oder gar nicht
erst aufkommen zu lassen. Dies verdeutlicht, wie die Überwachung der
Umweltradioaktivität im beginnenden ‚Atomzeitalter' eine stark symbolische
Dimension aufwies.

Schließlich zählten auch bestimmte präventionspolitische Kriterien zu
den politischen Erfordernissen, die es beim Messnetzaufbau zu berücksichtigen galt. Wie die KUeR Ende der 1950er Jahre festhielt, waren die Messstationen auch „gemäss der Bevölkerungsdichte" über die Schweiz verteilt
worden.[95] Die Siedlungsdichte galt deshalb als relevant, weil die Überwachung

---

93 Vgl. 3. Bericht der KUeR 1958/1959, S. 1 f.
94 CH-BAR#E8190B-01#1986/181#130*, Protokoll der 7. Sitzung der KUeR, 3.10.1957.
95 3. Bericht der KUeR 1958/1959, S. 1. Vgl. auch CH-BAR#E8190B-01#1986/181#130*,
    Organisation des Messdienstes für Luft und Niederschläge, ohne Datum.

der Umweltradioaktivität dazu diente, die Strahlenbelastung der Gesamtbevölkerung zu ermitteln. So verglich die KUeR die gemessenen Radioaktivitätswerte mit den von der Internationalen Strahlenschutzkommission als
maximal zulässig erachteten Dosen, welche sich auf die jährlich tolerierbare
Strahlenbelastung für die allgemeine Bevölkerung bezogen.[96] Dem Strahlen-
schutzziel der Radioaktivitätsmessungen lag als Grenzwert folglich ein Durch-
schnittswert zugrunde, der auf die Gesamtbevölkerung und nicht auf einzelne
Individuen rekurrierte. Aus dieser auf ein Kollektiv ausgerichteten, epidemio-
logisch orientierten Schutzperspektive hatte eine gefährliche Erhöhung
der Radioaktivität in einem dicht bevölkerten Gebiet potenziell schwer-
wiegendere Folgen als erhöhte Radioaktivitätswerte in einer dünn besiedelten
Gegend. Dass diese Sichtweise mitunter zu problematischen Gefährdungs-
einschätzungen führen konnte, lässt sich anhand der Radioaktivitätsüberwachung von Zisternen belegen.

So diskutierte die KUeR im April 1957 das Problem, dass die Radioaktivität der Niederschläge seit Oktober 1956 ständig relativ hohe Werte erreiche.
Aus diesem Grund – darin waren sich die Mitglieder der KUeR einig – müsse
„dringend" das in Zisternen gesammelte Regenwasser im Jura untersucht
werden. Die Aerologische Station in Payerne solle „diese Arbeit sofort an die
Hand nehmen".[97] In den nächsten Jahren erreichte die Aktivität des Zisternenwassers mehrmals kritische Werte, welche die zulässigen Grenzwerte teilweise
überschritten. Bereits in ihrem ersten Tätigkeitsbericht vom August 1957 machte
die KUeR auf diese Gefahrenquelle aufmerksam, indem sie festhielt: „Die Radioaktivität des Zisternenwassers überschreitet die Toleranzgrenze. Wir möchten
die Behörden auf diesen Umstand besonders hinweisen."[98] In einem Nachwort
zu diesem Bericht erklärte das EGA relativierend, diese Überschreitung bedeute lediglich, „dass bei dauerndem Gebrauch des Wassers für Trinkzwecke
nach Jahrzehnten Schädigungen in Erscheinung treten können."[99] Eine solche
Gefahr bestehe zwar für denjenigen Teil der Bevölkerung, der auf Zisternenwasser angewiesen sei, es dürfe jedoch damit gerechnet werden, dass bald
Methoden zur Verfügung stehen würden, um die radioaktiven Bestandteile des
Zisternenwassers zu reduzieren.[100] Tatsächlich begannen die Eidgenössische
Anstalt für Wasserversorgung, Abwasserreinigung und Gewässerschutz und
weitere Forschungsinstitute damit, verschiedene Filtermethoden zu testen,

---

96   Vgl. bspw. 1. Bericht der KUeR 1956/1957, S. 101.

97   CH-BAR#E8190B-01#1986/181#130*, Protokoll der 4. Sitzung der KUeR, 11.4.1957. Vgl. auch
     ebd., Protokoll der 5. Sitzung der KUeR, 7.6.1957, und Protokoll der 6. Sitzung der KUeR,
     11.7.1957.

98   1. Bericht der KUeR 1956/1957, S. 101.

99   Ebd., S. 102.

100 Vgl. ebd.

mit denen es künftig möglich sein sollte, das Zisternenwasser im Bedarfsfall zu entaktivieren.[101] Ein Jahr darauf, im September 1958, wies die KUeR erneut auf die hohe Aktivität der Niederschläge hin, welche die Toleranzwerte für Trinkwasser „ziemlich stark" überschreite. Diese Tatsache – so die KUeR weiter – wirke sich jedoch „nicht so ungünstig aus, weil [...] das Regenwasser, mit Ausnahme des Zisternenwassers, nicht als Trinkwasser benützt wird."[102] Zu Beginn des Jahres 1960 machte die KUeR abermals auf die erhöhte Aktivität des Zisternenwassers aufmerksam: Zisternenwasser, das „direkt als Trinkwasser Verwendung" finde, übersteige aufgrund der erhöhten Regenaktivität „in den weitaus meisten Fällen die maximal zulässige Trinkwasserkonzentration", es werde indessen „nur von einer kleinen Menschengruppe konsumiert".[103] In ihren Aussagen rekurrierten sowohl die KUeR als auch das EGA wiederholt auf das Argument, Zisternenwasser würde in der Schweiz nur von kleinen Bevölkerungsgruppen als Trinkwasser verwendet. Im Umkehrschluss bedeutete dies, dass erhöhte Aktivitätswerte in Trinkwasser aus gouvernementaler Sicht nur dann eine ernstzunehmende Gefährdung darstellen würden, wenn größere Bevölkerungskreise davon betroffen wären. Das Beispiel der Überwachung des Zisternenwassers zeigt somit, dass die Bevölkerungsdichte, welche den Aufbau des Messnetzes mit beeinflusste, ein eminent politisches Kriterium darstellte: Diesem lag eine Regierungsrationalität zugrunde, die abwägen konnte, wo Strahlenschutz aus präventionspolitischen und epidemiologischen Gründen hohe und wo er geringere Priorität genießen sollte.

In der historischen Literatur zur Gesundheitsprävention wird für die Zeit nach 1945 gemeinhin die These einer zunehmenden Individualisierung vertreten. So sprechen die Historiker Martin Lengwiler und Stefan Beck etwa von der „Ausprägung eines liberal-individualistischen Präventionsregimes", das für die zweite Hälfte des 20. Jahrhunderts prägend gewesen sei.[104] Diese These ist sicherlich für viele Bereiche überzeugend. Das Beispiel der Radioaktivitätsüberwachung weist indessen in eine andere Richtung. Hier wird exemplarisch deutlich, dass nicht der Schutz von Individuen, sondern derjenige der Bevölkerung als quantitative Größe den Kern der mit der Strahlenüberwachung verbundenen Präventionspolitik bildete. Solange nur wenige Personen betroffen waren, nahm diese auf die Gesundheit eines Kollektivs fokussierte Regierungsrationalität mögliche Schädigungen Einzelner in Kauf. Dass diese

---

101 Vgl. CH-BAR#E8190B-01#1986/181#130*, Protokoll der 7. Sitzung der KUeR, 3.10.1957, Protokoll der 8. Sitzung der KUeR, 19.12.1957, Protokoll der 9. Sitzung der KUeR, 1.4.1958, und Protokoll der 10. Sitzung der KUeR, 29.5.1958.

102 2. Bericht der KUeR 1957/1958, S. 134.

103 3. Bericht der KUeR 1958/1959, S. 7 f.

104 Lengwiler/Beck 2008, S. 521. Zur Geschichte der Gesundheitsprävention auch: Bröckling 2012; Bröckling 2008; Lengwiler/Madarász 2010.

fragwürdige Gefährdungseinschätzung für den Strahlenschutz sowohl im Normalfall als auch im Notfall charakteristisch war, werde ich in den nachfolgenden Kapiteln an weiteren Beispielen zeigen.

Messprozess

Nicht nur die Planung und der Aufbau des Radioaktivitätsmessnetzes, sondern auch die Strahlenmessungen selbst erwiesen sich als voraussetzungsreich und unscharf. Alle Elemente des Messprozesses – von der Einrichtung der Messstellen über die Entnahme und Auswertung der Messproben bis hin zur Interpretation der Messresultate – waren unterdeterminiert, das heißt, sie waren nicht eindeutig festgelegt und folgten nicht einfach der immanenten Logik eines wissenschaftlichen Verfahrens. Damit die Messung der Radioaktivitätsdosen wissenschaftlich und politisch wirksam werden konnte, bedurfte es seitens der KUeR vielfältiger Entscheidungen und Interventionen, um die Messergebnisse zu stabilisieren und in unterschiedliche Kontexte zu übersetzen.

Nachdem die KUeR das Messprogramm ausgearbeitet hatte, bestand der nächste Schritt des Messprozesses darin, die Messstationen einzurichten. Dazu brauchte es in erster Linie Messgeräte. Wie der Technikhistoriker Johannes Abele herausgearbeitet hat, kam den Messinstrumenten bei der Strahlenüberwachung „eine ausschlaggebende Funktion bei der Gefahrenabschätzung" zu. Die Gefährdung durch Radioaktivität ließ sich durch einen Vergleich zwischen den erhobenen Messwerten und den festgelegten Grenzwerten ermitteln. Die Konstruktionsweise der Apparate musste hinsichtlich ihrer Messempfindlichkeit also mit diesen Grenzwerten korrespondieren, weshalb „die Festlegung von Grenzwerten [...] entsprechend auch die Fertigung von Messgeräten" bestimmt habe.[105] Dies trifft auch auf die von der KUeR verwendeten Luftmessgeräte zu.

Die KUeR begann ihre Luftmessungen mit Luftüberwachungsanlagen, welche von der Firma Landis & Gyr hergestellt wurden, die wie im vorangehenden Teilkapitel gezeigt, auch für die Schweizer Armee und den Zivilschutz Strahlenmessgeräte produzierte.[106] Diese Apparate waren mit Luftfiltern ausgerüstet, deren Gesamtaktivität mit einem Zählrohr ausgemessen wurde. 48 Stunden nach dem Ansaugen der Luft wurden die Filter erneut ausgemessen. Da die natürliche kurzlebige Aktivität bis dahin abgeklungen war, konnte dank dieser Verzögerungsschleife die Aktivität der vorhandenen langlebigen künstlichen radioaktiven Stoffe bestimmt werden. Aus den so gewonnenen

---

105   Abele 2002, S. 135.
106   Vgl. CH-BAR#E8190B-01#1986/181#130, Protokoll der 2. Sitzung der KUeR, 17.1.1957.

Einzelmesswerten ließen sich die monatlichen Mittelwerte berechnen und mit den von der Internationalen Strahlenschutzkommission empfohlenen zulässigen Höchstdosen vergleichen.[107] Die Einhaltung von Grenzwerten konnte mit den Landis & Gyr-Luftüberwachungsanlagen somit erst im Nachhinein festgestellt werden. Diese Geräte waren folglich für die kontinuierlich stattfindende Routineüberwachung geeignet, nicht aber dazu, eine rasch auftretende, gefährliche Erhöhung der Luftaktivität frühzeitig anzuzeigen. Deshalb nahm die KUeR ab Anfang der 1960er Jahre zusätzlich sogenannte Luft-Warnanlagen in Betrieb. Diese Frühwarnanlagen, die an fünf Orten in Grenzregionen installiert waren, dienten zur Warnung vor „der aus dem Ausland eindringenden Aktivität".[108] Die konkreten Standorte wurden „auf Grund der Lage von Reaktoren in unseren Nachbarstaaten und in Berücksichtigung der Hauptwindrichtungen ausgewählt".[109] Hier zeigt sich somit wiederum der zentrale Stellenwert des meteorologischen Wissens, aber auch die zunehmende Ausrichtung der Strahlenüberwachung auf den nuklearen Alltag. Bei den Luft-Warnanlagen handelte es sich um Feinmessgeräte, deren Filterrückstände mit einem spezifischen Zählrohr direkt nach dem Ansaugen der Luft auf ihre Aktivität ausgemessen wurden. Zudem waren diese Frühwarnanlagen zusätzlich mit einer Alarmlampe und einem Summer versehen. Der Alarm sollte dem anwesenden Personal anzeigen, wenn die auf dem Filter während eines Tages gesammelte Aktivität der Luft einen festgelegten Wert erreicht hätte und eine erhöhte Überwachungstätigkeit einsetzen müsste.[110] Im Gegensatz zu den Luftüberwachungsanlagen mussten die Frühwarngeräte also in der Lage sein, die Radioaktivitätswerte der Luft im Bereich eines bestimmten Alarmwerts zu registrieren und anzuzeigen. Dazu mussten die Luft-Warnanlagen anders konstruiert und mit Strahlungsdetektoren ausgerüstet werden, die empfindlicher waren als diejenigen der herkömmlichen Luftmessgeräte.

Dass die Festsetzung von Grenzwerten die Entwicklung von Messgeräten beeinflusste, ließe sich noch an weiteren Beispielen belegen.[111] Hier geht es mir indessen noch um einen anderen Punkt: Die KUeR arbeitete selbst

---

107   Vgl. 2. Bericht der KUeR 1957/1958, S. 131; 4. Bericht der KUeR 1959/1960, S. 1. Vgl. auch
      Abele 2002, S. 143.
108   CH-BAR#E8190B-01#1986/181#130*, Protokoll der 21. Sitzung der KUeR, 23.2.1961.
109   Ebd., Protokoll der 16. Sitzung der KUeR, 3.12.1959.
110   Vgl. 5. Bericht der KUeR 1961, S. 2 f.
111   So beispielsweise an der sogenannten kriegsmäßigen Toleranzdosis der über das ganze
      Gebiet der Schweiz verteilten Warngeräte der Armee, die wesentlich höher war als die
      Grenzwerte für den Normalfall. Vgl. CH-BAR#E8190B-01#1986/181#130*, Protokoll der 11.
      Sitzung der KUeR, 28.8.1958.

an der Entwicklung derjenigen Apparate mit, mit denen sie die Messung der Umweltradioaktivität schließlich durchführte. Dies bedeutete, dass sie wesentlich mitbestimmte, wie diese Geräte funktionierten und was sie genau messen konnten. Die KUeR war also nicht nur als ausführende Instanz an den Radioaktivitätsmessungen beteiligt, sondern vielmehr aktiv in den Messprozess involviert. Mitte der 1950er Jahre, als die KUeR ihre Tätigkeit aufnahm, stellten zwar bereits verschiedene Schweizer Firmen Strahlenmessgeräte her. Allerdings befanden sich viele dieser Geräte noch in der Entwicklungsphase, und für bestimmte Messungen existierten gar keine industriell gefertigten Apparate. Die Mitglieder der KUeR waren deshalb gezwungen, als nötig erachtete, aber nicht im Handel erhältliche Messinstrumente an ihren eigenen Universitätsinstituten selbst zu konstruieren. Dies traf beispielsweise auf die eben erwähnte Frühwarnanlage für Luftmessungen zu. Den Prototypen dieser Luft-Warnanlage bauten Wissenschaftler am seit 1957 bestehenden Labor der KUeR am Physikinstitut der Universität Fribourg. Nach dessen Fertigstellung holte der Leiter des Labors Professor Otto Huber, Bruder von Paul Huber und seit 1957 ebenfalls Mitglied der KUeR,[112] bei Landis & Gyr ein Angebot zum Bau solcher Frühwarngeräte ein.[113] Das Messen der Umweltradioaktivität stellte also auch deshalb kein rein mechanisches, automatisiertes Verfahren dar, weil die messenden Personen die verwendeten Messinstrumente teilweise selbst konzipierten und so direkt auf den Messprozess Einfluss nahmen.

Nach der Ausrüstung der Messstationen mit Messgeräten bildeten die Probeentnahme und die Probeauswertung die nächsten Schritte im Messprozess. Hier stellte sich das vordringliche Problem, die Vergleichbarkeit der Messwerte sicherzustellen, denn erst dies ermöglichte eine effektive Einschätzung des durch den radioaktiven Fallout verursachten Gefährdungspotenzials.[114] Dies bedeutete in erster Linie, den Prozess für die Radioaktivitätsmessungen durch einheitliche Messinstrumente und Messverfahren zu standardisieren.[115] Im Gegensatz beispielsweise zur Bundesrepublik Deutschland, wo auf Bundes- und Länderebene verschiedene Stellen für Radioaktivitätsmessungen zuständig waren und als Folge davon unterschiedliche Messgeräte und -methoden zum Einsatz kamen, war in der Schweiz für die Routinemessungen der Umweltradioaktivität zu Beginn allein die KUeR zuständig.[116] Dies vereinfachte eine Vereinheitlichung der Messpraxis, obwohl

---

112   Vgl. ebd., Protokoll der 6. Sitzung der KUeR, 11.7.1957.
113   Vgl. ebd., Protokoll der 19. Sitzung der KUeR, 15.7.1960.
114   Vgl. Abele 2002, S. 145–150.
115   Vgl. ebd., S. 150.
116   Vgl. ebd., S. 139–151.

teilweise ebenfalls unterschiedliche Messapparate und -prinzipien zur Anwendung kamen. So erläuterte die KUeR in ihrem Tätigkeitsbericht 1958, die
von der Reaktor AG in Würenlingen gemessenen Aktivitätswerte der Luft
seien „systematisch kleiner als die in Payerne und Locarno bestimmten", was
damit zusammenhänge, dass „die Messungen nach einer anderen als der
von uns benutzten Methode erfolgen".[117] In Zukunft werde jedoch auch in
Würenlingen mit derselben Messmethode wie an den übrigen Standorten gemessen. An gewissen Messstationen wurden zu Forschungszwecken allerdings
bewusst Radioaktivitätsmessgeräte installiert, die nach einem abweichenden
Prinzip funktionierten. So verfügte das Labor der KUeR in Fribourg über eine
spezielle Luftansaugeapparatur. Damit wurden Anfang 1962 „wesentlich tiefere
Werte" gemessen als mit den Landis & Gyr-Apparaten.[118] Die Frage der Einheit-
lichkeit der Messgeräte und die damit verbundenen Vor- und Nachteile gaben
in den KUeR-Sitzungen immer wieder Anlass zu Diskussionen.[119]

Der Einsatz von einheitlich funktionierenden Messapparaten und ebenso
einheitlich festgelegten Messmethoden genügte allerdings nicht, um eine
Vergleichbarkeit der Messdaten zu gewährleisten. Vielmehr mussten die
Messinstrumente im Voraus präpariert werden. Um die Gesamtaktivität
der Luft zu bestimmen, wurden die Messwerte mit der Strahlung des natürlichen Radioisotops Kalium-40 verglichen und die Messinstrumente dazu mit
diesem Radioisotop geeicht.[120] Doch selbst wenn mit zwei identisch geeichten
Geräten gemessen wurde – das Messverfahren also vergleichbar war –, war es
möglich, dass bei den Messresultaten Abweichungen auftraten. Befanden sich
Messstationen an unterschiedlichen Standorten, konnten unter anderem verschiedenartige meteorologische Bedingungen zu Differenzen bei den Messwerten führen.[121] Abweichende Messergebnisse kamen aber auch vor, wenn
die Messgeräte am selben Ort installiert waren. So fanden bei der Reaktor AG
in Würenlingen im März 1959 mit zwei nebeneinander aufgestellten Landis &
Gyr-Apparaturen gleichzeitig Messungen statt, bei denen sich herausstellte,
dass die Tagesmittel- um 50 und die Monatsmittelwerte um zehn Prozent voneinander abwichen. Der Grund für diese Abweichung ließ sich darauf zurückführen, dass Radioaktivität in der Luft nicht homogen verteilt, sondern an
einzelne Teilchen angelagert ist.[122] Mitunter gab es also von der ‚Natur' verursachte Messabweichungen.

---

117   2. Bericht der KUeR 1957/1958, S. 134.
118   5. Bericht der KUeR 1961, S. 5.
119   Vgl. bspw. Archiv BAG, 18.2.1a, Eidg. Kommission zur Überwachung der Radioaktivität
      Sitzungsprotokolle, Protokoll der 33. Sitzung der KUeR, 20.6.1963.
120   Vgl. 1. Bericht der KUeR 1956/1957, S. 98; 2. Bericht der KUeR 1957/1958. S. 131.
121   Vgl. CH-BAR#E8190B-01#1986/181#130*, Protokoll der 14. Sitzung der KUeR, 11.6.1959.
122   Vgl. ebd., Protokoll der 13. Sitzung der KUeR, 12.3.1959.

Schließlich musste auch die Vergleichbarkeit zwischen den einzelnen Messwerten sichergestellt werden. Dazu war die Standardisierung der Referenz-
größe notwendig, nach der die erhobenen Messproben ausgewertet wurden.
1959 normierte die KUeR diejenige Größe, auf welcher die Angaben der Luftaktivität basierten. Während sich die bis dahin publizierten Messresultate auf
die Luft unter den Ansaugbedingungen bezogen hatten, wurden die Messwerte
von diesem Zeitpunkt an in Bezug auf eine feste Menge Luft unter „Normal-
bedingungen" angegeben. Diese Änderung erlaube – so die KUeR – „Vergleiche der Luftaktivitäten in allen Höhenlagen", was erwünscht sei, da neben
Messungen im Mittelland auch solche auf dem Jungfraujoch und mit Flugzeugen durchgeführt würden.[123] Dazu mussten die an den einzelnen Messstellen gemessenen Werte rechnerisch angepasst werden, wobei die Korrektur
zwischen fünf bis 55 Prozent betrug. Auch hier galt es also, ‚natürlich' zustande gekommene Messabweichungen zu korrigieren. Insgesamt wurde bei
der Erhebung und Auswertung der Messproben die Reproduzierbarkeit und
Objektivierbarkeit der eruierten Daten angestrebt. Die skizzierten Beispiele
zeigen jedoch, wie technische und ‚natürliche' Bedingungen diesen Idealen
Schranken setzten. Um die Vergleichbarkeit der gewonnenen Messresultate zu
gewährleisten, musste die KUeR spezifische Praktiken zur Normierung bzw.
Standardisierung ihrer Messgeräte und -methoden entwickeln.

Waren die Messproben einmal nach einem einheitlich festgesetzten Verfahren erhoben und ausgewertet, bestand der nächste Schritt des Messprozesses darin, die Messdaten zu interpretieren. Auch hier stellte sich die
Frage, mit welchen Referenzgrößen die gewonnenen Messwerte verglichen
werden sollten. Als die KUeR mit ihren Messungen begann, gab es in der
Schweiz noch keine rechtlich bindenden Strahlenschutzvorschriften, sondern
lediglich freiwillige Richtlinien, die sich zudem nur mit dem Strahlenschutz
für beruflich strahlenexponierte Personen, nicht aber mit demjenigen der
Gesamtbevölkerung befassten.[124] Da somit in der Schweiz noch keine gesetzlichen Grundlagen für die Regulierung von Strahlen auf der Ebene der Bevölkerung vorhanden waren, stützte sich die KUeR für die Interpretation
ihrer Messresultate auf die Empfehlungen der Internationalen Strahlenschutzkommission.[125] In diesen Empfehlungen wurden unter anderem als
maximal zulässig erachtete Radioaktivitätskonzentrationen für (unbekannte)
Mischungen von Spaltprodukten in der Luft und im Wasser festgelegt.[126] Diese
Toleranzdosen waren jedoch begrenzt aussagekräftig. Zum einen bezogen

---

123   3. Bericht der KUeR 1958/1959, S. 7.
124   Vgl. dazu Kapitel 4.1. Vgl. auch Dommann 2003, S. 374 f.
125   Vgl. bspw. 1. Bericht der KUeR 1956/1957, S. 101.
126   Vgl. 1. Bericht der KUeR 1956/1957, S. 101.

sich diese Grenzwerte lediglich auf eine Messung der Gesamtradioaktivität. Die Feststellung der totalen Radioaktivität gab indessen keinen Aufschluss über die Gefährlichkeit einzelner Radioisotope, die sehr unterschiedlich sein konnte. Die KUeR setzte deshalb Arbeiten in Gange, um die Dosen speziell gefährlicher Radioisotope separat zu bestimmen.[127] Zum anderen herrschte unter Fachleuten Uneinigkeit darüber, welche Dosiswerte tatsächlich als ungefährlich gelten konnten.[128] Als die KUeR im Juni 1957 den Inhalt ihres ersten Tätigkeitsberichtes diskutierte, betonte sie auch, „dass es ausserordentlich schwierig ist das komplizierte Problem der umstrittenen Toleranzdosen im Bericht darzustellen."[129] Ein besonderes Problem bildete die Beurteilung von genetischen Strahlenschäden.[130] Während die KUeR davon ausging, für somatische Strahlenwirkungen seien von der Internationalen Strahlenschutzkommission „zulässige Dosiswerte für Strahlenmengen festgelegt worden, die der Mensch ohne irgendwelche Schäden verträgt", beurteilte sie das für genetische Strahlenwirkungen vorhandene „Erfahrungsmaterial" als „reichlich unvollständig" und hielt fest, diesbezüglich werde „heute die Meinung vertreten, dass jede zusätzliche Bestrahlung ganzer Bevölkerungsschichten vermieden werden sollte."[131]

Die Interpretation der Messresultate stieß indessen nicht nur aufgrund unsicherer Grenzwerte auf Probleme, sondern auch deshalb, weil der Vergleich mit den Messdaten aus anderen Ländern aufgrund der unterschiedlichen Ausgestaltung der nationalen Messsysteme schwierig war. Im westlichen Europa versuchte insbesondere die Organisation für europäische wirtschaftliche Zusammenarbeit, die Vorläuferorganisation der OECD, unter ihren Mitgliedsstaaten ein gemeinsames Überwachungs- und Alarmsystem für Radioaktivität zu etablieren.[132] Dazu wurde ab 1959 der Austausch von Messdaten vereinbart. Die KUeR beteiligte sich an diesem Messdatenaustausch, wobei die Aerologische Station in Payerne als schweizerische Übermittlungsstelle für ein- und ausgehende (Gefahren-)Meldungen fungierte.[133] Die Vergleichbarkeit der Messdaten war aber trotz dieses Datenaustausches nicht gewährleistet.[134]

---

127   Vgl. 2. Bericht der KUeR 1957/1958, S. 129 und S. 132 f.

128   Vgl. Abele 2002, S. 134–139.

129   CH-BAR#E8190B-01#1986/181#130*, Protokoll der 5. Sitzung der KUeR, 7.6.1957.

130   Vgl. ebd.; 1. Bericht der KUeR 1956/1957, S. 101.

131   1. Bericht der KUeR 1956/1957, S. 101.

132   Vgl. OECE 1959; OECD 1962.

133   Vgl. CH-BAR#E8190B-01#1986/181#130*, Protokoll der 15. Sitzung der KUeR, 15.9.1959, Protokoll der 16. Sitzung der KUeR, 3.12.1959, Protokoll der 23. Sitzung der KUeR, 24.5.1961, und Protokoll der 26. Sitzung der KUeR, 13.11.1961.

134   Dies erkannte auch die Organisation für europäische wirtschaftliche Zusammenarbeit als Problem. Vgl. OECE 1959, S. 6.

So wurden etwa die Messresultate in internationalen Publikationen in verschiedenen Einheiten angegeben.[135] Auch die Bedingungen für die gemeinsame Festlegung von Toleranzgrenzen gaben Anlass zu Diskussionen.[136] Da sich eine rasche Umstellung der verschiedenen nationalen Messnetze kaum bewerkstelligen ließ, blieben die Vereinheitlichung der westeuropäischen Messsysteme und – damit verbunden – die Vergleichbarkeit der von diesen produzierten Messwerte jahrelang Desiderate, mit denen sich zeitweilig verschiedene internationale Organisationen befassten.[137]

Informationspolitik

War der Messprozess abgeschlossen, stellte sich die Frage der Kommunikation der Messresultate. Auf bilateraler und europäischer bzw. internationaler Ebene kommunizierte die KUeR vor allem mit anderen Spezialisten. Sie teilte Wissen, Daten und Berichte mit Arbeitsgruppen und Kommissionen aus zahlreichen Ländern, darunter Gremien aus der Bundesrepublik Deutschland, Frankreich, den Niederlanden, Schweden, Dänemark und Japan.[138] Zudem beteiligte sie sich an Daten- und Informationsnetzen mehrerer (west-)europäischer und internationaler Organisationen. Zu diesen zählten neben der bereits erwähnten Organisation für europäische wirtschaftliche Zusammenarbeit auch die in Paris ansässige Internationale Zivilschutzorganisation, deren Lenkungsausschuss in Genf ein *International Centre of Radioactive Alert* errichtete, sowie die Internationale Atomenergie-Organisation in Wien, die versuchte, die personellen und technischen Hilfsmittel im Hinblick auf eine internationale Notfallorganisation für Nuklearkatastrophen zu koordinieren.[139] Ein Austausch bestand auch mit der Europäischen Atomgemeinschaft in Brüssel und der Ernährungs- und Landwirtschaftsorganisation der Vereinten Nationen in Rom.[140] Die Kommunikation mit diesen Expertengremien stellte keine besondere Herausforderung dar, da sie nicht politisch aufgeladen war. Als

---

135   Vgl. CH-BAR#E8190B-01#1986/181#130*, Protokoll der 21. Sitzung der KUeR, 23.2.1961, und Protokoll der 24. Sitzung der KUeR, 25.5.1961.

136   Vgl. ebd., Protokoll der 5. Sitzung der KUeR, 7.6.1957, und Protokoll der 22. Sitzung der KUeR, 30.3.1961.

137   Vgl. Abele 2002, S. 146.

138   Vgl. CH-BAR#E8190B-01#1986/181#130*, Protokoll der 8. Sitzung der KUER, 19.12.1957, Protokoll der 9. Sitzung der KUeR, 1.4.1958, Protokoll der 12. Sitzung der KUeR, 4.12.1958, und Protokoll der 13. Sitzung der KUeR, 12.3.1959.

139   Vgl. ebd., Protokoll der 14. Sitzung der KUeR, 11.6.1959, Protokoll der 15. Sitzung der KUeR, 15.9.1959, Protokoll der 16. Sitzung der KUeR, 3.12.1959, Protokoll der 17. Sitzung der KUeR, 25.2.1960, und Protokoll der 27. Sitzung der KUeR, 21.12.1961.

140   Vgl. ebd., Protokoll der 16. Sitzung der KUeR, 3.12.1959, Protokoll der 18. Sitzung der KUeR, 19.5.1960, Protokoll der 19. Sitzung der KUeR, 15.7.1960, Protokoll der 20. Sitzung der KUeR,

politisch anspruchsvoller erwies sich hingegen die öffentliche Kommunikation. Hier war die KUeR bestrebt, die Messresultate kommunikativ so aufzubereiten, dass möglichst kein Interpretationsspielraum bestand und die Schweizer Presse und die Bevölkerung die Deutungshoheit der Kommission nicht infrage stellen konnten. Auch die Kommunikation der Messresultate in der Öffentlichkeit erforderte somit Stabilisierungs- und Übersetzungsleistungen.

Die Frage der richtigen Informationspolitik beschäftigte die KUeR seit ihrer Gründung. Ab Mitte der 1950er Jahre erschienen nämlich in der Presse immer wieder Meldungen über erhöhte Radioaktivitätswerte in der Luft, und innerhalb der Kommission wurde die Frage diskutiert, ob und wie auf derartige Presseberichte zu reagieren sei.[141] Zu Beginn ihrer Tätigkeit verfolgte die KUeR eine zurückhaltende Informationspolitik und konzentrierte sich in erster Linie auf die jährliche Veröffentlichung ihres Tätigkeitsberichts, wobei dieser jeweils als Beilage zum Bulletin des EGA erschien.[142]

Anfang der 1960er Jahre änderte sich die Informationspolitik der KUeR maßgeblich. Die Wiederaufnahme der Atomwaffentests im Herbst 1961 löste erneut eine virulente öffentliche Diskussion über die gesundheitsschädigenden Folgen radioaktiven Fallouts aus, nachdem der 1958 ausgehandelte vorläufige Teststopp vorübergehend zu einer Verminderung der gemessenen Radioaktivitätswerte und – damit verbunden – zu einer Abflachung der Fallout-Problematik in der Öffentlichkeit geführt hatte.[143] Im November 1961 waren sich die Mitglieder der KUeR deshalb darüber einig, „dass die jetzige Lage und die teilweise durch sensationslüsterne unseriöse Pressemeldungen beunruhigte Bevölkerung häufigere Publikation von Messresultaten und Lageberichten erheischt."[144] Die KUeR entschied sich dazu, eine Pressemitteilung herauszugeben, in der geklärt werden sollte, „was die [...] mitgeteilten Zahlen eigentlich bedeuten" und „ob die gemeldete Aktivität bereits gefährlich sei".[145] Im März 1962 schlug das EGA der KUeR vor, monatlich die Messwerte für die Luft zu publizieren, „um die hohe Anzahl von Anfragen aus der Oeffentlichkeit zu vermindern."[146] Dieser Anregung war eine Besprechung zwischen Vertretern

---

5.11.1960, Protokoll der 25. Sitzung der KUeR, 24.8.1961, und Protokoll der 26. Sitzung der KUeR, 13.11.1961.

141   Vgl. ebd., Protokoll der 1. Sitzung der KUeR, 7.12.1956, und Protokoll der 4. Sitzung der KUeR, 11.4.1957.

142   Vgl. Berichte der KUeR ab 1956/1957.

143   Vgl. CH-BAR#E8190B-01#1986/181#130*, Protokoll der 16. Sitzung der KUeR, 3.12.1959.

144   Ebd., Protokoll der 26. Sitzung der KUeR, 13.11.1961.

145   Archiv BAG, Pressemitteilung, Pressemitteilung der KUeR und des EGA, ohne Datum.

146   CH-BAR#E8190B-01#1986/181#130*, Protokoll der 28. Sitzung der KUeR, 22.3.1962.

des EGA und Mitarbeitern der Schweizerischen Vereinigung für Atomenergie
vorausgegangen, anlässlich welcher auf Wunsch der Vereinigung über „Public-
relations im Gebiet des Strahlenschutzes" gesprochen wurde. „Was noch
vermehrt erfolgen sollte", so das einhellige Ergebnis dieser Besprechung,
„ist die laufende Orientierung der Bevölkerung über die Messergebnisse der
Ueberwachungskommission [...]."[147] Der Vorschlag des EGA, die Informationstätigkeit der KUeR auszubauen, war also maßgeblich auf eine Intervention der
Lobbyorganisation der Atomenergiebranche zurückzuführen.

Die KUeR war grundsätzlich bereit, monatliche Bulletins herauszugeben;
es entwickelte sich jedoch eine Diskussion über die Frage, „ob diese Zahlenwerte den Laien überhaupt etwas nützen können." Sie beschloss schließlich,
jeden Monat eine kurze Mitteilung herauszugeben, „die aber keine Zahlen
zu enthalten braucht."[148] Die Mitglieder der KUeR befürchteten also, die Bevölkerung würde die gemessenen Strahlenwerte nicht – oder zumindest nicht
wie intendiert – verstehen. Hier wird deutlich, dass das Potenzial quanti-
fizierender Darstellungen, Vertrauen zu generieren, an Grenzen stoßen
konnte. Auch Zahlen lassen einen Interpretationsspielraum offen und können
mitunter ‚gegen den Strich' gelesen werden. Dies wollte die KUeR offensichtlich verhindern.

Die KUeR intensivierte ihre Informationspolitik genau zu jenem Zeitpunkt, als sich die Debatte um den radioaktiven Ausfall global gesehen auf
dem Höhepunkt befand.[149] Ihre Informationstätigkeit war somit an die Konjunkturen der Atomwaffenversuche gebunden. Innenpolitisch koinzidierte
die Fallout-Debatte zeitlich mit der Kontroverse um die atomare Bewaffnung
der Schweizer Armee, die gegen Ende der 1950er Jahre ins Zentrum der
politischen Auseinandersetzung rückte und Anfang der 1960er Jahre in zwei
Volksabstimmungen gipfelte. In den Abstimmungskampagnen zu den beiden
Atominitiativen 1962 und 1963 stellten die Folgen eines Atomkrieges respektive
die Schutzmöglichkeiten vor Atombomben wichtige Diskussionspunkte dar.[150]
Zudem wurden die von Atomwaffen und die von Atomreaktoren ausgehenden
Gefahren bisweilen gleichgesetzt, obwohl die Aktivistinnen und Aktivisten der

---

147   Archiv BAG, 18.2.7, Schweizerische Vereinigung für Atomenergie, Aktennotiz betr. Public-
       relations im Gebiet des Strahlenschutzes, 6.2.1962.
148   CH-BAR#E8190B-01#1986/181#130*, Protokoll der 28. Sitzung der KUeR, 22.3.1962.
149   Eine ähnliche Entwicklung der Informationspolitik hinsichtlich der Radioaktivitätsüber-
       wachung lässt sich auch in anderen Ländern, so etwa in der Bundesrepublik Deutschland,
       beobachten, wo die Bundesregierung im November 1961 einen Informationsdienst über
       den Radioaktivitätsgehalt der Luft errichtete. Vgl. Abele 2002, S. 156.
150   Vgl. dazu Kapitel 2.2.

schweizerischen Anti-Atom-Bewegung die zivile Nutzung der Atomenergie mehrheitlich unterstützten.[151]

Diese Gleichsetzung war dem Bundesrat und den Bundesbehörden, die ab Mitte der 1950er Jahre verstärkt für die zivile Nutzung der Atomenergie warben, ein Dorn im Auge. Sie versuchten deshalb, die im Zuge der *Atoms-for-Peace*-Propagandakampagne etablierte diskursive Trennung zwischen der militärischen und der friedlichen Nutzung der Atomenergie zu stabilisieren. Der Delegierte des Bundesrates für Fragen der Atomenergie stellte eine wichtige Figur in der staatlichen Propagierung der Atomenergie dar. In seinem Mitteilungsblatt schrieb er Ende der 1950er Jahre immer wieder gegen eine Vermischung der militärischen mit der zivilen Nutzung der Atomenergie an, mit dem Ziel, aufkeimenden Atomängsten in der Bevölkerung entgegenzuwirken.[152] Die wahrgenommene Strahlenangst war auch Thema innerhalb der KUeR. So wurde an einer Sitzung im Juni 1957 moniert, gewisse Pressemeldungen würden „ein völlig falsches Bild von den möglichen Gefahren der friedlichen Anwendung der Atomenergie geben und zu falschen Vorstellungen in der Oeffentlichkeit führen".[153] Die gouvernementale Strategie, Kritik an der Atomenergie als übersteigerte Befürchtungen und Ängste abzutun, kam in den 1950er Jahren häufig zur Anwendung: Mit dem Begriff der „Atompsychose" wurde etwa in der Bundesrepublik Deutschland Bürgerinnen und Bürgern, welche dem Ausbau der Atomenergie kritisch gegenüber standen, mangelnde Sachkenntnis und Irrationalität unterstellt. Diese „Psychologisierung" – und es ließe sich ergänzen: Politisierung – „der Strahlenproblematik" bildete den Anlass dafür, dass die KUeR ihre Informationspolitik zu Beginn der 1960er Jahre verstärkte.[154]

Den Mitteilungen der KUeR kam indessen noch eine weitere wesentliche Funktion zu. Diese sollten – so die KUeR – „zeigen, dass diese Sache [die Umweltradioaktivität] dauernd überwacht wird."[155] Diese Aussage ist deshalb bemerkenswert, weil sie auf ein charakteristisches Merkmal der Strahlenüberwachung hinweist: Die routinemäßig durchgeführten Radioaktivitätsmessungen sind auch als symbolisches Handeln zu verstehen, das darauf abzielte, Normalität herzustellen. Die Informationspolitik der KUeR arbeitete diesem Ziel zu, indem die periodische Publikation der sich im Normbereich

---

151   Vgl. Kupper 2003a, S. 111 f.; Heiniger 1980, S. 172.

152   Vgl. dazu Kapitel 2.2.

153   CH-BAR#E8190B-01#1986/181#130*, Protokoll der 5. Sitzung der KUeR, 7.6.1957.

154   Vgl. Abele 2002, S. 130–134, Zitat S. 133.

155   Archiv BAG, 18.2.1k, Eidg. Kommission zur Überwachung der Radioaktivität monatliche Pressemitteilungen, Schreiben von P. Huber an den Zentralverband Schweizerischer Milchproduzenten, 30.11.1962.

befindenden Messresultate fortwährend bestätigte, dass alles ‚normal' lief. Insofern stellte die publizistische Tätigkeit der KUeR eine vertrauensbildende Maßnahme dar, welche für die Herstellung von Strahlensicherheit essenziell war und im Hinblick auf den expandierenden nuklearen Alltag auch eine legitimierende Funktion aufwies.

Ausweitung des Überwachungsdispositivs

Ende des Jahres 1959 bestand das schweizerische Radioaktivitätsmessnetz aus vier Luftüberwachungsapparaten und dreizehn Regensammlern (Abb. 10) sowie 36 Messstationen für Oberflächengewässer, sechs Messstellen für Grundwasser in der Umgebung der Reaktor AG und zwölf Messstellen für Zisternen im Jura (Abb. 11).[156] Später kamen noch ein weiterer Luftüberwachungsapparat sowie die fünf Frühwarnanlagen für Luft hinzu. Die KUeR hielt nicht ohne Stolz fest, dass ihr Überwachungsnetz damit „zu den dichtesten in Europa" zähle.[157]

Nur wenige Monate später, im Mai 1960, fasste die KUeR den Beschluss, die Probenahmestellen für Gewässerproben auf etwa zwei Drittel des Bestandes zu reduzieren,[158] und Anfang 1961 wurden fünf Niederschlagsmessstationen stillgelegt.[159] Grund für diese Reduktion des Messnetzes war eine temporäre Abnahme der gemessenen Radioaktivitätswerte, die auf den 1958 zwischen den USA und der UdSSR vereinbarten vorläufigen Teststopp zurückzuführen war. Im Zuge der (zweiten) Berlinkrise 1961 nahm die UdSSR ihre Atombombentests jedoch wieder auf, worauf die USA und Großbritannien in kürzester Zeit nachfolgten und bald darauf auch Frankreich die erste Atombombe zündete. 1961 und 1962 nahmen sowohl die Anzahl als auch die Größe der explodierenden Versuchsbomben nochmals massiv zu, und es wurde mehr radioaktiver Ausfall produziert als jemals zuvor.[160] Der schweizerische Bundesrat erließ deshalb im Herbst 1961 eine Weisung, in der er festlegte, dass „die Messungen der Kommission intensiviert werden [sollen]".[161] Die KUeR nahm daraufhin unter anderem zwei der stillgelegten Regensammler wieder in Betrieb.[162] Im Juli 1963 einigten sich die USA, die UdSSR und Großbritannien mit einem Abkommen darauf, die oberirdischen Atomwaffentests zugunsten

---

156   Vgl. 3. Bericht der KUeR 1958/1959, S. 1–3.

157   4. Bericht der KUeR 1959/1960, S. 1.

158   Vgl. CH-BAR#E8190B-01#1986/181#130*, Protokoll der 18. Sitzung der KUeR, 19.5.1960, und Protokoll der 19. Sitzung der KUeR, 15.7.1960.

159   Vgl. ebd., Protokoll der 20. Sitzung der KUeR, 5.11.1960, und Protokoll der 21. Sitzung der KUeR, 23.2.1961; 4. Bericht der KUeR 1959/1960, S. 1 f.

160   Vgl. Caufield 1994 [1989], S. 176–183.

161   CH-BAR#E8190B-01#1986/181#130*, Protokoll der 26. Sitzung der KUeR, 13.11.1961.

162   Vgl. ebd., Protokoll der 26. Sitzung der KUeR, 13.11.1961; 5. Bericht der KUeR 1961, S. 3.

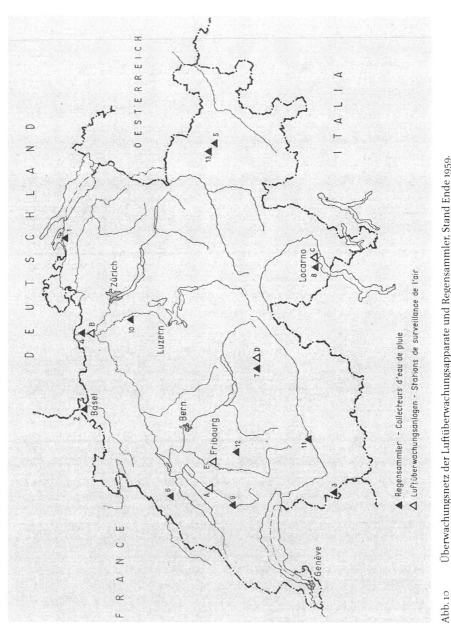

Abb. 10   Überwachungsnetz der Luftüberwachungsapparate und Regensammler, Stand Ende 1959.

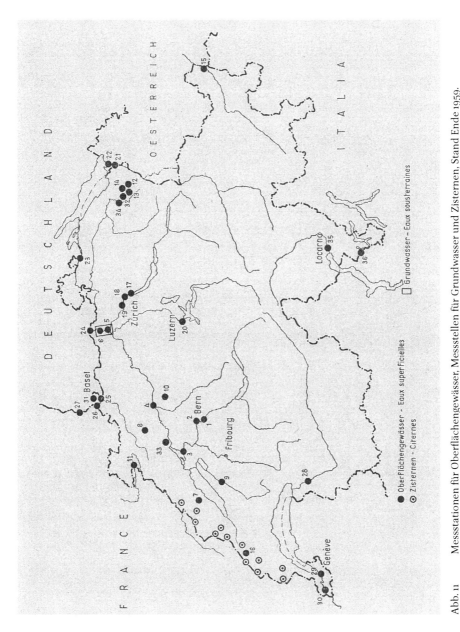

Abb. 11   Messstationen für Oberflächengewässer, Messstellen für Grundwasser und Zisternen, Stand Ende 1959.

von unterirdischen einzustellen. Mit der Aufgabe der oberirdischen Atomwaffenversuche nahmen die gemessenen Aktivitätswerte der Luft und des
Regens in der Folge kontinuierlich ab. Bereits Ende 1963 wurde das Messnetz
deshalb erneut reduziert und zwei Niederschlags- sowie mehrere Gewässer-
messstationen aufgehoben.[163] Im Oktober 1964 schlug der Präsident der KUeR
Paul Huber eine weitere Verringerung des Messprogramms vor, da es „keinen
grossen Sinn habe[,] alle Routinemessungen weiterzuführen".[164] Die Anzahl
der Regensammler sowie der Probenahmestellen für Oberflächengewässer
und Zisternen wurde daraufhin abermals verkleinert.[165]

Die von der KUeR durchgeführten Messungen der Umweltradioaktivität
erfolgten also analog zur Intensität der überirdischen Atomwaffentests. Die
Stilllegung von Messstationen hatte allerdings nicht zur Folge, dass sich der
Arbeits- und Ressourcenaufwand der KUeR verringerte. Insgesamt weitete
sich das Überwachungsdispositiv der KUeR seit ihrer Gründung Mitte der
1950er Jahre vielmehr stetig aus. Der Hauptgrund dafür lag darin, dass diese
in Zeiten des Abbaus von Routinemessungen „andere grundlegende Arbeiten"
intensivierte und beispielsweise Untersuchungen unternahm, um Messverfahren zu verbessern oder offene Forschungsfragen zu klären.[166] Dadurch
rückten zum einen immer mehr Bereiche und Objekte in den Fokus der
Strahlenüberwachung, zum anderen wurden immer mehr Personen und
Institutionen in die Überwachungstätigkeit eingebunden.

Ein besonderes Augenmerk der durchgeführten „grundlegenden Arbeiten"
lag auf der Bestimmung speziell gefährlicher Radioisotope wie Strontium-90,
Cäsium-137 und Iodid-131, die sich im Körper, beispielsweise in Knochen
oder in der Schilddrüse, einlagern können, weshalb auch von inkorporierten
Radioisotopen die Rede ist.[167] Mehrere Forschungsprojekte befassten sich
mit den Komponenten von Kontaminationsketten, über welche diese radioaktiven Stoffe aus der Umwelt in Pflanzen und Tiere und von dort in Form
von Nahrungsmitteln in den menschlichen Organismus gelangten. Um nur
einige Beispiele zu nennen: Die beiden Mitglieder der KUeR Otto Jaag und

---

163   Vgl. Archiv BAG, 18.2.1a, Eidg. Kommission zur Überwachung der Radioaktivität Sitzungs-
       protokolle, Protokoll der 34. Sitzung der KUeR, 3.10.1963, und Protokoll der 35. Sitzung der
       KUeR, 23.1.1964; 7. Bericht der KUeR 1963, S. 2 f.
164   Archiv BAG, 18.2.1a, Eidg. Kommission zur Überwachung der Radioaktivität Sitzungs-
       protokolle, Protokoll der 37. Sitzung der KUeR, 15.10.1964. Vgl. auch ebd., Protokoll der 38.
       Sitzung der KUeR, 28.1.1965; 8. Bericht der KUeR 1964, S. 2 f.
165   Vgl. ebd.
166   Archiv BAG, 18.2.1a, Eidg. Kommission zur Überwachung der Radioaktivität Sitzungs-
       protokolle, Protokoll der 37. Sitzung der KUeR, 15.10.1964.
167   Vgl. 5. Bericht der KUeR 1961, S. 12–16; 6. Bericht der KUeR 1962, S. 2 f.

Robert Extermann – zweiterer war Professor für Experimentalphysik an der Universität Genf – arbeiteten ab dem Ende der 1950er Jahre an methodisch sehr anspruchsvollen Messungen zur Strahlenbelastung des Bodens.[168] Im von Pierre Wenger geleiteten *Service cantonal de contrôle des irradiations* in Genf und im Laboratorium von Professor Gustave Joyet in der Universitätsklinik für Radiotherapie und Nuklearmedizin des Kantonsspitals Zürich wurden in den 1960er Jahren Ganzkörpermessungen mit sogenannten *Whole Body Counters* unternommen, um bei unterschiedlichen Personengruppen die inkorporierte Strahlenbelastung, so insbesondere die Cäsium-137-Aktivität, zu bestimmen.[169] Pierre Lerch vom *Institut de radiophysique appliquée* der Universität Lausanne führte für die KUeR eine Studie über die Einlagerung von Strontium-90 im menschlichen Körper durch. Dazu untersuchten er und seine Arbeitsgruppe systematisch Knochen und Zähne von verstorbenen Kindern und Erwachsenen.[170] Die Schweizerische Akademie der Medizinischen Wissenschaften beteiligte sich an diesem Forschungsprojekt, wobei sie insbesondere bei der Beschaffung von Knochenmaterial mithalf.[171] Schließlich untersuchte die Arbeitsgemeinschaft zur Überwachung der Radioaktivität von Lebensmitteln, welche für die KUeR Lebensmittel auf radioaktive Inhaltsstoffe testete, ab Mitte der 1960er Jahre eine ständig größere Palette von Nahrungsmitteln.[172] Die Arbeitsgemeinschaft, die 1957 auf Initiative des Chefs der Eidgenössischen Lebensmittelkontrolle des EGA Otto Högl gegründet worden war und der auf freiwilliger Basis die Kantonschemiker aus Zürich, Basel,

---

168 Vgl. CH-BAR#E8190B-01#1986/181#130*, Protokolle der 3.–19. Sitzung der KUeR, 21.2.1957-15.7.1960.

169 Vgl. die entsprechenden Dokumente in: Archiv BAG, 18.8.1, Anschaffung eines „Human-Counter". Vgl. auch Archiv BAG, 18.6.1, Eidg. Kommission zur Überwachung der Radioaktivität, der Luft und der Gewässer (KUeR), 1. Teil, Protokoll der Sitzung betreffend die Beschaffung eines „Whole Body Counters", 11.1.1960, Schreiben von W. Minder an U. Bürgi, 16.10.1969, Schreiben von W. Horst an die Verwaltungsdirektion des KSZ, 18.11.1969, und Schreiben von U. Bürgi an W. Minder, 27.11.1969.

170 Vgl. u. a. Archiv BAG, 18.2.1a, Eidg. Kommission zur Überwachung der Radioaktivität Sitzungsprotokolle, Protokolle der 32.-41. Sitzung der KUeR, 18.4.1963-27.1.1966; Archiv BAG, 18.2.1b, Eidg. Kommission zur Überwachung der Radioaktivität Berichte der EAWAG, Protokoll der 43. Sitzung der KUeR, 13.9.1966.

171 Vgl. Archiv SAMW, B01/3, Protokoll der 76. Vorstandssitzung, 16.6.1961, und Protokoll der 77. Vorstandssitzung, 1.12.1961.

172 Die später an der Arbeitsgemeinschaft zur Überwachung der Radioaktivität von Lebensmitteln beteiligten Laboratorien hatten schon vor der Gründung der KUeR damit begonnen, die Aktivitätswerte von Milch und weiteren Nahrungsmitteln zu bestimmen. Vgl. CH-BAR#E8190B-01#1986/181#130*, Protokoll der 7. Sitzung der KUeR, 3.10.1957; 2. Bericht der KUeR 1957/1958, S. 132; 3. Bericht der KUeR 1958/1959, S. 8; 4. Bericht der KUeR 1959/1960, S. 6.

St. Gallen, Graubünden und der Waadt sowie der Stadtchemiker von Zürich
angehörten, wollte damit im Hinblick auf den expandierenden nuklearen Alltag ihre Kenntnisse in der Lebensmittelüberwachung vertiefen.[173]

Neben reinen Routinemessungen umfasste die Strahlenüberwachung in
der Schweiz also auch aufwändigere wissenschaftliche Untersuchungen.
Dies hatte zur Folge, dass die Umweltradioaktivität immer differenzierter gemessen wurde und sich die Strahlenüberwachung auf immer mehr Gegenstände ausweitete. Wie bei der biologischen Strahlenforschung wurden die
durchgeführten Forschungen dabei nicht unwesentlich durch internationale
Expertise und einen transnationalen Austausch von Wissen, Know-how und
Objekten stimuliert. So erhielt die KUeR für ihre Boden- und Knochenunter-
suchungen Angaben über Untersuchungsmethoden sowie Standardproben
und Präparate, die unter anderem aus den USA und von der Internationalen
Atomenergie-Organisation in Wien stammten.[174] Um sich in die Arbeits-
methoden und die verschiedenen Systeme der Ganzkörperzähler einzuarbeiten, plante Pierre Wenger zudem einen Forschungsaufenthalt in den
USA.[175]

Es waren somit weniger die tatsächlich gemessenen Umweltradioaktivitätswerte, sondern vielmehr die methodische Weiterentwicklung der Radioaktivitätsmessung und die Dynamik der Forschung, welche die Strahlenüberwachung
in der Schweiz während der 1950er und insbesondere der 1960er Jahre vorantrieben. Gleichzeitig stärkten diese Prozesse die KUeR als Institution und
führten dazu, dass sich deren Tätigkeitsbereich und Kooperationsnetzwerk
vergrößerten. Diese Entwicklung lässt sich an zwei einfachen Parametern
illustrieren: So wurden die von der KUeR publizierten Tätigkeitsberichte immer

---

173   Vgl. u. a. Archiv BAG, 18.2.1a, Eidg. Kommission zur Überwachung der Radioaktivität
      Sitzungsprotokolle, Protokoll der 6. Sitzung der Arbeitsgemeinschaft zur Überwachung
      der Radioaktivität der Lebensmittel, 14.6.1963, und Protokoll der 9. Sitzung der Arbeits-
      gemeinschaft zur Überwachung der Radioaktivität der Lebensmittel, 3.2.1966; Archiv
      BAG, 18.2.1l, Arbeitsgemeinschaft zur Überwachung der Radioaktivität der Lebensmittel
      (ARL), Protokoll der 7. Sitzung der Arbeitsgemeinschaft zur Überwachung der Radio-
      aktivität der Lebensmittel, 30.1.1964, und Protokoll der 8. Sitzung der Arbeitsgemein-
      schaft zur Überwachung der Radioaktivität der Lebensmittel, 12.2.1965.
174   Vgl. CH-BAR#E8190B-01#1986/181#130*, Protokoll der 6. Sitzung der KUeR, 11.7.1957,
      Protokoll der 12. Sitzung der KUeR, 4.12.1958, und Protokoll der 19. Sitzung der KUeR,
      15.7.1960; Archiv BAG, 18.2.1h, Saharastaub Untersuchung von Boden, Gras und Heu auf
      Sr-90 durch EGA, Strontium-90 im Boden, 19.12.1962, und Bestimmung von Strontium-90
      in Humusproben, April 1963.
175   Vgl. Archiv BAG, 18.6.1, Eidg. Kommission zur Überwachung der Radioaktivität, der Luft
      und der Gewässer (KUeR), 1. Teil, Protokoll der Sitzung betreffend die Beschaffung eines
      „Whole Body Counters", 11.1.1960.

umfangreicher.[176] Ebenso stieg die Zahl der Personen und Institutionen, mit denen die KUeR zusammenarbeitete.

An den Sitzungen der KUeR nahmen regelmäßig verschiedene Experten teil,[177] darunter der Strahlenschutzfachmann Fritz Alder von der Reaktor AG in Würenlingen, der bundesdeutsche Spezialist für Radioaktivitätsmessungen Albert Sittkus vom Physikalischen Institut der Albert-Ludwigs-Universität in Freiburg im Breisgau,[178] der Chef der Sektion für Strahlenschutz des EGA Gerhart Wagner und der Chef der Sektion für Schutz- und Abwehrmaßnahmen gegen ABC-Waffen der Abteilung für Sanität des Eidgenössischen Militärdepartements Hermann Gessner.[179] Über diejenigen Kommissionsmitglieder, die hauptberuflich als Leiter von Hochschulinstituten tätig waren, arbeitete die KUeR zudem mit der Eidgenössischen Anstalt für Wasserversorgung, Abwasserreinigung und Gewässerschutz und den Physikalischen Instituten der Universitäten Basel, Fribourg und Neuenburg zusammen. Eine Zusammenarbeit bestand auch mit dem Physikalischen Institut der Universität Bern. Daneben existierten die bereits erwähnten Kooperationen mit landwirtschaftlichen Schulen, der Schweizerischen Meteorologischen Zentralanstalt, dem Eidgenössischen Amt für Wasserwirtschaft, der Internationalen Kommission zum Schutze des Rheins gegen Verunreinigung, dem Genfer *Service cantonal de contrôle des irradiations*, der Zürcher Universitätsklinik für Radiotherapie und Nuklearmedizin, dem Lausanner *Institut de radiophysique appliquée*, der Schweizerischen Akademie der Medizinischen Wissenschaften und der Arbeitsgemeinschaft zur Überwachung der Radioaktivität von Lebensmitteln.[180]

In die Überwachung von Strahlen in der Schweiz waren während des Kalten Krieges somit zahlreiche Akteure aus der Wissenschaft, dem Militär und der Verwaltung involviert, die über vielfältige fachliche Kompetenzen und institutionelle Ressourcen verfügten und sich jeweils mit spezifischen Problemen der Radioaktivitätsmessung befassten. Viele von ihnen waren gleichzeitig in mehrere Behörden und Gremien eingebunden, die sich mit Fragen von Strahlenüberwachung und Strahlenschutz beschäftigten. Daran zeigt sich nicht nur der Netzwerkcharakter des schweizerischen Strahlenschutzes. Vielmehr wird auch deutlich, wie die Herstellung von Strahlensicherheit im Normalfall auf verschiedene Akteure verteilt war. Diese ‚Verteilung‘ von

---

176 Die Berichte der KUeR umfassten bei gleichbleibendem Format 1956/1957 sechs, 1969 bereits 66 Seiten.

177 Vgl. die Protokolle der Sitzungen der KUeR in: CH-BAR#E8190B-01#1986/181#130*.

178 Zu Albert Sittkus: Reichenbach 2005.

179 Zu Hermann Gessner und der ABC-Sektion vgl. Kapitel 3.1.

180 Vgl. auch Huber 1967, S. 81 f.

Aufgaben der Strahlenüberwachung bot indessen auch Raum für Konflikte, wie ich im nächsten Teilkapitel darstellen werde.

3.3   Konflikte um Macht und Kompetenzen. Radioaktivitätsüberwachung von Kernkraftwerken, 1970er Jahre

Das Jahr 1969 markierte in der Schweiz den Beginn der jahrelangen gesellschaftspolitischen Auseinandersetzungen um den Bau von Kernkraftwerken. Diese Auseinandersetzungen verdichteten sich im Widerstand der schweizerischen Anti-Atomkraft-Bewegung gegen das geplante Kernkraftwerk Kaiseraugst im Kanton Aargau.[181] In der Schweiz wie auch andernorts stand dabei die Frage der Gefährlichkeit von Niedrigstrahlung, also von radioaktiver Strahlung, die beim Normalbetrieb einer Atomanlage abgegeben wird, im Zentrum des Diskurses um die atomare Sicherheit von Kernkraftwerken.[182] In zahlreichen Vorstößen sowohl in kantonalen Räten als auch im eidgenössischen Parlament fragten Politiker aller Parteien nach den gesundheits- bzw. umweltschädigenden Auswirkungen der von Kernkraftwerken abgegebenen Emissionen.[183] Aber auch in den Medien und innerhalb der Anti-Atomkraft-Bewegung erfuhr die Frage nach den Strahlenwirkungen von Kernkraftwerken einen großen Widerhall.[184] Aus diesem Grund stellte die Umgebungsüberwachung von Kernkraftwerken und Reaktoranlagen zu Beginn der 1970er Jahre eine eminent politische Angelegenheit dar.

In der Schweiz waren mehrere Behörden mit der Strahlenüberwachung von Atomanlagen beschäftigt. Die Eidgenössische Kommission zur Überwachung der Radioaktivität (KUeR) befasste sich mit der Messung der Umweltradioaktivität, zu welcher auch Emissionen aus Kernkraftwerken gezählt werden konnten. Daneben beschäftigten sich die beiden nuklearen Sicherheitsbehörden des Bundes – die Eidgenössische Kommission für die Sicherheit von Atomanlagen (KSA) und die Sektion für Sicherheitsfragen von Atomanlagen

---

181   Zur Anti-Atomkraft-Debatte in der Schweiz vgl. Kapitel 1, Fn. 51. Zur Anti-Atomkraft-Bewegung im geteilten Deutschland: Augustine 2018. Zur Anti-Atomkraft-Bewegung in Westeuropa, den USA und Kanada: Radkau 2011; Arndt 2010; Herring 2006; Metha 2005; Flam 1994; Smith 2002; Wörndl 1992. Zur Anti-Atomkraft-Bewegung im (ehemaligen) ‚Ostblock': Dawson 1996.

182   Vgl. Kupper 2003a, S. 115–124, bes. S. 122 f.

183   Vgl. die entsprechenden parlamentarischen Vorstöße in: CH-BAR#E3300C#1993/154#634*, CH-BAR#E3300C#1993/156#577*, CH-BAR#E3300C#1993/156#578* und CH-BAR#E3300C #1993/156#628*.

184   Zu den Deutungsmustern der schweizerischen Anti-Atomkraft-Bewegung: Graf 2003.

(SSA) – mit Fragen der Reaktorsicherheit, was auch die Betriebsüberwachung mit einschloss.[185] Sowohl die Mitglieder der KUeR als auch die Vertreter der nuklearen Sicherheitsbehörden teilten den schweizerischen Kalte-Krieg-Konsens, wozu die Befürwortung der zivilen Nutzung der Atomenergie gehörte. Diese Institutionen unterschieden sich jedoch sowohl hinsichtlich ihrer Nähe zur Atomenergiebranche als auch bezüglich ihrer Selbstverständnisse. Die KUeR hatte den Schutz der Bevölkerung vor Augen und sah sich selbst als *das radioaktive Gewissen in der Schweiz*".[186] Demgegenüber vertrat die KSA stärker die Interessen der Anlagenbetreiber und sah ihre Rolle darin, die Atomkraft als Energieform zu fördern. Oder, wie es der Delegierte des Bundesrates für Fragen der Atomenergie Jakob Burckhardt anlässlich der ersten Sitzung der KSA im Juli 1960 formuliert hatte: „Es ist nicht nur die absolute Sicherheit, die man im Auge behalten soll, sondern auch, dass durch die Tätigkeit der Kommission die Entwicklung auf dem Gebiet der Atomenergie nicht gehemmt wird."[187] Vor dem Hintergrund dieser divergierenden Selbstbilder und Rollenverständnisse auf der einen und der politisierten Situation während der Anti-Atomkraft-Debatte auf der anderen Seite kam es zu Beginn der 1970er Jahre zu langwierigen Streitigkeiten zwischen der KUeR und den beiden nuklearen Sicherheitsbehörden. Diese Auseinandersetzungen fokussiert dieses Teilkapitel. Wie sich zeigen wird, lag den Konflikten ein institutioneller Kampf um Macht und Kompetenzen zugrunde: Die Auseinandersetzungen drehten sich allesamt um die Frage, welches Expertengremium im Bereich der politisch aufgeladenen Strahlenüberwachung von Kernkraftwerken die Führungsrolle für sich beanspruchen konnte.

Wer darf überwachen?

Anfang der 1970er Jahre existierten in der Schweiz drei größere Atomanlagen: Das aus der Reaktor AG hervorgegangene Eidgenössische Institut für Reaktorforschung im aargauischen Würenlingen, das – allerdings aufgrund eines Unfalls stillgelegte – Versuchsatomkraftwerk im waadtländischen Lucens und das Kernkraftwerk Beznau I im Kanton Aargau.[188] Für diese drei Kernanlagen hatte die KUeR Vorschriften für die Umgebungsüberwachung festgelegt.

---

185 Daneben umfasste die Reaktorsicherheit u. a. Notkühl-, automatische Überwachungs-, Schnellabschalt- und Notstromsysteme, unabhängige Stromzuführungen, Strahlenabschirmungen sowie inhärente Sicherheitseigenschaften des Reaktors. Vgl. Abele 2002, S. 159. Zur Geschichte der Risikoevaluation von Reaktoren: Carlisle 1997.

186 Huber/Jeschki/Prêtre/Völkle 1995, S. 29, Hervorh. i. O.

187 CH-BAR#E8190B-01#1986/181#116*, Protokoll der 1. Sitzung der KSA, 20.7.1960.

188 Zur Geschichte des Versuchsreaktors von Lucens: Wildi 2003. Zur Geschichte der Sicherheitsaufsicht über die schweizerischen Atomanlagen: Naegelin 2007.

Diese Überwachungsvorschriften verpflichteten die Betreiber dieser Atomanlagen, auf ihrem Areal und in dessen Umgebung bestimmte Radioaktivitätsmessungen vorzunehmen. Gleichzeitig gaben diese Vorschriften der KUeR das
Recht, Kontrollmessungen entweder selbst durchzuführen oder als Aufträge
an Dritte, beispielsweise an die Eidgenössische Anstalt für Wasserversorgung,
Abwasserreinigung und Gewässerschutz oder ein kantonales Laboratorium,
zu vergeben. Die KUeR nahm die Probenahmestellen aus der Umgebungsüberwachung dieser Atomanlagen in ihr Messnetz auf und publizierte die er-
mittelten Radioaktivitätswerte in ihren Tätigkeitsberichten.[189]

Bis zum Inkrafttreten des Atomgesetzes 1960 waren die Standortkantone
zuständig für die Bewilligung und die Aufsicht von Atomanlagen.[190] Dementsprechend war es der Kanton Aargau gewesen, welcher der KUeR die
Kompetenzen für die Umgebungsüberwachung der Reaktor AG erteilt hatte.[191]
Mit dem Inkrafttreten des Atomgesetzes wurde die Bewilligungs- und Auf-
sichtskompetenz für Atomanlagen dem Bund übertragen. Als Bewilligungs-
behörde fungierte bis in die 1980er Jahre zunächst das Eidgenössische
Post- und Eisenbahndepartement, später das Eidgenössische Verkehrs- und
Energiewirtschaftsdepartement. Als Sicherheits- bzw. Aufsichtsbehörde setzte
der Bundesrat gleichzeitig mit dem Inkrafttreten des Atomgesetzes die KSA
ein, die administrativ dem Post- und Eisenbahndepartement unterstellt war.[192]
Zu deren Hauptaufgaben zählten die Begutachtung der Gesuche für Atomanlagen sowie die Überwachung des Baus und des Betriebs dieser Anlagen.[193]
1964 beschloss der Bundesrat die Schaffung der SSA, welche der KSA Routine-
arbeiten sowie bestimmte Kontrolltätigkeiten abnehmen sollte. Die SSA

---

189 Vgl. CH-BAR#E8190B-01#1986/181#130*, Protokoll der 4. Sitzung der KUeR, 11.4.1957,
     Protokoll der 6. Sitzung der KUeR, 11.7.1957, Protokoll der 7. Sitzung der KUeR, 3.10.1957,
     Protokoll der 13. Sitzung der KUeR, 12.3.1959, Protokoll der 16. Sitzung der KUeR, 3.12.1959,
     Protokoll der 46. Sitzung der KUeR, 27.6.1967, und Protokoll der 48. Sitzung der KUeR,
     25.1.1968; Archiv BAG, 18.2.1a, Eidg. Kommission zur Überwachung der Radioaktivität
     Sitzungsprotokolle, Protokoll der 34. Sitzung der KUeR, 3.10.1963; Archiv BAG, 18.2.1b,
     Eidg. Kommission zur Überwachung der Radioaktivität Berichte der EAWAG, Protokoll
     der 43. Sitzung der KUeR, 13.9.1966; 5. Bericht der KUeR 1961, S. 4; 7. Bericht der KUeR 1963,
     S. 2; 11. Bericht der KUeR 1967, S. 1 f.; 12. Bericht der KUeR 1968, S. 1; 13. Bericht der KUeR
     1969, S. 1 f.; die entsprechenden Dokumente in: Archiv BAG, 18.2.1, Eidg. Kommission zur
     Überwachung der Radioaktivität der Luft und der Gewässer Erster Teil.
190 Vgl. Naegelin 2007, S. 16.
191 Vgl. CH-BAR#E8190B-01#1986/181#130*, Protokoll der 4. Sitzung der KUeR, 11.4.1957, und
     Protokoll der 6. Sitzung der KUeR, 11.7.1957.
192 Vgl. CH-BAR#E8190B-01#1986/181#116*, Protokoll der 1. Sitzung der KSA, 20.7.1960.
193 Vgl. Naegelin 2007, S. 14.

unterstand zunächst dem Delegierten des Bundesrates für Fragen der Atomenergie, der Mitglied der KSA war.[194]

Die KSA war in den 1960er Jahren nicht in Fragen der Umgebungsüberwachung von Atomanlagen involviert. Vielmehr nahm sie in ihren Gutachten
zu den Bewilligungsgesuchen zur Kenntnis, dass die KUeR das Umgebungs-
überwachungsprogramm festlegte.[195] Auch die SSA war nur indirekt in die
Umgebungsüberwachung eingebunden. So wirkte sie unterstützend bei
den Vermittlungen zwischen den Anlagebetreibern und der KUeR und half
insbesondere mit, geeignete Punkte für Messstationen festzulegen.[196] Bis
Ende der 1960er Jahre zweifelten die beiden nuklearen Sicherheitsbehörden
die Kompetenzen der KUeR bezüglich der Umgebungsüberwachung von
Atomanlagen somit nicht an. Dies belegt auch ein interner Bericht dieser
Organisationen aus dem Jahr 1969, in welchem festgehalten wurde, die KUeR
sei „in eigener Kompetenz" zuständig für die Festlegung des Programms zur
Umgebungsüberwachung von Atomanlagen.[197] Die bis zum Ende der 1960er
Jahre etablierte Praxis bei der Umgebungsüberwachung von Atomanlagen
lässt sich folglich als eine akzeptierte Form der Zusammenarbeit und Auf-
gabenteilung zwischen der KUeR einerseits und den beiden nuklearen Sicherheitsbehörden andererseits beschreiben. Dieser Konsens wurde aber bald
brüchig, weil die nuklearen Sicherheitsbehörden vor dem Hintergrund der erstarkenden Anti-Atomkraft-Bewegung die Führungsrolle bei der Umgebungsüberwachung selbst übernehmen wollten.

Im Juli 1970 trafen sich Vertreter der KUeR und der SSA, um über die
Umgebungsüberwachung für das sich im Bau befindende Kernkraftwerk
Mühleberg im Kanton Bern zu diskutieren.[198] Anlässlich dieser Sitzung traten
erhebliche Meinungsunterschiede bezüglich der Festlegung und der Kontrolle
der Überwachungsvorschriften zutage, welche die Fortführung der bisherigen
Praxis unmöglich machten und den Anfangspunkt für die mehrere Jahre
dauernden Machtkonflikte zwischen der KUeR und den beiden nuklearen
Sicherheitsbehörden bildeten. Es zeigten sich Differenzen hinsichtlich zweier
miteinander verbundenen Grundsatzfragen: Welche Behörde durfte die Radioaktivitätsüberwachung in der Umgebung von Atomanlagen durchführen, und

---

194 Vgl. ebd., S. 26 f.
195 Vgl. ebd., S. 154.
196 Vgl. CH-BAR#E8190B-01#1986/181#99*, Kompetenzverteilung zwischen KSA und KUeR,
5.4.1971.
197 Vgl. CH-BAR#E9500.174#1985/11#9*, Auflagen für Bau- und Betriebsbewilligungen von
Atomanlagen, 18.4.1969.
198 Vgl. CH-BAR#E8190B-01#1985/59#194*, Schreiben von P. Courvoisier an das AEW,
16.7.1970.

welche Instanz konnte die Limits für die Aktivitätsabgaben in die Abluft und
das Abwasser von Atomanlagen festlegen?[199] Trotz mehrerer formeller und
informeller Aussprachen – so etwa im Dezember 1970, im März 1971 sowie
im Januar und im Februar 1972 –, in welchen sich die Positionen mehrmals
aufeinander zu und wieder voneinander weg bewegten, konnten sich die
KUeR und die nuklearen Sicherheitsbehörden nicht auf eine für alle Parteien
akzeptable Lösung dieser Kompetenzfragen einigen.[200] Um ihre Standpunkte
zu untermauern, rekurrierten die beiden Konfliktparteien in erster Linie
auf die bestehenden Rechtsgrundlagen zur Strahlenüberwachung. Freilich
gelangten sie dabei – dies werde ich nun darstellen – zu unterschiedlichen
Interpretationen.

Die KUeR bezog sich zum einen auf Artikel 45 der Schweizerischen
Strahlenschutzverordnung aus dem Jahr 1963, zum anderen auf einen Artikel
ihres eigenen Kommissionsreglements aus dem Jahr 1959. Diese beiden Artikel
hielten fest, dass die KUeR dem Bundesrat Maßnahmen zum Schutz der Bevölkerung im Falle erhöhter bzw. gefährlich erhöhter Radioaktivität vorschlagen solle.[201] Aus diesen Rechtstexten zog die KUeR den Schluss, sie sei
das maßgebende Gremium zur Überwachung der Umweltradioaktivität in
der Schweiz. Weiter argumentierte sie, sie könne nur dann für den Schutz der
Bevölkerung Verantwortung übernehmen, wenn sie sämtliche Quellen, die
zu einer Erhöhung der Umweltradioaktivität beitragen würden, überwachen
könne. Zu diesen Emissionsquellen zählte die KUeR neben dem Fallout von
Atombomben und radioaktiven Stoffen aus medizinischen Einrichtungen,
Forschungsanstalten und Industriebetrieben selbstredend auch Aktivitätsabgaben aus Atomanlagen. Folglich wollte sie nicht nur die Überwachungsvorschriften und die Abgabelimits für Kernanlagen festlegen, sondern auch die
zu deren Kontrolle notwendigen Messungen im Abwasser und in der Abluft in
der Umgebung und auf dem Areal dieser Betriebe durchführen.[202]

Um ihren Rechtsanspruch durchzusetzen, wollte die KUeR Anfang 1972 eine
Änderung ihres Reglements durch den Bundesrat erwirken. Diese Änderung

---

199   Vgl. CH-BAR#E8190B-01#1986/181#99*, Kompetenzverteilung zwischen KSA und KUeR,
      5.4.1971.

200   Vgl. ebd., Schreiben von P. Courvoisier an das AEW, 24.1.1972; CH-BAR#E8190B-
      01#1985/59#194*, Entwurf des Reglements für die Ueberwachung der Umgebung des
      Atomkraftwerkes Mühleberg, 10.1.1972; CH-BAR#E3300C#1993/154#585*, Schreiben von
      O. Huber an A. Sauter, 14.3.1972.

201   Vgl. Verordnung über den Strahlenschutz 1963; CH-BAR#E3300C#2002/40#560*,
      Règlement pour la commission fédérale de surveillance de la radioactivité, 6.2.1959.

202   Vgl. Archiv BAG, 18.6.1, Eidg. Kommission zur Überwachung der Radioaktivität, der Luft
      und der Gewässer (KUeR), 2. Teil, Schreiben von J.-P. Perret an H. P. Tschudi, 9.5.1972.

sollte es ihr erlauben, dem Bundesrat die Anwendung von Präventivmaßnahmen vorzuschlagen, würde die Strahlenbelastung der Bevölkerung, beispielsweise durch die Radioaktivitätsabgaben aus Kernkraftwerken, ein – wie
in einer Aktennotiz festgehalten wurde – „zumutbares Mass" übersteigen.[203]
Die Kompetenzen zur Formulierung solcher Präventivmaßnahmen, so insbesondere die Festlegung der Abgabelimits und der Überwachungsvorschriften, sollten in einem Bundesratsbeschluss festgehalten werden.[204] Die
KUeR verfolgte somit die Absicht, sich die umstrittenen Kompetenzen durch
den Bundesrat explizit übertragen zu lassen. Das Eidgenössische Gesundheitsamt (EGA) unterstützte die KUeR in einem Schreiben an Bundesrat Hans-
Peter Tschudi, Vorsteher des Eidgenössischen Departements des Innern (EDI),
indem es betonte, es würde „von niemand verstanden" und sei „Wasser auf
die Mühlen der Gegner von Atomkraftwerken", wenn die beiden nuklearen
Sicherheitsbehörden, die in die Erteilung von Bewilligungen für Atomanlagen
involviert seien, der für die Überwachung der Strahlenbelastung der Bevölkerung verantwortlichen Kommission „eine Schranke entgegenstellen"
könnten.[205] Damit nahm das EGA ein wesentliches Argument der KUeR auf:
Letztere hielt eine Trennung zwischen der Bewilligung und der Überwachung
von Atomanlagen während der Anti-Atomkraft-Debatte für zentral, um die
Glaubwürdigkeit und das Vertrauen der Bundesbehörden zu erhalten, und
ging davon aus, dass sich „ein Sturm in der Bevölkerung erheben" würde, sollte
ihr das Recht zu messen verweigert werden.[206]

Die beiden nuklearen Sicherheitsbehörden fassten dieses Argument als
Misstrauensvotum auf und wehrten sich gegen die Interpretation, die KUeR
agiere gewissermaßen als „Beschützer der Bevölkerung", während sie als
„Anwälte des Betreibers" fungieren würden.[207] Da sich der Gesamtbundesrat
für die Förderung der Atomenergie einsetze, seien nicht einige Ämter für den
Schutz der Bevölkerung zuständig und andere nicht.[208] Die Unfallverhütung

---

203   Archiv BAG, 18.6.1, Eidg. Kommission zur Überwachung der Radioaktivität, der Luft und
      der Gewässer (KUeR), 1. Teil, Aktennotiz betreffend KUeR-Anträge an den Bundesrat,
      19.1.1972.
204   Vgl. ebd.
205   Archiv BAG, 18.6.1, Eidg. Kommission zur Überwachung der Radioaktivität, der Luft und
      der Gewässer (KUeR), 2. Teil, Schreiben von J.-P. Perret an H. P. Tschudi, 9.5.1972.
206   CH-BAR#E8190B-01#1986/181#99*, Schreiben von P. Courvoisier an das AEW, 24.1.1972.
      Vgl. auch ebd., Kompetenzverteilung zwischen KSA und KUeR, 5.4.1971, und Schreiben
      von P. Courvoisier an das AEW, 8.3.1972.
207   Ebd., Schreiben von P. Courvoisier an das AEW, 8.3.1972. Vgl. auch ebd., Schreiben von
      P. Courvoisier an das AEW, 24.1.1972, und Kompetenzverteilung zwischen KSA und
      KUeR, 5.4.1971.
208   Vgl. ebd., Kompetenzverteilung zwischen KSA und KUeR, 5.4.1971.

in Kernkraftwerken stelle zudem die wichtigere Aufgabe dar als die Umgebungsüberwachung, und hierfür seien sie allein zuständig. Es sei deshalb
nicht einzusehen, wieso sie nicht auch die Umgebungsüberwachung durchführen könnten. Um ihren Standpunkt zu untermauern, bezog sich die KSA
zunächst auf den für sie bezüglich der Rechtslage maßgebenden Artikel 7
des Atomgesetzes. Dieser Artikel hielt fest, dass die Erteilung der Betriebsbewilligungen für Atomanlagen ein Gutachten bedinge, aus dem hervorgehe,
ob der Betreiber alle notwendigen und zumutbaren Sicherheitsmaßnahmen
ergriffen habe. Als Begutachtungsbehörde hatte der Bundesrat die KSA eingesetzt. Daraus zog diese den Schluss, dass sie auch für die Umgebungsüberwachung zuständig sei. Weiter berief sich die KSA auf Artikel 21 der
Strahlenschutzverordnung. Jener Artikel legte fest, dass der Personal- und
Umgebungsschutz von Betrieben, die – wie Industrie-, Forschungs- und
Medizinbetriebe – radioaktive Stoffe verarbeiten oder verbrauchen würden,
von den jeweils zuständigen staatlichen Kontrollbehörden überwacht werde.
Obwohl Atomanlagen in der Strahlenschutzverordnung nicht explizit erwähnt wurden, plädierte die KSA dafür, Artikel 21 sinngemäß auch auf Atomanlagen anzuwenden. Daraus leitete sie in Analogie ihre Zuständigkeit für die
Umgebungsüberwachung ab. Demgegenüber trage Artikel 45 der Strahlenschutzverordnung, auf welchen die KUeR ihren Rechtsanspruch gründe,
die Marginalie „Umwelt" und beziehe sich somit nicht auf die Umgebung
von Atomanlagen. Aufgrund dieser Interpretation der Rechtslage zogen die
nuklearen Sicherheitsbehörden den Schluss, sie seien die maßgebenden
Instanzen zur Überwachung der Atomanlagen in der Schweiz. Deshalb hätten
sie sowohl die zulässigen Grenzwerte für die Aktivitätsabgaben von Kernanlagen festzulegen als auch die tatsächlich abgegebenen Emissionen zu
kontrollieren, während in die Kompetenz der KUeR lediglich die Überwachung
der daraus resultierenden Immissionen bzw. Ortsdosen falle.[209]
   Die beiden Konfliktparteien hielten in verschiedenen Dokumenten fest,
die abweichenden Rechtsansprüche seien hauptsächlich auf die unklare Auslegung der Begriffe „Umwelt" und „Umgebung" zurückzuführen. Diese habe
zwangsläufig zu Kompetenzüberschneidungen geführt, aus denen sich die bestehenden Streitigkeiten ergeben hätten.[210] In dieser Begründung wurden also
unpräzise formulierte Rechtstexte für die Entstehung der Kompetenzkonflikte
verantwortlich gemacht. Widersprüchliche oder unstimmige Formulierungen
bestehender Rechtsgrundlagen als Ursache für die ausbrechenden Kompetenzkonflikte zu betrachten, greift als Erklärung indessen zu kurz. Rechtliche

---

209   Vgl. bspw. CH-BAR#E8190B-01#1986/181#96*, Schreiben an O. Huber, 10.1.1972.
210   Vgl. bspw. ebd.

Konflikte entstehen nie losgelöst von gesellschaftlichen und politischen Kontexten. Rechtstexte mögen implizit unterschiedliche Interpretationsmöglichkeiten in sich tragen, doch solange diese nicht explizit gemacht, sprich artikuliert werden, sind sie sozial bedeutungslos. Anfang der 1970er Jahre galt dieselbe Rechtslage, nach welcher bereits das Überwachungsprogramm für das Kernkraftwerk Beznau I festgelegt worden war. Wäre die Zusammenarbeit zwischen der KUeR und der KSA nach wie vor problemlos verlaufen, hätte es keinen Grund gegeben, sich nun auf verbrieftes Recht zu berufen; die Verfahren wären vielmehr weiterhin gemäß der in den 1960er Jahren üblichen Praxis durchgeführt worden. Der Rekurs auf die gesetzlichen Grundlagen zur Strahlenüberwachung ist deshalb nicht als Ursache, sondern als Symptom der bestehenden Kompetenzkonflikte zu verstehen. Rechtsauslegungen sind – wie die Historikerinnen Monika Dommann und Svenja Goltermann und der Historiker Kijan Espahangizi festhalten – stets deutungsoffen, instabil und umkämpft, weshalb sie als „Mobilisierung für Machtansprüche" angerufen werden können.[211] Auch bei den hier in den Blick genommenen Auseinandersetzungen ging es nur vordergründig um juristische Finessen, hintergründig aber eigentlich darum, dass sowohl die KUeR als auch die nuklearen Sicherheitsbehörden ihren Tätigkeitsbereich ausdehnen wollten. Für beide Konfliktparteien ergab dies – wie wir im Folgenden sehen werden – aus ihrer institutionellen Logik heraus Sinn. Um 1970 bestand nämlich aufgrund der einsetzenden Anti-Atomkraft-Debatte eine spezifische historische Konstellation, welche den Akteuren im Bereich der Strahlenüberwachung von Atomanlagen Neupositionierungen ermöglichte. In dieser volatilen Situation konnte man Macht gewinnen oder Bedeutung verlieren.

Nach dem Teststoppabkommen von 1963 nahmen der weltweite radioaktive Ausfall und – als Folge davon – die in der Schweiz von der KUeR gemessenen Umweltradioaktivitätswerte kontinuierlich ab.[212] Gleichzeitig fanden Strahlen und radioaktive Stoffe in der Industrie und der Medizin eine immer breitere Anwendung. Die KUeR begann deshalb ab Mitte der 1960er Jahre damit, ihre Überwachungstätigkeit auf solche Einrichtungen des nuklearen Alltags auszurichten. Zu diesen zählten insbesondere die entstehenden Atomkraftwerke.[213] Anfang der 1970er Jahre setzte sie ein neues Messprogramm in Kraft und erklärte dazu: „Der geringe weltweite radioaktive Ausfall der letzten Jahre einerseits und die Inbetriebnahme von Kernkraftwerken andererseits" würden „eine Verlagerung des Schwerpunkts der Untersuchungen von

---

211 Dommann/Espahangizi/Goltermann 2015, S. 8 f.
212 Vgl. dazu Kapitel 3.2.
213 Vgl. 10. Bericht der KUeR 1966, S. 1; 11. Bericht der KUeR 1967, S. 1 f.

der Überwachung des weltweiten radioaktiven Ausfalls zu derjenigen der
Umgebung von Reaktoren und Industrieanlagen, welche radioaktive Stoffe
verarbeiten, sowie Verbrauchern von radioaktiven Stoffen (z.B. Spitälern)
[bewirken]."[214] Die KUeR begründete die Verschiebung ihres Überwachungs-
schwerpunkts somit mit einem exogenen Faktor: der durch den nuklearen Alltag veränderten Kontaminationslage. Diese Neuausrichtung ihrer Aufgaben
lässt sich insbesondere aus einer institutionellen Perspektive heraus verstehen: Durch die Verlagerung ihres Tätigkeitsgebiets konnte die KUeR innerhalb der schweizerischen Strahlenschutzgremien eine neue Rolle und – damit
verbunden – eine fortgesetzte Relevanz ihrer Expertise beanspruchen. Dies
war insofern erforderlich, als ihre Existenzberechtigung nach dem Ende der
Fallout-Problematik bisweilen zur Disposition gestellt wurde. So sinnierte der
Chef der SSA Peter Courvoisier im Juli 1970 darüber, dass den Laboratorien
der KUeR eine „Arbeitslosigkeit" drohe, „weil die Zeiten des Fallout vorüber
sind und es nichts mehr zu messen gibt [...]."[215] Auch in einem internen
Memorandum vom Januar 1972 betonte Courvoisier, man müsse sich fragen,
„was die KUeR eigentlich tut und wie lange sie das noch in dieser Weise tun
wird." Es würde ihn jedenfalls „nicht wundern, wenn in einigen Jahren die
Messerei von Umgebungsproben [...] als ausgesprochene Last empfunden
würde." Es sei deshalb „durchaus denkbar" – wie Courvoisier weiter ausführte –,
„dass die KUeR in einiger Zeit ‚ausläuft', weil die Sache keinen grossen Reiz
mehr hat."[216] Dass diese Annahme nicht gänzlich aus der Luft gegriffen war,
belegt die Tatsache, dass Anfang des Jahres 1971 aufgrund von Personal- bzw.
Ressourcenmangel eine Reduktion des Gewässermessnetzes zur Diskussion
stand.[217]

Die institutionelle Situation der nuklearen Sicherheitsbehörden zu Beginn
der 1970er Jahre war demgegenüber eine gänzlich andere. Im Jahr 1969 wurde
die Stelle des Delegierten des Bundesrates für Fragen der Atomenergie abgeschafft, dessen Büro aufgelöst und die von ihm wahrgenommenen Aufgaben aufgeteilt: Die Förderung der Atomenergieforschung ging an die neu
geschaffene Abteilung für Wissenschaft und Forschung des EDI, während die
Durchführung der Bewilligungsverfahren für Atomanlagen, die Aufsicht über
diese sowie weitere Kontrollaufgaben dem Eidgenössischen Amt für Energiewirtschaft (AEW) übertragen wurden. Im Zuge dieser Umstrukturierung

214   15. Bericht der KUeR 1971, S. 1.
215   CH-BAR#E8190B-01#1985/59#194*, Schreiben von P. Courvoisier an das AEW, 16.7.1970.
216   CH-BAR#E8190B-01#1986/181#99*, Schreiben von P. Courvoisier an das AEW, 24.1.1972.
217   Vgl. Archiv BAG, 18.2.1b, Sitzungsprotokolle, Vorschlag an die KUeR betreffend Abbau der
      Routine-Arbeiten, 27.1.1971.

wurde die SSA ebenfalls dem AEW unterstellt.[218] Mit dieser bundesinternen Reorganisation der nuklearen Sicherheitsbehörden waren in den 1970er Jahren ein massiver personeller Ausbau der SSA und – als Folge davon – eine Entlastung der im ersten Jahrzehnt ihrer Tätigkeit permanent überlasteten KSA verbunden.[219] So wurde die SSA im Herbst 1972 durch den Eintritt zweier Gruppenleiter für die Bereiche Strahlenschutz und Ingenieurwesen fachlich wesentlich verstärkt und 1973 zur Abteilung für die Sicherheit der Kernanlagen aufgewertet. Diese schrittweise Aufwertung der Sektion in eine eigene Verwaltungsabteilung schlug sich auch in deren Personaletat nieder: War anlässlich ihrer Schaffung 1964 nur gerade eine Person für die SSA tätig, beschäftigte die SSA bzw. die Abteilung für die Sicherheit der Kernanlagen 1970 bereits fünf, 1975 18 und 1980 sogar 35 Personen.[220] In den 1970er Jahren kam es somit zu einer wesentlichen Verstärkung der Sachkompetenz des Bundes im Bereich der Reaktorsicherheit.[221] Diese Verstärkung der personellen und fachlichen Ressourcen ermöglichte es der SSA, Sicherheitsverfahren zu überprüfen und zu verfeinern, wozu in den 1960er Jahren weder sie noch die KSA Kapazitäten hatten. So hielt SSA-Chef Peter Courvoisier während der Kompetenzkonflikte mit der KUeR in einem Bericht selbstkritisch fest: „Freilich waren wir früher weniger vorsichtig und haben zuerst aus Ahnungslosigkeit, was daraus entstehen könnte, dann aus Kollegialität und was noch hereingespielt haben mag, der KUeR zugestanden, dass sie am Verfahren zur Festlegung von Limitierungen mitmachen dürfe."[222] Gleichzeitig rückte mit der Inbetriebnahme von Beznau I ab 1969 die Überwachung des Betriebs der Kernkraftwerke ins Zentrum der Tätigkeit der KSA.[223] Zusammen mit der Betriebsüberwachung erlangte innerhalb der KSA nun auch die Umgebungsüberwachung von Atomanlagen neue Priorität. Zusammenfassend lässt sich somit festhalten, dass die KUeR Anfang der 1970er Jahre ihre Daseinsberechtigung durch Kompetenzen in einem neuen Betätigungsfeld zu stärken versuchte, während die nuklearen Sicherheitsbehörden zur selben Zeit neu vorhandene Kapazitäten für den Ausbau ihrer Kompetenzen zu nutzen gedachten. Aufgrund der unterschiedlichen Nähe der

---

218   Vgl. Naegelin 2007, S. 27; Kupper 2003a, S. 179.

219   Vgl. Kupper 2003a, S. 179 und S. 185 f.

220   Vgl. Naegelin 2007, S. 27 f.

221   Vgl. Kupper 2003a, S. 186–188.

222   CH-BAR#E8190B-01#1986/181#99*, Schreiben von P. Courvoisier an das AEW, 24.1.1972.

223   Dies beinhaltete hauptsächlich die Kontrolle verschiedener Sicherheitsaspekte, so die Prüfung der betrieblichen Sicherheit, die Auswertung allfälliger Vorkommnisse, die Durchführung neuer Sicherheitsanalysen, die Diskussion zusätzlicher oder bestehender Sicherheitsmaßnahmen und die Begutachtung antragspflichtiger Anlageänderungen. Vgl. Naegelin 2007, S. 16.

beiden Konfliktparteien zur Atomenergiebranche wiesen die divergierenden Kompetenzansprüche gleichzeitig eine stark politische Dimension auf.

Um die Kompetenzkonflikte beizulegen, schaltete sich im Mai 1972 im Auftrag von Bundesrat Hans-Peter Tschudi der Direktor des EGA Arnold Sauter als Vermittler in die Streitigkeiten ein.[224] Dieser Vermittlungtätigkeit war schließlich Erfolg beschieden: Nach einem rund zwei Jahre dauernden Hin und Her und mindestens einem halben Dutzend Entwürfen kam am 7. Dezember 1972 eine Kompromisslösung in Form einer schriftlichen Übereinkunft zustande. Diese Übereinkunft sah vor, dass die KSA und die KUeR sowohl die Auflagen für die Aktivitätsabgaben von Atomanlagen an die Umwelt als auch das Programm für die Überwachung der Umgebung von Kernanlagen gemeinsam ausarbeiten und festlegen sollten. Im Rahmen der Durchführung des Überwachungsprogramms durfte die KUeR das von Betreibern bei Emissionsmessungen angewandte Messverfahren prüfen und Parallelproben erheben oder anfordern sowie selbst Proben auf dem Anlageareal entnehmen. Auch wurde ein gegenseitiger Austausch sämtlicher Messergebnisse vereinbart.[225]

Für das Zustandekommen der Übereinkunft waren insbesondere strategische und politische Gründe verantwortlich. Die nuklearen Sicherheitsbehörden wollten schließlich doch keinen definitiven Bruch mit der KUeR riskieren. So hielt Peter Courvoisier in einem internen Memorandum fest, ein „echter Bruch mit der KUeR wäre vielleicht doch zu heikel auch für uns" und „das Porzellan [würde] wohl ziemlich heftig zerschlagen", sollten die beiden nuklearen Sicherheitsbehörden ihre Rechtsansprüche einfach gegen den Willen der KUeR durchsetzen.[226] Diese Einschätzung ging mit der Beobachtung einher, dass KUeR-Präsident Otto Huber über ein ausgezeichnetes Netzwerk verfügte, dem mehrere hohe Bundespolitiker angehörten. So hatte Huber gute Beziehungen zum sozialdemokratischen Bundesrat und Vorsteher des EDI Hans-Peter Tschudi, dessen Departement die KUeR über das EGA administrativ angegliedert war. Ebenfalls direkte Kontakte unterhielt Huber zu hochrangigen christlich-demokratischen Politikern.[227] Zudem war das von der KUeR vorgebrachte Argument, die Bewilligung und die Überwachung von

---

224   Vgl. Archiv BAG, 18.6.1, Eidg. Kommission zur Überwachung der Radioaktivität KUeR,
      5. Teil, Protokoll über die Vermittlungtätigkeit in Sachen Kompetenzstreit KUeR-KSA,
      ohne Datum; Archiv BAG, 18.6.1, Eidg. Kommission zur Überwachung der Radioaktivität,
      der Luft und der Gewässer (KUeR), 2. Teil, Schreiben von Sauter an Bundesrat Tschudi,
      3.1.1973.
225   Vgl. Archiv BAG, 18.6.1, Eidg. Kommission zur Überwachung der Radioaktivität, der Luft
      und der Gewässer (KUeR), 2. Teil, Uebereinkunft, 7.12.1972.
226   CH-BAR#E8190B-01#1986/181#99*, Schreiben von P. Courvoisier an das AEW, 24.1.1972.
227   Vgl. ebd., Schreiben von P. Courvoisier an das AEW, 8.3.1972.

Atomanlagen müssten zwei unterschiedlichen Stellen obliegen, während der stark politisierten gesellschaftlichen Debatte um die zivile Nutzung der Atomenergie auch nicht unerheblich.

Doch selbst wenn feststeht, wer überwachen darf, ist damit noch nichts darüber gesagt, nach welchen Grundsätzen und Normen die Limits des Überwachungsprogramms für die verschiedenen Emissionsarten festgelegt werden sollen. Auch diese Frage bildete – wie ich im nächsten Abschnitt ausführen werde – Gegenstand für Konflikte.

Wie wird überwacht?

Im Bereich der Strahlenüberwachung von Atomkraftwerken waren im Herbst 1970, als die Streitereien zwischen der KUeR und den nuklearen Sicherheitsbehörden ausbrachen, noch keine einheitlichen Standards für Grenzwerte vorhanden. Vielmehr veränderten sich die diesbezüglichen Vorschriften sowohl auf internationaler als auch auf nationaler Ebene im Verlaufe der 1960er und 1970er Jahre fortlaufend.[228] So entstanden zwischen den Konfliktparteien inhaltliche Differenzen bezüglich der anzuwendenden Normen. Darüber hinaus hatten Anlagebetreiber auch beim Umgebungsschutz das Prinzip zu berücksichtigen, sich am jeweils neuesten Stand von Wissenschaft und Technik zu orientieren.[229] Auch dahingehend, wie dieses Prinzip in die Überwachungsvorschriften übersetzt werden sollte, existierten unterschiedliche Auffassungen.

Aufgrund der ausbrechenden Auseinandersetzungen verzögerte sich die Festlegung der Überwachungsvorschriften für Mühleberg erheblich, und als dieses Kernkraftwerk im Frühjahr 1972 den Betrieb aufnehmen wollte, war zwischen den Konfliktparteien immer noch keine Einigung in Sicht. Dies hatte zur Folge, dass sich die KSA gezwungen sah, für Mühleberg ohne Zustimmung der KUeR zunächst eigene Abgabebedingungen festzulegen und mithilfe des Eidgenössischen Instituts für Reaktorforschung, welches in seinen Laboratorien die Kontrollmessungen durchführte, selbst ein Überwachungsprogramm zu beginnen.[230] Dieses eigenmächtige Vorgehen war für die nuklearen Sicherheitsbehörden während der laufenden institutionellen Machtkämpfe durchaus gewagt. Jedenfalls hielt Peter Courvoisier in einem Schreiben an das AEW vorab fest, die nuklearen Sicherheitsbehörden würden

---

228   Vgl. Walker 2000, S. 29–66; Caufield 1994 [1989], S. 207–226.

229   Vgl. CH-BAR#E8190B-01#1986/181#99*, Schreiben von P. Courvoisier an das AEW, 10.1.1972, und Schreiben von P. Courvoisier an das AEW, 24.1.1972.

230   Vgl. ebd., Schreiben von P. Courvoisier an das AEW, 8.3.1972, und Schreiben von F. Alder an H. R. Siegrist, 18.8.1972.

durch ein solches Vorgehen in eine „heikle Lage" geraten, die „zu einem offenen Krieg zwischen uns und der KUeR plus BR [Bundesrat] Tschudi führen" könnte. Aus Sicht der beiden nuklearen Sicherheitsbehörden bestand jedoch keine andere Option, wäre es doch „ganz unangemessen" – so Courvoisier weiter –, „ein AKW wegen einer solchen Sache nicht laufen zu lassen, die sachlich ohne jede Schwierigkeiten geregelt werden könnte, bzw. längst geregelt wäre, wenn keine Kompetenzkonflikte im Spiel wären; man kann den Anlageinhaber nicht dafür büssen lassen, dass die Behörden sich nicht einig sind."[231] Dieses Zitat zeigt, wie sehr die nuklearen Sicherheitsbehörden in der Schweiz um die Interessen der Atomkraftwerkbetreiber besorgt waren.

Bei der Festsetzung der Aktivitätsabgaben von Atomanlagen ging es um die Frage der Definition der zulässigen Grenzwerte. Diese betrafen nur den Normalbetrieb, das heißt die routinemäßige Abgabe von kleinen Mengen von Radioaktivität in Form von Abluft und Abwasser in die Umgebung von Atomanlagen. Die umstrittene Festsetzung der Emissionsrichtlinien bezog sich somit nur auf den Normalfall, in welchem die in Betrieb stehenden Atomanlagen ‚normal' funktionierten, und nicht auf einen möglichen Notfall, bei welchem mitunter mit der Freisetzung größerer Mengen von Radioaktivität gerechnet werden musste.[232] Die in der Schweiz im Bereich der Strahlenüberwachung für den Normalfall maßgebliche gesetzliche Grundlage bildete die Schweizerische Strahlenschutzverordnung aus dem Jahr 1963. Anfang der 1970er Jahre war innerhalb der Bundesverwaltung und der eidgenössischen Strahlenschutzgremien indessen unbestritten, dass diese Verordnung revisionsbedürftig war. Dies in erster Linie deshalb, weil die darin formulierten Überwachungsvorschriften und Abgabelimits sich nicht auf den nuklearen Alltag mit Kernkraftwerken bezogen, von denen es zu Beginn der 1960er Jahre, als die Verordnung ausgearbeitet worden war, in der Schweiz noch keine gab. So hielt auch ein internes Memorandum der SSA vom Januar 1972 fest, dass die in der Strahlenschutzverordnung festgeschriebenen Grenzwerte „nicht immer gut getroffen oder formuliert [sind], besonders für AKW [...]".[233] Mitglieder der KUeR und Vertreter der SSA hatten bereits fünf Jahre früher, im Juni 1967, denselben Schluss gezogen. So war, als die Überwachungsvorschriften für das Versuchsatomkraftwerk Lucens diskutiert wurden, ein Konsens dahingehend vorhanden, dass „diese Verordnung für Atomkraftwerke [...] ungenügend ist". In der Folge wurde „einstimmig beantragt diese Verordnung abzuändern".[234]

---

231   Ebd., Schreiben von P. Courvoisier an das AEW, 24.1.1972.
232   Zur Notfallorganisation für die Umgebung von Kernkraftwerken vgl. Kapitel 6.3.
233   CH-BAR#E8190B-01#1986/181#99*, Schreiben von P. Courvoisier an das AEW, 24.1.1972.
234   CH-BAR#E8190B-01#1986/181#130*, Protokoll der 46. Sitzung der KUeR, 27.6.1967. Vgl. auch 11. Bericht der KUeR 1967, S. 1 f.

Tatsächlich arbeiteten Expertengruppen der Eidgenössischen Kommission für Strahlenschutz ab 1970 an einer neuen Fassung der Strahlenschutzverordnung, die schließlich 1976 in Kraft trat.[235]

Während der Streitigkeiten zwischen der KUeR und den nuklearen Sicherheitsbehörden galt indessen noch die ursprüngliche Version der Verordnung von 1963. Diese enthielt in Artikel 27 die grundsätzliche Formulierung, dass „möglichst wenige Personen einer Bestrahlung auszusetzen und die Dosen so niedrig wie möglich zu halten [sind]".[236] Dieses Prinzip verpflichtete die Betriebsinhaber von Atomanlagen dazu, ihre Anlage und deren Sicherheitsvorkehrungen gemäß dem neuesten Stand von Wissenschaft und Technik zu betreiben und die Emissionen wenn möglich fortlaufend zu reduzieren.[237] Der Soziologe Peter Weingart hat mit Blick auf die Kernenergie darauf hingewiesen, dass sich die Regulierung komplexer Technologien „von der statischen Definition von Prinzipien und Standards hin zu einer dynamischen Bindung an den jeweils neuesten Stand der Forschung" gewandelt habe.[238] Dabei stelle sich die essenzielle Frage, „wer berechtigt ist, über den ‚Stand von Wissenschaft und Technik' zu urteilen, und was als solcher gilt, wenn die Urteile im Widerspruch zueinander stehen."[239] Wie wir im Folgenden sehen werden, rekurrierten hinsichtlich der Festlegung von Grenzwerten beide Konfliktparteien auf das Prinzip des neuesten Standes von Wissenschaft und Technik, gelangten dabei jedoch zu abweichenden Interpretationen.

Ein Streitpunkt bestand in der Frage, ob man die Abgabelimits unterhalb der in der Strahlenschutzverordnung publizierten Werte in den Überwachungsvorschriften fixieren oder ob man einfach auf Artikel 27 rekurrieren sollte. Während die KUeR tiefere Limits verbindlich in den Überwachungsvorschriften für das Kernkraftwerk Mühleberg festschreiben wollte, waren die nuklearen Sicherheitsbehörden zwar ebenfalls der Ansicht, dass die Betreiber von Atomanlagen

---

235 Vgl. dazu Kapitel 4.2.

236 Verordnung über den Strahlenschutz 1963, Art. 27.

237 Vgl. CH-BAR#E8190B-01#1986/181#99*, Schreiben von P. Courvoisier an das AEW, 10.1.1972.

238 Weingart 2001, S. 156. Mit dieser Formulierung wird deutlich gemacht, dass sich die Forschung in einem bestimmten Gebiet an den „Forschungsfronten" befindet, das heißt „noch nicht abgeschlossen" ist und deshalb „noch keine festen und konsensuellen Standards" definiert wurden, das Wissen in diesen Feldern folglich „noch umstritten" und „unsicher" ist. Weingart 2001, S. 157 und S. 161.

239 Ebd., S. 157. Dieses Problem fiel auch SSA-Chef Peter Courvoisier auf, der in Bezug auf die Umsetzung von Art 27. der Strahlenschutzverordnung meinte: „Wer bestimmt, wie weit man hier gehen soll? Welche Freiheit soll der Betreiber der Anlage haben in der Ausschöpfung der Limiten [...]?", Zitat in: CH-BAR#E8190B-01#1986/181#99*, Schreiben von P. Courvoisier an das AEW, 10.1.1972.

die Grenzwerte der Verordnung nicht voll ausschöpfen können sollten, hielten
es aber für ihre eigene Kompetenz, den Betreibern vorzuschreiben, was
als möglichst tiefe Abgabelimits im Sinne von Artikel 27 technisch zumut-
bar bzw. machbar sei. Dabei bedürfe es – so Peter Courvoisier – „eines Ab-
wägens im Sinn der berühmten Risk/Benefit-Ratio".[240] Ein zweiter Streitpunkt
bildete die Frage, in welcher Form die Grenzwerte anzugeben seien. Die KUeR
argumentierte hier von der Strahlenbelastung der Bevölkerung her und wollte
deshalb die letztlich resultierenden Immissionen festsetzen. Demgegenüber
betonten die nuklearen Sicherheitsbehörden, die Anlagebetreiber seien gar
nicht in der Lage, die Dosisraten in der Umgebung einer Anlage in dieser
Exaktheit zu messen.[241] Die Frage der Angabe der Grenzwerte stellte sich also
verschieden, je nachdem ob man sie aus der Perspektive des Schutzes der Bevölkerung oder aus der Sicht der Betriebsführung betrachtete.

Die nuklearen Sicherheitsbehörden verglichen die in der Strahlenschutzverordnung festgeschriebenen Grenzwerte mit denjenigen anderer Länder
und kamen dabei zu dem Schluss, die in der schweizerischen Verordnung
definierten Normen befänden sich international gesehen im Mittelfeld. Zudem brauche man eine gewisse „Elastizität" für den Fall, „wenn einmal Verhältnisse eintreten, die höhere Abgaben von Aktivität an die Umgebung nötig
machen, damit weiterhin Strom produziert werden kann."[242] Der KUeR warfen
die nuklearen Sicherheitsbehörden vor, für ihre Forderungen nach Reduktion
der Grenzwerte bisher nie begründete Zahlenwerte geliefert, sondern diese
vielmehr aufgrund der virulenten gesellschaftspolitischen Diskussion über die
Atomenergie dem Druck der öffentlichen Meinung entsprechend festgesetzt
zu haben.[243]

Die KUeR bezog sich zwar ebenfalls auf das Argument, beim Umgebungsschutz von Atomanlagen gelte es, den neuesten Stand von Wissenschaft und
Technik anzuwenden. Sie wollte die Abgabelimits aber verbindlich auf einem
tieferen Niveau festlegen, gerade weil dies technisch machbar war. Zudem sah
die KUeR vor, das Mühleberg-Überwachungsprogramm später als Modell zu
benutzen, nach welchem die Vorschriften für das Eidgenössische Institut für
Reaktorforschung und das Kernkraftwerk Beznau I revidiert und die dort noch

---

240   CH-BAR#E8190B-01#1986/181#99*, Schreiben von P. Courvoisier an das AEW, 24.1.1972.
      Vgl. auch ebd., Schreiben von P. Courvoisier an das AEW, 10.1.1972.
241   Vgl. CH-BAR#E8190B-01#1985/59#194*, Schreiben von P. Courvoisier an das AEW,
      16.7.1970.
242   CH-BAR#E8190B-01#1986/181#99*, Schreiben von P. Courvoisier an das AEW, 24.1.1972.
243   Vgl. ebd.

geltenden – höheren – Grenzwerte ebenfalls herabgesetzt werden sollten.[244]
Insofern ist es kein Zufall, dass die Streitigkeiten bei der Festlegung der Überwachungsvorschriften für das Kernkraftwerk Mühleberg und nicht bereits
früher eskalierten. Aus der Perspektive der KUeR hatte es einige Zeit gebraucht,
bis eine kritische Menge an Wissen vorhanden gewesen war, um allgemeine
Überwachungsstandards zu definieren und die gesammelten Erfahrungen
aus den bereits durchgeführten Messprogrammen zu standardisieren. Den
nuklearen Sicherheitsbehörden warf die KUeR indessen vor, eine möglichst
flexible Handhabung je nach Betriebssituation zu favorisieren, anstatt sich
für verbindliche, für alle Anlagen geltende Richtlinien einzusetzen.[245] Das
dynamische Kriterium des neuesten Standes von Wissenschaft und Technik
ließ in Bezug auf die Strahlenüberwachung von Atomanlagen somit einen
großen Interpretationsspielraum offen, der ganz unterschiedlich gefüllt
werden konnte und entsprechend umkämpft war.

Es sollte wiederum mehrere Monate dauern, bis – wie in der Übereinkunft vom 7. Dezember 1972 vorgesehen – schließlich im Juli 1973 ein von der
KUeR und der KSA gemeinsam erarbeitetes Überwachungsprogramm für
das Kernkraftwerk Mühleberg in Kraft gesetzt werden konnte. Darin wurde
als Kompromiss eine höchstzulässige jährliche Ganzkörperdosis für Luft und
Wasser für eine hypothetische Bevölkerungsgruppe festgesetzt, die sich – so
die Annahme – ständig in unmittelbarer Nähe des Kernkraftwerkes aufhalten
würde.[246] Am meisten Zeit benötigte es jedoch – und davon handelt der letzte
Abschnitt –, die Konflikte in Sachen Informationspolitik beizulegen.

Wie wird informiert?

Die unterschiedlichen Standpunkte hinsichtlich der Publizitätspolitik der
beiden Konfliktparteien lassen sich wie folgt wiedergeben: Während die KUeR
auf der Veröffentlichung sämtlicher Messresultate aus dem Umgebungsüber-
wachungsprogramm von Atomanlagen in ihrem alljährlich erscheinenden

---

244   Vgl. bspw. Archiv BAG, 18.6.1, Eidg. Kommission zur Überwachung der Radioaktivität,
       der Luft und der Gewässer (KUeR), 1. Teil, Protokoll der 60. Sitzung der KUeR, 7.10.1971;
       Archiv BAG, 18.6.1, Eidg. Kommission zur Überwachung der Radioaktivität KUER 4. Teil,
       Protokoll der 66. Sitzung der KUeR, 4.10.1973, und Protokoll der 67. Sitzung der KUeR,
       7.2.1974; CH-BAR#E8190B-01#1986/181#130*, Protokoll der 68. Sitzung der KUeR, 24.5.1974,
       und Protokoll der 70. Sitzung der KUeR, 14.2.1975.
245   Vgl. CH-BAR#E8190B-01#1986/181#99*, Schreiben von P. Courvoisier an das AEW,
       24.1.1972.
246   Vgl. CH-BAR#E8190C#2004/496#61*, Reglement für die Überwachung der Umgebung
       des Kernkraftwerkes Mühleberg, 12.7.1973.

Tätigkeitsbericht beharrte, wollten die nuklearen Sicherheitsbehörden der KUeR höchstens erlauben, die in der Umgebung gemessenen Immissionswerte bzw. Ortsdosen zu publizieren, nicht aber die in den Überwachungsvorschriften festgeschriebenen Abgabelimits oder die tatsächlich gemessenen Emissionswerte.[247] Insbesondere die Veröffentlichung von Abgabemengen stelle – so befürchtete die SSA – „ein Politikum ersten Ranges dar", da man dann aus Rechtsgleichheitsgründen alle Betriebe im Land dazu verpflichten müsste, ihre Abgaben zu deklarieren und zu veröffentlichen.[248] Aufschlussreich sind die Begründungen, welche die beiden Konfliktparteien für ihre unterschiedlichen Strategien bezüglich der Informationspolitik lieferten.

Die KSA hielt sich in Sachen Informationspolitik aus strategischen Gründen bewusst im Hintergrund und überließ Anfragen aus der Öffentlichkeit zunächst dem Delegierten des Bundesrates für Fragen der Atomenergie, später der SSA. Man dürfe – so SSA-Chef Peter Courvoisier – die KSA „nicht unbedacht der Gefahr aussetzen", „in einem dringlichen Informationsfall etwas zu sagen, das sich nachträglich als ungeschickt herausstellt; denn hier ist das Prestige der ganzen KSA sogleich auf dem Spiel." Deshalb müsse man „zunächst Beamte in möglichst niedrigem Rang, aber doch so hoch, dass der Mann der Oeffentlichkeit gegenüber etwas gilt, ins Feuer schicken", „da man jeweils von einem höheren Niveau aus den Untergebenen desavouieren kann."[249] Um die KSA als Expertenkommission vor einem möglichen Vertrauensverlust zu schützen, wurden Informationsaufgaben also an Verwaltungsbeamte delegiert. Als Chef der SSA oblag es in erster Linie Peter Courvoisier selbst, die Öffentlichkeit – Teilnehmende an Gemeindeversammlungen sowie Mitglieder von Kantonsparlamenten, Kommissionen und weiteren Gremien – über die Sicherheit von Kernanlagen zu informieren.[250] Courvoisier bezeichnete sich in Sachen Öffentlichkeitsarbeit selbst als „Dilettant", der „in Hinsicht auf das ‚Wie' der Information im Detail noch und immer wieder zu lernen" habe, gerade weil „ja jede Information der Oeffentlichkeit zugleich ein politischer

---

247 Vgl. Archiv BAG, 18.6.1, Eidg. Kommission zur Überwachung der Radioaktivität KUeR, 5. Teil, Schreiben von O. Huber an U. Frey, 4.4.1974. Aus diesem Grund favorisierte die SSA auch eine Festsetzung der Limits in den – nicht öffentlichen – technischen Spezifikationen für Atomanlagen und wollte diese nicht in der – öffentlich zu machenden – Betriebsbewilligung festschreiben. Vgl. CH-BAR#E8190B-01#1986/181#99*, Kompetenzverteilung zwischen KSA und KUeR, 5.4.1971.

248 CH-BAR#E8190B-01#1986/181#99*, Schreiben von P. Courvoisier an das AEW, 24.1.1972.

249 CH-BAR#E8190B-01#1985/59#2*, Schreiben von P. Courvoisier an das AEW, 20.3.1970.

250 Vgl. ebd., Schreiben von P. Courvoisier an M. Boss, 26.6.1970.

Akt ist und nicht nur eine Darlegung technischer Dinge; das liegt im Wesen der Sache begründet, um die es geht."[251]

Um den selbst diagnostizierten Wissensrückstand in Sachen Informations- politik aufzuholen, griff Courvoisier zum einen auf psychologisches Wissen zurück. So besuchte er im Sommer 1970 den Zürcher Psychologieprofessor Medard Boss, nachdem er dessen „sehr interessantes Buch über seine ‚Indien- fahrt eines Psychiaters' in den letzten Ferien per Zufall in die Hand bekommen hatte" und ihm Boss „daher näher stand als irgend ein anderer Vertreter dieses Faches", um „seinen Rat über die wirkungsvollste und gleichzeitig doch red- liche Art der Beruhigung der Leute, die Angst vor der Atomenergie haben, einzuholen."[252] Zum anderen eignete sich Courvoisier Wissen aus dem boomenden Feld der Public Relations an, deren Anfänge in der Schweiz, meist noch unter dem Namen „Öffentlichkeitsarbeit", in die 1950er Jahre fallen.[253] Im Oktober 1969 nahm er in Karlsruhe an einem Symposium der *European Atomic Energy Society* über Public Relations im Bereich der Atomenergie teil.[254] Daraufhin leitete er im November 1970 in Bern selbst eine Tagung der Schweizerischen Vereinigung für Atomenergie, der einheimischen Lobby- organisation für die Atomenergiebranche, zum Thema „Sicherheit von Kern- kraftwerken und die Probleme der Radioaktivität".[255] Zudem hielt Courvoisier Vorträge an Tagungen, so im November 1973 am Institut für Reaktorsicherheit der Technischen Überwachungs-Vereine e. V. in Köln, in denen er etwa über den „Sinn der Information der Oeffentlichkeit über hochkomplexe Technologien" referierte. Diese Vorträge wurden in verschiedenen Branchenzeitschriften wie der „Elektrizitätswirtschaft", der „Atomwirtschaft" und als Anhang zum Bulletin der Schweizerischen Vereinigung für Atomenergie veröffentlicht.[256] Aufgrund des so erworbenen und weitergegebenen Wissens gelangte Courvoisier zu folgenden Grundannahmen bezüglich der anzustrebenden Öffentlichkeitsarbeit: Er ging davon aus, dass die Atomtechnologie eine für Laien unverständliche „hochkomplexe" Technologie darstelle, zumal Strahlen nicht sinnlich erfassbar seien. Dies könne bei Menschen „eine Grundangst"

---

251 Ebd., Schreiben von P. Courvoisier an das AEW, 12.3.1970.

252 Ebd., Schreiben von P. Courvoisier an das AEW, 15.7.1970. Vgl. auch ebd., Schreiben von P. Courvoisier an M. Boss, 26.6.1970.

253 Vgl. Röttger 2015, S. 536. Ein zentraler erster Akteur stellte die Zürcher PR-Firma Rudolf Farners dar. Dazu: Eugster 2018.

254 Vgl. CH-BAR#E8190B-01#1985/59#2*, Art der Information der Oeffentlichkeit, 2.4.1970.

255 Vgl. ebd., Schreiben von P. Courvoisier an das AEW, 12.3.1970.

256 CH-BAR#E8190B-01#1985/59#4*, Schreiben von P. Courvoisier an Zangger, 11.1.1974. Vgl. auch ebd., Schreiben von Kellermann an P. Courvoisier, 15.11.1973, und Reaction of the Public to the Licensing Procedure, [28.7.1975].

auslösen, „die nie beschwichtigt werden" und der man deswegen nur durch eine „Repetition der Argumente" begegnen könne; „wie bei der Reklame" sei eine solche Wiederholung „eine unbedingte Notwendigkeit". Man müsse den Menschen „immer wieder gut zureden" und „keinesfalls hochnäsig die Leute als dumm hinstellen", sondern „ihre bestehende Grundangst anerkennen" und ihnen „auf für sie verständliche Art die Dinge rational auseinander setzen und ihnen zeigen, wie sie wirklich anzusehen sind."[257] Dabei könne man auch einmal Dinge verschweigen, insbesondere dann, wenn „entsprechende Erklärungen für die Leute auf der Strasse sowieso unverständlich wären" oder wenn „auf eine Frage keine vollumfängliche Antwort gegeben werden muss".[258] Insgesamt ginge es darum, „die in dieser Sache Stillen im Lande zu stärken und darauf zu hoffen, dass diejenigen Aengstlichen, die Lärm machen, damit einmal aufhören werden."[259] Courvoisiers Auffassung avancierte im Einvernehmen mit der KSA zum offiziellen informationspolitischen Credo des AEW, dessen wichtigster Punkt wie folgt lautete: „Die Information der Öffentlichkeit soll [...] korrekt und umfassend, jedoch nicht schönfärbend sein. Der Informierende braucht dabei Punkte nicht von sich aus aufzugreifen, die in der öffentlichen Diskussion eine unglückliche Wirkung haben könnten, weil es nicht möglich ist, sie so klar darzulegen, dass diese Diskussion auf einer vernünftigen Basis stehen würde."[260] Die nuklearen Sicherheitsbehörden richteten sich also nach einem hierarchischen Informationsmodell, welches die Deutungsmacht von Experten höher gewichtete als den Informationsanspruch der schweizerischen Öffentlichkeit.

Die nuklearen Sicherheitsbehörden und das AEW sahen ihre Einschätzung während den gesellschaftlichen Auseinandersetzungen um die zivile Nutzung der Atomenergie wiederholt bestätigt. So beispielsweise durch die Broschüre „Atomkraftwerke – Nein!", in welcher aus ihrer Sicht Messresultate und Zitate aus dem Tätigkeitsbericht der KUeR aus dem Jahr 1970 in unkorrekter und aus dem Zusammenhang gerissener Form wiedergegeben wurden (Abb. 12).[261] Aus diesem Grund, das heißt aus Angst vor Fehlermeldungen und Falschinterpretationen, wehrten sich die nuklearen Sicherheitsbehörden zunächst gegen eine weitere Veröffentlichung der Ergebnisse der Umgebungsüberwachung von Atomanlagen in den zukünftigen Berichten der KUeR. Tatsächlich stießen die Jahresberichte der KUeR während der Anti-Atomkraft-Debatte Mitte der

---

257 CH-BAR#E8190B-01#1985/59#2*, Schreiben von P. Courvoisier an das AEW, 15.7.1970.

258 Ebd., Schreiben von P. Courvoisier an das AEW, 12.3.1970.

259 Ebd., Schreiben von P. Courvoisier an das AEW, 15.7.1970.

260 Ebd., Schreiben von Siegrist an F. Alder und P. Courvoisier, 23.4.1970.

261 Vgl. CH-BAR#E8190B-01#1986/181#99*, Schreiben von P. Courvoisier an das AEW, 24.1.1972.

Abb. 12   Broschüre „Atomkraftwerke – Nein!", 1971.

1970er Jahre auf ein erhöhtes Interesse und wurden seitens der Bevölkerung, aber auch von Schulen, Organisationen und Medien stark nachgefragt.[262]

Die KUeR verfolgte ein gänzlich anderes informationspolitisches Konzept als die KSA. Während der Kompetenzkonflikte verglich die KUeR ihre Aufgabe mit derjenigen einer „Sektion Radioaktivität des Amtes für Umweltschutz", wiewohl zum Umweltschutzamt keinerlei Beziehungen bestanden.[263] Sie interpretierte ihren Auftrag so, dass sie die Aufsichtsinstanz über alles sei, was mit Strahlen in der Schweiz zu tun habe, das heißt, sie wollte festlegen, wie viel Radioaktivität in die Umwelt gelangen durfte, und sie wollte

---

262   So zum Beispiel im Jahr 1976. Vgl. dazu die verschiedenen Zeitungsartikel in: CH-BAR#E3300C#1993/155#593*.

263   CH-BAR#E8190B-01#1986/181#99*, Schreiben von P. Courvoisier an das AEW, 10.1.1972.

wissen, wer wie viel Radioaktivität produzierte und verbrauchte.[264] Sie betonte als Gremium immer wieder ihre Unabhängigkeit und sah sich nicht als Teil der Bundesverwaltung.[265] Dementsprechend zielte ihre informationspolitische Strategie auf „eine vollständige Transparenz aller Angaben, welche die Oeffentlichkeit bezüglich ‚Radioaktivität' berührt"[266], um „durch eine transparente Informationspolitik die Oeffentlichkeit so neutral wie möglich über die radioaktive Gefährdung durch KKW zu orientieren. Angesichts der heutigen Situation möchten wir diese Information stets vertiefen."[267]

Die öffentliche Meinung spielte in den informationspolitischen Überlegungen der KUeR während der in der Schweiz stark polarisierenden Auseinandersetzungen zwischen Atomkraftgegnerinnen und -gegnern und Atomkraftbefürworterinnen und -befürwortern eine wichtige Rolle. Auch während der Konflikte mit den nuklearen Sicherheitsbehörden rekurrierten sowohl die KUeR als auch das ihr verbundene EGA wiederholt auf die öffentliche Meinung, um ihre Standpunkte zu untermauern.[268] Die angenommene Reaktion der Öffentlichkeit spielte auch bei der Ausgestaltung des Messprogramms eine Rolle, so beispielsweise Anfang des Jahres 1971, als bei der Eidgenössischen Anstalt für Wasserversorgung, Abwasserreinigung und Gewässerschutz aufgrund von Personalschwierigkeiten ein Abbau der Routinemessungen bei den Oberflächengewässern im Raum stand. Begründet wurde der anvisierte Abbau damit, dass die rund dreizehnjährigen Kontrollmessungen gezeigt hätten, dass die Aktivität sowohl von Fluss- als auch von Seewasser „meist an der Grenze der Messbarkeit lag und im wesentlichen von der Radioaktivität des natürlichen Kalium-40 herrührte".[269] Während der laufenden Debatte um den Bau von Kernkraftwerken schien es der Sektion für Strahlenschutz des EGA indessen „nicht opportun, heute die Radioaktivitätsbestimmung von Oberflächengewässerproben gänzlich einzustellen."[270] Aus diesem Grund wurde die Gewässerüberwachung ober- und unterhalb von Reaktoranlagen weitergeführt.[271]

---

264 Vgl. ebd.
265 Vgl. bspw. Archiv BAG, 18.6.1, Eidg. Kommission zur Überwachung der Radioaktivität KUeR, 5. Teil, Schreiben von O. Huber an W. Ritschard, 18.10.1974.
266 Ebd., Schreiben von O. Huber an U. Frey, 4.4.1974.
267 Ebd., Schreiben von O. Huber an W. Ritschard, 18.10.1974.
268 Vgl. bspw. Archiv BAG, 18.6.1, Eidg. Kommission zur Überwachung der Radioaktivität, der Luft und der Gewässer (KUeR), 2. Teil, Schreiben von Sauter an Bundesrat Tschudi, 3.1.1973.
269 Archiv BAG, 18.2.1b, Sitzungsprotokolle, Vorschlag an die KUeR betreffend Abbau der Routine-Arbeiten, 27.1.1971.
270 Ebd., Notiz von W. Rottenberg, 8.2.1971.
271 Vgl. ebd.

Auch in Bezug auf die Streitigkeiten um die Informationspolitik, welche in der Übereinkunft vom 7. Dezember 1972 nicht befriedigend gelöst werden konnten, kam es schließlich zu einem Kompromiss, für dessen Aushandlung im Wesentlichen wiederum der Direktor des EGA Arnold Sauter verantwortlich zeichnete.[272] Die KSA erklärte sich damit einverstanden, im Tätigkeitsbericht der KUeR gemeinsam mit letzterer die höchstzulässigen Emissionen einer Atomanlage in die Abluft und in das Abwasser sowie die daraus zu erwartenden Immissionen zu publizieren. Zudem durfte die KUeR selbstständig die tatsächlich gemessenen Emissionen und die in der Umgebung festgestellten Immissionen bzw. Ortsdosen veröffentlichen.[273]

In der abweichenden Informationspolitik der beiden Konfliktparteien spiegelten sich die unterschiedlichen strategischen Ziele und Interessen dieser Institutionen während der gesellschaftlichen Debatte um die Atomenergie wider. Diese äußerten sich primär in einem verschiedenartigen politischen und psychologischen Umgang mit der Bevölkerung. Die nuklearen Sicherheitsbehörden hielten es für vorteilhaft, wenn die öffentliche Diskussion abflaute. Deshalb versuchten sie, jegliche Information zu vermeiden, welche diese Debatte erneut befeuern könnte, da dies ihre Tätigkeit erschweren und ihr Vertrauenskapital potenziell verringern würde. Demgegenüber war es das Ziel der KUeR, ihr Vertrauenskapital durch eine möglichst transparente Informationspolitik zu erhöhen. Vertrauen galt während der Anti-Atomkraft-Debatte, als ein allgemeiner Vertrauensverlust in Experten und Behörden konstatiert wurde, als enorm wichtiges Gut.[274] Die KUeR erkannte dessen Bedeutung und versuchte, ihre Öffentlichkeitsarbeit darauf auszurichten. Demgegenüber waren sich die nuklearen Sicherheitsbehörden der Kostbarkeit – und der Brüchigkeit – dieses Guts weniger bewusst. Dies sollte sich als Hypothek erweisen. So sahen sich die nuklearen Sicherheitsbehörden unter anderem gerade aufgrund ihrer intransparenten Informationspolitik dem Vorwurf des „Atomfilzes" ausgesetzt.[275]

Im Kern gelangte im unterschiedlichen Umgang mit der Öffentlichkeit ein divergierendes Gouvernementalitätsverständnis zum Ausdruck. Während die KUeR mit ihrem Transparenzgebot eine Informationspolitik propagierte, die man als ‚liberal' bezeichnen kann, lässt sich das auf Intransparenz und Bevormundung der Bürgerinnen und Bürger abzielende Informationscredo

---

272 Vgl. Archiv BAG, 18.6.1, Eidg. Kommission zur Überwachung der Radioaktivität KUeR, 3. Teil, Schreiben von Sauter an das AEW, die KSA, die ASK und die KUeR, 11.12.1973.

273 Vgl. CH-BAR#E3300C#1993/155#595*, Schreiben von F. Alder an U. Frey, 16.5.1974.

274 Zum Vertrauensverlust der Experten während der Anti-Atomkraft-Debatte: Kupper 2005a.

275 Vgl. Kupper 2003a, S. 180.

der nuklearen Sicherheitsbehörden als ‚paternalistisch' und ‚autoritär' beschreiben, da es auf eine hierarchische Verteilung von Wissen abzielte. Indem
sie die Frage der Strahlensicherheit von Atomkraftwerken als – zwar umstrittenes, aber mit der notwendigen Expertise handhabbares – Problem der
Radioaktivitätsmessung reformulierten, teilten die Konfliktparteien indessen
eine szientistisch-technokratische Haltung. So waren sie überzeugt davon,
dass sich die Sicherheitsprobleme der Atomtechnologie wissenschaftlich lösen
ließen. Im Hinblick auf die gesellschaftlich kontrovers diskutierte Verbreitung
der Atomenergie kam damit beiden Expertengremien eine legitimierende
Funktion zu.

3.4   Fazit

Messinstrumente bilden die materiell-technische Grundlage für jede Form der
Strahlenüberwachung. Im beginnenden Kalten Krieg erachtete es das Schweizer
Militär als essenziell, Strahlenmessgeräte zu besitzen, welche während eines
künftigen Atomkrieges eine Verstrahlung möglichst rasch feststellen würden.
Die Geschichte dieser Strahlenmessgeräte weist Parallelen zur Geschichte der
biologischen Strahlenforschung auf: Auch hier spielten Autarkievorstellungen
aus dem ideologischen Reservoir der totalen Landesverteidigung eine wesentliche Rolle. Eine autarke Forschung und Entwicklung von Strahlenmessgeräten
sollten nicht nur die Unabhängigkeit der schweizerischen Landesverteidigung
stärken, sondern gleichzeitig auch zur Förderung des Produktionsstandortes
Schweiz beitragen. Die federführende Kriegstechnische Abteilung arbeitete
deshalb ab dem Ende der 1940er Jahre mit einheimischen Industrieunternehmen zusammen, um Überwachungs- und Suchgeräte gegen Radioaktivität
herzustellen. Unterstützt durch Wissenstransfers aus den USA und anderen
Ländern des ‚Westblocks' entwickelte sich die Kooperation von Militär und
Industrie in diesem Industriezweig zu einem erfolgreichen Joint Venture: Die
Schweizer Armee erhielt die benötigten Messapparate sowie Zugriff auf ausgebildetes Fachpersonal, während Firmen wie das Zuger Unternehmen Landis
& Gyr Unterstützung beim Einstieg in den Produktionszweig der Radioaktivi-
tätsmessung bekamen.

    Die Anfänge der Strahlenüberwachung in der Schweiz zeigen, wie sehr
diese zunächst der militärischen Vorbereitung auf einen Atomkrieg diente.
Zu Beginn eng an die militärische Förderung und Nutzung der Atomenergie gekoppelt und insofern ebenfalls eine Kriegstechnologie, wurde
die Radioaktivitätsmesstechnologie schon bald – und dies ist eine zweite
Parallele zur Geschichte der biologischen Strahlenforschung – auf zivile

Anwendungsgebiete übertragen. Ab Mitte der 1950er Jahre rückte – ausgelöst
durch den radioaktiven Fallout der oberirdischen Atomwaffentests und den
beginnenden nuklearen Alltag – die Überwachung der Umweltradioaktivität
ins Zentrum der öffentlich-medialen Aufmerksamkeit. Das Messen der Radioaktivität der Luft, der Niederschläge und der Gewässer erwies sich dabei als
wesentlich unschärfere und voraussetzungsreichere Tätigkeit, als man gemeinhin annehmen könnte. Um eine Vergleichbarkeit der Messresultate zu gewährleisten, musste die zuständige Eidgenössische Kommission zur Überwachung
der Radioaktivität (KUeR) im Messprozess immer wieder Eingriffe vornehmen
und aufwändige Standardisierungs- und Normierungsverfahren einführen.
Bei der Strahlenüberwachung erlangten aber nicht nur wissenschaftliche,
sondern insbesondere auch politische Kriterien epistemische Relevanz. So
berücksichtigte die KUeR beim Messprogramm auch wahrnehmbare Atomängste in der Bevölkerung. Zudem ordnete sie Regionen eine unterschiedliche
Priorität bezüglich der Strahlensicherheit zu, indem sie das Messnetz nach der
fragwürdigen Variablen der Bevölkerungsdichte ausrichtete. Die Strahlenüberwachung zielte letztlich nicht auf eine individuelle Gesundheitsprävention
ab, sondern nahm im Sinne einer Strahlenepidemiologie das Kollektiv der Bevölkerung in den Blick.

Während der Fallout-Debatte orientierten sich die routinemäßig durchgeführten Strahlenmessungen der KUeR an den Frequenzen der atomaren Test-
explosionen: Bei einem Anstieg der Radioaktivität wurde das Messnetz jeweils
ausgebaut, während es bei einem Rückgang entsprechend reduziert wurde.
Die Konjunkturen des internationalen Kalten Krieges vermögen allerdings
nicht zu erklären, weshalb die Strahlenüberwachung in der Schweiz nach
dem Ende der oberirdischen Versuchsexplosionen im Jahr 1963 fortgeführt
und insgesamt sogar ausgedehnt wurde. Wesentlich war hier die Dynamik der
Radioaktivitätsüberwachung als Wissensgebiet, das zunehmend spezialisierte
Forschungen und neue Untersuchungsgegenstände hervorbrachte. Im Zuge
dieser Ausweitung wurden immer mehr Akteure ins Überwachungsdispositiv
eingebunden und die Überwachung auf immer mehr Stellen verteilt. Im
Normalfall erfolgte die Strahlenüberwachung somit im Modus der ‚verteilten
Sicherheit‘.

Diese ‚Verteilung‘ von Strahlensicherheit führte während den virulenten
gesellschaftlichen Auseinandersetzungen um die zivile Nutzung der Atomenergie in den 1970er Jahren zu Konflikten zwischen der KUeR und den beiden
nuklearen Sicherheitsbehörden des Bundes – der Eidgenössischen Kommission
für die Sicherheit von Atomanlagen und der Sektion für Sicherheitsfragen von
Atomanlagen –, was die Frage der Umgebungsüberwachung von Kernkraftwerken betraf. Im Zentrum dieses institutionellen Machtkampfes standen

umstrittene Kompetenzansprüche, divergierende Auffassungen bezüglich der maßgebenden Überwachungsnormen sowie verschiedenartige Vorstellungen hinsichtlich der zu verfolgenden Informationspolitik.

Trotz solcher Auseinandersetzungen lag der Strahlenüberwachung letztlich der von allen Akteuren des schweizerischen Strahlenschutznetzwerks geteilte schweizerische Kalte-Krieg-Konsens zugrunde. Die Überwachung zielte sowohl während der Anti-Atomkraft- wie auch bereits während der früheren Fallout-Debatte darauf ab, fortlaufend zu demonstrieren, dass sich die gemessene Radioaktivität unterhalb der festgelegten Grenzwerte befand. Dadurch sollte aus gouvernementaler Sicht Normalität geschaffen und Vertrauen in die Atomenergienutzung und die Strahlensicherheit hergestellt werden.

KAPITEL 4

Regulieren

Die Regulierung von Strahlen hat zum Ziel, Strahlensicherheit für den nuklearen Alltag herzustellen und so gleichzeitig eine produktive Zirkulation von ionisierenden Strahlen und radioaktiven Stoffen zu ermöglichen. Bis zum Anfang der 1950er Jahre stellte die Formulierung von Strahlenschutznormen in der Schweiz eine Domäne dar, die privaten Institutionen überlassen wurde. So wurden Strahlenschutzrichtlinien jeweils von der Schweizerischen Röntgengesellschaft, der Standesorganisation der Radiologen, publiziert. Diese Richtlinien waren rechtlich nicht bindend und befassten sich selbstredend nur mit der Handhabung von Röntgenstrahlen in der medizinischen Praxis.[1] Die zunehmende Verwendung von radioaktiven Stoffen und ionisierenden Strahlen sowohl in der Medizin als auch in der Forschung und der Industrie wurde hingegen nicht thematisiert. Dies änderte sich im anbrechenden ‚Atomzeitalter‘. Die Expansion von Strahlen im nuklearen Alltag verlangte nach einer Ausdehnung von Schutzbestimmungen, um die mit der Radioaktivität verbundenen Gefahren zu kontrollieren: Die Regulierung von Strahlen wurde zu einer gouvernementalen Aufgabe erklärt.

Das folgende Kapitel untersucht die Regulierung von Strahlen in der Schweiz ab 1950. Dabei interessieren insbesondere drei Zusammenhänge: Erstens stellt sich die Frage, wie sich die Strahlenschutzbestimmungen während der Epoche des Kalten Krieges entwickelten. Wann entstanden neue Regelwerke, und wie veränderten sich diese? Welche Akteure waren bei der Regulierung federführend? Der zweite Zusammenhang betrifft die Rolle von internationalen Strahlenschutznormen im nationalen Regulierungsprozess. Wo übernahm die Schweiz internationale Standards, und inwiefern wich sie davon ab? Nach welchen Grundsätzen wurden eigene Strahlenschutzbestimmungen erlassen? Drittens untersucht das Kapitel die spezifischen sozialen und politischen Kontexte, in denen Strahlenschutzrichtlinien entstanden. Welche Diskurse und Ereignisse vermochten die Schaffung oder die Änderung von Strahlenschutzregelungen anzustoßen? Wie wirkte sich die gesellschaftliche Problematisierung von Strahlengefahren auf die Entwicklung von Strahlenschutzbestimmungen aus?

---

1 Vgl. Dommann 2003, S. 359, S. 362 und S. 374 f.

4.1   Strahlenschutz als Bundesaufgabe. Von den Richtlinien für den Schutz gegen ionisierende Strahlen zur Strahlenschutzverordnung, 1950–1963

Im Mai 1950 wandte sich der Präsident der Isotopenkommission der Schweizerischen Akademie der Medizinischen Wissenschaften Alfredo Vannotti mit einem Schreiben an das Eidgenössische Gesundheitsamt (EGA). Darin propagierte er eine Regulierung der medizinischen und industriellen Nutzung von Radioisotopen. Es sei von großer Wichtigkeit – so hielt Vannotti fest –, dass in Laboratorien, Spitälern und Fabriken, in denen mit radioaktiven Isotopen gearbeitet werde, strikte Kontrollen ausgeübt und präzise Bestimmungen festgelegt würden, um von den Isotopen ausgehende Strahlengefahren zu vermeiden. Als Kontrollinstanz schwebte Vannotti das EGA vor.[2]

Das EGA nahm die Initiative der Isotopenkommission sofort auf. Bereits im darauffolgenden Monat traf Vannotti mit dem Chef der Pharmazeutischen Sektion des EGA Gustav Weisflog zu einer Besprechung zusammen. Anlässlich dieses Treffens legte Vannotti die Gründe für den Vorstoß dar: Die Isotopenkommission könne den Bezug und die Verteilung von Radioisotopen in der Schweiz, für die sie bisher verantwortlich gewesen sei, künftig „nicht mehr voll übernehmen". „Die Materie" habe, wie Vannotti weiter erläuterte, „eine Ausweitung erfahren", sodass sich „eine allgemeingültige behördliche Regelung" aufdränge. Es gebe nämlich inzwischen schweizerische Importeure, welche der Isotopenkommission „überhaupt nicht bekannt" seien und bei denen „[d]ie Garantie für zweckmässige Verwendung, Verpackung und das Exportverbot" fehle. Bei Radioisotopen handle es sich jedoch um „sehr gefährliche Stoffe", mit denen „sich nur qualifizierte Personen" befassen sollten. Nach dem Treffen hielt Weisflog in einer Notiz fest, dass es sich „schon jetzt" abzeichne, „dass eine Mitwirkung des Bundes an der Isotopenfrage sehr erwünscht ist."[3]

Im Mai 1963 trat die Schweizerische Verordnung über den Strahlenschutz in Kraft, mittels welcher der Umgang mit radioaktiven Stoffen und ionisierenden Strahlen umfassend geregelt wurde.[4] Von den ersten Abklärungen des EGA bis zur Schaffung rechtlich verbindlicher Strahlenschutznormen dauerte es folglich mehr als ein Jahrzehnt. Das vorliegende Teilkapitel behandelt diese erste Phase der Regulierung von Strahlen in der Schweiz, welche mit der Inkraftsetzung der Strahlenschutzverordnung ihren Abschluss fand. Im Zentrum steht

---

2   Vgl. CH-BAR#E3300C#1968/236#295*, Schreiben von A. Vannotti an Dr. Vollenweider, 3.5.1950.

3   Ebd., Notiz von Weisflog betreffend Radioaktive Isotope, 7.6.1950.

4   Vgl. Verordnung über den Strahlenschutz 1963.

die Frage, welche Faktoren dafür verantwortlich waren, dass die Regulierung von Strahlen im Verlaufe der 1950er Jahre zu einer neuen Aufgabe der Bundesbehörden wurde.

Neue Sicherheitsvorschriften, föderalistische Hindernisse, diskursive Leerstellen

Zu Beginn der 1950er Jahre war im EGA nur spärlich Wissen über rechtliche und praktische Aspekte des Strahlenschutzes vorhanden. Dies lässt sich in erster Linie auf den Umstand zurückführen, dass der Bund und die meisten Kantone die Kontrolle der Handhabung ionisierender Strahlen bisher im Wesentlichen einer privaten Organisation überlassen hatten: 1928 hatte die Schweizerische Röntgengesellschaft in Eigenregie „Richtlinien für die Erstellung und Führung von Röntgeninstituten" herausgegeben, die 1934 revidiert wurden. Wie die Historikerin Monika Dommann herausgearbeitet hat, setzten die Radiologen in der Schweiz mit diesen freiwilligen verbandsinternen Richtlinien bewusst auf den Modus der Selbstregulierung, um einen gouvernementalen Eingriff in die Ausübung ihrer beruflichen Tätigkeit möglichst zu verhindern. Damit taten sie es den Radiologen auf internationaler Ebene gleich, die 1928 am internationalen Radiologiekongress in Stockholm ebenfalls zum Zweck der Selbstregulierung ihrer Profession das Internationale Komitee zum Schutz vor Röntgenstrahlung und Radium ins Leben gerufen hatten.[5] Auch der Bezug und die Verteilung von Radioisotopen erfolgte zunächst im Selbstregulierungsmodus, wobei hier ebenfalls eine private Organisation – die Isotopenkommission der Schweizerischen Akademie der Medizinischen Wissenschaften – die Funktion einer Kontrollinstanz übernahm. Als letztere Anfang der 1950er Jahre mit dem Vorstoß an das EGA herantrat, die Verwendung von Radioisotopen künftig behördlich zu regulieren, hatte sich die Ausgangslage insofern geändert, als die Radioisotopen produzierenden Staaten – in erster Linie die USA, aber auch Kanada und Großbritannien – die Lieferung dieser radioaktiven Stoffe an den Erlass und die Einhaltung bestimmter Sicherheitsvorschriften im Empfängerland knüpften. So mussten die Behörden etwa offizielle Verbindungsleute bezeichnen; für die USA wurde diese Funktion von einem Vertreter der schweizerischen Gesandtschaft in Washington und der Isotopenkommission in der Schweiz übernommen.[6]

---

5 Vgl. Dommann 2003, S. 353 und S. 362. Einzig die Kantone Genf und Waadt machten den Gebrauch eines Röntgenapparates 1926 bzw. 1928 von einer Bewilligung abhängig. Vgl. ebd., S. 361.

6 Vgl. CH-BAR#E3300C#1968/236#294*, Notiz betreffend Strahlenschutz bei radioaktiven Isotopen, 13.10.1951, und Protokoll der Sitzung der kleinen Expertengruppe für radioaktive Isotope, 12.12.1951.

Hintergrund dieser Entwicklung war der sprunghaft ansteigende globale
Handel mit Radioisotopen, welche in der Medizin und der Industrie immer
mehr nachgefragt wurden und deren Produktion und Vermarktung hohe ökonomische Gewinne versprachen.[7]

Aufgrund der expandierenden Verbreitung sah sich die Isotopenkommission, wie bereits erwähnt, nicht mehr imstande, die Einhaltung der
geforderten Sicherheitsstandards zu garantieren, und plädierte deshalb dafür,
diese Aufgabe dem EGA zu übertragen.[8] Das Konzept der Selbstregulierung
durch private Akteure stieß folglich in jenem Moment an Grenzen, als sich
die „Isotopenökonomie" auch in der Schweiz entwickelte. Gleichzeitig war die
Bundesverwaltung zu jenem Zeitpunkt an einer Ausweitung ihrer Zuständig-
keitsbereiche interessiert und nahm entsprechende Initiativen in der Regel
gerne auf. Die für den Erhalt von Radioisotopen unabdingbare transnationale
Zusammenarbeit wirkte insofern als Katalysator für diese Entwicklungen, als
sie Sicherheitsverpflichtungen mit sich brachte, die eine staatliche Regulierung
von Strahlen zunehmend als sinnvoll, wenn nicht gar als notwendig erscheinen
ließen.

Auf dem Gebiet der Atomenergie und des Strahlenschutzes existierte Anfang der 1950er Jahre noch keine Gesetzgebung auf der Ebene des Bundes.[9]
Das EGA musste deshalb zunächst abklären, inwiefern eine Formulierung
von Strahlenschutznormen innerhalb der bestehenden Rechtsgrundlagen
überhaupt möglich war. Aus diesem Grund fand im März 1951 eine Aussprache des EGA mit dem Präsidenten der Isotopenkommission, Vertretern
des Eidgenössischen Fabrikinspektorates und der Schweizerischen Unfallversicherungsanstalt (SUVA) sowie verschiedenen Wissenschaftlern statt.[10] Zu
letzteren zählten unter anderem Alexander von Muralt, Physiologieprofessor
an der Universität Bern, Mitglied der Schweizerischen Studienkommission für
Atomenergie und späterer Präsident des Schweizerischen Nationalfonds zur
Förderung der wissenschaftlichen Forschung, Gustave Joyet, Leiter des Isotopenlaboratoriums am Kantonsspital Zürich, sowie Walter Minder, Leiter

---

7   Zur Isotopenproduktion und -ökonomie der USA: Creager 2013, bes. S. 60–106, S. 107–142
     und S. 180–219; Creager 2009; Creager 2006; Creager 2004; Creager 2002. Zum Import von
     Radioisotopen in die Bundesrepublik Deutschland: von Schwerin 2015, S. 315–323. Zur
     Bedeutung der Radioisotope für das österreichische Atomprogramm: von Schwerin 2012.
8   Vgl. CH-BAR#E3300C#1968/236#295*, Schreiben von A. Vannotti an Dr. Vollenweider,
     3.5.1950.
9   Zur Entwicklung der Atomenergiegesetzgebung in der Schweiz: Göppner 2013; Kupper
     2003a, S. 175–179; Kupper 2003b; Lanthemann 1999; Rausch 1980.
10   Zur Geschichte der SUVA: Lengwiler 2006.

des Radiuminstituts am Inselspital Bern, der im Auftrag der Schweizerischen Röntgengesellschaft deren Richtlinien auf den neuesten Stand bringen sollte.[11]

Was die medizinische Anwendung von Radioisotopen betraf, sah das EGA vor, diese als Heilmittel zu taxieren. Der Umgang mit Heilmitteln unterstand indessen mit wenigen Ausnahmen der Kompetenz der Kantone. Die einzige Handhabe des Bundes sah das EGA deshalb in der Aufnahme eines Artikels über Radioisotope in die schweizerische Pharmakopöe. Für den Handel mit Radioisotopen schlug das EGA vor, diese aufgrund ihrer gesundheitsschädigenden Wirkungen als Gifte zu klassifizieren, sodass die kantonalen Giftgesetze Anwendung finden könnten. Bei Betrieben, die mit radioaktiven Stoffen operierten – vor allem Unternehmen in der Uhrenindustrie, aber auch solche in der Textil- und Papierindustrie sowie Buchdruckereien –, hielt es das EGA für denkbar, als gesetzliche Grundlage für Kontrollen das Fabrik- sowie das Kranken- und Unfallversicherungsgesetz heranzuziehen. Dies schien den Vertretern der SUVA und des Fabrikinspektorats, die solche Firmen beaufsichtigten, zwar ebenfalls möglich; sie wiesen allerdings darauf hin, dass die Einführung einer Bewilligungspflicht für radioaktive Stoffe wiederum Sache der Kantone wäre. Die Anwesenden kamen schließlich überein, dass nicht nur der Handel, sondern auch die gewerblich-industrielle Nutzung von radioaktiven Substanzen auf kantonaler Ebene reguliert werden müsste.[12] Die Vorschläge zeigen, dass die Klassifikation von ionisierenden Strahlen und radioaktiven Stoffen zwischen Heilmitteln und Giften oszillierte. Darin spiegelte sich deren ambivalentes Potenzial wider, gleichzeitig als gesundheitsschädigende und heilbringende Agenzien fungieren zu können.[13] Zudem wird deutlich, dass dem Bund die Kompetenzen fehlten, um Strahlenschutznormen zu erlassen. Deshalb sollten die Kantone in die Pflicht genommen werden. Der Vizedirektor des EGA Arnold Sauter gab diesbezüglich seiner Hoffnung Ausdruck, es sei anzunehmen, „dass die wichtigen Kantone, wie Zürich, Bern und Basel dazu Hand bieten, wenn sie aufgefordert werden."[14]

---

11   Vgl. CH-BAR#E3300C#1968/236#294*, Protokoll der Aussprache über die Handhabung und den Verkehr mit radioaktiven Isotopen, 8.3.1951.

12   Vgl. ebd.

13   Vgl. dazu Kapitel 2.2. Bereits in den 1920er Jahren hatte die Idee bestanden, Röntgenstrahlen als Gifte zu klassifizieren, um Röntgenschäden in die Kategorien der Unfallversicherung einordnen zu können. Vgl. Dommann 2003, S. 357 und S. 396. Dagegen sprach sowohl dann als auch in den 1950er Jahren das Argument, nicht ionisierende Strahlen bzw. radioaktive Stoffe an sich, sondern die von ihnen ausgehende Strahlung bzw. Energie sei gefährlich. Vgl. CH-BAR#E3300C#1968/236#294*, Möglichkeiten einer bundesrechtlichen Regelung der Verwendung radioaktiver Isotope, 20.3.1953.

14   CH-BAR#E3300C#1968/236#294*, Protokoll der Aussprache über die Handhabung und den Verkehr mit radioaktiven Isotopen, 8.3.1951.

Der Föderalismus stellte für die Regulierung von Strahlen somit ein Hindernis dar. Die Handlungsmöglichkeiten des Bundes waren aufgrund fehlender Rechtsgrundlagen stark eingeschränkt. Auf kantonaler Ebene waren zwar einzelne Gesetze vorhanden, die als mögliche Grundlage für eine Regulierung infrage kamen. Diese hätten jedoch, wenn überhaupt, nur Teilgebiete zu regeln vermocht, was eine gemeinsame Regulierung der verschiedenen Anwendungsgebiete von Radioisotopen – Medizin auf der einen, Handel, Gewerbe und Industrie auf der anderen Seite – unmöglich gemacht hätte. Mit den zu Beginn der 1950er Jahre in der Schweiz bestehenden gesetzlichen Grundlagen ließ sich die „Isotopenfrage" folglich nicht befriedigend lösen.

Hinzu kam, dass die kantonalen Behörden entgegen der Annahme des EGA eher mit Desinteresse auf das Thema reagierten. Wie eine Notiz festhielt, zeigten Vertreter der Gesundheitsdirektion des Kantons Zürich anlässlich einer Besprechung mit dem EGA im Herbst 1951 „wenig Interesse für den Erlass einer kantonalen Verordnung" und plädierten stattdessen dafür, dass die betreffenden Firmen seitens des EGA „auf freiwilliger Basis zur Anwendung der notwendig erachteten Sicherheitsmassnahmen angehalten würden".[15] Die Argumentation der Zürcher Gesundheitsdirektion, dass es bezüglich des Umgangs mit Strahlen keiner staatlichen Steuerung bedürfe und eine Selbstregulierung durch die involvierten Wirtschaftsakteure anzustreben sei, mag – ich werde darauf zurückkommen – zumindest teilweise einer (wirtschafts-) liberalen Skepsis gegenüber staatlichen Eingriffen bzw. einer antietatistischen Haltung geschuldet sein.[16] Sicherlich aber zeugt die abschlägige Antwort aus Zürich davon, dass der Wissensstand von Verwaltungsinstitutionen in Sachen Radioisotope gering war und sowohl das Potenzial einer „Isotopenökonomie" als insbesondere auch die künftige gesellschaftspolitische Virulenz der Strahlenproblematik massiv unterschätzt wurden. Um 1950 markierten Strahlengefährdung und Strahlenschutz in der politischen und der öffentlichen medialen Debatte noch weitgehend diskursive Leerstellen.[17] Einzig gewisse Spezialisten, die – wie etwa Walter Minder vom Radiuminstitut in Bern – mit Strahlen arbeiteten, befürworteten die Festlegung von Toleranzdosen und Sicherheitsvorschriften. Ebenfalls für eine Regulierung plädierten bestimmte Betriebe, die radioaktive Stoffe verwendeten oder solche vertrieben.[18]

---

15   Ebd., Notiz betreffend Strahlenschutz bei radioaktiven Isotopen, 13.10.1951.
16   Vgl. Imhof 2010, S. 91 und S. 98.
17   Vgl. Wildi 2003, S. 25–29; Stölken-Fitschen 1994, bes. S. 140–143; Radkau 1983, S. 469.
18   Vgl. CH-BAR#E3300C#1968/236#294*, Notiz betreffend Strahlenschutz bei radioaktiven Isotopen, 13.10.1951, und Protokoll der Sitzung der kleinen Expertengruppe für radioaktive Isotope, 12.12.1951.

Zu Beginn der 1950er Jahre war die Schweiz somit weder in rechtlicher noch in diskursiver Hinsicht im ‚Atomzeitalter' angekommen. Bis Atomenergie und Strahlenschutz zur Bundessache erklärt wurden, sollte es noch mehrere Jahre dauern. Das EGA entschied sich dennoch dafür, Strahlenschutzrichtlinien ausarbeiten zu lassen. Diesen kam aber kein verbindlicher, sondern lediglich ein empfehlender Charakter zu. Damit musste deren Anwendung den Eidgenössischen Fabrikinspektoraten, der SUVA, den kantonalen Sanitätsbehörden und den Firmen selbst überlassen werden.[19]

Transnationaler Wissenstransfer und partikulare Wirtschaftsinteressen

Für die Formulierung der Strahlenschutzrichtlinien setzte das EGA im Dezember 1951 eine Expertengruppe ein. Unter dem Vorsitz des Chefs der Pharmazeutischen Sektion Gustav Weisflog begannen die Physiker Walter Minder und Gustave Joyet gemeinsam mit einem Arbeitsarzt des Bundesamtes für Industrie, Gewerbe und Arbeit (BIGA) sowie zwei Ingenieuren der SUVA und des Eidgenössischen Fabrikinspektorats damit, Strahlenschutzvorschriften auszuarbeiten. Später stießen noch ein weiterer Physiker sowie Jean Hermann Müller, Leiter der Röntgenabteilung der Universitäts-Frauenklinik Zürich, zur Expertengruppe hinzu. Zeitweilig beteiligte sich auch Adolf Zuppinger, Radiologieprofessor an der Universität Bern, an der Formulierung der Richtlinien.[20]

Die Expertengruppe entschied sich dazu, Normen und Schutzmaßnahmen nicht nur für Radioisotope, sondern für ionisierende Strahlen allgemein festzulegen; dies schloss auch Schutzbestimmungen für Röntgenstrahlen bzw. Röntgenanlagen mit ein. Es sollte für alle Arten und Anwendungsgebiete ionisierender Strahlung nur ein einziges Regelwerk erlassen und die Materie nicht – wie dies bei Strahlenschutzvorschriften anderer Länder üblicherweise der Fall war – nach Teilgebieten getrennt behandelt und beispielsweise separate Richtlinien für medizinische und gewerblich-industrielle Betriebe oder für die Verwendung von Röntgenstrahlen und Radioisotopen aufgestellt werden.[21] Damit wurde ein Prinzip verankert, das nicht nur die Systematik der

---

19 Vgl. ebd., Protokoll der Sitzung der Expertenkommission für Strahlenschutz-Richtlinien, 20.2.1953.

20 Vgl. ebd., Protokoll der Sitzung der kleinen Expertengruppe für radioaktive Isotope, 12.12.1951, und Protokoll der Sitzung der Expertenkommission für Strahlenschutz-Richtlinien, 20.2.1953; Eidgenössisches Gesundheitsamt 1955, S. 1.

21 Vgl. etwa CH-BAR#E3300C#1968/236#294*, Schreiben von H. R. Schinz an das EGA, 13.7.1954, und Schreiben des EGA, 14.3.1955; Eidgenössisches Gesundheitsamt 1955, S. 1.

freiwilligen Strahlenschutzrichtlinien, sondern auch diejenige der späteren Strahlenschutzverordnungen und des Strahlenschutzgesetzes prägen sollte.

Um die Richtlinien auszuarbeiten, stützte sich die Expertengruppe auf global zirkulierendes Strahlenschutzwissen. Als Referenzobjekte dienten ihr bestehende Schutzbestimmungen internationaler Organisationen und anderer Länder, so insbesondere die an den internationalen Radiologiekongressen in London 1950 und in Kopenhagen 1953 präsentierten Empfehlungen der Internationalen Strahlenschutzkommission, das 1949 erlassene „Règlement-type de sécurité pour les établissements industriels, à l'usage des gouvernements et de l'industrie" des Internationalen Arbeitsamtes und die 1941 veröffentlichte Deutsche Röntgenverordnung, die indessen schon als etwas überholt galt.[22]

Dass die Expertengruppe für die Formulierung von Strahlenschutzrichtlinien auf internationale Normen rekurrierte, stellte kein Novum dar. So hatte sich bereits die Schweizerische Röntgengesellschaft bei den von ihr 1928 herausgegebenen und 1934 revidierten „Richtlinien für die Erstellung und Führung von Röntgeninstituten" an den Empfehlungen des Internationalen Komitees zum Schutz vor Röntgenstrahlung und Radium orientiert.[23] Was sich Anfang der 1950er Jahre indessen stark veränderte, war das Wissensgebiet des Strahlenschutzes selbst. So setzte im Bereich der Nuklearphysik und der hochenergetischen Strahlung zu diesem Zeitpunkt eine rasante Entwicklungsphase ein. Aus diesem Grund erfolgte 1950 eine Umbenennung des Internationalen Komitees zum Schutz vor Röntgenstrahlung und Radium in Internationale Strahlenschutzkommission, wobei diese Namensänderung auch mit einer grundlegenden organisatorischen Umstrukturierung einherging. Innerhalb der Internationalen Strahlenschutzkommission wurden mehrere neue Subkommissionen ins Leben gerufen, die sich neben der Festsetzung von Toleranzdosen für externe und interne Bestrahlung und dem Schutz vor Röntgenstrahlen fortan auch mit dem Schutz vor energiereicher Strahlung und schweren Teilchen sowie mit der Handhabung von radioaktiven Isotopen befassten.[24]

Strahlenschutzbestimmungen erfuhren also parallel zu den technologischen Entwicklungen der Atomenergie eine Ausweitung. Damit verbunden dehnten sich Regulierungsbestrebungen zunehmend auch auf Strahlenanwendungen

---

22   Vgl. CH-BAR#E3300C#1968/236#294*, Protokoll der Sitzung der kleinen Expertengruppe für radioaktive Isotope, 12.12.1951, und Schreiben von P. Vollenweider, 8.6.1954. Zur deutschen Röntgenverordnung, die noch aus der Zeit des nationalsozialistischen Regimes stammte: von Schwerin 2015, S. 229 f.

23   Vgl. Dommann 2003, S. 362.

24   Recommendations of the International Commission on Radiological Protection 1954, S. 2–4.

außerhalb der Medizin aus. Dies zeigt sich beispielhaft am vom Internationalen Arbeitsamt, dem Sekretariat der Internationalen Arbeitsorganisation, herausgegebenen „Règlement-type de sécurité pour les établissements industriels, à l'usage des gouvernements et de l'industrie", das ab 1949 Strahlenschutznormen enthielt.[25] Die Regulierung von Strahlen umfasste also auf internationaler Ebene nun auch deren industrielle Verwendung. Das vom EGA koordinierte Projekt zur Ausarbeitung von Strahlenschutzrichtlinien, das sich ebenfalls nicht mehr nur auf Röntgenstrahlen und Radium, sondern auf ionisierende Strahlung allgemein fokussierte und sowohl die medizinische als auch die gewerblich-industrielle Nutzung von Strahlen und radioaktiven Stoffen einschloss, war insofern Teil einer internationalen Entwicklung, im Zuge derer das Wissensfeld des Strahlenschutzes neu konstituiert wurde.

Mediale Voraussetzungen erschwerten allerdings den Zugriff der Expertengruppe auf das global zirkulierende Strahlenwissen. Die neuesten Versionen offizieller Handbücher, Dokumente und Gesetze waren in der Schweiz oft nicht vorhanden und nur mit einem gewissen Aufwand greifbar. Diese Einschränkung betrifft auch die bereits erwähnten internationalen und nationalen Strahlenschutztexte, auf welche sich die Ausarbeitung der schweizerischen Richtlinien stützen sollte. Wie ein Sitzungsprotokoll festhielt, sollte das EGA „für die Beschaffung der Unterlagen besorgt sein".[26] Offenbar waren also nicht alle Mitglieder der Expertengruppe im Besitz der betreffenden Strahlenschutzempfehlungen und deren Inhalt dürfte dementsprechend auch nicht allen bekannt gewesen sein. Dies bildet ein weiteres Indiz dafür, dass sich Verwaltungsmitarbeiter und Behördenmitglieder des Bundes Strahlenschutzwissen bisweilen praktisch von null auf erarbeiten mussten.

Um mangelndes Wissen wett zu machen, versuchte auch die Expertengruppe, im Sinne der ‚strategischen Multioptionalität' all diejenigen Gelegenheiten für einen inter- oder transnationalen Wissensaustausch zu nutzen, die sich mit einem möglichst geringen Ressourcenaufwand realisieren ließen. So wandte sie sich beispielsweise im Sommer 1952 an das Internationale Arbeitsamt in Genf, um offene Fragen, etwa bezüglich der Höhe von Basiswerten oder der Auslegung von Begriffen, zu klären.[27] Zudem bildeten US-amerikanische Wissenschaftler und Forschungsinstitute wichtige Ansprechpartner der Expertengruppe. Im Herbst 1953 folgte Jean Hermann Müller einer Einladung

---

25 Vgl. Wolf 1960, S. 661. Vgl. auch Bureau International des Travail 1949.

26 CH-BAR#E3300C#1968/236#294*, Protokoll der Sitzung der kleinen Expertengruppe für radioaktive Isotope, 12.12.1951.

27 Vgl. ebd., Protokoll der Sitzung der Kleinen Expertenkommission für Strahlenschutzrichtlinien, 17.8.1952.

ans *Oak Ridge Institute of Nuclear Studies*, um dort mehrere Vorlesungen zu halten. Müller informierte den Vorsitzenden der Expertengruppe über die bevorstehende Reise, wobei er anbot, „in dieser Zeit in informatorischer Hinsicht behilflich sein" zu können.[28] Das EGA nahm dieses Angebot dankbar an und stellte einen Fragenkatalog zusammen. Besonderes Interesse zeigte es dabei an den neuesten Versionen offizieller Handbücher zum Umgang mit Radioisotopen, an aktuellen gesetzlichen Vorschriften, etwa bezüglich des Handels mit radioaktivem Material, sowie an Informationen zu Fragen, bei denen sich die Expertengruppe nicht einig war, wie dies beispielsweise hinsichtlich der Notwendigkeit regelmäßiger Blutuntersuchungen bei beruflich strahlenexponierten Personen der Fall war.[29] Nach seiner Rückkehr in die Schweiz konnte Müller dem EGA verschiedene Dokumente zustellen, welche für die Arbeit der Expertengruppe von Interesse waren.[30] Darunter befanden sich Schreiben renommierter US-amerikanischer Strahlenschutzexperten, so namentlich von Karl Z. Morgan, Begründer des physikalischen Strahlenschutzes und Direktor der *Health Physics Division* des *Oak Ridge National Laboratory*, sowie von Gioacchino Failla, Pionier der Biophysik und der Strahlenbiologie und Direktor des *Radiation Research Laboratory* an der Columbia Universität in New York, beide Mitglied sowohl der Internationalen Strahlenschutzkommission als auch des Nationalen Rates für Strahlenschutz der USA.[31] Müller war selbst der Meinung, seine Reise in die USA sei „in jeder Beziehung erfolgreich" gewesen. Er habe, wie er dem Direktor des EGA Paul Vollenweider persönlich mitteilte, „an kompetentesten amerikanischen Stellen wertvollste Informationen [...] erhalten, welche nun unserer Kommission für Strahlenschutz-Richtlinien sehr zu gute kommen."[32]

Zu Beginn der 1950er Jahre bedeutete ein inter- oder transnationaler Austausch im Bereich des Strahlenschutzes somit in erster Linie ein Wissenstransfer in Richtung der Schweiz. Gleichzeitig nutzte das EGA die Referenz auf globales Strahlenschutzwissen dazu, den rechtlich nicht bindenden Richtlinien mehr Gewicht zu verleihen. So erläuterte EGA-Direktor Vollenweider im Vorwort der 1955 publizierten Strahlenschutzrichtlinien an prominenter Stelle, die verwendeten Normen und Begriffe würden „sich auf die neueste Literatur und die jüngsten, 1953 erlassenen internationalen Empfehlungen [stützen]"; zudem habe die Expertengruppe in einigen Fällen „Erkundigungen

---

28   Ebd., Schreiben von J. H. Müller an G. Weisflog, 30.7.1953.
29   Vgl. ebd., Schreiben von P. Vollenweider an Professor Müller, 27.8.1953.
30   Vgl. ebd., Notiz an Dir. Vollenweider, 22.10.1953.
31   Vgl. ebd., Schreiben von Karl Z. Morgan an J. H. Müller, 27.10.1953, und Schreiben von G. Failla an J. H. Müller, 26.10.1953. Zu Karl Z. Morgan und Gioacchino Failla: Boudia 2007.
32   Ebd., Schreiben von J. H. Müller an Oberstbrigadier Vollenweider, 18.1.1954.

bei namhaften ausländischen Fachleuten eingeholt".[33] Dieser explizite Verweis auf die Einhaltung internationaler Normen kann als Versuch seitens des EGA interpretiert werden, die fehlende Gesetzeskraft der Strahlenschutzrichtlinien durch die Anrufung wissenschaftlicher Autoritäten zu kompensieren. Es wäre jedoch verkürzt, von einer simplen Übernahme dieser Normen auszugehen. Wie die Wissenschaftshistorikerin Soraya Boudia herausgearbeitet hat, bildete die Regulierung von Strahlen vor dem Zweiten Weltkrieg und in den Nachkriegsjahren „a national affair, even if it was based on international recommendations [...]".[34] Dies galt auch für die Schweiz. So wichen die Strahlenschutzrichtlinien mitunter von internationalen Empfehlungen ab. Wie ich nun anhand der Vorgaben für medizinische Untersuchungen von strahlengefährdetem Personal zeigen werde, waren solche Abweichungen primär der Rücksichtnahme auf die Interessen der mit Strahlen operierenden Wirtschaftszweige geschuldet.

Internationale Empfehlungen sahen relativ weitgehende Schutzmaßnahmen für strahlengefährdetes Personal vor. So empfahl die Internationale Strahlenschutzkommission, bei neuem Personal in radiologischen Instituten vor Anstellungsbeginn zusammen mit weiteren medizinischen Tests eine Untersuchung des Blutes durchzuführen. Waren Angestellte in Strahlenabteilungen Strahlendosen ausgesetzt, die zwei Drittel der zulässigen Toleranzdosen überschritten, hielt sie auch regelmäßige Blutbilder für wünschenswert. Zudem sollte bei allen Personen eine permanente individuelle Strahlenüberwachung stattfinden.[35] Karl Z. Morgans Schreiben war zu entnehmen, in den USA würden bezüglich der Strahlenschutzvorschriften für medizinisches und nicht-medizinisches Personal keine Unterschiede bestehen. Neue Angestellte würden vor der Einstellung einem medizinischen Check-up unterzogen, der jährlich oder halbjährlich wiederholt werde und auch eine Blutuntersuchung einschließe.[36] Das Internationale Arbeitsamt plädierte ebenfalls dafür, beim strahlenexponierten Personal vor Anstellungsbeginn und danach mindestens jährlich, besser aber halbjährlich, medizinische Untersuchungen inklusive Bluttests durchzuführen.[37] Auf internationaler Ebene bestand also ein Konsens dahingehend, dass wiederkehrende ärztliche Check-ups und Blutanalysen für

---

33   Eidgenössisches Gesundheitsamt 1955, S. 1.

34   Boudia 2007, S. 397.

35   Vgl. Recommendations of the International Commission on Radiological Protection 1954, S. 11.

36   Vgl. CH-BAR#E3300C#1968/236#294*, Schreiben von Karl. Z. Morgan an J. H. Müller, 27.10.1953.

37   Vgl. Bureau International de Travail 1949, S. 456 f.

Angestellte in Betrieben oder Instituten, die mit Strahlen operierten, erforderlich seien.

Demgegenüber wurde innerhalb der schweizerischen Expertengruppe von Anfang an kontrovers diskutiert, ob es wirklich notwendig sei, alle beruflich strahlenexponierten Personen einer ärztlichen Kontrolle zu unterziehen; dies insbesondere, wenn in bestimmten Betrieben die Toleranzwerte nachweislich nicht erreicht würden. In diesem Abwägen zwischen den Strahlenrisiken und dem Aufwand sowie den Kosten für ärztliche Untersuchungen des Personals spiegelt sich die ökonomische Logik von Sicherheitsdispositiven wider: Im Kern ging es darum, die beiden Postulate der Strahlensicherheit und der Zirkulationsfreiheit von Strahlen möglichst fein auszutarieren. Die zu empfehlenden Schutzmaßnahmen sollten einen als optimal erachteten Regulierungsgrad erreichen, ohne dabei die strahlenverbreitende Industrie zu stark einzuschränken.[38]

Die Vertreter der SUVA und des Fabrikinspektorats waren der Auffassung, dass – wie der SUVA-Ingenieur meinte – „im Interesse der praktischen Durchführung dieser Richtlinien die ärztlichen Untersuchungen möglichst einzuschränken" seien, da man sonst – wie er an anderer Stelle erklärte – „Schwierigkeiten mit der Industrie zu befürchten" habe.[39] Der Vertreter der SUVA wie auch der Fabrikinspektor wollten beide bei den technischen Schutzmaßnahmen ansetzen und die Strahlenbelastung primär am Arbeitsplatz überwachen. Individuellen Kontrollen bei den beschäftigten Personen maßen sie bloß eine geringe Priorität zu; ärztliche Untersuchungen sollten „erst in letzter Linie" in Betracht gezogen werden.[40] Um eine einvernehmliche Lösung zu finden, entschied sich die Expertengruppe dazu, Installationen und Anlagen je nach Strahlungsintensität bzw. Aktivitätsstufe in unterschiedliche Kategorien einzuteilen und diejenigen Betriebe von einer medizinischen Untersuchung des Personals zu befreien, in denen nur eine niedrige Strahlungsintensität bzw. eine wenig gefährliche Aktivitätsstufe vorherrschen würde. Diese Einteilung erlaube es, so der Fabrikinspektor, „auf die *generelle* ärztliche Kontrolle aller Betriebe verzichten" zu können.[41]

Im Sommer 1954 hatte die Expertengruppe ihre Arbeit soweit abgeschlossen, dass ein Entwurf der Strahlenschutzrichtlinien verschiedenen

---

38   Vgl. Foucault 2006a [2004], S. 19 f.

39   CH-BAR#E3300C#1968/236#294*, Protokoll der Sitzung der Kleinen Experten-Kommission für radioaktive Isotope, 27.6.1952.

40   Ebd.

41   Ebd., Protokoll der Sitzung der Kleinen Expertenkommission für Strahlenschutzrichtlinien, 17.8.1952, Hervorh. i. Orig. Vgl. auch ebd., Protokoll der Sitzung der Kleinen Experten-Kommission für radioaktive Isotope, 27.6.1952.

Fachgesellschaften – so der Schweizerischen Röntgengesellschaft und der
Isotopenkommission der Schweizerischen Akademie der Medizinischen
Wissenschaften –, dem BIGA und der SUVA zur Vernehmlassung [Phase
des schweizerischen Rechtsetzungsverfahrens, in welcher politische und gesellschaftliche Akteure zur Vorlage Stellung nehmen können] unterbreitet
werden konnte.[42] Die miteinander verknüpften Fragen der medizinischen
Kontrolle des strahlengefährdeten Personals und der Einteilung der Betriebe
nach unterschiedlichen Gefährdungsgraden bildeten auch bei den Vernehmlassungsantworten ein umstrittenes Thema. Die SUVA, der arbeitsärztliche
Dienst des BIGA und das Eidgenössische Fabrikinspektorat reichten eine gemeinsam erarbeitete Stellungnahme ein. Darin beurteilten sie das Kriterium,
das für eine Einteilung der Strahlenanlagen in solche mit schwacher und
stärkerer Intensität maßgebend sein sollte, „als zu weitgehend".[43] Während
der Entwurf vorsah, nur diejenigen Anlagen und Apparate in die Kategorie
niedrige Strahlungsintensität einzureihen, bei denen bei Messungen am
Arbeitsplatz höchstens die halbe Toleranzdosis erreicht würde, plädierten die
SUVA und die beiden Organe des BIGA dafür, die Toleranzgrenze voll ausschöpfen zu können.[44]

Die im Herbst 1955 publizierten Richtlinien trugen diesem Vernehm-
lassungsbegehren Rechnung. Für das beruflich strahlenexponierte Personal
bedeutete dies folgendes: Nur diejenigen Personen, die in einem Betrieb
arbeiteten, welcher in die Kategorie hohe Strahlungsintensität bzw. gefährliche
Aktivitätsstufe fiel, wurden vor Anstellungsbeginn einer gründlichen ärztlichen Untersuchung unterzogen, die auch ein Blutbild umfasste und jährlich
wiederholt wurde. Zudem hatte das Personal dieser Kategorie stets oder zumindest periodisch Ionisationskammern oder Kontrollfilme zur Bestimmung
der erhaltenen Strahlendosis auf sich zu tragen. Demgegenüber hatte das
Personal in Betrieben mit schwacher Strahlungsintensität bzw. wenig gefährlicher Aktivitätsstufe keinen Anspruch auf regelmäßige ärztliche Kontrollen.
Auch mussten in diesen Betrieben keine kontinuierlichen Dosismessungen
durchgeführt werden.[45] Die Einteilung der Betriebe in die eine oder andere
Kategorie sollte jeweils anhand von Intensitätsmessungen ermittelt werden;
für die Kategorie hohe Intensität nannten die Richtlinien folgende Beispiele:
Röntgendiagnostik mit Apparaten mit hoher Energieleistung, Röntgentherapie,

42   Vgl. ebd., Schreiben von P. Vollenweider, 8.6.1954.
43   Ebd., Schreiben der SUVA an das EGA, 6.9.1954.
44   Vgl. ebd. Vgl. auch ebd., Schreiben des Arbeitsärztlichen Dienstes des BIGA und des Eidg.
        Fabrikinspektorats an das EGA, 23.9.1954.
45   Eine Ausnahme bildete hier das Personal medizinischer Anlagen, das auch zur jährlichen
        Untersuchung musste.

Therapie mit Radium und radioaktiven Isotopen sowie kernphysikalische Anlagen im Falle hoher Strahlenintensität.[46] In dieser Aufzählung fehlten gewerblich-industrielle Strahlenanwendungen. Die gewählte Einteilung begünstigte somit – wie von der SUVA und dem BIGA gewünscht – Industrie und Gewerbe, da vor allem Strahlenanwendungen in Medizin und Forschung in die Kategorie stark strahlungsintensiv fielen. Dementsprechend wurde bei der gewerblich-industriellen Nutzung von Strahlen keine generelle ärztliche Kontrolle und auch keine flächendeckende individuelle Strahlenüberwachung des Personals verlangt.

Die schweizerische Expertengruppe kam den Arbeitgeberinteressen der strahlenverbreitenden Industrie- und Gewerbebetriebe also erheblich entgegen, während der Gesundheitsschutz für die Arbeitnehmenden in diesen Betrieben – entgegen internationalen Empfehlungen – weniger stark gewichtet wurde. Die Strahlenschutzrichtlinien berücksichtigten hinsichtlich der medizinischen Überwachung des strahlengefährdeten Personals somit partikulare Wirtschaftsinteressen. Bemerkenswert ist, dass auch die SUVA und das Fabrikinspektorat gegen in ihren Augen unverhältnismäßige Sicherheitsmaßnahmen votierten, welche den Betrieben Mehraufwand und Mehrkosten verursacht und deren wirtschaftliche Freiheiten eingeschränkt hätten. Damit teilten maßgebliche staatliche Kontrollorgane die Skepsis gegenüber gouvernementalen Interventionen in die Wirtschaft und plädierten für ein Regulierungsdispositiv, das bei einer möglichst geringen Einschränkung auf eine möglichst ungehinderte Zirkulation von Strahlen setzte.

Mitte der 1950er Jahre erfolgte hinsichtlich der Regulierung von Strahlen jedoch ein Wandel. Wie wir im nächsten Abschnitt sehen werden, veränderten sich insbesondere zwei Rahmenbedingungen: Zum einen verstärkte sich der diskursive Resonanzraum für die von Strahlen ausgehenden Gefahren. Zum anderen entstanden ab diesem Zeitpunkt zunehmend harmonisierte und international bindende Strahlenschutznormen.

Sensibilisierte Öffentlichkeit und bindende internationale Normen

Die Strahlenschutzrichtlinien, die im September 1955 als Beilage zum Bulletin des EGA erschienen, stießen auf reges Interesse. Bereits im ersten Halbjahr nach deren Veröffentlichung wurden im In- und Ausland über vier Fünftel der tausend Sonderdrucke abgesetzt.[47] Wesentlich zu diesem Interesse trug eine veränderte Wahrnehmung von Strahlen bei. Eine zentrale Rolle für diesen

---

46   Vgl. Eidgenössisches Gesundheitsamt 1955, S. 6–7.
47   Vgl. CH-BAR#E3300C#1968/236#294*, Protokoll der Sitzung der technischen Kommission für den Schutz gegen ionisierende Strahlen, 11.4.1956.

Wahrnehmungswandel spielte, wie bereits erwähnt, der von den oberirdischen Atomwaffentests verursachte radioaktive Fallout, der weltweit Diskussionen über die von Strahlen ausgehenden Gefahren auslöste.[48] Auf globaler Ebene bildeten die von Strahlen ausgehenden Gesundheitsgefahren einen Themenkomplex, der 1955 an verschiedenen internationalen Tagungen diskutiert wurde, so etwa an der von den Vereinten Nationen organisierten ersten *Atoms-for-Peace*-Konferenz in Genf. Mit Schutzmaßnahmen gegen Strahlen befasste sich 1955 aber auch die in Mexiko durchgeführte Generalversammlung der Weltgesundheitsorganisation, welche sich der Bedeutung der Atomenergie für die Medizin und das Gesundheitswesen widmete.[49] In der Schweiz wurde 1955 aufgrund eines Vorstoßes im Genfer Kantonsparlament die *Commission de la Radioactivité*, eine Expertenkommission zum Studium der Radioaktivität der Genfer Atmosphäre, ins Leben gerufen.[50] Als Reaktion auf Medienberichte und parlamentarische Vorstöße, in denen erhöhte Strahlenmesswerte im grenznahen Ausland thematisiert wurden, setzte der Bundesrat 1956 die Eidgenössische Kommission zur Überwachung der Radioaktivität ein, die fortan die Umweltradioaktivität kontrollierte.[51] Die schweizerische wie die internationale Öffentlichkeit war ab Mitte der 1950er Jahre also zunehmend auf die Strahlengefahren des ‚Atomzeitalters' sensibilisiert. Diese Problematisierung erhöhte den Druck auf staatliche Behörden, Strahlen zu regulieren.

Im April 1956 berief das EGA die Mitglieder der Expertengruppe, die in Zukunft unter der Bezeichnung Technischer Ausschuss fungieren sollte, zu einer neuerlichen Sitzung ein. Der Technische Ausschuss wurde gegenüber der ehemaligen Expertengruppe erweitert: nun gehörten ihm auch Robert Extermann, Direktor des Physikinstitutes der Universität Genf, Pierre Lerch, Leiter des Isotopenlaboratoriums des *Centre Anticancéreux Romand* in Lausanne, sowie Pierre Wenger, Leiter des Radiuminstituts in Genf, an. Diese drei neuen Mitglieder verfügten alle über Verbindungen zur Eidgenössischen Kommission zur Überwachung der Radioaktivität, Extermann war dort sogar Mitglied.[52] Es zeigt sich somit einmal mehr, wie eng in der Schweiz während des Kalten

---

48   Vgl. dazu Kapitel 2.2.

49   Vgl. CH-BAR#E3300C#1968/236#294*, Protokoll der Sitzung betreffend Richtlinien für den Schutz gegen ionisierende Strahlen, 12.5.1955, und Mitteilung an die Presse betreffend Schutz gegen radioaktive Strahlen, 21.9.1955.

50   Vgl. ebd., Protokoll der Sitzung betreffend Richtlinien für den Schutz gegen ionisierende Strahlen, 12.5.1955, und Protokoll der Sitzung der technischen Kommission für den Schutz gegen ionisierende Strahlen, 11.4.1956.

51   Vgl. dazu Kapitel 3.2.

52   Vgl. dazu Kapitel 3.2.

Krieges die personellen und institutionellen Verflechtungen auf dem Gebiet des Strahlenschutzes waren.

Ziel der Sitzung vom April 1956 war es, eine Orientierung und eine Aussprache über die aktuellen Entwicklungen auf dem Gebiet des Strahlenschutzes durchzuführen sowie über die zukünftigen Aufgaben des Technischen Ausschusses zu beraten. Seit der Ausarbeitung der Strahlenschutzrichtlinien hatte sich die Ausgangslage insofern geändert, als nun konkrete Pläne bestanden, dem Bund im Bereich der Atomenergie umfassende Gesetzgebungskompetenzen zu geben.[53] Maßgeblich zu dieser Einschätzung hatte ein juristisches Gutachten beigetragen, das vom freisinnigen Schaffhauser Ständerat Kurt Schoch, promovierter Jurist und Ersatzrichter am Bundesgericht, verfasst worden war. Darin gelangte Schoch zur Auffassung, dass die Atomenergie „Sache des Bundes" sein sollte und in einem entsprechenden Verfassungsartikel zu regeln sei.[54] Dem EGA erschien es zudem evident, dass in der Bundesverfassung explizit auf den Strahlenschutz hinzuweisen sei, da sich ein allfälliges Strahlenschutzgesetz nicht auf einen Verfassungsartikel über die Atomenergie beziehen könne.[55]

In der Diskussion über diese künftige Gesetzgebung des Bundes kristallisierte sich unter den Sitzungsteilnehmern bald der Konsens heraus, dass rechtliche Bestimmungen zum Strahlenschutz auf Bundesebene wohl auch die Schaffung einer Kontrollstelle auf Seiten des Bundes bedingen würden. So meinte etwa der Leiter des Berner Radiuminstituts Walter Minder: „In allen Staaten, in denen Strahlenschutzgesetze in Kraft sind, bestehen auch Institute zur Überwachung dieser Vorschriften. Es sei auf das Beispiel von Dänemark hingewiesen, das im grossen und ganzen ähnliche Verhältnisse wie die Schweiz kennt."[56] Im Dezember 1956 informierte Minder den Technischen Ausschuss über die Anforderungen, die seiner Meinung nach an eine Strahlenschutzstelle des Bundes gestellt werden müssten. Dabei ging er nun insbesondere auf das Beispiel Schweden ein, wo sich – so Minder – ein staatliches Institut mit Standardmessungen von Röntgen- und Gammastrahlen, Radioaktivi-

---

53 Vgl. CH-BAR#E3300C#1968/236#294*, Protokoll der Sitzung der technischen Kommission für den Schutz gegen ionisierende Strahlen, 11.4.1956.

54 Ebd., Notiz zur Sitzung des technischen Ausschusses der Kommission für den Schutz gegen radioaktive Strahlung, 10.7.1956. Zu Kurt Schoch: Wipf 2011.

55 Vgl. ebd.

56 Ebd., Protokoll der Sitzung der technischen Kommission für den Schutz gegen ionisierende Strahlen, 11.4.1956.

tätsmessungen, der Erforschung biologischer Strahlenwirkungen sowie mit Strahlenschutz- und Apparatekontrollen befasse.[57]

Ein zentrales schweizerisches Strahlenschutzinstitut, das Strahlenforschung, Strahlenüberwachung und Strahlenschutzkontrolle in sich vereinigt hätte, kam bekanntlich nicht zustande. Minders Vision realisierte sich allerdings trotzdem, wenn auch in anderer Form. Der bereits erwähnte Verfassungsartikel zu Atomenergie und Strahlenschutz, Artikel 24 quinquies, gelangte im November 1957 zur Volksabstimmung und wurde mit großer Mehrheit angenommen. Dieser statuierte eine Pflicht des Bundes, Strahlenschutzvorschriften zu erlassen. Bereits zwei Jahre später wurde das „Bundesgesetz über die friedliche Verwendung der Atomenergie und den Strahlenschutz" erlassen. Die Ausführungen zum Strahlenschutz wurden dort insofern konkretisiert, als diese den Bundesrat zum Erlass von Schutzvorschriften verpflichteten. Das hohe Tempo, das die Bundesverwaltung anschlug, zeugt von ihrem großen Interesse an der Vorlage. So wurde das Vernehmlassungsverfahren zum Bundesgesetz durchgeführt, noch bevor die Abstimmung über den Verfassungsartikel stattgefunden hatte. Das Parlament beriet den Gesetzesentwurf in Rekordzeit und stimmte ihm am Schluss mit nur wenigen Gegenstimmen zu, ohne wesentliche inhaltliche Änderungen vorzunehmen. Nach Ablauf der Referendumsfrist trat das Atomgesetz im Juli 1960 in Kraft.[58] In der Priorität, welche der Bund der Regulierung der Atomenergie ab Mitte der 1950er Jahre beimaß, zeigt sich wiederum die Sonderstellung der Atompolitik, wie sie parallel dazu auch im Bereich der Forschungsförderung zum Ausdruck kam.[59]

Mit der Übertragung der Kompetenzen auf den Bund ab 1957 änderten sich die Rahmenbedingungen für den Strahlenschutz grundlegend. Nun waren Rechtsgrundlagen für verbindliche Strahlenschutzvorschriften vorhanden, die bisher gefehlt hatten. Der Delegierte des Bundesrates für Fragen der Atomenergie Otto Zipfel, dessen Büro zur „Schalt-und-Walt-Stelle" der Atompolitik des Bundes avancierte,[60] sah innerhalb der Bundesverwaltung eine Kompetenzaufteilung vor, nach welcher er sich mit der Förderung der Atomenergie beschäftigen und sich das EGA dem Strahlenschutz annehmen sollte.[61] Wiewohl Zipfel festhielt, „am Schutze gegen radioaktive Strahlen stark

57 Vgl. ebd., Protokoll der Sitzung der technischen Subkommission für den Schutz gegen ionisierende Strahlen, 6.12.1956.
58 Vgl. Kupper 2003a, S. 175–179.
59 Vgl. dazu Kapitel 2.1 und 2.2.
60 Kupper 2003a, S. 178 f.; Kupper 2003b, S. 92.
61 Vgl. CH-BAR#E3300C#1968/236#294*, Protokoll der Sitzung der technischen Kommission für den Schutz gegen ionisierende Strahlen, 11.4.1956; CH-BAR#E3801#1975/8#188*, Die eidg. Verordnung über den Schutz gegen ionisierende Strahlen, 16.6.1961.

interessiert" zu sein, erklärte er gegenüber dem EGA, dass er sich „mit Fragen des Strahlenschutzes nicht persönlich befassen" wolle.[62] Für die atompolitisch federführende Stelle des Bundes bildete der Strahlenschutz während der Hochblüte des ‚Atomzeitalters' offenbar eine Aufgabe von sekundärer Bedeutung, weshalb sie einem anderen Amt übertragen wurde. Dies führte im Oktober 1958 zur Schaffung einer Sektion für Strahlenschutz im EGA. Leiter der neuen Sektion wurde der promovierte Biologe Gerhart Wagner, der zwar die zivile Nutzung der Atomenergie befürwortete, Atomwaffen aber ablehnend gegenüberstand und in öffentlichen Vorträgen vor den gesundheitsschädigenden Effekten von Strahlen warnte.[63]

Eine der ersten Aufgaben von Wagner und seinen Mitarbeitern in der Strahlenschutzsektion war es, für die Ausarbeitung einer schweizerischen Strahlenschutzverordnung zu sorgen. Rechtlich stützte sich die geplante Verordnung in erster Linie auf das Atomgesetz, ferner auch auf das Kranken- und Unfallversicherungsgesetz sowie das Fabrikgesetz. Für die Formulierung des Verordnungstextes wurde ab Anfang 1959 der Technische Ausschuss erneut einberufen, aber wesentlich erweitert. Er umfasste schließlich 30 Personen, darunter auch Vertreter der Industrie und der Versicherungen sowie von Berufsverbänden, so etwa ein Vertreter der Verbindung der Schweizer Ärzte, aber auch eine Vertreterin des weiblichen radiologisch-medizinischen Hilfspersonals. Für die Erarbeitung der einzelnen Teile der Verordnung wurde der Technische Ausschuss in fünf Arbeitsgruppen – eine allgemeine, eine medizinische, eine physikalische, eine chemische und eine juristische – aufgeteilt, deren Tätigkeiten die Sektion für Strahlenschutz leitete und koordinierte.[64] In über 50 Sitzungen entstanden so verschiedene Entwürfe, wobei der letzte den Kantonen und Verbänden im Oktober 1961 zur Vernehmlassung unterbreitet wurde. An dieser Vernehmlassung beteiligten sich rund 250 eidgenössische und kantonale Amtsstellen, Verbände, Firmen, Parteien und Gewerkschaften. Der Bundesrat setzte die überarbeitete Version der Verordnung über den Strahlenschutz schließlich am 1. Mai 1963 in Kraft.[65] Bis zum

---

62   CH-BAR#E3300C#1968/236#294*, Schreiben von Sauter an die Mitglieder der Kommission für den Schutz gegen ionisierende Strahlen, 17.3.1956, und Protokoll der Sitzung der technischen Kommission für den Schutz gegen ionisierende Strahlen, 11.4.1956. Vgl. auch CH-BAR#E3801#1975/8#188*, Die eidg. Verordnung über den Schutz gegen ionisierende Strahlen, 16.6.1961.
63   Vgl. Dommann 2003, S. 375 f.
64   Vgl. Wagner 2009, S. 12 f.
65   Vgl. CH-BAR#E3801#1975/8#188*, Die eidg. Verordnung über den Schutz gegen ionisierende Strahlen, 16.6.1961; Archiv BAG, 18.1.1.4k, Vernehmlassung zum definitiven

Ende des Kalten Krieges bildete diese den maßgeblichen rechtlichen Erlass im Bereich des Strahlenschutzes.

Im Zentrum der Strahlenschutzverordnung stand die Einführung einer Bewilligungspflicht für jede Art des Umgangs mit Strahlen oberhalb bestimmter Grenzwerte. Wie schon die Strahlenschutzrichtlinien basierte auch die Strahlenschutzverordnung auf dem Grundsatz, einen möglichst optimalen Regulierungsgrad zu finden, der sowohl den Gesundheitsschutz des strahlengefährdeten Personals und der Bevölkerung als auch die medizinischen, industriellen und wissenschaftlichen Interessen an Strahlen berücksichtigen sollte. Die Historikerin Monika Dommann hat die schweizerische Strahlenschutzverordnung deshalb als „typisches Aushandlungswerk" bezeichnet.[66] Sektionschef Gerhart Wagner erläuterte dieses Aushandlungsprinzip in einem Vortrag über die künftige Verordnung, den er im Juni 1961 vor der Schweizerischen Sanitätsdirektorenkonferenz hielt: „Die wesentliche Kunst in der ganzen Materie ist in der Tat das Finden des rechten Masses: Weder sollen der Medizin, der Industrie und der Forschung unnötige Fesseln angelegt werden, noch darf die Gesundheit von Menschen in unverantwortlicher Weise aufs Spiel gesetzt werden."[67] Als Negativbeispiel fügte Wagner die Bundesrepublik Deutschland an. In der deutschen Strahlenschutzverordnung seien die Toleranzgrenzen für radioaktive Stoffe zehnmal tiefer angesetzt worden, was „schon heute zu grossen Komplikationen und unnötigen Schwierigkeiten sowohl für die Verwender der Stoffe als auch für die Behörden geführt" habe.[68]

Die Schweiz verfügte indessen über weniger Handlungsspielraum, „das rechte Mass" selbst zu definieren, als Wagners Ausführungen auf den ersten Blick den Anschein erweckten. Ab Mitte der 1950er Jahre hatte die Entwicklung des internationalen Systems zur Regulierung von Strahlen und – damit einhergehend – die Harmonisierung der Strahlenschutzbestimmungen an Fahrt aufgenommen.[69] Die Festlegung der Grenzwerte und der Schutzmaßnahmen in der schweizerischen Verordnung gründete auf diesen internationalen Empfehlungen, von denen einige aufgrund internationaler Abkommen bindend waren. Zu diesen bindenden internationalen Empfehlungen zählten die 1959 von der *European Nuclear Energy Agency* erlassenen „Normes de base

---

Entwurf der Verordnung über den Schutz vor ionisierenden Strahlen (VO), Inhaltsverzeichnis betr. Vernehmlassung zum definitiven Entwurf VO, ohne Datum; Dommann 2003, S. 377.

66   Dommann 2003, S. 377.

67   CH-BAR#E3801#1975/8#188*, Die eidg. Verordnung über den Schutz gegen ionisierende Strahlen, 16.6.1961.

68   Ebd.

69   Vgl. Boudia 2007.

pour la protection contre les radiations". Die *European Nuclear Energy Agency* gehörte der Organisation für europäische wirtschaftliche Zusammenarbeit, der späteren OECD, an, in welcher die Schweiz Mitglied war. Sie verfolgte das Ziel, die Kooperation unter ihren westeuropäischen Mitgliedstaaten im Hinblick auf die zivile Nutzung der Atomenergie voranzutreiben.[70] Bindend war auch das 1960 von der Internationalen Arbeitskonferenz erlassene „Übereinkommen über den Schutz der Arbeitnehmer vor ionisierenden Strahlen". Die Internationale Arbeitskonferenz stellt das höchste Organ der Internationalen Arbeitsorganisation dar, in welcher die Schweiz ebenfalls Mitglied war.[71] Zudem wurden in der schweizerischen Strahlenschutzverordnung die Empfehlungen der Internationalen Strahlenschutzkommission aus dem Jahr 1958 berücksichtigt, welche auch die Grundlage der übrigen internationalen Empfehlungen bildeten. Schließlich bestanden seitens der Euratom und der Internationalen Atomenergie-Organisation weitere Richtlinien, denen für die Strahlenschutzverordnung ebenfalls Anregungen entnommen wurden, wiewohl diese Normen für die Schweiz keinen bindenden Charakter hatten.[72]

Wesentlich ist also zum einen, dass der Schweiz im Bereich des Strahlenschutzes aufgrund von Mitgliedschaften in internationalen Organisationen Verpflichtungen zur Übernahme bzw. zum Vollzug von internationalen Schutzvorschriften erwuchsen. Die zunehmende Verrechtlichung der internationalen Beziehungen insbesondere in technischen und ökonomischen Bereichen, an welcher die Schweiz trotz ihrer Neutralität partizipierte und die auch den Strahlenschutz betraf, zeitigte unmittelbare Auswirkungen auf die schweizerische Gesetzgebung.[73] Zum anderen stärkte diese Internationalisierung des Rechts die Rolle der Bundesverwaltung gegenüber den Kantonen, indem sie dem schweizerischen Föderalismus harmonisierend entgegenwirkte.[74] So sah die Strahlenschutzverordnung für Gesuche für den Umgang mit ionisierenden Strahlen und radioaktiven Stoffen zwar prinzipiell eine kantonale Bewilligung vor, knüpfte deren Erteilung jedoch an eine Stellungnahme des EGA. Handelte es sich um Betriebe, welche der obligatorischen Versicherung gemäß dem Kranken- und Unfallversicherungsgesetz unterstellt

---

70   Zum schweizerischen Engagement in der OECD: Marti 2007; Mauerhofer 2001. Zur Geschichte der OECD: Leimgruber/Schmelzer 2017; Schmelzer 2016.

71   Zur Geschichte der Internationalen Arbeitsorganisation u. a.: Maul 2019; Kott/Droux 2013; Maul 2007.

72   Vgl. CH-BAR#E3801#1975/8#188*, Die eidg. Verordnung über den Schutz gegen ionisierende Strahlen, 16.6.1961.

73   Zur Partizipation der Schweiz in internationalen Organisationen nach 1945: Speich Chassé 2013; Gees 2012.

74   Vgl. Gees 2012, S. 1143.

waren, musste das EGA die Gesuche zusätzlich der SUVA vorlegen, welche
diese im Falle von Fabrikbetrieben wiederum auch dem zuständigen Eidgenössischen Fabrikinspektorat zustellte. Damit die Kantone eine Bewilligung erteilen konnten, bedurfte es der Zustimmung aller am Verfahren
beteiligten Organe. Als Kontrollinstanzen sollten demgegenüber ausschließlich Bundesstellen fungieren: für Gewerbe- und Industriebetriebe die SUVA
unter allfälliger Mitwirkung der Fabrikinspektorate, und für medizinische und
Forschungsbetriebe das EGA.[75]

Die Pflicht zur Einhaltung von internationalen Strahlenschutznormen
führte in der Strahlenschutzverordnung zudem zu einer Verbesserung, was den
Gesundheitsschutz für das strahlengefährdete Personal anging. So wurde mit
der Verordnung für alle beruflich strahlenexponierten Personen sowohl eine
physikalische als auch eine medizinische Überwachung eingeführt. Während
erstere über das ständige Tragen von Dosismessinstrumenten gewährleistet
werden sollte, sollte letztere durch regelmäßige, in der Regel jährlich durchgeführte ärztliche Untersuchungen bewerkstelligt werden.[76] Bindende internationale Strahlenschutzbestimmungen trugen folglich wesentlich dazu bei,
den Gesundheitsschutz von Arbeitnehmenden in der Schweiz zu stärken.[77]

Anders sah dies hingegen im Bereich des Versicherungsschutzes aus, der
von den internationalen Empfehlungen nicht tangiert wurde. Hier brachte
die Strahlenschutzverordnung keine Verbesserung für das noch nicht versicherte strahlengefährdete Personal. Zwar hatte der Bund schon vor dem
Inkrafttreten des Atomgesetzes einige gesetzliche Regelungen im Bereich

---

75   Vgl. CH-BAR#E3801#1975/8#188*, Die eidg. Verordnung über den Schutz gegen
      ionisierende Strahlen, 16.6.1961; Archiv BAG, 18.1.1.4k, Vernehmlassung zum definitiven
      Entwurf der Verordnung über den Schutz vor ionisierenden Strahlen (VO), Bemerkungen
      des EDI zum Entwurf einer Verordnung über den Schutz vor ionisierenden Strahlen,
      Oktober 1961; CH-BAR#E3801#1975/8#189*, Bemerkungen des EDI zum Entwurf einer
      Verordnung über den Schutz vor ionisierenden Strahlen, November 1962.

76   Vgl. CH-BAR#E3801#1975/8#188*, Die eidg. Verordnung über den Schutz gegen ionisie-
      rende Strahlen, 16.6.1961.

77   Vorstöße aus dem Bundesparlament zu bestimmten Aspekten des Strahlenschutzes übten
      in dieser Phase zusätzlichen Druck aus, gesundheitsschädigende Arbeitsbedingungen zu
      verbessern. Dies trifft bspw. auf eine Interpellation des sozialdemokratischen Zürcher
      Nationalrates Max Arnold zu, mit welcher dieser Auskunft über die bestehenden
      Schutzmaßnahmen bei Heimarbeit mit radioaktiven Materialien verlangte und für
      ein Verbot dieser vielfach stark gesundheitsschädigenden Tätigkeit plädierte. Vgl. CH-
      BAR#E7170B#1970/182#78*, Antwort auf die Interpellation Arnold-Zürich, ohne Datum,
      und Notiz betreffend Interpellation Arnold, 27.1.1960. Mit der Einführung der Strahlen-
      schutzverordnung wurde die Heimarbeit mit radioaktiven Materialien, die durch die
      Verwendung von Radiumleuchtfarben insbesondere in der Schweizer Uhrenindustrie
      verbreitet war, verboten. Dazu: Emmenegger 2018a; Emmenegger 2018b.

des Strahlenschutzes erlassen, welche die Versicherungspflicht betrafen. So reihte der Bundesrat von Strahlen hervorgerufene Erkrankungen im April 1956 unter die Berufskrankheiten ein, für welche die SUVA ebenso wie für Berufs-unfälle aufkommen musste.[78] Ab Januar 1958 unterstellte der Bundesrat dann sämtliche Betriebe, die mit Strahlen operierten, der obligatorischen Unfall-versicherung gemäß Kranken- und Unfallversicherungsgesetz, womit die in diesen Betrieben tätigen Personen bei der SUVA gegen Strahlenschäden ver-sichert waren. Für das medizinische Hilfspersonal, die größte Gruppe beruflich strahlenexponierter Personen, namentlich technische Röntgenassistentinnen, Isotopen- und Röntgenschwestern, die in Einrichtungen arbeiteten, die nicht dem Kranken- und Unfallversicherungsgesetz unterstellt waren, galt dieser Versicherungsschutz jedoch nicht.[79] Eine Unterstellung dieser Personen unter das Kranken- und Unfallversicherungsgesetz würde – so die Einschätzung des Chefs der Strahlenschutzsektion Gerhart Wagner – „mit Sicherheit auf die geschlossene Opposition der Privatversicherungen stossen".[80] Auch war nach Auffassung von Juristen keine gesetzliche Grundlage vorhanden, um auf Verordnungsebene ein Versicherungsobligatorium einzuführen. Deshalb konnte das Problem, auch das – bezeichnenderweise überwiegend weibliche – medizinische Hilfspersonal gegen Strahlenschäden zu versichern, im Rahmen der Strahlenschutzverordnung nicht gelöst werden.[81] Dass Wagners Beurteilung hinsichtlich der Privatversicherungen zutreffend war, belegen verschiedene Schreiben von Versicherungs- und Wirtschaftsverbänden, die sich in der Ver-nehmlassung zur Strahlenschutzverordnung gegen einen Versicherungsschutz des medizinischen Hilfspersonals bei der SUVA aussprachen.[82]

---

78 Die Idee, Strahlen als Berufskrankheiten zu klassifizieren, bestand schon in den 1920er Jahren, wurde damals aber verworfen. Vgl. Dommann 2003, S. 357 und S. 396.

79 Einige Spitäler, so etwa das Inselspital Bern und das Kantonsspital Zürich, schlossen indessen bereits in den 1920er Jahren freiwillig Versicherungen für ihr Personal ab. Vgl. Dommann 2003, S. 355 f.

80 CH-BAR#E3801#1975/8#188*, Die eidg. Verordnung über den Schutz gegen ionisierende Strahlen, 16.6.1961.

81 Vgl. CH-BAR#E3801#1975/8#189*, Bemerkungen des EDI zum Entwurf einer Verordnung über den Schutz vor ionisierenden Strahlen, November 1962.

82 Vgl. Archiv BAG, 18.1.1.4k, Vernehmlassung zum definitiven Entwurf der Verordnung über den Schutz vor ionisierenden Strahlen (VO), Schreiben der Zürcher Handels-kammer an den Vorort des Schweizerischen Handels- und Industrie-Vereins, 20.1.1962, Schreiben des Verbandes Schweizerischer Versicherungsgesellschaften an den Vor-ort des Schweizerischen Handels- und Industrie-Vereins, 22.1.1962, Schreiben des Comité Européen des Assurances an das EDI, 20.2.1962, und Schreiben des Vor-ortes des Schweizerischen Handels- und Industrie-Vereins und des Zentralverbandes Schweizerischer Arbeitgeber-Organisationen an das EDI, 5.3.1962.

Eine Versicherungslösung für alle beruflich strahlenexponierten Personen konnte schließlich erst im Jahr 1984 mit dem Inkrafttreten des Bundesgesetzes über die Unfallversicherung realisiert werden. Ab diesem Zeitpunkt wurde eine obligatorische Unfallversicherung für alle in der Schweiz beschäftigten Arbeitnehmenden verlangt.[83] Das Beispiel des Versicherungsschutzes für das strahlenexponierte Personal zeigt erneut, wie der Bund bei der Regulierung von Strahlen die Interessen privatwirtschaftlicher Unternehmen schützte und höher gewichtete als das Recht der Arbeitnehmenden, in einem möglichen Schadenfall eine Versicherungsleistung zu erhalten. Es ist plausibel anzunehmen, dass sich diese Ungleichbehandlung des strahlenexponierten Personals auch deshalb durchsetzen ließ, weil der fehlende Versicherungsschutz vor allem Frauen diskriminierte. So hat der Historiker Martin Lengwiler unter Verweis auf die Berufe im Gesundheitswesen darauf hingewiesen, dass frauenspezifische Berufsrisiken im schweizerischen Unfallversicherungswesen „nur ungenügend oder verspätet" wahrgenommen wurden.[84]

Zusammenfassend lässt sich festhalten, dass sich für den Bund im Bereich des Strahlenschutzes ab Mitte der 1950er Jahre ein doppelter Regulierungsdruck ergab. Dieser resultierte zum einen aus der veränderten öffentlichen Wahrnehmung von Strahlengefahren und zum anderen aus dem Vollzug verbindlicher internationaler Abkommen. Dieser zweifache Regulierungsdruck führte dazu, dass der Strahlenschutz im Rahmen der schweizerischen Atompolitik zur Bundessache erklärt wurde; allerdings genoss er hinter der Förderung der Atomenergie lediglich zweite Priorität. Der Verfassungsartikel und das Bundesgesetz über die friedliche Nutzung der Atomenergie und den Strahlenschutz ermöglichten in der Folge nicht nur die Schaffung neuer Verwaltungseinheiten wie der Sektion für Strahlenschutz im EGA, sondern mit der 1963 in Kraft gesetzten Strahlenschutzverordnung auch den Erlass von verbindlichen, schweizweit geltenden Strahlenschutzbestimmungen.

4.2   Politisierung des Strahlenschutzes. Bildung der Kommission für Strahlenschutz und Revision der Strahlenschutzverordnung, 1958–1976

Mit der Inkraftsetzung der Strahlenschutzverordnung weitete sich das Dispositiv zur Regulierung von Strahlen wesentlich aus. Der Vollzug der Strahlenschutzverordnung machte eine Reihe von Bewilligungs- und Kontrolltätigkeiten

---

83   Vgl. CH-BAR#E3300C#1996/215#858*, Antrag des EDI an den Bundesrat, 9.11.1983.
84   Lengwiler 2007, S. 271.

erforderlich, für die nun offiziell Bundesstellen verantwortlich waren. Durch diese neuen gouvernementalen Aufgaben erhöhte sich die Dringlichkeit, auf Bundesebene ein Organ zu schaffen, das eine kontinuierliche Beratung in Strahlenschutzfragen sowie eine fortlaufende Anpassung und Entwicklung der Strahlenschutznormen gewährleisten konnte.

Bereits das Bundesgesetz über die friedliche Verwendung der Atomenergie und den Strahlenschutz hatte die Schaffung eines solchen beratenden Gremiums vorgesehen. So verlangte Artikel 38, dass der Bundesrat Kommissionen zum Studium von Fragen der Atomenergie und des Strahlenschutzes ernennen solle.[85] Schon Anfang des Jahres 1959 – noch vor dem Inkrafttreten des Atomgesetzes – rief der Bundesrat die Eidgenössische Kommission für Atomenergie ins Leben. Die Kommission für Atomenergie, die vom Delegierten des Bundesrates für Fragen der Atomenergie präsidiert wurde und dessen Büro angegliedert war, bestand aus rund 25 Mitgliedern aus der Wirtschaft, der Wissenschaft und der Technik.[86] Der Bund bemühte sich folglich schon vor dem Bestehen eines gesetzlichen Auftrages darum, ein beratendes Gremium auf dem Gebiet der Atomenergie zu bestellen. Demgegenüber fand die Einsetzung ihres Pendants – der Eidgenössischen Kommission für Strahlenschutz (EKS) – erst am 1. Januar 1967 statt.[87]

Die Schaffung der EKS erfolgte somit mit mehreren Jahren Verspätung. Auch die Teilrevision der Strahlenschutzverordnung, welche die EKS kurz nach ihrer Gründung an die Hand nahm, dauerte bedeutend länger als vorgesehen. Im Folgenden werden die Gründe für diese Verzögerungen beleuchtet. Dabei wird sich zeigen, dass diese Verzögerungen damit zu tun hatten, dass sich die Gouvernementalität im Bereich der Strahlenregulierung im Verlaufe der 1960er Jahre veränderte und die Festlegung von Strahlenschutznormen zu einem politischen Handlungsfeld avancierte, das zeitintensive Aushandlungsprozesse erforderte.

Von technokratischer Rationalität zu politischer Aushandlung

Anlässlich ihrer ersten Sitzung im April 1967 erklärte der Direktor des Eidgenössischen Gesundheitsamtes (EGA) Arnold Sauter die verspätete Schaffung der EKS damit, dass man mit deren Ernennung „absichtlich noch zugewartet" habe, da die Auffassung vorherrschend gewesen sei, „dass der Strahlenschutz

---

85   Vgl. Bundesgesetz über die friedliche Verwendung der Atomenergie und den Strahlenschutz 1959, Art. 38.

86   Vgl. Archiv BAG, 18.2.9, Eidg. Kommission für Atomenergie, Antrag des Eidgenössischen Politischen Departements, 24.12.1958, und Beschluss des Bundesrates, 30.12.1958.

87   Vgl. Archiv BAG, 18.2.6, Eidg. Kommission für Strahlenschutz, Reglement der Eidg. Kommission für Strahlenschutz, 19.12.1966, und Beschluss des Bundesrates, 19.12.1966.

in der Schweiz zuerst einmal Fuss fassen müsse."[88] Wie ich im Folgenden
zeige werde, lag der Hauptgrund für die verzögerte Einsetzung jedoch vor
allem darin, dass die Bundesverwaltung und die von ihr konsultierten Strahlenschutzexperten für die Lösung von Strahlenschutzproblemen zunächst auf ein
Modell setzten, das auf einem Primat der Wissenschaft vor der Politik beruhte.
Dieses Modell lässt sich mit dem Historiker Dirk van Laak als technokratisch
beschreiben, ging es doch wesentlich darum, eine „technische Rationalität mit
dem Anspruch auf politische, wirtschaftliche und gesellschaftliche Führung"
zu verbinden.[89] Mit der Schaffung der EKS verschwand diese technokratische
Rationalität zwar keineswegs. Die Beratung des Bundes bei der Regulierung von
Strahlen erfolgte nun aber stärker als institutionalisierte Form der politischen
Interessenvertretung, indem alle als relevant erachteten Akteure dauerhaft in
die Aushandlung von Strahlenschutzfragen eingebunden wurden.

Bereits im Januar 1958 hatte das EGA knapp ein Dutzend Spezialisten von
Bundesstellen, Expertenkommissionen und Fachgesellschaften zu einer Aussprache nach Bern eingeladen, um die Aufgaben und Zusammensetzung einer
künftigen eidgenössischen Kommission für den Strahlenschutz zu beraten.
Neben Vertretern des Bundesamtes für Industrie, Gewerbe und Arbeit und der
Schweizerischen Unfallversicherungsanstalt (SUVA) nahmen unter anderem
der Chef der Sektion für Schutz und Abwehr gegen ABC-Waffen der Abteilung
für Sanität des Eidgenössischen Militärdepartements Hermann Gessner, der
Stellvertreter des Delegierten des Bundesrates für Fragen der Atomenergie
Jakob Burckhardt und der Präsident der Eidgenössischen Kommission zur
Überwachung der Radioaktivität (KUeR) Paul Huber an der Besprechung
teil. Ebenfalls anwesend waren der Präsident der Schweizerischen Röntgengesellschaft, der Leiter des Berner Radiuminstituts Walter Minder sowie Pierre
Lerch als Vertreter der Isotopenkommission der Schweizerischen Akademie
der Medizinischen Wissenschaften. Seitens des EGA waren unter anderem
Direktor Arnold Sauter sowie der Chef der Eidgenössischen Lebensmittelkontrolle und Initiant der Arbeitsgemeinschaft zur Überwachung der Radioaktivität von Lebensmitteln Otto Högl präsent.[90]

Jakob Burckhardt erklärte gleich zu Beginn, Strahlenschutzfragen seien
„angesichts der weitverbreiteten Atomfurcht für die Oeffentlichkeit von
grossem Interesse". In der anschließenden Diskussion zeigte sich dann

---

88   Ebd., Protokoll der 1. Sitzung der EKS, 19.4.1967.
89   Van Laak 2012, S. 106.
90   Vgl. Archiv BAG, 18.2.6, Eidg. Kommission für Strahlenschutz, Protokoll der Aus-
      sprache betreffend Aufgaben und Zusammensetzung einer künftigen eidgenössischen
      Kommission für den Strahlenschutz, 9.1.1958.

rasch, dass – wie EGA-Direktor Arnold Sauter feststellte – „grundsätzlich
niemand gegen die Schaffung einer eidgenössischen Kommission für Strahlenschutz opponiert". Trotzdem sprachen sich die Sitzungsteilnehmer schließlich
dagegen aus, eine neue Kommission zu schaffen, in der – nochmals in den
Worten von Sauter – „alle irgendwie [...] Interessierten nicht zuletzt auch
aus politischen Gründen [...] vertreten sein möchten". Für diese ablehnende
Haltung, die beispielsweise KUeR-Präsident Paul Huber prominent vertrat,
wurden im Wesentlichen drei Gründe angeführt: Erstens entstand die Befürchtung, eine Berücksichtigung aller mit Strahlenschutz befassten Kreise –
von kantonalen Gesundheits-, Bau- und Polizeibehörden, Medizinalpersonen
und medizinischen Hilfspersonen über wissenschaftliche Institute, Stadt- und
Kantonschemiker, Arbeitgeber- und Arbeitnehmerorganisationen bis hin zu
Berufsorganisationen und Versicherungsgesellschaften – ließe die Anzahl der
Kommissionsmitglieder derart ansteigen, dass – so Huber – „die Arbeit um-
ständlich und mühevoll wird". Demgegenüber sei eine kleine Kommission
„weit leistungsfähiger" und könne „konzentrierter arbeiten". Zweitens betrachteten die Sitzungsteilnehmer die zu lösenden Strahlenschutzfragen – so
namentlich die anstehende Ausarbeitung einer Strahlenschutzverordnung –
in erster Linie als technische Angelegenheit. Huber etwa meinte, es handle
sich dabei „um Sachfragen, die allein in die Zuständigkeit von Fachleuten
und nicht von politischen Stellen gehören." Drittens wurde die geringe Anzahl schweizerischer Strahlenschutzexperten als Problem wahrgenommen. So
seien, wie Huber betonte, nicht nur „Doppelspurigkeiten zu vermeiden und
diese Experten so ökonomisch wie möglich einzusetzen", sondern es müsse
auch verhindert werden, „dass die wenigen im Lande vorhandenen Spezialisten
für Routinearbeiten eingesetzt werden [...]." Die Meinungen der Sitzungsteilnehmer tendierten deshalb dazu, sich gegen eine große Kommission „zugunsten von kleinen, beweglichen Fachkommissionen" zu entscheiden.[91]

Dieses Meinungsbild führte dazu, dass die Bundesbehörden die Schaffung
einer Kommission für Strahlenschutz vertagten und für die anstehende
Ausarbeitung einer Strahlenschutzverordnung den bereits bestehenden
Technischen Ausschuss reaktivierten.[92] Ende der 1950er Jahre setzten folglich
sowohl der Bund als auch Strahlenschutzfachleute weiterhin auf ein Ad-hoc-
Gremium, um die Regulierung von Strahlen voranzutreiben. Im Technischen
Ausschuss sollten Fachwissen und – so zumindest die Intention – Effizienz
und Rationalität dominieren, was den involvierten Wissenschaftlern eine

---

91   Ebd.
92   Vgl. CH-BAR#E8210A#1972/73#28*, Antrag des Eidgenössischen Politischen Departe-
      ments, 8.10.1958.

wichtige Stimme garantierte.[93] Damit sollte das gouvernementale Handeln im
Bereich der Strahlenregulierung an einem technokratischen Modell orientiert
bleiben. Die Vorstellung, die Ausarbeitung der Strahlenschutzverordnung
stelle eine rein technische Angelegenheit dar, erwies sich indessen als Augen-
wischerei. So sind die im letzten Teilkapitel erläuterte bedeutende personelle
Erweiterung des Technischen Ausschusses von zunächst einem Dutzend auf
schließlich 30 Personen aus Wirtschaft, Wissenschaft und Verwaltung sowie
die anschließende Vernehmlassung des Verordnungsentwurfs mit rund 250
teilnehmenden Ämtern und Organisationen ein deutlicher Ausdruck davon,
wie stark die Formulierung von rechtlich bindenden Strahlenschutznormen
von Beginn an der Aushandlung politischer Interessen unterworfen war.

Im Sommer 1964, ein gutes Jahr nach dem Inkrafttreten der Strahlenschutzverordnung, unternahm das EGA einen neuen Anlauf zur Schaffung
einer Kommission für Strahlenschutz. Die anvisierte Kommission sollte nun
ausdrücklich den Charakter eines politischen Interessenforums aufweisen.
Wie EGA-Direktor Arnold Sauter in einem Schreiben an den Vorsteher des
Eidgenössischen Departements des Innern (EDI), Bundesrat Hans-Peter
Tschudi, erläuterte, werde es zwar „unerlässlich sein, auch wieder eine Anzahl kompetenter Vertreter der Wissenschaft ad personam in die Kommission
aufzunehmen", allerdings solle bei der Zusammensetzung der vorgesehenen
Strahlenschutzkommission „nun aber besonders Wert darauf gelegt werden,
dass in erster Linie die an den Fragen des Strahlenschutzes interessierten und
massgebenden Organisationen durch geeignete Mitglieder vertreten sind."
Wiewohl man im Technischen Ausschuss „von jeher den Vorläufer einer später
zu ernennenden Kommission für Strahlenschutz" gesehen habe, hätten dessen
Mitglieder „nicht in erster Linie eine bestimmte Organisation" vertreten, da
es vor allem darum gegangen sei, „nebst den interessierten Bundesstellen die
massgebenden Fachleute der Wissenschaft, der Medizin und der Industrie"
für die Mitarbeit an der Strahlenschutzverordnung zu gewinnen.[94] Zweck der
künftigen Kommission für Strahlenschutz war es folglich, die Interessen und
Ansprüche aller für den Strahlenschutz relevanten Akteure bereits innerhalb
der Kommission auszutarieren. Damit reagierte das EGA auch auf Kritik, die
im Rahmen des Vernehmlassungsverfahrens zur Strahlenschutzverordnung geäußert worden war. So hatte sich die Versicherungsbranche darüber beschwert,
bei der Ausarbeitung der Verordnung nicht von Anfang an involviert worden

---

93   Vgl. dazu auch Boudia 2007, bes. S. 401 f.
94   Archiv BAG, 18.2.6, Eidg. Kommission für Strahlenschutz, Schreiben von Sauter an
        Bundesrat Tschudi, 4.8.1964. Vgl. auch ebd., Antrag des EDI, 1.9.1966.

zu sein.[95] Der Zweck der Schaffung der EKS bestand somit nicht zuletzt
darin, den Vertretern aus der Wirtschaft und der Industrie im expandierenden
nuklearen Alltag bei der Interessenaushandlung rund um die Regulierung
von Strahlen institutionell mehr Gewicht einzuräumen. Dies war mit der
Erkenntnis verbunden, dass nicht nur die Nutzung der Atomenergie politische Interessen betraf, sondern auch der als weniger prioritär erachtete
Strahlenschutz.

Zu den schließlich 26 Mitgliedern der vom Bundesrat ab Anfang 1967
eingesetzten EKS gehörten auch Exponenten der Atomindustrie und der
nuklearen Sicherheitsbehörden des Bundes. So nahmen etwa der Geschäftsführer der Schweizerischen Vereinigung für Atomenergie sowie der Chef der
Sektion für Sicherheitsfragen von Atomanlagen (SSA) Peter Courvoisier Einsitz in die EKS. Präsidiert wurde die EKS von Gerhart Wagner, dem ehemaligen
Chef der Sektion für Strahlenschutz des EGA.[96] Mit einer beachtlichen zeit-
lichen Verzögerung wurde somit ab 1967 eine neue Institution aufgebaut, die
auf eine verstetigte Aushandlung von Strahlenschutzinteressen ausgerichtet
war und bedeutend mehr Akteure institutionell in den Strahlenschutz einband.
Dadurch weitete sich das Dispositiv zur Regulierung von Strahlen weiter aus.

Die EKS fungierte schließlich als eine Art Dachkommission des schweizerischen Strahlenschutznetzwerkes. Ihre Bildung ging mit einer Veränderung
der Gouvernementalität der Strahlenregulierung einher, indem sich der Primat
der Wissenschaft nun offiziell hin zu einem Primat der Politik verschob. Damit
wurde das den Strahlenschutz bisher dominierende technokratische Modell
gewollt aufgeweicht – wenn auch nicht aufgegeben: Trotz ihrer Politisierung
propagierte auch die EKS die Vorstellung einer technischen Lösbarkeit von
Strahlenschutzproblemen.

Teilrevision zwischen Konflikt und Konsens

Bereits kurz nach ihrer Gründung beschloss die EKS, eine Teilrevision der
aus dem Jahr 1963 stammenden Strahlenschutzverordnung einzuleiten.
Damit sollte eine Anpassung der schweizerischen Verordnung an geänderte

---

95   Vgl. Archiv BAG, 18.1.1.4k, Vernehmlassung zum definitiven Entwurf der Verordnung
     über den Schutz vor ionisierenden Strahlen (VO), Schreiben des Verbandes Schwei-
     zerischer Versicherungsgesellschaften an den Vorort des Schweizerischen Handels- und
     Industrie-Vereins, 22.1.1962; Schreiben des Comité Européen des Assurances an das EDI,
     20.2.1962.

96   Vgl. Archiv BAG, 18.2.6, Eidg. Kommission für Strahlenschutz, Beschluss des Bundes-
     rates, 19.12.1966, und Listen für Vertreter der Wissenschaft, Vertreter der medizinischen
     Organisationen, Vertreter industrieller Organisationen und Vertreter Eidg. Amtsstellen
     und SUVA (Entwurf), 3.8.1964.

internationale Normen, so namentlich an neue Empfehlungen der Internationalen Strahlenschutzkommission, bewirkt werden.[97] In einem ersten Schritt konnten die Mitglieder der EKS der Sektion für Strahlenschutz Vorschläge für revisionsbedürftige Artikel unterbreiten. Ebenso wurde die Schweizerische Vereinigung für Atomenergie ersucht, die am Strahlenschutz interessierten Institutionen in ihrem Bulletin dazu aufzurufen, „wohlbegründete Revisionsvorschläge" einzureichen.[98] Dass die Sektion für Strahlenschutz für die Bekanntmachung der beabsichtigten Verordnungsänderung auf das Publikationsorgan der Schweizerischen Vereinigung für Atomenergie zurückgriff, war nicht außergewöhnlich. Zwischen der Strahlenschutzsektion und der Lobbyorganisation der Atomenergiebranche bestanden von Beginn an enge Beziehungen, insbesondere was den Informationsaustausch und die Öffentlichkeitsarbeit betraf.[99] So war der ehemalige Sektionschef und spätere Präsident der EKS Gerhart Wagner seit 1959 Mitglied der Vereinigung und arbeitete in deren Kommission für Aufklärung in zwei Ausschüssen, nämlich der Subkommission gegen die Atomangst und der Subkommission für Schulen, mit.[100] 1963 hatte die Schweizerische Vereinigung für Atomenergie zudem die Pressekonferenz anlässlich der Veröffentlichung der Strahlenschutzverordnung organisiert.[101] Auch hatte sie der Strahlenschutzsektion eine Reihe von Personen genannt, um diese als Vertreter der Industrie zunächst für den Technischen Ausschuss und später für die EKS zu nominieren.[102]

Im Frühjahr 1969 entschied die EKS definitiv, die Teilrevision der Strahlenschutzverordnung an die Hand zu nehmen. Ein Jahr später lag ein erster

---

97   Vgl. CH-BAR#E3300C#2000/262#396*, Schreiben des EGA an Bundesrat Tschudi, 20.8.1973.

98   Archiv BAG, 18.2.6, Eidg. Kommission für Strahlenschutz, Protokoll der 2. Sitzung der EKS, 25.4.1968.

99   Zur engen Verflechtung des Bundes und der Schweizerischen Vereinigung für Atomenergie: Boos 1999, S. 364–367.

100   Vgl. Archiv BAG, 18.2.7b, Schweizerische Vereinigung für Atomenergie, Subkommission gegen die Atomangst, Schreiben der Schweizerischen Vereinigung für Atomenergie an A. Sauter, 3.7.1959, und zwei Schreiben von Sauter an die Geschäftsstelle der Schweizerischen Vereinigung für Atomenergie, 17.7.1959 und 31.7.1959.

101   Vgl. Archiv BAG, 18.2.7, Schweizerische Vereinigung für Atomenergie, Aktennotiz über die Besprechung beim Eidg. Gesundheitsamt, 8.2.1962, und Aktennotiz für Dr. Maurer, 21.5.1963.

102   Vgl. Archiv BAG, 18.2.6, Eidg. Kommission für Strahlenschutz, Schreiben des EGA an die Schweizerische Vereinigung für Atomenergie, 19.8.1964, drei Schreiben der Schweizerischen Vereinigung für Atomenergie an das EGA, 5.9.1964, 20.10.1964 und 5.7.1966, und Schreiben des EGA an die Schweizerische Vereinigung für Atomenergie, 30.8.1966.

Revisionsentwurf der Sektion für Strahlenschutz vor. Daraufhin wurden eine technische, eine medizinische und eine juristische Expertengruppe gebildet, welche den Entwurf nacheinander auf diese drei Aspekte hin durcharbeiteten.[103] Im Januar 1971 sowie im März 1973 folgten ein zweiter und ein dritter Entwurf, die eine erweiterte technische Expertengruppe redigierte. Im Juli 1973 verabschiedete die EKS den nochmals überarbeiteten dritten Entwurf, womit ihre Arbeit beendet war.[104] Im Herbst 1973 leitete das EDI das Vernehmlassungsverfahren zur Teilrevision der Strahlenschutzverordnung ein.[105] Zur Stellungnahme waren die Kantone und alle am Strahlenschutz interessierten Kreise eingeladen.[106] Zwei Jahre später fand das Vorverfahren bei den Bundesämtern statt.[107] Schließlich setzte der Bundesrat die revidierte Strahlenschutzverordnung am 1. August 1976 in Kraft.[108]

Der Inkraftsetzung der revidierten schweizerischen Strahlenschutzverordnung ging somit eine über siebenjährige Vorarbeit voraus. Die Änderung nahm damit viel mehr Zeit in Anspruch als ursprünglich geplant. Insbesondere zwei Gründe waren dafür verantwortlich, dass der Revisionsprozess so lange dauerte: Zum einen bildeten – wie dies schon bei der Formulierung der Strahlenschutzverordnung von 1963 der Fall gewesen war – auch bei der Teilrevision in der ersten Hälfte der 1970er Jahre veränderte internationale Strahlenschutznormen den hauptsächlichen Anlass für die Revision. Aufgrund der langen Ausarbeitungszeit mussten indessen noch während des Revisionsprozesses fortlaufend Anpassungen an neue internationale Empfehlungen und Vorschriften vorgenommen werden. So arbeitete 1972 eine Arbeitsgruppe die aktuelle Fassung der *Safety Series* der Internationalen Atomenergie-Organisation in den Revisionsentwurf ein, was rund ein Jahr in Anspruch nahm.[109] Im Sommer 1973, nachdem die EKS den Verordnungsentwurf bereits verabschiedet hatte, integrierte eine weitere Arbeitsgruppe die jüngsten Empfehlungen der Internationalen Strahlenschutzkommission in

---

103   Vgl. ebd., Protokoll der 4. Sitzung der EKS, 2.4.1970.

104   Vgl. Archiv BAG, 18.6.10, Eidg. Kommission für Strahlenschutz, 1. Teil, 1971–1972, Protokoll der 5. Sitzung der EKS, 1.4.1971, und Protokoll der 6. Sitzung der EKS, 27.4.1972; Archiv BAG, 18.6.10, Eidg. Kommission für Strahlenschutz, II. Teil, 1973 bis Febr. 1974, Protokoll der 7. Sitzung der EKS, 29.3.1973, und Protokoll der a.o. Sitzung der EKS, 5.7.1973.

105   Vgl. CH-BAR#E3310A#2003/209#121*, Protokoll der 8. Sitzung der EKS, 28.3.1974.

106   Vgl. ebd., Protokoll der 9. Sitzung der EKS, 20.3.1975.

107   Vgl. ebd., Protokoll der 10. Sitzung der EKS, 25.3.1976.

108   Vgl. CH-BAR#E3310A#2003/209#122*, Protokoll der 11. Sitzung der EKS, 10.3.1977.

109   Vgl. Archiv BAG, 18.6.10, Eidg. Kommission für Strahlenschutz, II. Teil, 1973 bis Febr. 1974, Protokoll der 7. Sitzung der EKS, 29.3.1973.

den Entwurfstext.[110] Der von neu publizierten internationalen Strahlenschutzvorschriften ausgehende Harmonisierungsdruck verursachte der EKS somit
zusätzliche Arbeit, wodurch sich die Teilrevision in die Länge zog.

Zum anderen kam es während des Revisionsprozesses zu verschiedenen
Auseinandersetzungen, die ebenfalls Verzögerungen zur Folge hatten. Die un-
zähligen Schlaufen, welche die Änderung der Verordnung während mehrerer
Jahre durchlief, weisen darauf hin, wie komplex und langwierig sich das
permanente Austarieren von Interessen und Gegensätzen gestaltete. Die dabei
aufbrechenden Konflikte werde ich im Folgenden anhand dreier Beispiele
ausführen. Allen diesen ist gemein, dass Macht- und Kompetenzkonflikte
im Zentrum stehen, die sich auf die ‚Verteilung‘ von Sicherheit im Strahlenschutz zurückführen lassen. Gleichzeitig weisen die Beispiele auf maßgebliche
Entwicklungen im Bereich des Strahlenschutzes in der Schweiz der 1970er
Jahre hin.

Gegen Ende des Revisionsprozesses – und damit komme ich zum ersten
Beispiel – traten Differenzen zwischen der EKS und dem EGA zutage. So
sei – wie EKS-Präsident Gerhart Wagner ausführte – anlässlich des Vorver-
fahrens bei den Bundesämtern im Herbst 1975 bei verschiedenen Mitgliedern
„eine gewisse Unzufriedenheit zu entnehmen" gewesen, weil das EGA die Vorschläge der erweiterten technischen Expertengruppe nicht in allen Punkten in
den Verordnungstext übernommen habe. Wagner informierte EGA-Direktor
Arnold Sauter deshalb „über ein gewisses ‚Malaise‘ in den Kreisen der Mitglieder". Im Dezember 1975 lud Sauter daraufhin eine Delegation der EKS zu
einem Gespräch ein. Der Entwurfstext wurde daraufhin zum Teil im Sinne der
Expertengruppe abgeändert.[111]

Im Wesentlichen ging es bei diesen Auseinandersetzungen um unterschied-
liche Kompetenzansprüche. Die EKS kämpfte für eine rechtliche Aufwertung
ihrer Stellung und konnte immerhin erreichen, dass sie in der revidierten
Strahlenschutzverordnung mehrmals namentlich erwähnt wurde. Trotzdem hielt es Wagner als Präsident der EKS für nötig zu betonen, „dass die
Kommission es nicht schätzen würde, wenn diese Erwähnungen in der SSVO
[Schweizerischen Strahlenschutzverordnung] nachträglich von höchster
Stelle wieder gestrichen würden." Demgegenüber argumentierte Ulrich Frey,
ab 1974 Nachfolger von Arnold Sauter als Direktor des EGA, als Experten-
kommission stelle die EKS „eine *Verwaltungskommission mit konsultativem
Charakter*" dar, und es dürfe nicht vergessen werden, „dass schlussendlich die
Verwaltung für den getroffenen Entscheid die Verantwortung zu übernehmen

---

110   Vgl. ebd., Protokoll der a.o. Sitzung der EKS, 5.7.1973.
111   CH-BAR#E3310A#2003/209#121*, Protokoll der 10. Sitzung der EKS, 25.3.1976.

hat."[112] Während sich die EKS also als diejenige Instanz sah, welche die Bestimmungen der Strahlenschutzverordnung zu formulieren hatte, schrieb sich das EGA diese Autorität ebenfalls zu.

Dieser Machtkonflikt hing zunächst einmal mit der ‚Verteilung' von Aufgaben und Zuständigkeiten im Strahlenschutz zusammen, die immer wieder Raum für Kompetenzkonflikte bot. Ein weiterer Grund kann in der Entwicklung einer immer stärker professionalisierten Verwaltung gesehen werden, die zunehmend Gestaltungs- und Führungsansprüche geltend machte und fachlich immer weniger von auf Milizbasis arbeitenden Expertenkommissionen abhängig war. Diese Professionalisierung zeigte sich unter anderem in einer stetigen Zunahme der Anzahl der Mitarbeitenden in der Sektion für Strahlenschutz. Im Jahr 1958, als die Sektion gegründet wurde, standen Gerhart Wagner als Leiter lediglich eine Sekretärin sowie – an einem halben Tag pro Woche – Walter Minder vom Berner Radiuminstitut als Experte für Radioaktivität zur Verfügung. Nach ungefähr einem Jahr kam ein Chemiker als vollamtlicher Stellvertreter für Wagner hinzu. 1964, als Wagner die Sektion verließ und Minder dessen Nachfolge antrat, war die Anzahl der Mitarbeitenden bereits auf 17 Personen angewachsen.[113] Gleichzeitig differenzierte sich – wie Organigramme zeigen – die interne Organisation der Sektion zunehmend aus.[114] Der Personalbestand und die Binnendifferenzierung stellen Indikatoren für den Auf- und Ausbau von Kompetenzen und Know-how innerhalb der Sektion für Strahlenschutz dar. Ab Mitte der 1960er Jahre bildete sich somit innerhalb der Bundesverwaltung eine eigene Wissens- und Expertenkultur für Strahlensicherheit heraus. Demgegenüber war zu Beginn der 1950er Jahre, als in der Schweiz zum ersten Mal Strahlenschutzrichtlinien ausgearbeitet worden waren, im EGA praktisch noch kein Strahlenschutzwissen vorhanden und die Abhängigkeit von Expertenkommissionen dementsprechend größer gewesen.[115] Dieser auf einer zunehmenden Professionalisierung basierende Macht- und Einflussgewinn der Verwaltung führte zu einer Schwächung der Expertenkommissionen, die sich – so zeigt der hier dargestellte Konflikt – in ihrem Handlungsspielraum indessen nur ungern einschränken ließen.[116]

Ich komme damit zum zweiten Beispiel, das zeigt, wie auch die Festlegung der Befugnisse der in den Strahlenschutz involvierten Bewilligungs- und

---

112   Ebd., Hervorh. i. Orig. Zu Ulrich Frey: Steffen Gerber 2012.

113   Vgl. Wagner 2009.

114   Vgl. bspw. CH-BAR#E3300C#1993/154#616*, Organigramm der Sektion Strahlenschutz, 25.10.1973.

115   Vgl. dazu Kapitel 4.1.

116   Die Verwaltungsgeschichte der Schweiz stellt noch weitgehend ein Forschungsdesiderat dar, insbesondere für die Zeit nach 1945. Vgl. Nellen/Nienhaus/Sardet/Schiedt 2011, S. 15.

Kontrollorgane konfliktbehaftet war. Gemäß der Strahlenschutzverordnung von 1963 wurden die Kontrollen in Betrieben, die mit ionisierenden Strahlen oder radioaktiven Stoffen operierten, entweder durch das EGA oder die SUVA vorgenommen. Für eine Betriebsbewilligung war aber in jedem Fall eine Zustimmung des EGA erforderlich – und zwar auch für gewerbliche und industrielle Betriebe, die grundsätzlich der SUVA unterstanden. Während der Teilrevision waren Vertreter der SUVA nun der Auffassung, diese Kompetenzregelung entspreche „nicht den tatsächlichen Verhältnissen", weil der Eindruck entstehe, dass das EGA der SUVA übergeordnet sei. Dies sei aber nicht der Fall, da es sich um zwei gleichgestellte Instanzen handle.[117] Eine „Suprematie des EGA über die SUVA" könne jedoch nicht akzeptiert werden.[118] Demgegenüber war EKS-Präsident Gerhart Wagner als ehemaliger Chef der Sektion für Strahlenschutz der Meinung, dass dem EGA „jederzeit das Recht zusteht, bei sämtlichen Betrieben in denen Strahlenschutzprobleme behandelt werden, mitzureden."[119]

Umstritten war insbesondere die Frage, ob die SUVA dazu verpflichtet sei, dem EGA ihre Kontrollberichte zuzustellen. Während die Vertreter der SUVA argumentierten, eine Weitergabe ihrer Berichte stelle eine Verletzung der im Kranken- und Unfallversicherungsgesetz stipulierten Schweigepflicht dar, betrachteten die Vertreter der Strahlenschutzsektion diese Kontrollberichte als unentbehrliche fachtechnische Grundlage für die Bewilligungserteilung.[120] Der Chef der Sektion für Strahlenschutz Walter Minder argumentierte, das EGA könne „selbstverständlich nicht eine von der SUVA ausgefertigte Bewilligung ohne Einsichtnahme in den Kontrollbericht blanko unterzeichnen."[121] Dem Streit um die Weitergabe der Kontrollberichte lagen unterschiedliche Auffassungen über den Stellenwert des Strahlenschutzes zugrunde. So vertrat Minder die Auffassung, dass es sich bei Strahlenschutzfragen „nicht nur um einen Gegenstand des Arbeitsrechts, sondern vor allem um einen Gegenstand des Gesundheitswesens" handle. Ein weiterer Mitarbeiter der Strahlenschutzsektion ergänzte, es könne dem EGA „nicht gleichgültig sein [...], welche Mengen von Radioaktivität auf die Bevölkerung losgelassen werden", denn man habe sich „auch um die Strahlenbelastung der Gesamtbevölkerung zu kümmern". Es entspreche deshalb „einer unbedingten Notwendigkeit", dass das EGA Kenntnis über sämtliche Betriebe habe, in denen mit Strahlen

---

117 CH-BAR#E3300C#2000/262#395*, Protokoll der 1. Sitzung der technischen Expertengruppe, 11.6.1970.
118 Ebd., Protokoll der Sitzung der iuristischen Expertengruppe, 15.12.1970.
119 Ebd., Protokoll der 1. Sitzung der technischen Expertengruppe, 11.6.1970.
120 Vgl. ebd., und Protokoll der Sitzung der iuristischen Expertengruppe, 15.12.1970.
121 Ebd., Protokoll der Sitzung der iuristischen Expertengruppe, 15.12.1970.

gearbeitet werde.[122] Dem hielten die Vertreter der SUVA entgegen, aus ihrer
Sicht stelle der Strahlenschutz „lediglich ein Teilgebiet der Unfall- oder der
Berufskrankheitenverhütung" dar, und es sei deshalb „nicht einzusehen",
weshalb Strahlenschutzfragen „eine besondere Rolle bei der Erfüllung dieser
Aufgabe spielen" sollten.[123] Man müsse – wie die SUVA-Vertreter an anderer
Stelle argumentierten – „die Sache auch aus dem Gesichtswinkel des KUVG
[Kranken- und Unfallversicherungsgesetzes] sehen", denn beim Strahlen-
schutz in den der SUVA unterstellten Betrieben gehe es um „gar nichts anderes
als Arbeitnehmerschutz". Mit dem Schutz von Arbeitnehmenden habe das
EGA jedoch „überhaupt nichts zu tun".[124] Der Streit drehte sich somit vorder-
gründig um die Funktion des Strahlenschutzes, genauer um die Frage, ob mit
Strahlenschutzkontrollen in erster Linie Berufskrankheiten verhindert oder
Gesundheitsrisiken der Gesamtbevölkerung überwacht werden sollten. Damit
war auch die Frage verbunden, ob Strahlen lediglich eine Gesundheitsgefahr
unter vielen darstellen oder ob ihnen, insbesondere aus epidemiologischer
Perspektive, eine privilegierte Stellung zukommen sollte.[125] Hintergründig
handelte es sich indessen auch hier um einen Machtkonflikt. Das EGA und
die SUVA kämpften anlässlich der Teilrevision der Strahlenschutzverordnung
darum, sich die de jure bestehenden bzw. die de facto erworbenen Befugnisse
im Bereich der Apparate-, Labor- und Personalkontrollen, welche aus dem
Vollzug der Strahlenschutzverordnung resultierten, (weiterhin) verbriefen zu
lassen.

Diesen Kompetenzstreitigkeiten lagen strukturelle Probleme zugrunde.
Innerhalb der Bundesverwaltung kam dem EGA die Federführung in Strahlenschutzfragen des nuklearen Alltags zu. Dessen Sektion für Strahlenschutz war
indessen nicht imstande, den Vollzug der Strahlenschutzverordnung alleine
zu bewältigen, sodass weitere Institutionen an dieser Aufgabe beteiligt waren.
Bei der Kontrolle der medizinischen Betriebe, für welche das EGA zuständig
war, führte die Strahlenschutzsektion die Apparatekontrolle – in erster Linie
Röntgenapparate – mehrheitlich selbst durch, mit Ausnahme derjenigen der
Pedoskope, welche an den Schweizerischen Elektrotechnischen Verein ausgelagert wurde.[126] Demgegenüber wurde die Strahlenschutzsektion bei den
Laborkontrollen wesentlich von der SUVA unterstützt. Letztere übernahm
die Kontrolle der gewerblich-industriellen Isotopenlaboratorien, während die

---

122   Ebd.
123   Ebd., Protokoll der 1. Sitzung der technischen Expertengruppe, 11.6.1970.
124   Ebd., Protokoll der Sitzung der iuristischen Expertengruppe, 15.12.1970.
125   Vgl. dazu auch von Schwerin 2008, S. 205–209.
126   Vgl. dazu auch Dommann 2003, S. 382 f.

medizinischen und die Forschungslaboratorien wiederum in die Zuständigkeit der Sektion für Strahlenschutz fielen. Die Laborkontrolle auf dem Gebiet des Kantons Waadt delegierte das EGA zudem an das unter der Leitung von Pierre Lerch stehende *Institut de radiophysique appliquée* der Universität Lausanne, diejenige auf dem Gebiet des Kantons Genf an den von Pierre Wenger geführten *Service cantonal de contrôle des irradiations*. Auch bei der Personalüberwachung existierten verschiedene Dosimetriestellen. So baute die Strahlenschutzsektion einen eigenen Filmdosimetriedienst auf. Daneben führten das Eidgenössische Institut für Reaktorforschung und die bereits erwähnten Institute in Lausanne und in Genf sowie – in wachsender Anzahl – private Messstellen Personalkontrollen durch.[127]

In die Kontrolle von Strahlenanlagen, Isotopenlaboratorien und beruflich strahlenexponierten Personen waren zu Beginn der 1970er Jahre somit eine Vielzahl sowohl staatlicher als auch privater Akteure eingebunden, die entweder für ein bestimmtes geographisches Gebiet oder einen spezifischen Teil des Strahlenschutzes zuständig waren. Diese Aufteilung hing einerseits damit zusammen, dass bestimmte Institutionen wie die SUVA bereits Betriebs- und Personalkontrollen in Strahlenbetrieben durchgeführt hatten, bevor die Strahlenschutzverordnung erlassen wurde. An diesen historisch gewachsenen Kompetenzen wurde nicht gerüttelt.[128] Andererseits verfügte die Sektion für Strahlenschutz im expandierenden nuklearen Alltag gar nicht über die notwendigen personellen und finanziellen Ressourcen, um sämtliche Kontrolltätigkeiten selbst auszuüben. Die Auslagerung von rechtlich vorgeschriebenen Kontrollaufgaben an private Institutionen wiederum stellte in der Schweiz eine akzeptierte Form der Organisation dar, die es zugleich ermöglichte, den Staatsapparat schlank zu halten und privaten Akteuren Aufträge zu verschaffen. All diese Gründe führten dazu, dass die Kontrolltätigkeiten im Strahlenschutz in der Schweiz dezentralisiert und damit ‚verteilt' wurden. Der während des Revisionsprozesses auftretende Kompetenzkonflikt zwischen der SUVA und dem EGA entstand aus dieser ‚Verteilung' von Kontrollfunktionen im Bereich der Strahlensicherheit.

---

127 Vgl. Archiv BAG, 18.2.6, Eidg. Kommission für Strahlenschutz, Protokoll der 1. Sitzung der EKS, 19.4.1967. Aufgrund von Spardruck, Verwaltungsabbau und Reorganisationsbestrebungen wurde die Personendosimetrie des Bundesamtes für Gesundheitswesen zu Beginn der 1980er Jahre ganz an private Unternehmen sowie das Eidgenössische Institut für Reaktorforschung ausgelagert. Vgl. die entsprechenden Dokumente in: CH-BAR#E3300C#2002/40#550* und CH-BAR#E3300C#2002/40#715*.

128 Die Zuständigkeit der SUVA basierte hier auf dem Kranken- und Unfallversicherungsgesetz. Vgl. dazu Kapitel 4.1.

Die Differenzen zwischen dem EGA und der SUVA konnten über mehrere Jahre nicht gelöst werden. Erst im Sommer 1973 kam schließlich eine Einigung zustande. Die getroffene Kompromisslösung bestand darin, die Auflagen für die Kontrolltätigkeit der SUVA, so auch die Weitergabe der Kontrollberichte, nicht in der Strahlenschutzverordnung festzuschreiben, sondern in einer nicht-öffentlichen schriftlichen Vereinbarung zwischen der SUVA und dem EGA zu regeln.[129]

Wie das abschließende dritte Beispiel zeigt, entstanden auch im Zusammenhang mit dem Strahlenschutz in der Umgebung von Atomanlagen Kompetenzstreitigkeiten. In der Strahlenschutzverordnung von 1963 wurde keine Kontrollinstanz für Atomanlagen genannt. Dies ist wenig erstaunlich, da Anfang der 1960er Jahre, als die Verordnung ausgearbeitet wurde, in der Schweiz erst das Eidgenössische Institut für Reaktorforschung, jedoch noch keine Atomkraftwerke existierten. Im Sommer 1970, als die Expertengruppen der EKS mit der Teilrevision der Strahlenschutzverordnung begannen, präsentierte sich diese Sachlage anders: Seit 1969 war das Atomkraftwerk Beznau I in Betrieb, sieben weitere Kernkraftwerke – Leibstadt, Verbois, Kaiseraugst, Beznau II, Graben, Gösgen und Mühleberg – befanden sich entweder im Bau oder in Planung.[130] Wie ich im vorangehenden Kapitel dargestellt habe, brachen im Herbst 1970 zwischen der KUeR und den beiden nuklearen Sicherheitsbehörden des Bundes – der Eidgenössischen Kommission für die Sicherheit von Atomanlagen (KSA) und der SSA – langwierige Konflikte aus bezüglich der Frage, wer für Atomanlagen das Überwachungsprogramm definieren und durchführen sowie die zulässigen Aktivitätsabgaben festsetzen dürfe.[131] Diese Auseinandersetzungen flossen auch in die Arbeit der Expertengruppen der EKS ein, da beide Konfliktparteien versuchten, die Teilrevision dazu zu nutzen, sich ihre Kompetenzansprüche verbriefen zu lassen. So verlangte KSA-Präsident Fritz Alder, in der Strahlenschutzverordnung sei für Atomanlagen neu ebenfalls eine Kontrollinstanz aufzuführen.[132] Dieser Antrag war an sich unbestritten.[133] Zu Kontroversen führte allerdings eine Forderung von Otto Huber, welcher von seinem verstorbenen Bruder Paul das Präsidium der KUeR übernommen hatte und nun verlangte, die Befugnisse der KUeR im neuen Artikel über die Kontrollinstanzen für Atomanlagen

---

129   Vgl. Archiv BAG, 18.6.10, Eidg. Kommission für Strahlenschutz, II. Teil, 1973 bis Febr. 1974, Protokoll der a.o. Sitzung der EKS, 5.7.1973.

130   Vgl. Hug 2011.

131   Vgl. dazu Kapitel 3.3.

132   Vgl. CH-BAR#E3300C#2000/262#395*, Protokoll der 1. Sitzung der technischen Expertengruppe, 11.6.1970.

133   Vgl. ebd., Protokoll der Sitzung der iuristischen Expertengruppe, 15.12.1970.

explizit festzuschreiben. Als dieses Anliegen in der erweiterten technischen Expertengruppe keine Unterstützung fand, bestand Huber zumindest darauf, die Kompetenzen der KUeR betreffend den Umgebungsschutz von Atomanlagen müssten „eindeutig geklärt werden".[134] Die gefundene Kompromisslösung bestand schließlich darin, die Kontrollbefugnisse für den Personal- und Umgebungsschutz von Atomanlagen in einer Verordnung des Eidgenössischen Verkehrs- und Energiewirtschaftsdepartements (EVED) festzulegen, daneben jedoch in einer schriftlichen Vereinbarung gleichzeitig die Zusammenarbeit der KUeR mit den nuklearen Sicherheitsbehörden zu regeln.[135]

Die bisherige Nicht-Berücksichtigung von Atomanlagen in der Strahlenschutzverordnung hatte auch zur Folge, dass die von diesen verursachten Abgaben radioaktiver Stoffe in Abwässer und in die Luft nicht geregelt waren. Deshalb mussten für die Emissionen aus Atomanlagen nun entsprechende Artikel formuliert werden. Hier setzten sich KSA-Präsident Fritz Alder und SSA-Chef Peter Courvoisier gemeinsam für den Vorschlag ein, die Frage der zulässigen Abgaben im Bewilligungsverfahren regeln und so das EVED damit zu betrauen, die nötigen Ausführungsvorschriften zu erlassen.[136] Das EGA und das EDI wollten die Kompetenzen bezüglich der Emissionen aus Atomanlagen allerdings keineswegs dem EVED bzw. den beiden nuklearen Sicherheitsbehörden überlassen. So erklärte Walter Minder von der Strahlenschutzsektion, gasförmige und flüssige Abgaben von Atomanlagen seien „ohne jeden Zweifel Gegenstände des Umweltschutzes einerseits und die damit verbundenen Gefährdungsmöglichkeiten der Bevölkerung solche des öffentlichen Gesundheitswesens andrerseits." Diese Frage könne „deshalb der Einflussnahme des EDI keinesfalls entzogen werden"; tue man dies trotzdem, so entstehe „sowohl sachlich wie psychopolitisch aber auch rechtspolitisch eine völlig unhaltbare Situation". Eine „sinnvolle, praktisch realisierbare und allseitig zufriedenstellende Regelung" sei – so Minder weiter – „von ganz wesentlicher Bedeutung", und zwar derart, „dass sowohl sachlich als auch psychologisch oder politisch keine Einwände dagegen gemacht werden können."[137]

---

134 CH-BAR#E3300C#2000/262#396*, Protokoll der Sitzung der erweiterten technischen Expertengruppe, 8.2.1973. Vgl. auch Archiv BAG, 18.6.10, Eidg. Kommission für Strahlenschutz, II. Teil, 1973 bis Febr. 1974, Protokoll der a.o. Sitzung der EKS, 5.7.1973.

135 Vgl. CH-BAR#E3300C#2000/262#399*, Antrag des EDI, 27.4.1976; CH-BAR#E3300C#1993/156#543*, Schreiben von E. Müller an O. Huber, 8.3.1977.

136 Vgl. CH-BAR#E3300C#2000/262#395*, Protokoll der 1. Sitzung der technischen Expertengruppe, 11.6.1970.

137 Ebd., Zusammenstellung der Stellungnahmen zur Partialrevision der Strahlenschutzverordnung, 25.5.1971.

Mit seinem Votum verwies Minder auf die zu dieser Zeit in der Schweiz laufende Anti-Atomkraft-Debatte, in welcher die gesundheits- und umweltschädigenden Emissionen von Kernkraftwerken ein stark politisiertes Thema bildeten.[138] Eine konsensuale Regelung war in Bezug auf die Außenwahrnehmung des Bundes, welcher die Verbreitung der Atomenergie fördern wollte, deshalb unerlässlich. Die Konfliktparteien einigten sich schließlich darauf, die Grenzen für gasförmige und flüssige Stoffe aus Atomanlagen an die Umwelt zehnmal tiefer anzusetzen als in der bisherigen Verordnung und die zulässigen Abgaben für jede einzelne Anlage spezifisch im Bewilligungsverfahren festzusetzen.[139]

Die Kompetenzkonflikte bezüglich der Regulierung von Strahlen in der Umgebung von Atomanlagen zeigen einmal mehr, wie die ‚Verteilung‘ von Strahlensicherheit innerhalb der Bundesverwaltung dazu führte, dass verschiedene Institutionen um eine Vormachtstellung in Strahlenschutzfragen kämpften. Eine wesentliche Konfliktlinie verlief dabei zwischen dem EDI und dem EVED sowie den diesen beiden Departementen angegliederten Ämtern und Expertenkommissionen. Wahrgenommene Machtverschiebungen zugunsten der einen auf Kosten der anderen Seite wurden dabei jeweils klar abgelehnt.

Letzten Endes lässt sich anlässlich des Revisionsprozesses der Strahlenschutzverordnung insgesamt jedoch eine hohe Kompromissbereitschaft beobachten. Diese Konsensfindung als handlungsleitendes Prinzip ist weniger auf eine ‚politische Mentalität‘ als vielmehr auf die Struktur des schweizerischen Strahlenschutznetzwerkes zurückzuführen. In diesem kleinen Netzwerk, in welchem die meisten Personen verschiedene Rollen einnahmen, bestanden vielfältige und komplexe Beziehungsverhältnisse. Die einzelnen Akteure waren insofern voneinander abhängig, als sie in unterschiedlichen Funktionen und Konstellationen immer wieder zusammen an Strahlenschutzproblemen arbeiten mussten. Die feststellbare Konsensorientierung resultierte somit wesentlich aus der „small world", also der engen personellen Verflechtung innerhalb des schweizerischen Strahlenschutzes.

Wie insbesondere das letzte Konfliktbeispiel gezeigt hat, prägte jedoch auch die laufende Anti-Atomkraft-Debatte die Wahrnehmung der in die Teilrevision der Strahlenschutzverordnung involvierten Akteure und trug dazu

---

138   Vgl. dazu Kapitel 3.3.

139   Vgl. CH-BAR#E3300C#2000/262#395*, Protokoll der Sitzung der erweiterten technischen Expertengruppe, 8.7.1971; CH-BAR#E3300C#2000/262#399*, Antrag des EDI, 27.4.1976. Vgl. auch CH-BAR#E3300C#2000/262#398*, Pressemitteilung betreffend Verordnung über den Strahlenschutz, 1.4.1976; CH-BAR#E3300C#2000/262#401*, Die revidierte Strahlenschutzverordnung, 31.12.1976.

bei, dass jeweils Kompromisslösungen gefunden werden konnten. Tatsächlich bemühte sich die EKS in den 1970er Jahren besonders darum, nach außen geeint aufzutreten, da ihr – wie wir nun im letzten Teilkapitel sehen werden – angesichts der stark politisierten Frage der zivilen Nutzung der Atomenergie eine gemeinsame Haltung in der Öffentlichkeit als unabdingbar erschien.

4.3 Aufwertung des Strahlenschutzes. Anti-Atomkraft-Debatte und separates Strahlenschutzgesetz, 1969–1982

Bis Ende der 1960er Jahre waren in der Schweiz nur vereinzelt kritische Stimmen gegen die zivile Nutzung der Atomenergie zu hören, und wenn, dann stießen diese in der Öffentlichkeit nicht auf große Resonanz.[140] Wie der Technik- und Umwelthistoriker Patrick Kupper herausgearbeitet hat, bildete das Jahr 1969 bezüglich der öffentlichen Diskussion um die Atomenergie einen Wendepunkt. Ein Jahr früher als im benachbarten Ausland fand in der Schweiz ab diesem Zeitpunkt eine hitzige gesellschaftliche Debatte über die Vor- und Nachteile der Atomenergienutzung statt. Als „Kristallisationspunkt" der öffentlichen politischen Auseinandersetzung diente lange Zeit der geplante Bau des Kernkraftwerks Kaiseraugst im Kanton Aargau, weshalb es sich bei der Geschichte der schweizerischen Anti-Atomkraft-Bewegung zu wesentlichen Teilen um die Geschichte des Widerstandes gegen das Atomkraftwerk Kaiseraugst handelt.[141] Die mit der Atomtechnologie verbundenen Probleme und Risiken waren zwar schon früh bekannt gewesen, aufgrund der Fortschritts- und Technikgläubigkeit der tonangebenden Akteure allerdings lange Zeit vernachlässigt worden. Als sich Ende der 1960er Jahre gesellschaftlicher Widerstand gegen den geplanten Bau des Atomkraftwerks Kaiseraugst zu formieren begann, fand das eigentlich schon lange bekannte Problemfeld der Strahlengefahr Eingang in den Anti-Atomkraft-Diskurs. So drehte sich die Debatte um die atomare Sicherheit von Kernkraftwerken wesentlich um die Frage der Gefährlichkeit der von diesen abgegebenen Niedrigstrahlung – deren Regulierung ja auch bei der Teilrevision der Strahlenschutzverordnung Anlass zu Konflikten gegeben hatte.[142]

Der wachsende gesellschaftliche Widerstand gegen Atomkraftwerke beschäftigte in den 1970er Jahren auch die Eidgenössische Kommission für Strahlenschutz (EKS). Deren Mitglieder positionierten sich dabei aus zwei

---

140 Kupper 2003a, S. 93.
141 Ebd., S. 105.
142 Vgl. ebd., S. 115–124, bes. S. 122 f.

Gründen klar für die zivile Nutzung der Atomenergie: Erstens standen sie hinter dem schweizerischen Kalte-Krieg-Konsens, welcher die Förderung der Kernkraft miteinschloss. Zweitens saßen Lobbyisten der Atomenergiebranche und Vertreter der nuklearen Sicherheitsbehörden in der EKS. Letztere versuchten – wie wir im Folgenden sehen werden – die übrigen Mitglieder der EKS zu mobilisieren, um öffentlich gegen die in der Bevölkerung wahr-genommene Strahlenangst anzukämpfen. Diese und andere Interventionen konnten indessen nicht verhindern, dass die gesellschaftlichen Auseinander-setzungen um die zivile Nutzung der Kernkraft unmittelbare Auswirkungen auf die Regulierung von Atomenergie und radioaktiver Strahlung zeitigten und der Strahlenschutz als Politik- und Rechtsgebiet schließlich eine Aufwertung erfuhr.

Kritik an der Atomenergie und die Grenzen des Sagbaren

Im Frühjahr 1970 beklagte sich der Chef der Sektion für Sicherheitsfragen von Atomanlagen (SSA) Peter Courvoisier in der EKS über ein Memorandum der niederösterreichischen Ärztekammer, das seit etwa einem Jahr „im Rahmen engagierter Gegner gegen die Atomenergie eine wichtige Rolle" spiele.[143] Dieses Memorandum, das auch in der schweizerischen Öffentlichkeit zirkulierte, warnte, bezugnehmend auf Ergebnisse neuester US-amerikanischer Studien, vor den gesundheitsschädigenden Wirkungen jeglicher, auch noch so kleiner Strahlenmengen. Schweizer Ärzte und Wissenschaftler fungierten als Mit-unterzeichner des Memorandums, welches zuerst in der Zeitschrift der schweizerischen Chiropraktiker publiziert wurde.[144] Dass das Memorandum im Publikationsorgan der Schweizerischen Chiropraktorischen Gesellschaft erschien, war mithin dem Umstand geschuldet, dass deren Sekretär ein Aktivist der Anti-Atom- und Anti-Atomkraft-Bewegung und überdies ein be-kennender Trotzkist war, der seine scheinbar rein technische Betätigung im Rahmen seiner Beratungstätigkeit für die Schweizerischen Chiropraktorinnen und Chiropraktoren diskret auch für politische Agitation nutzte.

Wie Courvoisier weiter ausführte, war auch die Redaktion der Schwei-zerischen Ärztezeitung angefragt worden, ob sie das Memorandum über-nehmen wolle, was diese aber „aus verständlichen Gründen abgelehnt" habe. Offenbar in Unkenntnis der Veröffentlichung in der Zeitschrift der Chiro-praktiker ersuchte Courvoisier die Mitglieder der EKS darum, „ihren Ein-fluss geltend zu machen, um zu verhindern, dass dieses Memorandum von

---

143   Archiv BAG, 18.2.6, Eidg. Kommission für Strahlenschutz, Protokoll der 4. Sitzung der
        EKS, 2.4.1970.
144   Kupper 2003a, S. 123, Fn. 56.

irgendeiner Zeitschrift übernommen wird."[145] Ein Jahr später informierte der Geschäftsführer der Schweizerischen Vereinigung für Atomenergie die Mitglieder der EKS darüber, dass die Österreichische Ärztezeitung das Memorandum „leicht verbessert" abgedruckt habe.[146] Zurzeit sei jedoch ein Gegenmemorandum in Ausarbeitung, das demnächst ebenfalls in der Österreichischen Ärztezeitung publiziert werden solle. Zudem habe die Schweizerische Vereinigung für Atomenergie Adolf Zuppinger, Vizepräsident der Vereinigung und langjähriger Lehrstuhlinhaber für Radiologie, gebeten, ein Memorandum auszuarbeiten, dessen Entwurf sich nun bei den übrigen Schweizer Radiologieprofessoren zur Stellungnahme befinde. Mit der Veröffentlichung dieses Memorandums könne in den nächsten Wochen gerechnet werden.[147] Die von der Schweizerischen Vereinigung für Atomenergie erbetene Stellungnahme der Radiologen, die von den neun Lehrstuhlinhabern in medizinischer Radiologie unterzeichnet wurde, stellte auch eine Art Gegenmemorandum zur Publikation der niederösterreichischen Ärzte dar.[148] Insbesondere aber richtete sich diese Stellungnahme gegen ein im Sommer 1970 von den Ärztevereinigungen der beiden Kantone Basel und des Kantons Aargau gemeinsam publiziertes Memorandum, in dem ebenfalls vor den gesundheitsschädigenden Folgen von Radioaktivität gewarnt wurde.[149]

Neben den verschiedenen Memoranden diskutierte die EKS im Frühjahr 1971 auch intensiv darüber, welche Haltung sie in der Anti-Atomkraft-Kontroverse einnehmen solle. EKS-Präsident Gerhart Wagner wagte den Blick in die Geschichte, indem er ausführte, die Sektion für Strahlenschutz habe teilweise schon anlässlich der Fallout-Debatte und der Auseinandersetzung um die nukleare Aufrüstung gegen die Überzeugung ankämpfen müssen, die Atomenergie sei „überhaupt vom Teufel und bedeute den Untergang der Menschheit". Offenbar komme nun aber „die zweite Runde erst recht zum Austrag", und als Expertengremium des Bundes für Strahlenschutzfragen müsse sich die Kommission „die Frage stellen, ob im Hinblick auf den Strahlenschutz der Bevölkerung dem Bau von Atomkraftwerken zugestimmt werden kann

145 Archiv BAG, 18.2.6, Eidg. Kommission für Strahlenschutz, Protokoll der 4. Sitzung der EKS, 2.4.1970.

146 Archiv BAG, 18.6.10, Eidg. Kommission für Strahlenschutz, 1. Teil, 1971-1972, Protokoll der 5. Sitzung der EKS, 1.4.1971.

147 Vgl. ebd.

148 Vgl. CH-BAR#E3300C#1993/156#665*, Die medizinische Bedeutung der Strahlenbelastung durch Atomkraftwerke, April 1971.

149 Vgl. Kupper 2003a, S. 123.

oder nicht."[150] SSA-Chef Peter Courvoisier plädierte mit Vehemenz dafür, die EKS solle „offiziell zu dieser Frage Stellung" nehmen. Die öffentliche Diskussion um den Bau von Atomkraftwerken habe „eine solch unsachliche Form" angenommen, dass sich die Frage stelle, ob es „überhaupt noch sinnvoll" sei, mit Atomkraftgegnerinnen und -gegnern zu sprechen, bestehe doch „die Tendenz, diejenigen Leute, die sich beruflich mit solchen Fragen zu befassen haben, auf eine Art und Weise anzugreifen, die nicht mehr als objektiv bezeichnet werden kann und bei der man schon eher von einer persönlichen Diffamierung sprechen muss."[151] In einer bemerkenswerten Umkehrung der Kausalität ergänzte der Geschäftsführer der Schweizerischen Vereinigung für Atomenergie, die Atomenergie habe „das Unglück gehabt, genau zu dem Zeitpunkt aktuell zu werden, als die Bevölkerung ‚umweltschutzbewusst' zu werden begann."[152] Wissenschaftler, die sich mit der Atomenergie befassen und deren zivile Nutzung befürworten würden, würden von Atomkraftgegnerinnen und -gegnern „als ‚gekaufte Wissenschafter' bezeichnet". Bedauerlicherweise hätten sich „in dieser unerfreulichen Kontroverse" zu wenige kompetente Experten zu Wort gemeldet, „was den Laien zum Schluss verleitet, die Wissenschafter selbst seien sich nicht einig." Dem Aktionskomitee gegen das Atomkraftwerk Kaiseraugst würden mehr als zwei Dutzend Professoren der Universität Basel angehören, weshalb es die Schweizerische Vereinigung für Atomenergie „sehr begrüssen" würde, wenn auch andere Wissenschaftskreise aktive Aufklärungs- und Informationsarbeit leisten könnten.[153]

Auf Antrag eines Mitarbeiters der Brown, Boveri & Cie., welcher in der EKS als Vertreter der Industrie fungierte, beschloss diese in der Folge einstimmig, in das traditionelle jährliche Pressecommuniqué eine kurze Stellungnahme der EKS zur Anti-Atomkraft-Kontroverse aufzunehmen. Ebenso stimmte die EKS einem Antrag von SSA-Chef Peter Courvoisier zu, der vorschlug, auch dem Vorsteher des Eidgenössischen Departements des Innern (EDI) eine schriftliche Stellungnahme zukommen zu lassen.[154] Im entsprechenden Schreiben an Bundesrat Hans-Peter Tschudi betonte Kommissionspräsident Wagner, die EKS sei einhellig zur Auffassung gelangt, „dass im Hinblick auf den Strahlenschutz der Bevölkerung Atomkraftwerke auch in dicht besiedelten Gegenden verantwortet werden können", zumal diese „die Umwelt weit weniger mit

---

150   Archiv BAG, 18.6.10, Eidg. Kommission für Strahlenschutz, 1. Teil, 1971–1972, Protokoll der 5. Sitzung der EKS, 1.4.1971.

151   Ebd.

152   Zum Zusammenhang zwischen der Anti-Atomkraft-Debatte und dem Erstarken der Umweltbewegung: Kupper 2005b; Kupper 2003c; Kupper 2001.

153   Archiv BAG, 18.6.10, Eidg. Kommission für Strahlenschutz, 1. Teil, 1971–1972, Protokoll der 5. Sitzung der EKS, 1.4.1971.

154   Vgl. ebd.

Luftverunreinigungen belasten als konventionelle thermische Kraftwerke" dies
täten. Die Sicherheitsvorschriften seien derart angesetzt, „dass auch bei der
wachsenden Zahl von Atomkraftwerken die nach den heutigen Kenntnissen
biologisch als notwendig erachteten Bedingungen in Bezug auf die Strahlenbelastung der Bevölkerung durchaus erfüllt sind." Die Betriebssicherheit eines
Atomkraftwerkes gehe heute so weit, „dass für die umliegende Bevölkerung
auch bei einem Reaktorunfall kein Strahlenrisiko besteht." Die EKS, die „in
keiner Weise am Bau von Atomkraftwerken interessiert" sei, komme deshalb
zu dem Schluss,

> dass es trotz den potentiellen und als solche sehr ernst zu nehmenden Gefahren
> der Energiegewinnung aus Atomkernen für unser Land im Hinblick auf die
> Gesunderhaltung unserer Umwelt als ein Glück gewertet werden muss, dass uns
> dank der technischen Entwicklung auf dem Gebiete der Atomkernenergie der
> Bau von grossen konventionell-thermischen Kraftwerken erspart geblieben ist.

Darüber hinaus verwahre sich die EKS „gegen die Anwürfe, welche von den
Gegnern der Atomenergie in letzter Zeit gegen einzelne verantwortliche
Beamte und Wissenschafter erhoben worden sind und spricht den zuständigen
Behörden ihr volles Vertrauen aus."[155] Gegenüber dem Bundesrat inszenierte
sich die EKS also als unabhängiges wissenschaftliches Expertengremium und
sah bewusst über den Umstand hinweg, dass einzelne Mitglieder der EKS
selbstredend ein eminentes Interesse am Bau von Kernkraftwerken hatten.

In der Retrospektive behauptete die EKS, sie habe sich „in der politischen
Diskussion um die Kernenergie stets einer öffentlichen Stellungnahme enthalten", aber „aus fachlicher, wissenschaftlicher Sicht die Auffassung vertreten,
dass die Kernenergie mit dem Stand der Technik, wie er in der Schweiz herrscht,
vertretbar sei."[156] Tatsächlich sandte die EKS ihre Stellungnahme nur an den
Bundesrat. Diese wurde aber dennoch publik. So zitierte etwa der Pressedienst
des Eidgenössischen Verkehrs- und Energiewirtschaftsdepartements (EVED)
daraus in einer Pressemitteilung, in welcher das Departement auf „gewisse
Befürchtungen", die in letzter Zeit von verschiedener Seite „im Zusammenhang mit der Radioaktivität von Kernkraftwerken geäussert" worden waren,
reagierte. Alle wichtigen Schweizer Tageszeitungen nahmen diese Pressemitteilung auf und wiesen dabei jeweils auch auf die Stellungnahme der
EKS hin.[157]

---

155   CH-BAR#E3300C#1993/156#665*, Schreiben von G. Wagner an das EDI, 7.10.1971.
156   25 Jahre Eidg. Kommission für Strahlenschutz [1992].
157   CH-BAR#E3300C#1993/156#665*, Pressemitteilung betreffend Kernkraftwerke und
      Radioaktivität, 23.12.1971.

Die EKS stellte indessen nicht das einzige Expertengremium dar, das sich in die Auseinandersetzung um den Bau von Atomkraftwerken einmischte. 1974 gründete die Schweizerische Akademie der Medizinischen Wissenschaften eine Kommission zum Studium der Strahlengefährdung durch Kernkraftwerke, die im Mai 1976 eine „Stellungnahme zur Frage der Strahlengefährdung der Bevölkerung durch Kernkraftwerke" vorlegte.[158] Im Frühsommer 1975 entschied sich auch die Schweizerische Naturforschende Gesellschaft für die Einsetzung verschiedener Arbeitsgruppen, um „Berichte zur Kernenergie" erarbeiten zu lassen. Diese Berichte wurden zwischen 1978 und 1982 fortlaufend in den Bulletins der Schweizerischen Naturforschenden Gesellschaft sowie der Schweizerischen Geisteswissenschaftlichen Gesellschaft abgedruckt. In diesen Ad-hoc-Expertengruppen nahmen jeweils auch verschiedene Mitglieder der EKS Einsitz. Im Falle der Kommission der Schweizerischen Akademie der Medizinischen Wissenschaften gehörten sieben von zehn Mitgliedern auch der EKS an, darunter neben deren Präsident Gerhart Wagner etwa der neue Chef der Sektion für Strahlenschutz Werner Hunzinger und der Präsident der Eidgenössischen Kommission zur Überwachung der Radioaktivität (KUeR) Otto Huber.[159] In den Arbeitsgruppen der Schweizerischen Naturforschenden Gesellschaft wirkten unter anderem die Strahlenbiologin Hedi Fritz-Niggli sowie wiederum Gerhart Wagner und Otto Huber mit, wobei Wagner und Fritz-Niggli am Bericht über „Strahlengefährdung durch Kernkraftwerke" beteiligt waren, während Huber am Bericht über „Emission radioaktiver Stoffe aus Kernkraftwerken im Normalbetrieb" mitschrieb.[160] Wenngleich sämtliche Berichte auch auf die von Radioaktivität bzw. Atomkraftwerken ausgehenden Gefahren hinwiesen, kamen doch alle einhellig zu dem Schluss, der Bau von Kernkraftwerken könne nach aktuellem wissenschaftlichen Kenntnisstand verantwortet werden. Wer diese Schlussfolgerung in Zweifel zog, wurde, wie ich nun anhand des Beispiels von Jean Rossel zeigen werde, aus dem schweizerischen Strahlenschutznetzwerk ausgegrenzt.

Der Neuenburger Physikprofessor Jean Rossel, ehemaliges Mitglied der Schweizerischen Studienkommission für Atomenergie und Mitte der 1970er Jahre Mitglied der KUeR, veröffentlichte 1974 in verschiedenen Tageszeitungen

---

158   Schweizerische Akademie der Medizinischen Wissenschaften 1976.
159   Vgl. Archiv SAMW, E18/8, Protokoll der 2. Sitzung der Kommission zum Studium der
         gesundheitlichen Risiken von Kernkraftwerken, 23.3.1974; CH-BAR#E3310A#2003/209#121*,
         Protokoll der 8. Sitzung der EKS, 28.3.1974.
160   Vgl. Schweizerische Naturforschende Gesellschaft 1978a; Schweizerische Naturforschende
         Gesellschaft 1978b.

Beiträge, in denen er sich gegen den Bau von Atomkraftwerken aussprach.[161]
Diese Publikationen erregten Anstoß bei der Eidgenössischen Kommission für
die Sicherheit von Atomanlagen und der KUeR, weshalb sich Gerhart Wagner
als Präsident der EKS anerbot, zwischen Rossel und diesen Kommissionen
zu vermitteln. Als diese Vermittlungsarbeit nicht das gewünschte Resultat
brachte, sprich Rossel sich weiter öffentlich gegen Atomkraftwerke aussprach,
publizierte die Schweizerische Vereinigung für Atomenergie in ihrem Bulletin
als Gegenmaßnahme den vollständigen Briefwechsel zwischen Rossel und
Wagner. Wagner vertrat darin die offizielle Haltung der EKS und betonte, dass
Atomkraftwerke auch aus Gesundheits- und Umweltüberlegungen heraus
durchaus verantwortbar seien.[162] Die Veröffentlichung des Briefwechsels im
Bulletin der Schweizerischen Vereinigung für Atomenergie, die ohne Rossels
Erlaubnis erfolgt war, zielte darauf ab, Rossel in die Ecke zu drängen und seine
Diskursposition zu diskreditieren und zu marginalisieren. Dies erschien umso
dringlicher, als in einigen Schweizer Tageszeitungen die Meldung kursierte,
Rossel sei aufgrund seiner ablehnenden Haltung gegen Atomkraftwerke aus
der KUeR ausgeschlossen worden.[163] Dies war nicht der Fall: Rossel hatte zunächst selbst den Rücktritt eingereicht und war später auf seinen Entscheid
zurückgekommen.[164] Um dem Vorwurf der Parteilichkeit der KUeR entgegenzuwirken, beantragte das EDI beim Bundesrat jedoch schließlich, Rossel bis
zum Ende der laufenden Amtsperiode wieder als Mitglied der KUeR zu wählen,
was der Bundesrat auch tat.[165] Die Wiederaufnahme Rossels in die KUeR
änderte aber nichts daran, dass seine abweichende Position innerhalb der
Strahlenschutzgremien des Bundes in keiner Weise als legitime Haltung galt.
Dies belegt etwa ein internes Schreiben des Chefs der Strahlenschutzsektion
Werner Hunzinger, in dem dieser dafür plädierte, Rossel nicht mehr in die
KUeR aufzunehmen: „Seine öffentlichen Stellungnahmen und Publikationen
zur Frage der Kernenergiegewinnung sind mit der Mitgliedschaft in der KUER
[...] auf längere Zeit unvereinbar."[166] In Zeiten virulenter gesellschaftlicher
Auseinandersetzungen war im schweizerischen Strahlenschutznetzwerk

---

161 Zu Rossels Engagement gegen die zivile Nutzung der Atomenergie vgl. auch Kupper
2003a, S. 143, hier auch Fn. 116.

162 Vgl. CH-BAR#E3310A#2003/209#121*, Protokoll der 9. Sitzung der EKS, 20.3.1975.

163 Vgl. Archiv BAG, 18.6.1, Eidg. Kommission zur Überwachung der Radioaktivität KUeR,
5. Teil, Notiz an Dr. Hunzinger, 26.11.1974.

164 Vgl. Archiv BAG, 18.6.1, Eidg. Kommission zur Überwachung der Radioaktivität KUER
4. Teil, Schreiben von J. Rossel an den Direktor des EGA, 29.4.1974.

165 Vgl. Archiv BAG, 18.6.1, Eidg. Kommission zur Überwachung der Radioaktivität KUeR,
5. Teil, Notiz an Dr. Hunzinger, 26.11.1974, und Schreiben von U. Frey an J. Rossel, 9.12.1974.

166 Archiv BAG, 18.6.1, Eidg. Kommission zur Überwachung der Radioaktivität KUER 4. Teil,
Schreiben von W. Hunzinger an H. U. Frey, 3.5.1974.

für abweichende Meinungen somit kaum Platz. Gleichzeitig versuchten die Regierung und die Bundesverwaltung, wie die Wiederwahl von Rossel in die KUeR zeigt, in der Öffentlichkeit ein anderes Bild zu vermitteln.

Die Haltungen und Handlungen der EKS während der Anti-Atomkraft-Debatte in der ersten Hälfte der 1970er Jahre verweisen insbesondere auf vier miteinander verknüpfte Zusammenhänge: Erstens machte die Schweizerische Vereinigung für Atomenergie in der Kommission schon früh auf den drohenden Vertrauensverlust von Experten im Zusammenhang mit den gesellschaftlichen Auseinandersetzungen um die Atomenergie aufmerksam. Die Erosion des Vertrauens in wissenschaftliche Expertise bildete eines der zentralen und folgenreichen transnationalen Phänomene des Anti-Atomkraftwerk-Diskurses.[167] Für die EKS bzw. ihre Mitglieder war die öffentliche Einmischung in die politische Diskussion deshalb mit dem potenziellen Risiko eines Reputationsverlustes verbunden, insbesondere dann, wenn Gegnerinnen und Gegner ihre Unabhängigkeit anzuzweifeln und ihre Glaubwürdigkeit zu untergraben versuchten. Gleichzeitig wünschten sich Befürworter der Atomenergie eine stärkere Sichtbarkeit der EKS in der Öffentlichkeit. Die EKS versuchte diesem Dilemma zu entgehen, indem sie nicht öffentlich, sondern nur zuhanden des Bundesrates Stellung zur Atomenergie-Kontroverse nehmen wollte. Diese Strategie scheiterte indessen, da ihre Stellungnahme über Umwege dennoch Eingang in die schweizerische Medienöffentlichkeit fand.

Zweitens sah sich die EKS als unabhängiges Expertengremium, das sich eigentlich nicht in die öffentliche Debatte einmischen sollte. Wie ich indessen gezeigt habe, trifft diese Selbsteinschätzung nicht zu. Zahlreiche Mitglieder der EKS traten während der Anti-Atomkraft-Debatte dezidiert als politische Akteure in Erscheinung. Ähnlich wie die Lehrstuhlinhaber in medizinischer Radiologie, die Schweizerische Akademie für die Medizinischen Wissenschaften und die Schweizerische Naturforschende Gesellschaft versuchten auch diese Mitglieder der EKS, ihre Position und ihre Reputation dafür einzusetzen, die zivile Nutzung der Atomenergie zu propagieren. Dadurch trugen sie zur Legitimation der Atomenergienutzung in der schweizerischen Öffentlichkeit bei.

Drittens engagierten sich verschiedene Mitglieder der EKS in weiteren Kommissionen und Arbeitsgruppen, welche während den gesellschaftlichen Auseinandersetzungen um die Atomenergie öffentliche Stellungnahmen verfassten. An diesen Personen wird die Rollen- und Funktionskumulation innerhalb des schweizerischen Strahlenschutznetzwerkes exemplarisch deutlich. Als Mitglieder verschiedener Expertengremien sandten diese

---

167   Vgl. Kupper 2005a.

Strahlenschutzfachleute über verschiedene Kanäle wiederholt ein und dieselbe Botschaft aus und vervielfachten dadurch ihre Sprecherpositionen.

Viertens war innerhalb des schweizerischen Strahlenschutznetzwerkes nicht nur eine hohe Konsensorientierung, sondern auch ein großer Konformitätsdruck vorherrschend. Es bestand nur wenig Spielraum für Abweichungen, was die politische Einstellung betraf. Wer den schweizerischen Kalte-Krieg-Konsens und hier insbesondere die Unterstützung der zivilen Nutzung der Atomenergie nicht mittrug, sich diesbezüglich nonkonform verhielt und die Grenzen des Sagbaren damit überschritt, wurde – wie die überspannte Reaktion auf Jean Rossels Ausscheren verdeutlicht – rasch ausgegrenzt.

Forderung nach einer Trennung von Atomenergie und Strahlenschutz

Die Kontroverse um die Atomenergie manifestierte sich nicht nur in einer virulenten öffentlichen Debatte und einem starken zivilgesellschaftlichen Widerstand, sondern sie stieß auch gesetzliche Änderungen im Bereich Atomenergie und Strahlenschutz an. Als sich die gesellschaftlichen Auseinandersetzungen um die Atomkraftwerke Mitte der 1970er Jahre zuspitzten, sah sich der Bundesrat zu gouvernementalem Handeln gezwungen. Nachdem im Frühling 1975 das Baugelände in Kaiseraugst besetzt worden war und im Sommer die Unterschriftensammlung für die (erste) Atomschutzinitiative begonnen hatte, mit welcher im Bewilligungsverfahren von Atomanlagen die Zustimmung der betroffenen Gemeinden und Kantone gefordert wurde, setzte er im Herbst desselben Jahres eine aus Staats- und Verwaltungsrechtlern zusammengesetzte juristische Expertenkommission ein, die eine Totalrevision des Atomgesetzes an die Hand nehmen sollte. Damit versuchte der Bundesrat auf Kritik zu reagieren, die sich neben der Atomschutzinitiative in zahlreichen Petitionen und öffentlichen Kundgebungen, in verschiedenen kantonalen Initiativen, in drei Standesinitiativen sowie in mehreren Vorstößen in der Bundesversammlung entladen hatte. All diese politischen Begehren forderten eine Änderung der Atomgesetzgebung sowie insbesondere eine Neugestaltung des Bewilligungsverfahrens für Atomanlagen.[168]

Die juristische Expertenkommission – nach dem Namen ihres Vorsitzenden auch bekannt als Kommission Dubach – erarbeitete zwischen 1975 und 1981 Vorentwürfe für mehrere Gesetzesvorlagen, so zunächst für einen Bundesbeschluss zum Atomgesetz. Mit diesem Bundesbeschluss, der im Juli 1979

---

168 Vgl. Kupper 2003a, S. 189; BAR#E3300C#1993/156#547*, Erläuternder Bericht für das Vernehmlassungsverfahren, 10.12.1976, und Pressemitteilung betreffend Expertenkommission für die Revision des Atomgesetzes, 8.9.1975.

in Kraft trat, wurden die Bedingungen zur Erteilung einer Baubewilligung für Atomanlagen bedeutend verschärft.[169] Danach entwarf die juristische Expertenkommission einen Vorschlag für ein Kernenergiehaftpflichtgesetz, das Anfang 1984 in Kraft trat und die Haftung für Nuklearschäden regelte.[170] Schließlich formulierte die juristische Expertenkommission unter dem neuen Titel „Strahlenschutz- und Kernenergienutzungsgesetz" einen Vorentwurf für ein vollständig revidiertes Atomgesetz.[171]

Bereits im Oktober 1977 beantragte EKS-Präsident Gerhart Wagner beim EDI und beim EVED die Herauslösung der den Strahlenschutz betreffenden Teile aus dem Atomgesetz und die Schaffung eines selbstständigen Strahlenschutzgesetzes. In seiner Begründung verwies Wagner auf „die nur historisch begründete gesetzliche Verknüpfung von Atomenergie und Strahlenschutz", die „ihre eigene, von der Sache her nur partiell begründete Logik" aufweise und nun „zugunsten einer sauberen und sachbezogenen Logik aufgelöst werden" sollte. Bei der aktuellen Revision des Atomgesetzes, die „wiederum unter dem Druck zivilisationsgeschichtlicher Abläufe" stattfinde – gemeint war die Anti-Atomkraft-Debatte –, seien nur diejenigen Artikel umstritten, die sich auf Atomanlagen, Kernbrennstoffe und Rückstände beziehen würden, nicht aber die Paragraphen über den Strahlenschutz. Zudem sei „in der Tat kaum zu verstehen, warum die Anwendung der Strahlenschutzbestimmungen [...] gerade nur auf das Atomgesetz abgestützt" sei. Hinzu komme, dass die Mehrheit der beruflich strahlenexponierten Personen sowie der Großteil der künstlich verursachten Strahlenbelastung der Bevölkerung von der Medizin herstammen würden und hier wiederum von der Verwendung von Röntgenapparaten, was „mit Atomenergie überhaupt nichts zu tun" habe.[172] Aus Sicht der EKS kam den Strahlenschutzfragen im nuklearen Alltag also inzwischen eine so große Bedeutung zu, dass sie für eine Aufwertung des Strahlenschutzes plädierte und ein vom Atomgesetz losgelöstes separates Strahlenschutzgesetz forderte.

In seinem Antwortschreiben zeigte sich der Direktor des Eidgenössischen Gesundheitsamtes Ulrich Frey zwar bereit, den Antrag zu einem späteren Zeitpunkt nochmals zu prüfen, lehnte diesen jedoch vorerst aus formalen Gründen hauptsächlich deswegen ab, weil die revidierte Strahlenschutzverordnung erst gerade vor eineinhalb Jahren in Kraft getreten sei.[173] Gerhart

---

169   Vgl. Kupper 2003a, S. 190 f.

170   Vgl. Kernenergiehaftpflichtgesetz 1983.

171   Vgl. CH-BAR#E3300C#1996/215#863*, Antrag des EVED, 5.6.1981.

172   CH-BAR#E3300C#1996/215#860*, Schreiben von G. Wagner an den Direktor des EGA, 6.10.1977.

173   Vgl. ebd., Schreiben von U. Frey an G. Wagner, 14.11.1977.

Wagner und die EKS ließen sich von dieser abschlägigen Antwort indessen nicht beirren. So sandte Wagner im Juni 1978 nochmals ein praktisch gleichlautendes Schreiben an das EDI und das EVED, nachdem die EKS dem Antrag auf Aufteilung des Atomgesetzes mit überwältigender Mehrheit zugestimmt hatte.[174] Nun antwortete der Vorsteher des EDI, Bundesrat Hans Hürlimann, direkt. Dabei stützte er den ablehnenden Bescheid des Gesundheitsamtes, und fügte als weiteren Ablehnungsgrund an, auf dem Gebiet der Atomtechnologie sei „eine Ueberzahl von Kommissionen und Fachgremien mit zum Teil sich überschneidenden Kompetenzen" vorhanden und diese Entwicklung solle „keineswegs gefördert werden".[175] Der Bund wollte Ende der 1970er Jahre also nichts wissen von einer grundlegenden Neukonzipierung der unumstrittenen Strahlenregulierung. Vielmehr beabsichtigte er, seine Kräfte während der laufenden Atomenergie-Kontroverse voll und ganz auf die Änderung des Atomgesetzes zu konzentrieren.

Die Anpassung des Atomgesetzes und hier insbesondere die Neuregelung des Bewilligungsverfahrens für Atomanlagen war für die Regierung auch deshalb prioritär, weil eine nationale Volksinitiative, die im Sommer 1976 eingereicht worden war, beim Bau von Atomanlagen eine obligatorische Mitsprache der in der Nähe des geplanten Atomkraftwerkes wohnhaften Bevölkerung forderte.[176] Bundesrat und Parlament lehnten diese Initiative zwar ab, formulierten mit dem Bundesbeschluss zum Atomgesetz vom Oktober 1978 jedoch einen indirekten Gegenvorschlag. Laut demselben sollte der Bau von Atomkraftwerken künftig der Zustimmung der Bundesversammlung bedürfen. Ebenso war vorgesehen, die Standortbewilligung durch eine Rahmenbewilligung zu ersetzen, für deren Erteilung ein Bedarfs- und Entsorgungsnachweis erbracht werden musste. Zudem sollte es künftig das Recht geben, während des Verfahrens für die Rahmenbewilligung Einwendungen zu erheben. Die (erste) Atomschutzinitiative wurde im Februar 1979 knapp abgelehnt. Das Referendum zum Bundesbeschluss, das radikale Anti-Atomkraftwerk-Kreise ergriffen hatten, wurde im Mai desselben Jahres mit großer Mehrheit verworfen, sodass der Beschluss bereits im Juni in Kraft trat.[177]

Zwischen der Volksabstimmung zur Atomschutzinitiative im Februar und derjenigen zum Bundesbeschluss im Mai kam es im März 1979 im US-amerikanischen Kernkraftwerk *Three Mile Island* in der Nähe von Harrisburg

---

174   Vgl. ebd., Schreiben der EKS an das EDI und das EVED, 1.6.1978.
175   Ebd., Schreiben des EDI an die EKS, 15.6.1978.
176   Vgl. Kupper 2003a, S. 148–150; Rausch 1980, S. 24–28.
177   Vgl. Naegelin 2007, S. 24; Kupper 2003; S. 190 f.; Rausch 1980, S. 30–36.

zu einem Reaktorunfall, bei dem eine partielle Kernschmelze stattfand.[178]
Dieses Ereignis fand in der Schweiz – im Gegensatz zum vergleichbaren Unfall
im schweizerischen Kernreaktor in Lucens ein Jahrzehnt zuvor – eine große
mediale wie auch politische Aufmerksamkeit und gab der Forderung, die
Gesetzgebung für die Atomenergie und den Strahlenschutz zu trennen, neuen
Aufschwung.[179]

Gesellschaftlicher Lernprozess und politisches Kalkül

Nach dem Störfall in Harrisburg verlangte der Vorsteher des EVED, Bundesrat Willi Ritschard, von der Abteilung für die Sicherheit der Kernanlagen
Untersuchungen über die Sicherheitssysteme der im Betrieb stehenden
schweizerischen Kernkraftwerke sowie einen Bericht an den Bundesrat.[180]
Auch die Presse berichtete im März und April 1979 rege über den Reaktorunfall und die vom Bundesrat angeordnete Überprüfung der Sicherheitsmaßnahmen der schweizerischen Kernkraftwerke.[181] Neben dem Bund wünschte
auch der Kanton Bern als Standortkanton des Atomkraftwerks Mühleberg
von der Anlagenbetreiberin, der Bernischen Kraftwerke AG, einen Bericht
über den Stand der Sicherheitsmaßnahmen.[182] Im Parlament des Kantons
Basel-Landschaft verlangte die sozialliberale Partei Landesring der Unabhängigen vom Regierungsrat, er solle beim Bundesrat eine Annullierung
der Standortbewilligung für das Kernkraftwerk Kaiseraugst bewirken und
es sei für die Region Basel, die auch durch französische Atomkraftwerke gefährdet sei, ein Evakuierungs- und Notfallplan zu erstellen.[183] Der Kanton
Aargau wiederum präsentierte der Öffentlichkeit ein seit längerem geplantes
Alarmierungskonzept.[184]

Auch im Bundesparlament löste die Havarie von Harrisburg Initiativen aus.
Im Nationalrat rief die Geschäftsprüfungskommission eine Arbeitsgruppe
ins Leben, welche sich mit der Frage der Sicherheit der Schweizer Kernkraftwerke befasste und dazu im November 1979 und im Dezember 1980 je einen

---

178 Zum Reaktorunfall von Harrisburg: Zaretsky 2018; Mahaffey 2014, S. 325–375; Hofmann
      2008; Walker 2004.

179 David Gugerli, Patrick Kupper und Tobias Wildi sprechen davon, der Reaktorunfall von
      Lucens sei für die schweizerische Atomkraftdebatte „schlicht ein ‚Null-Event' gewesen":
      Gugerli/Kupper/Wildi 2000, S. 24.

180 Vgl. CH-BAR#E3300C#1996/290#567*, Störfall im amerikanischen Kernkraftwerk Three
      Mile Island, 8.5.1979.

181 Vgl. bspw. ebd., Blick, 5.4.1979, Tages-Anzeiger, 5.4.1979, Badener Tagblatt, 5.4.1979, Berner
      Zeitung, 5.4.1979, und Berner Tagwacht, 3.4.1979.

182 Vgl. ebd., Badener Tagblatt, 5.4.1979, und Berner Tagwacht, 5.4.1979.

183 Vgl. ebd., Tages-Anzeiger, 5.4.1979.

184 Vgl. ebd., Solothurner Zeitung, 3.4.1979.

Bericht vorlegte. Der erste dieser Berichte wurde in der Frühjahrssession 1980 im Nationalrat debattiert, zusammen mit zwei Interpellationen zu den Konsequenzen von Harrisburg sowie einer Standesinitiative des Kantons Basel-Landschaft. Der zweite Bericht der Arbeitsgruppe der Geschäftsprüfungskommission enthielt zum Schluss mehrere Empfehlungen. Deren erste lautete, dass der Koordination der Bundesbehörden auf dem Gebiet der nuklearen Sicherheit besondere Aufmerksamkeit geschenkt werden müsse. Zweitens empfahl die Geschäftsprüfungskommission, der Katastrophenschutz für den Fall schwerer Kernkraftwerkunfälle sei von den Behörden des Bundes, der Kantone und der Gemeinden gemeinsam mit der Bevölkerung vermehrt zu proben. Drittens solle der Personalbestand der Abteilung für die Sicherheit der Kernanlagen angemessen erhöht werden.[185] Der Bundesrat nahm zu diesen und weiteren Empfehlungen überwiegend positiv Stellung.[186] Wie der Technik- und Umwelthistoriker Patrick Kupper betont, „wurde ‚Harrisburg‘ im öffentlichen Sicherheitsdiskurs zu einer ersten Chiffre dafür, dass Unfallszenarien in kommerziellen Kernkraftwerken nicht rein hypothetischer Natur waren [...].“[187] Während der laufenden Anti-Atomkraft-Debatte – so lässt sich festhalten – sensibilisierte der Störfall in Harrisburg die schweizerische Öffentlichkeit und Politik zusätzlich für das bereits virulente Thema der nuklearen Sicherheit.

Unter dem neuen Titel „Strahlenschutz- und Kernenergienutzungsgesetz" ging im Sommer 1981 der von der juristischen Expertenkommission ausgearbeitete Vorentwurf für ein vollständig revidiertes Atomgesetz in die Vernehmlassung. Mit diesem Titel und ihrem Vorentwurf wolle die Expertenkommission – so hielt das EVED fest – „dokumentieren, wie eng der Zusammenhang zwischen dem Strahlenschutz ganz allgemein und der friedlichen Nutzung der Kernenergie tatsächlich ist.“[188] Es ist indessen plausibel, anzunehmen, dass die Voranstellung des Strahlenschutzes vor die Kernenergienutzung – und die damit verbundene stärkere symbolische Gewichtung – auch eine Reaktion seitens der Behörden und Experten auf die wachsende gesellschaftliche Problematisierung der von Strahlen ausgehenden Gefahren darstellte.

Die Vernehmlassung zum Strahlenschutz- und Kernenergienutzungsgesetz scheiterte jedoch. Wie eine vom EVED erstellte Auswertung festhielt, lehnten fast alle der rund 100 eingegangenen Stellungnahmen – und zwar sowohl

---

185 Vgl. ebd., Bericht der Arbeitsgruppe der Geschäftsprüfungskommission zur Frage der Sicherheit der Kernkraftwerke, 14.11.1980.

186 Vgl. ebd., Schreiben des Bundesrates an die Geschäftsprüfungskommission des Nationalrates, 7.1.1981.

187 Kupper 2003a, S. 244.

188 CH-BAR#E3300C#1996/215#863*, Antrag des EVED, 5.6.1981.

von atomenergiebefürwortenden als auch atomenergiekritischen Organisationen – den Entwurf grundsätzlich ab. Die Mehrheit der Vernehmlasser äußerte sich zwar nicht zur Frage, ob der Strahlenschutz und die Kernenergienutzung in einem gemeinsamen oder in je separaten Gesetzen zu regeln seien, doch ein Viertel vertrat die Ansicht, dass zwei getrennte Gesetze geschaffen werden sollten. Mit der EKS, der KUeR und dem Bundesamt für Gesundheitswesen plädierten auch die wichtigsten Strahlenschutzstellen der Schweiz für eine Trennung.[189] Die von den Befürwortern einer Aufteilung angeführten Argumente fasste das EVED in seiner Auswertung in vier Punkten zusammen: Erstens sei der Zweck der Strahlenschutzbestimmungen in der Medizin anders als in der Kernenergienutzung, weshalb es für beide Bereiche einer anderen rechtlichen Ausgestaltung bedürfe. Zweitens werde die Totalrevision des Atomgesetzes aufgrund der politischen Auseinandersetzungen um die Atomenergie noch mehrere Jahre beanspruchen, und es sei nicht richtig, die Strahlenschutzgesetzgebung, deren Zweck und Aufgaben von keiner Seite bestritten würden, deswegen weiter zu verzögern, wenn sich ein separates Strahlenschutzgesetz heute verwirklichen lasse. Drittens sei der Grundgedanke, die ganze Materie in einem einzigen Gesetz zu regeln, bereits mit der Herauslösung der Haftpflichtbestimmungen aus dem Atomgesetz im separaten Kernenergiehaftpflichtgesetz durchbrochen worden. Viertens schließlich würden die administrativen Verantwortlichkeiten für den Strahlenschutz und die Aufsicht über die Atomanlagen bei verschiedenen Bundesämtern bzw. Departementen liegen. Einige Vernehmlasser votierten zudem für einen separaten Strahlenschutzerlass, weil sie eine Trennung von Strahlenschutz und Kernenergienutzung angesichts der laufenden Anti-Atomkraft-Debatte „aus politischen Gründen" für klug hielten.[190] Aufgrund der abschlägigen Vernehmlassungsantworten sah sich das EVED gezwungen, seine Planung zur Revision des Atomgesetzes grundsätzlich zu überdenken und neu auszurichten. Im Juli 1982 beantragte es beim Bundesrat, den Strahlenschutz und die Kernenergienutzung in zwei separaten Gesetzen zu regeln und – da die Totalrevision des Atomgesetzes vermutlich viel Zeit in Anspruch nehmen würde – den Ende 1983 auslaufenden Bundesbeschluss zum Atomgesetz um weitere sieben Jahre zu verlängern.[191] Nach eingehender Beratung sprach sich der Bundesrat schließlich für dieses Vorgehen aus und beauftragte das EDI mit der Ausarbeitung eines Entwurfes für ein Strahlenschutzgesetz.[192]

---

189   Vgl. ebd., Auswertung der Vernehmlassung, 12.7.1982.
190   Ebd.
191   Vgl. CH-BAR#E3300C#1996/214#697*, Antrag des EVED, 12.7.1982.
192   Vgl. ebd., Beschluss des Bundesrates, 25.8.1982.

Damit vollzog der Bundesrat in der Frage der Regulierung von Strahlen nach mehr als zwei Jahrzehnten eine inhaltliche Kehrtwende. Diese Kehrtwende war mit einer Aufwertung des Strahlenschutzes als Politik- und Rechtsgebiet verbunden und lässt sich als das Ergebnis eines kollektiven Lernprozesses beschreiben.[193] Der Bund wie auch verschiedene zivilgesellschaftliche Akteure – Parteien, Organisationen und Gruppierungen, darunter etwa auch die Schweizerische Vereinigung für Atomenergie als Lobbyorganisation der Atomenergiebranche – hielten es aufgrund der starken gesellschaftlichen Sensibilisierung für nukleare Gefahren Anfang der 1980er Jahre nun für zielführend, eine separate gesetzliche Grundlage für den Strahlenschutz zu schaffen. Dieser dem kollektiven Lernen zugrundeliegende gesellschaftliche Perzeptionswandel wurde maßgeblich von den öffentlichkeitswirksamen Diskursen der Anti-Atomkraft- und der Umweltbewegung in den 1970er Jahren beeinflusst und durch Ereignisse wie den Reaktorunfall in Harrisburg verstärkt. Die Bedeutungssteigerung des Strahlenschutzes kann damit auch als Wahrnehmungsänderung interpretiert werden, durch welche die Atomtechnologie als Leittechnologie des Kalten Krieges eine neue Bewertung erfuhr. So zeigten die laufenden gesellschaftlichen Auseinandersetzungen um die Atomenergie, dass die Gewährleistung von nuklearer Sicherheit nicht mehr auf ein rein technisches – und damit handhabbares – Problem reduziert werden konnte, sondern mit fundamentalen ökologischen, ökonomischen und politischen Fragen über Gegenwart und Zukunft der schweizerischen Gesellschaft zusammenhing. Das anvisierte Strahlenschutzgesetz sollte im Bereich der Regulierung von Strahlen zur Klärung dieser Fragen beitragen.

Gleichzeitig lag der Schaffung eines eigenen Strahlenschutzgesetzes auch eine gouvernementale Strategie zugrunde. So sollte die Bedeutungssteigerung des Strahlenschutzes das ramponierte Ansehen der Bundesbehörden wieder steigern und einen Teil des verlorenen Vertrauens in Experten und Behörden wiederherstellen. Insofern kam der Schaffung des Strahlenschutzgesetzes auch eine symbolische Dimension zu. Es sollte dazu beitragen, den Gegnerinnen und Gegnern der Atomenergie auf dem Gebiet der nuklearen Sicherheit möglichst keine Angriffsfläche zu bieten und die Unterstützung der Kernenergie als Teil des schweizerischen Kalte-Krieg-Konsenses weiterhin zu legitimieren. Letzteres war für die Atomenergiebefürworter, zu denen auch der Bund gehörte, angesichts der am Horizont drohenden zweiten Atomschutzinitiative, welche die Inbetriebnahme von weiteren Atomkraftwerken verbieten wollte und im Dezember 1981 eingereicht wurde, von nicht zu unterschätzender Wichtigkeit. Als Folge des unerwünschten Strahlenschutz- und

---

193   Zum Begriff des kollektiven Lernens: Siegenthaler 1983.

Kernenergienutzungsgesetzes wurden die historisch seit dem Ende der 1950er
Jahre rechtlich miteinander verknüpften Materien Atomenergie und Strahlenschutz zu Beginn der 1980er Jahre voneinander gelöst. Durch diese Trennung
von Atomenergie und Strahlenschutz brach eine für die „Nuklearität" des
schweizerischen Kalten Krieges konstitutive Kopplung auf.

4.4   Fazit

In den Anfängen des ‚Atomzeitalters' bestand in der Schweiz zunächst noch
keine staatliche Regulierung von Strahlen. Vielmehr existierten ab 1955 lediglich unverbindliche Empfehlungen des Eidgenössischen Gesundheitsamtes
(EGA). Dieses auf Freiwilligkeit setzende Regulierungsdispositiv stieß im expandierenden nuklearen Alltag jedoch an Grenzen. 1957 wurden die Gesetzgebungskompetenzen im Bereich von Atomenergie und Strahlenschutz dem
Bund übertragen. Im Rahmen der schweizerischen Atompolitik stand der
Strahlenschutz zwar hinter der Förderung der Atomenergie zurück, doch bestanden nun rechtliche Grundlagen, um schweizweit gültige Strahlenschutznormen zu erlassen. 1963 trat die Strahlenschutzverordnung in Kraft und
fungierte während des gesamten Kalten Krieges als regulatorisches Kernstück
des schweizerischen Strahlenschutzes.

Die Regulierung von Strahlen wurde seit dem Ende der 1950er Jahre maßgeblich von zwei Faktoren vorangetrieben: der Internationalisierung von Strahlenschutznormen auf der einen und öffentlichkeitswirksamen Ereignissen auf der
anderen Seite. So wirkten die Fallout- und die Anti-Atomkraft-Debatte, aber
auch der Reaktorunfall von Harrisburg als Katalysatoren, welche den Ruf einer
zunehmend sensibilisierten Öffentlichkeit und Politik nach einer Regulierung
von Strahlen verstärkten. Dies führte dazu, dass der Strahlenschutz als Politik-
und Rechtsgebiet im Verlaufe des Kalten Krieges kontinuierlich an Bedeutung
gewann. Diese Bedeutungssteigerung manifestierte sich ab Anfang der 1980er
Jahre in der Ausarbeitung eines separaten Strahlenschutzgesetzes und der
Trennung der bis dahin rechtlich aneinander gekoppelten Gebiete von Atomenergie und Strahlenschutz.

Mit dieser Aufwertung des Strahlenschutzes war auch eine Ausdehnung
des Dispositivs zur Regulierung von Strahlen verbunden. Diese zeigte sich
insbesondere in einer zunehmenden Anzahl von Akteuren, welche in die
Herstellung von Strahlensicherheit eingebunden waren und hier spezifische Bewilligungs- und Kontrolltätigkeiten ausübten. Die Ausweitung des
Regulierungsdispositivs war also nicht mit einer Zentralisierung des Strahlenschutzes verbunden. Vielmehr wurde die Einhaltung von Strahlenschutznormen

im Normalfall im Modus der ‚verteilten Sicherheit' organisiert. An Betriebs- und
Personalkontrollen beteiligten sich das EGA und dessen Sektion für Strahlenschutz, die Schweizerische Unfallversicherungsanstalt, einzelne Forschungsinstitute sowie private Vereine und Unternehmen. In den Umgebungsschutz
von Atomanlagen wiederum waren Amtsstellen und Expertenkommissionen
des Eidgenössischen Departements des Innern und des Eidgenössischen
Verkehrs- und Energiewirtschaftsdepartementes, so namentlich das EGA und
die Eidgenössische Kommission zur Überwachung der Radioaktivität sowie
das Eidgenössische Amt für Energiewirtschaft und die beiden nuklearen
Sicherheitsbehörden, involviert. Diese ‚Verteilung' von Sicherheitsaufgaben im
nuklearen Alltag war allerdings auch konfliktbehaftet. So brachen anlässlich
der Teilrevision der Strahlenschutzverordnung in der ersten Hälfte der 1970er
Jahre verschiedene Streitigkeiten über Führungsansprüche und Zuständigkeiten aus. In Anbetracht der gleichzeitig stattfindenden, virulenten gesellschaftlichen Auseinandersetzung um die zivile Nutzung der Atomenergie
waren die involvierten Behörden und Organe des Bundes allerdings sehr
darum bemüht, diese Kompetenz- und Machtkonflikte nicht in die Öffentlichkeit hinauszutragen.

Vertreter der genannten Bewilligungs- und Kontrollinstanzen, Angehörige
des Militärs sowie Repräsentanten der strahlenverbreitenden Industrie und
der Atomenergiebranche waren Mitglied in der Eidgenössischen Kommission
für Strahlenschutz, der Dachkommission innerhalb des schweizerischen
Strahlenschutznetzwerkes. Diese wurde 1967 gegründet, um die politischen
Interessen im Bereich des Strahlenschutzes auszutarieren und die Aushandlung derselben zu verstetigen. Die verschiedenen Anspruchs- und
Lobbygruppen saßen direkt in der Kommission, waren vielfältig miteinander
verflochten und strukturell voneinander abhängig. Aus diesem Beziehungsgeflecht resultierten eine starke Orientierung am schweizerischen Kalte-Krieg-
Konsens und gleichzeitig eine große Rücksichtnahme auf die Interessen der
Atomwirtschaft.

Notfall

KAPITEL 5

Simulieren

Das Bedrohungsszenario des Kalten Krieges schlechthin stellte ein möglicher Atomkrieg dar. Die Vorbereitung auf einen mit Kernwaffen geführten Krieg war aus gouvernementaler Sicht jedoch mit dem grundlegenden Problem verbunden, dass Verteidigungs- und Schutzmaßnahmen entwickelt sowie Rettungsdienste und Alarmorganisationen geschaffen werden mussten, ohne dafür auf vorhandene Wissensbestände zurückgreifen zu können. Eine produktive Möglichkeit, mit diesem Problem des Nicht-Wissens umzugehen, bildete die Simulation einer nuklearen Katastrophe und der von Strahlen ausgehenden Gefahren.[1] In der Schweiz des Kalten Krieges simulierten Militärstrategen und Verteidigungsplaner, Zivilschutz- und Verwaltungsbeamte sowie Mitglieder von Strahlenschutzdiensten und Alarmorganisationen einen künftigen Atomkrieg und weitere nukleare Bedrohungen, indem sie Verteidigungs- und Katastrophenübungen durchspielten, Bedrohungsszenarien entwickelten und Kriegsfolgestudien durchführten.

Wie der Medientheoretiker, Philosoph und Soziologe Jean Baudrillard ausgeführt hat, tasten Simulationen das „Realitätsprinzip" an, weil sie „die Differenz zwischen ‚Wahrem' und ‚Falschem', ‚Realem' und ‚Imaginärem' immer wieder in Frage [stellen]".[2] Demnach lösen sich in Simulationen die Grenzen zwischen ‚Realem' und ‚Imaginärem' auf, und zwar in mindestens dreierlei Hinsicht: Simulationen werden nicht ausschließlich, aber maßgeblich von Imaginationen mitgeformt. Simulationen weisen zudem einen performativen Charakter auf, da sie über die mit ihnen verbundene Praxis etwas ‚Wahres' herstellen. Schließlich beeinflussen Simulationen die ‚reale' Welt, weil sie konkrete Effekte zeitigen. Ausgehend von diesen Überlegungen untersuche ich in diesem Kapitel Notfallübungen und -szenarien als Simulationen, die eine Wirklichkeit konstituierende Wirkung zu entfalten vermochten und den Kalten Krieg in der Schweiz dadurch perpetuierten.

Simulationen bilden den Modus der Wissensproduktion für atomare (und andere) Notfälle, weil sie Handlungsoptionen für Situationen eröffnen, für die erfahrungsbasiertes Wissen fehlt – was indessen nicht bedeutet, dass in Simulationsprozesse kein Erfahrungswissen einfließen kann.

---

1 Zu Begriff und Konzept des Nicht-Wissens: Proctor/Schiebinger 2008.
2 Baudrillard 1978, S. 10. Vgl. auch: Baudrillard 2011 [1976], bes. S. 92–156. Zu Baudrillards Simulationstheorie u. a.: Strehle 2012, S. 95–150; Blask 2005 [1995], S. 23–41.

Der Sozialanthropologe Stephen Collier spricht in diesem Zusammenhang von „enactment-based knowledge" als Gegensatz zu „archival-statistical knowledge".[3] Mit dem „acting out" wird dabei das Performative der Simulationspraxis betont. Gleichwohl betrachte ich Simulationen nicht als „Rehearsals", also als Theaterproben, Probedurchläufe oder Probeaufführungen, wie dies etwa die Theaterwissenschaftlerin Tracy C. Davis tut.[4] Vielmehr möchte ich die Differenz zwischen Simulation und „Rehearsal" stark machen. Die Simulation ist deshalb kein Theaterstück, weil für sie die Zuschreibung von Wahrheitswerten konstitutiv ist: In ihrer Auswertung und Deutung wird die Simulation in Wirklichkeit überführt, ihr Spiel- bzw. Theatercharakter tritt in den Hintergrund, sie erzeugt Realitätseffekte. Simulationsvorgänge – so meine These – sind folglich als Übersetzungsprozesse zu verstehen. Durch diese Übersetzungsprozesse verschwindet das Imaginäre aus den Übungen und Szenarien und ermöglicht so ‚reale' gouvernementale Interventionen.

Im Folgenden werden (atomare) Bedrohungsvorstellungen analysiert, welche in Simulationsprozessen entstanden und sowohl für die Konzeption und Ausrichtung der schweizerischen Verteidigung als auch die Planung und Organisation von Schutzmaßnahmen gegen Strahlen prägend waren. Untersucht wird, wie sich diese Bedrohungsbilder im Kalten Krieg wandelten, auf welchem Wissen sie basierten und welche Effekte sie zeitigten. Als roter Faden durch das Kapitel dienen dabei die während des Kalten Krieges auf Bundesebene regelmäßig durchgeführten Landes- bzw. Gesamtverteidigungsübungen.[5] Diese nationalen Verteidigungsübungen sind deshalb von besonderer Relevanz, weil sie sowohl Aufschluss über die offiziell vorherrschenden Bedrohungsszenarien als auch über die erprobte Effektivität der geplanten Schutzvorkehrungen geben – und insofern immer auch auf allfällige ‚Lücken' in der Vorbereitung auf den Atomkrieg (und andere Katastrophen) verweisen.

---

3 Vgl. Collier 2008. Das „acting out", das dieser Form der Wissensproduktion zugrunde liegt, kann dabei über Übungen, Simulationen (im engeren Sinne) oder Modelle erfolgen, während das archivisch-statistische Wissen auf ein ‚Archiv' vergangener Ereignisse rekurriert. Vgl. ebd., S. 225 und S. 244 f., Fn. 2.

4 Vgl. Davis 2007. Das „Rehearsal" ist dabei nicht gleichzusetzen mit der „Performance" im Sinne einer aufführungsreifen Vorstellung: „Rehearsals" zeichnen sich wesentlich dadurch aus, dass es sich eben um Proben handelt, an denen bestimmte Dinge wiederholt, das heißt immer wieder eingeübt werden.

5 Neben den Gesamtverteidigungsübungen auf Bundesebene führten die Kantone bzw. Territorialzonen auch eigene Gesamtverteidigungsübungen durch.

5.1   Von feindlichen Atombomben zum ‚Feind im Innern‘. Vorbereitung auf den ‚totalen‘ Krieg, 1950er und 1960er Jahre

Im August 1955 verfasste die Landesverteidigungskommission, ein aus den höchsten Offizieren bestehendes militärisches Leitungs- und Beratungsgremium, eine Denkschrift zum künftig erforderlichen Ausbau der schweizerischen Landesverteidigung.[6] Die Ausführungen basierten auf der Grundannahme, dass „die Atomwaffe und die Entwicklung, die die Flugwaffe genommen hat, [...] dem modernen Krieg einen Totalitätscharakter auf[drücken], dem man eine totale nationale Verteidigung entgegenstellen muss.“[7] Die Denkschrift von Mitte der 1950er Jahre ist insofern bemerkenswert, als die höchsten Militärs darin zum ersten Mal eine konsequente Neuausrichtung der schweizerischen Landesverteidigung im Hinblick auf einen künftigen Nuklearkrieg forderten.[8]

Der „Totalitätscharakter“ eines Atomkrieges bedingte ein koordiniertes Zusammenspiel und eine effiziente Zusammenarbeit aller in die Landesverteidigung involvierten militärischen und zivilen Behörden und Gremien. Dieses Zusammenwirken musste eintrainiert werden. Über die schweizerische Gesandtschaft in Stockholm erfuhr die Landesverteidigungskommission, dass in Schweden für die höheren Beamten der Zentralverwaltung Kurse veranstaltet wurden, in welchen diese „in die wichtigsten Probleme der totalen Kriegsführung und der entsprechenden Verteidigung auf militärischem und zivilem Sektor eingeführt“ würden.[9] Generalstabschef Louis de Montmollin vertrat die Meinung, „dass eine solche Uebung auch für unsere Verhältnisse zweckmässig sein könnte“ und erklärte sich bereit, unter seiner Leitung 1956 zum ersten Mal eine derartige Übung durchzuführen. Inhaltlich sollten dabei „Fragen der Atomkriegführung“ im Zentrum stehen.[10]

An der ersten Landesverteidigungsübung nahmen neben Armeeangehörigen – ähnlich wie in Schweden – auch Beamte aus der Verwaltung, die

---

6   Wesentliche Teile dieses Teilkapitels wurden bereits publiziert in: Marti 2015a.

7   CH-BAR#E4001D#1980/86#37*, Denkschrift über die an unserer Grundidee für die Landesverteidigung und an der Organisation der Armee vorzunehmenden Änderungen, 29.8.1955. Zur Landesverteidigungskommission: Huber 1960.

8   In früheren Dokumenten zur strategischen und taktischen Ausrichtung der Schweizer Armee wurde die Möglichkeit eines Atomkrieges zwar erwähnt, aber nicht speziell vertieft. Vgl. etwa Schweizer Armee 1951.

9   CH-BAR#E5001F#1000/1866#3334*, Auszug aus dem Protokoll der Sitzung der Landesverteidigungskommission, 12.3.1955. Zur Zivilverteidigung in Schweden vgl. Kapitel 1, Fn. 42.

10   Ebd., und Auszug aus dem Protokoll der Sitzung der Landesverteidigungskommission, 11./12.5.1955.

sich mit Fragen der nationalen Verteidigung beschäftigten, sowie Vertreter aus dem Kriegswirtschaftsbereich, der Industrie, dem Handel, der Landwirtschaft und dem Bankwesen teil.[11] Der Einbezug von Verwaltungsbeamten und Zivilisten wurde in den darauffolgenden Landes- und Gesamtverteidigungsübungen beibehalten. Um den zivilen und militärischen Übungsteilnehmern die Ausgangslage der Übungen zu erklären, bekamen diese jeweils eine sogenannte Übungsanlage zugestellt. Diese bestand aus mehreren Übungsblättern, welche anhand imaginierter Beschreibungen über die internationale Situation und ihre Auswirkungen auf die Schweiz die Entwicklung der politischen, militärischen, wirtschaftlichen und gesellschaftlichen Lage vor und während des in der Übung durchgespielten Zeitpunkts erläuterten. Aufgeteilt in verschiedene Gruppen mussten die Teilnehmer die entsprechende Übungsanlage durchspielen und dabei die gestellten Aufgaben und Interessen ihrer Gruppe bestmöglich wahrnehmen. Daneben erhielten die Teilnehmer meistens zusätzliche Informationen in Form von erfundenem Karten- und Zahlenmaterial, beispielsweise militärische Lagekarten, radiologische Bulletins oder Tabellen über die Nuklearwaffenbestände der kriegführenden Parteien. Zusätzlich wurde die Übungsanlage häufig durch fiktive amtliche Dokumente und Meldungen, etwa Bundesratsbeschlüsse, sowie durch fingierte Medienbeiträge wie Zeitungsartikel oder Radio- und Fernsehdurchsagen ergänzt. Bei den Landes- und Gesamtverteidigungsübungen wurden in der Regel keine (oder nur wenige) Truppen oder Verbände tatsächlich verschoben. Vielmehr handelte es sich um taktische Kriegsspiele, bei denen das Testen von Entscheidungs- und Führungsstrukturen im Zentrum stand.[12] Weil ein Atomkrieg nur simuliert werden konnte, war die Durchführung solch militärischer Planspiele während des Kalten Krieges weit verbreitet: *War games* können als globales Moment des Kalten Krieges bezeichnet werden, wobei deren Einsatz zu Beginn der 1960er Jahre einen Höhepunkt erreichte.[13]

Ausbau der totalen Landesverteidigung und die Frage der Atombewaffnung der Schweizer Armee

Die Durchführung der Landesverteidigungsübung im Januar 1956 fiel in die konfliktreichste Phase des internationalen Kalten Krieges, die von 1947 bis Mitte der 1960er Jahre dauerte. In dieser Zeit festigten sich die Blöcke und

---

11   Vgl. CH-BAR#E4001D#1973/126#353*, Antrag des EMD, 1.6.1955.

12   Zu den verschiedenen Funktionen bzw. Typen von Kriegsspielen vgl. Kaufmann 2006, hier S. 121 f.

13   Vgl. ebd., S. 124. Zu den *war games* im Kalten Krieg auch: van Creveld 2013; Pias 2009; Ghamari-Tabrizi 2005; Horn 2004; Ghamari-Tabrizi 2000.

Ideologien des Ost-West-Konfliktes.[14] In Bezug auf die Schweiz bezeichnet die historische Forschung diese Periode als die ‚langen‘ 1950er Jahre, die vom Aufkommen eines rasanten wirtschaftlichen Wachstums und der Renaissance der Geistigen Landesverteidigung im Kalten Krieg geprägt waren.[15]

Die für die erste Landesverteidigungsübung ausgearbeitete Übungsanlage sah vor, drei verschiedene Übungen durchzuspielen, wobei die zweite und die dritte Übung auf den Kriegsfall ausgerichtet waren. Imaginiert wurde jeweils ein Atomkrieg zwischen Ost und West.[16] In beiden Übungen wurde die Schweiz an einem bestimmten Punkt in die militärischen Auseinandersetzungen verwickelt, wobei – und daran sollte sich in den Bedrohungsszenarien der Landes- bzw. Gesamtverteidigungsübungen bis zum Ende des Kalten Krieges nichts mehr ändern – kriegerische Aggressionen gegenüber der Schweiz stets als vom ‚Ostblock‘ ausgehend vorgestellt wurden.

Die beiden Übungen zeichneten sich indessen durch große Unterschiede hinsichtlich des angenommenen Ausrüstungs- und Vorbereitungsstandes von Armee, Kriegswirtschaft und Zivilschutz aus. So verfolgte die Armee in der einen Übung die Strategie einer statischen Verteidigung mit Panzern und Flugzeugen, die den Aufmarsch in eine sich noch im Ausbau befindende Verteidigungsstellung entlang der nordöstlichen Landesgrenze vorsah. Die Kriegswirtschaftsorganisation war zwar bereits in Kraft, die Vorratslage insbesondere von Haushaltsvorräten jedoch ungünstig.[17] Die Maßnahmen zum Schutz der Zivilbevölkerung befanden sich erst im Anlaufen. Demgegenüber war die Armee in der anderen Übung neu organisiert und konnte unter anderem auf eine voll motorisierte Feldarmee, eine beweglichere, stärkere Panzerabwehr und eine größere Anzahl Flugzeuge zurückgreifen, was ihr anstelle einer bestehenden Front eine mobile Verteidigung ermöglichte. Die in Kraft gesetzte Kriegswirtschaftsorganisation verfügte zudem über eine erhöhte Lagerhaltung.

---

14   Vgl. Kaldor 1992 [1990], S. 47. Der Historiker Jost Dülffer spricht für die Zeit zwischen 1945 und 1990 vom „Ost-West-Konflikt“ und verwendet den Begriff „Kalter Krieg“ nur für diejenigen Phasen, in denen eine Eskalation zu einem tatsächlichen Krieg drohte. Bis Mitte der 1960er Jahre fanden gemäß seiner Lesart der erste (Berlin-Blockade 1948/1949 und Anfangsphase Koreakrieg 1950) und der zweite (Berlin-Krise 1958–1962 und Kuba-Krise 1962) von insgesamt drei Kalten Kriegen statt. Vgl. Dülffer 2004, S. 4 f.

15   Zur Schweiz der ‚langen‘ 1950er Jahre vgl. Kapitel 1, Fn. 53.

16   Vgl. CH-BAR#E5003-02#2009/193#2*, Übung 2 (Blatt 1–7), ohne Datum; CH-BAR#E5003-02#2009/193#3*, Übung 3 (Blatt 1–8), ohne Datum.

17   Vgl. CH-BAR#E6001B#1970/314#32*, Übung II, ohne Datum. Zur Anlegung von Haushaltvorräten im Kalten Krieg: Marti 2014a. Zur wirtschaftlichen Landesverteidigung im Kalten Krieg: Cottier 2014, S. 133–166.

Der Schutz der Zivilbevölkerung hatte ebenfalls eine Reorganisation und eine gute Vorbereitung erfahren.[18]

In diesen unterschiedlich ausformulierten Verteidigungsdispositiven und dem ungleich vorgestellten Ausrüstungsstand der Armee kam in den Übungen ein seit dem Ende des Zweiten Weltkrieges andauernder Konzeptionsstreit innerhalb der Armeespitze zum Ausdruck. Dieser drehte sich um die Frage, ob die Armee im Falle eines künftigen Atomkrieges einen statischen, räumlich zusammenhängenden Abwehrkampf führen oder auf eine bewegliche Raumverteidigung setzen sollte. Verfügten die Anhänger einer statischen Verteidigung Anfang der 1950er Jahre noch über eine Mehrheit, änderte sich dies 1955, als mit Paul Chaudet ein Befürworter der mobilen Verteidigung als neuer Chef des Eidgenössischen Militärdepartements Einzug in den Bundesrat hielt.[19] Eine größere Beweglichkeit und bessere Bewaffnung der Armee waren jedoch mit höheren Kosten verbunden, die – das war dem Generalstab bewusst – in der Bevölkerung nicht unumstritten waren.[20]

Exakt zum Zeitpunkt der Durchführung der ersten Landesverteidigungsübung lancierte ein aus religiös-sozialen, sozialdemokratischen, pazifistischen und antimilitaristischen Kreisen bestehendes Komitee zwei nationale Volksinitiativen. Diese als Chevallier-Initiativen II bekannten Initiativbegehren verlangten – zum einen aufgrund der als entspannter wahrgenommenen Weltlage, zum anderen aufgrund der nach dem Koreakrieg vom eidgenössischen Parlament beschlossenen außerordentlichen Rüstungsprogramme – eine Beschränkung der Militärausgaben bzw. zusätzliche Kultur- und Sozialmittel im Umfang von mindestens zehn Prozent des Militärbudgets.[21] Vor dem Hintergrund dieser Kritik an der Verteidigungspolitik des Bundes verfolgte der Einbezug von zivilen Vertretern in die Landesverteidigungsübung auch ein politisches Ziel: Sie sollte deren Verständnis für die künftigen Anforderungen und Kosten der militärischen Landesverteidigung erhöhen.[22]

Als Abschluss der Übung zogen die Teilnehmer in einer Diskussionsrunde eine erste Bilanz. Beamte der Bundesverwaltung, die sich in erster Linie mit den zivilen Bereichen der Landesverteidigung befasst hatten, hielten dabei kritisch fest, dass eine ungenügende Vorbereitung vor Kriegsbeginn während

---

18   Vgl. ebd., Übung 3, ohne Datum.

19   Vgl. Breitenmoser 2002, S. 74–77; Spillmann/Wenger/Breitenmoser/Gerber 2001, S. 71–74; Tanner 1997, S. 332; Däniker/Spillmann 1992, S. 592.

20   Vgl. CH-BAR#E4001D#1980/86#37*, Die Hauptsorgen des Generalstabs, in: Die Wirtschaft, 1. Jg., Heft vom Mai 1956.

21   Vgl. Epple-Gass 1988, bes. S. 25–34; Tanner 1988a, S. 75; Brassel/Tanner 1986, S. 62 f.

22   Vgl. CH-BAR#E5001F#1000/1866#3334*, Auszug aus dem Protokoll der Sitzung der Landesverteidigungskommission, 11./12.5.1955.

der laufenden Kriegshandlungen nicht mehr aufzuholen gewesen sei.[23] Die Verteidigungschancen der Schweiz im Atomkriegsfall wurden folglich – dies ist wenig erstaunlich – je höher bewertet, desto besser die materielle Ausrüstung und die organisatorische Vorbereitung von Armee, Kriegswirtschaft und Zivilschutz in der Übungsanlage angenommen worden waren. Im Hinblick auf die umstrittene Konzeption der Armee betonte der Vorsteher des Militärdepartements, Bundesrat Paul Chaudet, die Herausforderung bestehe darin, gleichzeitig den Verteidigungswillen des Volkes und die Schlagkraft der Armee zu verstärken, denn auch die beste Technologie nütze wenig, wenn diese in einem defätistischen Klima verwendet werden müsse. Man könne das Volk jedoch nicht dazu aufrufen, sich zu verteidigen, ohne dass es über die notwendigen Kampfmittel verfüge.[24] Chaudets Ausführungen zielten demnach darauf ab, die pazifistischen Stimmen in der Zivilbevölkerung des Defätismus zu bezichtigen und parallel dazu für eine bessere technologische Ausrüstung der Armee zu werben. Indirekt sprach sich Chaudet damit für eine atomare Bewaffnung der Schweizer Armee aus; eine Haltung, die 1958 zur offiziellen Position des Bundesrates avancierte.[25]

Die Atomwaffe dominierte auch die Schlussfolgerungen bezüglich des Zivilschutzes. In zahlreichen Rapporten und Berichten forderten Übungsteilnehmer und Übungsleitung gleichermaßen, alle bereits bestehenden und künftig geplanten Maßnahmen seien vollumfänglich auf das Szenario eines Atomkrieges auszurichten. So erklärte Übungsleiter Generalstabschef Louis de Montmollin in seinem Schlussbericht, die zahlreichen Probleme, welche den Zivilschutz betreffen würden, hätten nicht in der notwendigen Tiefe studiert werden können, da die dafür notwendige Organisation noch nicht vorhanden sei. Man müsse die bestehenden Konzeptionen aufgrund der Atombombe neu beurteilen und Lösungen für noch offene Probleme suchen, so etwa für das Verhalten der Behörden in Kriegszeiten oder die Evakuierung der Bevölkerung und diejenige von Gütern.[26] Auch die Arbeitsgruppe des Eidgenössischen Departements des Innern, welcher unter anderem der Direktor des Eidgenössischen Gesundheitsamtes Arnold Sauter sowie der Chef der Pharmazeutischen Sektion Gustav Weisflog angehörten, kam zu dem Schluss, die Auswirkungen eines Atomkrieges auf die Zivilbevölkerung könnten „nur dann abgeschwächt werden, wenn ein in organisatorischer, personeller und

---

23 Vgl. CH-BAR#E5560C#1975/46#2917*, Remarques critiques au sujet de l'exercice No 2, ohne Datum.

24 Vgl. ebd., Allocution du Chef du département militaire fédéral, ohne Datum.

25 Zur Option der schweizerischen Atombewaffnung vgl. Kapitel 1, Fn. 49.

26 Vgl. CH-BAR#E4001D#1973/126#353*, Rapport sur l'exercice de défense nationale, 28.2.1956.

materieller Hinsicht hervorragend funktionierender Zivilschutz besteht."[27]
Im Bericht des Eidgenössischen Justiz- und Polizeidepartements wurde
ebenfalls festgehalten, es dränge sich in erster Linie „die Schaffung der erforderlichen Organisation innerhalb der Bundesverwaltung und eine klare
Zuweisung der Aufgaben und die Abgrenzung der Kompetenzen" auf. Die
Übung habe hinsichtlich der Zivilverteidigung „grosse Lücken" erkennen
lassen, die „so rasch wie möglich geschlossen werden" müssten.[28] Aus Sicht
der Bundesbehörden befand sich der Aufbau von Zivilschutzmaßnahmen
zum Zeitpunkt der Durchführung der ersten Landesverteidigungsübung im
Rückstand. Zwar bestanden bereits einige rechtliche Vorschriften, so seit
1950 ein Bundesbeschluss zum baulichen Luftschutz sowie seit 1954 eine
Verordnung des Bundesrates zur Organisation des Zivilschutzes. Die Schutz-
raumvorschriften waren jedoch nur für Neubauten in Ortschaften mit mehr
als tausend Einwohnern verpflichtend, da die Einführung eines Obligatoriums
für Altbauten 1952 in einer Volksabstimmung gescheitert war. Nach dieser Ab-
stimmungsniederlage stellte der Bundesrat ein weit fortgeschrittenes Bundesgesetz vorerst zurück.[29] Sowohl in rechtlicher als auch in organisatorischer
Hinsicht befand sich der Zivilschutz in der Schweiz Mitte der 1950er Jahre in
einem Vakuum.

Die Bedrohungsbilder der Landesverteidigungsübung von 1956 zielten somit
zum einen darauf ab, die Mehrheitsmeinung innerhalb der Armeeführung
zu bestätigen, die militärische Landesverteidigung sei im Hinblick auf einen
künftigen Atomkrieg gemäß den Anforderungen einer mobilen Verteidigung
zu modernisieren. Damit wurde anlässlich der Landesverteidigungsübung
auch eine armeeinterne Diskussion ausgetragen. Zum anderen sollte gegenüber den zivilen Übungsteilnehmern und der Öffentlichkeit demonstriert
werden, dass angesichts der atomaren Bedrohung sowohl die Aufrüstung der
Armee als auch der Ausbau von Zivilschutz und Kriegswirtschaft dringend
notwendig seien und der dafür erforderliche finanzielle Aufwand zwingend
erbracht werden müsse. Dies implizierte auch die Beschaffung eigener Atomwaffen. Die Szenarien der Übung wiesen folglich den (beabsichtigten) Effekt
auf, ein politisches Projekt zu propagieren: den Ausbau der totalen Landesverteidigung sowie die Atombewaffnung der Schweizer Armee. Bemerkenswert ist
indessen, dass Atomalarm- und Strahlenschutzmaßnahmen im Maßnahmen-
katalog, welcher im Zuge der Auswertung der Übung erstellt wurde, noch

---

27   Ebd., Bericht der Arbeitsgruppe des EDI, 6.4.1956.
28   Ebd., Bericht des Justiz- und Polizeidepartements, 20.2.1956.
29   Vgl. Meier/Meier 2010, S. 215 f.

keinerlei Erwähnung fanden.[30] Trotz der bereits laufenden Debatte um den radioaktiven Fallout unterschätzten maßgebende Teile des Schweizer Militärs die Bedeutung der Strahlenproblematik offensichtlich noch. Dies sollte sich zu Beginn der 1960er Jahre ändern.

Verteidigung gegen Massenvernichtungswaffen und Aufbau von Alarm-, Schutz- und Rettungsdiensten

Der Ungarn-Aufstand im Herbst 1956 gab den Befürwortern einer starken Landesverteidigung mächtigen Auftrieb. Die Ereignisse in Ungarn wurden in der Schweiz als eine bedrohliche Zuspitzung des Kalten Krieges erlebt; sie trugen Wasser auf die Mühlen der Aufrüstungsbefürworter und räumten die letzten Hindernisse für die Finanzierung der totalen Landesverteidigung aus dem Weg. Wer noch Kritik an der nationalen Verteidigungspolitik äußerte, wurde als Defätist und/oder Kommunist gebrandmarkt und damit als legitimer Sprecher aus der politischen Diskussion ausgeschlossen. Dies führte unter anderem dazu, dass die Chevallier-Initiativen II, obwohl sie zustande gekommen waren, Ende 1956 vom Initiativkomitee zurückgezogen wurden.[31] Das Militärbudget wurde aufgestockt und die Armee für ein bewegliches Verteidigungsdispositiv ausgerüstet.[32] Danach rückte gegen Ende der 1950er Jahre die Kontroverse um die atomare Bewaffnung der Schweizer Armee ins Zentrum der politischen Auseinandersetzung. Diese gipfelte 1962 bzw. 1963 in Plebisziten über zwei Volksinitiativen, die wiederum aus dem Kreis der Friedensbewegung und der Sozialdemokratie stammten und Atomwaffen generell verbieten bzw. deren Beschaffung an einen Volksentscheid knüpfen wollten.[33] Gleichzeitig wurde – nachdem ein erster Versuch 1957 knapp gescheitert war – der Zivilschutz 1959 im zweiten Anlauf in der Bundesverfassung verankert und danach kontinuierlich ausgebaut;[34] ein wichtiger Pfeiler bildete diesbezüglich der ab 1963 gesetzlich vorgeschriebene Bau von privaten Schutzräumen.[35] In den Abstimmungskampagnen sowohl zu den beiden Atominitiativen, die an der Urne verworfen wurden, als auch zum schließlich angenommenen Zivilschutzartikel

---

30 Vgl. CH-BAR#E5001F#1000/1866#3334*, Allgemeine Massnahmen (Entwurf), 7.7.1956.

31 Vgl. Kleger 1999, S. 204 f.

32 Vgl. Breitenmoser 2002 S. 77–83; Spillmann/Wenger/Breitenmoser/Gerber 2001, S. 91–94; Tanner 1997, S. 332; Däniker/Spillmann 1992, S. 592.

33 Vgl. dazu Kapitel 2.2.

34 Zur Geschichte des schweizerischen Zivilschutzes vgl. Kapitel 1, Fn. 46. Der Grund für das Scheitern der ersten Volksabstimmung lag in erster Linie darin, dass diese Vorlage – im Gegensatz zur zweiten – vorgesehen hatte, auch für Frauen eine Dienstpflicht einzuführen. Vgl. Meier/Meier 2010, S. 217.

35 Zum schweizerischen Schutzraumbau während des Kalten Krieges vgl. Kapitel 1, Fn. 47.

stellten die Folgen eines Atomkrieges sowie die Schutzmöglichkeiten gegen
Atomwaffen zentrale Diskussionspunkte dar.[36] Darüber hinaus trug die ab
Mitte der 1950er Jahre einsetzende Fallout-Debatte auch in der Schweiz zur
öffentlichen Sensibilisierung für die von Strahlen ausgehenden Gefahren bei.[37]

Atomgefahr und Strahlenschutz stellten in der zweiten Landesverteidigungsübung, die im Juni 1963 stattfand, prominente Themen dar.[38] Durchgespielt
wurde nur eine einzige Übung, die in drei Phasen unterteilt war, wobei das
Hauptgewicht auf der Kriegsphase lag.[39] Die Gefahren, Schädigungen und Verluste durch einen feindlichen Einsatz atomarer, biologischer und chemischer
Waffen bildeten einen wesentlichen Bestandteil der imaginierten Übungsanlage.[40] Mit diesem Schwerpunkt auf dem Gebrauch von ABC-Kampfmitteln
und der Erprobung von ABC-Schutzmaßnahmen rückte vermehrt die Sicherheit der Zivilbevölkerung ins Zentrum des Übungsinteresses.

Im Gegensatz zum von den USA, der Sowjetunion und Großbritannien im
August 1963 unterzeichneten Abkommen, das oberirdische Atomwaffenversuche künftig verbot, kam in der entworfenen Übungsanlage keine Einigung
über Atomwaffenteststopps zustande. Das der Übung zugrundeliegende
Szenario ging vielmehr davon aus, dass zunächst die Wiederaufnahme von Versuchsexplosionen, danach der Einsatz von Atomwaffen zu einer kontinuierlichen Erhöhung der Radioaktivität entlang der Kriegsfronten führen würde,
die teilweise alarmierende Werte aufwies. Laut der Übungsanlage hatte eine
Explosion mit Bodensprengpunkt im grenznahen bundesdeutschen Ausland
außerdem zur Folge, dass das Gebiet der Ostschweiz einer lebensbedrohlichen
Verstrahlung ausgesetzt wurde, die bald auch das Trinkwasser betraf. Nur
wenige Tage später erfolgten nach dem vorgegebenen Bedrohungsszenario zudem mehrere Nuklearexplosionen mit Luftsprengpunkt über verschiedenen
Militärflugplätzen und weiteren militärstrategisch wichtigen Orten. Darüber
hinaus sah die Übungsanlage vor, dass die östlichen Truppen atomare Vor-
bereitungsfeuer gegen schweizerische Grenzstellungen am Rhein einsetzten.[41]

---

36   Vgl. dazu Kapitel 2.2.
37   Zur Fallout-Debatte vgl. Kapitel 2.2.
38   Der ehemalige Generalstabschef Hans Senn führt die längere Pause zwischen der ersten
     und der zweiten Landesverteidigungsübung auf den erwähnten Konzeptionsstreit inner-
     halb der Armee zurück, welcher die für die Organisation der Landesverteidigungsübung
     verantwortliche Gruppe für Generalstabsdienste stark in Anspruch nahm. Vgl. Senn 1983,
     S. 49.
39   Vgl. CH-BAR#E4001D#1973/126#356*, Schreiben des Stabschefs der Landesverteidigungs-
     übung 1963 an die Vertreter der Departemente und der Bundeskanzlei, 3.1.1963.
40   Vgl. CH-BAR#E5560D#1996/188#2924*, Übungsanlage (Blatt 1–9), ohne Datum.
41   Vgl. ebd.

Während der Übung befassten sich insgesamt vier zivile und militärische Stellen mit dem Strahlenschutz: erstens das Bundesamt für Zivilschutz, welches für die Herausgabe von Weisungen an die Zivilbevölkerung zuständig war, zweitens die Eidgenössische Kommission zur Überwachung der Radioaktivität, welche dem Bundesrat Anträge für Maßnahmen zum Schutz der Bevölkerung zu stellen hatte, drittens der Warndienst der Armee, welcher für die Herausgabe von Warnungen an die Zivilbevölkerung verantwortlich zeichnete, und viertens der ABC-Dienst der Armee, welcher für den Strahlenschutz der Armee zuständig war. Während der Übung berieten diese Stellen Maßnahmen und gaben an die Bevölkerung Warnungen und Weisungen bezüglich der zu treffenden Schutzvorkehrungen heraus.[42] Wie der Schlussrapport von Übungsleiter Generalstabschef Jakob Annasohn festhielt, führte die Interferenz dieser verschiedenen Organe zu zahlreichen Missverständnissen, was sich im Übungsverlauf negativ auf den Schutz der Bevölkerung auswirkte.[43] Auch Gerhart Wagner, der als Chef der Sektion Strahlenschutz des Eidgenössischen Gesundheitsamtes an der Landesverteidigungsübung teilnahm, wies in seinem Schlussbericht auf dieses Problem hin: „Auf dem Gebiete Radioaktivität-Strahlenschutz trat ein Mangel der bestehenden Organisation offen zu Tage: Es fehlt bisher an einer klaren Koordination der zivilen und militärischen Ueberwachungs- und Hilfsorganisationen."[44] Wagner schloss seinen Bericht mit der Empfehlung, die Koordination im Bereich des Strahlenschutzes sei mit den bestehenden Stellen dringend zu klären. Die Auswertung der Landesverteidigungsübung gab daraufhin den Anstoß zur Schaffung einer Alarmorganisation unter Leitung des sogenannten Alarmausschusses für den Fall erhöhter Radioaktivität.[45]

Die Übung förderte darüber hinaus eine noch ungenügende Vorbereitung hinsichtlich einer biologischen und chemischen Kriegsführung und damit einen grundsätzlich unzureichenden Schutz der Zivilbevölkerung vor Massenvernichtungswaffen zutage. Das 1963 neu geschaffene Bundesamt für Zivilschutz, das zum ersten Mal an einer Landesverteidigungsübung mitwirkte, konnte aufgrund seines erst geringen Ausbaustandes während der Übung nicht

---

42   Vgl. Archiv BAG, 18.10.84, Landesverteidigungsübung 1963, Zwischenbesprechung Donnerstag 27. Juni, ohne Datum, und Schlussbericht Strahlenschutz, ohne Datum.

43   Vgl. CH-BAR#E4001D#1973/126#356*, Rapport du chef de l'état-major général, 3.12.1964.

44   Archiv BAG, 18.10.84, Landesverteidigungsübung 1963, Schlussbericht Strahlenschutz, ohne Datum.

45   Vgl. Archiv BAG, 18.10.57, Katastrophenfall, Schreiben von G. Wagner an S. Streiff, 18.11.1963; CH-BAR#E4001D#1973/126#356*, Schreiben des Eidgenössischen Justiz- und Polizeidepartements an das EMD, 28.5.1965. Zum Alarmausschuss und der Alarmorganisation vgl. Kapitel 6.1 und 6.2.

viel mehr tun, als die Bevölkerung wiederholt auf lediglich behelfsmäßige Schutzmaßnahmen hinzuweisen. Größere Probleme wie die Unterbringung von schwerverletzten Zivilpersonen in Spitälern oder die Identifizierung und Bestattung von Toten konnte die Zivilschutzbehörde noch nicht lösen.[46] Gemeinsam mit weiteren Bundesstellen setzte sich das Bundesamt für Zivilschutz in den folgenden Jahren unter anderem für den Aufbau eines umfassenden AC-Schutzdienstes sowie eines totalen Sanitätsdienstes ein.[47] Ziel dieser beiden Schutzdienste war es wiederum, die Kooperation der verschiedenen in diesen Bereichen tätigen zivilen und militärischen Instanzen zu gewährleisten.[48]

Das drastische, auf den gegnerischen Einsatz von Massenvernichtungswaffen ausgerichtete Bedrohungsszenario der Landesverteidigungsübung von 1963 verlangte dringend nach einem Ausbau von Organisations- und Schutzmaßnahmen, da das simulierte Chaos zahlreiche Koordinationsprobleme in der Zusammenarbeit zwischen militärischen und zivilen Gremien offengelegt hatte. Diese Koordinationslücken wurden im Zuge der Auswertung der Übung zu Koordinationsanforderungen umgedeutet und damit produktiv gemacht: Der Alarmausschuss für den Fall erhöhter Radioaktivität, der umfassende AC-Schutzdienst und der totale Sanitätsdienst stellen Beispiele für Institutionen des Bundes dar, welche aus den Arbeiten rund um die Landesverteidigungsübung hervorgingen und sich ab Mitte der 1960er Jahre entweder im Aufbau oder in Planung befanden. Die Übungsergebnisse halfen mit, die Notwendigkeit dieser Alarmorganisationen und Schutzdienste zu legitimieren. Dadurch erwiesen sich die Landesverteidigungsübungen als zentrale Antriebskräfte, welche den institutionellen Ausbau des Zivilschutzes sowie den Aufbau von gemeinsamen Institutionen von Militär und Zivilschutz im Rahmen der totalen Landesverteidigung vorantrieben.[49]

Von der Atomkriegsbedrohung zur subversiv geschürten Atomangst

Auf die von 1948 bis 1963 dauernden langen 1950er folgten in der Schweiz zwischen 1964 und 1974 die sich durch einen beschleunigten sozialen Wandel auszeichnenden bewegten 1960er Jahre.[50] Im Hinblick auf den Verlauf des

---

46   Vgl. CH-BAR#E4001D#1973/126#356*, Schlussbericht der Arbeitsgruppe des Eidgenössischen Justiz- und Polizeidepartements, 12.9.1963.

47   Zum umfassenden AC-Schutzdienst vgl. Kapitel 6.1 und 6.2. Zum totalen Sanitätsdienst vgl. Kapitel 7.3.

48   Vgl. CH-BAR#E4001D#1976/136#343*, Bedürfnisse von Armee und Bevölkerung: Mängel und Lücken, 23.6.1966, und Vernehmlassung für die Belange des Zivilschutzes, 29.9.1966.

49   Zum Ausbau des Zivilschutzes in den 1960er Jahren vgl. Meier/Meier 2010, bes. S. 218–222.

50   Vgl. König/Kreis/Meister/Romano 1998b, bes. S. 11–14. Vgl. zur Schweiz in den 1960er Jahren auch Kapitel 1, Fn. 53.

Kalten Krieges begann ab 1963/64 die Ära der Entspannungspolitik.[51] Sowohl auf der geopolitischen als auch auf der nationalen schweizerischen Ebene stehen die Jahre 1963/64 somit für einen beginnenden Umbruch. Die damit einhergehenden politischen und gesellschaftlichen Veränderungen spiegelten sich in zunehmendem Maße auch in der inhaltlichen Ausgestaltung der ab diesem Zeitpunkt durchgeführten Landesverteidigungsübungen wider.

Einem angestrebten Vierjahresrhythmus folgend, fand die dritte Landes-verteidigungsübung im Januar 1967 statt. Die imaginierte Übungsanlage be-inhaltete ein Novum, denn die Übung spielte nicht in der Gegenwart, sondern fünf Jahre in der Zukunft, also im Jahr 1972. Das in die Zukunft verlegte Szenario sollte die Teilnehmenden in die Lage versetzen, Änderungspotenziale für eine seit Mitte der 1960er Jahre angedachte Neukonzeption der Verteidigungs-organisation zu eruieren.[52] Die angestrebte Reorganisation berief sich dabei vordringlich auf Erfahrungen der Landesverteidigungsübungen von 1956 und 1963. Letztere hatten nämlich nicht nur in Teilbereichen wie dem Atomalarm, der Sanität und dem AC-Schutz, sondern auch auf der obersten Leitungsebene der totalen Landesverteidigung grundsätzliche Koordinationsprobleme auf-gezeigt.[53] Damit sich die Übungsleitung ein Bild darüber verschaffen konnte, wie die verschiedenen Bundesstellen die Zukunft der Landesverteidigung imaginierten, mussten die in die Übung involvierten Departemente und Ämter an der Ausarbeitung der Übungsanlage mitwirken und einen Fragebogen ausfüllen, auf dem sie Angaben zu möglichen künftigen Entwicklungen zu notieren hatten.[54] Diese Befragung war indessen weniger darauf ausgerichtet, neue Ideen zu generieren. Vielmehr sollte das vorhandene „archival-statistical knowledge" aktualisiert und basierend auf diesen Erkenntnissen abgeschätzt werden, wie sich der Stand der totalen Landesverteidigung in fünf Jahren präsentieren würde.

Bereits anlässlich der Landesverteidigungsübung 1963 als Desiderate er-kannt, listete das Bundesamt für Zivilschutz sowohl die Organisation des Strahlenalarms als auch die Schaffung eines koordinierten Sanitäts- und AC-Dienstes unter den immer noch offenen Problemen auf.[55] Die nur schleppende

---

51   Zur Entspannungspolitik im Kalten Krieg: Kieninger 2016. Zur Schweiz während der Detente: Bott/Schaufelbuehl 2017.

52   Vgl. CH-BAR#E4001D#1976/136#343*, Schreiben des EMD an die Mitglieder des Bundes-rates, 9.1.1967.

53   Vgl. Senn 1983, S. 103.

54   Vgl. CH-BAR#E4390C#1977/164#862*, Schreiben von G. Däniker an die Vertreter der Departemente, 15.2.1966, und Fragebogen betr. die Unterlagenbeschaffung, 25.1.1966.

55   Vgl. ebd., Schreiben des Chefs der Sektion Ausbildung und Kurswesen an Vizedirektor Roulier, 2.3.1966, Schreiben des Chefs der Sektion Schutzorganisationen an Vizedirektor

Umsetzung der Postulate der totalen Landesverteidigung betraf indessen
nicht nur die atomaren Schutzmaßnahmen, sondern stellte in den 1960er und
1970er Jahren ein generelles Problem dar. So hielt etwa die Arbeitsgruppe des
Justiz- und Polizeidepartements in ihrem Schlussbericht fest, es habe sich „erneut gezeigt, dass noch viele Fragen ungeklärt sind" und „der Stand der Vorbereitungen auf einzelnen Gebieten heute der gleiche [ist] wie 1963 anlässlich
der letzten Landesverteidigungsübung".[56] Vier Jahre später, anlässlich der
nächsten Landesverteidigungsübung im Jahr 1971, teilten Experten von außerhalb der Bundesverwaltung diese Einschätzung, indem sie feststellten, „dass
gewisse Probleme sich 1971 in fast genau gleicher Form wieder stellten wie an
den vorangegangenen Uebungen von 1967 oder 1963."[57]

Inhaltlich brachte die Landesverteidigungsübung von 1967 keine wesentlichen Neuerungen; wiederum sah das imaginierte Bedrohungsszenario einen
globalen Atomkrieg mit Auswirkungen auf die Schweiz vor.[58] Allerdings kam
dem Bevölkerungsschutz noch mehr Gewicht zu als in der vorangegangenen
Übung, was seitens des Bundesamtes für Zivilschutz mit Befriedigung zur
Kenntnis genommen wurde. Jedenfalls erklärte dessen Direktor Walter König
in seinem Bericht: „Die Bedeutung, welche dem Schutz der Zivilbevölkerung
durch die Gestaltung des Spiels der Übung beigemessen wurde, ist als ein
ausserordentlich positives Novum zu bezeichnen."[59] Laut der Übungsanlage
hatte eine atomare Bombardierung mehrerer mittelgroßer Schweizer Städte
stattgefunden, wobei in den von den Kampfhandlungen betroffenen Gebieten
eine große Zahl Toter und Strahlenkranker zu verzeichnen gewesen war.[60]
Hinsichtlich dieses nuklearen Bedrohungsszenarios machte die Übung – hier
waren sich Übungsleitung und Übungsteilnehmer absolut einig – unmissver-
ständlich deutlich, wie stark lückenhaft die Vorbereitung auf einen künftigen
Atomkrieg immer noch war, und als wie dringend notwendig sich ein weiterer
Ausbau des Zivilschutzes erwies. Das Überleben der Bevölkerung – so betonte
Übungsleiter Generalstabschef Paul Gygli anlässlich der Schlussbesprechung –
sei „unter Umständen nur mit grossen Verlusten und schweren Schäden zu

Roulier, 2.3.1966, und Schreiben des Direktors des Bundeamtes für Zivilschutz an das
Eidg. Justiz- und Polizeidepartement, 8.3.1966.

56   CH-BAR#E4001D#1976/136#343*, Bericht der Arbeitsgruppe des Eidgenössischen Justiz-
und Polizeidepartements, 14.4.1967.

57   CH-BAR#E5560D#2003/31#193*, Bericht des Generalstabschefs, August 1971.

58   Vgl. CH-BAR#E4001D#1976/136#343*, Zusammenfassende Darstellung der Entwicklung
der allgemeinen Lage, ohne Datum.

59   Ebd., Schreiben von W. König an O. Schürch, 14.4.1967.

60   Vgl. ebd., Zusammenfassende Darstellung der Entwicklung der allgemeinen Lage, ohne
Datum; CH-BAR#5560D#1996/188#2925*, Übungsbesprechung des Gst. Chefs, 14.1.1967.

erkaufen", da die Atomexplosionen „trotz planmässiger Sicherheitsmassnahmen und Rettungsaktionen die Bevölkerung schwer getroffen" hätten. Gygli schloss daraus, dass angesichts eines künftigen Atomkrieges vor allem der Katastrophenhilfe „eine ausserordentliche Bedeutung" zukomme: „Die Katastrophenhilfe kann wichtiger werden als die Vorbereitung der Verteidigung gegenüber terrestrischen Angriffen, insbesondere wenn der Angreifer noch weit von unserer Landesgrenze entfernt ist."[61]

Auch der Chef der sogenannten „Expertengruppe Bevölkerung" zeichnete im Hinblick auf den Bevölkerungsschutz ein düsteres Bild. Der „totale Krieg" treffe „die Zivilbevölkerung in fast jeder Hinsicht stärker [...] und ungeschützter" als die Armee:

> Ob und in welchem Umfang im Januar 1972 der Zivilschutz dieser Gefahr begegnen kann, bleibt offen. Stellt man auf die heute vorhandenen Mittel ab, so ist ein fast völliges Ungenügen zu konstatieren. Die Gruppe ist der Meinung, dass alles unternommen werden muss, um diese schlimme Lage zu verbessern. Sie ist überzeugt, dass die nötige personelle, materielle und organisatorische Verstärkung nur durchgeführt werden kann, wenn dafür auch die psychologischen Voraussetzungen geschaffen werden.[62]

Dieses Votum ist insofern bemerkenswert, als es die Verbesserung und Wirksamkeit des Zivilschutzes an die mentale Befindlichkeit der Bevölkerung knüpfte. Damit wurde indirekt auf einen Wandel in der Übungsanlage von 1967 verwiesen, der bereits 1963 eingesetzt hatte, jedoch erst in der Landesverteidigungsübung von 1971 vollends zum Ausdruck gelangen sollte: die Wahrnehmung der Bedrohung des Kalten Krieges als primär innenpolitisches Problem, als ein Problem des ‚Feindes im Innern‘.[63]

Der Wandel hin zu dieser neuen Feindbildkonstruktion vollzog sich nicht abrupt; wie die Analyse der Bedrohungsszenarien der Landesverteidigungsübungen zeigt, handelte es sich vielmehr um eine graduelle Verschiebung, die ab 1963 einsetzte, als die Bedrohung aus dem ‚Osten‘ durch die einsetzende Detente zunehmend an Plausibilität verlor.[64] Folglich sind die Ereignisse des Protestsommers von 1968 nicht ursächlich für diesen Wandel verantwortlich und sollten insofern in ihrer Bedeutung nicht überschätzt werden, wiewohl sie

---

61   CH-BAR#5560D#1996/188#2925*, Übungsbesprechung des Gst. Chefs, 14.1.1967.
62   Ebd., Schreiben von Oberstbrigadier Prisi an Direktor König, 21.3.1967.
63   Zu diesem Wandel der Bedrohungsproblematik vgl. u. a. Haltiner 2011, S. 42 f.; Kreis 1993, S. 257–293 und S. 385–485.
64   Vgl. Imhof/Ettinger/Kraft/Meier von Bock/Schätti 2000, S. 15 f.

die bereits bestehende Imagination des ,inneren Feindes' weiter verstärkten.[65] Durch dieses veränderte, nach innen gerichtete Bedrohungsbild und die Tatsache, dass eine eigene Atombewaffnung praktisch nicht mehr zur Diskussion stand, verschob sich der Schwerpunkt der Übung Anfang der 1970er Jahre abermals weiter weg vom Militär in Richtung Zivil- und Staatsschutz.

Gemäß der Übungsanlage der vierten Landesverteidigungsübung vom Januar 1971 hatte die Schweiz zwar ebenfalls schwere Zerstörungen aufgrund von Atomwaffeneinsätzen hinzunehmen. Dominiert war das entworfene Bedrohungsbild aber von angezettelten Streiks, hinterhältigen Sabotageakten und Bombenanschlägen, die wichtige Infrastruktur- und Industriezweige lahmlegten. Weitere Gefahren gingen von erfolgreicher kommunistischer und sowjetischer Unterwanderung und Propaganda sowie von subversiven Aktionen pazifistischer, revolutionärer und sonstiger ,linksgerichteter' Organisationen aus, die bei ihren Taten häufig von ,Fremdarbeitern' unterstützt wurden. Aktuelle gesellschaftliche Ereignisse und Konflikte wie die stark polarisierende Überfremdungsdiskussion,[66] die gewalttätigen Jugend- und Studentenunruhen des Frühsommers 1968[67] sowie die zunehmende Wehrdienstverweigerung[68] fanden in jeweils stark aggravierter Form ebenfalls Eingang in die ausgedachte Übungsanlage.[69] Diese Bedrohungsvorstellungen verdeutlichen, dass die für die Landesverteidigung zuständigen Instanzen das psychologische Fundament der militärischen und zivilen Landesverteidigung – die Geistige Landesverteidigung – in Gefahr sahen. Diese neue Bedrohungsform dürfe auf keinen Fall unterschätzt werden, wie Generalstabschef Paul Gygli, Leiter der Übung von 1971, betonte:

> Der subversive Krieg mit eindeutig politischer Zielsetzung ist nicht nur in den grösseren Städten und an einigen Schulen in vollem Gang. Es muss uns gelingen, unsere demokratischen Einrichtungen und die geistigen Werte, die sie beinhalten, glaubwürdig und lebendig zu erhalten, um so der subversiven Kriegsführung den Boden zu entziehen. [...] Unser Widerstandswille hängt in hohem Masse vom Wert und von der Tätigkeit der Presse, des Radios und des Fernsehens wie auch der Lehrerschaft und anderer ziviler Kreise ab.[70]

---

65 Zu „1968" in der Schweiz: Skenderovic/Späti 2012; Schaufelbuehl 2009; Linke/Scharloth 2008; Hebeisen/Joris/Zimmermann 2008.

66 Zum Überfremdungsdiskurs: Skenderovic/D'Amato 2008; Buomberger 2004; Romano 1999; Tanner 1994.

67 Zur Problematisierung der Jugend in der Schweiz der Nachkriegszeit: Bühler 2018.

68 Vgl. Degen 2009, S. 99. Dazu auch: Schweizer 2017.

69 Vgl. CH-BAR#E5001G#1982/121#2184*, Zusammenfassende Darstellung der Entwicklung der allgemeinen Lage, 20.12.1970.

70 CH-BAR#E5560D#2003/31#193*, Bericht des Generalstabschefs, August 1971. Zur Wirkmächtigkeit des Kalten Krieges in Schweizer Schulen: Ritzer 2015.

Auch die atomare Bedrohung manifestierte sich nun in erster Linie in Form sowjetischer Propaganda und kommunistischer Subversion. Die Übungsanlage hielt fest, dass die sowjetischen Truppen kurz vor der Schweizer Grenze stehen würden und die Unsicherheit in der Bevölkerung anhalte, „vor allem weil sowjetische Radiosender mit einer Grosskampagne auf die öffentliche Meinung einzuwirken trachten. ‚Atompanik‘, Aufrufe zur Aufgabe jeglichen Widerstandes und zu Gewaltverzicht sowie Desertionen sind die Folge dieser Beeinflussungsversuche."[71] Die missliche Lage spitzte sich gemäß der Übungsanlage nach dem sowjetischen Angriff auf die Schweiz weiter zu – und zwar insbesondere deshalb, weil sich nicht alle Bevölkerungsteile kampfbereit zeigten: „In den grösseren Städten versuchen kommunistische Sympathisanten den Widerstandswillen von Volk und Armee durch Schürung der ‚Atomangst‘ zu untergraben."[72] Eine gleichermaßen reaktionäre, militaristische und ideologisierte Haltung, wie sie in der Übungsanlage der Landesverteidigungsübung von 1971 zum Ausdruck kam, repräsentierte auch das sogenannte Zivilverteidigungsbüchlein, eine 1969 schweizweit in jeden Haushalt verteilte Propagandabroschüre, welche die Bevölkerung unter anderem für die Gefahren einer feindlichen, sprich sowjetischen Infiltration sensibilisieren wollte. Die Publikation dieses Büchleins stieß allerdings insbesondere bei (‚linken‘) Intellektuellen auf massive Kritik.[73] Dies ist ein Hinweis dafür, dass die identitätsstiftende Kraft von nationalen Symbolen wie der Milizarmee und der Wehrbereitschaft in den bewegten 1960er Jahren ins Wanken geraten war.[74]

Die behördliche Angst vor feindlicher psychologischer Kriegsführung, kommunistischer Unterwanderung und ‚Linksterrorismus‘ führte Anfang der 1970er Jahre zu einer weiteren Aufwertung des Zivil- und des Staatsschutzes unter der neuen Strategie einer umfassenden Sicherheit. Letztere fand ihren Niederschlag im 1973 veröffentlichten Bericht des Bundesrates über die Sicherheitspolitik der Schweiz.[75] Ähnlich wie in anderen westlichen Industrieländern, so beispielsweise der Bundesrepublik Deutschland, begann sich ab diesem Zeitpunkt somit auch in der Schweiz ein erweiterter Sicherheitsbegriff – der neben der äußeren namentlich die innere und später auch die ökonomische Sicherheit miteinschloss – zu etablieren.[76] Insbesondere

---

71 CH-BAR#E5001G#1982/121#2184*, Zusammenfassende Darstellung der Entwicklung der allgemeinen Lage, 20.12.1970.

72 Ebd.

73 Zum Zivilverteidigungsbüchlein: Löffler 2004; Höchner 2004.

74 Vgl. Tanner 1997, S. 337–340.

75 Vgl. Bundesrat 1973.

76 Zu diesem Phänomen vgl. Conze 2005, bes. S. 374 f. Zum erweiterten Verständnis von Sicherheit vgl. Kapitel 1, Fn. 24.

politikwissenschaftlich orientierte Studien beschreiben diese Akzentver-
schiebung von der militärisch dominierten Landesverteidigung zu einer um-
fassenderen Sicherheitspolitik häufig als eine Art Fortschrittsgeschichte hin
zu mehr nationaler und öffentlicher Sicherheit.[77] Wenig reflektiert wird dabei,
dass damit auch eine permanente Ausweitung von Bedrohungspotenzialen
einherging, welche die Inklusions- und Exklusionslinien von Gesellschaften
(neu) definierten. Diese Trennlinien wurden, wie der nächste Abschnitt zeigt,
auch in den schweizerischen Landesverteidigungsübungen gezogen.

Totale Landesverteidigung zwischen nationaler In- und Exklusion

Die Übungsanlagen der Landesverteidigungsübungen sollten immer detail-
liertere und umfassendere, sprich insgesamt komplexere Übungssituationen
vermitteln. Diese Komplexitätssteigerung in den Übungsanlagen deckte
sich mit der Wahrnehmung einer ebenfalls zunehmenden Komplexität des
modernen Kriegsbildes und seiner Bedrohungsformen.[78] In der Zunahme
der Detailliertheit, der Vielschichtigkeit und der Anzahl der zu fällenden
Entscheidungen liegt gemäß dem Soziologen Stefan Kaufmann das „Kern-
problem" der taktischen Kriegsspiele, deren Modellierung er mit der Begriff-
lichkeit des Medienwissenschaftlers Claus Pias als „konfigurationskritisch"
bezeichnet.[79] Eine Antwort auf die wahrgenommene wachsende Komplexität
des totalen Krieges bildete die Ausweitung des Teilnehmerkreises. Eine beständig wachsende Anzahl von Übungsteilnehmern aus unterschiedlichsten
Gesellschaftsbereichen hatte anlässlich der Landesverteidigungsübungen
eine stets größere Sammlung von miteinander verknüpften Verteidigungs-
problemen durchzuspielen.

Als Übungsleiter wirkte jeweils der Generalstabschef. Dieser wurde von
einem militärischen Vorbereitungsstab sowie von den Chefs der verschiedenen
an der Übung partizipierenden Gruppen – unter anderem die Departemente der Bundesverwaltung, die Armee und die Kantone – unterstützt. Der
Übungsleiter, der Stab und die Gruppenchefs bildeten zusammen die Übungsleitung und zeichneten gemeinsam für die Ausarbeitung der Übungsanlage
verantwortlich. Bei Bedarf zog der Übungsleiter weitere Spezialisten hinzu,
für die Übung 1963 beispielsweise ABC-Fachmänner. In der Übungsleitung
arbeiteten also von Anfang an auch Vertreter aus dem Zivilbereich mit, 1971

---

77   Vgl. für die Schweiz die bereits zitierten Studien von Breitenmoser 2002; Spillmann/
     Wenger/Breitenmoser/Gerber 2001; Däniker/Spillmann 1992; Senn 1983.
78   Vgl. bspw. CH-BAR#E4001D#1976/136#343*, Schreiben des Vorsitzenden des Stabs für
     Gesamtverteidigung an den Generalstabschef, 31.3.1971.
79   Kaufmann 2006, S. 122. Vgl. auch Pias 2010, S. 196.

hielt sich das Verhältnis zwischen militärischen und zivilen Mitgliedern in der Übungsleitung ungefähr die Waage.[80]

Dem Postulat der totalen Landesverteidigung entsprechend, rekrutierten sich die Übungsteilnehmer sowohl aus dem militärischen Kader als auch aus hohen Verwaltungsbeamten und Fachleuten aus der Bevölkerung. Der Anteil der Verwaltungsbeamten und insbesondere derjenige der Zivilpersonen stieg dabei von Übung zu Übung kontinuierlich an. Schließlich waren alle als wichtig erachteten Bevölkerungskreise an den Landesverteidigungsübungen beteiligt, sodass die Übungsteilnehmer aus Sicht der Übungsleitung ein repräsentatives Abbild der Gesamtbevölkerung darstellten.

Als Übungsteilnehmer fungierten Vertreter der Bundesverwaltung, der Armee und manchmal auch der Kantone. Teilweise kam den Kantonsvertretern sowie vor allem den sogenannten Experten – Fachleuten aus der Zivilbevölkerung – ein Sonderstatus zu, indem sie als eine Art Berater oder Kritiker der Übungsleitung in Erscheinung traten. Von Beginn an nahmen Exponenten wichtiger Wirtschaftsbranchen, namentlich der Industrie, des Handels, der Landwirtschaft und des Bankwesens, an den Übungen teil.[81] Ähnliches galt für Funktionäre öffentlicher Betriebe wie der Schweizerischen Bundesbahnen, der schweizerischen Post, des Schweizer Radios und Fernsehens sowie der nationalen Fluggesellschaft „Swissair", deren Infrastrukturen im Kriegsfall in den Dienst der totalen Landesverteidigung gestellt werden sollten.[82] Später wirkten ebenso Vertreter der Arbeitgeber- und Arbeitnehmerverbände, Behördenmitglieder aller föderalistischen Ebenen – zunächst nur kantonale, mit den Stadtpräsidenten vier großer Schweizer Städte dann auch kommunale Amtsträger – sowie Parlamentsmitglieder an den Übungen mit.[83] Schließlich wurden auch Wissenschaftler sowie Vertreter verschiedener Berufsgruppen aus sämtlichen Landesteilen in die Übung integriert, wobei sich unter letzteren einige wenige Frauen befanden.[84] Über den Einbezug

---

80 Vgl. CH-BAR#E4001D#1973/126#353*, Note relative à la conférence concernant l'exercice de défense nationale, 17.6.1955; CH-BAR#E4001D#1973/126#356*, Rapport du chef de l'état-major général, 3.12.1964; CH-BAR#E5560D#2003/31#193*, Bericht des Generalstabschefs, August 1971.

81 Vgl. CH-BAR#E4001D#1973/126#353*, Antrag des EMD, 1.6.1955.

82 Vgl. ebd., Rapport sur l'exercice de défense nationale, 28.2.1956.

83 Vgl. CH-BAR#E4001D#1973/126#356*, Rapport du chef de l'état-major général, 3.12.1964; CH-BAR#E5560D#2003/31#193*, Bericht des Generalstabschefs, August 1971.

84 Vgl. CH-BAR#E5560D#2003/31#193*, Bericht des Generalstabschefs, August 1971. Der späte und schwache Einbezug von Frauen ist ein Hinweis darauf, dass die schweizerische Landesverteidigung während des Kalten Krieges auf ein androzentrisches Identitätsbild von Milizarmee und männlicher Bevölkerung rekurrierte, welches die Hälfte der Bevölkerung ausschloss. Vgl. dazu Tanner 1997.

der zivilen Experten entstand jeweils ein Bericht, in welchem deren Eindrücke zur Übung sowie die von ihnen formulierten Verbesserungsvorschläge festgehalten wurden.[85] Die Gesamtanzahl aller an der Übung mitwirkenden Personen – Dienste, Kanzleien und Hilfspersonal inklusive – stieg im Jahr 1971 auf 680 Personen an.[86] Während im Verhältnis zwischen den Teilnehmern aus dem militärischen und dem zivilen Bereich 1956 noch ein relativ großes Ungleichgewicht zugunsten des Militärs konstatiert wurde,[87] stammten in der Übung 1971 knapp 60 Prozent aller Teilnehmenden aus dem Zivilbereich.[88] Wie die bereits erwähnte Ausrichtung der Bedrohungsszenarien auf den Bevölkerungsschutz und den ‚Feind im Innern' verweisen auch die Erweiterung des zivilen Teilnehmerkreises sowie die Zusammensetzung der Übungsleitung auf die bereits konstatierte Verschiebung hin zu einer Aufwertung des Zivilen gegenüber dem Militärischen.[89]

Die Mitwirkung zahlreicher Bevölkerungskreise an den Landesverteidigungsübungen verfolgte das politische Ziel, die Idee der totalen Verteidigung in möglichst viele Gesellschaftsbereiche hineinzutragen.[90] Anhand einer als repräsentativ erachteten Auswahl ziviler Experten versuchten die Behörden – so Generalstabschef Jakob Annasohn im Schlussbericht zur Übung 1963 – „den Puls der öffentlichen Meinung zu fühlen" und noch besser darüber Kenntnis zu erlangen, „ob die Massnahmen der Behörden von der Nation akzeptiert werden und was die Nation von den politischen Behörden und der Führung der Armee in solchen Umständen erwartet."[91] Die Teilnehmer aus der Zivilbevölkerung fungierten somit als Gradmesser für die Befindlichkeit der Nation, welche es in die totale Landesverteidigung einzubinden galt. Wohlgemerkt, zur Nation zählte nicht die ganze Bevölkerung. Wo sich die Grenze zwischen Zugehörigkeit und Ausschluss befand, konnte Generalstabschef Paul Gygli, der Leiter der Übung von 1971, eindeutig benennen. So meinte er zwar, dass „[e]ine stärkere Vertretung der Frauen angezeigt" sei, um sogleich anzufügen, dass es sich aber um „für bestimmte Aufgaben qualifizierte Frauen" handeln müsse, „weil sonst einfach die Anzahl der Experten übermässig ansteigen würde." Nicht infrage käme indessen, „Teilnehmer mitwirken zu

85   Vgl. bspw. CH-BAR#E4001D#1973/126#353*, Notiz über die Mitwirkung der Experten an der Landesverteidigungsübung 1956, 13.1.1956.

86   Vgl. CH-BAR#E5560D#2003/31#193*, Bericht des Generalstabschefs, August 1971.

87   Vgl. CH-BAR#E4001D#1973/126#353*, Rapport sur l'exercice de défense nationale, 28.2.1956.

88   Vgl. CH-BAR#E5560D#2003/31#193*, Bericht des Generalstabschefs, August 1971.

89   Vgl. dazu auch CH-BAR#E5680A#1981/40#68*, Bereitschaft für die Landesverteidigung, 15.1.1971.

90   Vgl. dazu auch Degen 2009, S. 94; Guttmann 2013, S. 66 f.

91   CH-BAR#E4001D#1973/126#356*, Rapport du chef de l'état-major général, 3.12.1964.

lassen, die noch weiter links stehen als Angehörige der Regierungsparteien",
weil dies die Gefahr mit sich bringe, „dass die Probleme nicht sachlich behandelt, sondern zerredet werden und dass Einblick in Zusammenhänge ge-
währt würde, der nachher missbraucht werden könnte." Ferner verhalte es
sich so, „dass die Beurteilung von Massnahmen durch eine repräsentative
Gruppe junger Leute nur dann sinnvoll wäre, wenn sich diese Leute ein Urteil
auf Grund ausreichender Kenntnisse schaffen könnten."[92] Frauen, junge Er-
wachsene und insbesondere ‚Linke' wurden somit nur unter Vorbehalten
für die Landesverteidigungsübungen zugelassen. Erwünscht waren lediglich
konformistische und systemtreue Teilnehmende, welche den schweizerischen
Kalte-Krieg-Konsens fraglos teilten. Dieser strikt regulierte Teilnehmerkreis
zeigt, wer behördlicherseits zur nationalen Gemeinschaft gezählt und wer
daraus ausgeschlossen wurde. Um die als gesinnungsnah erachteten Übungs-
teilnehmenden mit den Herausforderungen der totalen Landesverteidigung
vertraut zu machen, wurden – wie im Folgenden gezeigt wird – zunehmend
aufwändiger gestaltete Übungsanlagen entworfen, welche den Spielcharakter
der Übungen und damit die Grenzen zwischen Imagination und Wirklichkeit
immer mehr zum Verschwinden brachten.

Vom imaginären Spiel zum (allzu) ‚realen' Szenario

Den Übungsanlagen lag mit jeder Landesverteidigungsübung ein höherer Anspruch auf Realitätsnähe zugrunde. Anlässlich der Übung von 1956 betonte
Generalstabschef Louis de Montmollin noch, es sei vor allem „dank der Ein-
bildungskraft" möglich gewesen, sich den Atomkrieg überhaupt vorstellen zu
können, das heißt, es war unbestritten, dass die Übung ein Spiel und keineswegs ein Abbild der Realität darstellte.[93] Demgegenüber hieß es 1963 in einem
offiziellen Schreiben, diese Landesverteidigungsübung werde „auf den tatsächlichen Verhältnissen und Gegebenheiten in der Schweiz basieren" und
„Suppositionen nur soweit enthalten, als es der Uebungszweck erfordert", um
zu vermeiden, „dass die bei solchen und ähnlichen Uebungen üblichen ‚hätte',
‚wenn' und ‚aber' vorkommen."[94] Bei der in der Zukunft spielenden Übung
von 1967 ging es zwar darum, ein Zukunftsbild zu entwerfen, doch auch diese
Aufgabe war darauf angelegt, eine möglichst realitätsnahe Einschätzung der
zukünftigen Lage zu ermöglichen.[95] Es handelte sich also keineswegs um

---

92   CH-BAR#E5560D#2003/31#193*, Bericht des Generalstabschefs, August 1971.
93   CH-BAR#E5560C#1975/46#2917*, Chef EMG, ohne Datum.
94   CH-BAR#E4001D#1973/126#356*, Schreiben des Stabschefs der Landesverteidigungs-
     übung 1963 an die Vertreter der Departemente und der Bundeskanzlei, 3.1.1963.
95   Vgl. CH-BAR#E4390C#1977/164#862*, Schreiben von G. Däniker an die Vertreter der
     Departemente in der Übungsleitung, 15.2.1966, und Fragebogen betr. die Unterlagen-
     beschaffung, 25.1.1966.

ein „Gedankenexperiment", das darauf abzielte, „mentale Abwehrlinien zu durchbrechen" oder „produktiv mit Nicht-Wissen umzugehen", wie dies – so Claus Pias – beispielsweise bei den bekannten Atomkrieg-Simulationen des US-Amerikaners Herman Kahn der Fall war.[96] Die schweizerischen Landesverteidiger verfolgten vielmehr die gegenteilige Strategie: Im Gegensatz zu Kahn wollten sie den genuinen Spielcharakter der Landesverteidigungsübungen möglichst unterminieren. Diese Tendenz erreichte 1971 ihren Höhepunkt, als die Übungsanlage aufgrund ihrer realitätsnahen Darstellung potenziell nicht mehr als Simulation erkennbar war.

Die diese Landesverteidigungsübung dominierenden, bereits erwähnten innenpolitischen Auseinandersetzungen und Konflikte wurden in der Übungsanlage vor allem mittels erfundener Presseerzeugnisse transportiert. Als Sprachrohr der Bevölkerung fungierte in der Übung die Zeitung „Der Überblick. Unabhängige Tageszeitung für die Schweiz" (Abb. 13). Diese Publikation stellte eine Imitation des seit 1959 bestehenden Boulevardmediums „Blick. Unabhängige Schweizer Tageszeitung" dar und arbeitete, dem Boulevardstil entsprechend, insbesondere mit einschlägigem Bildmaterial. So zierte die Fotomontage eines Bombenanschlags auf das Bundeshaus in Bern die Titelseite, während auf der nächsten Seite drei junge Frauen mit nacktem Oberkörper abgebildet waren, die an einer Friedensdemonstration in Basel ein Banner mit dem Slogan „Make Love – Not War" hochhielten. Eine weitere Seite zeigte ein Bild von österreichischen und italienischen Flüchtlingen, die sich zu Fuß mit voll beladenen Schubkarren „[a]uf der Flucht vor den Russen" befanden, wie die Bildlegende ausführte. In der Rubrik „Das Überblick-Interview zum Tage" kamen – personalisiert über Portraitfoto, Name, Alter, Beruf und Herkunftsort – verschiedene Leserinnen und Leser zu Wort. Sie hatten die Frage zu beantworten, ob die Schweiz diese Flüchtlinge aufnehmen solle oder ob „das ‚Boot' schon wieder ‚voll'" sei.[97]

Für die Übung wurde auch eine linksradikale Gruppierung mit dem Namen „Revolutionäre Freiheitsfront", kurz RFF, erfunden. In einer angeblich von der RFF herausgegebenen Zeitung war zu lesen, diese habe „ein fortschrittliches Reformprogramm" entworfen, „dessen kompromisslose Durchführung die letzte Chance für die Rettung der Freiheit der Schweiz" darstelle (Abb. 14). Hauptsächliche Forderungen der RFF waren: „Politische Gleichberechtigung für die Fremdarbeiter, Verzicht auf Polizeieinsätze bei Demonstrationen, Verbot rechtsextremer Harste, [s]ofortige Neuwahl des eidgenössischen Parlamentes".

---

96   Pias 2009, S. 179. Zu Herman Kahns Nuklearkriegsszenarien auch: Ghamari-Tabrizi 2005; Horn 2004; Ghamari-Tabrizi 2000.

97   CH-BAR#E4390C#1977/164#862*, Der Überblick: Unabhängige Tageszeitung für die Schweiz, 17. Jg., Nr. 99, 27.4.1971.

Selbstbewusst verkündigte sie, ihre Mitgliederzahl nehme ständig zu, und ihr hätten sich bereits zahlreiche prominente Vertreterinnen und Vertreter aus Parteien, Verbänden und Gewerkschaften angeschlossen. In derselben Publikation rief die RFF zudem zu einer Großdemonstration „Gegen Militarismus und Autoritätsstaat“ in Zürich auf, an deren Schlusskundgebung ein Nationalrat C. Baschung, ein gewisser Sokrates Kynokephalos, ein gewisser José Rioja und ein angehender Soziologe namens Pierre Michel sprechen sollten. Darüber hinaus waren in der Zeitung ein „Manifest der Fremdarbeiter“ sowie eine Todesanzeige für zwei von der Polizei in Luzern und in Genf während einer Demonstration erschossene Jugendliche abgedruckt.[98]

Neben dieser linksradikalen Organisation wurden auch zivilgesellschaftliche Gruppierungen imaginiert, die eher dem bürgerlich-konservativen politischen Lager entstammten. So enthielt die Übungsanlage auch ein Flugblatt einer „Helvetischen Widerstandsbewegung“, die unter der Führung ihres Präsidenten, eines Nationalrates Wilhelm Schweizer, für einen Beitritt der Schweiz zur NATO warb, „um Hand in Hand mit unseren wahren Freunden im Westen gegen die rote Invasion“ zu kämpfen (Abb. 15).[99] Die „Aktion Neutralität und Tradition“ wiederum wollte, wie sie in einer Flugschrift verkündete, die Neutralität mit allen Mitteln aufrecht erhalten, denn „[e]in Bündnis mit der NATO ist Kapitulation“ (Abb. 16).[100]

Wie diese Beispiele aufzeigen, referierten die entworfenen Presseerzeugnisse einerseits auf nationale Mythen und symbolträchtige Metaphern. Der Name Wilhelm Schweizer spielte auf den urschweizerischen Nationalhelden Wilhelm Tell an, die „Helvetische Widerstandsbewegung“ und die „Aktion Neutralität und Tradition“ zudem auf die schweizerischen Mythen der Wehrhaftigkeit und der Neutralität (wenn hier auch mit unterschiedlicher Auslegung). Die Metapher des vollen Bootes wiederum rekurrierte, durchaus ambivalent, sowohl auf die umstrittene Flüchtlingspolitik im Zweiten Weltkrieg als auch auf das Selbstbild der humanitären Tradition der Schweiz. Andererseits verwiesen die erfundenen, auf Abwehr und Unabhängigkeit ausgerichteten Gruppierungen vermutlich auf existierende Institutionen wie die private Kulturorganisation „Pro Helvetia“ oder die überparteiliche Vereinigung „Neue Helvetische Gesellschaft“, die sowohl während des Zweiten Weltkrieges als auch während des Kalten Krieges im Bereich der Geistigen

---

98   Ebd., Die letzte Chance: Organ der RFF für alle Schweizer guten Willens, ohne Datum.

99   Ebd., Flugblatt der Helvetischen Widerstandsbewegung mit dem Titel „Es ist höchste Zeit!“, 12.5.1971.

100 Ebd., Flugblatt der Aktion Neutralität und Tradition mit dem Titel Wollt Ihr unbedingt den Krieg?, ohne Datum.

DER UEBERBLICK

Nur für dienstlichen Gebrauch

9007

Unabhängige Tageszeitung für die Schweiz

Herausgeber: Zeitungs-AG, 8037 Zürich
Redaktion: Beustweg 13, 8007 Zürich
Annoncenteil: Publicitas AG, 8001 Zürich

Einzelnummer 50 Rappen

17. Jahrgang, Nr. 99
Zürich, 27. April 1971

Sowjetischer Durchmarsch durch Oesterreich

Einwilligung der Bundesregierung

Wien (ap) Die Gerüchte, wonach die Sowjetunion von der Bundesrepublik Oesterreich ein Durchmarschrecht durch die Steiermark und Kärnten gefordert habe, finden ihre dramatische Bestätigung. Der österreichische Staatspräsident hat heute in einer Radioansprache seinem Volke von der russischen Forderung Kenntnis gegeben und zugleich mitgeteilt, dass die Bundesregierung nach langen Beratungen dem Begehren stattgegeben habe, um dem Lande die Schrecken eines Krieges zu ersparen. Das Durchmarschrecht für die Rote Armee ist auf die Steiermark und Kärnten begrenzt; Wien soll von den durchziehenden Truppen nicht betreten werden. Ferner soll der Durchmarsch in zehn Tagen beendigt sein.

Der Staatspräsident ermahnte sein Volk, ruhig Blut zu bewahren und sich im Verkehr mit den Russen einer korrekten Haltung zu befleissen. Wie man vernimmt, sind die Truppen des Bundesheeres zur Deckung der Hauptstadt nach Wien beordert worden.

Tito sagt Nein

Belgrad (Reuter) Am Abend des 26. April hat der jugoslawische Staatschef Tito über Radio und Fernsehen die Erklärung abgegeben, dass die Sowjetunion auch von Jugoslawien die Niederäumung eines befristeten Durchmarschrechts für Italien verlangt habe. Er gab zugleich bekannt, die Regierung habe dieses Ansinnen entschieden zurückgewiesen und keinen Zweifel darüber offengelassen, dass die Armee fremden Streitkräften den Durchmarsch streitig machen werde. Tito richtete einen Appell an Volk und Armee, einem ins Land eindringenden Feind heldenmütigen Widerstand zu leisten und ihm nötigenfalls auch nach einer Besetzung des Landes einen Kleinkrieg zu liefern wie in den Jahren 1941 bis 1945. Die Armee ist in höchste Alarmbereitschaft versetzt worden.

Die Manöver der Warschaupakt-Truppen

Abbruch an den Grenzen Oesterreichs und Jugoslawiens

Nach dem Osten verlegt?

Berlin, AP. Ueber die seit anfangs dieses Monats sich abspielenden grossen Gesamtmanöver der Warschaupakt-Staaten drangen bis vor kurzem nur wenig Nachrichten an die Oeffentlichkeit durch. Eine strenge Ueberwachung der Truppenbewegungen und mögliche Umgehung der grossen Agglomerationen dürften, nebst der üblichen Abschirmung des Gebietes gegen den unverdächtigten Einblick westlicher Zeugen, dafür die Hauptgründe darstellen. Wie hingegen eine seitens der Beruhigungspille für die erzdeutsche Bevölkerung gedachte klisierte Mitteilung aus dem Pankow erkennen machte, sind zum mindesten an diesen Manövern keine DDR-Truppen beteiligt. Das hat in Kreisen politischer Beobachter in Berlin zu den verschiedensten Vermutungen Anlass gegeben. Die Indessen nunmehr doch durchgesickert ist, dass die Uebungsgelände grosse Teile der Tschechoslowakei, Ungarns und sogar Rumäniens umfasst, dürften diesen Abschlachtheit die Truppen Pankows eine praktisch-organisatorische denn militärpolitische Ueberlegungen zugrunde liegen. Diese Interpretation ist nun österreichischen Korrespondenten zum mindesten indirekt mit dem Hinweis bestätigt worden, dass sich die Sowjetunion in keiner Weise den Anschein geben wolle,

Der Bombenanschlag im Bundeshaus

Schwere Brand- und Wasserschäden

Der Bombenanschlag hat im Nationalmuseum und im Ostflügel des Bundeshauses grosse Brand- und Wasserschäden bewirkt.

die Manöver ständen in irgendeinem Zusammenhang mit den gegenwärtigen politischen Spannungen in Mitteleuropa.

Es war nur Tarnung

Wien, spl. Nach Angaben von österreichischen Gewährsleuten, die Ende dieser Woche aus der Tschechoslowakei und Ungarn nach Wien zurückgekehrt sind, sollen die Manöver der Warschaupaktstaaten im vergangenen Samstag in unmittelbarer Nähe der süddeutschen, österreichischen und jugoslawischen Grenze ihren Abschluss gefunden haben. Von offensten Stellen der beteiligten Ost-Staaten konnte für diese, in Wien mit beträchtlicher Unruhe aufgenommene Nachricht noch keine Bestätigung erhalten werden. Die gestrigen von der Bevölkerung mit Entführung vernommene Radioansprache des österreichischen Staatspräsidenten über den Russland begehrte Durchmarschrecht verdichtete jedoch diese Gerüchte zur bedrohlichen Gewissheit.

Fremde Flugzeuge

Irlibsdorf (sda) Am Montag überflogen wieder zwei Doppelpatrouillen von RF-4-Aufklärungsflugzeugen der deutschen Bundeswehr unser Land

Radio nach wie vor in Schwierigkeiten

Bern (spl). Einer Mitteilung der Schweizerischen Rundspruch- und Fernsehgesellschaft ist zu entnehmen, dass auch für die Radiosendungen in den deutschen Schweiz immer noch auf die nur beschränkten ausgerüsteten Regionalstudios in Luzern und St. Gallen angewiesen ist. Die stark beschädigten Studios in Bern und Zürich können den Sendebetrieb vorderhand noch nicht aufnehmen und lässt sich zur zeit nur stundenweise einschätzbar. Hingegen setzt das Westschweizer Radio den normalen Betrieb fort.

Bluttat in Delsberg

Delsberg (sda). Wie erst jetzt bekanntgegeben wird, fand man am Sonntagabend den Delsberger Holzhändler Henri Treise schwer verletzt in seinem Garten. Die Spuren lassen darauf schliessen, dass er mit einem Hammer niedergeschlagen wurde. Politische Motive scheinen nicht im Spiel zu sein. Der Täter ist flüchtig.

Ein schwerer Entschluss

Sinn oder Unsinn einer Mobilmachung

In den letzten Wochen haben sich die brennziehenden Wolken eines sich ernst über Europa zusammenziehenden Gewitters in beängstigender Weise verdichtet. Die Ereignisse, aus ihrem Einzelaspekt heraus betrachtet, ... [weiterer Text].

Abb. 14 Erfundene Zeitung „Die letzte Chance. Organ der RFF für alle Schweizer guten Willens", Landesverteidigungsübung 1971.

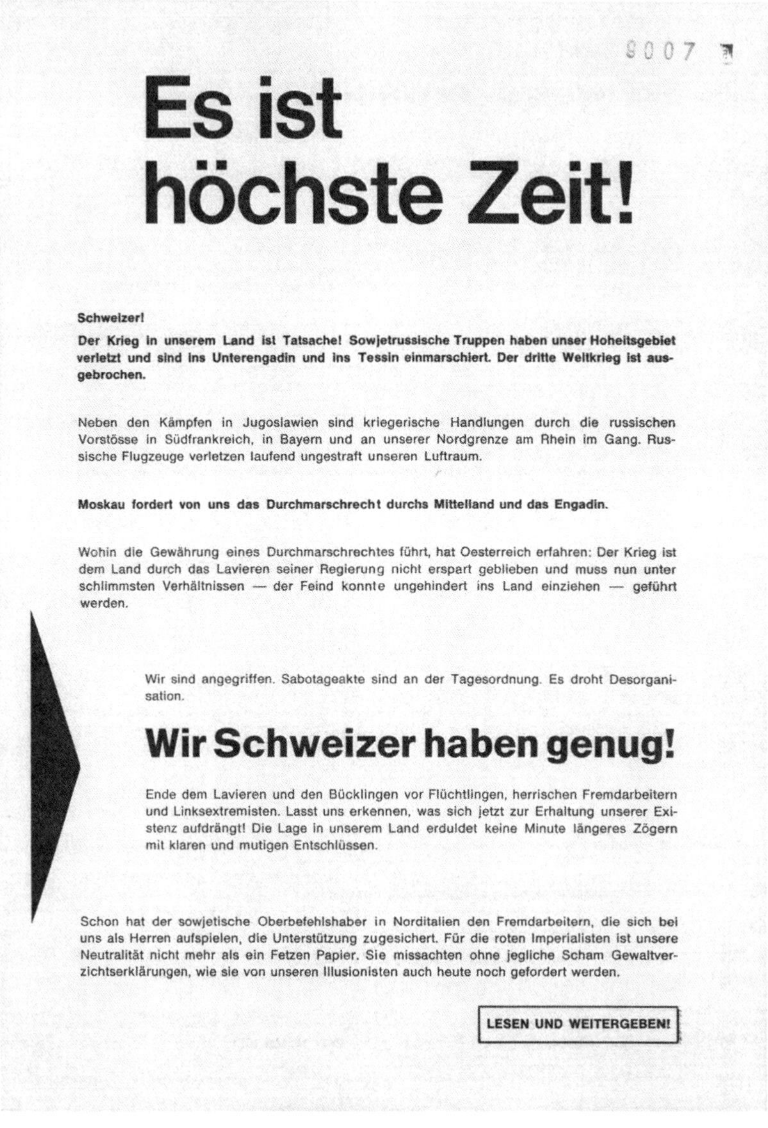

8007

Es ist höchste Zeit!

Schweizer!

Der Krieg in unserem Land ist Tatsache! Sowjetrussische Truppen haben unser Hoheitsgebiet verletzt und sind ins Unterengadin und ins Tessin einmarschiert. Der dritte Weltkrieg ist ausgebrochen.

Neben den Kämpfen in Jugoslawien sind kriegerische Handlungen durch die russischen Vorstösse in Südfrankreich, in Bayern und an unserer Nordgrenze am Rhein im Gang. Russische Flugzeuge verletzen laufend ungestraft unseren Luftraum.

Moskau fordert von uns das Durchmarschrecht durchs Mittelland und das Engadin.

Wohin die Gewährung eines Durchmarschrechtes führt, hat Oesterreich erfahren: Der Krieg ist dem Land durch das Lavieren seiner Regierung nicht erspart geblieben und muss nun unter schlimmsten Verhältnissen — der Feind konnte ungehindert ins Land einziehen — geführt werden.

Wir sind angegriffen. Sabotageakte sind an der Tagesordnung. Es droht Desorganisation.

Wir Schweizer haben genug!

Ende dem Lavieren und den Bücklingen vor Flüchtlingen, herrischen Fremdarbeitern und Linksextremisten. Lasst uns erkennen, was sich jetzt zur Erhaltung unserer Existenz aufdrängt! Die Lage in unserem Land erduldet keine Minute längeres Zögern mit klaren und mutigen Entschlüssen.

Schon hat der sowjetische Oberbefehlshaber in Norditalien den Fremdarbeitern, die sich bei uns als Herren aufspielen, die Unterstützung zugesichert. Für die roten Imperialisten ist unsere Neutralität nicht mehr als ein Fetzen Papier. Sie missachten ohne jegliche Scham Gewaltverzichtserklärungen, wie sie von unseren Illusionisten auch heute noch gefordert werden.

LESEN UND WEITERGEBEN!

Abb. 15 Erfundenes Flugblatt der „Helvetischen Widerstandsbewegung", Landesverteidigungsübung 1971.

Schweizer erwachet

Der Feind hat uns angegriffen, unsere Neutralität verletzt. Weiterhin neutral bleiben zu wollen, wäre eine nutzlose Farce, an der sich nur noch Aengstliche festzuklammern versuchen.

Der Weg ist vorgezeigt:
Nur mit der NATO haben wir Überlebenschancen

Allein kann die Schweiz den Krieg nicht erfolgreich bestehen. Schliessen wir uns mit unseren wahren Freunden zusammen. Noch heute müssen die Verhandlungen zum Beitritt zur NATO aufgenommen und muss die Zusammenarbeit mit den Kräften der Freien Welt organisiert werden.

Wir wollen handeln, solange unsere Armee intakt ist, unsere staatliche Organisation und unsere Verbindungen noch funktionieren, sonst wird unsere Position hoffnungslos. Heute haben wir noch Trümpfe in Händen! Morgen wird es zu spät sein.

Sollte etwa eine schwächliche Haltung der Schweiz dazu führen, dass unsere westlichen Freunde durch die Entwicklung der Ereignisse gezwungen werden, bei uns zum Rechten zu sehen? Niemand könnte ihnen verübeln, wenn sie ein russisches Durchmarschrecht nicht einfach hinnehmen wollten. Der US-Protest gegen den ungenügenden Schutz unseres Luftraumes ist ein schonungsvoller Wink mit dem Zaunpfahl.

Wir fordern Regierung und Armeeleitung auf, diesen Wink zu verstehen und zu handeln!

Oder wollen wir etwa riskieren, dass unser Land aus Mangel an Entschlusskraft in eine Koalition mit den roten Imperialisten und Angreifern gezwungen wird? Dann wäre es mit unserer Freiheit endgültig dahin.

Handeln wir nach den klaren Maximen des früheren Generalstabschefs, der stets nachdrücklich die Auffassung vertrat, dass es für die Schweiz im Falle eines europäischen Konfliktes nur darum gehen kann, «möglichst auf der richtigen Seite in den Krieg einzutreten»!

Die Stunde hat geschlagen — Wir fordern Kampf Hand in Hand mit unseren wahren Freunden im Westen gegen die rote Invasion

Helvetische Widerstandsbewegung   Der Präsident:
                                         Wilhelm Schweizer, Nationalrat

LESEN UND WEITERGEBEN!

                                         Bern, 12. Mai 1971

Abb. 16   Erfundenes Flugblatt der „Aktion Neutralität und Tradition",
             Landesverteidigungsübung 1971.

Die Nato würde nämlich sofort einen Angriff gerade über Schweizer Boden auslösen. und damit den Krieg in unser Land hineintragen. Unser Land würde von seinen vermeintlichen Freunden mit einem **Atombombenteppich** belegt. Freunde wandeln sich nämlich im Krieg in die schlimmsten Feinde, wenn sie die Schwäche des Freundes erkannt haben.

Ein Bündnis mit der NATO ist

KAPITULATION

Was hat doch der frühere Generalstabchef Gygli gesagt? Dass «die Schweiz — wenn überhaupt — so spät wie möglich in den Krieg eintreten solle» und dass die günstige politische und militärische Situation unseres Landes davon abhänge, dass wir uns möglichst lange **«aus dem Ding halten»**. Das bedeutet möglichst später Kriegseintritt und keinerlei Techtelmechtel oder nur den Verdacht davon mit ausländischen Machtgruppen.

Wollt Ihr unbedingt den Krieg? Wollt Ihr «im Ding sein»?
Wollt Ihr Nato = Krieg, Verwüstung, Vernichtung, Tod?

Nein! Wir müssen neutral bleiben
Neutral === FRIEDE!

Darum: sofort mit den Russen verhandeln, erfüllt vom festen Willen, die Neutralität zu wahren. Ein fester politischer Wille zählt heute allein, die Bewährungsprobe kann nur so bestanden werden.

Weitergeben

Aktion Neutralität und Tradition

Landesverteidigung wirkten.[101] Gleichzeitig reproduzierten die für die Übung entworfenen Mediendokumente zahlreiche diffamierende Stereotypen und diskreditierende Klischees – dies bezeichnenderweise besonders häufig, wenn über ‚linke' Personen bzw. Aktionen berichtet wurde. So stellen der offensichtlich von ‚links' verübte Terroranschlag auf das Bundeshaus, die mutmaßlich als Pendant zur deutschen Roten Armee Fraktion erfundene RFF und der ‚linke' Vorwurf der Polizeigewalt, wahrscheinlich dem Protestsommer 1968 entlehnt, entlarvende Karikaturen eines notorischen behördlichen Antikommunismus dar. Gleiches gilt für die barbusig protestierenden Frauen, die augenscheinlich griechisch- bzw. spanischstämmigen ‚linken' Fremdarbeiter Sokrates Kynokephalos und José Rioja sowie den ‚linken' und vermutlich westschweizerischen Soziologen Pierre Michel. Diese Erläuterungen illustrieren, dass das antikommunistische Feindbild allgegenwärtig war: Es wurde auf sämtliche Formen des zivilen Protestes ausgedehnt und griff auch xenophobe Stereotypen auf.

Diese für die Landesverteidigungsübung von 1971 ausgedachten Presseerzeugnisse transportierten Bedrohungsvorstellungen, die innerhalb der Bundesbehörden durchaus verbreitet waren. Dies lässt sich anhand einer Erklärung der Übungsleitung belegen, die besagt, dass es sich bei diesen Mediendokumenten um „denkbare Beispiele von Imprimaten und Emissionen schweizerischer oder ausländischer Herkunft" handle, die illustrieren sollten, „mit welcher Vielfalt von Einflüssen auf die Oeffentlichkeit gerechnet werden muss".[102] In bemerkenswertem Widerspruch zu diesen Bemühungen um Realitätsnähe sah sich die Übungsleitung jedoch dazu veranlasst, den Fiktionalitätscharakter der Presseerzeugnisse zu betonen. So machte sie die Übungsteilnehmer wiederholt darauf aufmerksam, dass die „erarbeiteten Sendungen und Imprimate [...] der Herausarbeitung des Uebungszweckes [dienen]" und „somit einzig und allein der jeweiligen Uebungssituation und nicht etwa einer Vorstellung [entsprechen], welche die Uebungsleitung über wirkliche Entwicklungen" habe. „Um Missverständnisse bei Aussenstehenden zu vermeiden", würden diese „ebenfalls als Übungsunterlagen [gelten] und unterstehen der Geheimhaltung".[103] Es ist wahrscheinlich, dass die Übungsleitung bei einem Bekanntwerden der erfundenen Pressedokumente eine ähnliche Kritik befürchtete, wie sie die Publikation des Zivilverteidigungsbüchleins zwei Jahre zuvor hervorgerufen hatte. Sie befürchtete also, die fingierten

---

101   Vgl. Jorio 2006.
102   CH-BAR#E4390C#1977/164#862*, Einsatz der Medien, 12.1.1971.
103   Ebd., Einsatz der Kriegsabteilung Presse und Funkspruch, 4.12.1970.

Presseerzeugnisse könnten in der Öffentlichkeit nicht als Imagination wahrgenommen, sondern vielmehr als (allzu) ,reales' Szenario aufgefasst werden.

Die angestrebte Realitätsnähe, die zunehmende Komplexität, die verstärkte Einbindung des Zivilen, all diese Maßnahmen zielten darauf ab, die imaginierten Bedrohungen des Kalten Krieges anlässlich der Landesverteidigungsübungen für beständig mehr Übungsteilnehmende immer konkreter und stets von neuem erlebbar zu machen. Gemäß der Kultur- und Literaturwissenschaftlerin Eva Horn war dieser performative Charakter von Kriegsspielen, wie sie die Landesverteidigungsübungen darstellten, entscheidend dafür, den Kalten Krieg am Laufen zu halten: „Es sind die militärstrategischen Konsequenzen dieser Kriegsspiele, die den Kalten Krieg so lange ,eingefroren' haben, ihn nicht so sehr ungewinnbar wie vor allem unbeendbar erscheinen liessen", weil – so Horn weiter – „die Drehung des Schalters, wenn sie nur lange genug in Gedanken stattfindet, die Maschine selbst verändert."[104] Die hier analysierten Landesverteidigungsübungen stellen einen eindrücklichen Beleg für Horns These dar: Sie zeigen, wie der Kalte Krieg in der Schweiz permanent aktualisiert wurde. Aus Sicht der Landesverteidiger war diese Aktualisierung durchaus erfolgreich. So trugen die an den Landesverteidigungsübungen gesammelten Erfahrungen wesentlich dazu bei, dass verschiedene Verteidigungsinstitutionen entweder ausgebaut oder sogar neu geschaffen wurden. Einen Ausbau erfuhren die Armee, die Kriegswirtschaft, der Zivil- und später auch der Staatsschutz. Die Schweiz wies schließlich internationale Spitzenwerte bei den Pro-Kopf-Ausgaben für den Zivilschutz auf und bildete im (west-)europäischen Vergleich sowohl hinsichtlich der militärischen Belegungsdichte nach Anzahl der Soldaten als auch hinsichtlich des Bestandes an Kampfflugzeugen, Kampfpanzern und starker Artillerie das am besten gerüstete Land.[105] Darüber hinaus entstanden ab Mitte der 1960er Jahre verschiedene neue Alarm- und Schutzdienste, so der Alarmausschuss für den Fall erhöhter Radioaktivität, der umfassende AC-Schutzdienst und der totale Sanitätsdienst. Der Auf- und Ausbau von Institutionen genügte jedoch nicht: Wie das nächste Teilkapitel zeigt, stellte die Koordination dieser Schutz- und Alarmorganisationen sowie deren Anpassung an vielfältige neue Bedrohungsszenarien für die schweizerische Landesverteidigung während des Kalten Krieges eine anhaltende Herausforderung dar.

---

104   Horn, 2004, S. 328. Zum Kalten Krieg als *self-sustained conflict* auch: Dülffer 2006.
105   Vgl. Tanner 1997, S. 327 f.

5.2   Vervielfältigung der Bedrohungsszenarien. Atomarer Terror, Wirtschaftskriege und Verwissenschaftlichung der Sicherheitspolitik, 1970er Jahre

„Koordination" ist – so war im Schlussbericht der Gesamtverteidigungsübung von 1977 zu lesen – wie Planung ein „wichtiges Element im Entscheidprozess der Krisensituation".[106] Diese Aussage bringt in aller Kürze auf den Punkt, an welchen konzeptionellen Zielen sich die schweizerische Landesverteidigung in den 1970er Jahren zu orientieren versuchte. Die Landesverteidigungs-übungen hatten den zuständigen Bundesstellen ab Mitte der 1960er Jahre immer deutlicher vor Augen geführt, dass die totale Landesverteidigung hohe Anforderungen stellte, und zwar insbesondere hinsichtlich eines effizienten Zusammenwirkens ihrer militärischen und zivilen Mittel. Die zentralen Hand-lungsimperative, welche sich aus den durchgespielten Übungen ergaben, verlangten deshalb eine vorausschauende Planung und eine eingespielte Ko-ordination. Diese Imperative galten umso mehr als unerlässlich, als sich die wahrgenommenen Bedrohungspotenziale in den 1970er Jahren stark aus-weiteten und die nationale Verteidigung folglich gegen eine immer größere Vielfalt von Gefahren gerüstet sein musste.

Um die Herausforderungen im Bereich der Koordination und Planung an-zugehen, fand ab Ende der 1960er bzw. zu Beginn der 1970er Jahre eine Neu-organisation der für die Landesverteidigung zuständigen Führungsorgane statt. Es entstand eine Leitungsorganisation für Gesamtverteidigung, bestehend aus dem Stab für Gesamtverteidigung, der sich mit konzeptionellen Fragen und koordinativen Aufgaben befasste, und der Zentralstelle für Gesamtver-teidigung (ZGV), die vor allem operativ tätig war. Als beratendes Organ des Bundesrates fungierte der Rat für Gesamtverteidigung. Auch aufgrund dieser Reorganisation wurde unter der neuen Bezeichnung Gesamtverteidigungs-übung erst 1977 wieder eine nationale Verteidigungsübung durchgeführt.[107]

Parallel zur institutionellen Neuorganisation der leitenden Organe der Gesamtverteidigung fand auch eine inhaltliche Neukonzeption der Landes-verteidigung statt. Der Bundesrat veröffentlichte 1973 den bereits erwähnten Bericht über die Sicherheitspolitik der Schweiz, auch Konzeption der

---

106   CH-BAR#E5680-04#2000/96#2*, Schlussbericht über die Gesamtverteidigungsübung 1977, Februar 1977, Hervorh. i. O.

107   Vgl. ebd., Vorbereitung der GVU 77, 13.1.1976. Zur Neuorganisation der Landesver-teidigung: Breitenmoser 2002, S. 105–130; Spillmann/Wenger/Breitenmoser/Gerber 2001, S. 96–102; Däniker/Spillmann 1992, S. 593–597; Senn 1983, S. 57–66.

Gesamtverteidigung genannt.[108] Dieser Bericht stellte eine bisher fehlende, übergeordnete Gesamtkonzeption aller für die Gesamtverteidigung zuständigen Bereiche dar und blieb für die schweizerische Sicherheitspolitik bis zum Ende des Kalten Krieges maßgebend. Der Bundesrat betonte darin die Notwendigkeit, zwecks nationaler Selbstbehauptung fortwährend die für die Schweiz relevanten Bedrohungen zu untersuchen. In diese Analyse von Bedrohungspotenzialen sollten nicht nur der Bundesrat, die Bundesverwaltung und das eidgenössische Parlament, sondern insbesondere auch wissenschaftliche Gremien von außerhalb der Verwaltung miteinbezogen werden.[109] Ausgehend von dieser Vorgabe und mitunter wiederum vom Vorbild Schwedens inspiriert,[110] wurden in der Schweiz ab Mitte der 1970er Jahre – dies werde ich im Folgenden ausführen – sogenannte sicherheitspolitische Grundlagenstudien erarbeitet.

Das Gesamtverteidigungssystem kybernetisch optimieren

Die Verantwortung für die Durchführung der sicherheitspolitischen Grundlagenstudien lag bei der neu geschaffenen ZGV.[111] 1974 regte sie die Einsetzung einer Studiengruppe Forschung an, als deren Mitglieder Vertreter der Bundesverwaltung, der Wissenschaft und des Schweizerischen Wissenschaftsrates fungierten.[112] Wie vorgesehen griff die Studiengruppe auf die Mithilfe von Hochschulinstituten und anderen externen Beratungsgremien zurück. So erhielten unter anderem das renommierte *Institut universitaire de hautes études internationales* in Genf und das Institut für Politikwissenschaft der Hochschule St. Gallen größere Forschungsaufträge.[113] Zudem führte die Studiengruppe 1975 eine Methodendiskussion mit acht Gästen aus den Bereichen der Wirtschafts-, Politik- und Sozialwissenschaften, dem *Operations Research*, der

---

108   Die beiden Begriffe Gesamtverteidigung und Sicherheitspolitik wurden in der Schweiz synonym verwendet.

109   Vgl. Bundesrat 1973, S. 145 f. Der Bundesrat war in diesem Punkt den Empfehlungen der sogenannten Studienkommission für strategische Fragen gefolgt. Vgl. dazu Breitenmoser 2002, S. 155–186; Spillmann/Wenger/Breitenmoser/Gerber 2001, S. 105–109.

110   Vgl. CH-BAR#E4390C#1981/146#29*, Schwedens nationale Sicherheitspolitik, 1.12.1970, und Zukunftsstudien ergeben Unterlagen für bessere Planung, [1971]; CH-BAR#E4390 C#1997/14#204*, Das Planungssystem der schwedischen Sicherheitspolitik, ohne Datum.

111   Wesentliche Teile dieses Abschnitts wurden bereits publiziert in: Marti 2014b, S. 152–164.

112   Vgl. CH-BAR#E7310B#1988/178#244*, Protokoll der 1. Sitzung der Studiengruppe Forschung, 27.8.1974.

113   Für die Zusammenarbeit mit dem *Institut universitaire de hautes études internationales* in Genf: CH-BAR#E5680-04#2000/96#9*, Vertrag zwischen der Schweizerischen Eidgenossenschaft und dem Institut de Hautes Etudes Internationales (Entwurf), 16.1.1975.

Reaktortechnik und der Zukunftsforschung durch, um methodische Fragen und Probleme mit Spezialisten zu klären.[114] Eine strenge (sozial-)wissenschaftliche Fundierung der künftigen schweizerischen Sicherheitspolitik, wie sie auch international im Trend lag,[115] legitimierte die Durchführung der sicherheitspolitischen Grundlagenstudien nicht nur, sondern begründete vielmehr – wie die Studiengruppe festhielt – deren Unverzichtbarkeit:

> Der Bericht über die Sicherheitspolitik der Schweiz [...] ist [...] ein politisch gut ausgewogenes Dokument. Bei der Erarbeitung dieses Berichts musste jedoch weitgehend pragmatisch vorgegangen werden [...]. Gesunder Menschenverstand, Erfahrung und Intuition allein genügen heute nicht mehr. Sie müssen durch ein breites Grundlagenwissen über alle für die Sicherheitspolitik relevanten Entwicklungstendenzen und -probleme untermauert werden.[116]

Die Studiengruppe plädierte folglich für eine neue Form der Wissensproduktion, mit welcher mehr „enactment-based knowledge" in die schweizerische Gesamtverteidigung einfließen sollte. Dies erschien umso dringlicher, da deren Ausrichtung bis zu diesem Zeitpunkt noch stark auf „archival-statistical knowledge" beruhte. So hatte etwa Generalstabschef Paul Gygli, der Leiter der Landesverteidigungsübung von 1971, selbstkritisch festgehalten, man habe „oft den Eindruck, unser Denken sei noch stark von den Vorstellungen des 2. Weltkrieges beeinflusst [...]."[117] Die schweizerische Verteidigungskonzeption blieb demnach lange Zeit in einem Modus verhaftet, in welchem (zu) viel Erfahrungswissen präsent war, das nicht mehr *up to date* schien. Die sicherheitspolitischen Grundlagenstudien sollten dies nun ändern.

1977 präsentierte die inzwischen in Arbeitsgruppe Grundlagenstudien umbenannte Studiengruppe einen definitiven Forschungsplan. Als Ziel der sicherheitspolitischen Grundlagenstudien definierte sie die Ausarbeitung von „Unterlagen für die Weiterbearbeitung der bestehenden Gesamtverteidigungskonzeption, vor allem im Bereich der Bedrohung".[118] Die Konzeption der Gesamtverteidigung, die als Grundlage für die Planung des schweizerischen

---

114 Vgl. CH-BAR#E5680-04#2000/96#8*, Protokoll der 8. Sitzung der Studiengruppe Forschung, 28.2.1975.

115 Zu den *social sciences* im Kalten Krieg vgl. Kapitel 1, Fn. 32. Zur Geschichte der Sozialwissenschaften in der Schweiz während des Kalten Krieges: Weber 2014.

116 CH-BAR#E5680-04#2000/96#7*, Zielsetzungen für die wissenschaftlichen Studien der Sicherheitspolitik, 7.10.1974.

117 CH-BAR#E5560D#2003/31#193*, Bericht des Generalstabschefs, August 1971.

118 CH-BAR#E5680-04#2000/96#7*, Plan für die Erstellung von sicherheitspolitischen Grundlagenstudien, Mai 1977.

Gesamtverteidigungssystems fungierte, sollte mittels der geplanten Studien also fortlaufend optimiert werden.[119] Ein derart auf gesamtgesellschaftliche Planung und Steuerung ausgerichtetes Denken und Handeln basiert auf einer technokratischen Rationalität.[120] Der Historiker Dirk van Laak spricht mitunter dann von Technokratie, wenn wissenschaftliche und technische Experten „Kontroll-, Regelungs- oder sogar Entscheidungsbefugnisse für gesellschafts-politisch relevante Fragen beanspruchen".[121] Ausgehend von diesem Techno-kratiebegriff lässt sich die sicherheitspolitische Forschung in der Schweiz der 1970er Jahre als Grundlage einer technokratisch inspirierten Planungsvision im Bereich der Gesamtverteidigung bzw. der Sicherheitspolitik verstehen.[122]

Um diese Planungsvision umzusetzen, sollte der als Flussdiagramm visualisierte Forschungsplan (Abb. 17) wie ein kybernetischer Regelkreis funktionieren.[123] Die Kybernetik, im Zweiten Weltkrieg entstanden und danach zu einer neuen integrierenden Leitwissenschaft avanciert, übertrug naturwissenschaftliche Erklärungsmodelle auf die Sozialwissenschaften, in-dem moderne Gesellschaften als integrierte Systeme konzipiert wurden, die, analog zu biologischen und technologischen Systemen, bestimmten Regeln der Kommunikation und Selbstkontrolle folgten.[124] Der Wissenschafts- und Technikhistoriker Philipp Aumann hat die Kybernetik als Wissenschaft be-zeichnet, „die informationsverarbeitende, sich selbst regelnde Systeme ana-lysierte" und dazu auf Schlüsselbegriffe wie „Rückkopplung, Information, Homöostase, Entropie und zielgerichtetes Verhalten" rekurrierte.[125]

---

119 Vgl. Stahel/Luterbacher 1977, S. 214. Vgl. auch CH-BAR#E7310B#1988/178#244*, Protokoll der 4. Sitzung der Studiengruppe Forschung, 1.11.1974, und Protokoll der 6. Sitzung der Studiengruppe Forschung, 3.12.1974; CH-BAR#E5680-04#2000/96#8*, Protokoll der 8. Sitzung der Studiengruppe Forschung, 28.2.1975.

120 Zur Geschichte der Planung im 20. Jahrhundert insb.: van Laak 2010; van Laak 2008; Metzler 2005; Haupt/Requate 2004.

121 Van Laak 2012, S. 106.

122 Gesamtplanungen wurden in der Schweiz zu dieser Zeit neben der Sicherheitspolitik auch in der Verkehrs-, Energie- und Raumpolitik angestrebt. Dazu: Sandmeier 2011; Degen 2007; Klöti 1993.

123 Vgl. Pias 2004a, S. 16; Schmidt-Gernig 2004, S. 121.

124 Zur Geschichte der Kybernetik u. a.: Rid 2016 [2016]; Kline 2015; Aumann 2009; Hagner/Hörl 2008; Bluma 2004; Pias 2004a; Galison 1997; Heims 1991. Zu den kybernetischen Kulturen der Kontrolle: Levin 2000.

125 Aumann 2009, S. 51 und S. 59, [1978].

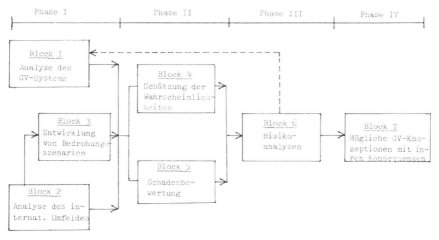

Abb. 17   Flussdiagramm des Forschungsplans, [1978].

Im Forschungsplan spielte der Mechanismus der positiven Rückkopplung eine
entscheidende Rolle. Dieser sollte einen permanenten Lernprozess ermöglichen. Ein wissenschaftlicher Mitarbeiter der ZGV erklärte dazu:

> Der Plan ist als Kreislauf aufzufassen, in den kontinuierlich Daten über die Be-
> drohungen einfliessen, die verarbeitet und beurteilt werden. Diese Bedrohungs-
> analysen und Lagebeurteilungen führen zu neuen Massnahmen, die ihrerseits
> wieder in ihrer Wirkung erfasst werden müssen. Dank den durch diesen Ablauf
> gewonnenen Erkenntnisse sollte es möglich sein, die Konzeption der Gesamt-
> verteidigung periodisch den neuesten Erkenntnissen über die Bedrohungs-
> situationen, denen die Schweiz ausgesetzt werden könnte, anzupassen.[126]

Der Forschungskreislauf zielte also darauf ab, ein Planungs- und Kontrollsystem zu schaffen, mit welchem die sicherheitspolitischen Bedrohungen
der Schweiz ständig beobachtet und überwacht werden konnten. Im Akt
der Beobachtung lag folglich ein wesentlicher Faktor für die Herstellung der
nationalen Sicherheit. Dies korrespondiert mit der von Claus Pias formulierten
These, die Kybernetik habe für Steuerungs- und Regierungsformen geworben,
die sich „in Prozessen des monitoring und assessment entfalten".[127]

   Unabdingbare Voraussetzung für eine erfolgreiche Beobachtung und Beurteilung von Bedrohungspotenzialen im sicherheitspolitischen Planungs- und
Kontrollsystem bildete der Zugriff auf ständig aktualisiertes Wissen. Wie Eva

---

126   CH-BAR#E5680-04#2000/96#7*, Plan für die Erstellung von sicherheitspolitischen
      Grundlagenstudien, 24.11.1976.
127   Pias 2004a, S. 36.

Horn argumentiert hat, war Wissen die „[w]ichtigste Waffe und Ressource des Kalten Kriegs", da dieser „eine ungeheure Intensität des Denkens, Forschens und Spekulierens über den Feind" evoziert habe.[128] Die Wissensgewinnung bildete indessen eine nicht zu unterschätzende Aufgabe, galt es doch nicht nur herauszufinden, welche Informationen in der Schweiz bereits vorhanden, sondern auch, ob diese nicht schon veraltet waren. Wenn neue Daten erhoben werden mussten, stellte sich die Frage, wie dies methodisch am besten zu bewerkstelligen wäre. Eine weitere Schwierigkeit bestand darin, die Departemente, Ämter und Abteilungen des Bundes dazu zu bringen, Informationen zu liefern bzw. fehlende Informationen zu beschaffen. Bei Modellen und Unterlagen aus dem Ausland mussten die entsprechenden Angaben im Hinblick auf die schweizerischen Bedürfnisse und Verhältnisse angepasst werden. All dies erforderte Personal, Zeit und Geld, was jedoch nur in sehr limitiertem Ausmaß zur Verfügung stand.[129] Obwohl konstitutiv, blieben Informationen und Daten für die sicherheitspolitischen Grundlagenstudien stets eine prekäre Ressource, weil deren Beschaffung starke institutionelle, personelle und finanzielle Grenzen gesetzt waren.

Das Herzstück des Forschungsplans bildete die Entwicklung von Bedrohungsszenarien (vgl. Abb. 17, Block 3). Verantwortlich für deren Konzipierung waren Wissenschaftler der Forschungsstelle für Politikwissenschaft der Hochschule für Wirtschafts- und Sozialwissenschaften St. Gallen. Die Forschungsstelle für Politikwissenschaft, die sich vornehmlich mit Außenpolitik, Europapolitik und politischen Systemen befasste, war 1970 von Professor Alois Riklin gegründet worden.[130] In ihrem Forschungsdesign für die Entwicklung der Bedrohungsbilder bezogen sich die Mitarbeiter der Forschungsstelle auf das kybernetisch orientierte St. Galler Managementmodell. Dabei handelte es sich um eine Mitte der 1960er Jahre formulierte Managementlehre für komplexe Systeme.[131] Auf systemtheoretische Überlegungen und kybernetische Lehrsätze bezugnehmend, verglichen die Politikwissenschaftler die Lebensfähigkeit von Staaten mit derjenigen von Unternehmen und anderen Systemen: „Ein System kann sich bei zunehmender Komplexität seiner Umwelt nur dadurch

---

128 Horn 2004, S. 312.

129 Vgl. CH-BAR#E7310B#1988/178#244*, Protokoll der 1. Sitzung der Studiengruppe Forschung, 27.8.1974; CH-BAR#E5680-04#2000/96#8*, Protokoll der 2. Sitzung der Studiengruppe Forschung, 17.9.1974, Protokoll der 3. Sitzung der Studiengruppe Forschung, 15.10.1974, und Protokoll der 7. Sitzung der Studiengruppe Forschung, 13.12.1974; CH-BAR#E7310B#1988/178#244*, Protokoll der 9. Sitzung der Studiengruppe Forschung, 4.4.1975.

130 Vgl. Burmeister, S. 149. Zu Alois Riklin: Göldi 2011.

131 Vgl. Schwegler 2008, S. 105–107.

am Leben erhalten, dass es seine eigene Varietät erhöht."[132] Um Möglichkeiten
zur Erhöhung der eigenen Varietät zu finden, gelte es, umfassende und alternative Zukunftsbilder in Form von Szenarien zu entwerfen.[133] Der Ansatz,
die schweizerische Sicherheitspolitik systemtheoretisch und kybernetisch zu
fundieren, war Ausdruck der aufstrebenden Wirtschafts- und Sozialkybernetik,
die Ende der 1960er Jahre in Wirtschaft, Verwaltung und Politik zu einem maßgebenden Planungsinstrument avancierte.[134]

Um für die Schweiz gegenwärtige und zukünftige Bedrohungen bis zum
Jahr 1990 zu ermitteln, griffen die St. Galler Politikwissenschaftler auf die
Szenariotechnik zurück. Dabei handelt sich um eine Planungsmethode, deren
Produkte – die Szenarien – als Kernelemente der Zukunftsforschung gelten.[135]
Die Zukunftsforschung, deren Hochphase mit dem Planungsoptimismus
der 1960er Jahre einsetzte,[136] war methodisch und theoretisch stark von der
Kybernetik beeinflusst, weshalb sie als Teil einer „cybernetic society" zu ver-
stehen ist.[137]

Für die Szenariobildung führten die Mitarbeiter der Forschungsstelle im
ersten Halbjahr 1978 anhand von zwei Fragebögen bei rund 60 Experten aus
der Verwaltung, der Wirtschaft, der Wissenschaft und der Politik zwei schriftliche Befragungen durch und erstellten daraus einen Katalog der möglichen
Bedrohungen. Daraufhin fanden im Herbst 1978 sowie Anfang 1979 drei
Szenario-Klausurtagungen statt, an welchen Experten auf der Basis dieses Be-
drohungskatalogs relevante Bedrohungsszenarien zu den drei Problemfeldern
„Die kriegerische Auseinandersetzung", „Die wirtschaftliche Bedrohung, Abhängigkeit und Verflechtung" und „Die innere Gefährdung Westeuropas" entwickeln sollten. Die Forschungsstelle fügte die Ergebnisse dieser Hearings
anschließend zu sogenannten Globalszenarien zusammen, die Aspekte aus
allen drei Problemfeldern berücksichtigten (Abb. 18).[138]

In den Hearings selbst ging es darum, dass die Experten unter Anwendung
der Szenariobündelmethode, die sich an der Entscheidungstheorie orientierte,

---

132   CH-BAR#E5680-04#2000/96#4*, Szenarien für die Schweiz in den achtziger Jahren (Ent-
        wurf), 20.7.1979.

133   Vgl. ebd.

134   Vgl. Aumann 2009, S. 67–72 und S. 437–447. Vgl. auch Bluma 2004, S. 181–188.

135   Vgl. Steinmüller 2012, S. 113 und S. 132 f. Zur Geschichte der Zukunftsforschung u. a.:
        Seefried 2015; Tolon 2012; Kessler 2011; Schmidt-Gernig 2004; Bell 2003 [1997]; Schmidt-
        Gernig 2003; Schmidt-Gernig 2002; Schmidt-Gernig 2001; Steinmüller 2000; Schmidt-
        Gernig 1998.

136   Vgl. Grunwald 2009, S. 25.

137   Schmidt-Gernig 2002, Titel und S. 251. Vgl. auch Schmidt-Gernig 2004, S. 120–124.

138   Vgl. CH-BAR#E5680-04#2000/96#4*, Einige Anmerkungen zu Szenarien und methodis-
        chem Vorgehen, 17.10.1978, Hearing vom 24. November 1978/Bern, ohne Datum, und
        Szenarien für die Schweiz in den achtziger Jahren (Entwurf), 20.7.1979.

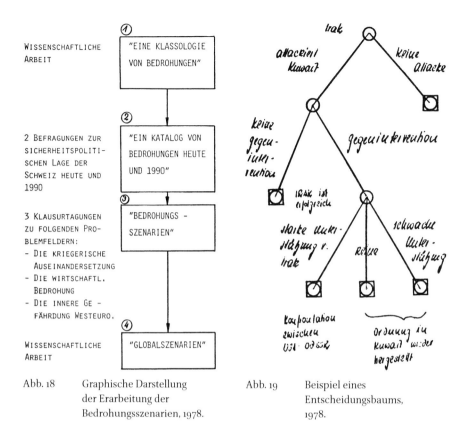

Abb. 18   Graphische Darstellung
           der Erarbeitung der
           Bedrohungsszenarien, 1978.

Abb. 19   Beispiel eines
           Entscheidungsbaums,
           1978.

Ereignisketten aus Aktions-Reaktions-Entscheiden verschiedener, als system-relevant erachteter Akteure bildeten.[139] Dem Durchspielen von hypothetischen Entscheidungen als Ereignisketten, dargestellt in Form von Entscheidungs-bäumen, kam dabei eine formalisierende Funktion zu (Abb. 19).

Formalisierung ist ein wesentlicher Zweck von Szenarien und Spiel-simulationen, wobei angenommen wird, dass sich die beteiligten Akteure nach Regeln verhalten, die bekannt, begrenzt, konstant und grundsätzlich mathematisch formulierbar sind.[140] Da den Experten beim Fällen der Ent-scheide jeweils nur eine binäre Option – Aktion versus Nicht-Aktion bzw. Re-aktion versus Nicht-Reaktion – zur Verfügung stand, waren diese Entscheide zumindest theoretisch auch digitalisierbar. Digitalität wiederum bildet die Grundvoraussetzung der kybernetischen Epistemologie.[141] Claus Pias hält die Digitalität deshalb für produktiv, weil sie „einem Diskursverbot" unterliege:

---

139   Vgl. ebd.
140   Vgl. Horn 2004, S. 315.
141   Vgl. Pias 2004a, S. 14.

„Die Unterdrückung eines notwendigen Dritten (des Kontinuums, der Passage, der Materialität oder wie immer man es nennen mag) wird zum Motor eines Funktionierens, das Beobachten heisst. Diesen Umstand könnte man die ‚kybernetische Illusion' nennen."[142] Die Hearing-Teilnehmer waren sich dieser „kybernetischen Illusion" indessen bewusst und formulierten gegen den Einsatz von Entscheidungsbäumen methodische Kritik, indem sie festhielten, die erarbeiteten Szenarien würden „immer unvollständig, punktuell und fragwürdig sein. Sie stellen eine allenfalls fragwürdige Auswahl aus einer unendlichen Vielfalt von Szenarien dar."[143] Trotz solcher Einwände flossen die Resultate der Klausurtagungen in die Entwicklung der Bedrohungsszenarien ein.

Die angewandte Szenariotechnik, die in der schweizerischen Zukunftsforschung als häufig verwendetes Instrument fungierte,[144] basierte zu einem großen Teil auf einem qualitativen Vorgehen. Das heißt, die Datengewinnung und Ideenfindung stützte sich in erster Linie auf intuitive und deskriptive Methoden wie die erwähnte schriftliche und mündliche Befragung. Dazu brauchte es notwendigerweise Experten.[145] Dass sogenannte exakte, quantitative, mathematische Prognosemethoden nicht eingesetzt wurden, war mitunter pragmatischen Gründen geschuldet, die mit den beschränkten Ressourcen im Zusammenhang standen.[146] Zudem war seit den überraschenden wirtschaftlichen Erschütterungen der Ölkrise das Vertrauen in rein extrapolierende bzw. mathematische Prognosemethoden stark angeschlagen.[147]

Der favorisierte Einsatz von Experten brachte indessen zwangsläufig die Schwierigkeit der repräsentativen und fachlichen Auswahl derselben mit sich.[148] Die Liste der postalisch befragten Personen wurde schließlich in Zusammenarbeit zwischen der Forschungsstelle für Politikwissenschaft, der Arbeitsgruppe Grundlagenstudien und der ZGV erstellt. Als Auswahlkriterien fungierten eine Tätigkeit an verantwortlicher Position in Bereichen, die im weitesten Sinne mit Sicherheitspolitik zu tun hatten, sowie eine möglichst ausgewogene Verteilung der Experten auf Verwaltung, Regierung, Wirtschaft

---

142   Pias 2004b, S. 307 f. Vgl. auch Pias 2002.

143   CH-BAR#E5680-04#2000/96#4*, Besprechung des Berichtes über die drei Klausurtagungen, anfangs Mai 1979.

144   Vgl. Canzler 1991, S. 210.

145   Zum kreativen Potenzial von Kriegsspielen und Simulationen auch: Ghamari-Tabrizi 2000.

146   Vgl. CH-BAR#E5680-04#2000/96#4*, Zwei Befragungen zur sicherheitspolitischen Lage der Schweiz in den achtziger Jahren, 1.7.1979.

147   Vgl. Steinmüller 2000, S. 46 f.

148   Vgl. CH-BAR#E5680-04#2000/96#4*, Protokoll der 13. Sitzung der Arbeitsgruppe Bedrohung, 10.5.1978.

und Universitäten, auf die einzelnen Departemente der Bundesverwaltung und einzelne Zweige der Privatwirtschaft sowie auf Bund und Kantone.[149] Die ausgewählten Experten sollten somit Teil jener eng miteinander verflochtenen Elite aus Wirtschaft, Politik, Militär, Hochschule und Verwaltung sein, welche der Historiker Jakob Tanner als „hochkarätige Personengruppe" bezeichnet hat, die aufgrund „einer ausgeprägten Rollenakkumulation" und „ihrer engen kommunikativen Vernetzung" als „face to face society" beschrieben werden kann.[150]

Tatsächlich war die Befragung dieser nationalen Elite das erklärte Ziel der Verantwortlichen. So betonten ZGV-Direktor Hermann Wanner und der Leiter der Forschungsstelle für Politikwissenschaft Alois Riklin, es gehe darum, „die *Vorstellungen* einer *geistigen Führungsschicht* über die *Entwicklung* einiger, die sicherheitspolitische Lage unseres Landes mitbestimmender Faktoren zu erfahren."[151] Und der Bericht über die durchgeführten Befragungen hielt zu den ausgewählten Experten – 63 Personen, davon 63 Männer – fest:

> Der Kreis der Befragten war relativ homogen, was politische Grundhaltung, Ausbildung und soziale Stellung betrifft. Fast alle Befragten sind Akademiker; ein grosser Teil hat führende Positionen in Verwaltung, Regierung oder der Privatwirtschaft inne oder ist in der Forschung und Wissenschaft tätig. Ihre Aussagen dürften sich somit mit einer breiten Volksmeinung nicht decken.[152]

Die Auswahl der Experten zielte folglich nicht auf eine demokratische Repräsentativität. Vielmehr sollte – ähnlich wie an den nationalen Verteidigungsübungen bei der Gruppe der zivilen Experten – ein exklusiver, einflussreicher, männlicher Machtzirkel zu Wort kommen. In weltanschaulicher Hinsicht teilte dieser Expertenkreis den schweizerischen Kalte-Krieg-Konsens, zu dem insbesondere ein klares Bekenntnis zu einer starken nationalen Verteidigung gehörte.

Das mithilfe der Expertenbefragungen und Klausurtagungen ermittelte Bedrohungswissen mündete im Sommer 1979 in die Formulierung von „Szenarien für die Schweiz in den achtziger Jahren". Die skizzierten Globalszenarien basierten alle auf der Annahme, dass sich die Konfliktlinien im kommenden Jahrzehnt verschieben würden. Neben militärischen Auseinandersetzungen – so

---

149 Vgl. ebd., Zwei Befragungen zur sicherheitspolitischen Lage der Schweiz in den achtziger Jahren, 1.7.1979.

150 Tanner 1997, S. 319.

151 CH-BAR#E5680-04#2000/96#4*, Schreiben von H. Wanner und A. Riklin, 10.5.1978, Hervorh. i. Orig.

152 Ebd., Zwei Befragungen zur sicherheitspolitischen Lage der Schweiz in den achtziger Jahren, 1.7.1979.

die generelle Einschätzung – seien in Zukunft vermehrt ökonomische Bedrohungen bedeutsam.[153] Als Beleg für diese Hypothese wurde ein Zitat des bekannten liberalen, deutsch-britischen Soziologen und Politikers Ralf Dahrendorf angeführt, der 1977 in der renommierten internationalen Zeitschrift *Foreign Affairs* erklärt hatte:

> The possession of nuclear weapons on the superpower scale does not mean that the war in Vietnam can be won, or Egypt can be controlled, much less does it imply an economic order dominated by the dollar, or indeed the silent obedience of small and apparently powerless nations. The very extraordinary character of destructive weapons opens the ground for other types of international conflict, for example, limited wars, but, above all, for economic struggles.[154]

Die von Dahrendorf geäußerte und von den schweizerischen Experten geteilte Zukunftsvorstellung beruhte auf drei Faktoren: Erstens erschien eine erneute ökonomische Notlage aufgrund der Erfahrungen der Öl- bzw. der Weltwirtschaftskrise Mitte der 1970er Jahre als äußerst plausibel. In Bezug auf die Schweiz wurde erwartet, dass die Erdölabhängigkeit in den 1980er Jahren weiter zunehmen würde, die volkswirtschaftliche Situation bei einem Versorgungsengpass und Ölpreiserhöhungen im Vergleich zur Situation von 1973/1974 jedoch ungleich schlechter wäre. Begründet wurde diese Annahme damit, dass eine künftige Stärkung des Schweizer Frankens nicht mehr durch eine tiefere Teuerungsrate kompensiert und eine erneute Zunahme der Arbeitslosigkeit nicht mehr durch das Ausweisen von ausländischen Arbeitskräften exportiert werden könne.[155] Tatsächlich kam es ab 1979, als im Zuge der iranischen Revolution die dortige Erdölförderung für die westlichen Staaten eingestellt wurde, zu einer zweiten Ölkrise, die 1981 ihren Höhepunkt erreichte.[156] Zweitens war zwar ein starker Glaube an das ‚Gleichgewicht des Schreckens‘, also an die atomare Pattsituation vorherrschend. Allerdings drohe dieses Abschreckungssystem, so die Befürchtung der schweizerischen Experten, in der kommenden Dekade aus dem Gleichgewicht zu geraten, was zu einer steigenden Spannung des Ost-West-Verhältnisses und damit zu einer Erhöhung der Kriegswahrscheinlichkeit in Europa beitragen würde. Dabei stand allerdings weniger das Szenario eines Atomkrieges als vielmehr dasjenige eines isolierten Krieges mit konventionellen Waffen im Vordergrund.[157]

---

153   Vgl. ebd., Szenarien für die Schweiz in den achtziger Jahren (Entwurf), 20.7.1979.
154   Ebd. Für den Originalartikel: Dahrendorf 1977.
155   Vgl. ebd.
156   Zur Erdölpolitik im Kalten Krieg: Graf 2014.
157   Vgl. CH-BAR#E5680-04#2000/96#4*, Zwei Befragungen zur sicherheitspolitischen Lage der Schweiz in den achtziger Jahren, 1.7.1979.

Drittens wurde – wiederum aufgrund von wirtschaftlichen Verteilungs- und Machtkämpfen – vermutet, dass der Nord-Süd-Konflikt zunehmend an Bedeutung gewinnen würde.[158]

Wie diese Darstellung zeigt, flossen aktuelle globale Entwicklungen und Ereignisse unmittelbar in die formulierten Bedrohungsszenarien ein, das heißt, der Wandel der Bedrohungsvorstellungen verlief parallel zum beobachteten Verlauf des Kalten Krieges. Gegen Ende der 1970er Jahre war – einerseits aufgrund der Entspannungs-, andererseits aufgrund der Abschreckungspolitik – ein Atomkrieg in relative Ferne gerückt. Erwartet wurde vielmehr eine starke Zunahme von gravierenden politischen und wirtschaftlichen Krisen als *„äussere Bedrohung ohne Krieg"*, die für die Schweiz in den 1980er Jahren „von grösster Signifikanz" sei.[159] Insgesamt malten die befragten Experten für die Zukunft der Schweiz ein sehr düsteres Bild, da *„[n]eue und neuartige Entwicklungen und Gefahren [...] die Sicherheit unseres Landes in bislang nicht bekannter Weise beeinträchtigen"*: „Der Ausblick ist beängstigend."[160]

Angesichts solcher Zukunftsszenarien plädierte die ZGV für eine Ausweitung der sicherheitspolitischen Forschung. „Kein ernstzunehmendes Land" – so die generelle Einschätzung ihrer Mitarbeiter – „wendet so wenig für Bedrohungsstudien auf wie die Schweiz."[161] Angestrebt wurde deshalb ein institutioneller Ausbau der sicherheitspolitischen Grundlagenstudien in Form einer Forschungsstelle innerhalb der ZGV.[162] Diese Ausbauwünsche gingen 1981 mit der Schaffung einer Sektion Grundlagenstudien in Erfüllung.[163]

Das Beispiel der sicherheitspolitischen Grundlagenstudien verweist auf drei Zusammenhänge, welche für die Ausgestaltung der schweizerischen Gesamtverteidigung in den 1970er Jahren bedeutsam sind: Erstens stehen die sicherheitspolitischen Grundlagenstudien für eine zunehmende Verwissenschaftlichung der schweizerischen Sicherheitspolitik in den 1970er Jahren. Dass dem Ziel der wissenschaftsbasierten Fundierung der Gesamtverteidigung eine große Bedeutung zugemessen wurde, zeigt sich auch daran, dass nach der Gesamtverteidigungsübung von 1977 die Fortsetzung

---

158 Vgl. ebd., Szenarien für die Schweiz in den achtziger Jahren (Entwurf), 20.7.1979.

159 Ebd., Zwei Befragungen zur sicherheitspolitischen Lage der Schweiz in den achtziger Jahren, 1.7.1979, Hervorh. i. Orig.

160 Ebd., Hervorh. i. Orig.

161 CH-BAR#E5680-04#2000/96#7*, Aktennotiz über die Besprechung betreffend die Weiterführung der sicherheitspolitischen Grundlagenstudien, 29.2.1980.

162 Vgl. ebd., und Aktennotiz über die Besprechung betreffend die Weiterführung der sicherheitspolitischen Grundlagenstudien, 11.3.1980.

163 Vgl. Rütti-Rohrer 1984, S. 60 f.

der sicherheitspolitischen Grundlagenstudien explizit gefordert wurde.[164]
Allerdings betrachteten Militärkreise diese (sozial-)wissenschaftliche Analyse
der Sicherheitspolitik teilweise äußerst kritisch. So meinte etwa Hans Senn,
von 1977 bis 1980 Generalstabschef, zu Beginn der 1980er Jahre:

> Der *Einfluss der Wissenschaft* hat in den letzten Jahren ständig zugenommen
> [...]. Gelehrte Abhandlungen haben uns in der Praxis allerdings noch nicht
> sehr viel weiter geführt. Ich bestreite die Notwendigkeit nicht, die komplexen
> Fragen der Gesamtverteidigung mit wissenschaftlicher Gründlichkeit zu durch-
> leuchten, doch kommt der Wissenschaft eine unterstützende und nicht eine
> führende Funktion zu.[165]

Senns Plädoyer für mehr Praxisbezogenheit war also mit der Kritik verbunden, bei der Weiterentwicklung der schweizerischen Gesamtverteidigung
werde momentan zu stark auf wissenschaftsbasierte Planungen, Modelle und
Szenarien – also auf zu viel „enactment-based knowledge" – gesetzt. Damit
sprach er sich gegen jenen Modus der Wissensproduktion aus, auf welchem
die sicherheitspolitischen Grundlagenstudien basierten.

Zweitens ergriff der Bund gegen die wahrgenommene ökonomische Bedrohung konkrete Maßnahmen im Bereich der wirtschaftlichen Landesversorgung. 1978 legte der Bundesrat dem Parlament eine Botschaft zur Änderung
der Verfassungsgrundlage für die schweizerische Versorgungspolitik vor.[166]
Damit reagierte er auf Diskussionen, die ab Mitte der 1970er Jahre eingesetzt
hatten, nachdem während der Ölkrise deutlich geworden war, dass die Versorgung der Schweiz auch in Friedenszeiten gefährdet sein konnte.[167] Die neue
Verfassungsgrundlage sah vor, dass der Bundesrat künftig nicht nur bei einem
„eigentlichen Krieg", sondern auch bei einer „äusseren machtpolitischen Bedrohung" und bei einer „von den Märkten her erwachsen[en]" Bedrohung in
die Schweizer Wirtschaft intervenieren konnte.[168] Wie der Historiker Maurice
Cottier herausgearbeitet hat, versuchte der Bundesrat damit, die Erfahrungen
des Ölpreisschocks des Jahres 1973 zu verarbeiten. Gleichzeitig wollte er die

---

164 Vgl. CH-BAR#E5680C#1998/161#117*, Aufträge des Bundesrates für die Auswertung der
     Gesamtverteidigungsübung 1977, ohne Datum; CH-BAR#E5680-04#2000/96#7*, Antrag
     des Rates für Gesamtverteidigung an den Bundesrat, 12.12.1977.
165 Senn 1983, S. 151 f., Hervorh. i. Orig.
166 Zur Änderung der rechtlichen Grundlage der Versorgungspolitik: Achermann-Knoepfli
     1990.
167 Vgl. Cottier 2014, S. 150–155.
168 Bundesrat zit. in ebd., S. 150 f.

Schweizer Wirtschaft gegen die risikoträchtige, wiewohl gewinnbringende Abhängigkeit von den zunehmend globalisierten Märkten wappnen.[169]

Schließlich verdeutlichen die sicherheitspolitischen Grundlagenstudien, wie stark das Bedrohungsbild eines Atomkrieges in der andauernden Phase der Entspannungspolitik an Bedeutung verlor. Dies war jedoch keineswegs gleichbedeutend mit einem Verschwinden nuklearer Bedrohungsszenarien. Wie der nächste Abschnitt zeigt, erfuhren in den 1970er Jahren vielmehr neue Vorstellungen atomarer Bedrohung Virulenz, so insbesondere mögliche Atomkatastrophen in Kernkraftwerken.

Frieden oder Krieg? ‚Linksterrorismus‘ und Sabotage in Kernkraftwerken

Die Imagination von Atomkatastrophen in Kernkraftwerken war eng an die Vorstellung des ‚Feindes im Innern‘ gekoppelt. Das Bedrohungsbild der Infiltration, Subversion und Sabotage hatte ab Mitte der 1960er Jahre zunehmend Konjunktur. In den 1970er Jahren verstärkte sich diese Bedrohungswahrnehmung zum einen durch den anhaltenden ‚Linksterrorismus‘ von Gruppierungen wie der Roten Armee Fraktion in der Bundesrepublik Deutschland und der Roten Brigaden in Italien, zum anderen durch den von schweizerischen Behörden mitunter als militant eingestuften Widerstand gegen den Bau von Atomkraftwerken.[170] Vor diesem Hintergrund gewann das Szenario einer Sabotage von Kernkraftwerken in den 1970er Jahren immer mehr an Plausibilität. Dieses neue Bedrohungsszenario prägte auch die zu dieser Zeit durchgeführten Katastrophenübungen. Bemerkenswert ist dabei, dass die gouvernementale Imagination des atomaren Terrors immer stärker kriegsähnliche Züge annahm. Dadurch verwischte in den 1970er Jahren die Grenze zwischen Friedens- und Kriegszustand zusehends.[171]

Im Januar 1975 fand unter dem sinnigen Titel „Atogau" im Kanton Aargau eine Katastrophenübung statt, an welcher eine Sabotage im Kernkraftwerk Beznau simuliert wurde. An dieser Notfallübung nahmen neben dem Gesamtregierungsrat des Kantons Aargau und den Mitgliedern des Kantonalen Führungsstabes zahlreiche Gäste teil, namentlich leitende Offiziere des Territorialdienstes der Armee, der Chef des kantonalzürcherischen Zivilschutzamtes, Vertreter des Eidgenössischen Instituts für Reaktorforschung, Direktoriumsmitglieder des Kernkraftwerks Beznau und der Nordostschweizerischen Kraftwerke AG,

---

169   Vgl. ebd., S. 151 f.
170   Zur Roten Armee Fraktion und den Roten Brigaden u. a.: Terhoeven 2014; Locher 2013; Hof 2011; Hürter 2010; Balz 2008; Kraushaar 2006; Weinhauer 2006.
171   Vgl. dazu auch Kapitel 6 und 7.

denen das Werk in Beznau gehörte, sowie Mitarbeiter verschiedener Bundes-
stellen. Zu letzteren zählten unter anderem Otto Huber, Präsident der Eid-
genössischen Kommission zur Überwachung der Radioaktivität und des
Alarmausschusses für den Fall erhöhter Radioaktivität, Peter Courvoisier und
Serge Prêtre von der Abteilung für die Sicherheit der Kernanlagen, Oberst
Ulrich Imobersteg, Chef der Abteilung AC-Schutzdienst des Eidgenössischen
Militärdepartements, sowie ZGV-Direktor Hermann Wanner.[172] Unter den
Vertretern des Bundes befanden sich also mehrere führende Strahlenschutz-
experten. Wie in den vorangehenden Kapiteln gezeigt, gehörten diese zu
einem Netzwerk aus Fachleuten, das die gouvernementale Ausgestaltung des
Strahlenschutzes in der Schweiz über Jahrzehnte prägte.

Ziel der Katastrophenübung „Atogau" war es, den Kantonalen Führungsstab zu testen. Das Szenario der Übung sah eine Erpressung respektive
Sabotage in einem Kernkraftwerk vor. „Diese Angelegenheit" – so der zuständige Regierungsrat – beschäftige den Kanton Aargau „seit einiger Zeit,
namentlich inbezug auf die Katastrophenverhütung und Bekämpfung."[173]
Dass sich der Kanton Aargau Mitte der 1970er Jahre mit dem Bedrohungsbild
einer – insbesondere mutwillig herbeigeführten – Atomkatastrophe befasste,
war wesentlich dem durch ein Bombenattentat palästinensischer Terroristen
verursachten Flugzeugabsturz einer Swissair-Maschine bei Würenlingen
1970 geschuldet. Diese Maschine stürzte in unmittelbarer Nähe zum Eidgenössischen Institut für Reaktorforschung in den Wald. Der beinahe Absturz
auf diese Atomanlage verstärkte die laufende öffentliche Diskussion über die
nukleare Sicherheit von Atomkraftwerken und das Risiko von Reaktorunfällen
aufgrund technischer Defekte oder äußerer Einwirkungen wie Flugzeug-
abstürzen oder Sabotageversuchen.[174] Zudem hatte der Kanton Aargau einige
Jahre zuvor zwei weitere schwere zivile Katastrophenfälle zu bewältigen gehabt, nämlich 1969 die Explosion der Sprengstofffabrik Dottikon und 1963
den Flugzeugabsturz einer Swissair-Maschine bei Dürrenäsch.[175] Der Kanton
Aargau fungierte zu jener Zeit als einziger Standortkanton von in Betrieb
stehenden Kernkraftwerken und beheimatete mit Kaiseraugst gleichzeitig

---

172 Vgl. CH-BAR#E3300C#1993/154#611*, Protokoll der Katastrophenübung Atogau, 30./
      31.1.1975.
173 Ebd.
174 Vgl. Kupper 2003a, S. 122, bes. Fn. 53. Zum Bombenattentat und dem Flugzeugabsturz in
      Würenlingen veröffentlichte Marcel Gyr ein umstrittenes Buch: Gyr 2016. Dazu kritisch:
      Zala/Bürgisser/Steiner 2016.
175 In einem anlässlich der Übung „Atogau" gehaltenen Referat wurde explizit auf die drei
      Katastrophenereignisse Würenlingen, Dottikon und Dürrenäsch Bezug genommen. Vgl.
      CH-BAR#E3300C#1993/154#611*, Protokoll der Katastrophenübung Atogau, 30./31.1.1975.

den Hauptschauplatz der Auseinandersetzungen um den Bau von Kernkraftwerken. Mittels der Übung wolle man nun wissen – so die Erläuterung des
Regierungsrates –, „wo wir heute stehen, welche Schadenereignisse möglich
sind und wie diesen begegnet werden kann."[176]

Das Drehbuch der Übung war von der Direktion des Kernkraftwerks Beznau
im Einvernehmen mit eidgenössischen Behörden und der Abteilung für
zivile Verteidigung des Kantons Aargau verfasst worden. Es enthielt fingierte
Meldungen der internen Notfallorganisation der Nordostschweizerischen
Kraftwerke AG an außenstehende Instanzen, etwa die Polizei und die Ab-
teilung für die Sicherheit der Kernanlagen, sowie weitere für den Kantonalen
Führungsstab wichtige Meldungen, so beispielsweise Presseberichte.[177] Das
Szenario der ersten Phase der Übung startete mit einer im Kernkraftwerk
Beznau eingegangenen Drohung von Unbekannten. Diese wollten eine Bombe
detonieren lassen, falls – so die Meldung im Drehbuch – „der Bundesrat nicht
innert 24 Stunden einen Baustopp über alle Kernkraftwerkprojekte verfügt."[178]
Die zweite Phase der Übung sah abermals einen Erpressungsfall vor. Gemäß
Drehbuch war eine bewaffnete Gruppe in den Kommandoraum des Kernkraftwerks Beznau eingedrungen. Diese hatte an einem unbekannten Ort eine
Sprengladung angebracht und verlangte „2 Mio Franken in bar, ausbezahlt
auf Bank in Beirut", die „Freilassung von 8 Gefangenen aus der Strafanstalt
Lenzburg und freies Geleit bis Algier" sowie ein „bundesrätliche[s] Verbot für
den Bau und Betrieb von Kernkraftwerken ausgesprochen mit der Warnung,
jegliches aktive Eingreifen der Polizei zu unterbinden ansonst die Sprengladung gezündet würde und die Geiseln erschossen würden."[179] Später versuchte die Gruppe ihrer Forderung nach einem Bauverbot für Kernkraftwerke
laut Drehbuch mit der Drohung Nachdruck zu verleihen, dass sie anderenfalls
„durch Freisetzung von Radioaktivität die Gefährlichkeit der Kernkraftwerke
beweisen" würde.[180] In der dritten und letzten Phase der Übung wurde das
Szenario der zweiten Phase fortgesetzt. Den Beginn dieser Phase stellte im
Drehbuch folgende Meldung dar: „Einige starke Detonationen waren im Brenn-
stofflager KKB I [Kernkraftwerk Beznau I] hörbar. Aufgrund des gelagerten
Brennstoffinventars und der Anzahl Detonationen muss damit gerechnet
werden, dass Radioaktivität freigesetzt wird."[181] Nach dieser Meldung kamen

---

176   Ebd.
177   Vgl. ebd., Drehbuch für die Notfallübung Sabotage im Kernkraftwerk Beznau, 25.1.1975.
178   Ebd.
179   Ebd.
180   Ebd.
181   Ebd.

die Strahlenschutzbehörden des Bundes ins Spiel, um Schutzmaßnahmen für die Bevölkerung in der Umgebung des Kernkraftwerks anzuordnen.[182]

Ich möchte an dieser Stelle nicht näher auf die Diskussionen der Übungs-teilnehmer eingehen, die sich um das Handling der drei Szenarien drehten, sondern mich der Frage zuwenden, wer in den Augen der Behörden des Bundes und des Kantons Aargau sowie der Kernkraftwerkbetreiber als mög-liche Erpresser und Saboteure infrage kam. Wie die Bedrohungsszenarien der Übung „Atogau" zeigen, waren dies in erster Linie militante Atomkraftwerk-gegner in Zusammenarbeit mit bzw. mit Verbindung zu arabischen Terroristen. Diese wurden gemäß Drehbuch von eingeschleusten Werkarbeitern und ein-heimischen Aktivisten unterstützt. So traten im Szenario der ersten Phase der Übung zwei Betriebsmitarbeiter auf, die „durch abnormales Verhalten aufgefallen [sind]", weshalb der Krisenstab der Nordostschweizerischen Kraftwerke AG verlangte, „dass diese in Gewahrsam genommen und ver-hört werden." In der zweiten Phase der Übung forderten „Vertreter einer un-bekannten Aktionsgruppe" die Bevölkerung der Gemeinde Döttingen, wo sich das Kernkraftwerk Beznau befindet, mit Lautsprechern dazu auf, „sich in Sicherheit zu begeben und die Region zu verlassen", worauf „Unruhe und grosse Aufregung [...] das Dorfbild [prägen]" und der Gemeindepräsident „die sofortige Abstellung der Kernkraftwerke [verlangt]."[183] Es zeigt sich somit deutlich, dass das Szenario der Kernkraftwerk-Sabotage unterschiedliche ‚Linksterroristen' und andere ‚innere Feinde' im Visier hatte.

Ähnlich wie bei der Landesverteidigungsübung 1971, an welcher die fingierten Presseerzeugnisse unter Geheimhaltungspflicht gestellt wurden, wollte der Aargauer Regierungsrat auch das Szenario der Katastrophen-übung „Atogau" geheim halten. So hielt er dafür, „keine Pressenotiz zu ver-öffentlichen, da man entweder damit nichts aussagt, oder aber durch gewisse Informationen eine falsche Reaktion hervorgerufen werden könnte."[184] Ver-mutlich ist die Rede von den „falschen Reaktionen" darauf zurückzuführen, dass die gouvernementale Propaganda zur Bekämpfung der ‚Feinde im Innern' spätestens seit der Publikation des Zivilverteidigungsbüchleins 1969 vermehrt öffentlich kritisiert wurde. Solcher Kritik wollte sich der Kanton Aargau durch die Geheimhaltung augenscheinlich entziehen.

Einzelne Bundesstellen standen der „Atogau"-Übung ablehnend gegenüber, so das Bundesamt für Zivilschutz und die Abteilung für die Sicherheit der

---

182   Vgl. ebd.

183   Ebd.

184   Ebd., Protokoll der Katastrophenübung Atogau, 30./31.1.1975.

Kernanlagen.[185] Um den von dieser Seite geäußerten Vorbehalten Rechnung zu tragen, beschränkte der Kanton Aargau den Teilnehmerkreis und verzichtete insbesondere darauf, Vertreter der umliegenden Gemeinden sowie Gäste aus Süddeutschland einzuladen.[186] Diese Reaktionen lassen darauf schließen, dass es innerhalb des Bundes Stimmen gab, welche das Bedrohungsbild der Sabotage von Kernkraftwerken als politisch heikel betrachteten und es für besser hielten, wenn diesbezüglich während der immer noch virulenten Anti-Atomkraft-Debatte nicht allzu viel Öffentlichkeit hergestellt wurde. Der Chef der Abteilung für die Sicherheit der Kernanlagen Peter Courvoisier beispielsweise betonte, er ziehe es vor, statt vom „Problem der Sabotage [...] allgemein von Einwirkungen Dritter zu sprechen, denn wir müssen langsam vorsichtig sein, wenn soviel Papier entsteht über diese Fragen [...].“[187] Dieser Versuch, die imaginierte Bedrohung auf semantischer Ebene zu versachlichen, ging indessen mit der Einschätzung einher, in einer Zeit zu leben, „bei der man sich fragen kann, ob dieser Zustand eigentlich noch als Frieden bezeichnet werden kann.“[188] Dieses Zitat veranschaulicht exemplarisch, dass vor dem Hintergrund der wahrgenommenen Bedrohung im Innern der Friedens- und der Kriegszustand bisweilen nicht mehr klar voneinander abgrenzbar erschien. Mit dieser Deutung der Gegenwart als kriegsähnlich ließ sich auch eine Politik der Geheimhaltung – oder zumindest eine eingeschränkte Informationspolitik – legitimieren.

Gleichzeitig verdeutlichen die Bedrohungsszenarien der aargauischen Notfallübung, wie stark der zivilgesellschaftliche Widerstand gegen den Bau von Atomkraftwerken als Bedrohung der inneren Sicherheit wahrgenommen wurde. Symptomatisch erklärte etwa Oberst Ulrich Imobersteg nach Abschluss der Übung, auch das Militärdepartement werde „immer wieder angegriffen von den Atomkraftwerkgegnern, denen alle Argumente recht sind, um die Bevölkerung zu verunsichern.“[189] Wie bei den nationalen Verteidigungsübungen wurden oppositionelle zivilgesellschaftliche Bewegungen auch bei der Katastrophenübung „Atogau" als ‚innere Feinde' diskreditiert und

---

185 Vgl. CH-BAR#E8190B-01#1985/59#195*, Schreiben von P. Courvoisier an H. W. Binz, H. R. Siegrist und Cl. Zangger, 14.1.1975, und Schreiben von H. Mumenthaler an W. Ritschard, 21.1.1975.

186 Vgl. CH-BAR#E3300C#1993/154#611*, Protokoll der Katastrophenübung Atogau, 30./31.1.1975.

187 Ebd., Beilage 3 zum Protokoll zur Konferenz betreffend Sicherheit von Kernkraftwerken, 12.3.1975.

188 Ebd.

189 Ebd., Protokoll der Katastrophenübung Atogau, 30./31.1.1975.

mit Terrorismus in Verbindung gebracht.[190] In den Bedrohungsvorstellungen der schweizerischen Gesamtverteidiger offenbarte sich somit ein äußerst fragwürdiges Verständnis von Demokratie.

Das Szenario einer Atomkatastrophe in Kernkraftwerken beschäftigte indessen nicht nur den Kanton Aargau, sondern auch den Bund und internationale Organisationen. Im März 1975, also nur zwei Monate nach der Durchführung der „Atogau"-Übung, fand eine von der ZGV initiierte Konferenz statt, an der Vertreter der Bundesverwaltung das Problem der Sicherheit von Kernkraftwerken diskutierten. Als Gründe für die verstärkte Beschäftigung mit diesem Thema nannte ZGV-Direktor Hermann Wanner die „Steigerung der Sensibilität gegenüber den Kernkraftwerken, was mit dem Stichwort ‚angeheizte Atomangst' umschrieben werden kann", aber auch die „realen Möglichkeiten von Sabotage, Betriebsunfällen oder kriegerischen Ereignissen" – man beachte die Reihenfolge der genannten Gefahrenpotenziale, in welcher die angebliche Bedrohung durch ‚innere Feinde' an erster Stelle stand.[191] Die Frage der Sicherheit von Kernkraftwerken führte zum Aufbau eines Alarmsystems für die Umgebung von Kernkraftwerken, das schließlich zu Beginn der 1980er Jahre einsatzbereit war.[192] Die besondere Alarmorganisation für Kernkraftwerke macht explizit deutlich, wie sich die Vorstellung der atomaren Bedrohung im Verlaufe der 1970er Jahre auf den Zivilbereich ausweitete.

Diese Verschiebung in der Bedrohungswahrnehmung zeigte sich auch anlässlich der Gesamtverteidigungsübung von 1977, als nach einer längeren Pause zum ersten Mal seit 1971 wieder eine nationale Verteidigungsübung stattfand. Bemerkenswert ist, dass die Übungsanlage keinen Verteidigungs- bzw. Kriegsfall vorsah, sondern lediglich Krisen- und Katastrophenfälle trainiert werden sollten.[193] Vor dem Hintergrund der Entspannungspolitik des Kalten Krieges und der als virulent erachteten Bedrohung der inneren Sicherheit lag das inhaltliche Schwergewicht der Übung somit so klar wie nie zuvor auf der zivilen Verteidigung.

Wie in der Katastrophenübung „Atogau" wurden nukleare Bedrohungen hauptsächlich als Sabotageakte in Atomanlagen in die Übung eingebaut. So kam es laut Übungsanlage zu einer Geiselnahme im Eidgenössischen Institut für Reaktorforschung in Würenlingen sowie zu einem Überfall auf das Kernkraftwerk Mühleberg; die Terroristen konnten aber in beiden Fällen zum

190   Zum ‚Linksterrorismus' in der Schweiz: Grisard 2011.
191   CH-BAR#E3300C#1993/154#611*, Schreiben von H. Wanner an verschiedene Herren, 16.1.1975.
192   Vgl. dazu Kapitel 6.3.
193   Vgl. CH-BAR#E5680C#1998/161#116*, Einleitung Übungsleiter (10 min), ohne Datum.

Nachgeben bewegt werden.[194] Daneben sah die Übungsanlage eine Atomexplosion im französischen Lyon vor, deren radioaktiver Fallout auch die Schweiz verstrahlte.[195] Bei der Orientierung der Bevölkerung traten zwischen dem Alarmausschuss für den Fall erhöhter Radioaktivität und dem Bundesamt für Zivilschutz wiederum Koordinationsprobleme zutage, etwa hinsichtlich der Vorbereitung für einen möglichen Bezug der Schutzräume.[196] Deshalb listete der Auswertungsbericht der Übung den Punkt „Warnung, Alarmierung und Verhalten der Zivilbevölkerung bei Katastrophen" abermals unter den noch offenen Problemen auf.[197] Damit förderte die Gesamtverteidigungsübung zum wiederholten Male Koordinationsprobleme im Bereich von Atomalarm und Strahlenschutz zutage.

Aufgrund der Erkenntnisse der Gesamtverteidigungsübung wurde 1978 zum einen die Studiengruppe Warnung und Alarmierung des Stabes für Gesamtverteidigung eingesetzt, welche den Auftrag erhielt, ein einheitliches und umfassendes Alarmierungskonzept zu erarbeiten.[198] Zum anderen verdeutlichte die Übung erneut die Dringlichkeit des Aufbaus eines Alarmsystems für die Umgebung von Kernkraftwerken.[199] In einem Referat anlässlich der Schlussbesprechung der Übung hatte auch Walter Winkler, Professor für Reaktorphysik am Eidgenössischen Institut für Reaktorforschung, den Aufbau eines solchen Alarmsystems gefordert.[200] Winklers Referat löste allerdings zunächst einen Konflikt aus: Der Bundesrat sah eine Veröffentlichung des Textes vor,

---

194   Vgl. ebd., Ergebnisse der ausserordentlichen Sitzung der Lagekonferenz vom 6.6.77, 0800 (supponiert), 6.6.1977.

195   Vgl. ebd., Déroulement de l'exercice, ohne Datum.

196   Vgl. ebd., Beschlussprotokoll der Stabssitzung vom 6.6.1977, 1615, 6.6.1977, und Schreiben des Direktors des Bundesamtes für Zivilschutz an K. Furgler, 18.1.1977; CH-BAR#E5680-04#2000/96#2*, Schlussbericht über die Gesamtverteidigungsübung 1977, Februar 1977.

197   CH-BAR#E5680C#1998/161#117*, Aufträge des Bundesrates für die Auswertung der Gesamtverteidigungsübung 1977, ohne Datum. Vgl. auch CH-BAR#E5680C#1998/161#116*, Schlussbesprechung: Gesamtbetrachtung Übungsleiter, ohne Datum; CH-BAR#E5680-04#2000/96#2*, Schlussbericht über die Gesamtverteidigungsübung 1977, Februar 1977; CH-BAR#E5680C#1998/161#117*, Bericht des Stabes für Gesamtverteidigung für die Auswertung der Gesamtverteidigungsübung 1977, 26.5.1977; CH-BAR#E5560D#1997/160#1645*, Orientierung über den Auftrag der neugebildeten Expertengruppe für die Auswertung der Gesamtverteidigungsübung 1977, ohne Datum.

198   Vgl. CH-BAR#E5680C#1998/161#122*, Bericht über den Stand Ende 1979 der Auswertung der Gesamtverteidigungsübung 1977, ohne Datum, und Bericht über den Stand Ende 1979 der Auswertung der Gesamtverteidigungsübung 1977 (2. Teil), ohne Datum. Zur Studiengruppe Warnung und Alarmierung vgl. Kapitel 6.2.

199   Vgl. dazu Kapitel 6.3.

200   Vgl. CH-BAR#E5680-04#2000/96#2*, Gedanken über die nuklearen Gefahren, ohne Datum. Zu Walter Winkler: Balmer 2015.

wogegen die Vereinigung der Kernkraftwerke „grosse Bedenken" anmeldete.[201] In der Folge wurde das Referat in einer gemeinsamen Aktion von Professor Winkler, dem Übungsleiter und Stabschef Operative Schulung Hans Rapold, dem Direktor des Amtes für Energiewirtschaft Hans Rudolf Siegrist sowie Otto Huber, dem Präsidenten der Eidgenössischen Kommission zur Überwachung der Radioaktivität und des Alarmausschusses für den Fall erhöhter Radioaktivität, inhaltlich überarbeitet und vor der Veröffentlichung nochmals dem Bundesrat unterbreitet.[202] Dies ist wiederum ein Hinweis darauf, wie stark die Frage der nuklearen Sicherheit von Atomkraftwerken in den 1970er Jahren als politisch brisant wahrgenommen wurde – und wie vehement die Bundesbehörden die Interessen der Atomkraftwerkbetreiber während der laufenden Anti-Atomkraft-Debatte zu schützen versuchten.

Gegen Ende der von Krise und Aufbruch geprägten 1970er Jahre spiegelten die Bedrohungsbilder der Gesamtverteidigungsübung von 1977 den behördlicherseits wahrgenommenen wirtschaftlichen und gesellschaftlichen Wandel wider.[203] Neben potenziellen künftigen ökonomischen Krisen schien die nationale und öffentliche Sicherheit wie nie zuvor durch (atomaren) Terrorismus und ‚Feinde im Innern' gefährdet. Die seit Mitte der 1960er Jahre vorhandenen Tendenzen hinsichtlich der imaginierten Bedrohungspotenziale spitzten sich somit im Verlauf der 1970er Jahre kontinuierlich zu. Gleichzeitig fand bezüglich der nuklearen Bedrohung eine bedeutende Verschiebung statt, indem mit der (mutwillig herbeigeführten) Kernkraftwerkatastrophe nun vermehrt ein ziviles nukleares Bedrohungsszenario in den Blick rückte, während das Bild eines Atomkrieges vorübergehend in den Hintergrund trat. Wie wir im nächsten Teilkapitel sehen werden, kehrte diese Bedrohungsform in den 1980er Jahren jedoch mit Vehemenz in die öffentliche und sicherheitspolitische Diskussion zurück.

5.3   Rückkehr des Atomkrieges. Problem des Weiterlebens und Kritik an der Gesamtverteidigung, 1980er Jahre

1980 fand die erste Gesamtverteidigungsübung im letzten Jahrzehnt des Kalten Krieges statt.[204] Dass der Ost-West-Konflikt am Ende dieser Dekade offiziell Geschichte sein und sich bereits ab Mitte der 1980er Jahre eine merkliche

---

201   CH-BAR#E5680C#1998/161#117*, Auszug aus dem Protokoll des Stabes GV, 12.5.1977.
202   Vgl. ebd.
203   Zu den 1970er Jahren als Krisen- und Umbruchjahrzehnt vgl. Kapitel 1, Fn. 55.
204   Wesentliche Teile dieses Teilkapitels wurden bereits publiziert in: Marti 2014b, S. 164–169.

Entspannung und Annäherung zwischen den beiden Supermächten anbahnen würde, ahnte zu Beginn dieses Jahrzehnts noch niemand. Vielmehr schien ein atomar geführter Dritter Weltkrieg zu diesem Zeitpunkt für viele Menschen so drohend und nah wie kaum je zuvor.

Hintergrund solch apokalyptischer Szenarien bildete eine erneute Verhärtung der Ost-West-Beziehungen ab 1979. Diese auch als Zweiter Kalter Krieg bezeichnete Phase der Blockkonfrontation hing im europäischen Kontext hauptsächlich mit dem sogenannten NATO-Doppelbeschluss zusammen. In erster Linie als Reaktion auf den Ausbau des sowjetischen Potenzials an Mittelstreckenraketen in Europa gefasst, sah dieser Beschluss zum einen eine erneute nukleare Nachrüstung vor, zum anderen wollte die NATO mit der Sowjetunion Verhandlungen über einen gegenseitigen Abbau des Atomwaffenarsenals aufnehmen. Schließlich wurden 1983 Marschflugkörper und Mittelstreckenraketen in der Bundesrepublik Deutschland, in Italien und in Großbritannien stationiert. Diese massive nukleare Aufrüstung entfachte in vielen Bevölkerungen europa- und weltweit neue Ängste vor einem künftigen Atomkrieg und ließ mitunter eine regelrechte Endzeitstimmung aufkommen.[205]

Aufgrund der sich verschärfenden geopolitischen Spannungen ist es wenig erstaunlich, dass bei der Gesamtverteidigungsübung von 1980 wieder ein Atomkriegsszenario durchgespielt wurde.[206] In der Übungsanlage manifestierte sich die nukleare Bedrohung zunächst in einer messbaren Erhöhung der Radioaktivität, ausgelöst durch chinesische Versuchsexplosionen. Im späteren Verlauf der Übung musste aufgrund von Atomwaffeneinsätzen, die auch auf schweizerischem Gebiet stattfanden, Strahlenalarm ausgelöst werden, welcher die Bevölkerung in der Ost- und Zentralschweiz für längere Zeit dazu zwang, ihre Schutzräume aufzusuchen. In diesen Regionen traten auch Fälle von Strahlenkrankheit auf. Zudem musste die Milchversorgung an verschiedenen Orten, insbesondere in Städten, vorübergehend eingestellt werden.[207] Auch bei dieser Übung traten hinsichtlich der Orientierung der Bevölkerung und der Truppen über die Verstrahlungslage wiederum Koordinationsprobleme auf. Diese betrafen nun den Alarmausschuss für den Fall erhöhter Radioaktivität und die für den Strahlenschutz zuständigen Stellen in der Armee.[208] Im Zuge der Auswertung der Übung wurden deshalb die

---

205 Zur nuklearen Aufrüstung und wieder aufkeimenden Atomangst im Zweiten Kalten Krieg: Conze/Klimke/Varon 2017; Becker-Schaum/Gassert/Klimke/Mausbach/Zepp 2016.
206 Vgl. CH-BAR#E5680C#1998/161#139*, Sitzung Rat GV, 15.11.1979.
207 Vgl. CH-BAR#E4001E#1992/116#60*, Übungsanlage (Blätter der Phasen 1-5), ohne Datum.
208 Vgl. CH-BAR#E5680C#1998/161#119*, Beschlussprotokoll Sitzung Stab GV vom 22.1.80, 1145 (5.2.80), 22.1.1980.

Fragen laut, welcher Instanz der zivile Alarmausschuss im Kriegsfall unterstellt werden sollte und ob der sogenannte Ausschuss AC-Schutz, ein personell mit dem Alarmausschuss praktisch deckungsgleiches Koordinationsgremium für den Strahlenschutz auf Bundesebene, aufgelöst werden sollte.[209] Diese Unterstellungs- und Zuständigkeitsprobleme zeigen, dass die Koordination im Bereich der Alarmierung sowie der Anordnung atomarer Schutzmaßnahmen nach wie vor ein ungelöstes Problem darstellte.

Auch die nächste Gesamtverteidigungsübung, die 1984 stattfand, beinhaltete einen Nuklearkriegsfall. Die Übungsleitung mahnte indessen vor einer Fixierung auf das Bedrohungsbild des Atomkrieges. So sprach sie anlässlich einer Orientierung über die Erkenntnisse aus der Übung gegenüber dem Bundesrat von vorhandenen „Fehlperzeptionen". Es bestehe „eine latente Angst vor einem Atomkrieg", während andere Gefahren wie konventionell, biologisch oder chemisch geführte Kriege, aber auch die „indirekte Konfliktführung" durch Großmächte oder terroristische Gruppierungen „kaum wahrgenommen" würden: „Umfragen zeigen eine erstaunliche Geringschätzung gerade desjenigen Potentials, mit dem wir in erster Linie rechnen müssen."[210] Aus Sicht der Gesamtverteidiger bildete ein Atomkrieg für die Schweiz also längst nicht die einzige Gefahr, doch dominierte dieser in ihrer Wahrnehmung die öffentliche Diskussion. Dabei herrsche – so die Wahrnehmung in Militär- und Zivilschutzkreisen – bei der Schweizer Bevölkerung das Gefühl vor, sämtliche Verteidigungsmaßnahmen seien zwecklos, da es nach einer nuklearen Katastrophe sowieso kein Weiterleben mehr gebe: „Es droht sich eine Diskrepanz zu entwickeln zwischen den rational begründbaren Verbesserungsnotwendigkeiten und dem Gefühl, solches nütze angesichts der atomaren Vernichtungsdrohung ohnehin nichts [...]."[211] Die in der Öffentlichkeit geäußerten Zweifel an der Möglichkeit des Weiterlebens nach einem Atomschlag beschäftigten die Gesamtverteidigungsorgane in der ersten Hälfte der 1980er Jahre stark. Aus diesem Grund setzte der Bundesrat 1983 eine Studiengruppe ein, die sich exakt diesem Problem widmen sollte.

Die Studie „Weiterleben"

Im Mai 1983 wandte sich der Vorsteher des Eidgenössischen Justiz- und Polizeidepartements Rudolf Friedrich an den Vorsteher des Eidgenössischen

---

209 Vgl. CH-BAR#E3300C#1993/157#492*, Schreiben von W. Hunzinger an E. Marthaler, 25.2.1980. Vgl. auch ebd., Aktennotiz über die Aussprache Koordination der Orientierung über Verstrahlungslage, 5.2.1980. Vgl. zu diesen Fragen Kapitel 6.1.
210 CH-BAR#E5001G#1993/175#788*, Erkenntnisse im Zusammenhang mit der Bearbeitung der GVU 84, 20.5.1985.
211 Ebd.

Militärdepartements (EMD) Georges-André Chevallaz.[212] Dabei informierte Bundesrat Friedrich seinen Bundesratskollegen Chevallaz darüber, dass

> [e]ine ausgesprochene Informationslücke [...] hinsichtlich der Problematik des Weiterlebens im Falle einer Verseuchung durch radioaktiven Ausfall oder durch sesshaft eingesetzte chemische Kampfstoffe [besteht]. [...] Das Fehlen allgemein verständlicher, sachlich richtiger und der besonderen Lage eines neutralen Kleinstaates Rechnung tragender Informationen auf diesem Gebiet führt zur Verunsicherung der Öffentlichkeit. Damit steht der Weg offen für Spekulationen und Schlagworte wie zum Beispiel „Die Lebenden werden die Toten beneiden", welche sich mit der Zielsetzung unserer Sicherheitspolitik nicht vereinbaren lassen und welche den Sinn der Armee und des Zivilschutzes in Frage stellen.[213]

Auslöser für die von Bundesrat Friedrich wahrgenommene, erhöhte Sensibilisierung der Bevölkerung für die Folgen einer Atomkatastrophe war das neuerliche nukleare Wettrüsten im Zweiten Kalten Krieg. Dieses gab in zahlreichen Ländern auf beiden Seiten des ‚Eisernen Vorhangs' Anlass zu Massenprotesten und führte zur Bildung einer neuen Friedensbewegung mit gesamteuropäischem bzw. transatlantischem Charakter.[214] Auch in der Schweiz fanden Demonstrationen für den Frieden statt. 1981 versammelten sich in Bern zwischen 30.000–40.000, 1982 in Genf rund 20.000 und 1983 wiederum in Bern 40.000–50.000 Menschen, um eine gleichzeitige Abrüstung in Ost und West zu fordern; ein internationaler Sternmarsch für den Frieden führte 1982 zudem nach Basel, Baden und ins Elsass.[215]

Doch nicht nur die internationale Friedensbewegung, sondern auch kritische Wissenschaftler und Wissenschaftlerinnen versuchten, die Öffentlichkeit vor den desaströsen Folgen eines Nuklearkrieges zu warnen. In der Schweiz gründeten Ärzte 1981 eine nationale Sektion der *Physicians for Social Responsibility*, ein Jahr später wurde diese Gruppe Mitglied der *International*

---

212   Ausführlich zur Wissensgeschichte der Studie „Weiterleben": Berger Ziauddin/Marti 2020.

213   CH-BAR#E5680C#1999/14#153*, Information der Öffentlichkeit über die Problematik einer mittel- und langfristigen Verseuchung durch radioaktiven Ausfall oder durch sesshafte chemische Kampfstoffe, ohne Datum. Vgl. auch ebd., Schreiben von R. Friedrich an G.-A. Chevallaz, 25.5.1983.

214   Einen Überblick über die europäische bzw. transatlantische Friedensbewegung bieten: Wittner 2009; Ziemann 2009; Wittner 2003. Zur Friedensbewegung im geteilten Deutschland in den 1980er Jahren: Becker-Schaum/Gassert/Klimke/Mausbach/Zepp 2012; Gassert/Geiger/Wentker 2011; Schregel 2011; Conze 2010; Davis 2009; Wette 2000; Wette 1998.

215   Vgl. Bein/Epple 1986, S. 91 f. Zur schweizerischen Friedensbewegung der 1980er Jahre vgl. Kapitel 1, Fn. 50.

Abb. 20   Broschüre „Eine Megatonne über Bern", 1983.

Physicians for the Prevention of Nuclear War.[216] Ziel der Schweizer Ärztinnen und Ärzte für Soziale Verantwortung war es, wissenschaftliche Informationen über die medizinischen Aspekte der militärischen und zivilen Nutzung der Atomenergie zu verbreiten. Im September 1983 veröffentlichte das Berner Komitee die Informationsbroschüre „Eine Megatonne über Bern. Die medizinischen Auswirkungen von Kernwaffen" (Abb. 20), in welcher das Szenario einer Atomexplosion über der Schweizer Hauptstadt durchgespielt wurde.[217] Darin kam das Berner Komitee zu dem Schluss, dass das schweizerische Gesundheitssystem eine Nuklearkatastrophe mit hunderttausenden verletzten und verstrahlten Personen nicht würde bewältigen können.

---

216   Zur Geschichte der *International Physicians for the Prevention of Nuclear War*: Kemper 2016; Kemper 2012.
217   Vgl. Ärzte für Soziale Verantwortung 1983.

Zusätzlich entfachten populäre Darstellungen einer imaginierten atomaren Apokalypse, wie sie beispielsweise der US-amerikanische TV-Film *The Day After* zeigte,[218] sowie Spekulationen über das befürchtete Phänomen des nuklearen Winters, sprich durch Kernwaffeneinsätze verursachte klimatische Veränderungen, einen erhöhten Wissensbedarf.[219] Die in den Schutz der Bevölkerung involvierten Organe und Gremien des Bundes, darunter auch die Zentralstelle für Gesamtverteidigung (ZGV), zeigten sich angesichts „der momentanen Empfindlichkeit der Medien auf die Fragen des Weiterlebens nach ABC-Kriegsereignissen" beunruhigt.[220] Mitunter wurde auch die Vermutung geäußert, „dass die Aktualisierung dieser Fragen politisch gesteuert ist" und es sich darüber hinaus um ein Thema handle, das „sich in den Medien gut zu ‚verkaufen' [scheint]".[221] Es waren diese Befürchtungen, Szenarien und Bilder, die zwischen der Friedensbewegung, kritischen Ärzteorganisationen, der Populärkultur und den Medien zirkulierten, welche Bundesrat Friedrich dazu veranlassten, sich an seinen Kollegen Chevallaz zu wenden. Die beiden Bundesräte beschlossen daraufhin die Bildung einer Studiengruppe, welche die Auswirkungen eines Nuklearkrieges auf die Schweiz studieren sollte.[222]

Die daraufhin vom Stab für Gesamtverteidigung eingesetzte Studiengruppe Weiterleben nahm ihre Tätigkeit Ende 1983 auf. Als Chef der fünfköpfigen Gruppe fungierte Bernard Anet, ein Ingenieur, der im AC-Labor in Spiez für die Gruppe für Rüstungsdienste des EMD arbeitete. Ebenso zur Gruppe gehörte der Leiter der Sektion Grundlagenstudien der ZGV Herbert Braun. Die drei weiteren Mitglieder der Studiengruppe waren in der Physiksektion des AC-Labors, der Gruppe für Rüstungsdienste sowie der Abteilung für AC-Schutz des Bundesamtes für Zivilschutz tätig. Die Studiengruppe konnte für ihre Arbeit zudem Experten beiziehen.[223] Bei der Mehrheit dieser Experten handelte es sich entweder um Angestellte der Bundesverwaltung oder um Wissenschaftler und Ingenieure, welche ihre Forschungen für die Studiengruppe im Rahmen militärischer Fachdienstleistungen unternahmen.[224] Aus der eidgenössischen

---

218   Zur Rezeption von *The Day After*: Overpeck 2012. Zu dessen Rezeption in der Schweiz: Wiher 2012.

219   Zur Theorie des nuklearen Winters und deren Geschichte: Mausbach 2017; Rubinson 2016; Rubinson 2014; Dörries 2011; Masco 2010; Badash 2009; Dörries 2008; Badash 2001. Zur Psychologisierung des nuklearen Winters: Marti 2017b.

220   CH-BAR#E5680C#1999/14#153*, Schreiben von A. Wyser an G.-A. Chevallaz und R. Friedrich, 2.12.1983.

221   Ebd., Schreiben von B. Anet an H. Braun, 23.11.1983.

222   Vgl. ebd., Schreiben von G.-A. Chevallaz an R. Friedrich, 7.6.1983.

223   Vgl. Zentralstelle für Gesamtverteidigung 1988/12, S. 4.

224   Vgl. CH-BAR#E5680C#1999/14#154*, Der Auftrag zur Bildung der Studiengruppe Weiterleben, 27.8.1984; Zentralstelle für Gesamtverteidigung 1989/1, S. 1 und S. 4.

Verwaltung waren unter anderem Mitarbeiter der Hauptabteilung für die
Sicherheit der Kernanlagen für die Studiengruppe tätig.[225]

Die Studiengruppe erhielt den Auftrag, die langfristigen Auswirkungen von
atomaren, biologischen und chemischen Kriegsereignissen auf die Schweiz
zu untersuchen, um damit eine sachlich fundierte Information sowohl der
Führungsorgane der Gesamtverteidigung als auch der Bevölkerung zu gewährleisten. Das sicherheitspolitische Ziel bestand darin, die Möglichkeiten
für „den mittel- und langfristigen Wiederaufbau und die Sicherung einer
organisierten Lebensform, d.h. die [...] Regenerationsmöglichkeiten der
gesamten Landesinfrastruktur nach ABC-Ereignissen" abzuschätzen.[226] Der
Auftrag und das Ziel der Studiengruppe verweisen somit auf zwei Zusammenhänge: Erstens war die in den 1980er Jahren einsetzende sicherheitspolitische
Diskussion durch eine inhaltliche Verschiebung gekennzeichnet, die sich als
paradigmatischer Wandel vom Problem des Überlebens hin zum Problem des
Weiterlebens beschreiben lässt. Während bis zu diesem Zeitpunkt das unmittelbare Überleben in der Angriffs- und Nachangriffsphase eines Nuklear-
schlags im Zentrum der zivilschützerischen Überlegungen gestanden hatte,
fand nun eine intensive Debatte darüber statt, ob bzw. wie eine Gesellschaft
nach einen Atombombeneinsatz überhaupt weiterleben könne.[227] Mit dieser
neuen Fragestellung stellte die Studie Weiterleben die erste offizielle Kriegs-
folgestudie der Schweiz dar.[228] Zweitens zeigt die Diskussion über die Erholungsfähigkeit der Schweiz, dass die Studiengruppe ihren Fokus nicht auf
das Weiterleben von Individuen, sondern auf dasjenige eines Kollektivs – die
Schweiz als Nation respektive Gesellschaft – richtete.[229] Die technokratische
Vision der Studie Weiterleben bestand somit darin, Planungs- und Handlungsmöglichkeiten zu erarbeiten, um die Folgen eines Nuklearkrieges beherrsch-
bar zu machen und so das Weiterleben der Schweiz zu sichern.

---

225   Vgl. CH-BAR#E5680C#1999/14#155*, Liste der zu konsolidierenden Dokumente und
      Unterlagen, 12.2.1985.
226   CH-BAR#E5680C#1999/14#154*, Der Auftrag zur Bildung der Studiengruppe Weiterleben,
      27.8.1984.
227   Vgl. CH-BAR#E5680C#1999/14#153*, Information der Öffentlichkeit über die Problematik
      einer mittel- und langfristigen Verseuchung durch radioaktiven Ausfall oder durch sess-
      hafte chemische Kampfstoffe, ohne Datum; CH-BAR#E5680C#1999/14#154*, Der Auftrag
      zur Bildung der Studiengruppe Weiterleben, 27.8.1984.
228   Vgl. Schnyder 1988, S. 49.
229   Vgl. bspw. CH-BAR#E5680C#1999/14#155*, Weiterlebensmöglichkeiten nach atomaren,
      biologischen und chemischen Kriegsereignissen, 14.1.1985.

Den Nuklearkrieg beherrschen?

Der Arbeitsplan der Studiengruppe Weiterleben beinhaltete drei Phasen. In der ersten Phase sollte sie Szenarien für verschiedene ABC-Kriegsereignisse erarbeiten, in der zweiten Phase die Auswirkungen dieser Szenarien auf die natürliche Umwelt und auf den Menschen analysieren und in der dritten Phase die Folgen für die geschaffene Umwelt, die Landesinfrastruktur und die Gesellschaft studieren.[230] Während der ersten Phase nutzte die Studiengruppe die Szenariotechnik. Für die Szenariobildung studierte sie eine breite Auswahl unklassifizierter Literatur aus den USA, aber auch aus Großbritannien, der Bundesrepublik Deutschland und Schweden.[231] Daneben untersuchte die Studiengruppe eine große Anzahl schweizerischer Publikationen, um Daten zum Zivilschutz, der nationalen Infrastruktur, der Kriegswirtschaft, der Trinkwasserversorgung, der Ernährungssituation und der Landwirtschaftsproduktion zu erhalten.[232] Basierend auf dieser Dokumentation und mit der Unterstützung einiger Abteilungen des EMD wählte die Studiengruppe bestimmte, auf den schweizerischen Kontext hin adaptierte Szenarien aus.[233] Einen weiteren Schritt in der Szenariobildung stellte die Diskussion der ausgewählten Szenarien mit einheimischen Experten dar. Die Studiengruppe wählte dafür eine etablierte qualitative Methode der Zukunftsforschung und führte Experteninterviews in Form von Brainstorming-Diskussionen mit fünf hochrangigen Militär- und Zivilschutzangehörigen durch.[234]

Zusätzlich zum Literaturstudium, den durchgeführten Experteninterviews und weiteren Recherchen gab die Studiengruppe rund ein Dutzend Berichte in Auftrag, welche entweder die Effekte der imaginierten ABC-Kriegsereignisse untersuchen oder spezifische Aspekte klären sollten. Diese Berichte bildeten die zweite Phase des Arbeitsplans der Studiengruppe Weiterleben und wurden, wie bereits erwähnt, unter Mitarbeit von Institutionen wie dem AC-Labor in Spiez oder dem AC-Schutzdienst, aber auch von Spezialisten in der Armee erarbeitet. Im Zentrum dieser zweiten Phase stand die Berechnung atomarer Waffenwirkungen. Die Mehrheit der Berichte erörterte technische oder

---

230 Vgl. CH-BAR#E5680C#1999/14#154*, Der Auftrag zur Bildung der Studiengruppe Weiterleben, 27.8.1984.

231 Vgl. Zentralstelle für Gesamtverteidigung 1988/12, S. 57.

232 Vgl. CH-BAR#E5680C#1999/14#154*, 4. Bericht an die Studiengruppe Weiterleben, 4.1.1984.

233 Vgl. bspw. CH-BAR#E5680C#1999/14#153*, Les scénarios aux yeux de FSFO, 7.12.1983, und A-Szenarien; Beitrag ER, 7.12.1983.

234 Vgl. ebd., Schreiben von H. Braun an E. Diez, H. Mumenthaler, M. Petitpierre, G. Däniker und U. Imobersteg, 13.12.1983, und ABC-Szenarien: Interview mit Herrn Dr. Imobersteg, 20.12.1983.

physikalische Aspekte einer Atomexplosion wie den elektromagnetischen
Puls, den Luft- und Erdstoß, die Hitze- und Brandwirkungen, die Radioaktivi-
tät sowie klimatische Effekte auf Mensch, zivile Infrastruktur und natürliche
Umgebung.[235] Nur zwei Berichte behandelten Fragen der Versorgung und der
Gesundheitssituation nach einer Nuklearkatastrophe, namentlich ein Bericht
über die Ernährungssicherheit und einer über biologische Effekte auf den
Menschen, in dem auch mögliche Schutzmaßnahmen diskutiert wurden.[236]

In der dritten Phase versuchte die Studiengruppe Weiterleben, die Auswirkungen von nuklearen Kriegsereignissen für die wichtigsten Infrastruktur-
bereiche der Schweiz zu analysieren, so etwa für das Gesundheitssystem und
die Versorgung, aber auch für Kommunikation und Information, Produktion
und Transport.[237] Mit ihrem Fokus auf die Erholungsfähigkeit von als zentral
erachteten Infrastrukturzweigen reihte sich die Studie Weiterleben unter diejenigen Untersuchungen ein, welche in den USA seit dem frühen Kalten Krieg
durchgeführt wurden, um die Vulnerabilität bedeutender Infrastruktur zu erkennen und zu reduzieren. Die beiden Sozialanthropologen Stephan J. Collier
und Andrew Lakoff haben diesen Ansatz, der sich bis heute ständig weiterentwickelt hat, als „Vital System Security" bezeichnet. Dessen Ziel ist es,
sogenannte kritische Infrastruktur derart zu schützen, dass der Erhalt der ökonomischen und politischen Ordnung in zunehmend vernetzten, modernen
(Industrie-)Gesellschaften auch angesichts schwierig oder gar nicht vorher-
sehbarer Bedrohungen gesichert oder zumindest möglich ist.[238]

Im September 1984 konnte die Studiengruppe erste Resultate der Studie
Weiterleben präsentieren. Auf der Basis der Analyse von acht Nuklearkriegsszenarien kam die Studiengruppe zu dem Schluss, das Weiterleben der Schweiz
sei nur nach einem globalen nuklearen Schlagabtausch infrage gestellt, nicht
aber bei beschränkten Atomkriegsereignissen.[239] Trotz dieser optimisti-
schen Einschätzung hätten die ersten Ergebnisse der Studie – so hielten
die Mitglieder der Studiengruppe in der Rückschau fest – auch „Zeichen
einer Ernüchterung" gezeigt, da ihnen bewusst geworden sei, dass eine
Beschränkung auf die technischen Aspekte einer Atomkatastrophe eine

---

235 Vgl. Zentralstelle für Gesamtverteidigung 1988/12, S. 1.
236 Vgl. CH-BAR#E5680C#1999/14#155*, Liste der zu konsolidierenden Dokumente und
     Unterlagen, 12.2.1985.
237 Vgl. CH-BAR#E5680C#1999/14#153*, Aktennotiz der 1. Sitzung der Studiengruppe Weiter-
     leben, 30.11.1983.
238 Vgl. Collier/Lakoff 2009; Collier/Lakoff 2008c; Collier/Lakoff 2006.
239 Vgl. CH-BAR#E5680C#1999/14#155*, Weiterlebensmöglichkeiten nach atomaren, bio-
     logischen und chemischen Kriegsereignissen, 14.1.1985.

unzulässige Komplexitätsreduktion darstelle.[240] Befürchtet wurde zum einen, das Zusammenwirken von in der Studie isoliert betrachteten Parametern könnte sich negativ auf die Chance des Weiterlebens auswirken, zum anderen wurde bemängelt, dass sich die Bevölkerung optimal verhalten müsste, um das Weiterleben tatsächlich sicherzustellen. Der Bundesrat und der Stab für Gesamtverteidigung gingen deshalb einig, die bereits vorliegenden Resultate noch nicht zu veröffentlichen und diese Problemkreise in einer Folgestudie eingehender zu beleuchten.[241] Darin sollten aus human-, geistes- und sozialwissenschaftlicher Perspektive Erkenntnisse darüber erlangt werden, „wie sich die Bevölkerung angesichts des atomaren Schreckerlebnisses verhalten könnte und wie aufgrund der zu erwartenden Reaktionen die Weiterlebens-Chancen zu veranschlagen sind."[242]

Um diese Fragenkomplexe bearbeiten zu lassen, machte sich die ZGV im Frühjahr 1985 auf die Suche nach Experten für die Bildung einer neuen Studiengruppe Weiterleben. Dieses Unterfangen gestaltete sich indessen nicht einfach. So erklärte der Chef der Sektion Grundlagenstudien der ZGV Herbert Braun, geeignete Personen zu finden, sei „schwierig, da sich bei uns bisher relativ wenig ‚objektive Wissenschafter' mit Themen dieser Art beschäftigt haben."[243] Dieser Vorbehalt bezüglich der Objektivität von Experten weist auf eine seit den 1960er Jahren einsetzende und sich in den 1980er Jahren akzentuierende gesellschaftliche Veränderung hin, die sich laut dem Historiker Jakob Tanner gegen „die Militärzentrierung des schweizerischen Staatsverständnisses" richtete und ihren Ausdruck in einer wachsenden Zahl von Zivilschutz- und Armeegegnern fand.[244] Eine kritischere gesellschaftliche Wahrnehmung von Armee und Zivilschutz setzte bereits in den frühen 1980er Jahren mit dem Aufkommen der neuen Friedensbewegung ein. Im Zentrum der Diskussion stand dabei die Frage nach der Wirksamkeit von bestehenden Zivilschutzmaßnahmen, etwa von Schutzräumen, angesichts neuer, wenn auch kontroverser Forschungsergebnisse über mögliche Auswirkungen von Nuklearkriegen.[245] 1984 fand zudem eine Volksabstimmung über eine Zivildienstinitiative statt, welche den Wehrpflichtigen die Wahl zwischen Militär- und Zivildienst lassen wollte; diese eidgenössische Volksinitiative wurde

240   Zentralstelle für Gesamtverteidigung 1989/1, S. 1 f., Zitat S. 1.
241   Zur Informationspolitik der Studie Weiterleben: Berger Ziauddin/Marti 2020, S. 107–111.
242   CH-BAR#E5680C#1999/14#155*, Antrag an den Stab GV betreffend die Weiterführung des Projektes Weiterleben, 28.11.1985.
243   CH-BAR#E5680C#1999/14#155*, Schreiben von H. Braun an E. Kopp und J. P. Delamuraz, 29.5.1985.
244   Tanner 1997, S. 337–340, Zitat S. 338.
245   Vgl. Meier/Meier 2010, S. 224–226.

allerdings abgelehnt.[246] Ihren Höhepunkt erreichte die Armeekritik 1989 mit einer Abstimmung über eine von der „Gruppe für eine Schweiz ohne Armee" lancierten nationalen Volksinitiative zur Armeeabschaffung, der unerwartet über ein Drittel der Stimmberechtigten zustimmte.[247] Als die ZGV damit beschäftigt war, Experten für die neue Studiengruppe Weiterleben zu finden, hatte gerade die Unterschriftensammlung für diese Volksinitiative begonnen.

Die neue Studiengruppe Weiterleben konnte ihre Arbeit schließlich Anfang 1986 aufnehmen. Zudem beauftragte die ZGV die private Syntropie-Stiftung für Zukunftsgestaltung, „die medizinischen, psychologischen, soziologischen, sozial-ethischen, wirtschaftlichen u. a. Aspekte der Erholungsfähigkeit" nach einem Nuklearkrieg zu studieren.[248] Die Syntropie-Stiftung für Zukunftsgestaltung stand für eine Mischung zwischen der etablierten und der alternativen Zukunftsforschung in der Schweiz.[249] Ansätze zu einer vermehrt kritischen und partizipativen Zukunftsforschung gingen aus den neuen sozialen und ökologischen Bewegungen hervor und institutionalisierten sich vor allem in alternativen Umweltforschungsinstituten.[250] Diese neue Form der Zukunftsforschung wandte sich indessen keineswegs von der Leitvorstellung gesellschaftlicher Planung ab.[251] Deren Entstehung ist vielmehr als Reaktion auf die in den 1970er Jahren einsetzende Technokratiekritik zu verstehen, bei der, so Dirk van Laak,

> [d]ie forschen Illusionen einer kybernetischen Gesellschaft [...] zunehmend von systemtheoretischen und ökologischen Gedankenmodellen herausgefordert [wurden], die sich von jeder optimistischen Geradlinigkeit verabschiedeten. In der reflexiven „Risikogesellschaft" erschienen technokratische Ansätze nicht mehr nur als potenziell inhuman, sondern auch als hochgefährlich.[252]

Es war der promovierte Physiker Willy Bierter, welcher die von der ZGV bei der Syntropie-Stiftung für Zukunftsgestaltung in Auftrag gegebene Studie verfasste. Als Gründer des Ökozentrums Langenbruck, einem Forschungsinstitut für alternative Energien und Ressourcen, war Bierter ein Vertreter

---

246   Vgl. Epple-Gass 1988, bes. S. 83–98.
247   Zur Gruppe für eine Schweiz ohne Armee: Degen 2017.
248   CH-BAR#E5680C#1999/14#119*, Vertrag zwischen der Schweizerischen Eidgenossenschaft und der Syntropie-Stiftung für Zukunftsgestaltung, 28.4.1986.
249   Vgl. Canzler 1991, S. 218.
250   Vgl. Steinmüller 2000, S. 46 f.
251   Vgl. Schmidt-Gernig 2004, S. 123–125.
252   Van Laak 2012, S. 126.

dieser systemtheoretisch ausgerichteten, ökologisch fundierten und reflexiv orientierten Weiterentwicklung der Zukunftsforschung.[253]

Mittels einer qualitativen Skizzierung von zwei Nuklearkriegsszenarien – einem taktischen Nuklearkrieg an der innerdeutschen Grenze und einem taktischen Nuklearkrieg mit Einbezug der Schweiz – analysierte Bierter die Auswirkungen einer atomaren Katastrophe für die schweizerische Gesellschaft im Hinblick auf ökonomische, institutionelle, gesundheitlich-psychische und ökologische Schäden.[254] Methodisch begründete er seine qualitative Analyse damit, dass man Zerstörungen und Schäden für die verschiedenen Teilbereiche der Gesellschaft nicht losgelöst voneinander betrachten dürfe:

> Denn die Ergebnisse solcher rein quantitativer und isolierter Einschätzungen der Auswirkungen eines Nuklearkrieges vermitteln nicht nur ein unvollständiges, sondern sogar ein über weite Strecken falsches Bild einer Nach-Nuklearkriegs-Realität; dies hauptsächlich, weil solche Abschätzungen das Wichtigste ausser acht lassen, nämlich die mannigfaltigen Wechselbeziehungen der verschiedenen untereinander verflochtenen Teilbereiche eines modernen Industriestaates und die sich daraus ergebende [...] Verletzlichkeit und Störanfälligkeit.[255]

Bierter warf den bisher erarbeiteten Studien folglich vor, die Systemkomplexität einer modernen, industrialisierten, hochgradig vernetzten Gesellschaft massiv unterschätzt zu haben.

Für seine Untersuchung griff Bierter auch auf neues soziologisches und psychologisches Wissen über die Bewältigung von Katastrophen zurück. So interviewte er die Soziologen Lars Clausen und Wolf Dombrowsky, die an der Universität Kiel der 1986 gegründeten, ersten europäischen Forschungsstelle für Katastrophensoziologie tätig waren. Ebenso kontaktierte er den in Zürich tätigen Ethnopsychoanalytiker Mario Erdheim.[256] Bierter gelangte schließlich zur Haupterkenntnis, dass „Bemühungen um einen Wiederaufbau- und Erholungsprozess [...] angesichts der überwältigenden Zahlen an Toten und Verletzten, der riesigen Zerstörungen an Wohnraum, Industrien, Infrastruktureinrichtungen und an lebenswichtigen Transport- und Kommunikationseinrichtungen eher hoffnungslos an[muten].“[257] Zudem müsse eingesehen werden, dass „in einer grösseren atomaren Katastrophe die Ärzte und das

---

253 Vgl. Milestones (Webseite).
254 Vgl. Zentralstelle für Gesamtverteidigung 1988/10.
255 Ebd., S. 9.
256 Vgl. CH-BAR#E5680C#1999/14#160*, Aufzeichnung eines Gesprächs zwischen L. Clausen, W. R. Dombrowsky, W. Bierter und H. Krummenacher, Mai 1988.
257 Zentralstelle für Gesamtverteidigung 1989/6, S. 10.

Pflegepersonal in den direkt betroffenen Gebieten weit überfordert wären".[258] In den Schlussfolgerungen seiner Studie plädierte er deshalb dafür, gegen atomare Katastrophen verschiedene Verhinderungs- und Linderungsstrategien zu etablieren, namentlich eine auf Fragen der Friedenssicherung fokussierte Außenpolitik sowie umfassende und präventiv ausgerichtete Strategien und Maßnahmen zur Verringerung der Verletzbarkeit und Störanfälligkeit von Industriegesellschaften.[259] Die Resultate von Bierters Studie stimmten mit verschiedenen wegweisenden internationalen Untersuchungen, die in den 1980er Jahren publiziert wurden, überein, so etwa mit der unter der Bezeichnung *SCOPE-ENUWAR* bekannten Studie über die „Umweltfolgen eines Nuklearkrieges" sowie mit einer Studie der Weltgesundheitsorganisation über die „Auswirkungen von A-Kriegsereignissen auf das Gesundheitswesen".[260] Bierters Ergänzung der Studie Weiterleben führte folglich nicht dazu, die Effektivität von Zivilschutz und Gesamtverteidigung für den Fall eines Atomkrieges wirkungsvoll zu bestätigen – im Gegenteil: Als die hohe Systemkomplexität des modernen Industriestaates Schweiz in den Szenariobildungen mit in Betracht gezogen wurde, trat deren begrenzte Wirksamkeit viel deutlicher zutage.

In Bezug auf die Gesamtverteidigung und namentlich den Zivilschutz haben Historiker argumentiert, letzterer sei auf eine vorsorgliche Nachsorge fixiert gewesen, die auf Best-Case-Annahmen beruht hätte, weshalb ein Nuklearkrieg bzw. eine atomare Katastrophe stets als bewältigbar eingeschätzt worden sei.[261] Ich möchte dieses Argument nicht in Zweifel ziehen, sondern vielmehr ergänzen. Die Annahme von Best-Case-Szenarien ist nicht einfach simplen politischen Ideologien geschuldet oder schlichtweg naiv, sondern entspringt auch der handlungsorientierten Logik der Zivilverteidigung, die konstitutiv darauf abzielt, sich gegen etwas verteidigen zu *können*. Wie die Studie Weiterleben und insbesondere Bierters Beitrag dazu verdeutlichen, ist die Simulation von Worst-Case-Szenarien aus gouvernementaler Perspektive unproduktiv: Es lässt sich mit diesen kein Wissen gewinnen, das konkrete Interventionsmöglichkeiten eröffnet. Die Produktion von „enactment-based knowledge" mittels Notfallübungen und -szenarien war somit prekär: Denjenigen Planungsinstrumenten und -techniken, die eingesetzt wurden, um die Handlungsfähigkeit der schweizerischen Gesamtverteidigung zu

---

258 Ebd., S. 11.
259 Vgl. ebd., S. 10 f.
260 Vgl. Zentralstelle für Gesamtverteidigung 1989/1, S. 2. Bei den beiden Studien handelt es sich um: SCOPE 1985–1986; WHO 1984.
261 Vgl. bspw. Tanner 1988b, S. 105 f.

demonstrieren, war gleichzeitig das Potenzial inhärent, Zweifel an der Beherrschbarkeit von (atomaren) Kriegen und Katastrophen zu nähren.

(Kein) Ende des Kalten Krieges

Die Führungsorgane der schweizerischen Gesamtverteidigung diskutierten den „Schlussbericht Weiterleben" im April 1989. Dabei kamen auch die Reaktionen der Zivilschutzgegner gegenüber der Studie zur Sprache. Aus den dokumentierten Diskussionsvoten lässt sich eine Befremdung, wenn nicht gar eine gewisse Beleidigung herauslesen:

> Der Bericht wurde in Auftrag gegeben, weil man der Gesamtverteidigung vorwarf, dass sie sich wohl mit dem „Überleben", aber nicht mit dem „Weiterleben", dem Problem nachher, befasse. Die gleichen Kreise werfen nun der Gesamtverteidigung vor, dass ihre Abklärungen an höheren staatspolitischen Unsinn grenzen [...].[262]

Tatsächlich sahen sich Kritikerinnen und Kritiker von Armee und Zivilschutz durch die Studie Weiterleben in ihrer Position bestätigt. Dies lässt sich exemplarisch an einem von einem Autorenkollektiv im Oktober 1988 herausgegebenen Band mit dem Titel „Schutzraum Schweiz. Mit dem Zivilschutz zur Notstandsgesellschaft" illustrieren (Abb. 21), in dem es heißt: „Die ganze Studie ernst zu nehmen und breit zu kritisieren, erlaubt, der Normalisierung des undenkbar Schrecklichen entgegenzutreten, verhindern zu helfen, dass die Welt in ein Konzentrationslager verwandelt wird."[263] Entgegen ihrer Intention stellten die für die Studie Weiterleben simulierten Szenarien das Weiterleben nach einem Atomkrieg letztlich infrage und gaben damit der zunehmenden zivilgesellschaftlichen Kritik am technokratischen Machbarkeitsglauben der schweizerischen Gesamtverteidigung weiter Nahrung.

Hinzu kam, dass die Nuklearkriegsgefahr aufgrund der seit Mitte der 1980er Jahre stattfindenden Annäherung zwischen Ost und West erneut in die Ferne gerückt war. Mit dem Washingtoner Vertrag über nukleare Mittelstreckensysteme, welchen die USA und die UdSSR im Dezember 1987 abgeschlossen hatten, erhielten Friedenshoffnungen starken Aufwind.[264] Der Kalte Krieg ging langsam seinem Ende zu, und für die Mehrheit der Schweizer Bevölkerung machten eine Zivilschutz- und Armeekonzeption, die wesentlich auf die Gefahr eines Atomkrieges ausgerichtet waren, keinen Sinn mehr. So glaubten

---

262   CH-BAR#E5680C#1999/14#178*, Auszug aus dem Protokoll des Stabes GV, [6.4.1989].
263   Schnyder 1988, S. 57.
264   Zu dieser Schlussphase des Kalten Krieges: Stöver 2011 [2007], S. 437–462.

Abb. 21   Band „Schutzraum Schweiz. Mit dem Zivilschutz zur
               Notstandsgesellschaft", 1988.

1989 in einer repräsentativen Umfrage zum Zivilschutz weniger als 20 Prozent
der befragten Personen, Zivilschutzmaßnahmen könnten die Bevölkerung in
einem totalen oder beschränkten Nuklearkrieg wirksam schützen.[265]

Fast zeitgleich mit dem Abschluss der Studie Weiterleben fand im
November 1988 die letzte Gesamtverteidigungsübung während des Kalten
Krieges statt. In der Übungsanlage war von einem sich abzeichnenden Ende
des Kalten Krieges indessen wenig zu spüren. Jedenfalls machte der Bundesrat anlässlich der Schlussbesprechung der Übung klar, dass er die öffentliche

---

265   Vgl. BAR#E5680C#1999/14#160*, Zivilschutz ist nie ein absoluter Schutz, in: Tages-
       Anzeiger, 23.6.1990.

Hoffnung auf dauerhafte Entspannung und Frieden für verfrüht und trügerisch hielt. Zwar sei – so ist im Manuskript für die Rede des Bundespräsidenten zu lesen – „die internationale Grosswetterlage heute nicht derart, dass in absehbarer Zeit mit gefährlichen Verwicklungen zu rechnen wäre, in die auch die Schweiz miteinbezogen werden könnte." Besonders ein Kleinstaat wie die Schweiz könne „es sich jedoch nicht leisten, seine Hände in den Schoss zu legen und die Anstrengungen zu seiner Selbstbehauptung zu vernachlässigen". Deshalb betrachte man – so ging die Rede weiter – „die gegenwärtige Entwicklung zur Begrenzung des Rüstungswettlaufs mit Nüchternheit" und halte „keinen Kurswechsel in unseren sicherheitspolitischen Anstrengungen" für angezeigt.[266] Während die Bevölkerung also auf eine baldige Beendigung des globalen Systemkonflikts hoffte, vermochte die Schweizer Regierung dem Tauwetter, welches das Ende des Kalten Krieges ankündigte, nicht recht zu trauen.

5.4   Fazit

Für die Vorbereitung auf einen künftigen Atomkrieg reichte es nicht mehr, sich auf reines Erfahrungswissen, etwa aus dem Zweiten Weltkrieg, zu stützen. Die Bewältigung einer nuklearen Katastrophe verlangte vielmehr nach „enactment-based knowledge", einer neuen Form von Wissen, welches auf der Simulation der imaginierten Bedrohungen und der gegen diese geplanten Schutz- und Verteidigungsmaßnahmen beruhte. Als Simulationen dienten in der Schweiz des Kalten Krieges verschiedene Arten von Kriegsspielen, so Verteidigungs- und Katastrophenübungen, aber auch wissenschaftlich erarbeitete Bedrohungs- und Kriegsfolgestudien. In den durchgespielten und entworfenen Bedrohungsszenarien spiegelten sich die von Regierung, Behörden und Experten jeweils aktuell wahrgenommenen und künftig erwarteten politischen und gesellschaftlichen Problemlagen wider. Ein Wandel in den Bedrohungsvorstellungen stellt folglich nicht nur einen Indikator für den Verlauf und die Konjunkturen des globalen Kalten Krieges dar. Vielmehr zeigt sich darin auch, wie sozialer Wandel ausgehend vom Imperativ der totalen Landes- bzw. Gesamtverteidigung sicherheitspolitisch (um-)gedeutet wurde.

Die aus den Notfallübungen und -szenarien gewonnenen Resultate und Erkenntnisse blieben nicht folgenlos, sondern wurden in vielfältiger Form in die ‚Realität' übertragen. Übersetzt in Forderungen und Programme kam ihnen

---

266 CH-BAR#E5680C#1999/267#73*, Grundlagenpapier für die Ansprache des Bundespräsidenten, 27.10.1988.

eine politische Funktion zu: Im Wesentlichen ging es darum, Vorstellungen einer Beherrschbarkeit von Bedrohungspotenzialen und einer Planbarkeit von Verteidigungsmaßnahmen aufrechtzuerhalten und so die Ressourcen, Aufgaben und Ziele der schweizerischen Gesamtverteidigungsorganisation zu legitimieren. Zu diesem Zweck nahm in den 1970er Jahren auch die – bisweilen kritisierte – Verwissenschaftlichung der schweizerischen Sicherheitspolitik Fahrt auf. Die sicherheitspolitische Forschung bildete die Basis für eine technokratisch inspirierte Planungsvision im Bereich der Gesamtverteidigung. Mit dem Ziel, ein nach kybernetischen Regeln operierendes Planungs- und Kontrollsystem für alle potenziellen Bedrohungen zu schaffen, versuchte die Schweiz den sicherheitspolitischen Herausforderungen mit derselben „Cold War rationality" zu begegnen, wie dies auch die Staaten im Zentrum der Blockkonfrontation taten.[267]

Die von der „Cold War rationality" inspirierte technische Beherrschbarkeit und rationale Planbarkeit von Gefahren und Risiken scheiterte allerdings in den 1980er Jahren. Die Studie Weiterleben, mit welcher die Möglichkeiten des Weiterlebens nach einem Nuklearkrieg simuliert wurden, machte letzten Endes überdeutlich, dass sich der Machbarkeitsglaube der schweizerischen Gesamtverteidigung angesichts der ungeheuren Zerstörungskraft, die ein Atomkrieg auf Mensch, Gesellschaft und Umwelt ausüben würde, als naive technokratische Illusion erwies. Damit zeigten sich gleichzeitig die Grenzen simulierten Wissens: „Enactment-based knowledge" ist aus gouvernementaler Perspektive nur solange produktiv, wie es Handlungsoptionen eröffnet. Ist dies, wie bei der Studie Weiterleben, nicht (mehr) oder nur eingeschränkt der Fall, können Simulationen und Szenarien auch dazu benutzt werden, zivilschützerische Ideale der Bewältig- und Kontrollierbarkeit von (atomaren) Kriegs- und Katastrophenereignissen fundamental infrage zu stellen.

Die durch die Notfallübungen und -szenarien evozierte, ständige performative Aktualisierung von imaginierten Bedrohungen führte zu einer Ausweitung von Verteidigungsmaßnahmen. Neben Vorkehrungen zur militärischen traten zunächst solche zur zivilen und später auch zur inneren und ökonomischen Sicherheit. In diesem erweiterten Verständnis von Sicherheit spiegelte sich eine Zunahme von wahrgenommenen Bedrohungspotenzialen wider. Waren die langen 1950er Jahre stark vom Szenario eines mit Atomwaffen geführten Krieges dominiert, verlor dieses Bild in der Phase der Entspannungspolitik zwischenzeitlich an Bedeutung, um in den 1980er Jahren im Zuge des Zweiten Kalten Krieges erneut eine große Virulenz zu entfalten. Gleichzeitig gewannen ab Mitte der 1960er und verstärkt in den 1970er Jahren

---

267   Zum Konzept der „Cold War rationality": Erickson/Klein/Daston/Lemov/Sturm/Gordin
       2013.

innenpolitische und wirtschaftliche Bedrohungsvorstellungen an Relevanz. Mögliche Wirtschaftskriege und Versorgungskrisen, aber vor allem der befürchtete Angriff auf Politik und Gesellschaft durch ,Feinde im Innern' erweiterten das gouvernementale Bedrohungsspektrum. Dabei erlangten aus Sicht der Behörden nukleare Bedrohungsszenarien Plausibilität, in welchen die atomare Sicherheit durch Sabotageakte und Unfälle in Kernanlagen gefährdet schien. Ausgehend von diesen neuartigen zivilen Atomgefahren nahm in den 1970er Jahren eine Entwicklung ihren Anfang, welche in den folgenden Jahren und Jahrzehnten zu einer immer stärkeren Ausrichtung des Bevölkerungsschutzes auf zivile (atomare) Notfälle führen sollte. Die „Nuklearität" des schweizerischen Kalten Krieges manifestiert sich also auch darin, dass die als dominant wahrgenommene Bedrohung im Zivilbereich ebenfalls atomarer Natur war.

Die Ausweitung der Bedrohungsbilder hatte zur Folge, dass neue Ausgrenzungslinien durch die vorgestellte nationale Gemeinschaft gezogen wurden. Die für die Schweiz des Kalten Krieges konstitutiven Grenzen sozialer In- und Exklusion wurden auch anlässlich der Einübung und Konzeptualisierung der nationalen Verteidigung performativ immer wieder neu hergestellt. Wer – wie die Gegnerinnen und Gegner der Kernkraft – den Kalte-Krieg-Konsens nicht fraglos teilte, gefährdete aus Sicht der Gesamtverteidiger die innere Sicherheit. Gleichzeitig verwischten angesichts des befürchteten (atomaren) Terrorismus und der lauernden Subversion die Grenzen zwischen Kriegs- und Friedenszustand zusehends: Die Gesamtverteidiger wähnten die Schweiz permanent in einem Zustand der Kriegsvorbereitung.

Dieser „war-like character" des schweizerischen Kalten Krieges zeigt sich auch in der Schaffung einer Vielzahl neuer und der Reformierung zahlreicher bestehender Institutionen. Dazu zählten nicht nur koordinierende Gesamtleitungsgremien, sondern auch umfassende Schutz- und Alarmorganisationen, die im Hinblick auf einen drohenden (Nuklear-)Krieg zivile und militärische Ressourcen in sich zu vereinigen versuchten. Gesamtverteidigung sollte somit in erster Linie einen effizienten und wirksamen Einsatz aller verfügbaren Mittel im Modus der ,koordinierten Sicherheit' gewährleisten. Die Auswertungen der während des gesamten Kalten Krieges durchgeführten Landes- und Gesamtverteidigungsübungen wiesen hier jedoch immer wieder auf Lücken hin. So stellte insbesondere die Alarmierung und Orientierung der Bevölkerung bei Strahlengefahr ein anhaltendes Problem dar, welches die involvierten militärischen und zivilen Behörden und Gremien nicht zu lösen imstande waren. Der Imperativ der Koordination blieb folglich stets prekär, weil die erbrachten Koordinationsleistungen den gestellten Koordinationsanforderungen ständig hinterherhinkten.

KAPITEL 6

Alarmieren

Für die Bewältigung einer nuklearen Katastrophe – verursacht durch eine Atombombe oder einen Reaktorunfall – kam einem raschen und effizienten Strahlenalarm eine zentrale Bedeutung zu. Ohne rechtzeitige und koordinierte Alarmierung drohte jede noch so sorgfältig geplante Schutzmaßnahme, so insbesondere ein möglicher Schutzraumbezug, entscheidend an Wirksamkeit zu verlieren. Ein funktionierendes Alarmierungsdispositiv bildete deshalb eine konstitutive Voraussetzung der gouvernementalen Vorbereitung auf eine Atomkatastrophe. Die gesamte Vorbereitung wiederum verfolgte den Zweck, im Hinblick auf ein allfälliges nukleares Katastrophenereignis eine permanente *preparedness* herzustellen. Die Ursprünge des Konzeptes der *preparedness* liegen im frühen Kalten Krieg, als die Möglichkeit eines Atomkrieges zur neuen Leitbedrohung avancierte.[1] *Preparedness* – so der Soziologe Ulrich Bröckling – zielt darauf ab, einen „Aufschub zu erlangen" und ist insofern „darauf beschränkt, dem Unvermeidlichen entgegenzusehen und bestenfalls den erwarteten Schaden in Grenzen zu halten."[2] *Preparedness* wird zumeist auf nationale Sicherheit bezogen und meint in diesem Zusammenhang einen Rationalitätstypus, der auf Gefahren und Risiken mit zwar nur geringer Eintretenswahrscheinlichkeit, aber potenziell katastrophalen Folgen ausgerichtet ist.[3]

Die in diesem Kapitel im Zentrum stehende Alarmorganisation sowie deren Alarmzentralen und Alarmsysteme lassen sich als Materialisierung der in der Schweiz des Kalten Krieges vorherrschenden *preparedness* für atomare Notfälle beschreiben. Diese *preparedness* setzte dabei nicht mit dem heute noch bekannten Ertönen der Sirenen ein. Das Sirenengeheul markierte nicht den Beginn einer nuklearen Katastrophe, es fungierte vielmehr als hörbares Zeichen eines erfolgreichen Alarmierungsprozesses. Damit dieser Prozess funktionierte, mussten eine Vielzahl von Personen und Institutionen, Infrastrukturen und Ressourcen in die Alarmorganisation eingebunden werden. Die Alarmorganisation setzte deshalb – so wird sich zeigen – enorme Koordinationsanforderungen voraus und ihr Auf- und Ausbau war wesentlich von politischen Faktoren und Kontexten geprägt. Wie war der Strahlenalarm

---

1 Vgl. Collier/Lakoff 2008a; Collier/Lakoff 2008b.
2 Bröckling 2012, S. 103.
3 Vgl. Kaufmann 2011, S. 103 f.

in der Schweiz während des Kalten Krieges institutionell organisiert, wie sollte er praktisch funktionieren und gegen welche atomaren Bedrohungen richtete sich das Alarmierungsdispositiv?

6.1   Doppelspurigkeiten und Koordinationslücken. Institutionalisierung des Alarmausschusses für den Fall erhöhter Radioaktivität, 1962–1984

Der Strahlenalarm stellte eine Aufgabe dar, mit dem sich seit den 1950er Jahren verschiedene zivile und militärische Stellen befassten. Je nachdem, ob eine allfällige Atomkatastrophe im Friedens- oder im Kriegszustand stattfinden würde, ergaben sich für diese Stellen unterschiedliche Herausforderungen. Die Eidgenössische Kommission zur Überwachung der Radioaktivität (KUeR) war laut ihrem Reglement bei gefährlich erhöhter Radioaktivität dafür ver- antwortlich, dem Bundesrat Maßnahmen zum Schutz der Bevölkerung vor- zuschlagen.[4] Bei einem Nuklearereignis, das in Kriegszeiten stattfinden würde, stellte sich für die KUeR als zivile Behörde allerdings das Problem, dass ihre Mitglieder und die von ihr angestellten Physiker und Chemiker im Fall einer Mobilmachung in ihre Armeeeinheiten einzurücken hatten. „Das Ueberwachungsnetz der Kommission würde dadurch" – so die Befürchtung der KUeR – „gerade im wichtigsten Moment stillgelegt."[5] Die Aufrecht- erhaltung der Alarmierung im Aktivdienst- und Kriegsfall bedurfte folglich einer Lösung. Dies umso mehr, weil der Territorialdienst und die Luftschutz- truppen der Armee nach einer Mobilmachung selbst einen Atomwarndienst betreiben und bei den Truppen die Spezialisten der Sektion für Schutz und Abwehrmaßnahmen gegen ABC-Waffen der Abteilung für Sanität des Eid- genössischen Militärdepartements (EMD) zum Einsatz kommen würden.[6] Obwohl die Aufgaben dieser militärischen Stellen und diejenigen der KUeR nicht deckungsgleich waren, sondern sich vielmehr ergänzen sollten, sei es – wie die KUeR betonte – „notwendig, dass [...] die Arbeit dieser verschiedenen Stellen für den Fall des Aktiv- und Kriegsdienstes koordiniert werden [...]."[7]

Doch auch hinsichtlich einer Atomkatastrophe, die sich zu Friedenszeiten ereignen würde, bestand Kooperationsbedarf. So konnte weder die KUeR

---

4 Vgl. Archiv BAG, 18.1.1.26, Bundesratsbeschluss, Alarmorganisation vom 24.2.64, Antrag des
   EDI, 13.12.1963. Vgl. zur KUeR auch Kapitel 3.

5 CH-BAR#E8190B-01#1986/181#130*, Protokoll der 8. Sitzung der KUeR, 19.12.1957.

6 Vgl. ebd.

7 Ebd.

noch das Eidgenössische Gesundheitsamt (EGA), welchem die KUeR in der Verwaltung administrativ angegliedert war, auf genügend Material und Fachpersonal zurückgreifen, um bei einem nuklearen Ereignis die notwendigen Schutzmaßnahmen ergreifen zu können. Demgegenüber verfügte die ABC-Sektion der Abteilung für Sanität sowohl über ausgebildetes Personal als auch über die notwendigen Instrumente. Es sei daher „sinnvoll" – so hielten die Mitglieder der KUeR in Übereinstimmung mit Militärvertretern fest –, den ABC-Dienst der Armee auch bei einem Katastrophenfall in Friedenszeiten einzusetzen.[8] Für einen effizienten Atomalarm und einen wirksamen Strahlenschutz war eine koordinierte Zusammenarbeit zwischen der KUeR und verschiedenen militärischen Stellen, insbesondere der ABC-Sektion der Abteilung für Sanität, folglich unerlässlich.

Bis sich die verschiedenen zivilen und militärischen Stellen auf Bundesebene auf die dafür erforderlichen rechtlichen und institutionellen Strukturen verständigen konnten, sollte es indessen etliche Jahre dauern: Es wird sich in diesem Teilkapitel zeigen, dass die Einbindung und Verankerung einer funktionierenden Organisation für den Strahlenalarm innerhalb des schweizerischen Gesamtverteidigungssystems eine nicht abreißende Geschichte von Doppelspurigkeiten und Koordinationslücken darstellte. Das Grundproblem, mit denselben Institutionen, demselben Personal und denselben Geräten Strukturen zu schaffen, die sowohl für den Friedens- als auch für den Aktivdienst- bzw. Kriegsfall tauglich waren, bildete dabei eine dauernde Herausforderung. Die für die Schweiz im Kalten Krieg besonders prägende Verschränkung von zivilen und militärischen Ressourcen und Handlungslogiken führte zu komplizierten institutionellen Strukturen und anhaltenden Koordinationsproblemen, die – so wird deutlich werden – auf eine strukturelle Schwäche des schweizerischen Gesamtverteidigungssystems verweisen.

Militärische Kehrtwenden

Anfang der 1960er Jahre schien die Schaffung einer Alarmorganisation für den Fall erhöhter Radioaktivität zunehmend dringlicher. So hielt der Präsident der KUeR Paul Huber anlässlich einer Sitzung im Mai 1961 fest, der Bundesrat müsse darauf aufmerksam gemacht werden, dass momentan für Atomkatastrophen, die zu Friedenszeiten stattfinden würden, „überhaupt nichts vorbereitet ist".[9] Diese Einschätzung teilten der Chef der ABC-Sektion Hermann Gessner und der Chef der Sektion für Strahlenschutz des EGA Gerhart Wagner, die beide regelmäßig als Gäste an den Sitzungen der KUeR

---

8   Ebd., Protokoll der 11. Sitzung der KUeR, 28.8.1958.
9   Ebd., Protokoll der 23. Sitzung der KUeR, 24.5.1961.

teilnahmen.[10] Die KUeR wandte sich deshalb im Juni 1961 mit einem Vorschlag für den Aufbau einer Alarmorganisation an das Eidgenössische Departement des Innern (EDI), der prinzipiell auf Zustimmung stieß. An einer Sitzung mit Vertretern des EMD wurde daraufhin die Frage eines möglichen Einsatzes des ABC-Dienstes der Armee besprochen.[11] In vorangehenden Besprechungen hatten die Militärangehörigen die Möglichkeit in Aussicht gestellt, bei einem Nuklearereignis im Frieden den ABC-Dienst der Armee aufzubieten.[12] Nun nahmen die militärischen Stellen von einem Aufgebot der ABC-Truppen Abstand. Sie erklärten sich aber damit einverstanden, der Alarmorganisation ihre Spezialisten in Katastrophenfällen auf freiwilliger Basis zur Verfügung zu stellen.[13] Nachdem ein Rundschreiben des EGA an die ABC-Offiziere und die A-Spezialisten der Armee bezüglich freiwilliger Mitarbeit „ein günstiges Ergebnis gezeigt hatte", erteilte das EDI der KUeR Ende März 1962 den offiziellen Auftrag, „die Organisation nun so rasch wie möglich zu verwirklichen".[14]

Zu diesem Zweck wurde im Juli 1962 eine Subkommission der KUeR gebildet, die sich mit dem Aufbau der Organisation für den Katastrophenfall befassen sollte. Dieser Subkommission gehörten mit Paul Huber, Otto Huber und Paul Ackermann sowohl Mitglieder der KUeR als auch zwei Vertreter der ABC-Sektion – Sektionschef Hermann Gessner und dessen Stellvertreter – sowie der Chef der Sektion für Strahlenschutz Gerhart Wagner an.[15] Später kam unter anderem noch Peter Courvoisier vom Eidgenössischen Institut für Reaktorforschung in Würenlingen hinzu.[16] Bei denjenigen Personen, welche die Entwicklung der Alarmorganisation maßgeblich vorantrieben, handelte es sich also wiederum um Mitglieder des schweizerischen Strahlenschutz-Netzwerkes.

Die Subkommission arbeitete an insgesamt zehn Sitzungen die Grundzüge einer künftigen Alarmorganisation aus. Darauf, wie diese Alarmorganisation praktisch funktionieren sollte, werde ich im nächsten Teilkapitel eingehen. Vorerst geht es mir um die rechtlichen und institutionellen Grundlagen der geplanten Organisation. Diese konnten insbesondere hinsichtlich der Frage, was im Aktivdienstfall mit der Alarmorganisation geschehen sollte, über viele Jahre nicht definitiv festgelegt werden. Grund dafür war hauptsächlich, dass das EMD mehrmals seine Position änderte. Ende der 1950er Jahre hatte

---

10   Vgl. ebd.

11   Vgl. ebd., Protokoll der 26. Sitzung der KUeR, 13.11.1961.

12   Vgl. ebd., Protokoll der 11. Sitzung der KUER, 28.8.1958.

13   Vgl. ebd., Protokoll der 26. Sitzung der KUeR, 13.11.1961.

14   Ebd., Protokoll der 29. Sitzung der KUeR, 7.6.1962.

15   Vgl. ebd.

16   Vgl. Archiv BAG, 18.1.1.26, Bundesratsbeschluss, Alarmorganisation vom 24.2.64, Schreiben von P. Huber an H. P. Tschudi, 12.8.1963.

es noch die Meinung vertreten, im Aktivdienst- und Kriegsfall sei der Atomschutz Sache der Armee. Zu Beginn der 1960er Jahre stellte es sich auf den
Standpunkt, die Alarmorganisation solle sowohl in Friedenszeiten als auch in
Zeiten aktiven Dienstes einen zivilen Charakter aufweisen, ihr könne jedoch
militärisches Material zur Verfügung gestellt werden, soweit die militärische
Bereitschaft dadurch nicht in Mitleidenschaft gezogen werde.[17] Demgegenüber war in der Verordnung über den Territorialdienst der Armee festgelegt,
dass dieser im Aktivdienstfall die Warnung der Bevölkerung übernehme. Damit
vertrat das EMD, was den Strahlenalarm im Mobilmachungs- oder Kriegsfall
anbelangte, eine inkonsistente Haltung. Es ist deshalb wenig erstaunlich, dass
die Frage der Organisation und der Koordination bei einer Mobilmachung in
der Subkommission auch nach über einem Jahr immer noch eine – wie ein
Sitzungsprotokoll festhielt – „grosse Diskussion" auslöste.[18]

Bevor für dieses Problem eine Lösung gefunden war, wurde am 17. Februar
1964 per Bundesratsbeschluss die Alarmorganisation für den Fall erhöhter
Radioaktivität offiziell ins Leben gerufen und als deren leitendes Organ der
sogenannte Alarmausschuss der KUeR bezeichnet.[19] Dieser Alarmausschuss –
der von KUeR-Präsident Paul Huber in Personalunion geleitet wurde – umfasste dreizehn Mitglieder, zu welchen neben den ehemaligen Mitgliedern
der Subkommission nun auch Vertreter aller am Problem der Radioaktivität
interessierten Departemente sowie der Direktor des neu geschaffenen Bundesamtes für Zivilschutz zählten.[20] In seinem Antrag an den Bundesrat betonte
das EDI, es sei „unbestritten", dass in der zu schaffenden Alarmorganisation
„alle verfügbaren Mittel sinnvoll einzusetzen" seien.[21] So habe die Landesverteidigungsübung des Jahres 1963, anlässlich welcher die Bewältigung einer
Verstrahlungslage geprobt wurde, „besonders deutlich" gezeigt, dass sich die
Regelung der Zusammenarbeit von zivilen und militärischen Strahlenschutzstellen im Aktivdienstfall „als dringlich" erweise.[22] Zu diesem Zweck müsse

---

17   Vgl. ebd., Antrag des EDI, 13.12.1963.
18   CH-BAR#E2001E#1978/84#1013*, Protokoll der 9. Sitzung der Subkommission, 14.10.1963.
19   Vgl. Archiv BAG, 18.1.1.26, Bundesratsbeschluss, Alarmorganisation vom 24.2.64, Be-
      schluss des Bundesrates, 17.2.1964.
20   Vgl. ebd., Verfügung des EDI über die Ernennung der Mitglieder des leitenden Organs
      („Alarmausschuss") der Alarmorganisation für den Fall erhöhter Radioaktivität, 24.2.1964.
21   Ebd., Antrag des EDI, 13.12.1963.
22   Vgl. dazu auch Kapitel 5.1.

„möglichst bald" eine Verordnung erlassen werden, „die die Aufgaben der Organisation, ihren Aufbau und ihre Arbeitsweise im Einzelnen regeln soll."[23]

Am 15. Oktober 1966 setzte der Bundesrat eine derartige Verordnung in Kraft.[24] Dadurch erfolgte zwar eine Offizialisierung der bereits erwähnten Freiwilligenorganisation, die aus ABC-Spezialisten der Armee bestehen und bei Nuklearereignissen in Friedenszeiten zum Einsatz kommen sollte. Die Frage der Koordination im Aktivdienstfall hingegen wurde in der Verordnung lediglich aufgeworfen, jedoch nicht geregelt. Wiederum lag der Grund dafür in einer Kehrtwendung des EMD. Das Militär wollte nun nichts mehr davon wissen, dass die Alarmorganisation in jedem Fall über einen zivilen Charakter verfügen sollte. Vielmehr plädierte es nun dafür, dass „für den aktiven Dienst [...] eine besondere Regelung getroffen werden" müsse.[25] Die institutionelle und rechtliche Einbindung von Alarmorganisation und Alarmausschuss in die Struktur der schweizerischen Landesverteidigung wurde damit bis auf Weiteres vertagt.

Gegen Ende der 1960er Jahre wurde das Problem der Organisation von Strahlenalarm und Strahlenschutz im Mobilmachungs- und Kriegsfall erneut virulent. Wesentlich war hier die Landesverteidigungsübung des Jahres 1967, anlässlich welcher wiederum gravierende Koordinationsdefizite in diesem Bereich zutage traten.[26] Im EGA ärgerte man sich darüber, dass das Militär keinerlei Anstalten machte, das seit langem bekannte Problem anzugehen. So hielt der neue Chef der Sektion für Strahlenschutz (und Nachfolger von Gerhart Wagner) Walter Minder in einer internen Notiz an EGA-Direktor Arnold Sauter sichtlich frustriert fest:

> Trotz mehrmaligen Bemerkungen bei Sitzungen an den Chef der AC-Sektion und anlässlich der Berichterstattung über die Landesverteidigungsübung 1967, dass es nun Sache des EMD sei, für den Fall des Aktivdienstes eine Unterstellung und Verwendung des Alarmausschusses auszuarbeiten, ist bisher in dieser Sache leider nichts Konkretes vorgenommen worden.[27]

---

23   Archiv BAG, 18.1.1.26, Bundesratsbeschluss, Alarmorganisation vom 24.2.64, Antrag des EDI, 13.12.1963.

24   Vgl. Archiv BAG, 18.10.57a, Arbeitsgruppe „Alarmzentrale", Beschluss des Bundesrates, 9.9.1966.

25   Ebd., Mitbericht des EMD, 10.3.1965.

26   Vgl. dazu auch Kapitel 5.1.

27   Archiv BAG, 18.10.57, Alarmorganisation für den Fall erhöhter Radioaktivität, Notiz von W. Minder an Direktor Sauter, 1.10.1968. Vgl. auch ebd., Schreiben von Sauter an die Direktion der Eidg. Militärverwaltung, 12.11.1968.

Auch seitens des Alarmausschusses führte die jahrelange unklare rechtliche und institutionelle Einbindung im Aktivdienstfall zunehmend zu Unmut. Der Präsident des Alarmausschusses Paul Huber wandte sich deshalb Ende 1970 mit einem Schreiben direkt an den Vorsteher des EDI, Bundesrat Hans-Peter Tschudi. Darin betonte Huber, „dass es nach der jetzigen Konzeption dem A-Ausschuss [Alarmausschuss] unmöglich ist, alle Aspekte einer Katastrophensituation bei gefährlich erhöhter Radioaktivität zu bewältigen."[28]

Die Voten von Walter Minder und Paul Huber weisen darauf hin, dass die Alarmorganisation zu Beginn der 1970er Jahre rechtlich und materiell nach wie vor auf wackligen Füßen stand. Im Prinzip bestanden immer noch die gleichen Organisations-, Kompetenz- und Koordinationsprobleme wie zum Zeitpunkt der Bildung der Subkommission für die Organisation des Katastrophenfalls im Sommer 1962. Auf Bundesebene befassten sich inzwischen allerdings bereits vier verschiedene zivile und militärische Instanzen mit der Bewältigung von Nuklearkatastrophen: Zu den drei bereits erwähnten Stellen – dem Alarmausschuss der KUeR, der Territorialorganisation der Armee und der Unterabteilung AC-Schutzdienst der Abteilung für Sanität – kam seit 1963 noch das Bundesamt für Zivilschutz hinzu.[29] Die Koordination von Atomalarm und Strahlenschutz war somit mehr denn je vonnöten.

Dieser Koordinationsaufgabe nahm sich nun die 1970 im Rahmen der Leitungsorganisation des Bundes im Bereich der Gesamtverteidigung neu geschaffene Zentralstelle für Gesamtverteidigung (ZGV) an.[30] ZGV-Direktor Hermann Wanner stellte Ende 1970 in einem Schreiben an Bundesrat Tschudi fest, hinsichtlich der Alarmierung und des Schutzes der Bevölkerung bei einer Nuklearkatastrophe habe sich „ein Mangel an Koordination deutlich gezeigt". Ebenso sei klar geworden – so Wanner weiter –, „dass es sich hier um ein Problem der Gesamtverteidigung handelt. Es wäre deshalb wünschenswert, [...] das Problem in seiner Gesamtheit neu zu überdenken."[31] Die Suche nach einer effektiven Organisation für den Strahlenalarm und Atomschutz ging damit zu Beginn der 1970er Jahre unter dem neuen Anspruch der Gesamtverteidigung in die nächste Runde.

Resümiert man die ersten zehn Jahre, in welchen auf Bundesebene die Entwicklung einer Alarmorganisation für den Fall erhöhter Radioaktivität angestrebt wurde, so fallen insbesondere zwei Punkte auf: Der erste Punkt

---

28   Ebd., Schreiben von P. Huber an H. P. Tschudi, 6.11.1970.
29   Vgl. ebd., Schreiben von H. Wanner an H. Tschudi, 22.12.1970.
30   Zur Leitungsorganisation des Bundes im Bereich der Gesamtverteidigung vgl. Kapitel 5.2.
31   Archiv BAG, 18.10.57, Alarmorganisation für den Fall erhöhter Radioaktivität, Schreiben von H. Wanner an H. Tschudi, 22.12.1970.

betrifft die enge Verschränkung von zivilen und militärischen Strukturen. Im Hinblick auf die Bewältigung einer Atomkatastrophe, die zu Friedenszeiten stattfinden würde, wurde eine Alarmorganisation mit ziviler Leitung – dem Alarmausschuss der KUeR – aufgebaut. Bei einem nuklearen Notfall sollte diese Alarmorganisation mit ungefähr 300 freiwillig tätigen Offizieren, Unteroffizieren und Soldaten des ABC-Dienstes der Armee und mit militärischem Material operieren. Die Zeughäuser [Arsenale] erhielten zu diesem Zweck eine spezielle Weisung der Kriegsmaterialverwaltung, dass sie diesen Freiwilligen in einem Katastrophenfall ABC-Material der Armee zur Verfügung zu stellen hätten. Wiewohl sich ein allfälliger Einsatz nicht auf ein militärisches Aufgebot, sondern auf ein freiwilliges Commitment der entsprechenden Personen stützen würde, sollte die Mobilisierung dieser ABC-Spezialisten – wie im militärischen Kontext – durch die ABC-Sektion der Abteilung für Sanität und nicht direkt durch den Alarmausschuss erfolgen.[32] Dies verdeutlicht, wie stark militärische und zivile Ressourcen und Organisationsformen im Dispositiv der Alarmorganisation ineinander verwoben waren – dies allerdings vorerst nur für atomare Notfälle in Friedenszeiten.

Zweitens wurde – obwohl von Beginn an als Problem erkannt – die Frage nach der rechtlichen und institutionellen Einbindung und Unterstellung des Alarmausschusses und der Alarmorganisation während eines Aktivdienstes nie beantwortet, sondern eine Lösung vielmehr permanent aufgeschoben. Dies ist insofern erstaunlich, als die Landesverteidigungsübungen der 1960er Jahre mit aller Deutlichkeit gezeigt hatten, dass eine bessere Koordination der im Bereich von Atomalarm und Strahlenschutz bestehenden zivilen und militärischen Stellen im Mobilmachungs- bzw. Kriegsfall dringend erforderlich war. Wesentlich verantwortlich dafür, dass keine Regelung gefunden werden konnte, war die unentschiedene Haltung des EMD. Entgegen seiner ursprünglichen Intention wollte das Militär seine Kompetenzen und sein Know-how in Sachen Strahlenalarm und Atomschutz im Aktivdienstfall schließlich doch nicht aus der Hand geben. Dies hatte – wie der nächste Abschnitt zeigen wird – nicht zuletzt damit zu tun, dass das Militär Schwierigkeiten hatte, diejenigen Koordinationsanforderungen, die mit der Konzeption der Gesamtverteidigung einhergingen, zu erfüllen.

---

32 Vgl. Archiv BAG, 18.1.1.26, Bundesratsbeschluss, Alarmorganisation vom 24.2.64, Schreiben des EDI an das Eidg. Politische Departement, das Eidg. Justiz- und Polizeidepartement, das EMD, das Eidg. Volkswirtschaftsdepartement und das EVED, [10.9.1963]. In manchen Archivdokumenten ist von nur 200 Freiwilligen die Rede.

Mehrfachstudium von Koordinationslücken

Das Problem der Koordination von Strahlenalarm und Atomschutz wurde Anfang der 1970er Jahre auf Bundesebene gleich mehrfach studiert. So waren nicht weniger als drei Arbeitsgruppen parallel zueinander mit der nuklearen Bedrohung und der Koordination von Strahlenschutzmaßnahmen beschäftigt. Erstens bestand seit 1971 eine Arbeitsgruppe A-Bedrohung. Diese Arbeitsgruppe, nach ihrem Leiter Jean Dübi von der ZGV auch Arbeitsgruppe Dübi genannt, sollte alle Aspekte der atomaren Bedrohung analysieren und Vorschläge für die Festlegung von Verantwortlichkeiten ausarbeiten.[33] Zu den Mitgliedern der Arbeitsgruppe Dübi zählten der Präsident des Alarmausschusses (und Bruder des inzwischen verstorbenen Paul Huber) Otto Huber, der Direktor des Bundesamtes für Zivilschutz Walter König sowie Vertreter des Territorialdienstes der Armee und der Unterabteilung AC-Schutzdienst der Abteilung für Sanität, aber auch der neue Chef der Sektion für Strahlenschutz (und Nachfolger von Walter Minder) Werner Hunzinger und der Chef der Sektion für Sicherheitsfragen von Atomanlagen Peter Courvoisier.[34] Die Arbeitsgruppe Dübi unterstand dem Stab für Gesamtverteidigung, der im Rahmen der Leitungsorganisation des Bundes im Bereich der Gesamtverteidigung die Kooperation zwischen den militärischen und den zivilen Teilen der Verteidigung vorantreiben sollte.[35]

Zweitens existierte eine Arbeitsgruppe Umfassende AC-Schutzmaßnahmen, nach ihrem Vorsitzenden Hans Flückiger, dem Chef der Unterabteilung AC-Schutzdienst der Abteilung für Sanität, auch Arbeitsgruppe Flückiger genannt. Diese Arbeitsgruppe war von Oberfeldarzt Reinhold Käser angeregt worden. Seit 1967 gehörte sie einem Unterausschuss des Koordinationsausschusses für zivile und militärische Landesverteidigung, einem Vorläuferorgan des Stabes für Gesamtverteidigung, an.[36] Auch die Arbeitsgruppe Flückiger sollte die Planung und Koordination von Strahlenschutzmaßnahmen an die Hand nehmen. An der Arbeitsgruppe Flückiger partizipierten unter anderem

---

33   Vgl. Archiv BAG, 18.10.57, Alarmorganisation für den Fall erhöhter Radioaktivität, Schreiben von H. Wanner an H. Tschudi, 22.12.1970, und Schreiben von Tschudi an H. Wanner, 18.1.1971.

34   Vgl. die entsprechenden Dokumente in: Archiv BAG, 18.6.2, Alarmorganisation, Arbeitsgruppe „A-Bedrohung" (Dübi).

35   Vgl. Archiv BAG, 18.6.3, Alarmausschuss I. Teil, Protokoll der Informationssitzung über Koordinationsprobleme im Bereiche der A-Bedrohung, 22.10.1971.

36   Vgl. ebd. Es handelte sich dabei um den Unterausschuss Totaler Sanitätsdienst und umfassende AC-Schutzmaßnahmen. Vgl. dazu Kapitel 7.3.

Vertreter des Alarmausschusses, des Bundesamtes für Zivilschutz und der Territorialorganisation der Armee.[37]

Drittens war seitens des Alarmausschusses seit 1970 eine Arbeitsgruppe Kompetenz- und Organisationsfragen des umfassenden AC-Schutzdienstes tätig. Diese Arbeitsgruppe, die unter der Leitung von Paul Siegenthaler, Chef der Zentralstelle für zivile Kriegsvorbereitung, stand, beschäftigte sich ebenfalls mit Koordinationsproblemen im Bereich von Strahlenalarm und Strahlenschutz.[38] Der Arbeitsgruppe Siegenthaler gehörten unter anderem Otto Huber, Werner Hunzinger, Walter König, Hans Flückiger, Peter Courvoisier sowie ein Vertreter des Territorialdienstes der Armee an.[39] In den drei parallel zueinander existierenden Arbeitsgruppen, die zu Beginn der 1970er Jahre allesamt die Koordinationslücken im Bereich der nuklearen Bedrohung studierten, waren somit wiederholt identische Personen und Institutionen vertreten. Dieses mehrfache Vorgehen verweist auf ein grundlegendes strukturelles Problem des schweizerischen Gesamtverteidigungssystems, wie sich im Folgenden zeigen wird.

Um die offensichtlich vorhandenen Kooperationsdefizite anzugehen, berief die ZGV im Oktober 1971 eine „Informationssitzung über Koordinationsprobleme im Bereiche der A-Bedrohung" ein. Zu dieser Sitzung waren Vertreter des Alarmausschusses, des Bundesamtes für Zivilschutz und des AC-Schutzdienstes sowie der Oberfeldarzt eingeladen, ebenso die Vorsitzenden der drei parallel zueinander bestehenden Arbeitsgruppen. Deren Situationsanalyse ergab folgendes Bild: Indem der Bundesrat Aufträge an verschiedene Gremien erteilt habe, so an den Alarmausschuss, das Bundesamt für Zivilschutz und den AC-Schutzdienst der Armee, sei es zu „Doppelspurigkeiten und Koordinationslücken" gekommen. Es handle sich „um ein echtes Koordinationsproblem", an dessen Lösung verschiedene Departemente – das EDI, das Eidgenössische Justiz- und Polizeidepartement, das EMD und das Eidgenössische Verkehrs- und Energiewirtschaftsdepartement – ein Interesse hätten. Die *Kardinalfrage* laute: „Wie sollen die verschiedenen für die Erkennung der A-Bedrohung zuständigen Instanzen zu einer im Frieden

---

37   Vgl. Archiv BAG, 18.6.2, Alarmorganisation, Arbeitsgruppe „Umfassender AC-Schutzdienst" (Flückiger), Der integrierte AC-Schutzdienst, Januar 1972.

38   Vgl. Archiv BAG, 18.6.3, Alarmausschuss I. Teil, Protokoll der Informationssitzung über Koordinationsprobleme im Bereiche der A-Bedrohung, 22.10.1971.

39   Vgl. die entsprechenden Dokumente in: CH-BAR#E4390C#1977/164#355*. Daneben hatte offenbar auch das EGA einen Auftrag, die Fragen der Alarmorganisation im aktiven Dienst zu studieren. Vgl. ebd., Kompetenz- und Organisationsprobleme des umfassenden AC-Schutzdienstes, März 1970.

wie im aktiven Dienst funktionsfähigen Organisation zusammengeschlossen werden?"[40]

Die Informationssitzung erbrachte ein Resultat. So galt nun als „unbestritten", dass der Alarmausschuss im Frieden wie bisher funktionieren und dem EDI angehören, im Frieden wie im aktiven Dienst seine Tätigkeit fortführen und im Frieden wie im aktiven Dienst die Koordination im Bereich der atomaren Bedrohung übernehmen sollte.[41] Damit sollte der Alarmausschuss einerseits als Ausführungsorgan des EDI fungieren, das heißt, im Verstrahlungsfall die vorhandene Radioaktivität messen und beurteilen, Entscheide fällen und Anträge für Schutzmaßnahmen stellen. Andererseits sollte er aber auch als Koordinationsorgan tätig sein und somit auf Bundesebene das Zusammenwirken zwischen den verschiedenen Organen im Bereich der atomaren Bedrohung sicherstellen. Hinsichtlich der Frage der Unterstellung des Alarmausschusses im aktiven Dienst wollten die Sitzungsteilnehmer indessen „nichts präjudizieren", bis die Berichte der verschiedenen Arbeitsgruppen abgeschlossen seien und vorliegen würden.[42] Damit wurde die Lösung eines wesentlichen Teils der „Kardinalfrage" erneut aufgeschoben, obwohl das Problem seit Jahren mehrfach studiert wurde. Dieser bewusste Aufschub lag hauptsächlich darin begründet, dass weder die Führungsrolle des Zivilschutzes noch diejenige des Militärs als befriedigende Lösung galten. Zwar wäre seitens der Alarmorganisation eine Unterstellung unter den Zivilschutz favorisiert worden. Der AC-Schutz des Zivilschutzes war jedoch sowohl materiell als auch personell schlechter ausgerüstet als derjenige der Armee und seine Spezialisten zudem weniger gut ausgebildet als diejenigen der Unterabteilung AC-Schutzdienst der Abteilung für Sanität, weshalb diese Möglichkeit nicht als optimal erschien.[43]

Nur wenige Monate nach der Informationssitzung lagen die Berichte der verschiedenen Arbeitsgruppen vor. Die Arbeitsgruppe Dübi bestätigte in ihrem Schlussbericht die Beschlüsse der Informationssitzung.[44] Demgegenüber ging

---

40   Archiv BAG, 18.6.3, Alarmausschuss I. Teil, Protokoll der Informationssitzung über Koordinationsprobleme im Bereiche der A-Bedrohung, 22.10.1971, Hervorh. i. Orig.

41   Ebd.

42   Ebd.

43   Vgl. Archiv BAG, 18.10.57a, Alarmzentrale, Der AC-Schutzdienst des Zivilschutzes, 25.8.1970. Das Bundesamt für Zivilschutz verfügte bspw. über keine eigenen Wissenschaftler auf dem Gebiet des AC-Schutzes. Deshalb wurden alle Fachfragen sowie die Ausbildung der Unterabteilung AC-Schutzdienst der Abteilung für Sanität auferlegt. Vgl. Archiv BAG, 18.10.57, Alarmorganisation für den Fall erhöhter Radioaktivität, Schreiben von H. Wanner an H. Tschudi, 22.12.1970.

44   Vgl. Archiv BAG, 18.6.2, Alarmorganisation, Bericht der Studiengruppe betreffend die verschiedenen Aspekte der atomaren Bedrohung, Dezember 1971.

der Bericht der Arbeitsgruppe Flückiger nur am Rande auf die geforderten Koordinationsleistungen ein, was seitens des Alarmausschusses und des Bundesamtes für Zivilschutz auf Kritik stieß. So meinte der Chef der Sektion für Strahlenschutz Werner Hunzinger, der Bericht sei „einseitig aus dem Blickwinkel der Armee verfasst und vernachlässigt die Schutzbedürftigkeit der Zivilbevölkerung, welche quantitativ überwiegt." Der Vizedirektor des Bundesamtes für Zivilschutz ergänzte, der Bericht lege dar, was die Armee für einen koordinierten AC-Schutzdienst tun könne: „*Vor* einer Mobilmachung nichts, *nach* durchgeführter Mobilmachung wenig." Der Präsident des Alarmausschusses Otto Huber wiederum betonte, es dürfe „nicht übersehen werden, *dass die Studie einen Widerspruch gegenüber unseren Koordinationsvorstellungen enthält.*"[45] Diese Aussagen zeigen, dass sich das Militär zu Beginn der 1970er Jahre schwer damit tat, sich auf die Kooperationsgebote der Gesamtverteidigung einzulassen und diesen gerecht zu werden.

Die Vorstellungen im Bericht der Arbeitsgruppe Dübi setzten sich jedoch schließlich durch und bildeten die Basis für die Verordnung über die Koordination der AC-Schutzmaßnahmen, die der Bundesrat im September 1973 erließ.[46] Gemäß dieser Verordnung war der Alarmausschuss mit der Koordinationsfunktion im Bereich der nuklearen Bedrohung betraut, indem ein Ausschuss AC-Schutz als ständiges Gremium des Stabes für Gesamtverteidigung geschaffen wurde. Dieser neue Ausschuss AC-Schutz, dessen Vorsitz der Präsident des Alarmausschusses Otto Huber in Personalunion übernahm, war mit dem bestehenden Alarmausschuss praktisch identisch; er wurde lediglich um einige Spezialisten für die chemische Bedrohung ergänzt, die im Alarmausschuss selbstredend nicht vertreten waren.[47] Beim Ausschuss AC-Schutz handelte es sich indessen nur um ein Koordinations- und kein Ausführungsorgan, das heißt, dessen Aufgabe bestand darin, die verschiedenen Ausführungsorgane im Hinblick auf einen künftigen Katastrophen- oder Kriegsfall zu koordinieren. Gleichzeitig blieb der Alarmausschuss in Friedenszeiten weiterhin ein Ausführungsorgan des EDI. Damit wurde die seit längerem im Raum stehende Lösung verwirklicht, den Alarmausschuss sowohl als Ausführungs- als auch – in Form des Ausschusses AC-Schutz – als Koordinationsorgan einzusetzen.

45 Archiv BAG, 18.6.3, Alarmausschuss I. Teil, Aktennotiz über die Sitzung der Arbeitsgruppe des Alarmausschusses betreffend „integrierter AC-Schutzdienst", 10.3.1972, Hervorh. i. Orig.

46 Vgl. Archiv BAG, 18.2.63, Ausschuss AC-Schutz des Stabes ZGV, Beschluss des Bundesrates, 17.9.1973.

47 Vgl. ebd., Verordnung über die Koordination der AC-Schutzmassnahmen, 17.9.1973.

Das Problem der Koordination des Atomalarms und des Strahlenschutzes konnte durch die Schaffung des Ausschusses AC-Schutz jedoch nach wie vor nicht befriedigend gelöst werden. So setzte dieser Ende 1973 eine neue Arbeitsgruppe Koordination ein. Die Arbeitsgruppe Koordination sollte sich, wie Otto Huber erläuterte, einen „Ueberblick [...] über den Stand der Arbeiten bei den einzelnen Fachorganen [verschaffen], die sich mit AC Schutzmassnahmen befassen. Diese Bestandesaufnahme soll Ausgangspunkt bilden für die Zusammenarbeit in diesem wichtigen Teilbereich der Gesamtverteidigung."[48] Das altbekannte Problem wurde damit zum x-ten Mal von Grund auf studiert. Die Lösung des Koordinationsproblems bestand folglich darin, keine Entscheidungen zu fällen, sondern vielmehr ständig neue Organisationen und Arbeitsgruppen und bisweilen auch neue Regelwerke zu erfinden. Dadurch fand unablässig eine Aufschiebung und Verlagerung des Problems statt.

Auch die Frage, was mit dem Alarmausschuss im Aktivdienstfall passieren solle, wurde mit der Verordnung von 1973 nicht gelöst. So hielt das EMD in seinem Antrag lapidar fest, für den Aktivdienstfall müssten allfällige Aufgaben des Alarmausschusses noch definiert werden.[49] Zu einer Klärung kam es erst im Jahr 1976, als der Bundesrat eine Änderung der Verordnung über den Alarmausschuss vornahm. In derselben wurde neu festgelegt, dass die AC-Schutzoffiziere und AC-Spezialisten der Armee sowohl im Frieden als auch im Krieg zugunsten des Alarmausschusses zum aktiven Dienst aufgeboten werden könnten. Gleichzeitig sollte der Alarmausschuss nun auch im Aktivdienstfall beim EDI verbleiben.[50] Das Militär musste sich also letztlich fügen und dem Alarmausschuss Ressourcen in Form von AC-Fachleuten und AC-Laboratorien auch im Mobilmachungs- oder Kriegsfall zur Verfügung stellen.

Die Verdoppelung des Alarmausschusses in ein Ausführungs- und ein Koordinationsorgan, die mit der Verordnung über die Koordination der AC-Schutzmaßnahmen im Jahr 1973 eingeführt wurde, hatte allerdings nur rund zehn Jahre Bestand. Ende 1984 wurden sowohl der Alarmausschuss der KUeR als auch der mit ihm praktisch identische Ausschuss AC-Schutz des Stabes für Gesamtverteidigung aufgelöst und der Strahlenalarm reorganisiert. Die Aufgaben dieser beiden Ausschüsse gingen an die neu geschaffene Eidgenössische Kommission für AC-Schutz über.[51] Die Geschichte der institutionellen und rechtlichen Verankerung des Alarmausschusses stellte somit eine

---

48   Ebd., Schreiben von O. Huber betreffend Erhebung über den Stand der Arbeiten im Bereiche des AC Schutzes zugunsten der Gesamtverteidigung, 27.3.1974.

49   Vgl. ebd., Antrag des EMD, 17.8.1973.

50   Vgl. CH-BAR#E4390C#1997/14#223*, Orientierung über den Koordinierten ACSD, 1.1.1979.

51   Vgl. dazu auch Kapitel 6.2 und Kapitel 8.

Geschichte der permanenten Verzögerungen und Umwege dar. Sie dauerte über 20 Jahre und bildete ein nie abgeschlossenes Projekt. Mitte der 1980er Jahre wurde der Alarmausschuss umstrukturiert, ohne dass sein Funktionieren je real unter Beweis gestellt worden wäre.

Eine Koordination von Atomalarm und Strahlenschutz wurde zwar während des ganzen Kalten Krieges gefordert, konnte aber nie befriedigend umgesetzt werden. Und dies, obwohl dieselben Personen mit der Konzeption und Ausführung des Strahlenalarms beschäftigt waren, welche auch die Koordinationsprobleme im Bereich der nuklearen Bedrohung studierten und sich seit Anfang der 1960er Jahre regelmäßig, in Arbeitsgruppen und Ausschüssen institutionalisiert, zu Koordinationsbesprechungen zusammenfanden. Dies auf ein Versagen der involvierten Akteure zurückzuführen, ist nicht plausibel. Vielmehr zeigt sich am Beispiel des Alarmausschusses und der Alarmorganisation ein strukturelles Problem des schweizerischen Gesamtverteidigungssystems.

Der während des Kalten Krieges formulierte Anspruch einer permanenten *preparedness* war nur mittels einer umfassenden nationalen Verteidigung einzulösen, was im Begriff der Gesamtverteidigung zum Ausdruck gelangte. Dadurch dehnte sich das schweizerische Verteidigungssystem aus, was den Beteiligten durchaus bewusst war. So wies etwa EGA-Direktor Arnold Sauter darauf hin, dass das Konzept der Gesamtverteidigung grundsätzlich zu einer Vergrößerung des nationalen Verteidigungsapparats führe.[52] Für diese Ausweitung stehen die Schaffung des Alarmausschusses und der Aufbau der Alarmorganisation exemplarisch. Ein internes Dokument des Alarmausschusses hielt diesbezüglich fest: „Seit der Gründung der KUeR 1956, der Bestellung des Alarmausschusses 1964, der Uebertragung von Koordinationsaufgaben im AC-Bereich 1973 und der Uebertragung seiner Funktionen im aktiven Dienst 1976 hat eine ständige Expansion der Bedürfnisse und der Gesamtaufgabe stattgefunden."[53]

Konzeptionell basierte das wachsende schweizerische Gesamtverteidigungssystem auf einem möglichst gleichberechtigten Zusammenspiel seiner militärischen und zivilen Teile. Nominell ging dieser Anspruch nach Gleichberechtigung mit einer Aufwertung des Zivilen und einem Bedeutungsverlust des Militärischen einher. Der zivile Alarmausschuss bzw. dessen

---

52 Vgl. Archiv BAG, 18.10.57, Alarmorganisation für den Fall erhöhter Radioaktivität, Note concernant l'entretien relatif à l'organisation d'alarme en cas d'augmentation de la radioactivité, 5.1.1971.

53 CH-BAR#E4390C#1997/14#223*, Bedürfnisnachweis des Alarmausschusses der KUeR, 8.6.1979.

Alarmorganisation besaßen jedoch nicht genügend Personal und Mittel, um Strahlenschutzmaßnahmen selbst durchzuführen, und auch der Zivilschutz war gerade im AC-Bereich stets schlechter ausgerüstet und ausgebildet als die Armee. Das Militär wiederum erklärte sich nur widerwillig bereit, dem Alarmausschuss seine Ressourcen zur Verfügung zu stellen. Faktisch wurde der Gleichberechtigungsanspruch auf dem Gebiet des Atomalarms und des Strahlenschutzes also nicht eingelöst. Dennoch erschwerte er es lange Zeit, dass ein Akteur die Verantwortung für den Gesamtkomplex der nuklearen Bedrohung übernehmen konnte.

Gleichzeitig führte das System der Gesamtverteidigung zu einem Koordinationsimperativ, wobei sich diejenigen Stellen, die eine Koordinationsleistung hätten übernehmen sollen, als zu wenig durchsetzungsfähig erwiesen. Die beteiligten Akteure blieben zudem in ihren zivilen oder militärischen Institutionen und Denkstilen verhaftet. So erwies sich die ‚koordinierte Sicherheit' im Bereich des Atomalarms und des Strahlenschutzes immer als prekär. Es zeigt sich hier ein strukturelles Problem des expandierenden schweizerischen Gesamtverteidigungssystems, das einerseits eine möglichst weitgehende Zusammenarbeit seiner verschiedenen Teile postulierte, dadurch andererseits aber einen systemimmanenten Koordinationsbedarf aufwies, der nach einer klareren Führungsstruktur und einer stärkeren Hierarchisierung verlangt hätte. Koordination und Kooperation erwiesen sich indessen – wie das nächste Teilkapitel zeigt – auch bei der Informationsübermittlung innerhalb der Alarmorganisation als äußerst anspruchsvolle Daueraufgaben.

6.2   Übermittlungsprobleme und Expansionsdynamiken. Praktischer Aufbau der Alarmorganisation, 1964–1984

Ein rechtzeitiger und funktionierender Strahlenalarm setzte ein komplexes Alarmierungsdispositiv voraus. Um bei einem atomaren Notfall Strahlenschutzvorkehrungen in Gang setzen zu können, musste die Erhöhung der Radioaktivität zunächst registriert und gemessen werden. Nach einer vorläufigen groben Einschätzung der Verstrahlungssituation galt es daraufhin – falls notwendig – unverzüglich erste Schutzmaßnahmen für die Bevölkerung anzuordnen. Gleichzeitig mussten die verfügbaren Strahlenschutzexperten und -gremien mobilisiert werden. Diese Spezialisten und Fachorgane sollten die Verstrahlungslage fortlaufend weiter analysieren und auswerten. Basierend auf dieser Beurteilung würden anschließend umfassende Schutzanweisungen beschlossen und die Behörden und die Bevölkerung entsprechend informiert.

Damit die *preparedness* der Alarmorganisation sichergestellt war und
das Alarmierungsdispositiv reibungslos funktionierte, bedurfte es eines
möglichst koordinierten und störungsfreien Zusammenspiels zahlreicher
Akteure, Instrumente und Systeme. Wie bereits dargestellt, bildete dies auf
institutioneller Ebene ein permanentes Problem. In diesem Teilkapitel werde
ich nun die praktische Funktionsweise der Alarmorganisation analysieren.
Im Kern ging es bei der zu schaffenden Alarmorganisation darum, Radio-
aktivitätsmesswerte in Handlungsanweisungen zu übersetzen. Dabei kam
der korrekten und raschen Übermittlung von Information eine bedeutende
Rolle zu. Mit Bruno Latour lässt sich der Weg von den zu gewinnenden Messresultaten zu den anzuordnenden Strahlenschutzmaßnahmen als eine Kette
von Übersetzungsprozessen verstehen, während derer die weiterzugebenden
Informationen einer ständigen Transformation unterworfen waren.[54] Die
Strahleninformationen wurden innerhalb der Alarmorganisation somit fortlaufend umgeformt, reduziert und erweitert. Der Übersetzungsvorgang einer
Meldung erhöhter Radioaktivität bis hin zum Ertönen einer Alarmsirene
basierte damit auf vielfältigen Transformations- und Kommunikations-
prozessen, die sich als anforderungsreich und störanfällig erwiesen. Dies umso
mehr, da bei jedem Schritt auf mehreren Ebenen zahlreiche Akteure involviert
waren, deren effiziente und koordinierte Zusammenarbeit eine enorme
Herausforderung darstellte.

Kontext(un)abhängige Transformationen und Übersetzungen

Die vom Alarmausschuss geplante Alarmorganisation nahm Ende der 1960er,
Anfang der 1970er Jahre konkrete Formen an. Für die Bewältigung eines angenommenen nuklearen Ereignisses definierte der Alarmausschuss drei
zentrale Phasen, die idealtypisch chronologisch aufeinander folgen, sich in der
Realität indessen zeitlich überschneiden würden. Ich werde das Alarmierungsdispositiv nun entlang dieser drei Phasen beschreiben und dabei auf zwei Anfang der 1970er Jahre erstellte Organisationsschemen Bezug nehmen.[55] Dabei

---

54   Vgl. Latour 2002 [1999].
55   Die Ausführungen der folgenden vier Absätze basieren auf: CH-BAR#E2001E#1980/
     83#512*, Überblick über die vorauszusehenden und durchzuführenden Massnahmen
     im Falle einer Atombomben-Katastrophe in Friedenszeiten, 10.4.1968; Archiv BAG,
     18.10.57a, Alarmzentrale, Überblick über die vorauszusehenden und durchzuführenden
     Massnahmen gegen die radioaktive Gefährdung im Falle einer Atombomben-
     Katastrophe in Friedenszeiten, 6.4.1971; CH-BAR#E3300C#1993/155#594*, Überblick
     über die vorauszusehenden und durchzuführenden Massnahmen gegen die radioaktive
     Gefährdung im Falle einer Atombombenkatastrophe in Friedenszeiten (Entwurf),

wird sich zeigen, dass der Einsatz der mobilisierten Personen und Institutionen, Messinstrumente und Labororganisationen zwar von festgelegten Normen und Abläufen ausging, die tatsächliche *preparedness* der Alarmorganisation aber entscheidend von flexiblen Transformationen und Übersetzungsprozessen abhing, die dem Alarmausschuss einen möglichst großen Spielraum für Interventionen zur Steuerung der atomaren Katastrophe eröffnen sollten.

In der ersten Phase (Abb. 22) stand die Alarmierung von Behörden und der Bevölkerung im Zentrum. Die Überwachungszentrale der Alarmorganisation, die sich zunächst bei der Aerologischen Anstalt in Payerne und ab 1975 bei der Schweizerischen Meteorologischen Zentralanstalt in Zürich befand, musste jederzeit in der Lage sein, Meldungen aus dem schweizerischen und dem europäischen Überwachungsnetz entgegenzunehmen, um sich möglichst ohne Zeitverlust über ein allfälliges Nuklearereignis zu informieren. Als Informationsquellen aus dem Inland standen der Überwachungszentrale die fünf Frühwarnposten der Eidgenössischen Kommission zur Überwachung der Radioaktivität (KUeR) zur Verfügung, die in Grenznähe aufgestellt waren und bereits ein geringes Ansteigen der Radioaktivität in der Luft registrieren konnten.[56] Daneben erhielt die Überwachungszentrale Informationen von den Atomwarnposten des Alarmausschusses. Hierbei handelte es sich um hauptsächlich von der Polizei bediente, über die Schweiz verteilte Stationen, bei denen Atomwarngeräte installiert waren, die beim Überschreiten einer bestimmten Dosisleistung Alarm auslösten. Bei den Atomwarnposten befanden sich zusätzlich tragbare Messgeräte, mit denen die Radioaktivität in der Umgebung gemessen werden konnte. Falls – etwa in einem Mobilmachungsfall – bereits Angehörige des AC-Dienstes von Armee und Zivilschutz im Einsatz waren, konnten auch diese Stellen Beobachtungen und Messwerte an die Überwachungszentrale übermitteln. Aus dem Ausland erhielt die Überwachungszentrale zum einen Informationen über das Fluginformationsbüro im Flughafen Kloten, auch Notam-Büro genannt, in dem Meldungen über die Flugsicherheit zusammenflossen. Sollten Flugzeugbesatzungen Atomexplosionen feststellen, würde das Notam-Büro diese Information an die Überwachungszentrale weiterleiten. Zum anderen bestand seitens der Überwachungszentrale

---

4.11.1971; CH-BAR#E4390C#1977/164#352*, Massnahmen gegen radioaktive Gefährdung. Schutzmassnahmen gegen die Gefährdung bei einer Atombombenkatastrophe in Friedenszeiten, Vorauflage des BZS, 4. Seminar für Regierungsräte betreffend Krisenmanagement, 4.–6.10.1972; Archiv BAG, 18.6.3, Alarmausschuss II. Teil, Radioaktive Gefährdung und mögliche Schutzmassnahmen bei einer Atombombenkatastrophe im Frieden, April 1973; CH-BAR#E4390C#1981/147#238*, Radioaktive Gefährdung und mögliche Schutzmassnahmen bei einer Atombombenkatastrophe im Frieden, Oktober 1973.

56   Vgl. dazu Kapitel 3.2.

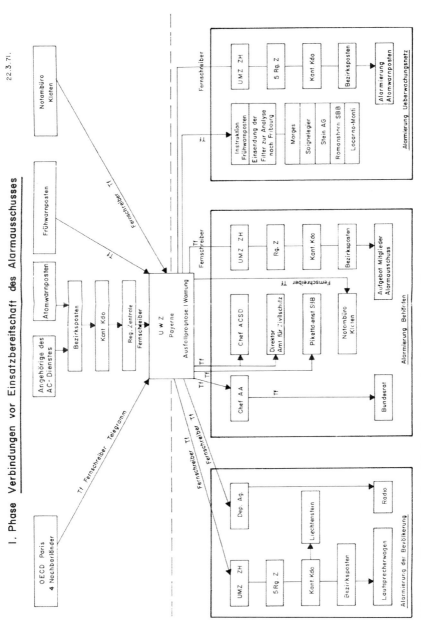

Abb. 22   Alarmierungsdispositiv der Alarmorganisation in der ersten Phase, 1971.

eine ständige Verbindung zur Alarmorganisation der OECD, an die auch alle
Nachbarländer der Schweiz angeschlossen waren.[57] Basierend auf allen verfügbaren Informationen über das Nuklearereignis und unter Berücksichtigung
der meteorologischen Verhältnisse erstellte die Überwachungszentrale eine
Prognose des radioaktiven Ausfalles und schätzte die daraus resultierenden
Strahlungsdosen im Freien ab. Aufgrund dieser ersten Abschätzung der zu
erwartenden Verstrahlungssituation erfolgte die Alarmierung. Bei einem
nuklearen Notfall musste die Überwachungszentrale die in den Strahlenschutz involvierten Behörden, darunter die Chefs des Alarmausschusses und
der Unterabteilung AC-Schutzdienst sowie den Direktor des Bundesamtes für
Zivilschutz, mobilisieren. Trafen bei der Überwachungszentrale Meldungen
und Warnungen über atomare Ereignisse aus dem Ausland ein, bevor der
radioaktive Ausfall die Schweiz erreicht hatte, so musste die Überwachungszentrale auch das Überwachungsnetz der Alarmorganisation aktivieren. Die
Frühwarnposten erhielten Instruktionen darüber, wann sie ihre Filter zur Analyse ins Labor der KUeR nach Fribourg zu senden hatten. Die Atomwarnposten
wiederum befanden sich nicht ständig in Betrieb und mussten gegebenenfalls
zuerst eingeschaltet werden. Die Hauptziele der ersten Phase bestanden aber
selbstredend in der unverzüglichen Alarmierung der Bevölkerung und der
Anordnung von ersten Schutzmaßnahmen. Dazu gehörten – abhängig von
der Einschätzung der Gefährdungssituation – Anweisungen wie „im Haus
bleiben", „Fenster schliessen", „Reinigung von radioaktivem Staub beim Eintritt aus dem Freien" oder „Einweisung der Bevölkerung in Schutzräume".
Diese Verhaltensanweisungen wurden über das Radio oder über Lautsprecher-
wagen kommuniziert.

Die zweite Phase (Abb. 23) fokussierte darauf, Schutzmaßnahmen in
genauer Kenntnis der Verstrahlungslage durchzuführen, was eine möglichst
exakte Messung der Radioaktivität voraussetzte. Die Haupttätigkeit der
Alarmorganisation verlagerte sich in dieser Phase von der Überwachungszentrale auf die Alarmzentrale in Bern. Letztere bildete fortan den Kern
der Alarmorganisation, wo alle Informationen ein- und von wo sämtliche
Weisungen ausgingen und wo sich nun auch der inzwischen einsatzbereite
und für die Bewältigung des Nuklearereignisses hauptsächlich verantwortliche

---

57   Die OECD-Alarmorganisation bestand allerdings nur bis 1971 und wurde danach still-
      gelegt, wenn auch nicht aufgehoben. Vgl. Archiv BAG, 18.6.1, Eidg. Kommission zur Über-
      wachung der Radioaktivität, der Luft und der Gewässer (KUeR), 1. Teil, Schreiben von
      W. Hunzinger an die KUeR, 17.1.1972.

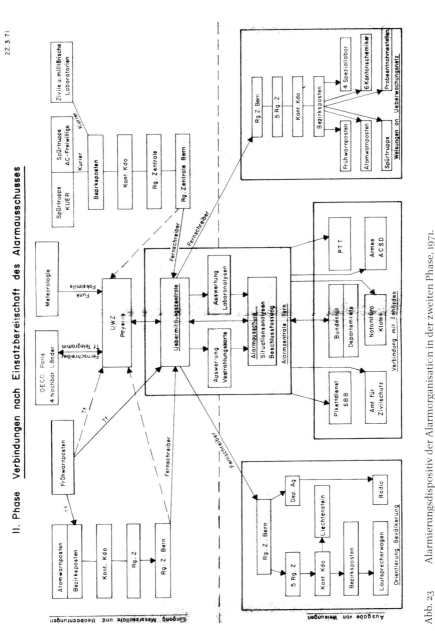

Abb. 23   Alarmierungsdispositiv der Alarmorganisation in der zweiten Phase, 1971.

Alarmausschuss befand.[58] Circa 20 Stunden nach dem Alarm waren nun verschiedene Spürtrupps, insbesondere die freiwillig tätigen AC-Spezialisten der Armee und die AC-Einheiten des Zivilschutzes, im Einsatz, um mit mobilen Spürgeräten die Dosisleistungen über dem Erdboden zu messen.[59] Weitere Messungen nahmen die Pikettdienste [Bereitschaftsdienste] und Notfallequipen der Atomanlagen und die an verschiedenen Orten der Schweiz stationierten Messwagen der Strahlenschutzkontrolleure des Eidgenössischen Gesundheitsamtes vor. Ebenfalls im Einsatz war zu diesem Zeitpunkt die Labororganisation, welche damit begann, die Radioaktivitätsdosen verstrahlter Lebensmittel abzuschätzen. Diese bestand aus Laboratorien von Armee und Zivilschutz, den Laboratorien der Arbeitsgemeinschaft zur Überwachung der Radioaktivität der Lebensmittel sowie den Laboratorien der Physikalischen Institute der Universitäten Fribourg und Basel, der Eidgenössischen Anstalt für Wasserversorgung, Abwasserreinigung und Gewässerschutz und des Gesundheitsamtes. Hinzu kamen die über das Land verteilten Probenahmestellen für Zisternenwasser, Regenwasser, Milch, Gras und Lebensmittel, deren Verantwortliche dafür sorgen mussten, dass die entnommenen Proben zur Analyse an ein bestimmtes Laboratorium gelangten.[60]

In der Alarmzentrale wurden die fortlaufend eintreffenden Messresultate und Beobachtungen gesammelt und ausgewertet, Verstrahlungskarten und Laboranalysen erstellt, Situationsanalysen erarbeitet und Beschlüsse gefasst. Der Alarmausschuss sollte in dieser Phase imstande sein, sich ein immer genaueres Bild über die effektive Verstrahlungslage zu machen, um bei dem Bundesrat bzw. den zuständigen Departementen, der Armee, dem Zivilschutz und weiteren Behörden sowie den verschiedenen Stellen des Überwachungsnetzes die Durchführung umfassender Schutzmaßnahmen zu beantragen.[61] Diese betrafen zum einen die Festlegung der notwendigen Aufenthaltsdauer im Schutzraum bzw. der erlaubten Aufenthaltsdauer im Haus oder im Freien, die Anordnung von ersten Dekontaminationsarbeiten sowie die Bestimmung des Zeitpunktes allfälliger Evakuierungen aus extrem stark kontaminierten

---

58   Bei Reaktorunfällen würde der Alarmausschuss mit der KSA zusammenarbeiten.

59   Fand die Atomkatastrophe nicht in Friedens-, sondern zu Zeiten aktiven Dienstes statt, waren diese Truppen bereits seit längerem aufgeboten.

60   Zum Messnetz dieser Probenahmestellen vgl. Kapitel 3.2.

61   Der Alarmausschuss war lediglich für die Beantragung von Schutzmaßnahmen, nicht aber für deren praktische Durchführung zuständig. Letzteres war Sache der Bundes-, Kantons- und Gemeindebehörden. Die Bezeichnung des Alarmausschusses als Ausführungsorgan bezog sich nur auf die Tätigkeiten des Messens, des Beurteilens, des Entscheidens und der Antragstellung bzw. der Orientierung.

Gebieten. Zum anderen ging es um Maßnahmen der Lebensmittelversorgung, so etwa um die Versorgung der Bevölkerung aus eigenen Notvorräten, um die Sperrung von Frischlebensmitteln wie Milch, Fleisch, Gemüse und Obst oder um die Vorbereitung der Notversorgung in bestimmten Gebieten.[62]

In der dritten Phase wurden die begonnenen Arbeiten mit dem Ziel fortgeführt, die Lebensbedingungen wieder zu normalisieren. Die Leitung oblag immer noch dem Alarmausschuss, welcher sich nach wie vor in der Alarmzentrale befand. Die Labororganisation maß weiterhin die Verstrahlung von Lebens- und Futtermitteln, Trink- und Tränkewasser und führte spezifische Analysen besonders gefährlicher radioaktiver Spaltprodukte durch, um die effektiven Dosen der Radioaktivität in verstrahlten Lebensmitteln zu ermitteln. Der Alarmausschuss legte darauf aufbauend die Sperrdauer verstrahlter Lebensmittel fest, organisierte die Versorgung und ordnete spezifische Dekontaminationsarbeiten an. Mit der Zeit sollte es dem Alarmausschuss auch möglich sein, die angeordneten Schutzmaßnahmen nach und nach wieder zu lockern.

Überblickt man das vom Alarmausschuss entwickelte Alarmierungsdispositiv, so wird deutlich, dass die reziproke und reibungslose Weitergabe von Informationen zwischen sämtlichen involvierten Akteuren und Stellen für das Funktionieren der Alarmorganisation eine konstitutive Voraussetzung bildete. Allerdings waren diese Informationen innerhalb des Alarmierungsdispositivs ständigen Transformations- und Übersetzungsprozessen unterworfen. Dadurch veränderte sich der Inhalt der Informationen permanent und dies in mindestens dreierlei Hinsicht: Erstens veränderte sich der Inhalt der Informationen aus dem einfachen Grund, weil sich die Modalität der Sprechakte wandelte. Daten wurden zunächst in propositionale Aussagen und danach in Handlungsanweisungen übersetzt. Zweitens veränderte sich der Inhalt der Informationen, weil die Trägermedien der Informationen variierten. So galt es, die Aktivität von Radioisotopen zunächst in Zahlenwerte, danach in kartographische Repräsentationen – sogenannte Verstrahlungskarten – und anschließend in Texte – Situationsanalysen genannt – zu übersetzen. Schließlich waren diese Situationsanalysen, welche die Gefahrensituation deuteten, in Schutzanweisungen zu transformieren, die sich über Radio- oder Lautsprecherdurchsagen verbreiten ließen. Bei jedem dieser medialen Übersetzungsprozesse wurden gewisse Informationselemente konserviert und kondensiert, gleichzeitig fielen bestimmte Elemente weg und es kamen

---

62   Zu den Notvorräten im Kalten Krieg in der Schweiz: Marti 2014a.

neue Elemente hinzu.[63] Dies lässt sich an einem einfachen Beispiel verdeutlichen: Die Übersetzung von Radioaktivitätsmesswerten in Verstrahlungskarten brachte zwar neue Informationsinhalte über die räumliche Verteilung der Strahlung hervor. In den kartographischen Repräsentationen über die Topographie der Verstrahlung waren die exakten Zahlenwerte der einzelnen Messstationen aber nicht mehr ersichtlich. Drittens – und hier wesentlich – veränderte sich der Inhalt der Informationen, weil die Übersetzungsprozesse nicht automatisiert, sondern situativ und kontextabhängig erfolgten. Anders als vermutet werden könnte, übersetzte der Alarmausschuss die eingehenden Informationen in der Alarmzentrale nicht nach einem standardisierten Verfahren in bestimmte Weisungen. Vielmehr konnten aus vergleichbaren Radioaktivitätsmesswerten – je nach Einschätzung und Deutung der Situation – unterschiedliche Schutzmaßnahmen resultieren. Insbesondere bei der Auswertung von Messresultaten und der Beurteilung von Situationsanalysen sowie bei der Formulierung von Handlungsanweisungen produzierte der Alarmausschuss in der Alarmzentrale selbst neues Wissen. Der Inhalt der Informationen veränderte sich innerhalb des Alarmierungsdispositivs also insbesondere auch deshalb, weil permanent Urteile und Deutungen von Akteuren involviert waren.

Ich möchte diesen letzten Punkt im Folgenden anhand des Beispiels der Anwendung und Interpretation von Toleranzdosen näher ausführen. Selbstredend war eine Atomexplosion oder ein Reaktorunfall im weit entfernten Ausland nicht mit dem gleichen Gefährdungspotenzial verbunden wie eine Atomkatastrophe im grenznahen Ausland oder im Inland. Das Alarmierungsdispositiv der Alarmorganisation differierte deshalb zwischen unterschiedlichen Bedrohungs- bzw. Alarmstufen, die jeweils andere Schutzmaßnahmen nach sich ziehen würden. Als Grundlage fungierten hier die von der Internationalen Strahlenschutzkommission ausgearbeiteten Jahrestoleranzdosen.[64] Ein skandinavischer Bericht über Alarmstufen diente ebenfalls als Orientierungshilfe, und es wurde auch auf die Vorgaben der OECD-Alarmorganisation geachtet.[65] Der Aufbau der Alarmorganisation orientierte sich also an deren Kompatibilität mit internationalen Normen und Alarmsystemen, wobei sich die Einteilung der Nuklearereignisse in die verschiedenen Stufen nach der Höhe der erwarteten Strahlendosen richtete.

---

63   Im Sinne Bruno Latours lassen sich solche Übersetzungsprozesse deshalb als Transformationsketten verstehen, die Referenz herstellen. Vgl. Latour 2002 [1999].

64   Vgl. CH-BAR#E8190B-01#1986/181#130*, Protokoll der 16. Sitzung der KUeR, 3.12.1959.

65   Vgl. ebd., Protokoll der 20. Sitzung der KUeR, 5.11.1960.

In Bezug auf die Bedrohungs- bzw. Alarmstufen war es dabei unerheblich, ob das zu bewältigende Nuklearereignis ziviler oder militärischer Art war. So ging der Alarmausschuss davon aus, dass sich – wie wiederholt betont wurde – im Fall eines Atomkrieges „grundsätzlich für die Schutz- und Abwehrmassnahmen die gleichen technischen Probleme wie bei einer Atombombenkatastrophe im Frieden [stellen]".[66] Diese – fragwürdige – Ähnlichkeitsbehauptung zwischen einem Atomkrieg und zivilen Nuklearkatastrophen stellte kein rein schweizerisches Phänomen dar. Vielmehr versuchte die zeitgenössische Katastrophenforschung, so etwa in den USA, gezielt, Erkenntnisse aus Naturkatastrophen und Industrieunfällen in die Vorbereitung auf einen künftigen Atomkrieg zu übertragen. Die Wissenschaftshistorikerin Sharon Ghamari-Tabrizi hat diesen Gleichsetzungsversuch als „grand analogy" bezeichnet.[67] Die im schweizerischen Kalten Krieg ausgeprägte Vermischung von zivilen und militärischen Strukturen und Ressourcen verstärkte die Plausibilität dieser Analogie.

Das Alarmierungsdispositiv differenzierte also nicht grundlegend, ob sich die Schweiz bei der Bewältigung einer Nuklearkatastrophe im Friedens- oder Kriegsfall befinden würde. Dies bedeutete jedoch nicht, dass der Kontext und die spezifische Situation, in der eine Nuklearkatastrophe stattfinden würde, keine Berücksichtigung fand. Die im Alarmierungsdispositiv festgeschriebenen Toleranzwerte für Radioaktivität waren nämlich nicht allein ausschlaggebend für die Festlegung von Schutzmaßnahmen. Vielmehr plädierte der Alarmausschuss dafür, diese Grenzwerte situativ flexibel und kontextabhängig zu handhaben. So hielten interne Richtlinien fest:

> Grundsätzlich sind kleinere Dosen [als die Toleranzdosen] anzustreben; es hat aber keinen Sinn, grössere Sicherheitsfaktoren einzukalkulieren, da solche den Aufenthalt im Schutzraum unnötig verlängern und die Aufnahme des möglichst bald anzustrebenden öffentlichen Lebens stark verzögern. Im Falle extrem starker Verseuchungen über grössere Gebiete wird man sogar die Toleranz heraufsetzen und die möglichen Schädigungen in Kauf nehmen müssen.[68]

---

66 CH-BAR#E3300C#1993/155#594*, Überblick über die vorauszusehenden und durchzuführenden Massnahmen gegen die radioaktive Gefährdung im Falle einer Atombombenkatastrophe in Friedenszeiten (Entwurf), 4.11.1971; CH-BAR#E2001E#1980/83#512*, Überblick über die vorauszusehenden und durchzuführenden Massnahmen im Falle einer Atombomben-Katastrophe in Friedenszeiten, 10.4.1968.

67 Vgl. Ghamari-Tabrizi 2013, bes. S. 342.

68 CH-BAR#E2001E#1978/84#1013*, Richtlinien für die Ausgabe der Orientierung und Weisungen an die Bevölkerung, 31.12.1966.

Gleiches galt für die Festlegung der Aufenthaltsdauer in den Schutzräumen. Hier war deren Berechnung im Prinzip ebenfalls vorgegeben, doch auch hierzu hieß es: „In extremen Fällen, d.h. bei starken Ausfällen wird man allerdings eine höhere ‚Toleranz-Dosis‘ in Kauf nehmen müssen."[69] Dasselbe betraf die Festsetzung der Toleranzdosen für Spür- und Rettungstruppen, Polizei- und Notfalldienste, die sich möglicherweise noch während des Ausgehverbots ins Freie begeben müssten. Für diese Personen waren an sich bereits höhere Grenzwerte – sogenannte annehmbare Ernstfalldosen – vorgesehen als für die Gesamtbevölkerung, doch hier galt ebenso: „Bei sehr starken Verseuchungen […] wird man Toleranz-Dosen festlegen müssen, wie sie für den kriegsmässigen Einsatz in der Armee […] Gültigkeit haben", wodurch „allerdings Schädigungen unvermeidlich sein [werden]".[70] Situationsbedingt musste auch entschieden werden, unter welchen Umständen Evakuierungen sinnvoll und durchführbar wären: „Die Frage, bei welchen Dosen, bzw. in welchem Zeitpunkt Evakuationen notwendig werden, wird von Fall zu Fall entschieden werden müssen."[71] Hier war es vor allem von den verfügbaren Schutzräumen abhängig, wie die Antwort auf diese Frage ausfiel, denn: „Der längere Aufenthalt […] in schlecht eingerichteten, überfüllten Schutzräumen wird bald unhaltbar […]."[72]

Die zitierten internen Richtlinien verdeutlichen, dass die Mitglieder des Alarmausschusses in der Alarmzentrale ständig Urteile zu fällen und Interpretationen vorzunehmen hatten. Dieses menschliche Handeln beeinflusste die Übersetzungsprozesse und bestimmte maßgeblich mit, welchen Transformationen die Informationen innerhalb des Alarmierungsdispositivs unterworfen waren. Konkret hieß dies, dass jemand abschätzen und entscheiden musste, ob eine bestimmte Situation die Heraufsetzung von Toleranzgrenzen rechtfertigte oder nicht. Die aufgestellten Toleranzdosen dienten eigentlich dem Zweck, Entscheidungsverantwortung an festgelegte Regelwerke zu delegieren. Die Quellenzitate zeigen indessen, dass explizit kein solcher Automatismus angestrebt wurde. So gingen die Richtlinien davon aus, dass bei bestimmten nuklearen Katastrophen die Überschreitung von Grenzwerten und damit Gesundheitsschädigungen bei der Bevölkerung oder bei Schutz- und Rettungstruppen in Kauf genommen werden mussten. Entscheidend für das Funktionieren des Alarmierungsdispositivs waren folglich nicht nur wissenschaftlich-medizinische Kriterien und internationale

---

69 Ebd.
70 Ebd.
71 Ebd., Die Dosen in Schutzräumen bei starken radioaktiven Verseuchungen, 25.8.1967.
72 Ebd., Richtlinien für die Ausgabe der Orientierung und Weisungen an die Bevölkerung, 31.12.1966.

Strahlenschutznormen, sondern vielmehr auch politische, militärische und soziale Einschätzungen der verantwortlichen Entscheidungsträger aus Politik und Gesamtverteidigung. Aus gouvernementaler Sicht sollte das Alarmierungsdispositiv eine möglichst große Flexibilität und damit einen möglichst breiten Handlungsspielraum für steuernde Interventionen bieten. Für das Regieren von Strahlen bei einem atomaren Notfall kam den Deutungen und Beschlüssen der in die Alarmorganisation involvierten Akteure folglich eine zentrale Rolle zu. Dieser menschliche Faktor stellte potenziell eine Fehlerquelle dar. Das Alarmierungsdispositiv war aber auch aus anderen Gründen störanfällig.

Übermittlungs(um)wege und (Des-)Orientierungen

Das Alarmierungsdispositiv der Alarmorganisation bildete auch in kommunikativer Hinsicht ein enorm voraussetzungsreiches System. Vergegenwärtigt man sich nochmals die beiden Organisationsschemen der Alarmorganisation von Anfang der 1970er Jahre (Abb. 22 und 23), so wird deutlich, dass das Alarmierungsdispositiv in erheblichem Maß auf ein funktionierendes Übermittlungsnetz angewiesen war. Dieses Übermittlungsnetz stützte sich auf verschiedene Verbindungskanäle, so hauptsächlich auf Telefon, Fernschreiber und Radio. Kommunikation war jedoch stets prekär. Verbindungskanäle konnten – gerade in Katastrophensituationen – aufgrund von Überlastung oder Zerstörung ausfallen. Die Sicherstellung der Verbindungen zwischen den verschiedenen Teilen und Komponenten der Alarmorganisation stellte somit eine Achillesferse des Alarmierungsdispositivs dar. Ein effizienter und effektiver Strahlenalarm bedingte nicht nur komplexe Übersetzungsprozesse, sondern auch störungsresistente Kommunikationsnetze.

Übermittlungsprobleme konnten bei sämtlichen Verbindungen des Alarmierungsdispositivs auftreten, angefangen bei den bei der Überwachungszentrale einlaufenden Meldungen und Warnungen. Insbesondere bei Atomkatastrophen im Ausland befürchtete der Alarmausschuss, dass die Angaben über das Nuklearereignis – beispielsweise Ort, Zeit, Kaliber und Explosionsart einer Atombombe – „in den meisten Fällen innert nützlicher Frist nicht zur Verfügung stehen, oder dass sie widersprüchlich, unüberprüfbar oder unglaubwürdig sind."[73] Die Überwachungszentrale musste die ersten Maßnahmen deshalb in Unkenntnis der effektiven Gefahrensituation anordnen. Dies beweist wiederum die bereits erläuterte maßgebliche Bedeutung, welche den Urteilen und Deutungen der verantwortlichen Akteure

---

73 CH-BAR#E3300C#1993/155#594*, Überblick über die vorauszusehenden und durchzuführenden Massnahmen gegen die radioaktive Gefährdung im Falle einer Atombombenkatastrophe in Friedenszeiten (Entwurf), 4.11.1971.

zukam. Auch nachdem die Überwachungszentrale über ein mögliches Atom-
ereignis informiert war, stellten sich grundlegende Übermittlungsprobleme.
Zivile Verbindungsnetze galten als besonders störanfällig. Der Alarmaus-
schuss betrachtete insbesondere „die bei einer Katastrophe zu erwartende
Ueberlastung des Telephonnetzes" als Problem und sah deshalb vor, die
Bevölkerung dazu anzuhalten, „die Telephonverbindungen zugunsten der
Organe der Katastrophenhilfe freizuhalten".[74] Im ungünstigsten Fall einer
Atomexplosion im eigenen Land ging der Alarmausschuss davon aus, dass „in
grossen Gebieten die Verbindungen ganz ausfallen [werden]. [...] Meldungen
können dann nur noch über die Radiosender, ev. Notsender durchgegeben
werden."[75] Gleichwohl sollten die schweizerischen Post-, Telefon- und Telegrafenbetriebe aufgefordert werden, unterbrochene Fernmeldeverbindungen
„im Rahmen des Möglichen" wiederherzustellen.[76] Auch das Radio bildete
indessen keine sichere Übermittlungsquelle, könnte doch auch der Fall einer
„Nicht-Betriebsbereitschaft der Radiosender" eintreten.[77] Neben Telefon,
Fernschreiber und Radio konnte die Alarmorganisation für die Übermittlung
von Nachrichten einzig auf das Verbindungsnetz der Polizei zurückgreifen.
„Dank dem Verständnis der kantonalen Polizeidirektoren und der Polizeikommandanten" – so der Alarmausschuss – könne sich die Alarmorganisation
„dieser Verbindungsmöglichkeit bedienen".[78] Zwar besaß auch das Militär ein
von zivilen Verbindungen unabhängiges Nachrichtennetz. Die militärischen
Verbindungsmittel waren jedoch nur im Fall einer Mobilmachung der Armee
verfügbar, nicht aber bei einer Atomkatastrophe in Friedenszeiten, und blieben
für die Alarmorganisation auch in Kriegszeiten nur eingeschränkt nutzbar.[79]
Hier zeigt sich einmal mehr das Grundproblem der schweizerischen Gesamtverteidigung: Das Militär wäre zwar im Besitz bestimmter Ressourcen und

---

74   Ebd.

75   Archiv BAG, 18.10.57a, Alarmzentrale, Überblick über die vorauszusehenden und durchzu-
     führenden Massnahmen gegen die radioaktive Gefährdung im Falle einer Atombomben-
     Katastrophe in Friedenszeiten, 6.4.1971.

76   CH-BAR#E4390C#1981/147#238*,   Radioaktive   Gefährdung   und   mögliche
     Schutzmassnahmen bei einer Atombombenkatastrophe im Frieden, Oktober 1973.

77   CH-BAR#E2001E#1980/83#512*, Ueberblick über die vorauszusehenden und durchzu-
     führenden Massnahmen im Falle einer Atombomben-Katastrophe in Friedenszeiten,
     10.4.1968.

78   Archiv BAG, 18.10.57a, Alarmzentrale, Überblick über die vorauszusehenden und durchzu-
     führenden Massnahmen gegen die radioaktive Gefährdung im Falle einer Atombomben-
     Katastrophe in Friedenszeiten, 6.4.1971.

79   Vgl. CH-BAR#E2001E#1980/83#512*, Ueberblick über die vorauszusehenden und durch-
     zuführenden Massnahmen im Falle einer Atombomben-Katastrophe in Friedenszeiten,
     10.4.1968.

Mittel – etwa eines unabhängigen Verbindungs- bzw. Nachrichtennetzes –, diese stehen im Frieden aber prinzipiell nicht zur Verfügung und werden im Aktivdienstfall in erster Linie von der Armee selbst beansprucht.

Doch nicht nur bei direkten Kommunikationskanälen, sondern auch bei Verkehrsverbindungen bestand die Gefahr, dass diese bei Atomkatastrophen ausfielen. „Auf gewissen Strecken" hielt der Alarmausschuss die Einstellung des Verkehrs für wahrscheinlich.[80] Ebenso ging er davon aus, dass bei einer schweren Verstrahlungssituation „Boten mit Fahrzeugen nur in wenigen Fällen" einsetzbar wären.[81] Verkehrsbehinderungen würden nicht nur die Tätigkeit von Schutz-, Rettungs- und Ordnungsdiensten, sondern auch die Arbeit von Kurieren beeinträchtigen. So könnten etwa Proben verseuchter Lebensmittel nicht oder nur unter erschwerten Bedingungen in die vorbestimmten Laboratorien transportiert werden. „Beim Zusammenbruch der Nachrichten- und Transportverbindungen" würden – so vermutete der Alarmausschuss – auch bei der Labororganisation „besondere Organisationsprobleme auftreten".[82] Die essenzielle Anforderung, die Informationsübermittlung der Alarmorganisation jederzeit sicherzustellen, bildete folglich eine enorme Herausforderung. Deshalb wurden die Kommunikationsverbindungen in Alarmübungen auch regelmäßig trainiert.[83]

So fand beispielsweise im März 1976 eine Übung des Alarmausschusses unter dem originellen Namen „Knallfrosch" statt. Ziel der Übung war es, die Alarmierung der Mitglieder des Alarmausschusses, die Aktivierung der Atomwarnposten und die Einrichtung der Alarmzentrale zu testen.[84] Nach der Übung erreichte den Alarmausschuss ein Schreiben des Polizeikommandanten des Kantons Aargau, in welchem sich dieser für eine entstandene „Fehlleistung" entschuldigte: Das aargauische Polizeikommando hatte es nämlich zunächst versäumt, den über Fernschreiber eingegangenen Alarmbefehl an die Atomwarnposten weiterzugeben. Diese verzögerte Weiteralarmierung – so der Aargauer Polizeikommandant – sei nicht nur darauf zurückzuführen, dass

---

80 CH-BAR#E3300C#1993/155#594*, Überblick über die vorauszusehenden und durchzuführenden Massnahmen gegen die radioaktive Gefährdung im Falle einer Atombombenkatastrophe in Friedenszeiten (Entwurf), 4.11.1971.

81 Archiv BAG, 18.10.57a, Alarmzentrale, Überblick über die vorauszusehenden und durchzuführenden Massnahmen gegen die radioaktive Gefährdung im Falle einer Atombomben-Katastrophe in Friedenszeiten, 6.4.1971.

82 Ebd.

83 Vgl. bspw. CH-BAR#E3300C#1996/290#517*, Bericht der Übungsleitung über die Übung PROVA (Entwurf), 26.10.1979, und Uebung PROVA DUE: Stellungnahme der AGr. J zum Übungsablauf, 27.1.1981; CH-BAR#E3300C#1996/289#583*, Uebung Prova Tre des AA, 10.9.1982.

84 Vgl. CH-BAR#E3300C#1993/154#657*, Übung „Knallfrosch", 9.2.1975.

das Polizeikommando während der Nachtzeit „mangels personeller Mittel"
nicht besetzt sei. Vielmehr handle es sich um

> eine eindeutige Fehlleistung. Die FS-Einträge [Fernschreiber-Einträge] werden
> gleichzeitig auch auf dem Bezirksposten Aarau weitergegeben. Am 12.3.1976
> leistete dort ein junger Polizeibeamter Dienst, für den „KUER", „Knallfrosch"
> und „Gamma uno" nur böhmische Dörfer waren. Infolge einer „Fehlschaltung"
> unterliess er es, den Pikettdienst Leistenden zu unterrichten.[85]

Wie der Polizeikommandant des Kantons Aargau versicherte, habe er inzwischen dafür gesorgt, „dass künftig Derartiges vermieden wird [...]."[86] Die
„Knallfrosch"-Alarmübung zeigt, dass die Kommunikation im Alarmierungsdispositiv jederzeit abbrechen konnte, selbst wenn die Verbindungskanäle
an sich einwandfrei funktionierten. Störpotenziale und Fehlerquellen beim
Strahlenalarm konnten also sowohl durch technisches als auch durch mensch-
liches Versagen begründet sein: Der für die *preparedness* des schweizerischen
Kalten Krieges entscheidende Einbezug einer großen Anzahl von Personen
und Institutionen machte die Alarmorganisation folglich fehleranfällig.

Dem Alarmausschuss war sehr wohl bewusst, dass das reibungslose
Funktionieren der Alarmorganisation nicht unwesentlich von einer möglichst
fehlerfreien Informationsübermittlung abhing. Deswegen befassten sich von
Beginn an mehrere Arbeitsgruppen über Jahre hinweg mit den Problemen
des Nachrichtenflusses.[87] Wohlgemerkt, die Kommunikation blieb prekär.
Dies verdeutlichten insbesondere die während des Kalten Krieges regelmäßig
stattfindenden Landes- und Gesamtverteidigungsübungen, anlässlich welcher
jeweils auch das Dispositiv für den Strahlenalarm geprobt wurde. Mal für Mal
gelangten die Auswertungsberichte der nationalen Verteidigungsübungen
zum Ergebnis, das Alarmierungsdispositiv gegen Strahlen weise noch beträcht-
liche Mängel auf.[88] Übermittlungs- und Orientierungsprobleme gingen immer
mit Koordinationsproblemen einher und verstärkten sich wechselseitig. Dies
zeigte sich indessen nicht nur bei Notfallübungen, sondern auch bei tatsächlichen Katastrophenereignissen. So kam es – wie das Eidgenössische Verkehrs-
und Energiewirtschaftsdepartement und das Eidgenössische Departement
des Innern (EDI) im Rückblick einhellig festhielten – anlässlich des Kernkraftwerkunfalls im US-amerikanischen Harrisburg Ende März 1979 „zu einem

---

85   Ebd., Schreiben des Polizeikommandanten des Kantons Aargau an die KUeR, 25.3.1976.
86   Ebd.
87   Vgl. bspw. CH-BAR#E4390C#1997/14#230*, Schema der Organisation des AA im Alarm-
      fall, ohne Datum.
88   Vgl. dazu Kapitel 5.

Informationschaos, weil die Informationen aus verschiedensten Quellen weiterverbreitet wurden."[89] Eine eingespielte Koordination setzte also eine funktionierende Kommunikation voraus und umgekehrt.

Der Alarmausschuss selbst hatte bereits Ende 1975 darauf hingewiesen, „dass einerseits die *Alarmierung* der Bevölkerung bei einem Schadenereignis nicht sichergestellt ist und andererseits die *Information nach einem Alarm* geregelt werden muss."[90] Diese negative Einschätzung des Alarmausschusses ist in erster Linie auf medientechnische Einschränkungen der Mitte der 1970er Jahre verfügbaren Kommunikationsmittel zurückzuführen. Das Alarmierungsdispositiv der Alarmorganisation sah die Orientierung der Bevölkerung primär über Radio, ferner über Telefonrundspruch oder Presse vor. Diese Warnmöglichkeiten standen indessen nicht rund um die Uhr zur Verfügung. Gleichwohl sollte die Überwachungszentrale der Alarmorganisation dazu in der Lage sein, die Bevölkerung bei einem nuklearen Notfall innerhalb weniger Minuten zum Aufsuchen der Schutzräume aufzufordern. Der Alarmausschuss, der selbst über kein eigenes Alarmierungsnetz verfügte, beabsichtigte deshalb, für den Strahlenalarm auf das aus Sirenen bestehende Alarmierungssystem des Zivilschutzes zurückzugreifen.[91]

Beim Bundesamt für Zivilschutz gab es jedoch zunächst Widerstände gegen dieses Vorhaben. Dafür waren ein bestimmtes Bedrohungsbild sowie beschränkte Ressourcen ausschlaggebend. So war die Konzeption des Zivilschutzes seit dem Beginn des Kalten Krieges maßgeblich auf das Szenario eines Atomkrieges ausgerichtet.[92] Der Zivilschutz fokussierte sich deshalb auf die Vorbereitung von Schutzmaßnahmen für einen künftigen Atomkriegsfall. Aufgrund begrenzter finanzieller Mittel genoss dabei die Vorbereitung der Schutzräume und die Sicherstellung eines reibungslosen Schutzraumbezuges erste Priorität. Das Alarmierungsproblem galt demgegenüber als weniger dringlich, und eine Mithilfe beim Problem des Strahlenalarms in Friedenszeiten kam für das Zivilschutzamt erst in Betracht, wenn der Vorbereitungsstand für den Kriegsfall weiter fortgeschritten war.[93] Daher opponierte das Bundesamt für Zivilschutz gegen eine von einer Arbeitsgruppe des Ausschusses

---

89 CH-BAR#E4390C#1997/14#526*, Antrag des EVED und des EDI, 16.9.1982.
90 Ebd., Aktennotiz der Besprechung betreffend Alarmierung und Informierung der Bevölkerung bei radioaktiver Verstrahlung, 18.12.1975, Hervorh. i. Orig.
91 Vgl CH-BARE4390C#1981/147#238*, Schreiben von O. Huber an H. Mumenthaler, 23.5.1975.
92 Vgl. Deville/Guggenheim 2015, bes. S. 272–281.
93 Vgl. CH-BAR#E4390C#1981/147#238*, Alarmierungsmöglichkeiten der Bevölkerung bei gefährlich erhöhter Radioaktivität, 19.6.1975, und Schreiben von H. Mumenthaler an O. Huber, 9.9.1975.

AC-Schutz im Auftrag des Stabes für Gesamtverteidigung erstellte Studie,[94] die zu dem Schluss kam, das Sirenensystem des Zivilschutzes müsse „in jedem Katastrophenfall zur Verfügung stehen, nicht nur im Neutralitätsschutz- oder im Verteidigungsfall."[95]

In den 1970er Jahren weiteten sich die imaginierten atomaren Bedrohungs-vorstellungen aus. Neben den Atomkrieg traten mögliche zivile Nuklear-katastrophen wie Unfälle in Kernkraftwerken oder bei Transporten von Nuklearwaffen, Sabotageakte in Atomanlagen sowie unbeabsichtigte Atom-bombenexplosionen und Kernwaffentests.[96] Diese vielfältigen nuklearen Bedrohungen, die völlig unerwartet und sehr schnell eintreten konnten, ver-langten nach einer raschen Alarmierung der Bevölkerung. Demgegenüber gingen Nuklearkriegsszenarien gemeinhin von einer Eskalationsphase vor dem Ausbrechen des kriegerischen Konfliktes aus, sodass jeweils genügend Zeit vorhanden wäre, um Schutzmaßnahmen, insbesondere den vorsorglichen Schutzraumbezug, anzuordnen.[97] Das Konzept des vorsorglichen Schutz-raumbezuges half bei plötzlich ausbrechenden Atomkatastrophen folglich nicht mehr weiter. Vielmehr avancierte nun „der Schnellbezug des Schutz-raums" zum zentralen Problem.[98] Dies erkannte man auch im Bundesamt für Zivilschutz. Wolle man – so hielt ein Mitarbeiter Mitte der 1970er Jahre fest – „die Schutzmassnahmen so gestalten, dass sie kriegsbildunabhängig sind, kann auf das akustische Alarmmittel nicht verzichtet werden."[99] Für eine unverzügliche Warnung der Bevölkerung kamen also nur Sirenen infrage. Über ein Alarmierungssystem mit Sirenen verfügte in der Schweiz jedoch nur die Zivilschutzorganisation.

Nachdem die Gesamtverteidigungsübung des Jahres 1977 hinsichtlich der Alarmierung der Bevölkerung erneut größere Lücken aufgezeigt hatte, setzte der Stab für Gesamtverteidigung 1978 eine Studiengruppe Warnung und Alarmierung ein.[100] Diese sollte das Problemfeld Warnung und Alarmierung

---

94   Vgl. CH-BAR#E3300C#1993/156#560*, Bildung einer Studiengruppe „Warnung und Alarmierung": Auftrag und Zusammensetzung, 13.4.1978.

95   CH-BAR#E4390C#1997/14#229*, Alarmierung und Informierung der Bevölkerung bei radioaktiver Verstrahlung; Zuständigkeit im Frieden, Mai 1977.

96   Vgl. ebd. Transportunfälle mit Atomwaffen passierten 1964 im US-Bundesstaat Maryland und 1966 im spanischen Palomares.

97   Vgl. CH-BAR#E4390C#1997/14#526*, Standortbestimmung und einige Gedanken über die Alarmsirenen des Zivilschutzes, 9.9.1975.

98   Brenner 1982, S. 23.

99   CH-BAR#E4390C#1997/14#526*, Standortbestimmung und einige Gedanken über die Alarmsirenen des Zivilschutzes, 9.9.1975.

100 Vgl. CH-BAR#E5680C#1998/161#122*, Beilage 1 des Berichts über den Stand Ende 1979 der Auswertung der Gesamtverteidigungsübung 1977, ohne Datum, und Beilage 2 des

vor dem Hintergrund der aktuellen sowie der künftig zu erwartenden Bedrohungsszenarien gesamthaft studieren und für jeden Fall die erforderlichen
Organe, Zuständigkeiten und Verfahren, die geeigneten Mittel und Medien
sowie die anzuordnenden Verhaltensanweisungen bestimmen. Unter der
Leitung der Zentralstelle für Gesamtverteidigung (ZGV) fungierten Vertreter
des Alarmausschusses, der Meteorologischen Zentralanstalt, des Bundesamtes
für Zivilschutz, der Abteilung AC-Schutzdienst, der Abteilung Territorialdienst
sowie der Kantone als Mitglieder.[101] Die Studiengruppe entwarf ein Merkblatt
für die Alarmierung der Bevölkerung, das ab September 1980 jeweils auf der
zweitletzten Seite der Telefonbücher publiziert wurde (Abb. 24). Dieses Merkblatt diente dazu – wie die ZGV in einem Pressecommuniqué erläuterte –, „die
Bevölkerung mit den Sirenenzeichen bekannt zu machen, die sie bei bevorstehenden Gefahren kurzfristig zu einer bestimmten Reaktion veranlassen."[102]
Zu diesen „bevorstehenden Gefahren" zählte selbstredend auch eine gefährliche Erhöhung der Radioaktivität, weshalb das Merkblatt auch über das
richtige Verhalten bei Strahlenalarm informierte.

Die Dringlichkeit, welche dem Strahlenalarm nach der Gesamtverteidigungsübung 1977 zugeschrieben wurde und die in der Einsetzung
der Studiengruppe Warnung und Alarmierung des Stabes für Gesamtverteidigung ihren Ausdruck fand, führte dazu, dass das Bundesamt für Zivilschutz seine Widerstände aufgeben musste. Anfang der 1980er Jahre erließ es
Weisungen zum Ausbau des Sirenen-Netzes auf Gemeindeebene, wobei der
Bund die Revision und Ergänzung der Alarmsirenen subventionierte.[103] Das
schweizerische Alarmierungssystem umfasste schließlich sowohl stationäre
als auch mobile Sirenen und sollte mit einer maximalen Alarmierungszeit
von 30 Minuten sämtliche Einwohnerinnen und Einwohner erreichen.[104] War
ein unterbrochener an- und abschwellender Heulton von zwei Minuten zu
hören, konnte man dies durch einen Blick auf das Merkblatt im Telefonbuch

Berichts über den Stand Ende 1979 der Auswertung der Gesamtverteidigungsübung 1977
(2. Teil), ohne Datum.

101 Vgl. CH-BAR#E3300C#1993/156#560*, Bildung einer Studiengruppe „Warnung und
Alarmierung": Auftrag und Zusammensetzung, 13.4.1978.

102 CH-BAR#E4390C#1997/14#223*, Pressecommuniqué betreffend Merkblatt für die
Alarmierung der Bevölkerung, 1.9.1980.

103 Vgl. CH-BAR#E3300C#1996/214#694*, Weisungen des Bundesamtes für Zivilschutz über
die Verdichtung der Zivilschutz-Alarmierungsnetze, 1.7.1981; CH-BAR#E8190C#1993/
149#49*, Protokoll der Informationstagung über die Alarmorganisation in der Umgebung
der Kernkraftwerke, 4.1.1982. Viele der bereits vorhandenen Sirenen stammten noch aus
der Zwischenkriegszeit.

104 Vgl. CH-BAR#E8190C#1993/149#49*, Protokoll der Informationstagung über die Alarmorganisation in der Umgebung der Kernkraftwerke, 4.1.1982.

**Alarmierung der Bevölkerung in Friedenszeiten
Alarme de la population en temps de paix
Allarme per la popolazione in tempo di pace**

Sirenenzeichen und ihre Bedeutung	Verhalten
Signaux par sirènes et leur signification	Comportement
Segnali d'allarme con sirene e loro significato	Comportamento

**Allgemeiner Alarm
Alarme générale
Allarme generale**

∿∿∿∿∿∿∿∿∿∿∿∿

**Radio hören
Ecouter la radio
Ascoltare la radio**

An- und abschwellender Heulton von 1 Minute
Ankündigung von Verhaltensanweisungen

Anweisungen der Behörden befolgen, die über Radio, Telefonrundspruch oder durch weitere Informationsmittel verbreitet werden. Nachbarn informieren.

Son oscillant continu durant 1 minute
Annonce la diffusion d'instructions sur le comportement

Se conformer aux directives des autorités diffusées par radio, télédiffusion ou par d'autres moyens d'information. Informer les voisins.

Ululo modulato della durata di 1 minuto
Annuncio che saranno diffuse istruzioni di comportamento

Attenersi alle istruzioni delle autorità diffuse per radio, telediffusione o con altri mezzi d'informazione. Informare i vicini.

**Strahlenalarm
Alarme radioactivité
Allarme radioattività**

∿∿∿   ∿∿∿   ∿∿∿ etc.

**Schutz suchen
Se mettre à l'abri
Cercare riparo**

Unterbrochener an- und abschwellender Heulton von 2 Minuten
Gefährdung steht unmittelbar bevor

Türen und Fenster schliessen. Sofort nächstgelegenen Schutzraum oder Keller aufsuchen. Transistorradio mitnehmen und weitere Anweisungen befolgen.

Séquences de sons oscillants durant 2 minutes
Danger imminent

Fermer portes et fenêtres. Gagner immédiatement l'abri ou la cave la plus proche. Emporter un transistor et suivre les instructions qui y seront données.

Sequenze di ululi modulati della durata di 2 minuti
Pericolo imminente

Chiudere porte e finestre. Raggiungere immediatamente il rifugio o scantinato più vicino. Portare con sè la radio a transistori ed osservare le istruzioni diffuse ulteriormente.

**Wasseralarm
Alarme eau
Allarme acqua**

▬▬▬   ▬▬▬   ▬▬▬ etc.

**Gefährdetes Gebiet verlassen
Quitter la zone dangereuse
Abbandonare la zona pericolosa**

Unterbrochener tiefer Ton von 6 Minuten
Überflutungsgefahr in der Nahzone der Talsperren

Überflutungsgefährdetes Gebiet sofort verlassen; örtliche Merkblätter oder Anweisungen beachten.

Séquences de sons graves durant 6 minutes
Danger d'inondation dans la zone rapprochée des barrages

Quitter immédiatement la zone menacée d'inondation; se conformer aux instructions ou prescriptions locales.

Sequenze di suoni gravi della durata di 6 minuti
Pericolo d'inondazione nella zona vicina agli sbarramenti

Abbandonare immediatamente la zona minacciata d'inondazione; attenersi alle comunicazioni o istruzioni locali impartite.

**Ende der Gefahr:
Fin du danger:
Fine del pericolo:**

**Bekanntgabe über Radio
Annonce par radio
Annunciata per radio**

Weitere Sirenenzeichen und Anweisungen der Kantone und Gemeinden bleiben vorbehalten. – Für den aktiven Dienst wird ein besonderes Merkblatt erlassen.
D'autres signaux et instructions émis par les cantons et les communes sont réservés. – Des instructions spéciales seront publiées pour le service actif.
Restano riservati ulteriori segnali d'allarme e le istruzioni complementari emanati dai cantoni e comuni. – Per il servizio attivo saranno pubblicate istruzioni particolari.

ZENTRALSTELLE FÜR GESAMTVERTEIDIGUNG   OFFICE CENTRAL DE LA DÉFENSE   UFFICIO CENTRALE DELLA DIFESA

Abb. 24   Merkblatt für den Sirenenalarm, 1982.

als Strahlenalarm interpretieren. Es galt, sich nun unverzüglich in den Schutzraum oder den Keller zu begeben und das Radio einzuschalten, um von den
Behörden weitere Anweisungen zu empfangen.[105] Der Landessender stand der
Alarmorganisation inzwischen auch in der sendefreien Zeit zur Verfügung, und
die Überwachungszentrale konnte sich jederzeit ins Radionetz einschalten
und die laufenden Sendungen für Notfallmeldungen unterbrechen.[106] Die
zu Beginn der 1980er Jahre installierte Kombination von Sirene und Radio
als Kern der schweizerischen Notfall-Kommunikation erwies sich als äußerst
langlebig. Der jeweils am ersten Mittwoch des Monats Februar jährlich stattfindende gesamtschweizerische Sirenentest stellt insofern ein unüberhörbares
medientechnisches Erbe des Kalten Krieges dar.[107]

Im bereits erwähnten Pressecommuniqué, welches die ZGV anlässlich
der Publikation des Sirenen-Merkblattes in den Telefonbüchern publizierte,
hieß es: „Potentielle Gefahren aus Natur und Technik sind heute vielfältig."
Die Gesamtverteidigung müsse sich diesen verschiedenen Bedrohungen annehmen, da „diese ja nicht ausschliesslich auf einen Krieg ausgerichtet [ist],
sondern ebenso sehr auf die Fälle der Krise und der Katastrophe."[108] Diese
Aussage ist insofern bemerkenswert, als die ZGV auf die wahrgenommene
Ausweitung von Bedrohungspotenzialen mit einer Ausdehnung des Wirkungs-
kreises der Gesamtverteidigung reagierte. Die historische Forschung betont
gemeinhin, der Fokus des Bevölkerungsschutzes habe sich erst ab Mitte der
1980er Jahre vom Bedrohungsbild des Atomkrieges auf dasjenige ziviler und
Naturkatastrophen verschoben, was zum einen mit einer sich verstärkenden
Zivilschutzkritik und zum anderen mit den Auswirkungen des Katastrophen-
jahrs 1986, also dem Reaktorunfall von Tschernobyl und dem Chemieunfall
von Schweizerhalle, erklärt wird.[109] Meine Ausführungen zeigen indessen,
dass diese Verschiebung bereits in den 1970er Jahren einsetzte, als das ältere
Bedrohungsbild eines Nuklearkrieges zunehmend von neueren Bedrohungsvorstellungen *ziviler* atomarer Katastrophen überlagert wurde. Dafür verantwortlich war keine Kritik an der bestehenden Konzeption des Zivilschutzes

---

105 Vgl. Merkblatt „Alarmierung der Bevölkerung in Friedenszeiten", in: Brenner 1982, S. 26.

106 Vgl. CH-BAR#E8190C#1993/149#49*, Protokoll der Informationstagung über die Alarmorganisation in der Umgebung der Kernkraftwerke, 4.1.1982.

107 Vgl. Der jährliche Sirenentest (Webseite).

108 CH-BAR#E4390C#1997/14#223*, Pressecommuniqué betreffend Merkblatt für die
Alarmierung der Bevölkerung, 1.9.1980.

109 Vgl. bspw. Meier/Meier 2010, S. 229–231; Meier M. 2007, S. 223 f. Vgl. zur Neuausrichtung
des schweizerischen Zivilschutzes nach dem Kalten Krieg auch: Deville/Guggenheim
2015, bes. S. 288-295.

oder der Gesamtverteidigung, sondern die wahrgenommene Zunahme von
Gefahren und Risiken im nuklearen Alltag.

(De-)Zentralismus und Notfallföderalismus

Es dürfte inzwischen klar geworden sein, dass es enormer Anstrengungen
bedurfte, um während des Alarmierungsprozesses einen reibungslosen
Informationsfluss sicherzustellen. Die Alarmorganisation basierte auf der
zentralen Leitung durch den Alarmausschuss, welcher den Notfalleinsatz von
der Alarmzentrale heraus koordinierte. Auf Abb. 23 ist gut ersichtlich, dass die
Alarmzentrale als Kommandoraum fungierte und *das* Zentrum der Alarmorganisation bildete. Sämtliche Informationen flossen hier zusammen, alle
Maßnahmen und Weisungen hatten hier ihren Ursprung. Bereits zu Beginn
der 1970er Jahre, als die erste Aufbauphase der Alarmorganisation vor dem
Abschluss stand, betonte der Alarmausschuss indessen, es sei „kaum denkbar,
dass sich die Schutzmassnahmen in einer Katastrophensituation allein zentral
steuern lassen." Vielmehr brauche es neben dem Alarmausschuss „regional,
kantonal und lokal kompetente Instanzen, die auch bei einem Ausfall von
Kommunikationsmitteln selbständig vorgehen können."[110] „Das Endziel einer
Alarmorganisation muss deshalb sein" – so der Alarmausschuss weiter –, „dass
in den ersten Phasen der Bedrohung jede Gemeinde in der Lage sein muss die
Situation einzuschätzen und erste Sofortmassnahmen zu treffen [...]."[111] Die
politische Herausforderung des Alarmierungsdispositivs bestand somit darin,
die föderalen Strukturen der Schweiz derart zu nutzen, dass die *preparedness*
der Alarmorganisation auch bei gestörter Kommunikation gewährleistet wäre.

Mit Blick auf die US-amerikanische Zivilverteidigung haben die beiden
Sozialanthropologen Stephen Collier und Andrew Lakoff den Begriff der
„distributed preparedness" geprägt. Gemeint ist damit eine Organisations- und
Planungsform, bei welcher die Verantwortung, sich auf unkalkulierbare, aber
potenziell katastrophale Ereignisse vorzubereiten bzw. diese Vorbereitung zu
planen, auf unterschiedliche Regierungsebenen verteilt wird. Eine spezifische
Dimension dieser „distributed preparedness" stellt der „emergency federalism"
dar, welcher darauf abzielt, die Maßnahmen der lokalen, staatlichen und
bundesstaatlichen Behörden zu koordinieren. Dabei steht in normalen Zeiten
die gemeinsame Planung im Vordergrund, während in Notfällen eine geeinte

---

110   CH-BAR#E3300C#1993/155#594*, Überblick über die vorauszusehenden und durchzu-
       führenden Massnahmen gegen die radioaktive Gefährdung im Falle einer Atombomben-
       katastrophe in Friedenszeiten (Entwurf), 4.11.1971.
111   Archiv BAG, 18.10.57a, Alarmzentrale, Überblick über die vorauszusehenden und durchzu-
       führenden Massnahmen gegen die radioaktive Gefährdung im Falle einer Atombomben-
       Katastrophe in Friedenszeiten, 6.4.1971.

Führungsstruktur zum Einsatz gelangen soll.[112] Das vom Alarmausschuss subsidiär und föderalistisch geplante Notfallmanagement der Alarmorganisation lässt sich, wie sich im Folgenden zeigen wird, als schweizerischer „emergency federalism" bezeichnen.

In seinem Bericht über die Sicherheitspolitik der Schweiz aus dem Jahr 1973 zählte der Bundesrat den AC-Schutz zu denjenigen Maßnahmen, die „im Zeitalter der umfassenden Bedrohung notwendig und *von strategischer Bedeutung*" seien.[113] Der ebenfalls 1973 geschaffene Ausschuss AC-Schutz des Stabes für Gesamtverteidigung, der wie erwähnt personell mit dem Alarmausschuss praktisch identisch war, erarbeitete in den folgenden Jahren ein Konzept für einen Koordinierten AC-Schutzdienst. Als Ergänzung der Alarmorganisation auf der Ebene der Kantone und Gemeinden konzipiert, sollte der Koordinierte AC-Schutzdienst die Zusammenarbeit zwischen den Bundes-, Kantons- und Gemeindebehörden im Bereich von Atomalarm und Strahlenschutz stärken. Da der Strahlenschutz grundsätzlich eine Bundesaufgabe darstellte, setzte das schließlich 1981 vom Bundesrat genehmigte Konzept des Koordinierten AC-Schutzdienstes stark auf die Initiative der einzelnen Kantone und Gemeinden.

Zu Beginn der 1980er Jahre verfügten sämtliche Kantone über zivile Führungsstäbe und für Zeiten aktiven Dienstes über eine Leitungsorganisation der Gesamtverteidigung. Gemäß dem Konzept des Koordinierten AC-Schutzdienstes sollten die Kantone einen Chef für den AC-Schutzdienst ernennen. Diesen kantonalen AC-Schutzdienstchefs kam in erster Linie eine Koordinationsfunktion auf Kantonsebene zu. So sollten sie unter anderem einen kantonalen Notfallplan erstellen, eine Alarmstelle schaffen und die Zusammenarbeit mit den Atomwarnposten, dem AC-Schutzdienst von Zivilschutz und Armee, dem kantonalen Labor, den AC-Laboratorien der Armee und weiteren Stellen regeln.[114]

Bei den Gemeinden war der Aufbau kommunaler Führungsorgane Anfang der 1980er Jahre unterschiedlich weit fortgeschritten. In der Regel verfügten sie in der örtlichen Schutzorganisation des Zivilschutzes über einen Dienstchef AC-Schutzdienst. Größere Gemeinden hatten neben dem Zivilschutz auch bei der Polizei und den Feuerwehren Personal, das Strahlenschutzkurse absolviert hatte und Strahlenspürgeräte bedienen konnte. Das Konzept des Koordinierten AC-Schutzdienstes sah nun vor, die örtlichen AC-Schutzdienstchefs in die

---

112   Vgl. Collier/Lakoff 2008a; Collier/Lakoff 2008b. Vgl. auch Kaufmann 2011; Collier/Lakoff 2009; Collier/Lakoff 2008c; Dunn Cavelty 2008; Collier/Lakoff 2006.

113   Bundesrat 1973, S. 141, Hervorh. i. Orig.

114   Vgl. CH-BAR#E3300C#1996/290#517*, Konzept des Koordinierten AC-Schutzdienstes, 19.2.1981.

Führungsorgane der Gemeinden zu integrieren. Dort kam ihnen die Aufgabe zu, die kommunalen Führungsorgane in AC-Fragen zu beraten und im Fall einer Alarmierung den kommunalen Notfallplan einzuleiten und durchzuführen. Dieser Notfallplan sollte als wesentliche Punkte unter anderem das Betreiben einer Alarmstelle, die Warnung und Alarmierung der Bevölkerung, die Verhinderung eines Verkehrschaos, das Aufbieten von Zivilschutzeinheiten zur Sicherstellung des Schutzraumbezuges, der Strahlenmessung und des Sanitätsdienstes, den Notbetrieb von Elektrizitäts-, Wasser- und Gasanlagen sowie das Bereitstellen von Mitteln für Personentransporte umfassen.[115]

Zum einen bedingte das Konzept des Koordinierten AC-Schutzdienstes enorme Anstrengungen hinsichtlich der Ausbildung von AC-Spezialisten für die Kantone und die Gemeinden. Eine „einheitliche Information und Ausbildung" – so war im Konzept zu lesen – sei von „besonderer Bedeutung".[116] Der Bund verstärkte deshalb ab Mitte der 1970er Jahre die Ausbildungsmöglichkeiten im Bereich des AC-Schutzes, wobei er mit dem Bau des nationalen Ausbildungszentrums des AC-Schutzdienstes in Spiez, das 1977 den Betrieb aufnahm, – wie im Konzept nicht ohne Stolz festgehalten war – „günstige Voraussetzungen für die Ausbildung" schuf.[117] So führte die Abteilung AC-Schutzdienst, bisweilen gemeinsam mit der ZGV oder Zivilschutzvertretern, verschiedene Fach- und Ausbildungskurse durch, die sich an die Chefs der kantonalen AC-Schutzdienste und Zivilschutzämter, die Mitglieder der kantonalen Führungsstäbe, die Chefs des AC-Schutzdienstes der Territorialorganisation der Armee, das Personal der Labororganisation der Armee, an die die Atomwarnposten des Alarmausschusses bedienenden Polizeikräfte sowie die Dienst- und Gruppenchefs des AC-Schutzdienstes der örtlichen Schutzorganisationen richteten. Daneben bildete die Schule für Strahlenschutz des Eidgenössischen Institutes für Reaktorforschung in Würenlingen Strahlenschutzexperten für die Polizei und die Feuerwehr aus.[118]

Zum anderen setzte das Konzept des Koordinierten AC-Schutzdienstes komplexe Koordinationsleistungen zwischen den Strahlenschutzorganen von Bund, Kantonen und Gemeinden voraus. Je nach Bedrohungsstufe waren unterschiedliche Kooperationen zwischen kommunalen, kantonalen und nationalen Strahlenschutzorganen vorgesehen. Wären aufgrund eines Transport- oder Betriebsunfalls mit radioaktiven Stoffen lokal eingegrenzt nur

---

115 Vgl. ebd.
116 Ebd.
117 Ebd. Dem Bau des AC Labors in Spiez war in den 1950er und 1960er Jahren ein gescheitertes Bauprojekt in Wimmis vorausgegangen. Vgl. dazu Hug 1997, S. 96 f.
118 Vgl. ebd.

wenige Personen gefährdet – dies entsprach der Bedrohungsstufe eins –, so würde die Führung der betroffenen Gemeinde obliegen. Diese müsste in erster Linie mit denjenigen Instanzen zusammenarbeiten, welche die betroffenen Betriebe auch im Normalfall kontrollierten, das heißt entweder mit dem Bundesamt für Gesundheitswesen, der Schweizerischen Unfallversicherungsanstalt oder der Abteilung für die Sicherheit der Kernanlagen.[119] Bei Bedrohungsstufe zwei – einer regionalen Gefährdung von Menschen, ausgelöst durch einen Reaktorunfall – müsste die Führung an den Kanton übergehen. Zusätzlich zu den Maßnahmen der Bedrohungsstufe eins würden nun auch die Mittel des Kantons und des Alarmausschusses Verwendung finden. Bei Bedrohungsstufe drei – verursacht durch eine Nuklearexplosion mit radioaktiver Verstrahlung, welche die Bevölkerung ganzer Landesteile gefährdete – käme das zu Beginn dieses Teilkapitels beschriebene Alarmierungsdispositiv unter der Führung des Alarmausschusses zum Einsatz.[120]

Das Beispiel des Koordinierten AC-Schutzdienstes verdeutlicht eindrücklich die Expansionslogik der schweizerischen Gesamtverteidigung während des Kalten Krieges. Das Konzept des Koordinierten AC-Schutzdienstes führte zu einer enormen Vervielfachung von Strahlenalarm- und Strahlenschutzorganen. Die Alarmorganisation des Bundes wurde auf die Kantons- und Gemeindeebene ausgeweitet und dabei ausdifferenziert: Sämtliche Kantone und jede einzelne Gemeinde sollten über eigene Strahlenschutzspezialisten verfügen. So entstand ein zentral steuerbarer, gleichzeitig föderalistisch und subsidiär aufgebauter Strahlenschutz, bei dem die Organe auf Bundes-, Kantons- und Gemeindeebene sowohl in Kooperation miteinander als auch autonom voneinander einsetzbar sein sollten.

Neben diesen amtlichen Organen und Behörden existierten weitere Institutionen, die ihre Ressourcen in den Dienst der Alarmorganisation stellten. Die Schweizerischen Bundesbahnen würden bei einem atomaren Notfall den Zugverkehr rund um das gefährdete Gebiet koordinieren und insbesondere Zugsperren und Fluchtrouten organisieren. Die schweizerischen Post-, Telefon- und Telegrafenbetriebe wären für Maßnahmen zur Aufrechterhaltung der Fernmeldeverbindungen und des Radios verantwortlich.[121] Die Nachrichten- und Sendenetze der Schweizerischen Depeschenagentur und der Schweizerischen Rundspruchgesellschaft kämen bei der Warnung und

---

119 Vgl. dazu Kapitel 4.1 und 4.2.

120 Vgl. CH-BAR#E3300C#1996/290#517*, Konzept des Koordinierten AC-Schutzdienstes, 19.2.1981.

121 Vgl. CH-BAR#E4390C#1997/14#223*, Massnahmen der Industriebetriebe bei gefährlich erhöhter Radioaktivität, in: Zivilschutz 1979, Nr. 11/12.

Alarmierung der Bevölkerung zum Einsatz. Auch private Firmen fungierten als Teile des Alarmierungsdispositivs. So forderte die ZGV große Industriebetriebe dazu auf, bei ihrem Werk- oder Betriebsschutz eine Alarmstelle zu bezeichnen, einen Krisenstab einzurichten, für erhöhte Radioaktivität einen Notfallplan auszuarbeiten und diese Maßnahmen mit denjenigen der entsprechenden Gemeinden zu koordinieren.[122] Die Expansionsdynamik des Alarmierungsdispositivs fand ihren Ausdruck somit auch in der erfolgreichen Mobilisierung und Einbindung bedeutender Institutionen und Unternehmen. In den „emergency federalism" der Alarmorganisation waren schließlich eine Vielzahl privater und staatlicher Akteure sämtlicher föderaler Ebenen eingebunden.

Der schweizerische Notfallföderalismus funktionierte jedoch nicht wie geplant. Dies wurde insbesondere anlässlich des Kernkraftwerkunfalls in Harrisburg im März 1979 evident. Die Geschäftsprüfungskommission des Nationalrates nahm diesen Störfall zum Anlass, sich über den Stand der Sicherheitsvorkehrungen der schweizerischen Kernkraftwerke zu informieren. In ihrem Bericht an den Bundesrat vom November 1980 gelangte sie zwar zu dem Schluss, dass „die Alarmorganisation bereits weitgehend ausgebildet" sei. „Der praktische Katastrophenschutz der Bevölkerung umfasst aber" – so der Bericht weiter – „neben der Alarmierung vor allem die Massnahmen der kantonalen und Gemeindebehörden auf dem Gebiet der Polizei, der Feuerwehr und des Zivilschutzes und setzt voraus, dass die Bevölkerung richtig reagiert. Dieses Zusammenspiel ist heute noch nicht genügend gesichert."[123] Das auf „distributed preparedness" ausgerichtete Dispositiv der Alarmorganisation trug zwar den föderalistisch-subsidiären Prinzipien der Schweiz Rechnung, stellte die Vielzahl der involvierten Personen und Organisationen aber vor große Koordinations- und Kooperationsherausforderungen. Die Geschäftsprüfungskommission des Nationalrates empfahl dem Bundesrat deshalb, den Katastrophenschutz für den Fall von Kernkraftwerkunfällen auf allen föderalen Ebenen unter Einbezug der Bevölkerung vermehrt einzuüben.[124]

---

122   Vgl. ebd., und Schreiben des Direktors der ZGV (2. Entwurf), 27.8.1980.
123   CH-BAR#E3300C#1996/290#567*, Bericht der Arbeitsgruppe der Geschäftsprüfungskommission zur Frage der Sicherheit der Kernkraftwerke, 14.11.1980.
124   Vgl. ebd.

Kombinierung und Computerisierung in der nationalen Alarmzentrale

Die Überprüfung der Alarmorganisation im Zuge des Kernkraftwerkunfalls von Harrisburg bildete indessen nicht den einzigen Anlass, an dem gegen Ende der 1970er Jahre Koordinationsdefizite beim Strahlenalarm festgestellt wurden. Vielmehr traten diese auch an den Gesamtverteidigungsübungen 1977 und 1980 deutlich zutage. Nach beiden Übungen räumten die Auswertungsberichte dem Problembereich der Warnung, Alarmierung und Informierung der Bevölkerung bei Katastrophen erste Priorität ein.[125] Der Bundesrat beauftragte die Leitungsorganisation für Gesamtverteidigung mit der Lösung dieses Problemkreises. Die bereits erwähnte, vom Stab für Gesamtverteidigung nach der Gesamtverteidigungsübung 1977 eingesetzte Studiengruppe Warnung und Alarmierung erarbeitete daraufhin ein Konzept, welches die Errichtung einer Nationalen Alarmzentrale vorsah.[126] Die Schaffung der Nationalen Alarmzentrale verdeutlicht einmal mehr, wie Erkenntnisse aus nationalen Verteidigungsübungen als Katalysatoren fungierten, um die Notwendigkeit von Projekten der Gesamtverteidigung zu begründen und zu legitimieren.[127]

Die Nationale Alarmzentrale wurde als Gemeinschaftsprojekt von Alarmausschuss und Militär realisiert. Bereits ab Mitte der 1970er Jahre plante das EDI einen Erweiterungsbau bei der Schweizerischen Meteorologischen Zentralanstalt, mit welchem unter anderem die Verlegung der lediglich provisorischen Alarmzentrale des Alarmausschusses aus Bern nach Zürich und deren Zusammenführung mit der Überwachungszentrale, die dort seit 1975 untergebracht war, verwirklicht werden sollte. Zur gleichen Zeit meldete das Eidgenössische Militärdepartement Baubedürfnisse für verschiedene in Zürich installierte militärische Überwachungs- und Übermittlungsanlagen an und schlug in diesem Zusammenhang eine gemeinsame Projektierung vor. In der Folge wurde bei der Meteorologischen Zentralanstalt eine kombinierte Anlage für den Alarmausschuss und das Militär erstellt.[128]

---

125   Vgl. CH-BAR#E5680C#1998/161#122*, Beilage 1 des Berichts über den Stand Ende 1979 der Auswertung der Gesamtverteidigungsübung 1977, ohne Datum, und Beilage 2 des Berichts über den Stand Ende 1979 der Auswertung der Gesamtverteidigungsübung 1977 (2. Teil), ohne Datum; CH-BAR#E5680C#1998/161#119*, Beschlussprotokoll Sitzung Stab GV vom 22.1.80, 1145 (5.2.80), 22.1.1980. Vgl. dazu auch Kapitel 5.2 und 5.3.

126   Vgl. CH-BAR#E4390C#1997/14#226*, Antrag des EDI, 6.6.1983.

127   Vgl. dazu Kapitel 5.

128   Vgl. CH-BAR#E3300C#1996/289#574*, Antrag des EDI, 1.12.1978. Vor dem Hintergrund der angespannten Finanzlage des Bundes zu dieser Zeit kam die gemeinsame Anlage nicht zuletzt „aus Wirtschaftlichkeits- und Zweckmässigkeitsgründen" zustande.

Die örtliche Zusammenlegung von zivilen und militärischen Warn- und Alarmierungsnetzen hatte neben finanziellen und baulichen Synergien den zusätzlichen Vorteil, dass dadurch – so ein internes Papier – insbesondere beim Übergang vom Friedens- in den Kriegszustand eine „entscheidende Erhöhung der Funktionssicherheit" erreicht werden könne.[129] Die Kombination von zivilen und militärischen Überwachungs- und Alarmierungsnetzen in der Nationalen Alarmzentrale bot damit eine Lösung für ein Problem, auf welches die Mitglieder der KUeR bereits Ende der 1950er Jahre zum ersten Mal hingewiesen hatten.

Die Nationale Alarmzentrale nahm ihren Betrieb im Herbst 1984 auf. Für AC-Belange oblag die Leitung der vom Bundesrat neu eingesetzten Eidgenössischen Kommission für AC-Schutz. Diese war dem EDI unterstellt und übernahm die Aufgaben des Ausschusses AC-Schutz des Stabes für Gesamtverteidigung und des Alarmausschusses der KUeR, die beide Ende 1984 aufgelöst wurden.[130] In einer ersten Phase sollte die Nationale Alarmzentrale Bedrohungen durch Radioaktivität – etwa ausgelöst durch Atomexplosionen, Kernkraftwerkunfälle, Transportunfälle oder Industrieunfälle –, Bedrohungen durch Überflutungen – insbesondere infolge von Talsperrenbrüchen – sowie Bedrohungen durch Satellitenabstürze abdecken. In einer zweiten Phase ab 1990 sollte die Nationale Alarmzentrale zusätzlich auch Luftbedrohungen infolge strategischer Überfälle, chemische Bedrohungen, biologische Bedrohungen und Bedrohungen durch Naturkatastrophen überwachen.[131] Daten über all diese Bedrohungsarten wurden im Kernstück der Nationalen Alarmzentrale – der Anlage „Metalert" – zentral gesammelt und ausgewertet.

Die Anlage „Metalert" stellte – wie der Name schon andeutet – eine Kombination aus meteorologischer Anstalt und Alarmierungszentrale dar.[132] In ihr flossen die Daten verschiedener ziviler und militärischer Sensornetze zusammen. Dazu zählten unter anderem das automatische Beobachtungsnetz zur landesweiten Erfassung der Wetterdaten ANETZ der Schweizerischen Meteorologischen Anstalt, das Netz für Automatische Dosis-Alarmierung

129   CH-BAR#E4390C#1997/14#223*, Bedürfnisnachweis des Alarmausschusses der KUeR, 8.6.1979.

130   Vgl. CH-BAR#E4390C#1997/14#224*, Ausschuss AC-Schutz des Stabes GV ab 1.1.85 (Neustrukturierung), ohne Datum, und Verordnung über die Nationale Alarmzentrale, 31.10.1984.

131   Vgl. CH-BAR#E4390C#1997/14#226*, Konzept Nationale Alarmzentrale in der Anlage Metalert, 1.10.1982.

132   Vgl. ebd., Auszug aus dem Amtlichen Bulletin, 81.082, Meteorologische Anstalt (METALERT II), 23.9.1982.

und -Messung NADAM des Alarmausschusses sowie die Überwachungs-, Vorhersage- und Auswerteanlage „Gammaflinte" des Militärdepartements, die mittels eines Netzes von seismischen Sensoren, Radarstationen und Empfängern für elektromagnetische Impulse Kernexplosionen erfassen, Ausfallprognosen ermitteln und Verstrahlungskarten ausarbeiten konnte.[133] Die zentrale Datensammlung und -auswertung in „Metalert" sollte „die laufende Überwachung und rasche Feststellung aussergewöhnlicher radiologischer Ereignisse" ermöglichen.[134]

In der Nationalen Alarmzentrale spiegelte sich der medientechnische Wandel der 1980er gegenüber den 1970er Jahren wider, dessen Schlüsselbegriff Computerisierung lautete.[135] Dies lässt sich anhand eines Beispiels aus dem Bereich der Radioaktivitätsmessung illustrieren. Das NADAM des Alarmausschusses ging im Juni 1982 mit acht Pilotstationen in den Versuchsbetrieb. Beim Endausbau sollte das NADAM über 51 über die Schweiz verteilte automatische Messstationen verfügen, welche sich bei den Standorten des ANETZ der Schweizerischen Meteorologischen Anstalt befanden. Die Registrierung und Übermittlung der Ortdosisleistung durch die NADAM-Sonden erfolgte im Echtzeitverfahren alle zehn Minuten.[136] Während zu Beginn der 1970er Jahre die Filter der Frühwarnposten zur Analyse ins Labor der KUeR nach Fribourg gesendet werden mussten, erfolgten Radioaktivitätsmessungen mit den NADAM-Sonden nun an Ort und Stelle. Eine gefährliche Erhöhung der Radioaktivität musste also nicht mehr relativ aufwändig im Feld gemessen und einem Labor übermittelt werden, sondern ließ sich über Sonden automatisch registrieren und verfolgen. Somit wurden – mit Bruno Latour gesprochen – an zentralen Stellen menschliche durch nicht-menschliche Aktanten ersetzt.[137] Gleichzeitig stellte die Computerisierung des Strahlenalarms neue Anforderungen hinsichtlich der Kompatibilität und Integration von Daten aus unterschiedlichen Systemen.

---

133   Vgl. CH-BAR#E3300C#1996/291#688*, Militärisches Pflichtenheft für die Ueberwachungs-, Vorhersage- und Auswerteanlage 82 für Kernexplosionen, 10.7.1979.

134   CH-BAR#E3300C#1996/289#575*, Botschaft über den Bau einer kombinierten Anlage bei der Schweizerischen Meteorologischen Anstalt, 15.8.1979. Vgl. auch CH-BAR#E4390C #1997/14#223*, Bedürfnisnachweis des Alarmausschusses der KUeR, 8.6.1979.

135   Zur Computerisierung: Gugerli 2018; Bösch 2018. In der Schweiz: Bächi 2002; Gugerli 2001; Museum für Kommunikation 2001.

136   Vgl. CH-BAR#E4390C#1997/14#224*, NADAM, ein landesweites Netz für die automatische Fernmessung der Ortdosisleistung in der Schweiz, Oktober 1982; CH-BAR#E3300C #1996/214#718*, Verarbeitung der Messdaten aus dem Netz für Automatischen Dosis-Alarm und Messung (Entwurf), 21.5.1979. Inzwischen wurde das NADAM auf 76 Stationen ausgebaut. Vgl. Messnetze (Webseite).

137   Vgl. Latour 2008 [1991].

In der Nationalen Alarmzentrale lag das Hauptgewicht auf zivilen Gefahren atomarer und anderer Art. Kernexplosionen, wie sie die militärische
Überwachungs-, Vorhersage- und Auswerteanlage „Gammaflinte" detektieren
konnte, bildeten nur noch eine von vielen möglichen Bedrohungsformen.
Triebkraft für diese Entwicklung – so zeigt das nächste Teilkapitel nochmals
deutlich – bildete die wahrgenommene Zunahme von zivilen nuklearen Bedrohungspotenzialen, die sich ab Mitte der 1970er Jahre im Bedrohungsbild
des Kernkraftwerk-, Transport- oder Industrieunfalls verdichteten.

6.3   Politische Rücksichtnahmen und ‚unsicheres' Wissen. Schaffung eines Alarmsystems für Kernkraftwerke, 1974–1983

Zu Beginn der 1970er Jahre verlagerte die Eidgenössische Kommission zur
Überwachung der Radioaktivität (KUeR) ihre Tätigkeit immer mehr auf die
Überwachung von Atomanlagen und anderen Betrieben, die im nuklearen Alltag mit Strahlen und radioaktiven Stoffen operierten.[138] In diesem Zusammenhang beschloss die KUeR 1974, ein spezielles Warnsystem für die Umgebung
von Kernkraftwerken zu fordern. Wie Professor Otto Huber – in Personalunion sowohl Präsident der KUeR als auch des Alarmausschusses – erläuterte,
war ein derartiges Alarmsystem „notwendig zur Deckung der Strahlenrisiken
in den ersten Stunden nach einem Unfall". Die bestehende Alarmierungsmöglichkeit über die Überwachungszentrale des Alarmausschusses sei dazu
„zu langsam und daher unbefriedigend".[139] Um die *preparedness* der Alarmorganisation auch für mögliche Atomkraftwerkunfälle herzustellen, plädierte
Huber für den Aufbau eines Alarmsystems mit automatisch auslösbaren
Sirenen. Der Alarmausschuss entschied sich daraufhin, die Idee eines raschen
Alarmsystems in der Nähe von Kernkraftwerken weiterzuverfolgen. Einzelne Mitglieder begrüßten dabei nicht zuletzt „den günstigen psychologischen
Effekt eines Warnsystems auf die Bevölkerung".[140]
    Der Aufbau eines speziellen Alarmsystems in der Umgebung von Atom-
kraftwerken steht im Zentrum dieses Teilkapitels. Mit den Sichtweisen der
verschiedenen involvierten Bundesstellen sowie der betroffenen Kantone
und der Kernkraftwerkbetreiber untersuche ich dabei zum einen die mit dem
Alarmsystem verbundenen politischen Implikationen. Diese waren – was im

---

138   Vgl. dazu Kapitel 3.3.
139   Archiv BAG, 18.2.63, Ausschuss AC-Schutz des Stabes ZGV, Protokoll der 33. Sitzung des
       Alarmausschusses und des Ausschusses AC-Schutz, 22.3.1974.
140   Ebd.

Zitat über den „psychologischen Effekt" auf die Bevölkerung schon anklang –
wesentlich von den gesellschaftlichen Auseinandersetzungen um die zivile
Nutzung der Atomenergie geprägt, die sich in den 1970er Jahren im Widerstand gegen den Bau eines Kernkraftwerks im aargauischen Kaiseraugst
verdichteten.[141] Zum anderen analysiere ich das Kernstück des geplanten
Alarmsystems, nämlich die Einteilung der Umgebung der Atomkraftwerke in
verschiedene Gefahrenzonen. Dabei wird sich zeigen, dass diese Zoneneinteilung auf Wissensbeständen und Normen basierte, die in verschiedenerlei
Hinsicht als ‚unsicher' – ich werde auf diesen Begriff zurückkommen – bezeichnet werden können.

Synergieeffekte, Lernprozesse und Wirtschaftsinteressen

Die KUeR und der Alarmausschuss konnten nicht allein über den Aufbau eines
raschen Alarmsystems für die Umgebung von Kernkraftwerken entscheiden.
Insbesondere bedurfte es der Zustimmung des Eidgenössischen Amtes für
Energiewirtschaft (AEW), welches unter anderem für die Durchführung der
Bewilligungsverfahren für Atomanlagen sowie für die Aufsicht über diese verantwortlich war.[142] Im April 1974 wandte sich Otto Huber deshalb mit einem
Schreiben an AEW-Direktor Hans Rudolf Siegrist. Darin forderte er das AEW
dazu auf, „die Einrichtung eines raschen zweckmässigen Alarmierungssystems
für die Bevölkerung der Umgebung, mit einem der Wahrscheinlichkeit des
Ereignisses angemessenen Aufwand, zu veranlassen."[143] In seinem Antwortschreiben von Ende Juni 1974 hielt das AEW fest, es sei „prinzipiell bereit",
die Forderung nach einem raschen Alarmsystem „in Form einer Auflage an
die KKW [Kernkraftwerke] weiterzuleiten". Man wolle das Problem „jedoch
etwas klarer sehen" und habe deshalb veranlasst, „dass eine ‚feasibility study'
unternommen wird."[144] Das AEW wollte also zuerst die Machbarkeit des geforderten Alarmsystems und den dafür notwendigen Aufwand abklären.

Noch vor Abschluss der vom AEW in Auftrag gegebenen Studie hielt der
Alarmausschuss Besprechungen mit Regierungs- und Behördenvertretern
des Kantons Aargau ab. Als Standortkanton einer Atomanlage und zweier
Kernkraftwerke (ein drittes Atomkraftwerk befand sich im Bau) sowie als
Austragungsort der Kontroverse um das geplante Kernkraftwerk Kaiseraugst
war der Kanton Aargau Mitte der 1970er Jahre – wie andere Standortkantone

---

141   Zur Anti-Atomkraft-Debatte in der Schweiz vgl. Kapitel 1, Fn. 51.
142   Vgl. dazu Kapitel 3.3.
143   CH-BAR#E3300C#1993/155#594*, Schreiben von O. Huber an H. R. Siegrist, 4.4.1974.
144   Archiv BAG, 18.6.1, Eidg. Kommission zur Überwachung der Radioaktivität KUeR, 5. Teil,
       Schreiben von C. Zangger an O. Huber, 27.6.1974.

auch – besonders auf von Atomkraftwerken ausgehende Gefahren sensibilisiert. Aus diesem Grund hatte er im Januar 1975 eine kantonale Katastrophen-übung durchgeführt, anlässlich welcher ein Unfall im Kernkraftwerk Beznau simuliert worden war.[145] Im Austausch mit dem Alarmausschuss zeigte sich der Kanton Aargau nun – so fasste Otto Huber zusammen – „an der baldigen Funktionstüchtigkeit eines angemessenen Alarmsystems sehr interessiert".[146] Der Alarmausschuss unterbreitete dem Eidgenössischen Departement des Innern (EDI) in der Folge einen Plan zur Realisierung eines provisorischen Alarmsystems für die Umgebung der Kernkraftwerke Beznau I und II.[147]

Dieses Vorpreschen des Alarmausschusses aktivierte das AEW und das Eidgenössische Gesundheitsamt (EGA), welchem der Alarmausschuss an-gegliedert war. Beide Ämter kamen überein, dass man im Moment nicht vorgreifen, sondern zunächst das Ergebnis der in Auftrag gegebenen Machbar-keitsstudie abwarten solle. Die „dadurch entstehende Zeitverzögerung [sei] in Anbetracht der geringen Unfallwahrscheinlichkeit durchaus tragbar".[148] Auf-grund dessen teilte das EDI dem Alarmausschuss mit, dass – solange das Eidgenössische Verkehrs- und Energiewirtschaftsdepartement (EVED) nicht über Art und Umfang eines Alarmsystems entschieden habe –

> uns weitere Bemühungen in dieser Sache als verfrüht [scheinen], insbesondere der Einbezug lokaler Instanzen und Teile der Bevölkerung. Wenn sich bei-spielsweise kein genügend zuverlässiges Alarmsystem mit vertretbarem Auf-wand realisieren liesse und das EVED deshalb darauf verzichtet, würde man [...] unnötigerweise Unsicherheit in den betroffenen Kreisen verbreiten. Im Hinblick auf die Bemühungen des Bundesrates um eine Lösung des Problems „Kaiseraugst" ist es von besonderer Wichtigkeit, dass nicht durch übereilte Aktionen die Unsicherheit der Bevölkerung vermehrt wird.[149]

Gemeinsam mit dem AEW setzte das EGA also auf eine bewusste Ver-zögerungstaktik. Gegenüber der KUeR und dem Alarmausschuss wurde diese abwartende Haltung mit politischen Rücksichtnahmen während der laufenden Anti-Atomkraft-Debatte gerechtfertigt.

---

145   Vgl. dazu Kapitel 5.2.

146   CH-BAR#E3300C#1993/155#647*, Schreiben von O. Huber an H. Hürlimann, 25.7.1975.

147   Vgl. ebd.

148   CH-BAR#E3300C#1993/155#594*, Aktennotiz über eine Besprechung zum Thema Alarm-systeme KKW, 11.8.1975. Vgl. auch CH-BAR#E3300C#1993/155#647*, Schreiben von U. Frey an H. Hürlimann, 30.7.1975.

149   CH-BAR#E3300C#1993/155#647*, Schreiben des EDI an O. Huber, 9.9.1975. Vgl. auch CH-BAR#E3300C#1993/155#594*, Notiz an Herrn Direktor Frey, 12.8.1975.

Ein maßgebender Grund dafür, dass das EGA die KUeR und den Alarmausschuss nicht vorbehaltlos unterstützte, lag jedoch auch darin, dass das
EGA (neue) Kompetenzstreitigkeiten mit dem AEW verhindern wollte. In
der ersten Hälfte der 1970er Jahre war es zwischen der KUeR und den beiden
nuklearen Sicherheitsbehörden – der Sektion für Sicherheitsfragen von Atomanlagen bzw. später Abteilung für die Sicherheit der Kernanlagen (ASK)
und der Eidgenössischen Kommission für die Sicherheit von Atomanlagen
(KSA) –, welche dem AEW angehörten bzw. diesem angegliedert waren, nämlich zu langwierigen Konflikten bezüglich der Radioaktivitätsüberwachung in
der Umgebung von Atomanlagen gekommen.[150] Gegenüber dem Vorsteher des
EDI, Bundesrat Hans Hürlimann, warnte der Direktor des EGA Ulrich Frey
nun deshalb davor,

> dass sich in zunehmenden Masse Akzentverschiebungen im Aktivitätsbereich
> der Kuer geltend machen, die zu Ueberlappungen mit dem AEW führen
> können. Die Kuer wurde seinerzeit ins Leben gerufen, um die Folgen der Kern-
> explosionen über unserem Land regelmässig zu überwachen [...]. Es stellt sich
> [...] die Frage, ob die Kuer in ihrer heutigen Konzeption noch gerechtfertigt ist.
> Die Problematik hat sich von den Testexplosionen viel mehr in Richtung Ge-
> fährdung durch landeseigene oder in Landesnähe gelegener Kernkraftwerke ver-
> lagert. Hierfür sind andere Stellen zuständig.[151]

Das EGA war Mitte der 1970er Jahre nicht die einzige Stelle in der Bundesverwaltung, welche die Daseinsberechtigung der KUeR infrage stellte. Allerdings
war all diesen Stellen bewusst, dass es angesichts der laufenden Auseinandersetzungen um die zivile Nutzung der Atomenergie, während derer sich die
KUeR gegenüber der schweizerischen Öffentlichkeit als von der Verwaltung unabhängige und auf Transparenz bedachte Radioaktivitäts-Überwachungsstelle
präsentierte, absolut nicht opportun war, solche Überlegungen öffentlich zu
äußern.[152]
   Im Hinblick auf das geplante rasche Alarmsystem in der Nähe von Kernkraftwerken ergaben sich indessen vorerst keine Kompetenzprobleme. Im
September 1975 wurden die Ergebnisse der vom AEW bei der ASK und der
Elektrowatt Ingenieurunternehmung in Auftrag gegebenen Studie über die
Realisierbarkeit von automatischen Alarmsystemen für die Bevölkerung in der
Umgebung von Kernkraftwerken den interessierten und betroffenen Stellen

---

150   Vgl. dazu Kapitel 3.3.
151   CH-BAR#E3300C#1993/155#594*, Aktennotiz über die Besprechung mit Herrn BR
      Hürlimann, 15.9.1975.
152   Vgl. dazu Kapitel 3.3.

an einem Seminar vorgestellt.[153] Die Studie hielt als wichtigstes Ergebnis fest, „dass ein Alarmsystem für die Umgebung von Kernkraftwerken mit einem vernünftigen Aufwand realisiert werden kann [...].“[154]

Nachdem die Resultate dieser Studie vorlagen, empfahl zunächst die Sektion für Personen- und Umgebungsschutz der ASK dem AEW, von den Atomanlagen die Errichtung eines raschen Alarmsystems zu verlangen.[155] Später gelangte die vom AEW zu einer Stellungnahme aufgeforderte KSA zum selben Schluss.[156] In der Folge wurde von der ASK und dem Alarmausschuss gemeinsam ein Dokument mit dem Titel „Notfallplanung für die Umgebung von Kernkraftwerken“ erarbeitet. Dieses Dokument lag im Mai 1977 vor und sollte den an der Notfallplanung beteiligten Stellen – neben den involvierten Bundesstellen waren dies die betroffenen Kantone und Gemeinden sowie die Kernkraftwerkbetreiber – den Rahmen für die Realisierung eines raschen Alarmsystems skizzieren.[157]

Im Juli 1977 fand unter der Leitung des Vorstehers des EVED, Bundesrat Willi Ritschard, eine Orientierung der betroffenen Kantone – die Standortkantone Bern, Solothurn und Aargau sowie die Anrainerkantone Zürich, Luzern, Fribourg, Basel-Stadt, Basel-Land, Waadt, Neuenburg und Genf – statt. Gegenüber diesen Kantonen erklärte Bundesrat Ritschard, dass „[a]ngesichts der Tatsachen, dass der Schutzraumbau weit fortgeschritten ist und dass zahlreiche Organe, wie örtliche Zivilschutzorganisationen, Feuerwehr und Polizei für einen Katastropheneinsatz bereitstehen“, die Umstände für die Realisierung eines raschen Alarmsystems „sehr geeignet seien“.[158] Die betroffenen Kantone begrüßten es, dass der Bund die Initiative für die Notfallplanung in der Umgebung von Kernkraftwerken ergriff.[159] Die Kantone, die in ihrem Regierungsgebiet für die Sicherstellung der Notfallbereitschaft verantwortlich waren,[160]

---

153 Vgl. CH-BAR#E3300C#1993/155#647*, Realisierbarkeit von automatischen Alarmsystemen für die Bevölkerung in der Umgebung von Kernkraftwerken, 19.9.1975.

154 CH-BAR#E4390C#1997/14#230*, Stand der Realisierung im August 1978, 7.8.1978.

155 Vgl. CH-BAR#E3300C#1993/155#647*, Schreiben von W. Jeschki und S. Prêtre an W. Hunzinger, 27.9.1976.

156 Vgl. CH-BAR#E8190C#2003/447#218*, Schreiben des Vorstehers des EVED an die Regierungen verschiedener Kantone, 31.5.1977.

157 Vgl. CH-BAR#E3300C#1993/155#647*, Notfallplanung für die Umgebung von Kernkraftwerken, Mai 1977.

158 CH-BAR#E8190C#2003/447#218*, Schreiben des Vorstehers des EVED an die Regierungen verschiedener Kantone, 31.5.1977.

159 Vgl. ebd., Stellungnahme der Kantone zum Bericht „Notfallplanung für die Umgebung von Kernkraftwerken“, 5.4.1978.

160 Vgl. CH-BAR#E8190C#2003/447#226*, A propos „Machbarkeit des Notfallschutzes“, 9.11.1982.

waren augenscheinlich dankbar dafür, bei der Bewältigung dieser Aufgabe auf die Unterstützung und das Know-how von Bundesstellen zurückgreifen zu können.

Trotz anfänglichen (beabsichtigten) Verzögerungen – so lässt sich festhalten – stieß das Konzept eines raschen Alarmsystems für die Umgebung von Kernkraftwerken also bald auf relativ breite Unterstützung. Ein erster wesentlicher Grund dafür bestand darin, dass sich der Aufwand dafür in Grenzen hielt. Diesem Argument kam von Anfang an eine zentrale Bedeutung zu, und es zog sich anschließend durch sämtliche positive Stellungnahmen. Bereits die KUeR und der Alarmausschuss hatten gefordert, das Alarmsystem solle „mit einem der Wahrscheinlichkeit des Ereignisses angemessenen Aufwand" errichtet werden. Die Machbarkeitsstudie bestätigte, dass das Alarmsystem „mit einem vernünftigen Aufwand realisiert werden" könne und Bundesrat Ritschard versicherte den Kantonen, wichtige Komponenten des Alarmsystems wie die Schutzräume und die Zivilschutzorganisation seien schon vorhanden. Hinter der Frage der Machbarkeit stand also die Frage des Aufwandes, und hinter dieser wiederum ein Kosten-Nutzen-Kalkül, das sämtliche Projekte des Strahlenschutzes prägte. Die als positiv bewertete Kosten-Nutzen-Bilanz führte dazu, dass auch Stellen wie die KSA, die an sich der Meinung waren, ein spezielles Alarmsystem für Kernkraftwerke sei aufgrund der bereits bestehenden hohen Sicherheitsanforderungen unnötig, sich nicht gegen dessen Errichtung wehrten.[161] Anders formuliert könnte man auch sagen, dass beim Aufbau des raschen Alarmsystems in der Nähe von Kernkraftwerken Synergieeffekte genutzt werden konnten. Das ältere Bedrohungsbild des Nuklearkrieges hatte dazu geführt, dass die öffentliche Hand massiv in den Bau von Schutzräumen und den Ausbau der Zivilschutzinfrastruktur investiert hatte. Diese Investitionen ließen sich nun in den 1970er Jahren, als sich die wahrgenommene atomare Bedrohung auf den Zivilbereich ausweitete, gewissermaßen doppelt amortisieren.

Für die praktisch einhellige Zustimmung zum geforderten Alarmsystem gab es aber noch einen zweiten wichtigen Grund. Der Bund, der als Bewilligungsinstanz für Atomkraftwerke längst nicht mehr nur bei gewissen Teilen der Bevölkerung, sondern auch bei einigen der betroffenen Kantone massiv in der Kritik stand,[162] wollte demonstrieren, dass man die vorhandenen Bedenken und Ängste ernst nahm. Tatsächlich machte der Bundesrat während der laufenden Anti-Atomkraft-Debatte verschiedene Versprechungen und Konzessionen.

---

161   Vgl. CH-BAR#E3300C#1993/155#647*, Schreiben des EDI an O. Huber, 9.9.1975.
162   So insbesondere der Kanton Basel-Land. Vgl. dazu Kupper 2003a, S. 117 f.

Dazu zählten insbesondere die Revision des Atomgesetzes,[163] jedoch auch die
Schaffung geeigneter Alarmierungsmöglichkeiten zum Schutz der Bevölkerung
in der Umgebung der Kernkraftwerke, auf die auch in offiziellen Antworten
des Bundesrates auf Vorstöße von Parlamentsmitgliedern verwiesen wurde.[164]
Der Errichtung von speziellen Alarmsystemen für Atomkraftwerke kam folglich auch eine politisch-strategische Komponente zu. Dies umso mehr, weil
sich gleichzeitig ein Wandel in der Informationspolitik vollzog. Exemplarisch
lässt sich dies anhand einer Ansprache von Bundesrat Willi Ritschard zeigen,
die dieser anlässlich der Orientierung der Kantone über die Notfallplanung
für die Umgebung von Kernkraftwerken im Juli 1977 hielt. Dort betonte
Ritschard, die schweizerische Öffentlichkeit müsse „rückhaltlos offen orientiert
werden":

> In der Vergangenheit hat man Dinge verharmlost; Dinge zu verharmlosen, die
> nicht harmlos sind, ist immer gefährlich. Das eben gesagte gilt auch für die
> Katastrophenpläne, die hier besprochen werden. Aus dem Dokument „Notfall-
> planung für die Umgebung von Kernkraftwerken" ersieht man, dass sich der
> Bund schon lange mit Katastrophenplänen beschäftigt. Allerdings beschäftigte
> er sich damit sehr geheim. Das war eindeutig falsch.[165]

Dieses Plädoyer für Offenheit statt Geheimhaltung kann als das Ergebnis eines
kollektiven Lernprozesses gedeutet werden. Damit verbunden war auch ein
verändertes Gouvernementalitätsverständnis. Die Öffentlichkeitsarbeit sollte
sich nun an den wahrgenommenen Informationsbedürfnissen orientieren
und insofern nicht mehr ‚paternalistisch' oder ‚autoritär', sondern eher ‚liberal'
gehandhabt werden.[166] Hinter dieser neuen Informationspolitik stand eine
angepasste Form des Regierens von Strahlen, die Transparenz gegenüber der
Öffentlichkeit als Ressource erkannte.

Ein dritter maßgebender Grund dafür, dass das rasche Alarmsystem auf
recht großen Zuspruch stieß, bestand darin, dass das vorgesehene Konzept
es ermöglichte, auf die finanziellen Interessen der Kernkraftwerkbetreiber
Rücksicht zu nehmen – ein Anliegen, das vor allem dem AEW wichtig war.
Das geplante Alarmsystem sah eine Einteilung der Umgebung von Kernkraftwerken in zwei verschiedene Gefahrenzonen vor. Zone 1, die einen Radius
von circa drei bis vier Kilometern hatte, bildete die größte Gefahrenzone,

---

163   Vgl. dazu Kapitel 4.3.
164   Vgl. CH-BAR#E3300C#1993/155#647*, Realisierbarkeit von automatischen Alarm-
      systemen für die Bevölkerung in der Umgebung von Kernkraftwerken, 19.9.1975.
165   CH-BAR#E8190C#2003/447#218*, Besprechung über das Konzept der raschen
      Alarmierung in der Umgebung von Kernkraftwerken (Protokoll), 26.7.1977.
166   Vgl. dazu Kapitel 3.3.

welche unmittelbar an das betreffende Atomkraftwerk angrenzte. In Zone 2, welche Zone 1 umschloss und ungefähr einen Radius von 20 Kilometern aufwies, herrschte eine mittlere Gefahr. In diesen beiden Gebieten sollte das Alarmsystem zum Einsatz kommen. Zwischen Bund, Kantonen und Kernkraftwerkbetreibern bestand Einigkeit darüber, dass für die Kosten des Alarmsystems grundsätzlich das Verursacherprinzip galt. Dies bedeutete, dass die Kernkraftwerkbetreiber dessen Aufbau – also die notwendigen Sirenen und die Kommunikationsmittel – bezahlen mussten. Die Kernkraftwerkbetreiber und Projektanten akzeptierten auch ohne Weiteres, dass für Zone 1 ein Alarmsystem verwirklicht werden musste und sie dafür aufzukommen hatten.[167] Der Aufbau des Alarmsystems für Zone 1 gelang in der Folge ohne größere Konflikte termingerecht, sodass eine Alarmierungsmöglichkeit wie geplant ab Anfang des Jahres 1980 bestand.[168]

Bei der Realisierung des Alarmsystems für Zone 2 ergaben sich indessen – wie die ASK im August 1978 festhielt – „Unklarheiten", welche „eine Weiterführung der Arbeiten erschweren" würden.[169] Die festgestellten „Unklarheiten" betrafen in erster Linie Finanzierungsfragen – und damit die Interessen der Kernkraftwerkbetreiber. Bereits anlässlich einer Besprechung mit Vertretern des Alarmausschusses und der ASK im Juni 1977 hatten die Kernkraftwerkbetreiber und Projektanten „einige Bedenken und Einwände zur Grösse und zur geplanten Organisation der Zone 2" geäußert.[170] Ziel des Alarmausschusses war es nämlich, in Zone 2 die Alarm- und Schutzmaßnahmen für Reaktorunfälle mit denjenigen für Atomexplosionen zu vereinheitlichen.[171] Diese Pläne stießen bei den Kernkraftwerkbetreibern und Projektanten auf Kritik. Befürchtet wurde, die Errichtung der Zone 2, die auch dem Schutz vor Atombomben dienen sollte, „könnte dazu führen, dass die Kernkraftwerke noch mehr zum Sündenbock werden. Man sollte deutlich sagen, dass die Zone 2 nichts Spezifisches für die Kernkraftwerksumgebung

---

167 Vgl. CH-BAR#E8190C#2003/447#218*, Besprechung mit der Gruppe der Kernkraftwerksbetreiber und Projektanden, 28.6.1977; CH-BAR#E8190C#1993/149#49*, Aktennotiz betreffend Uebersicht über das Ergebnis des Vernehmlassungsverfahrens betreffend Verordnung über den Notfallschutz in der Umgebung von Kernanlagen, ohne Datum.

168 Vgl. CH-BAR#E8190C#1993/149#49*, Stand der Realisierung des Alarmsystems in den Zonen 1 und 2 der Kernkraftwerke Beznau, Gösgen und Mühleberg, 23.6.1981.

169 CH-BAR#E4390C#1997/14#230*, Stand der Realisierung im August 1978, 7.8.1978.

170 CH-BAR#E8190C#2003/447#218*, Besprechung mit der Gruppe der Kernkraftwerksbetreiber und Projektanden, 28.6.1977.

171 Nach den Plänen des Alarmausschusses sollte sich Zone 2 künftig sogar auf das Gebiet der ganzen Schweiz erstrecken und dadurch überall eine erhöhte Schutzbereitschaft ermöglichen.

ist […].«[172] Daraufhin versicherten der Präsident des Alarmausschusses Otto Huber und der Leiter der Sektion für Personen- und Umgebungsschutz der ASK Serge Prêtre, dass man „die Katastrophenplanung nicht auf dem Rücken der Kernkraftwerke austragen" wolle. Man werde „klar sagen, dass die Vorbereitungen in der Zone 2 nicht nur für Kernkraftwerke, sondern auch für die allgemeine Bedrohung durch radioaktiven Ausfall von Atomwaffen getroffen werden." Zudem würden die Kernkraftwerke in der Zone 2 „nur das bezahlen müssen, was spezifisch für die Schutzmassnahmen bei einem Kernkraftwerksunfall an Kosten anfällt."[173] Diese Position wurde den Kernkraftwerkbetreibern im Juni 1979 seitens des Bundesamtes für Energiewirtschaft (BEW) und des Bundesamtes für Zivilschutz erneut bestätigt. Ferner wurde vereinbart, dass die ASK den Kernkraftwerkbetreibern die einzelnen kantonalen Projekte jeweils vorlegen würde.[174]

Dass diese Sichtweise nicht unbestritten war, zeigte sich bei der Vernehmlassung zur Verordnung über den Notfallschutz in der Umgebung von Kernanlagen. Die Notfallschutzverordnung, welche der Bundesrat schließlich im November 1983 verabschiedete, umschrieb nicht nur die Aufgaben der Betreiber von Atomanlagen, der beteiligten Bundesstellen, der Kantone und Gemeinden, sondern regelte auch die Verteilung der Kosten für die Notfallorganisation und das Alarmsystem.[175] Dieser Kostenteiler sah unter anderem vor, dass die Kernkraftwerkbetreiber die Kosten für die erste Beschaffung und Installation der Sirenen in den Zonen 1 und 2 sowie für die Fernsteuerung der Sirenen und die benötigten Übermittlungseinrichtungen übernehmen sollten. Die Kantone Luzern, Waadt und Basel-Land forderten nun allerdings, dass die Kernkraftwerkbetreiber auch für den Unterhalt, die Reparaturen und den Ersatz der Alarmmittel in der Zone 2 aufzukommen hätten. Das BEW wies diese Begehren mit der Begründung ab, die Alarmmittel der Zone 2 seien in das Zivilschutzkonzept integriert, würden sich im Besitz der Gemeinden befinden und könnten verschiedenen Zwecken dienen.[176] Bereits einige Zeit zuvor hatte

---

172   CH-BAR#E8190C#2003/447#218*, Besprechung mit der Gruppe der Kernkraftwerksbetreiber und Projektanden, 28.6.1977.

173   Ebd.

174   Vgl. CH-BAR#E8190C#2003/447#224*, Protokoll der Besprechung über Planung und Realisierung des Alarmsystems in der Zone 2, 8.6.1979.

175   Vgl. CH-BAR#E8190C#1993/149#49*, Verordnung über den Notfallschutz in der Umgebung von Kernanlagen, 28.11.1983. Vgl. auch CH-BAR#E3300C#1996/289#564*, Schreiben des BEW an den Alarmausschuss, das Eidg. Institut für Reaktorforschung, die KSA und die KUeR, 22.5.1981.

176   Vgl. CH-BAR#E8190C#1993/149#49*, Aktennotiz betreffend Uebersicht über das Ergebnis des Vernehmlassungsverfahrens betreffend Verordnung über den Notfallschutz in der Umgebung von Kernanlagen, ohne Datum.

sich die ASK dafür ausgesprochen, dass die öffentliche Hand „zumindest einen symbolischen Beitrag" für die Alarmierungsmittel in der Zone 2 leisten sollte. Zudem seien für die notwendigen Kommunikationsmittel zwischen den kantonalen Katastrophenstäben und den Gemeindestäben Richtlinien zu erlassen, „da ansonst ‚vergoldete' Systeme installiert werden und von den Kernkraftwerken bezahlt werden müssen."[177] Ebenso hatte das Bundesamt für Zivilschutz den betroffenen Kantonen und Gemeinden in einem offiziellen Schreiben empfohlen, „die Kraftwerke beim Aufbau der Sirenenanlagen [...] zu unterstützen", da diese „auch dem Zivilschutz dienen" würden.[178] Der Bund – und hier insbesondere das BEW mit seinen Abteilungen – war bei der Realisierung des raschen Alarmsystems in der Nähe von Atomkraftwerken also sehr darauf bedacht, die finanziellen Interessen der Kernkraftwerkbetreiber im Rahmen des Verursacherprinzips so gut wie möglich zu schützen. Deshalb fanden auch die Forderungen mehrerer Kantone nach einer Veränderung des Kostenteilers zuungunsten der Kernkraftwerke kein Gehör. Politische Rücksichtnahmen von Organen und Behörden des Bundes betrafen also nicht nur die öffentliche Meinung, sondern insbesondere auch das wirtschaftliche Wohl der Kernkraftwerkbetreiber.

Zoneneinteilung oder die Produktion ‚unsicheren' Wissens

Das Konzept des raschen Alarmsystems sah ein zweistufiges Alarmsystem vor, das zwischen Warnung und Alarm unterschied (Abb. 25). Eine automatische Warnung erfolgte, wenn sich in einem Kernkraftwerk ein Unfall mit Austritt von Radioaktivität ereignete, aber keine unmittelbare Gefahr des Entweichens radioaktiver Stoffe in die Umgebung bestand. Das Kernkraftwerk sollte die Überwachungszentrale des Alarmausschusses und die für die Zone 1 zuständigen Gemeindebehörden warnen, während die Überwachungszentrale die Warnung der Gemeindebehörden der Zone 2 sowie weiterer Stellen – darunter der Alarmausschuss und die Kantonsbehörden beider Zonen – übernehmen würde. Diese Warnungen wurden nicht an die Bevölkerung weitergegeben. Ziel einer Warnung war es, die Einsatzbereitschaft aller beteiligten Behörden und Organe sicherzustellen.[179]

Ein Kernkraftwerk löste Alarm aus, wenn mit einem Entweichen größerer Mengen radioaktiver Stoffe in die Umgebung zu rechnen war. Das

---

177 CH-BAR#E4390C#1997/14#230*, Stand der Realisierung im August 1978, 7.8.1978.

178 CH-BAR#E8190C#2003/447#224*, Schreiben von H. Mumenthaler an die Zivilschutzämter der Kantone Aargau, Basel-Land, Bern, Fribourg, Luzern, Solothurn und Zürich, 25.6.1979.

179 Vgl. CH-BAR#E3300C#1993/155#647*, Notfallplanung für die Umgebung von Kernkraftwerken, Mai 1977.

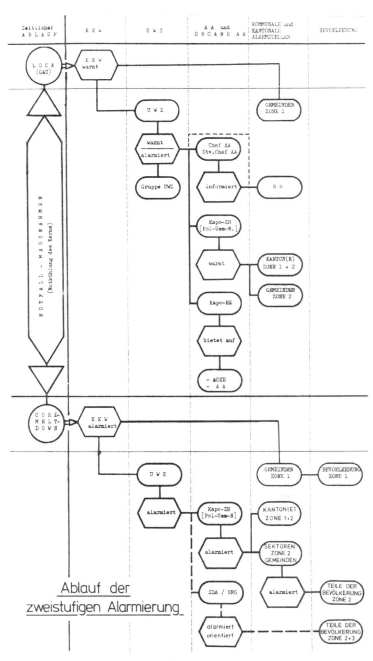

Abb. 25   Ablaufschema der zweistufigen Alarmierung, 1977.

Kernkraftwerk trug die Verantwortung für die rechtzeitige Alarmierung und musste den Alarm an die Überwachungszentrale und die Behörden der Zone 1 weitergeben. Letztere hatten bei einem Alarm für die betroffene Bevölkerung sofort zweckmäßige Schutzmaßnahmen – etwa Keller und Schutzräume aufsuchen, im Haus bleiben oder Türen und Fenster schließen – anzuordnen. Die Überwachungszentrale würde für die Alarmierung aller zuständigen Behörden in den betroffenen Sektoren der Zone 2 sorgen und diese wiederum sollten die dortige Bevölkerung alarmieren. Ziel des raschen Alarms war es, für die Bevölkerung der Zone 1 und für Teile der Bevölkerung der Zone 2 bei einem atomaren Notfall sofort geeignete Schutzvorkehrungen anordnen zu können.[180]

Dieses zweistufige Alarmsystem für die Umgebung der Kernkraftwerke zeigt, dass die Einteilung der Gebiete um die Kernkraftwerke in zwei Zonen eine große Bedeutung aufwies. Wie kam diese Zoneneinteilung zustande? Ich werde im Folgenden argumentieren, dass die Zoneneinteilung für das rasche Alarmsystem auf ‚unsicherem‘ Wissen basierte.[181] Mit dem Begriff des ‚unsicheren‘ Wissens ist gemeint, dass sich probabilistische Annahmen und Plausibilitätsüberlegungen aus unterschiedlichen Wissensfeldern zum einen sowie normative Setzungen zum anderen zu einem Wissen amalgamierten, das zwar Rationalität beanspruchte und Evidenz erzeugte, letztlich aber einen hohen Grad von Kontingenz und Arbitrarität aufwies.[182]

Um die Alarmgebiete und die Schutzmaßnahmen im Rahmen des raschen Alarmsystems zu bestimmen, wurde der sogenannte schwerste theoretisch denkbare Unfall herangezogen. Für dessen Definition stützten sich die ASK und der Alarmausschuss auf eine auch als Rassmussen-Bericht bekannte US-amerikanische Studie aus dem Jahr 1974. Darin wurden die Unfallwahrscheinlichkeiten bei Versagen aller möglichen Reaktorsicherheitssysteme abgeschätzt und für die einzelnen Unfälle die zu erwartende, in die Umgebung freigesetzte Radioaktivitätsmenge berechnet. Für den schwersten theoretisch denkbaren Unfall – Verlust des Kühlmittels, Versagen aller Notkühlsysteme, Bruch der Sicherheitsbehälter – ging die Studie davon aus, dass praktisch alle flüchtigen Spaltprodukte in die Umgebung austreten würden.[183] Die im Rassmussen-Bericht angenommene und dem raschen Alarmsystem zugrunde

---

180   Vgl. ebd.
181   Nicht zuletzt aus diesem Grund bildet die nach wie vor bestehende Zoneneinteilung bis heute Gegenstand von Kontroversen.
182   Zum Begriff des ‚unsicheren‘ Wissens v. a.: Spoerhase/Werle/Wild 2009. Vgl. auch Engel/Halfmann/Schulte 2002.
183   Vgl. CH-BAR#E3300C#1993/155#647*, Notfallplanung für die Umgebung von Kernkraftwerken, Mai 1977.

gelegte Ausgangslage war Mitte der 1970er Jahre insofern neu, als die bestehenden, von Reaktorherstellern erarbeiteten Sicherheitsberichte nie von einem möglichen Versagen sämtlicher Sicherheitssysteme ausgegangen waren und insofern auch nie die Möglichkeit eines allfälligen Super-GAUs, das heißt eines Unfalls, welcher den GAU, also den größten anzunehmenden Unfall, überstieg, postuliert hatten.[184]

Um für einen Super-GAU unterschiedliche Gefahrenzonen zu definieren, stützten sich die ASK und der Alarmausschuss in erster Linie auf meteorologische Daten und bestimmte Grenzwerte von Strahlen. Aus der Kombination dieser beiden Wissensbestände ergab sich dann die Zoneneinteilung. So umfasste Zone 1 jenes Gebiet, in dem Personen, die sich während der ganzen Durchzugszeit der radioaktiven Wolke im Freien aufhalten würden, eine Dosis von mehr als 100 rem durch die Strahlung aus der Wolke akkumulieren könnten. Um die Zonengrenzen festzulegen, wurde für den definierten schwersten theoretisch denkbaren Unfall die Ausbreitung der radioaktiven Wolke mit allen möglichen Wetterkombinationen durchgerechnet. Der Radius der Zone 1 in einem bestimmten Gebiet ergab sich aus der Annahme von Wetterbedingungen, bei denen die Dosis von 100 rem am weitesten vom Kernkraftwerk entfernt erreicht würde. Zone 2 wiederum schloss an Zone 1 an und war auf einen äußeren Radius von 20 Kilometern begrenzt. Die radioaktive Wolke würde in dieser Zone nur die in der Windrichtung liegenden Sektoren kontaminieren, wobei die beim Durchgang der Wolke an einem Ort akkumulierte Dosis unterhalb von 100 rem liegen würde. Der Radius des Kreises der Zone 2 ergab sich aus der mittleren Windgeschwindigkeit und einem Zeitlimit von zwei Stunden.[185] Um bei einem atomaren Unfall aktuelle und exakte Wetterdaten aus dem Gebiet des betroffenen Kernkraftwerkes zu erhalten, mussten die Atomkraftwerke auf ihrem Gelände einen sogenannten Meteomast aufstellen und die Daten dieser meteorologischen Messungen automatisch an die Überwachungszentrale des Alarmausschusses übermitteln.[186]

Das Zeitlimit von zwei Stunden und der Grenzwert von 100 rem beruhten auf willkürlich gesetzten Annahmen. Was die zwei Stunden betraf, so wurde erwartet, dass diese Zeitdauer für die Alarmierung von Behörden und Bevölkerung in der Zone 2 ausreichen müsste. Der Grenzwert von 100 rem wiederum bildete diejenige Größe, von der Strahlenschützer annahmen, dass

---

184 Vgl. CH-BAR#E3300C#1993/155#594*, Hypothesen für die Berechnung der Radioaktivitätsfreisetzung bei schweren Reaktorunfällen, 20.11.1974.

185 Vgl. CH-BAR#E3300C#1993/155#647*, Notfallplanung für die Umgebung von Kernkraftwerken, Mai 1977.

186 Vgl. CH-BAR#E8190C#1993/149#49*, Stand der Realisierung des Alarmsystems in den Zonen 1 und 2 der Kernkraftwerke Beznau, Gösgen und Mühleberg, 23.6.1981.

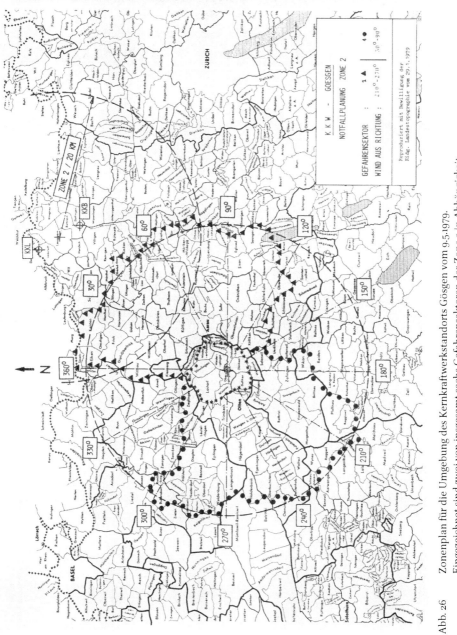

Abb. 26   Zonenplan für die Umgebung des Kernkraftwerkstandorts Gösgen vom 9.5.1979.
Eingezeichnet sind zwei von insgesamt sechs Gefahrensektoren der Zone 2 in Abhängigkeit
der Windrichtung.

sie überschreitende Werte zu Strahlenkrankheit führen würden, darunter-
liegende Werte indessen noch nicht (was hingegen nicht bedeutete, dass
Dosen unter 100 rem nicht gesundheitsschädigend sein könnten).[187] Dass es
sich bei den 100 rem um eine weitgehend arbiträre Festsetzung handelte, lässt
sich einem Papier entnehmen, das von der Sektion für Personen- und Umgebungsschutz der ASK verfasst wurde. Dort heißt es, die Beschränkung des
Alarmgebietes von Zone 1 auf Gebiete mit Dosen von mehr als 100 rem trage
„der kleinen Eintretenswahrscheinlichkeit von schweren Reaktorunfällen
Rechnung".[188] Die Sektion für Personen- und Umgebungsschutz gab somit
indirekt zu, dass es nicht nur medizinische Überlegungen, sondern auch
probabilistische Annahmen waren, aufgrund welcher der Grenzwert auf hohe
100 rem festgelegt wurde. Offensichtlich ging es darum, die Zone 1, in welcher
die Kernkraftwerke ein rasches Alarmsystem installieren mussten, nicht zu
groß zu konzipieren.

Studiert man die vorhandenen Dokumente zur Zoneneinteilung, so wird
deutlich, dass für deren Festlegung neben Wetterbedingung und Toleranz-
wert noch ein drittes Kriterium ausschlaggebend war: die Bevölkerungsdichte.
Der Faktor der Bevölkerungsdichte wirkte sich direkt auf die Festlegung der
Gefahrenzonen aus. Dies zeigt sich etwa anhand der Definition des Alarmgebietes für die Grenzdosis von 100 rem, also für Zone 1. Für jeden Sektor
dieser Zone ließen sich verschiedene Windgeschwindigkeiten mit entsprechenden Häufigkeiten ermitteln, woraus wiederum verschiedene Grenz-
distanzen resultierten.[189] Die ASK hielt dazu in einer internen Studie fest: „Ein
maximales Alarmgebiet, das aus den jeweiligen maximalen Distanzen in den
einzelnen Sektoren besteht, würde einer konservativen Betrachtungsweise
entsprechen. Dagegen entspräche ein Alarmgebiet, bestehend aus Distanzen,
die sich aus den grössten Windfrequenzen in den jeweiligen Sektoren ergeben,
einer pragmatischen Betrachtungsweise."[190] Die ASK schlug nun vor, die „Betrachtungsweise" nach Siedlungsdichte auszuwählen: „Für Sektoren, die eine
hohe Bevölkerungsdichte aufweisen, soll eher eine grössere Distanz gewählt
werden, während in den restlichen Sektoren die Auswahl der Grenzdistanz
nach der pragmatischen Betrachtungsweise angebrachter wäre."[191] Für dicht

---

187   Vgl. CH-BAR#E3300C#1993/155#647*, Notfallplanung für die Umgebung von Kernkraft-
      werken, Mai 1977.
188   CH-BAR#E8190C#2003/447#218*, Darlegung betreffend Automatisches Alarmsystem für
      die Bevölkerung in der Umgebung von Kernkraftwerken, 29.9.1976.
189   Vgl. CH-BAR#E3300C#1993/155#647*, Realisierbarkeit von automatischen Alarmsystemen
      für die Bevölkerung in der Umgebung von Kernkraftwerken, 28.5.1976.
190   Ebd.
191   Ebd.

besiedelte Gebiete waren also prinzipiell größere Schutzradien vorgesehen als für dünn besiedelte Gegenden.

Neben dem 100 rem-Grenzwert diskutierte die ASK als mögliches Kriterium für die Festlegung der Zone 1 auch die Anzahl der potenziellen akuten Strahlen-Todesfälle. Die Anzahl der Todesfälle in einem bestimmten Sektorsegment ließ sich dabei durch die Bildung von Produkten aus der Bevölkerungszahl und der Wahrscheinlichkeit für akuten Strahlentod bei entsprechender Dosis berechnen.[192] Das Kernkraftwerk Gösgen schnitt dabei im schweizerischen Vergleich besonders schlecht ab, weil sich in dessen Umgebung die bevölkerungsreichen Gebiete Aarau und Olten befinden.[193] Aus der Berechnung der Strahlen-Todesfälle ergaben sich auch gouvernementale Steuerungsfantasien. So dachte Serge Prêtre, Leiter der Sektion für Personen- und Umgebungsschutz der ASK, in einem vertraulichen Papier darüber nach, „dass man die Unfallfolgen soweit möglich so ‚steuern' sollte, dass gewisse Sektoren unbedingt geschont bleiben. Eine gute Abgabe-Strategie könnte das Ausmass des Unfalls wesentlich vermindern."[194] Durch ein „[g]esteuertes Abblasen" sollten bei einem atomaren Unfall also die Opferzahlen gesenkt werden, indem die radioaktive Wolke bei entsprechenden Wetter- und Windverhältnissen auf dünn besiedeltes Gebiet gelenkt würde. Aus diesen Lenkungsvisionen ergaben sich für Prêtre auch Postulate hinsichtlich der Bevölkerungsentwicklung: „Für Sektoren, wo die Anzahl potentieller Todesfälle gross ist (z.B. > 1'000), sollte man über rechtliche Mittel verfügen, um den Bevölkerungszuwachs (inkl. auch zeitlich grosse Menschenanhäufung wie in Schwimmbädern) zu stoppen. Das ist ein sehr heisses Eisen, das man einmal mutig anpacken sollte."[195] Innerhalb der ASK wurde in der Folge diskutiert, ob die Anzahl der Strahlen-Todesfälle für künftige Kernkraftwerke nicht als Standortbewertungsgröße herangezogen werden könnte.[196] Diese Diskussion erübrigte sich insofern, als zu diesem Zeitpunkt Mitte der 1970er Jahre bereits alle in der Schweiz je realisierten Kernkraftwerke eine Standortbewilligung besaßen. Grundsätzlich lässt sich ab Mitte der 1970er Jahre indessen eine Entwicklung dahingehend feststellen, dass die demografischen Verhältnisse an einem Kernkraftwerkstandort nicht mehr einfach simpel aufgerechnet wurden – etwa indem die kumulative

---

192 Vgl. ebd., Berechnung der potentiellen akuten Strahlen-Todesfälle in der Umgebung eines KKW nach einem äusserst schweren Kernreaktorunfall, 23.7.1976.
193 Vgl. ebd., und Berechnung der Anzahl potentieller akuter Strahlen-Todesfälle in der Umgebung der Kernkraftwerke Leibstadt und Mühleberg als Folge eines äusserst schweren Kernreaktorunfalles, 20.8.1976.
194 Ebd., Mögliche Konsequenzen aus dieser Studie (Anhang), ohne Datum.
195 Ebd.
196 Vgl. ebd.

Bevölkerungsverteilung oder die kumulative Bevölkerungsdichte ermittelt wurde –, sondern differenzierteren Risikoberechnungen Platz machten. Diese gewichteten – wie dies etwa der sogenannte *Site Population Factor* tat – die Strahlenrisiken der in der Nähe von Kernkraftwerken lebenden Bevölkerung in Abhängigkeit verschiedener Faktoren (beispielsweise der Distanz und der meteorologischen Verhältnisse) unterschiedlich.[197]

Auch politische Faktoren wie Staats-, Kantons- und Gemeindegrenzen spielten bei der Festlegung der Gefahrenzonen eine Rolle. So wurden die Zonengrenzen der Zone 2 mit einem Radius von ungefähr zwanzig Kilometern jeweils mit den Grenzen der dortigen Gemeinden in Übereinstimmung gebracht. Um dies zu erreichen, wurden Gemeinden, bei denen sich nur kleinere Wohngebiete noch in der 20-Kilometer-Zone befanden, als Ganzes aus der Zone 2 ausgeschieden, während Gemeinden, die ebenfalls nur teilweise in dieser Zone lagen, jedoch mit erheblichen Wohngebieten, als Ganzes der Zone 2 zugeordnet wurden. Ebenso wurden im Südosten der Kernkraftwerke Beznau einige Gemeinden aus der Zone 2 ausgeschlossen, nachdem für die beiden sehr nahe beieinanderliegenden Atomkraftwerkstandorte Beznau und Leibstadt eine gemeinsame Zone 2 festgelegt worden war.[198] Die Berner Kraftwerke AG wiederum schlug im Juni 1979 anlässlich einer Besprechung mit kantonalen Behörden und Vertretern der ASK und des BEW hinsichtlich des Alarmgebietes des Kernkraftwerks Mühleberg vor, „die Zone II auf einen Radius von 17,4 km [zu] beschränken, um die Kantone SO [Solothurn] und NE [Neuenburg], sowie VD [Waadt] ausser der Gde [Gemeinde] Faoug auszuklammern."[199] Es ist plausibel anzunehmen, dass die gewünschte Verkleinerung der Zone 2 von 20 auf etwas mehr als 17 Kilometer das Ziel verfolgte, die Berner Notfallplanung zu vereinfachen, indem so die Koordination mit Nachbarkantonen auf ein Minimum reduziert würde. Koordination bezüglich des Notfallmanagements bildete indessen nicht nur zwischen verschiedenen Kantonen, sondern auch zwischen der Schweiz und ihren Nachbarstaaten eine Herausforderung. So stellte sich bei denjenigen Schweizer Kernkraftwerken, die sich in Grenznähe befanden – Beznau I und II und Leibstadt – das Problem, dass ein Teil der Gefahrenzonen auf bundesdeutsches Gebiet fiel. Im Prinzip brach das Alarmgebiet dort an der Grenze jeweils einfach ab. Allerdings schloss die Schweiz 1978 mit der Bundesrepublik Deutschland (sowie später auch mit Frankreich

197   Vgl. CH-BAR#E8190C#2003/447#224*, Site Population Factor (SPF) als Standortbewertungskriterium, 8.9.1978.
198   Vgl. ebd., Planung und Realisierung des Alarmsystems in der Zone 2, 13.3.1979.
199   Ebd., Aktennotiz betreffend Besprechung mit Vertretern von Kanton Bern und Gemeinden über die Notfallplanung KKW Mühleberg, 18.6.1979.

und mit Italien) Staatsverträge über den radiologischen Notfallschutz ab, welche die gegenseitige Warnung und Alarmierung bei atomaren Notfällen regelten.[200] Auch heute ist es noch so, dass politische Grenzen als Grenzen der Gefahrenzonen in der Umgebung von Kernkraftwerken fungieren. So folgen die Zonen- und Sektorengrenzen der aktuellen Zoneneinteilung den Gemeindegrenzen.[201]

Die Einteilung der Nahzonen von Kernkraftwerken im Rahmen des raschen Alarmsystems stellte ein Präventionssystem dar, das Opfer in Kauf nahm. Um diese potenziellen Opfer auf die Bevölkerung zu verteilen, wurden bei der Risikofestlegung bisweilen problematische Bewertungen vorgenommen. Der normative Faktor der Siedlungsdichte spielte dabei eine zentrale Rolle: So waren für dicht besiedelte Gebiete mitunter größere Schutzgebiete vorgesehen als für dünn besiedelte. Wie gezeigt, bildeten auch politische Grenzen Kriterien für die Zoneneinteilung. Die für die Definition der Gefahrenzonen verantwortlichen Wissenschaftler wiesen selbst darauf hin, dass die Festlegung der Radien von Schutzzonen und entsprechende Schutzmaßnahmen weniger eine wissenschaftliche, als vielmehr eine politische Frage darstellen würde. So hielt etwa ein internes Papier der ASK fest:

> Der Aufwand, der beim Aufbau einer solchen „dritten Barriere" [gemeint ist das rasche Alarmsystem] getrieben werden muss oder soll, hängt nicht unwesentlich von politischen Faktoren ab. Gerade hier konnte aber im Gedankenaustausch mit Politikern des Kantons Aargau festgestellt werden, dass diese Politiker ein Alarmsystem [...] befürworten [...].[202]

Was als ein akzeptables Risiko galt und welche Alarm- und Schutzmaßnahmen dafür als notwendig erachtet wurden, hatte somit nicht die Wissenschaft, sondern die Politik zu entscheiden.

Der Wissenschaftssoziologe Peter Weingart hat am Beispiel der Kernenergie zu Recht darauf hingewiesen, dass die Sicherheitsvorkehrungen für derart komplexe Technologien den von diesen ausgehenden Risiken konstitutiv hinterherhinken, weil sich diese Technologien immer an der Forschungsfront bewegen und potenzielle Gefahren erst im Prozess von deren Entwicklung überhaupt sichtbar werden. Die Wissenschaft kann die Sicherheitserwartungen der Politik an bestimmte technische Systeme folglich immer erst im Nachhinein

---

200   Vgl. die entsprechenden Akten in: CH-BAR#E2001E-01#1987/78#614*, CH-BAR#E3300C #1993/157#460* und CH-BAR#E4390C#1997/14#523*.

201   Vgl. Kernkraftwerke: Zonen (Webseite).

202   CH-BAR#E8190C#2003/447#218*, Darlegung betreffend Automatisches Alarmsystem für die Bevölkerung in der Umgebung von Kernkraftwerken, 29.9.1976.

erfüllen – und diese damit legitimieren.[203] Diese Beobachtung ist sicherlich richtig – sie lässt indessen außer Acht, dass normativ-politische Kriterien (implizit oder explizit) auch in die wissenschaftlichen Berechnungen, Konzepte und Studien einfließen. Die Politik formuliert somit nicht nur Sicherheitserwartungen, auf welche die Wissenschaft (zustimmend oder ablehnend) antwortet. Vielmehr prägen politische Faktoren die wissenschaftliche Erforschung und Festlegung möglicher Risiken permanent mit.

6.4   Fazit

Das Alarmierungsdispositiv bildete ein konstitutives Element der Sicherheitsdispositive gegen Strahlen und stellte insofern einen zentralen Bestandteil der Präventionsregime des schweizerischen Kalten Krieges dar. Der Alarmierungsprozess war dabei sowohl technisch als auch konzeptionell und organisatorisch sehr voraussetzungsreich: Die permanente *preparedness* konnte schon bei der Alarmierung scheitern. Als prekär erwiesen sich insbesondere die vielfältigen Informations- und Kommunikations-, Transformations- und Übersetzungsprozesse, ohne welche das Alarmierungsdispositiv nicht reibungslos funktionierte. Hier offenbarten sich beim praktischen Aufbau der Alarmorganisation immer wieder Probleme bei der Umsetzung der Anforderungen der ‚koordinierten Sicherheit‘.

Ein wesentliches Handicap bildete dabei der Umstand, dass militärische Infrastrukturen nur im Aktivdienstfall vollumfänglich zur Verfügung standen, dann aber von der Armee beansprucht wurden, und zivile Stellen gleichzeitig gerade im Mobilmachungs- bzw. Kriegsfall nicht mehr richtig funktionsfähig und zudem ressourcenmäßig häufig schlechter ausgerüstet waren als das Militär. Das gemäß dem Konzept der Gesamtverteidigung verlangte Zusammenspiel ziviler und militärischer Teile wies somit konstitutive, inhärente Konstruktionsschwächen auf, die auf eine strukturelle Dysfunktionalität des schweizerischen Gesamtverteidigungssystems hinweisen. So führte der Anspruch, mit denselben personellen und materiellen Mitteln eine Alarmorganisation zu schaffen, die sowohl im Friedens- als auch im Kriegsfall einsatzfähig sein sollte, zu Konflikten und Doppelungen, institutionellen Schlaufen und rechtlichen Unsicherheiten. Dies zeigt sich insbesondere bei der problembehafteten institutionellen Verankerung des Alarmausschusses für den Fall erhöhter Radioaktivität, die mit offenen Koordinationsfragen

---

203   Vgl. Weingart 2001, S. 156.

einherging, welche zahlreiche Arbeits- und Studiengruppen über viele Jahre nicht zu beantworten imstande waren.

Am Beispiel des Atomalarms und der Vorbereitung von Strahlenschutz-maßnahmen lässt sich gleichzeitig die Expansionslogik der schweizerischen Gesamtverteidigung während des Kalten Krieges verdeutlichen. Der eid-genössische Notfallföderalismus verlangte nicht nur nach einer Mobilisierung und Integration aller föderalen Ebenen, sondern band auch freiwilliges Miliz-personal, öffentliche Dienste und private Unternehmen in das Alarmierungs-dispositiv ein. Dieser expansive Charakter der Alarmorganisation lag auch darin begründet, dass in den 1970er Jahren eine Ausweitung der wahr-genommenen nuklearen Bedrohung auf zivile atomare Katastrophen statt-fand. In den Planungen der Alarmorganisation verschränkten sich zivile und militärische Handlungslogiken und Ressourcen und die Grenzen zwischen Friedens- und Kriegszustand verschwammen zusehends. So sollte das Alarmierungsdispositiv nun nicht mehr nur für einen künftigen Atomkrieg, sondern insbesondere auch für mögliche Katastrophen im nuklearen Alltag Alarm- und Schutzmöglichkeiten bieten.

Daraus resultierte die Forderung nach einem spezifischen Alarm-system in der Umgebung von Atomkraftwerken. Einerseits nahmen die zuständigen Behörden des Bundes, allen voran das Bundesamt für Energie-wirtschaft, bei dessen Schaffung Rücksicht auf die finanziellen Interessen der Kernkraftwerkbetreiber, die sich an den Kosten beteiligen mussten. Anderer-seits basierte die Festlegung der beiden unterschiedlichen Gefahrenzonen des raschen Alarmsystems auf ‚unsicherem‘ Wissen. So war die Zoneneinteilung zwar von wissenschaftlich-medizinischen Kriterien beeinflusst, aber auch von politischen Faktoren und relativ willkürlich gesetzten Annahmen. Gleichzeitig fand vor dem Hintergrund der anhaltenden gesellschaftlichen Debatte über die zivile Nutzung der Atomenergie behördlicherseits ein Lernprozess statt, was die Kommunikation gegenüber der Bevölkerung anbelangte.

Der Aufbau der Alarmorganisation sowie insbesondere des raschen Alarm-systems für Kernkraftwerke zeigt, dass der Umbau der Gesamtverteidigung auf die Katastrophenhilfe bereits in den 1970er und nicht (wie bisher an-genommen) erst in den 1980er Jahren einsetzte. Das neue Bedrohungsbild des zivilen atomaren Notfalls stellte dabei den Ausgangspunkt für die Hin-wendung des Bevölkerungsschutzes auf zivile Katastrophenereignisse dar. Strahlen bildeten folglich nicht nur im militärischen, sondern auch im zivilen Bereich *die* Leitbedrohung des schweizerischen Kalten Krieges.

KAPITEL 7

Retten

Für das Regieren von Strahlen bildeten medizinische Maßnahmen und Interventionen eine Art Ultima Ratio. Rettungspläne und Sanitätsdienste würden dann zum Einsatz kommen, wenn ein Strahlenunfall oder eine atomare Katastrophe trotz aller Vorsichts- oder Verteidigungsmaßnahmen nicht verhindert werden konnte. Dieses Kapitel behandelt präventiv entwickelte medizinische Notfall- und sanitätsdienstliche Rettungsdispositive gegen die von Strahlen ausgehenden Gefahren. Im Zentrum stehen dabei drei Beispiele, die jeweils für eine bestimmte Phase des Kalten Krieges sowie für ein spezifisches Problem stehen: erstens der Ausbau eines schweizerischen Blutspendedienstes, zweitens die Planung medizinischer Maßnahmen, die auf eine Versorgung von Strahlenverletzten nach Industrie- und Reaktorunfällen abzielten, sowie drittens der Aufbau eines Koordinierten Sanitätsdienstes. Anhand dieser Beispiele wird untersucht, wie die Medizin, private Organisationen wie das Schweizerische Rote Kreuz und das öffentliche Gesundheitswesen seit dem frühen Kalten Krieg in die totale Landes- bzw. Gesamtverteidigung eingebunden waren, um Sanitäts- und Rettungsmaßnahmen für einen künftigen Atomkrieg vorzubereiten. Zugleich wird rekonstruiert, wie ab dem Ende der 1960er Jahre auch Notfallpläne für die medizinische Behandlung und Pflege erarbeitet wurden, welche sich mit der Bewältigung von Strahlenunfällen im nuklearen Alltag befassten. Atomare Notfälle und die dagegen entwickelten Rettungsdispositive konnten also ganz unterschiedliche Dimensionen aufweisen. Wesentlich war indessen, dass die Übergänge zwischen begrenzten nuklearen Ereignissen mit wenigen Verletzten und atomaren Massenkatastrophen als fließend wahrgenommen wurden. Dementsprechend galt es, die Notfall- und Rettungsorganisationen so zu planen und auszugestalten, dass flexible Umstellungen zwischen unterschiedlichen Notfall- und Katastrophenszenarien möglich sein sollten. Die analysierten Beispiele werden zeigen, dass sich die Trennlinie zwischen zivilen und militärischen Planungen, Organisationen und Maßnahmen und damit zwischen der Vorbereitung für atomare Notfälle in Friedens- und in Kriegszeiten verwischte.

Die geplanten Rettungsmaßnahmen stießen indessen immer wieder an Grenzen, weil die für eine nukleare Massenkatastrophe getroffenen Vorkehrungen derart umfassend sein mussten, dass die verfügbaren materiellen und personellen Ressourcen trotz aller Ausbaubestrebungen und Koordinationsanstrengungen in keinem Fall auszureichen schienen. Aus der Sicht der schweizerischen Gesamtverteidiger verursachte dieser ständige Mangel in den Rettungsdispositiven konstitutive Lücken. Die stets angenommene Bewältig- bzw. Kontrollierbarkeit von atomaren Großkatastrophen wurde damit fraglich und stieß gegen Ende des Kalten Krieges auch zunehmend auf zivilgesellschaftliche Kritik.

7.1 Prävention gegen den Atomkrieg. Ausbau der Blutspendeorganisation, 1950er Jahre

Im Januar 1948 trafen sich Hans Meuli, Oberfeldarzt der Schweizer Armee, und ein weiterer Vertreter der Abteilung für Sanität des Eidgenössischen Militärdepartements (EMD) zu einer Sondersitzung mit der Schweizerischen Studienkommission für Atomenergie (SKA).[1] Die Verantwortlichen des Armee-sanitätsdienstes wollten sich bei den Mitgliedern der SKA eingehend über mögliche Schutzmaßnahmen bei Atomwaffenangriffen informieren. Im Zentrum der Diskussion stand die Versorgung von Verwundeten mit Verbrennungen, Strahlenschäden und Infektionen infolge eines Atombombeneinsatzes. Der Präsident der SKA und Physikprofessor an der Eidgenössischen Technischen Hochschule Zürich, Paul Scherrer, hielt es für „ausserordentlich wichtig", Abwehrvorkehrungen gegen neuartige Kriegswaffen zu treffen, da er „als sicher" annahm, dass in einem künftigen Krieg Atombomben und radioaktive Seuchsubstanzen zum Einsatz kämen. Oberfeldarzt Hans Meuli sah „die primäre Aufgabe" des Sanitätsdienstes der Armee „in der Prophylaxe". Aus seiner Sicht war es notwendig, Heilmittel gegen Massenvernichtungswaffen „in entsprechender Qualität und Quantität" zu beschaffen.[2]

Eine besondere Bedeutung wurde dem Aufbau einer Blutspendeorganisation zugeschrieben. So diskutierten die Sitzungsteilnehmer im Hinblick auf potenzielle Atombombenangriffe die Errichtung von Depots mit Trockenplasma sowie die Organisation der Blutspende und die Einlagerung von Bluttransfusionsgeräten. Das Trockenplasma war dabei für Infusionen bei Verbrennungsschäden vorgesehen, während der Bluttransfusionsdienst für Vollbluttransfusionen bei Strahlenschäden sorgen sollte. Ebenso wurde die Anlegung von Pflichtlagern mit Penizillinreserven geplant, um die bei

---

1 Dieses Teilkapitel basiert in wesentlicher Hinsicht auf: Germann/Marti 2013. Zur SKA vgl. Kapitel 2.1.
2 CH-BAR#E7170B#1968/105#57*, Protokoll der Sitzung einer Gruppe der SKA, 31.1.1948.

Strahlengeschädigten häufig vorkommenden Infektionen behandeln zu können.[3] Anlässlich dieser Zusammenkunft wurde sich Oberfeldarzt Meuli „nun darüber klar", dass die Schweiz mit Atombombenangriffen rechnen müsse, was bei den bisherigen Planungen der Abteilung für Sanität „nicht speziell in Betracht gezogen" worden sei. René von Wattenwyl, Chef der Kriegstechnischen Abteilung und ebenfalls Mitglied der SKA, war derselben Ansicht und rechnete mit „ca. 400'000 Schadenfällen", während SKA-Mitglied und Physiologieprofessor Alexander von Muralt von „bis zu 1 Million Verwundete[n]" ausging und dafür plädierte, „ganz grosszügige Massnahmen" zu ergreifen.[4] Unter den Sitzungsteilnehmern bestand schließlich ein Konsens darüber, dass das Szenario eines Atomkrieges mit sehr starken Strahlenwirkungen wahrscheinlich sei und für die Behandlung von Strahlenverletzten Vollblut, Trockenplasma und Penizillin die wichtigsten Heilmittel darstellten. Diese sollten in der Schweiz in der notwendigen Menge bereitgestellt werden. In den folgenden Jahren setzte sich Oberfeldarzt Meuli unter Federführung des Schweizerischen Roten Kreuzes und unter Beteiligung des Militärs beharrlich für den Ausbau des Blutspendedienstes ein.[5]

In der Medizingeschichte gilt die Herausbildung eines modernen Bluttransfusionswesens als eine der wichtigsten therapeutischen Entwicklungen im 20. Jahrhundert. Bereits während des Ersten Weltkrieges etablierte sich die Bluttransfusion als medizinische Behandlungsmethode.[6] Erst in den 1930er Jahren wurden indessen Verfahren und Techniken entwickelt, die es ermöglichten, Blut und Blutplasma über längere Zeit zu konservieren. Diese Innovation kam militärischen Anforderungen entgegen, da es für Kriegsvorbereitungen bedeutend war, Blut vorrätig halten und transportieren zu können.[7] Als Testfeld fungierte der Spanische Bürgerkrieg, in dem die republikanischen Truppen – erstmals in einem Krieg – große Mengen an Blutkonserven anlegten. Zu einer Weiterentwicklung und massiven Ausweitung von Blutspendeorganisationen kam es während des Zweiten Weltkriegs. Führend waren dabei die USA und Großbritannien, die ein gigantisches Blutspenderprogramm aufbauten, das zur Versorgung der Verwundeten diente.[8]

---

3   Vgl. ebd.
4   Ebd.
5   Vgl. CH-BAR#E27#1000/721#19833*, Handschriftliche Notiz von Gubler an den Herrn Dep. Chef, 1.12.1947.
6   Zur frühen Entwicklung der Bluttransfusionsmedizin: Spörri 2013, S. 199–260; Wiebecke/ Fischer/Keil/Leibling/Reissigl/Stangel 2004; Schneider 1997; Schlich 1994; Diamond 1980.
7   Vgl. Schneider 2003, S. 207–216.
8   Vgl. Wiebecke/Fischer/Keil/Leibling/Reissigl/Stangel 2004, S. 26.

Auch in der Schweiz ging der Aufbau eines Bluttransfusions- und Blutspendedienstes auf den Zweiten Weltkrieg zurück, als eine provisorische Spenderorganisation im Dienst der militärischen Landesverteidigung errichtet wurde.[9] Die wesentlichen Entwicklungen des Blutspendedienstes erfolgten indessen erst während des frühen Kalten Krieges, wobei auch hier die militärische Logik der Kriegsvorbereitung im Vordergrund stand. Die Blutspendeorganisation, welche das Schweizerische Rote Kreuz in Zusammenarbeit mit dem Armeesanitätsdienst ab dem Ende der 1940er Jahre auf- und auszubauen begann, war zumindest in den Anfängen stark auf das Bedrohungsbild eines künftigen Nuklearkrieges mit vielen Strahlengeschädigten ausgerichtet. Ziel war es, den Blutspendedienst so zu (re-)organisieren, dass er eine ständige Kriegsbereitschaft und eine autarke Versorgung ermöglichen würde. Dadurch sollte das Überleben von Armee und Bevölkerung im Atomkriegsfall trotz der befürchteten riesigen Verluste gewährleistet werden. Eine erfolgreiche Behandlung und Rettung von möglichen Strahlenverletzten hing somit wesentlich von der Verfügbarkeit von Blut und Blutprodukten ab. Letztere avancierten im Kalten Krieg deshalb zu essenziellen Ressourcen der totalen Landesverteidigung.

Um das ehrgeizige Ziel einer permanenten Kriegsbereitschaft zu erreichen, wurden zwei Präventionsmaßnahmen verfolgt. Erstens wurde das Rote Kreuz vertraglich verpflichtet, eine permanente Armeekriegsreserve an Trockenplasma sicherzustellen. Zweitens waren Armee und Blutspendedienst bestrebt, die Blutgruppen von möglichst vielen potenziellen Spendern und Empfängern zu bestimmen und zu registrieren, um im Kriegsfall eine effiziente Versorgung mit Vollblut gewährleisten zu können.[10] Dazu bedurfte es einer bedeutenden Vergrößerung des Spenderpools, was einen massiven Ausbau insbesondere der zivilen Blutspendeorganisation des Roten Kreuzes bedingte. Im Folgenden werde ich zunächst auf die Sicherstellung der Trockenplasmareserve, danach auf den Ausbau des Blutspendedienstes eingehen.

Trockenplasma aus dem Réduit

Zur Anlegung einer permanenten Armeekriegsreserve von Blutplasma schloss Oberfeldarzt Hans Meuli Ende September 1947 im Namen der Abteilung für Sanität eine Vereinbarung mit dem Schweizerischen Roten Kreuz ab, welche die Schaffung eines Zentrallaboratoriums des Roten Kreuzes für die

---

9 Zu den Anfängen des Blutspendedienstes in der Schweiz: Germann 2015; Frey-Wettstein 2004; von Albertini/Hässig 1960; Hässig/Imfeld/Sager 1953.

10 Zur wissenschaftlichen Auswertung der im Rahmen des Blutspendedienstes gesammelten Blutdaten grundlegend: Germann 2016, S. 309–409; Germann 2015.

Fabrikation von Trockenplasma in Bern vorsah. Das Zentrallaboratorium
sollte einerseits Plasma-Trockenkonserven für den zivilen Gebrauch, andererseits die erwähnten Reserven für den Armeesanitätsdienst produzieren. Die
Belieferung des Zentrallaboratoriums mit Blut war in erster Linie Sache des
Roten Kreuzes, die Armee sicherte aber zu, den Spenderpool mit Spendern
aus Rekrutenschulen und Wiederholungskursen zu unterstützen. Im Kriegsfall
sollte das ganze Laboratorium inklusive Personal, Apparaten und Material un-
eingeschränkt dem Armeesanitätsdienst zur Verfügung stehen.[11] Das Zentrallaboratorium nahm seinen Betrieb im Januar 1949 auf.[12]

Das EMD hielt diese Vereinbarung – wie es in einem Schreiben festhielt –
für „sehr glücklich". Dies hatte nicht nur damit zu tun, dass die Produktion von
Trockenplasma per se als wichtig erachtet wurde, sondern war auch dadurch
begründet, dass dem Bund so „praktisch keine Sonderauslagen" entstanden.[13]
Tatsächlich übernahm das Rote Kreuz die Kosten für die Einrichtung und den
Betrieb sowie auch alle Risiken, während die Abteilung für Sanität lediglich
für die Beschaffung der Räume – die indessen schon vorhanden waren – zuständig war und für die Kosten für Beleuchtung, Heizung, Gas, Wasser, Strom
und Telefon sowie den Gebäudeunterhalt aufkommen musste. Ebenso be-
zahlte der Armeesanitätsdienst einen Angestellten, der aber für den Bluttransfusionsdienst der Armee ohnehin erforderlich war. Darüber hinaus bot sich
der Abteilung für Sanität die Möglichkeit, im Zentrallaboratorium gratis Sani-
tätsoffiziere und Hilfspersonal auszubilden.[14] Das Joint Venture mit dem Roten
Kreuz erwies sich für das Militär also nicht nur aus medizinisch-fachlicher,
sondern auch aus ökonomischer Sicht als äußerst günstig. Dies war auch
Oberfeldarzt Meuli bewusst, der anlässlich einer Sitzung mit dem Direktorium
des Roten Kreuzes meinte, einerseits würden vom Roten Kreuz „grosse
finanzielle Opfer" gefordert, „andererseits erwächst ihm daraus ein sehr
schöner und dankbarer Aufgabenkreis."[15] Tatsächlich profitierte auch der Blutspendedienst des Schweizerischen Roten Kreuzes von der Zusammenarbeit mit
dem Militär: Sie trug zu einem rasanten Ausbau der Blutspendeorganisation
bei, schuf Ressourcen für den Auf- und Ausbau von modernen serologischen

---

11   Vgl. CH-BAR#E27#1000/721#19833*, Vereinbarung zwischen dem eidg. Militärdeparte-
      ment und dem Schweizerischen Roten Kreuz, 25.9.1947.
12   Vgl. CH-BAR#E27#1000/721#19834*, Auszug aus dem Protokoll der Sitzung des
      Schweizerischen Bundesrates, 29.12.1948. Zum Zentrallaboratorium auch: Frey-Wettstein
      2004, S. 87.
13   CH-BAR#E27#1000/721#19833*, Schreiben des EMD an Oberfeldarzt Meuli, 1.12.1947. Vgl.
      auch ebd., Schreiben von Oberfeldarzt Meuli an das EMD, 19.11.1947.
14   Vgl. ebd.
15   Ebd., Protokoll-Auszüge 1947–1950: Direktion SRK, 8.5.1947.

Laboratorien und der nun gewährleistete Zugriff auf Blutgruppendaten aus der Armee befeuerte die in der Schweiz erst spät einsetzende Blutgruppenforschung, an der Mediziner des Roten Kreuzes maßgeblich partizipierten.[16]

Die Errichtung des Zentrallaboratoriums sollte die sukzessive Anlage einer Armeekriegsreserve von Trockenplasma innerhalb von drei bis fünf Jahren ermöglichen.[17] Den militärischen Erwartungshaltungen und den nationalen Autarkiefantasien im Hinblick auf eine Versorgung für den Fall eines Nuklearkrieges waren indessen aus mindestens zwei Gründen Grenzen gesetzt: Erstens war in der Schweiz selbst zunächst nur wenig Wissen und Knowhow in Bezug auf die Produktion und die Verwendung von Trockenplasma vorhanden. Über Erfahrung und Wissen verfügten primär die alliierten Länder, die gegen Ende des Zweiten Weltkrieges wesentliche medizinische Fortschritte bei der Bluttransfusion erzielt und ihre Truppen nicht mehr mit Feucht-, sondern nur noch mit Trockenplasma versorgt hatten.

In der Schweiz war 1946 zum ersten Mal Trockenplasma vorhanden, nachdem der US-amerikanische Armeesanitätsdienst dem Schweizerischen Roten Kreuz gratis 20.000 Packungen Trockenplasma zur Verfügung gestellt hatte.[18] Wissen und Erfahrung aus dem Ausland blieben auch von zentraler Bedeutung, als das Rote Kreuz die selbstständige Trockenplasma-Produktion aufgenommen hatte. So unternahmen Mitarbeiter des Roten Kreuzes Studienreisen unter anderem in die USA und nach Paris, um Trockenplasma-Anlagen zu besichtigen und das in der Schweiz vorhandene Know-how zu vergrößern.[19] Das Schweizerische Rote Kreuz und der schweizerische Armeesanitätsdienst waren folglich wesentlich auf das Wissen und die Praxis der Alliierten, insbesondere der USA und Großbritanniens, angewiesen, um Erfahrungen im Umgang mit Trockenplasma zu sammeln. Insofern wurden die schweizerischen Bemühungen um autarke Blutversorgung durch diesen transnationalen Wissenstransfer gleichzeitig stimuliert und unterminiert.

Zweitens erwies sich die begrenzte Haltbarkeit und Verfügbarkeit von Blut als Ressource als prekär. Wissenschaftlich unbestritten war, dass Trockenplasma im Vergleich zu dem im Zweiten Weltkrieg vom Schweizerischen Roten Kreuz hergestellten Feuchtplasma länger haltbar war. In Bezug auf die Frage, wie lange genau diese Haltbarkeit dauerte, gingen die Meinungen der Ärzte

---

16 Vgl. Germann 2015.

17 Vgl. CH-BAR#E27#1000/721#19713*, Schreiben von Oberstbrigadier Meuli an das EMD, ohne Datum.

18 Vgl. von Albertini/Hässig 1960, S. 2.

19 Vgl. CH-BAR#E27#1000/721#19836*, Protokoll 2/1949 der Sitzung der Direktion des Blutspendedienstes des Schweiz. Roten Kreuzes, 20.12.1949, und Protokoll 8/1950 der Sitzung der Direktion des Blutspendedienstes des Schweiz. Roten Kreuzes, 31.8.1950.

hingegen auseinander.[20] So plädierte ein Mitglied des Direktoriums des Blutspendedienstes anlässlich einer Sitzung im Juni 1950 dafür, den Verkauf von
Trockenplasma zu fördern, da er dessen Haltbarkeit nicht traute. Dem hielt
der Präsident des Direktoriums Professor Ambrosius von Albertini entgegen,
„dass man bei der heutigen Weltlage unmöglich daran denken kann, den Vorrat sofort aufzubrauchen."[21] Um dem Problem der begrenzten Haltbarkeit
der Blutkonserven zu begegnen, bedurfte es deshalb – und darüber bestand
auch Einigkeit – eines permanenten Austausches der Armeekriegsreserven.
Dieser wurde dadurch gewährleistet, dass das Rote Kreuz mit dem im Zentrallaboratorium produzierten Trockenplasma in erster Linie Spitäler belieferte
und nur der Überschuss in die Armeekriegsreserve floss. Bei der Armeekriegsreserve handelte es sich folglich nicht um einen fixen Stock.[22] Da die
Verwendung von Trockenplasma in den Spitälern stetig zunahm, hielten sich
Fabrikation und Verbrauch Anfang der 1950er Jahre indessen fast die Waage.
Dadurch stellte sich das Problem, dass für die Armeekriegsreserve zwar stets
relativ frisches, aber immer weniger Trockenplasma als Reserve zur Verfügung
stand. Dies hatte zur Folge, dass die Anhäufung der Armeekriegsreserve viel
mehr Zeit als geplant in Anspruch nahm und sich aus Sicht des Armeesanitätsdienstes eine – wie Oberfeldarzt Meuli meinte – „peinliche Lücke" ergab.[23]
     Um die wahrgenommene Versorgungslücke zu schließen, beschloss der
Armeesanitätsdienst Anfang der 1950er Jahre, zwei armeeeigene Anlagen
für die Produktion von Trockenplasma zu beschaffen. Damit sollte eine als
Minimum betrachtete Reserve von 100.000 Plasmaeinheiten hergestellt
werden, wobei bei dieser Zahl – wie Oberfeldarzt Meuli im entsprechenden
Kostenvoranschlag festhielt – „ein eventueller Atomkrieg gar nicht in Berücksichtigung gezogen wurde".[24] Die Einlagerung der produzierten Plasmaeinheiten und der dazugehörigen Infusionsinstrumente erfolgte dezentral,
damit die Truppen im Kriegsfall rasch damit versorgt werden könnten. In

---

20   Vgl. CH-BAR#E27#1000/721#19833*, Schreiben von Oberfeldarzt Meuli an das EMD,
      19.11.1947; CH-BAR#E7170B#1968/105#57*, Protokoll der Sitzung einer Gruppe der SKA,
      31.1.1948; CH-BAR#E27#1000/721#19836*, Protokoll 5/1950 der Sitzung der Direktion des
      Blutspendedienstes des Schweiz. Roten Kreuzes, 25.5.1950.
21   CH-BAR#E27#1000/721#19836*, Protokoll 6/1950 der Sitzung der Direktion des Blut-
      spendedienstes des Schweiz. Roten Kreuzes, 29.6.1950.
22   Vgl. CH-BAR#E27#1000/721#19837*, Protokoll über die Konferenz betr. Blutspendedienst,
      19.4.1950.
23   CH-BAR#E27#1000/721#19713*, Schreiben von Oberstbrigadier Meuli an das EMD, ohne
      Datum.
24   Ebd.

der Friedenszeit wurde auch diese Reserve mithilfe des zivilen Bedarfes an Trockenplasma stetig umgesetzt und erneuert.[25]

Die Trockenplasma-Fabrikationseinrichtungen wurden von der Zürcher Firma Escher, Wyss & Co. geliefert.[26] Dieses Beispiel zeigt einmal mehr, dass das Militär bei der Produktion von Kriegs- und Zivilschutzmaterial zu Beginn des Kalten Krieges vorzüglich auf einheimische Unternehmen setzte.[27] Die Privilegierung des Produktionsstandortes Schweiz verband sich dabei bestens mit dem Autarkiekonzept. So wurde anlässlich einer vom Eidgenössischen Departement des Innern organisierten Konferenz über den Blutspendedienst im April 1950 auch der Kauf US-amerikanischen Trockenplasmas diskutiert. Oberst Heinrich Spengler vom Schweizerischen Roten Kreuz hielt jedoch dafür, dass, wenn schon finanzielle Mittel aufgewendet würden, es „zweifellos zweckmässiger" sei, „wenn sie für den Ausbau unserer eigenen Produktion verwendet werden."[28]

Die Installation der beiden Anlagen war in unterirdischen, bombensicheren militärischen Anlagen vorgesehen, weil die Plasma-Produktion im Kriegsfall – wie Oberfeldarzt Meuli betonte – „in vollem Umfange" weiterlaufen müsse, da der Verbrauch ja gerade dann „ausserordentlich gross sein" werde.[29] Die Abteilung für Sanität hielt zur Aufstellung der beiden Anlagen zwei Stollen für geeignet. Derjenige für die westliche Landeshälfte befand sich in Zweilütschinen im Berner Oberland und derjenige für die östliche Landeshälfte im Urner Reusstal in Ripshausen, beide also in der Alpenregion. Für die Anlage im Stollen in Zweilütschinen stellte die Kriegsmaterialverwaltung der Sanitätsabteilung den notwendigen Raum zur Verfügung.[30] Hinsichtlich des Stollens in Ripshausen ergaben sich indessen Schwierigkeiten. Nachdem sich die Kriegstechnische Abteilung zunächst damit einverstanden erklärt hatte, der Sanitätsabteilung für die Trockenplasma-Fabrikationsanlage einen Teil dieses Stollens zu überlassen,[31] beanspruchte sie diesen später doch wieder selbst, da sie dort Roh- und andere Materialien zu deponieren gedachte. Zudem machte sie auf die ursprüngliche Funktion des Stollens aufmerksam, die darin bestanden hatte, flüssige Kampfstoffe zu lagern und abzufüllen. Es dürfe

---

25   Vgl. ebd.

26   Vgl. ebd., Schreiben von Oberstbrigadier Meuli an das EMD, 21.9.1951.

27   Vgl. dazu auch Kapitel 2.1 und 3.1.

28   CH-BAR#E27#1000/721#19837*, Protokoll über die Konferenz betr. Blutspendedienst, 19.4.1950. Es gab indessen auch Stimmen, die angesichts der Dringlichkeit zunächst Trockenplasma aus dem Ausland einkaufen wollten.

29   CH-BAR#E27#1000/721#19713*, Schreiben des Oberfeldarztes an das EMD, 14.6.1952.

30   Vgl. ebd., Schreiben von Oberstbrigadier Meuli an das EMD, 21.9.1951.

31   Vgl. ebd., Schreiben von Oberfeldarzt Meuli an das EMD, 30.11.1951.

nämlich – so die Kriegstechnische Abteilung – „der Fall nicht von der Hand ge-
wiesen werden", dass diese unterirdische Anlage „gegebenenfalls doch wieder
ihrer ursprünglichen Zweckbestimmung werde dienen müssen", und dieser
Umstand dürfe „nicht vollends ausser acht gelassen werden".[32]

Oberfeldarzt Meuli versuchte daraufhin in mehreren Schreiben an die
Direktion der Militärverwaltung, die Unabdingbarkeit des Stollens für
den Armeesanitätsdienst zu begründen.[33] So sollte der Raum – wie Meuli
argumentierte – nicht nur Platz für die Unterbringung der Trockenplasma-
Anlage, sondern auch für diejenige einer Serum- und Impfstoff-Fabri-
kationsstätte bieten, wobei durch diese Zusammenlegung Synergien und
Kosteneinsparungen zu erwarten seien. Wichtig sei zudem, dass sich die
Anlage „im Réduit" befinde, dem militärischen Rückzugsraum in den Alpen
während des Zweiten Weltkriegs.[34] Die Direktion der Militärverwaltung kam
daraufhin zu dem Schluss, es würden sich bezüglich des Stollens in Ripshausen
„zwei Auffassungen gegenüber[stehen]", die beide „mit der Notwendigkeit
im Ernstfalle [begründet]" würden. Sofern eine einvernehmliche Lösung
nicht möglich sei, müssten der Departementsvorsteher zusammen mit dem
Generalstabschef entscheiden.[35] Der Streit um die Benutzung des Stollens im
Reusstal musste also von oberster Stelle beigelegt werden. Das EMD entschied
schließlich zugunsten der Abteilung für Sanität.[36]

Die Auseinandersetzung um den Stollen in Ripshausen ist aus zwei Gründen
bemerkenswert: Erstens verweist sie auf die wachsenden Aufrüstungsgelüste
verschiedener Abteilungen des EMD im frühen Kalten Krieg. Der Koreakrieg
wirkte in dieser Hinsicht bei Militär und Politik als Katalysator, beschloss
das eidgenössische Parlament danach doch außerordentliche Rüstungsprogramme.[37] Fortan verfügte die Schweiz während des Kalten Krieges
im (west-)europäischen Vergleich über eine der am besten ausgerüsteten
Armeen.[38] Zu Beginn der 1950er Jahre fehlten dem Bund indessen finanzielle
Mittel, und zwar insbesondere deshalb, weil die einflussreiche Konservative
Volkspartei zwar für militärische Aufrüstung plädierte, dem Bund aber aufgrund ihrer antietatistischen Haltung direkte Steuereinnahmen verweigern

---

32   Ebd., Schreiben des EMD an den Oberfeldarzt, 12.6.1952. Vgl. auch ebd., Schreiben des
     EMD an den Oberfeldarzt, 27.12.1951.
33   Vgl. ebd., drei Schreiben des Oberfeldarztes an das EMD, 18.2.1952, 31.3.1952 und 26.4.1952.
34   Ebd., Schreiben des Oberfeldarztes an das EMD, 18.2.1952.
35   Ebd., Schreiben des EMD an den Oberfeldarzt, 12.6.1952.
36   Vgl. ebd., Schreiben von Oberfeldarzt Meuli an den Unterstabschef Rückwärtiges,
     26.11.1952.
37   Vgl. Tanner 2015, S. 321 f.
38   Vgl. Tanner 1997, S. 327 f. Vgl. dazu auch Kapitel 5.1.

wollte und entsprechende Finanzierungsvorlagen mitunter zu Fall brachte.[39]
So belegt ein Schreiben von Generalstabschef Louis de Montmollin vom
Herbst 1951, dass die Finanzen für die Armee knapp waren, insbesondere,
was den (Um-)Bau von teuren Anlagen wie unterirdischen Reparatur- und
Fabrikationswerkstätten anbelangte.[40] So kam es innerhalb des Militärs mit-
unter zu Konkurrenzkämpfen um Ressourcen.

Zweitens sollten die Fabrikation von Trockenplasma sowie die Herstellung
von Seren und Impfstoffen im Réduit stattfinden.[41] Bereits beim Bau des
Zentrallaboratoriums war die Frage aufgetaucht, ob dieses nicht im Réduit
errichtet werden solle.[42] Parallel zur Ausrichtung auf das neue Bedrohungsbild des Atomkrieges orientierte sich das Militär immer noch stark an den
Erfahrungen aus dem Zweiten Weltkrieg, als die Verteidigungsdoktrin der
Schweiz sich auf den Widerstand im schweizerischen Alpenraum fokussiert
hatte. Nach dem Zweiten Weltkrieg verstärkte sich die symbolische Bedeutung
dieses Raumes, und das Réduit wurde im Zuge einer retrospektiven Glori-
fizierung der Wehrbereitschaft der Schweizer Armee zu einem nationalen
Mythos und Erinnerungsort hochstilisiert.[43] Die Herstellung von Trockenplasma und weiteren Heilmitteln im Réduit, die auf eine permanente Kriegsbereitschaft abzielte, war deshalb nicht nur von militärischer Bedeutung. Sie
fand vielmehr in einem Raum statt, der symbolisch untrennbar mit einem
imaginären Kollektiv – der *imagined community* der schweizerischen Nation –
verbunden war.

Der Betrieb der beiden Trockenplasma-Anlagen sollte vom Roten Kreuz
übernommen werden, wobei die Abteilung für Sanität für die Personal- und
die allgemeinen Kosten aufkommen und – wie im Zentrallaboratorium in
Bern – einen Angestellten bezahlen würde, welcher die Anlage überwachen
und die Maschinen bedienen sollte.[44] Zum einen hielt der Armeesanitätsdienst die Betriebsführung durch das Rote Kreuz deshalb für zweckmäßig,

---

39   Vgl. Imhof 2010, S. 96 f.; Imhof 1996a, S. 194–196 und S. 226 f.

40   Vgl. CH-BAR#E27#1000/721#19713*, Schreiben des Generalstabschefs an verschiedene
      Abteilungen, 6.9.1951. Vgl. auch CH-BAR#E27#1000/721#19837*, Protokoll über die
      Konferenz betr. Blutspendedienst, 19.4.1950.

41   Siehe dazu auch den entsprechenden Vorschlag von Nationalrat Bucher anlässlich
      einer im April 1950 durchgeführten Konferenz betreffend Blutspendedienst. Vgl. CH-
      BAR#E27#1000/721#19837*, Protokoll über die Konferenz betr. Blutspendedienst,
      19.4.1950.

42   Vgl. CH-BAR#E27#1000/721#19833*, Protokoll-Auszüge 1947–1950: Zentralkomitee-
      Sitzung, 20.4.1947. Da die Hauptaufgabe des Zentrallaboratoriums in der Anlegung einer
      Reserve für die Armee für den Kriegsfall bestand, wurde diese Idee nicht weiterverfolgt.

43   Zum Réduit u. a.: Fuhrer/Ramel 2007; Sarasin/Wecker 1998.

44   Die Sanitätsabteilung beabsichtigte, zunächst lediglich eine Anlage in Betrieb zu nehmen
      und die andere nur betriebsbereit zu machen.

weil dieses auch den gesamten Blutspendedienst organisierte. Zum anderen erhoffte sich die Sanitätsabteilung finanzielle Vorteile, wenn das Personal nicht durch den Bund, sondern vom Roten Kreuz eingestellt wurde. So habe das Rote Kreuz – wie Oberfeldarzt Meuli in einem Schreiben an das EMD festhielt – „weniger Schwierigkeiten", Personal gegebenenfalls wieder abzubauen oder anders einzusetzen, „ganz abgesehen davon", dass das Rote Kreuz „billigere Hilfskräfte einstellen kann, als dies dem Bunde möglich ist."[45] Auch beim Betrieb der beiden Trockenplasma-Anlagen profitierte das Militär somit in ökonomischer Hinsicht vom Joint Venture mit dem Roten Kreuz. Das Schweizerische Rote Kreuz konnte die Fabrikation von Trockenplasma im Stollen von Zweilütschinen schließlich am 1. März 1956 aufnehmen.[46]

Abb. 27   Vorrat an Trockenplasma, circa 1953.

---

45   CH-BAR#E27#1000/721#19713*, Schreiben von Oberstbrigadier Meuli an das EMD, ohne
       Datum. Vgl. auch ebd., Schreiben von Oberstbrigadier Meuli an das EMD, 21.9.1951.
46   Vgl. CH-BAR#E27#1000/721#19840*, Schreiben des Schweizerischen Roten Kreuzes an
       die Abteilung für Sanität, 15.6.1956.

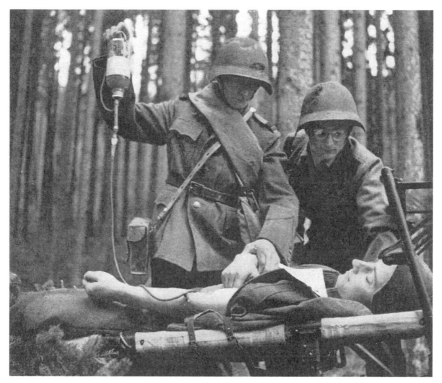

Abb. 28   Plasma-Transfusion, circa 1953.

Mobilisierung der Nation für den Blutspendedienst

Anfang der 1950er Jahre waren das Schweizerische Rote Kreuz und das Militär bestrebt, den Ausbau des Blutspendedienstes einerseits zu beschleunigen und andererseits vermehrt auf die Erfordernisse der totalen Landesverteidigung auszurichten. Im Hinblick auf die medizinische Versorgung von Strahlen-verletzten in einem Nuklearkrieg ging das Rote Kreuz davon aus, dass die Bedeutung von Trockenplasma hinter diejenige des Vollblutes zurücktreten würde.[47] Um für die Behandlung von Armee und Zivilbevölkerung im Kriegs-fall über eine ausreichende und effiziente Versorgung mit Vollblut zu ver-fügen, sollte eine Blutspendeorganisation geschaffen werden, in welcher die spendefähige Bevölkerung der Schweiz möglichst weitgehend erfasst wäre.[48] 1950 stellte das Rote Kreuz ein Programm auf, in welchem es die vor-gesehene und sich im Aufbau befindende Modellorganisation skizzierte. Im Folgenden werde ich auf die Entwicklung dieser Organisation eingehen und

---

47   Vgl. CH-BAR#E27#1000/721#19837*, Postulat Bucher, Blutspendedienst, 25.9.1950.
48   Vgl. ebd., Schreiben des Schweizerischen Roten Kreuzes an Bundesrat Etter, 1.12.1949.

herausarbeiten, wie sich die zivile und die militärische Orientierung des Blutspendedienstes zueinander verhielten.

Wiewohl es sich bei der vom Roten Kreuz im Kalten Krieg aufgebauten
Blutspendeorganisation des Roten Kreuzes rechtlich gesehen um eine selbstständige private zivilgesellschaftliche Institution handelte, vermischten sich
bei dieser Organisation deren zivile und militärische Ausrichtung von Beginn
an. Der Aufbau der Modellorganisation basierte auf der für den Kriegsfall errichteten Spenderorganisation des Zweiten Weltkrieges, welche – wie
erwähnt – den Anfangspunkt des schweizerischen Blutspendewesens markiert.
Auf Initiative des damaligen Rotkreuzchefarztes, der gleichzeitig ein hoher
Militärangehöriger war, wurde diese Kriegsorganisation nach dem Zweiten
Weltkrieg nicht aufgelöst, sondern in eine zivile Friedensorganisation überführt. Diese auf militärischen Strukturen errichtete Blutspendeorganisation
war Anfang der 1950er Jahre zwar lediglich auf zivile Bedürfnisse ausgerichtet,
wurde vom Roten Kreuz jedoch derart aufgezogen, dass sie – ganz im Sinne
einer permanenten Kriegsbereitschaft – jederzeit in eine Kriegsorganisation
zurückgeführt werden könnte.[49] Im Kriegsfall erfülle das Rote Kreuz – wie
Oberfeldarzt Meuli 1950 feststellte – „seine Aufgabe als Koordinationsstelle
für den Blutspendedienst" und „zwar sowohl für die Armee als auch für die
Zivilbevölkerung".[50]

Mit einem Beschluss des Bundesrates vom 13. Juni 1951, der das Schweizerische
Rote Kreuz dazu verpflichtete, den Sanitätsdienst der Armee im Kriegsfall zu
unterstützen, wurde die Kooperation zwischen dem Roten Kreuz und dem
Militär während des Kalten Krieges auf Dauer festgeschrieben. Auch die
Truppenordnung von 1951 trug dieser Zusammenarbeit Rechnung, indem festgehalten war, dass die Organisation und Durchführung des Blutspendedienstes
der Armee im Kriegsfall der freiwilligen Sanitätshilfe des Roten Kreuzes obliegen und das dem Blutspendedienst zugewiesene Fachpersonal in das Rot-
kreuzstabsdetachement eingeteilt würde.[51] Im Zuge der Neuorganisation der
Gesamtverteidigung ab dem Ende der 1960er Jahre wurde der Blutspendedienst auch in den neu zu schaffenden Koordinierten Sanitätsdienst eingebunden, dessen Aufbau bis Anfang der 1980er Jahre dauerte.[52] Wie bei der
früheren Unterstützung des Armeesanitätsdienstes stellte die Einsatzbereitschaft eines Blutspendedienstes für den militärischen und den zivilen Bedarf

---

49   Vgl. ebd., Protokoll über die Konferenz betr. Blutspendedienst, 19.4.1950.

50   Ebd.

51   Vgl. CH-BAR#E27#1000/721#19835*, Schreiben von Oberst Kessi an die Abteilung für
      Genie und Festungswesen, 16.10.1951. Vgl. auch Schweizer Armee 1951.

52   Zum Koordinierten Sanitätsdienst vgl. Kapitel 7.3.

auch im Rahmen des Koordinierten Sanitätsdienstes eine der Hauptaufgaben
des Schweizerischen Roten Kreuzes dar. Das Konzept des Koordinierten Blutspendedienstes innerhalb des Koordinierten Sanitätsdienstes sah dabei vor,
dass das Bundesamt für Sanität in jedes seiner Spitalregimenter einen verantwortlichen Arzt als Chef des Blutspendedienstes einteilen würde, wobei
dieser wenn möglich gleichzeitig als Leiter oder stellvertretender Leiter eines
regionalen Blutspendezentrums fungieren sollte. Dadurch würden beim Übergang vom Friedens- in den Kriegszustand keine Probleme hinsichtlich der Ver-
antwortlichkeit entstehen und die Koordination des Blutspendedienstes wäre
in allen strategischen Fällen sichergestellt.[53] Gesamthaft lässt sich festhalten,
dass dem Blutspendedienst des Roten Kreuzes innerhalb des schweizerischen
Sanitätsdispositivs während des ganzen Kalten Krieges eine zentrale Rolle zukam. Die Grenzen zwischen seinen zivilen und militärischen Aufgaben waren
dabei stets fließend.

Die Blutspendeorganisation des Roten Kreuzes sollte voll ausgebaut über
die ganze Schweiz verteilt zwölf Hauptspendezentren und 60 mittlere und
kleinere Spendezentren umfassen. Das Rote Kreuz hielt die dafür erforderlichen Mittel – wie es in einer Eingabe an den Bund ausführte – in „Anbetracht der Wichtigkeit eines gut organisierten Blutspendedienstes für
Krieg und Frieden" sowie im „Hinblick auf die unsichere Weltlage" für „sehr
bescheiden".[54] Im Jahr 1950 hatten bereits ungefähr die Hälfte der geplanten
regionalen Spendezentren den Betrieb aufgenommen oder standen kurz vor
der Eröffnung, darunter die zwölf Hauptspendezentren.[55] Parallel zu diesem
organisatorischen Ausbau stiegen die Spenderzahlen rasant an.[56] Belief sich
die Anzahl registrierter Spender 1950 noch auf weniger als 30.000, stieg diese
1954 bereits auf über 60.000 an, um sich bis 1958 nochmals auf über 125.000
zu verdoppeln.[57] Bereits 1953 hielt das Direktorium des Blutspendedienstes
fest, die Spenderzahlen würden den zivilen Zwecken genügen. Zu einem
negativen Urteil kam sie aber bezüglich der geforderten Kriegsbereitschaft:
*„Die politischen Verhältnisse erfordern [...] dringend die Kriegsbereitschaft des
Blutspendedienstes. Die heutige Organisation ist jedoch in keiner Weise so weit
gediehen, um den gewaltig gesteigerten Anforderungen eines möglichen Krieges*

---

53   Vgl. CH-BAR#E5540F#1989/97#11*, Entwurf des Beauftragten des Bundesrates für den
      Koordinierten Sanitätsdienst betreffend den Koordinierten Blutspendedienst, Oktober
      1982.
54   CH-BAR#E27#1000/721#19837*, Postulat Bucher, Blutspendedienst, 25.9.1950.
55   Vgl. ebd.
56   Vgl. dazu und zum Folgenden auch Germann 2015, S. 297; Germann/Marti 2013.
57   Vgl. von Albertini/Hässig 1960, S. 4.

zu genügen."[58] Noch im Jahr 1980 stellte das Bundesamt für Sanität fest, die schweizerische Blutspendeorganisation genüge den Kriegsanforderungen keineswegs.[59] Diese pessimistische Einschätzung entsprach einer nur vordergründig paradoxen Expansionslogik der schweizerischen Gesamtverteidigung während des Kalten Krieges: Je besser die Präventionsmaßnahmen des Blutspendedienstes ausgearbeitet waren, desto mehr potenzielle Lücken konnten in dieser Vorbereitung erkannt werden.[60] Gleichzeitig wurden durch die permanent geforderte Vermehrung der Blutspenderzahlen auch die (nuklearen) Bedrohungsszenarien des Kalten Krieges beständig aktualisiert.

Der Ausrichtung des Blutspendedienstes auf einen künftigen (Nuklear-) Krieg waren indessen Grenzen gesetzt, welche sich in der öffentlichen Selbstdarstellung der Blutspendeorganisation zeigen. Nach außen hin versuchte der Blutspendedienst zunehmend, sein ursprünglich militärisches Image abzulegen. Dies lässt sich hauptsächlich bei der Werbung für das Blutspenden nachweisen, die – im Gegensatz zur auf Wehrbereitschaft abzielenden Spenderwerbung während des Zweiten Weltkrieges – vornehmlich zivile Anwendungsgebiete der Blutspende in den Vordergrund rückte, wie beispielsweise die Behandlung von Krankheiten, Arbeits- oder Verkehrsunfällen.[61] Tatsächlich weitete sich in den 1950er Jahren der zivile Bedarf an Blutspenden aufgrund neuer medizinischer Anwendungsbereiche deutlich aus.[62] Dennoch blieb die militärische Orientierung des Blutspendedienstes bestehen. Bereits auf der Konferenz 1950 wurde mit Blick auf die Erfahrungen des Zweiten Weltkrieges davon gesprochen, eine „Mobilisierung der Kräfte [...], deren das Rote Kreuz bedarf", müsse „mit allen zur Verfügung stehenden Mitteln unterstützt werden".[63] 1955 ließ die Zeitschrift des Roten Kreuzes verlauten, der Blutspendedienst bedürfe, um seine Leistungen „für die Volksgesundheit und den Armeesanitätsdienst" zu erfüllen, „der einsichtigen Unterstützung des ganzen Volkes".[64] Mit der „Mobilisierung der Kräfte" war also insbesondere die Mobilisierung der Nation – nicht nur, aber auch – im Hinblick auf die totale Landesverteidigung gemeint. Wiewohl beim Blutspenden in der medialen Öffentlichkeit also zunehmend dessen ziviler Aspekt betont wurde, blieb Blut

---

58   Hässig/Imfeld/Sager 1953, S. 29, Hervorh. i. Orig.
59   Vgl. CH-BAR#J2.15-01#2010/1#249*, Entwurf Bundesamt für Sanität, 4.11.1980.
60   Zu dieser Logik auch: Hug 1988, S. 178; Tanner 1988b, S. 92.
61   Vgl. bspw. die Spender-Sondernummer der Zeitschrift des Roten Kreuzes: Das Schweizerische Rote Kreuz 1953.
62   Vgl. Frey-Wettstein 2004, S. 87.
63   CH-BAR#E27#1000/721#19837*, Protokoll über die Konferenz betr. Blutspendedienst, 19.4.1950.
64   Hässig/Heiz/Stampfli 1955, S. 9. Vgl. auch Hässig 1954.

während des Kalten Krieges eine konstitutive Ressource der schweizerischen Landesverteidigung.

Die Fabrikation von Trockenplasma und der Ausbau des Blutspendedienstes waren vor dem Hintergrund des Kalten Krieges wesentlich auf das Überleben von Armee und Bevölkerung in einem Atomkrieg ausgerichtet und folgten insofern dem Interesse der totalen Landesverteidigung. Dies spiegelte sich insbesondere in der auf eine permanente Kriegsbereitschaft ausgerichteten Organisationsstruktur des Blutspendedienstes des Roten Kreuzes wider, aber auch im Postulat der autarken Produktion von Blut und Blutprodukten im Réduit. Tatsächlich wurden diese Autarkievorstellungen jedoch eingeschränkt, da der schweizerische Armeesanitätsdienst und das Schweizerische Rote Kreuz für den Ausbau des Blutspendewesens stark auf einen transnationalen Wissenstransfer angewiesen waren, wie das Beispiel der Herstellung von Trockenplasma gezeigt hat. Die Erwartungshaltungen der Landesverteidiger wurden aber auch dadurch enttäuscht, dass Blut aufgrund seiner beschränkten Haltbarkeit und Verfügbarkeit immer als knappe Ressource wahrgenommen wurde. Dies führte dazu, dass die Landesverteidiger einen dauernden Mangel an Blut beklagten und einen steten Ausbau der Blutspendeorganisation forderten. Dem Blutspendewesen war folglich eine expansive Logik inhärent.

Es wäre indessen verkürzt, die Blutspendeorganisation, welche auf der für die Schweiz typischen Zusammenarbeit von privaten und staatlichen Akteuren basierte, während des Kalten Krieges einseitig als Beispiel einer Militarisierung einer zivilen Organisation zu betrachten. Zwar lag den Anfängen des Blutspendedienstes im Zweiten Weltkrieg eindeutig eine militärische Orientierung zugrunde. Während des Kalten Krieges fand aber von Anfang an eine Vermischung von zivilen und militärischen Interessen statt, und zwar insbesondere deshalb, weil die zivile Nutzung von Blut in der Nachkriegsmedizin immer mehr an Bedeutung gewann. Der schweizerische Blutspendedienst im Kalten Krieg fokussierte sich somit gleichzeitig auf die Bewältigung sowohl militärischer als auch ziviler Notfälle. Eine klare Trennlinie zwischen Friedens- und Kriegsorganisation lässt sich auch deshalb nicht ziehen, weil die Organisation im Frieden und im Krieg mit denselben institutionellen, finanziellen und personellen Ressourcen betrieben werden sollte. Dieser hybride Charakter, wie er für das Blutspendewesen kennzeichnend war, zeigte sich auch in zahlreichen anderen Organisationen der schweizerischen Landes- bzw. Gesamtverteidigung während des Kalten Krieges, so etwa in der Alarm- organisation für den Fall erhöhter Radioaktivität, aber auch im Koordinierten Sanitätsdienst, auf den ich noch zu sprechen kommen werde.[65] Zunächst geht

---

65   Zur Alarmorganisation für den Fall erhöhter Radioaktivität vgl. Kapitel 6.

es nun aber um die medizinische Notfallplanung für den nuklearen Alltag, die im Zentrum des folgenden Teilkapitels stehen wird.

7.2   Unfall im nuklearen Alltag. Planung medizinischer Maßnahmen für Strahlenverletzte, 1968–ca. 1985

Mitte der 1960er Jahre nahm die zivile Nutzung der Atomenergie in der Schweiz durch den Bau und die Planung mehrerer Kernkraftwerke Fahrt auf. So war einem Papier der Eidgenössischen Kommission für Strahlenschutz (EKS) aus dem Jahr 1967 zu entnehmen, die Anzahl der bestehenden, bereits beschlossenen und projektierten Atomanlagen lasse darauf schließen, „dass unser Land in etwa 10 Jahren, bezogen auf Bodenfläche und Bevölkerungszahl, dasjenige mit der wahrscheinlich grössten Reaktordichte sein wird."[66] Vor dem Hintergrund einer expandierenden Nuklearindustrie begannen sich verschiedene Behörden und Gremien des Bundes ab dem Ende der 1960er Jahre mit der Planung und Koordination medizinischer Notfallmaßnahmen für mögliche Strahlenverletzte zu beschäftigen.

In diesem Teilkapitel untersuche ich diese medizinischen Maßnahmen für Strahlen- und Atomunfälle anhand von zwei zentralen Projekten, die sich als besonders planungs- und ressourcenintensiv erwiesen: die Entwicklung eines medizinischen Notfallplans für Strahlenunfälle sowie die prophylaktische Verteilung von Kaliumjodidtabletten an die Bevölkerung in der Umgebung von Kernkraftwerken. Die medizinische Notfallplanung für Strahlengeschädigte war hauptsächlich auf einen begrenzten Unfall mit einer überschaubaren Anzahl an verletzten Personen ausgerichtet, wie er etwa in einem Industriebetrieb auftreten könnte. Die Abgabe von Jodtabletten an die Einwohnerinnen und Einwohner in der Nähe von Kernkraftwerken stellte eine vorbeugende Maßnahme für den als unwahrscheinlich angenommenen Fall eines Reaktorunfalls dar.[67] Insofern zielten beide Maßnahmen – bei völlig unterschiedlichen atomaren Bedrohungsbildern – auf die Rettung von Strahlenverletzten bei Notfällen im nuklearen Alltag.

Dass das Problem der medizinischen Präventionsmaßnahmen für Strahlen- und Atomunfälle in den 1970er Jahren auf die gouvernementale Agenda gesetzt wurde, hatte vor allem zwei Gründe. Zum einen waren die gesellschaftlichen Auseinandersetzungen um den Bau von Atomkraftwerken

66   Archiv BAG, 18.2.45, Medizinische Hilfeleistung bei Strahlenunfällen 1971–1972, Notfall-
       dienst bei Nuklear-Unfällen, Januar 1967.

67   Zur Zoneneinteilung in der Nähe von Kernkraftwerken vgl. Kapitel 6.3.

ausschlaggebend, die mit der Besetzung des Baugeländes des geplanten Kernkraftwerkes Kaiseraugst im Frühjahr 1975 ihren Höhepunkt erreichten.[68] Zum anderen wirkte der Kernkraftwerkunfall von März 1979 im US-amerikanischen Harrisburg als wichtiger Katalysator.[69] Diese Ereignisse, die eine große mediale Öffentlichkeit hervorriefen, ließen die Entwicklung eines medizinischen Notfalldispositivs gerade für den nuklearen Alltag als dringlich erscheinen. Dies umso mehr, da sich diesbezüglich auf internationaler Ebene ein Standard herauszubilden begann, welcher auch auf die Schweiz einen normativen Druck ausübte. Die wahrgenommene Dringlichkeit vermochte bestehende Differenzen und unterschiedliche Auffassungen der involvierten Bundesstellen hinsichtlich der Notwendigkeit und des Umfangs der vorgesehenen medizinischen Notfallmaßnahmen zu neutralisieren.

Notfallplan für Strahlenunfälle

Im April 1968 präsentierte der Berner Radiologe Hans-Rudolf Renfer den weiteren Mitgliedern in der EKS ein Exposé zum Thema „Notfalldienst bei Nuklear-Unfällen". Darin umriss Renfer das Konzept einer Notfallorganisation zur Bewältigung von Strahlenunfällen, das er mit Unterstützung des Alarmausschusses der Eidgenössischen Kommission zur Überwachung der Radioaktivität, der schweizerischen Ärzteorganisation und des Delegierten des Bundesrates für Fragen der Atomenergie entwickelt hatte.[70] Verglichen mit der übrigen Industrie sei das Unfallrisiko in Nuklearbetrieben – so ist im Exposé zu lesen – zwar „glücklicherweise relativ gering", ein Unfall in einer Atomanlage lasse sich jedoch „nicht mit Sicherheit ausschliessen" und betreffe zudem „immer einen grösseren räumlichen Bereich und damit unter Umständen mehrere Personen gleichzeitig". Im Ausland, etwa in den USA, in Frankreich und der Bundesrepublik Deutschland, sei deshalb die Notwendigkeit, für Strahlenunfälle ein Notfalldispositiv zu entwickeln, „schon längere Zeit erkannt worden".[71] Nach kurzer Diskussion beschloss die EKS die Bildung einer Expertengruppe, bestehend aus Hans-Rudolf Renfer, Peter Courvoisier, dem Leiter der Sektion für Sicherheitsfragen von Atomanlagen, und Hans Flückiger, dem Chef der Unterabteilung AC-Schutzdienst der Abteilung für Sanität. Später zog die Expertengruppe den Strahlenphysiker Walter Minder, Chef der Sektion für Strahlenschutz, als weitere Fachperson

---

68   Zur Anti-Atomkraft-Kontroverse in der Schweiz vgl. Kapitel 1, Fn. 51.

69   Zum Reaktorunfall in Harrisburg vgl. Kapitel 4, Fn. 178.

70   Vgl. Archiv BAG, 18.2.45, Medizinische Hilfeleistung bei Strahlenunfällen 1971–1972, Notfalldienst bei Nuklear-Unfällen, Januar 1967.

71   Ebd.

hinzu. Die Expertengruppe erhielt den offiziellen Auftrag, „die Vorarbeiten für die Schaffung einer schweizerischen Arbeitsgruppe für medizinische Hilfeleistung bei Strahlenunfällen an die Hand zu nehmen."[72]

Zu diesem Zweck absolvierten die Mitglieder der Expertengruppe verschiedene Tagungen und Seminare im In- und Ausland, welche die Planung medizinischer Maßnahmen für Strahlenunfälle behandelten.[73] So besuchte Hans-Rudolf Renfer im Januar 1969 in den USA ein Seminar der *Atomic Energy Commission*[74] und im Mai 1969 in Wien ein gemeinsames Symposium der Internationalen Atomenergie-Organisation und der Weltgesundheitsorganisation.[75] Im Juni 1970 fand in Zürich eine Tagung zum Thema „Der Strahlenunfall und seine Behandlung" statt, welche von der Schweizerischen Vereinigung für Radiologie, Nuklearmedizin und Strahlenbiologie[76] gemeinsam mit der Bayerischen Röntgengesellschaft, der Vereinigung deutscher Strahlenschutzärzte und dem Fachverband für Strahlenschutz durchgeführt wurde und an der sämtliche Mitglieder der Expertengruppe teilnahmen.[77] Die Expertengruppe orientierte sich bei ihrer Arbeit also stark an den Erfahrungen und Einschätzungen nationaler, aber insbesondere auch internationaler Fachleute. Gerade die Teilnahme an den internationalen Symposien habe die Expertengruppe darin bestärkt – so hielt Peter Courvoisier mit Befriedigung fest –, „dass unsere Ansichten richtig und umfassend genug seien."[78]

Im März 1971 präsentierte die Expertengruppe ihren Schlussbericht. Darin wurden als notwendig erachtete medizinische Notfallmaßnahmen in den betroffenen Betrieben, für den Transport von Patientinnen und Patienten und im behandelnden Spital skizziert. Die vorgeschlagene Notfallorganisation ging von Strahlenunfällen aus, deren Ausmaß und damit auch die Zahl der

---

72 Archiv BAG, 18.2.6, Eidg. Kommission für Strahlenschutz, Protokoll der 2. Sitzung der EKS, 25.4.1968.

73 Vgl. Archiv BAG, 18.2.45, Medizinische Hilfeleistung bei Strahlenunfällen 1971–1972, Schlussbericht, März 1971.

74 Vgl. Archiv BAG, 18.10.57a, Alarmzentrale, Schreiben von H. R. Renfer an G. Wagner, 31.10.1968. Zur *Atomic Energy Commission* vgl. Kapitel 2, Fn. 44.

75 Vgl. CH-BAR#E8190B-01#1985/59#195*, Bericht über ein Internationales Symposium der IAEA/WHO über Strahlenunfälle, [10.9.1969]. Vgl. auch ebd., Aktennotiz betreffend Massnahmen bei Strahlenunfällen, 25.6.1969.

76 Zur Schweizerischen Vereinigung für Radiologie, Nuklearmedizin und Strahlenbiologie vgl. Kapitel 2.2.

77 Vgl. zu dieser Tagung die entsprechenden Akten in: Archiv BAG, Symposium: Internationale Tagung über den Strahlenunfall in Zürich, Organisation; Archiv BAG, 18.4.65, Symposium – Internationale Tagung in Zürich.

78 Archiv BAG, 18.2.45, Medizinische Hilfeleistung bei Strahlenunfällen 1971–1972, Schreiben von P. Courvoisier an die Mitglieder der Arbeitsgruppe für medizinische Hilfeleistung bei Strahlenunfällen und Prof. Minder als Experten, ohne Datum.

Verletzten beschränkt war. Dadurch könnten eine Betreuung und spätere Behandlung der Patientinnen und Patienten gewährleistet werden, „wie sie für
eine Massenkatastrophe nicht denkbar wären." Allerdings bestehe „keine
naturgegebene Unterteilung des Ausmasses von Unfällen", sodass „fliessende
Uebergänge in Betracht zu ziehen" seien, „sei dies für ein Ereignis, bei welchem
die Situation plötzlich entsteht und sich dann nicht mehr verändert" oder „sei
es für Ereignisse, die sich im Lauf der Zeit entwickeln und ausweiten." Daraus
folge, dass die medizinischen und organisatorischen Vorkehrungen so getroffen werden müssten, „dass ein gleitender Uebergang entsprechend den
jeweiligen Möglichkeiten zwischen verschiedenen Situationen möglich wird."[79]
Zwischen einem Strahlenunfall im nuklearen Alltag und einer atomaren Großkatastrophe bestand gemäß der Expertengruppe also nur ein gradueller Unterschied, weshalb die beiden Notfall- bzw. Rettungsdispositive aufeinander
abgestimmt werden sollten. Diese Einschätzung war wesentlich dadurch geprägt, dass die Expertengruppe – wie Peter Courvoisier erläuterte – „in den Sog
der Bemühungen um einen totalen Sanitätsdienst geraten" sei.[80] Dieser neu
zu schaffende totale Sanitätsdienst müsse sich auch mit der medizinischen
Hilfe für Atomkatastrophen befassen, bei welchen die Alarmorganisation zum
Einsatz käme.[81] „Es hätte offensichtlich keinen Sinn gehabt" – so Courvoisier
weiter –, „von uns aus eine Organisation vorzuschlagen, die nur den ‚kleinen
Fall' hätte behandeln können und die möglicherweise konträr zu jener für den
‚grossen' Fall gewesen wäre."[82]

Den gewünschten „gleitenden Übergang" von einem kleineren Strahlenunfall zu einem atomaren Großereignis sollte das Eidgenössische Gesundheitsamt (EGA) im Rahmen einer Doppelfunktion sicherstellen. So sah der
Schlussbericht vor, dass das EGA bei Strahlenunfällen als „zentrale Einsatz-
Leitstelle" fungieren würde, welche die medizinische Versorgung von Strahlenverletzten koordinieren sollte. Die Einweisung in ein für die Behandlung von
Strahlenunfallpatienten geeignetes Spital, die Organisation des Transportes,
die Vermittlung der für die Behandlung grundlegenden radiologischen Daten
über den Unfall sowie die Auswahl eines für die spezifische Art des Strahlen-
unfalls geeigneten Behandlungsteams von Spezialisten würden die Möglichkeiten eines Industrie- oder Gewerbebetriebes übersteigen. Das alles müsse

---

79   Ebd., Schlussbericht, März 1971.
80   Ebd., Schreiben von P. Courvoisier an die Mitglieder der Arbeitsgruppe für medizinische
      Hilfeleistung bei Strahlenunfällen und Prof. Minder als Experten, ohne Datum.
81   Zum totalen Sanitätsdienst vgl. Kapitel 7.3.
82   Archiv BAG, 18.2.45, Medizinische Hilfeleistung bei Strahlenunfällen 1971–1972, Schreiben
      von P. Courvoisier an die Mitglieder der Arbeitsgruppe für medizinische Hilfeleistung bei
      Strahlenunfällen und Prof. Minder als Experten, ohne Datum.

daher von der Einsatz-Leitstelle ausgehen, für welche sich das EGA aufdränge. Da das EGA ex officio auch in der Alarmorganisation vertreten sei, könne es – so der Vorschlag der Expertengruppe – „ohne jede Schwierigkeiten eine Doppelfunktion übernehmen" und sowohl seine Aufgaben innerhalb der Alarmorganisation als auch im Rahmen der Betreuung von Strahlenunfall-patienten ausführen.[83] Die Notfallorganisation wurde also so geplant, dass sie sowohl auf kleinere Unglücksfälle als auch auf große Katastrophenereignisse, verursacht etwa durch einen Atomwaffeneinsatz oder die Zerstörung einer Atomanlage, angemessen reagieren können sollte.

Es stellt sich die Frage, weshalb eine Notfallorganisation für Strahlen-unfälle gerade um das Jahr 1970 als notwendig erachtet wurde. Bis zu diesem Zeitpunkt war vorgesehen, allfällige Strahlenverletzte im Unglücksfall in spezialisierten Spitälern im Ausland zu behandeln. Dieses Vorgehen hielt die Expertengruppe nun jedoch für „keine befriedigende Lösung" mehr.[84] In einem internen Bericht wurde Peter Courvoisier noch deutlicher und sprach diesbezüglich sogar von einer „Notlösung", die es aber bisher erlaubt habe, „in grösserem Mass die Verwendung der Atomenergie in unserem Land zu be-willigen [...]."[85] Der Expertengruppe erschien es zu Beginn der 1970er Jahre somit nicht mehr opportun, gleichzeitig den Ausbau der Atomtechnologie in der Schweiz weiter voranzutreiben und bei der Behandlung von Strahlen-patienten und -patientinnen auf ausländische Einrichtungen abzustellen. Diese veränderte Situationseinschätzung war indessen nicht nur auf die Aus-breitung der Nuklearindustrie zurückzuführen. Vielmehr stellte sie auch eine Reaktion auf die Kontroverse um die zivile Nutzung der Atomenergie dar, in welcher die nukleare Sicherheit eine zentrale Rolle spielte.[86] So hielt Peter Courvoisier Strahlenunfälle zwar für selten, er ging aber davon aus, dass diese „ein erhebliches Interesse der Oeffentlichkeit erwecken würden [...]."[87] Vor dem Hintergrund der gesellschaftlichen Auseinandersetzungen um den Bau von Kernkraftwerken schien der Aufbau einer Notfallorganisation für Strahlen-unfälle also zunehmend dringlich. Aus gouvernementaler Sicht konnte man es sich schlicht nicht mehr leisten, für mögliche Atomunfälle keine Rettungs-maßnahmen vorgesehen zu haben.

83   Ebd., Schlussbericht, März 1971.

84   Ebd.

85   Ebd., Schreiben von P. Courvoisier an die Mitglieder der Arbeitsgruppe für medizinische Hilfeleistung bei Strahlenunfällen und Prof. Minder als Experten, ohne Datum.

86   Vgl. Kupper 2003a, S. 115–124, bes. S. 122 f.

87   Archiv BAG, 18.2.45, Medizinische Hilfeleistung bei Strahlenunfällen 1971–1972, Schreiben von P. Courvoisier an die Mitglieder der Arbeitsgruppe für medizinische Hilfeleistung bei Strahlenunfällen und Prof. Minder als Experten, ohne Datum.

Nichtsdestotrotz sollte das geplante medizinische Notfalldispositiv der angenommenen geringen Wahrscheinlichkeit von Strahlenunfällen Rechnung tragen. So hielt es die Expertengruppe für übertrieben, „in mehreren Spitälern des Landes laufend Betten in für die Behandlung von Strahlenunfallpatienten besonders eingerichteten Krankenzimmern bereitzuhalten." Da „jedoch eine zweckmässige und intensive Behandlung unter möglichst optimalen Umständen [...] möglich sein" solle, dränge es sich auf, „dass die entsprechenden Vorbereitungen an wenigstens einem Spital des Landes getroffen werden."[88] Aufgrund von Abklärungen von Hans-Rudolf Renfer hatte das Berner Inselspital diesbezüglich bereits Interesse signalisiert und sich bereit erklärt, eine Station für die Behandlung von Strahlengeschädigten einzurichten.[89] Im April 1971 genehmigte die EKS den Schlussbericht der Expertengruppe und beschloss, diesen zur weiteren Behandlung an das EGA weiterzuleiten.[90] Der Notfallplan für Strahlenunfälle schien im Frühjahr 1971 also kurz vor der Realisierung zu stehen.

Bereits im Juli 1971 fand eine von der Sektion für Strahlenschutz initiierte Sitzung statt, an welcher neben Hans-Rudolf Renfer und Walter Minder von der Expertengruppe auch der Berner Onkologe Kurt Brunner und der Direktionssekretär des Inselspitals Bern sowie ein Gewerbearzt der medizinischen Abteilung der Schweizerischen Unfallversicherungsanstalt (SUVA) teilnahmen.[91] Im Verlaufe dieses Treffens brachen zwischen den Teilnehmern dann allerdings rasch Konflikte aus, die sich im Anschluss verschärften und dazu führten, dass sich die Umsetzung eines medizinischen Notfallplans stark verzögerte.

Im Kern drehten sich die Auseinandersetzungen um die Verteilung von Ressourcen, Kosten und Kompetenzen, wobei sich in erster Linie drei Akteure gegenüberstanden: das Inselspital, die SUVA und das EGA. Wie bereits erwähnt war das Inselspital – um mit dem ersten Akteur zu beginnen – dazu bereit, als sogenanntes Kontraktspital zu wirken, das heißt, sich vertraglich zu verpflichten, eine gewisse Anzahl von Betten mit den nötigen Spezialeinrichtungen und dem erforderlichen Pflegepersonal für die Aufnahme von Strahlenunfallpatientinnen und -patienten bereitzustellen. Allerdings erhoffte sich das Inselspital vom Bund auch eine Gegenleistung. So beabsichtigte

---

88   Ebd., Schlussbericht, März 1971.

89   Vgl. StABE, Insel II 762, Schreiben von F. Kohler an K. Brunner, F. Wyss und H. R. Renfer, 27.10.1970.

90   Vgl. Archiv BAG, 18.6.10, Eidg. Kommission für Strahlenschutz, 1. Teil, 1971–1972, Protokoll der 5. Sitzung der EKS, 1.4.1971.

91   Vgl. Archiv BAG, 18.2.45, Medizinische Hilfeleistung bei Strahlenunfällen 1971–1972, Protokoll über die Sitzung einer Arbeitsgruppe, 6.7.1971.

Onkologe Brunner, mit den erwarteten Bundesgeldern eine moderne Station
mit Isoliereinheiten einzurichten, um Patientinnen und Patienten, deren
Immunsystem durch therapeutische Maßnahmen geschwächt war, vor Spital-
infektionen zu schützen.[92] Architekten hatten dazu bereits entsprechende
Baupläne erstellt, wobei die Kosten für die notwendigen Um- und Ausbauten
am Inselspital auf gegen eine halbe Million Franken veranschlagt wurden.[93]
Für Brunner und das Inselspital war klar, dass der Bund für die Kosten
der geplanten Station aufzukommen hatte. Im Verlaufe der Auseinandersetzungen wehrte sich das Inselspital gegen den „etwas peinlichen Eindruck",
„gewissermassen als Bittstellerin" zu fungieren. Korrekt sei vielmehr, dass
Hans-Rudolf Renfer als Vertreter der Expertengruppe der EKS beim Inselspital
vorgesprochen habe, „um uns um unsere *Hilfe und Unterstützung* zu bitten."
Daraufhin habe das Inselspital „in grosszügiger Weise spontan seine Bereitschaft erklärt, an dieser unser ganzes Land betreffenden Frage mitzuarbeiten
[…]." Es könne indessen „kaum Sache eines Kantonsspitals sein", für ein solch
nationales Projekt „die nötigen Mittel aufzubringen".[94]

Die Frage der anfallenden Kosten für die Einrichtung der Räumlichkeiten
und die Beschaffung der Apparate beschäftigte auch den zweiten wichtigen
Akteur, nämlich die SUVA.[95] Diese befürchtete nicht ohne Grund, die
Finanzierung des Projektes übernehmen zu müssen. So hatte nämlich der
neue Chef der Sektion für Strahlenschutz (und Nachfolger von Walter Minder)
Werner Hunzinger die Auffassung vertreten, hinsichtlich der Finanzierung
sei in erster Linie die SUVA in die Pflicht zu nehmen, da diese als Kontrollinstanz für das Personal in Atomanlagen fungiere und man vor allem aus
diesem Bereich mit Strahlenverletzten zu rechnen habe.[96] Die SUVA stellte
die Schaffung einer schweizerischen Behandlungsstätte für Strahlenunfall-
patienten deshalb grundsätzlich infrage. Da in Frankreich, den Niederlanden
und der Bundesrepublik Deutschland analoge Einrichtungen bereits bestehen
oder sich im Aufbau befinden würden, plädierte sie dafür, die Frage einer
Mitbenutzung dieser ausländischen Institutionen abzuklären: „Projektierung

---

92 Kurt Brunner gehörte einer jüngeren Generation von Medizinern an, unter welchen die
    Chemotherapie zu einer neuen Vorgehensweise in der Krebstherapie avanciert war. Vgl.
    Kauz 2010, S. 177.

93 Vgl. Archiv BAG, 18.2.45, Medizinische Hilfeleistung bei Strahlenunfällen 1971–1972,
    Protokoll über die Sitzung einer Arbeitsgruppe, 6.7.1971.

94 Ebd., Schreiben des Direktors des Inselspitals an die Direktion des EGA, 15.7.1971, Hervorh.
    i. Orig.

95 Die Behandlungskosten waren Sache der Versicherung.

96 Vgl. Archiv BAG, 18.2.45, Medizinische Hilfeleistung bei Strahlenunfällen 1971–1972,
    Protokoll über die Sitzung einer Arbeitsgruppe, 6.7.1971.

und Benützung solcher Einrichtungen scheinen uns viel eher eine multi-
nationale als eine nationale Angelegenheit zu sein, und zwar sowohl aus
personellen als auch aus materiellen Gründen (Sammeln von Erfahrungen,
Vertrautheit mit den komplizierten Apparaturen, rasches Veralten der Einrichtungen)."[97] Die SUVA erhoffte sich von einer multinationalen Lösung also
Synergie- und – damit verbunden – Spareffekte. Um den Plänen für eine multi-
nationale Lösung Nachdruck zu verleihen, nahm der gewerbeärztliche Dienst
der SUVA mit verschiedenen zuständigen Stellen im benachbarten Ausland
Kontakt auf und besprach die Möglichkeiten einer fachgerechten Behandlung
von schweizerischen Strahlenunfallopfern. Diese Abklärungen ergaben –
wie die SUVA dem EGA mitteilte –, dass „sich das Problem der Behandlung
strahlengeschädigter Patienten auf multilateraler Ebene ohne nennenswerte
Schwierigkeiten lösen" ließe, da sowohl Einrichtungen in der Bundesrepublik
Deutschland als auch in Frankreich für die Aufnahme von Strahlenunfallpatientinnen und -patienten aus der Schweiz zur Verfügung stehen würden
und der rasche Transport der Verunfallten von der Schweizerischen Rettungs-
flugwacht durchgeführt werden könne.[98]

Die SUVA lehnte auch die unter der Federführung des EGA geplante
zentrale Einsatz-Leitstelle ab. Sie begründete ihre Ablehnung hauptsächlich
damit, dass weder das Atomgesetz noch die Strahlenschutzverordnung die
Anordnung medizinischer Hilfeleistungen vorsehe. Demgegenüber könne sie
gemäß dem Kranken- und Unfallversicherungsgesetz solche Anordnungen
treffen, zumal ein sehr großer Teil der möglichen Strahlengeschädigten bei
ihr versichert sei. „Wir müssen deshalb" – so betonte die SUVA – „unsere Vor-
behalte gegenüber der Schaffung einer solchen Leitstelle ohne unsere Mitwirkung anbringen."[99] Die SUVA wollte also verhindern, dass das EGA über
die medizinische Behandlung ihrer Versicherten bestimmte, da sie dadurch
eine Beschneidung ihrer Kompetenzen befürchtete.

Das EGA bzw. dessen Sektion für Strahlenschutz – der dritte Akteur in
den Konflikten – betrachtete das Projekt des medizinischen Notfallplans
wiederum „nicht als vordringlich" und dies, obwohl der ehemalige Chef
der Strahlenschutzsektion Walter Minder als Mitglied der entsprechenden
Expertengruppe der EKS fungierte.[100] Ebenso verwahrten sich das EGA und
die Strahlenschutzsektion gegen die etwa von Hans-Rudolf Renfer geäußerte

---

97   Ebd., Schreiben der SUVA an die Direktion des EGA, 20.7.1971.
98   Ebd., Schreiben der SUVA an das EGA, 28.1.1972.
99   Ebd., Schreiben der SUVA an die Direktion des EGA, 20.7.1971.
100 Archiv BAG, 18.6.10, Eidg. Kommission für Strahlenschutz, 1. Teil, 1971–1972, Protokoll der
     6. Sitzung der EKS, 27.4.1972.

Meinung, der Bund habe die Kosten für die geplante Behandlungsstation zu tragen. Das EGA war insbesondere deshalb skeptisch, weil die rechtlichen Grundlagen für eine Finanzierung seitens des Bundes unklar schienen.[101] Hinzu kam, dass Walter Minder die finanziellen Forderungen des Inselspitals für das anvisierte Projekt als übertrieben erachtete. So hielt Minder in einem Schreiben an den Direktor des EGA Arnold Sauter fest, dass man „gewissen übersetzten Forderungen seitens des Leiters der onkologischen Station, für welche der Bund bei Realisierung des ‚Notfallplanes' aufzukommen hätte, entgegengetreten" sei. Dies habe der betreffende Onkologe gegenüber dem Direktor des Inselspitals „als ‚enttäuschende[n] Verlauf'" der entsprechenden Besprechung bezeichnet. Professor Adolf Zuppinger, der Direktor des Zentralen Strahleninstituts des Inselspitals, der seitens des erwähnten Onkologen „wohl unvollständig und einseitig über die Sachlage orientiert worden" sei, fasse nun eine parlamentarische Interpellation oder eine Beschwerde an den Departementsvorsteher, Bundesrat Hans-Peter Tschudi, ins Auge.[102] Minder gelangte daraufhin zu dem Schluss, dass es „sinnvoll" scheine, „diesem Sturmschiff etwas den Wind aus den Segeln zu nehmen."[103]

Dies gelang indessen mehr schlecht als recht. Da die SUVA eine nationale Lösung nicht mittragen wollte und der Bund über keine (oder zumindest keine eindeutigen) gesetzlichen Grundlagen verfügte, um eine medizinische Einrichtung für Strahlenverletzte zu unterstützen, teilte das EGA dem Inselspital mit, man sehe „keine rechtliche Möglichkeit und auch keine praktische Notwendigkeit, eine Behandlungsstation für Strahlengeschädigte vom Bunde aus mitzufinanzieren."[104] Was sich schon seit einiger Zeit abgezeichnet hatte, wurde damit Anfang des Jahres 1972 Tatsache: Das von der Expertengruppe mit dem Inselspital gemeinsam geplante Projekt einer Behandlungsstation für Strahlenunfallpatientinnen und -patienten scheiterte. Das Inselspital hielt in seinem letzten Schreiben an das EGA fest, man betrachte das Geschäft „als erledigt".[105]

Die Idee war jedoch nicht vom Tisch. Seitens der SUVA zeichnete sich nun nämlich eine positive Stellungnahme zu einem redimensionierten – und somit weniger kostenintensiven – Notfallplan ab.[106] Im Namen der Experten-

---

101   Vgl. Archiv BAG, 18.2.45, Medizinische Hilfeleistung bei Strahlenunfällen 1971–1972, Protokoll über die Sitzung einer Arbeitsgruppe, 6.7.1971.

102   Zu Adolf Zuppinger vgl. Kapitel 2.1.

103   Archiv BAG, 18.2.45, Medizinische Hilfeleistung bei Strahlenunfällen 1971–1972, Schreiben von W. Minder an Direktor Sauter, 23.7.1971.

104   Ebd., Schreiben von Sauter an die Direktion des Inselspitals, 21.2.1972.

105   Ebd., Schreiben des Direktors des Inselspitals an die Direktion des EGA, 28.2.1972.

106   Vgl. ebd., Schreiben von H. R. Renfer an R. Bosshard, 22.3.1972, und Anforderungen an das Kontraktspital zur Behandlung von kritisch Strahlenverletzten, ohne Datum.

gruppe versicherte Hans-Rudolf Renfer dem verantwortlichen Gewerbearzt der SUVA Ende März 1972, die seinerzeit an das Kontraktspital formulierten Anforderungen seien „nach amerikanischem Muster [...] ziemlich hochgeschraubt und perfektionistisch" gewesen, „was zum Teil auch die Forderung nach finanzieller Unterstützung ausgelöst haben dürfte." Der aktuelle Erfahrungsstand erlaube nun „diesbezüglich einige Abstriche".[107] Um die SUVA an Bord zu holen, machte Renfer auch nochmals psychologische Argumente geltend. So sei es „ungeschickt, Atomkraftwerke und Kernforschungsinstitute seit Jahren in Betrieb zu haben und sich gleichzeitig für den Eventualfall der Behandlung von kritisch Verletzten im eigenen Land als inkompetent zu bezeichnen."[108] Unterstützung für diesen neuen Versuch erhielt Renfer auch von Oberfeldarzt Reinhold Käser, für welchen Renfer als radiologischer Berater fungierte.[109] Als Verantwortlicher des Totalen Sanitätsdienstes vertrat Käser die gleiche Meinung wie Renfer und betonte in einem Memorandum, es „würde unseren Bemühungen um Bereitschaft für die Therapie Strahlengeschädigter direkt zuwider laufen und wäre zudem psychologisch äusserst ungeschickt, wenn wir heute darauf angewiesen wären, unsere Strahlenverletzten zur Behandlung ins Ausland zu verlegen." Deshalb sichere er dem Projekt eines medizinischen Notfallplans seine „volle Unterstützung" zu und erachte „dessen baldige Einführung – unbekümmert um die bekannten Seltenheitserklärungen – als wichtig und dringend".[110] Die Mobilisierung der Autorität des Oberfeldarztes war nicht nur strategisch geschickt, sondern deutet nochmals darauf hin, dass zwischen den Rettungsmaßnahmen für atomare Notfälle im nuklearen Alltag und den Vorkehrungen für einen möglichen Krisen- oder Kriegsfall auf inhaltlicher, organisatorischer und institutioneller Ebene vielfältige Überschneidungen bestanden.

Im Frühjahr 1972 zeichnete sich also ein Kompromiss ab, der eine bescheidenere Notfallplanung zu realisieren versprach. Vor diesem Hintergrund beschloss die EKS im April 1972, dass sich die Expertengruppe dem Thema nochmals annehmen und mit den in der Schweiz schon vorhandenen Institutionen nach einer tragfähigen Lösung suchen sollte. Mit diesem Vorgehen konnte sich auch der Vertreter der SUVA einverstanden erklären.[111] Ein knappes Jahr später, im März 1973, legte Hans-Rudolf Renfer im Namen der Expertengruppe einen neuen Notfallplan für Strahlenunfälle vor. Als

---

107   Ebd., Schreiben von H. R. Renfer an R. Bosshard, 22.3.1972.
108   Ebd.
109   Vgl. ebd., Schreiben von W. Minder an Direktor Sauter, 23.7.1971.
110   Ebd., Memorandum betreffend Notfallplan und definitive medizinische Behandlung von Strahlenverletzten in der Schweiz, 26.4.1972.
111   Vgl. Archiv BAG, 18.6.10, Eidg. Kommission für Strahlenschutz, 1. Teil, 1971-1972, Protokoll der 6. Sitzung der EKS, 27.4.1972.

Hauptgrund für die Notwendigkeit einer Notfallplanung wurde im entsprechenden Papier erneut auf die gegenwärtige Anti-Atomkraft-Debatte verwiesen:

> Im Zeitalter heftiger, weltweiter Kontroversen wegen der Gefahr und Sicherheit von Kernkraftwerken, wäre es paradox, einen nie sicher ausschliessbaren Unfall nicht voraus zu bedenken um das Nötige nicht vorzukehren. Wieso sollten wir als einziges Land, mit bereits mehreren Kernkraftwerken, dieses Problem nicht lösen bzw. auf eine Notfallorganisation verzichten, bis sie uns durch Ereignisse aufgedrängt wird?[112]

Allerdings habe die Expertengruppe nun versucht, den Aufwand für Organisation, Einrichtungen, Instrumente und Medikamente auf ein Minimum zu reduzieren. Ebenso sei darauf geachtet worden, „dass auch der finanzielle Aufwand einem Minimum entspricht." Zu dieser Mindestforderung gehöre indessen die Bestimmung eines Kontraktspitals sowie einer Einsatzstelle, auch wenn sich die Schaffung einer zentralen Einsatz-Leitstelle beim EGA nicht habe realisieren lassen, da diese nicht finanziert werden könne und – so heißt es im Papier – „mehrheitlich als nicht notwendig und nicht erwünscht" betrachtet worden sei.[113] Im skizzierten Notfallplan wurde das Kantonsspital Zürich als Kontraktspital vorgeschlagen. Dessen moderne Verbrennungsabteilung habe sich bereit erklärt, diese Aufgabe zu übernehmen, da sie bereits über einen Katastrophenplan verfüge, so unter anderem für eine größere Zahl von Brandverletzten, verursacht etwa durch Flugunfälle auf dem Flughafen Kloten. Als Einsatzzentrale sah der Notfallplan die Notfallzentrale der Universitätsklinik Zürich vor, die rund um die Uhr in Betrieb war.[114]

Die EKS genehmigte diesen redimensionierten Notfallplan im April 1973 ohne große Diskussion.[115] Die SUVA verhandelte in der Folge mit dem Kantonsspital bzw. der Gesundheitsdirektion des Kantons Zürich über die Einrichtung und die Finanzierung.[116] Im März 1975 konnte schließlich ein Ver-

---

112   Archiv BAG, 18.2.45, Medizinische Hilfeleistung bei Strahlenunfällen 1971–1972, Notfallplan für Strahlenunfälle, 21.3.1973.

113   Ebd.

114   Vgl. ebd.

115   Vgl. Archiv BAG, 18.6.10, Eidg. Kommission für Strahlenschutz, II. Teil, 1973 bis Febr. 1974, Protokoll der 7. Sitzung der EKS, 29.3.1973.

116   Vgl. CH-BAR#E3310A#2003/209#121*, Protokoll der 8. Sitzung der EKS, 28.3.1974, und Protokoll der 9. Sitzung der EKS, 20.3.1975. Die beiden Universitätsspitäler Bern und Basel interessierten sich Mitte der 1960er Jahre auch dafür, Kontraktspital zu werden. Hier zeigt sich somit erneut, dass die geplante Behandlungsstation für Strahlenverletzte für Spitäler attraktiv war, da sich damit die Möglichkeit bot, Ressourcen des Bundes für die eigene Institution abzuschöpfen. Vgl. für Basel: Archiv BAG, 18.2.45, Medizinische Hilfeleistung

trag abgeschlossen werden. Dieser sah eine Spezialpflegeeinheit für Strahlenverletzte in der Hämatologischen Station des Kantonsspitals Zürich vor, in welcher allfällige schwer strahlenverletzte Patientinnen und Patienten aus dem Versichertenkreis der SUVA aufgenommen und fachgerecht behandelt werden sollten.[117] Damit gelangte die Realisierung eines medizinischen Notfallplans für Strahlenunfälle seitens der EKS Mitte der 1970er Jahre zu einem vorläufigen Abschluss.[118]

Es waren insbesondere drei Gründe ausschlaggebend dafür, dass am Ende trotz der unterschiedlichen und bisweilen entgegengesetzten Interessen doch noch eine Kompromisslösung zustande kam: Erstens spielte die angenommene psychologische Wirkung der laufenden Anti-Atomkraft-Debatte eine wesentliche Rolle. Aufgrund von befürchteten negativen öffentlichen Reaktionen wurde eine Behandlung von schweizerischen Strahlenverletzten im benachbarten Ausland nicht als gangbarer Weg erachtet. Zweitens handelte es sich beim schließlich umgesetzten Notfallplan um eine Minimallösung. Diese war relativ kostenarm, da größtenteils auf die bereits bestehende Infrastruktur des Kantonsspitals Zürich zurückgegriffen werden konnte. Es zeigt sich somit einmal mehr, wie zentral das Kosten-Nutzen-Argument im Strahlenschutz war. Drittens überwog trotz anfänglichem Widerstand am Ende doch eine Konsensorientierung aller involvierten Akteure, die immerhin zu einem für sämtliche Beteiligten akzeptablen Minimalprojekt führte. Exemplarisch wird dies an einer Aussage von Peter Courvoisier deutlich. Courvoisier, der selbst auch in der Expertengruppe der EKS vertreten war, hielt die medizinische Notfallplanung zwar eigentlich für unnötig. Trotzdem opponierte er – wie er in einem internen Schreiben erklärte – nicht gegen die Bildung der Expertengruppe, „weil doch im Kreise der Strahlenschutzkommission ein beträchtliches Interesse an dieser Sache wach ist [...].“[119] Die feststellbare Kompromissbereitschaft lässt sich also nicht zuletzt auf gegenseitige Rücksichtnahmen zurückführen, wie sie für kleine, eng zusammenarbeitende Expertenkreise kennzeichnend sind. So ließen die vielfältigen

---

bei Strahlenunfällen, Schreiben von Allgöwer an E. Baur, 30.6.1975, Schreiben von H. P. Fischer an M. Allgöwer, 1.8.1975, und Schreiben von Allgöwer an H. P. Fischer, 15.8.1975. Vgl. für Bern: Archiv BAG, 18.2.45, Medizinische Hilfeleistung bei Strahlenunfällen, zwei Schreiben von L. Eckmann an E. Baur, 21.7.1975 und 7.8.1975.

117 Vgl. CH-BAR#E3310A#2003/209#121*, Protokoll der 10. Sitzung der EKS, 25.3.1976.

118 Die SUVA revidierte den bestehenden Notfallplan zusammen mit den übrigen involvierten Institutionen in regelmäßigen Abständen. Vgl. CH-BAR#E8190C#2003/447#226*, Medizinischer Notfallplan für Strahlenunfälle im Kernkraftwerk, 1.2.1983.

119 CH-BAR#E8190B-01#1985/59#195*, Schreiben von P. Courvoisier an den Delegierten, 29.4.1968.

Verflechtungen, in welche die Mitglieder des schweizerischen Strahlenschutz-Netzwerkes eingebunden waren, Fundamentalopposition kaum zu.

Kaliumjodidtabletten gegen Reaktorunfälle

Mit der Verwirklichung eines medizinischen Notfallplans war das Thema möglicher Strahlenunfälle noch längst nicht erledigt. Vielmehr befeuerte der Reaktorunfall im Kernkraftwerk *Three Mile Island* im US-amerikanischen Harrisburg im März 1979 die laufenden Diskussionen über die Sicherheit von Atomanlagen.[120] Harrisburg machte unwiderlegbar deutlich, dass sich Unfälle in Atomkraftwerken trotz aller Reaktorsicherheitsmaßnahmen tatsächlich nicht ausschließen ließen.[121] Die „bekannten Seltenheitserklärungen", die schon Oberfeldarzt Reinhold Käser infrage gestellt hatte, bekamen somit starke Risse. Im Sommer 1979 klärte die Abteilung für die Sicherheit der Kernanlagen (ASK) die Notfallkapazität der großen Schweizer Spitäler ab. Die Kantonsspitäler Basel, Bern, Genf, Lausanne, St. Gallen und Zürich wurden angefragt, wie viele schwer verstrahlte Patientinnen und Patienten sie aufnehmen könnten, falls ein größerer nuklearer Unfall eintreten sollte. Diese Anfragen seien – so hielt die ASK mit Erleichterung fest – „fast ausnahmslos sehr entgegenkommend beantwortet worden; in mehreren Fällen wurde uns aktive Mithilfe bei der Erarbeitung einer medizinischen Notfallplanung angeboten."[122] Wenngleich der Bezug zum Reaktorunfall in Harrisburg hier nicht explizit gemacht wurde, so ist aufgrund des Zeitpunkts der Umfrage doch offensichtlich, dass diese eine direkte Reaktion auf *Three Mile Island* darstellte.

Tatsächlich befasste sich die ASK in den darauffolgenden Monaten und Jahren verstärkt mit der medizinischen Notfallplanung für Strahlenunfälle.[123] Zudem unternahm ein Mitarbeiter im März 1981 eine Reise nach München, um mit Professor Klaus-Rüdiger Trott, dem Vorsitzenden des deutschen Ausschusses Notfallschutz in der Umgebung kerntechnischer Anlagen, über die in der Bundesrepublik Deutschland ergriffenen Rettungsmaßnahmen zu diskutieren. Im Reisebericht hieß es: „Three Mile Island hat auch in Deutschland die Diskussion um die medizinische Notfallplanung in Gang gebracht. Allerdings scheint momentan vieles noch im Fluss zu sein."[124] Das Ende der 1970er, Anfang der 1980er Jahre bei der ASK erwachte Interesse ist insofern bemerkenswert, als dieselbe solchen Vorschlägen noch zehn Jahre zuvor zwar

---

120   Zu den Auswirkungen von Harrisburg auf das Kernkraftwerkprojekt Kaiseraugst: Zetti 2001.
121   Vgl. Kupper 2003a, S. 243–245.
122   CH-BAR#E8190C#2003/447#224*, Die Notfallkapazität der grossen Spitäler, 29.10.1979.
123   Vgl. bspw. CH-BAR#E4390C#1997/14#223*, Notfallplanung bei Strahlenunfällen, 7.5.1980.
124   CH-BAR#E8190C#2003/447#226*, Diskussion mit Prof. Trott, 13.2.1981.

nicht ganz ablehnend, aber doch sehr skeptisch gegenübergestanden hatte. Wie einem internen Schreiben von Peter Courvoisier aus dem Jahr 1968 zu entnehmen ist, betrachtete dieser das Projekt für die medizinische Hilfeleistung bei Strahlenunfällen damals als „ein grosses Opfer an Zeit und Kraft".[125] Im Zuge der Anti-Atomkraft-Debatte und des Reaktorunfalls von Harrisburg setzte bei der ASK folglich ein Lernprozess ein, welcher dazu führte, dass die medizinische Notfallplanung an Bedeutung gewann. Der Handlungsbedarf erhöhte sich zusätzlich dadurch, dass auch in anderen Ländern entsprechende Vorkehrungen getroffen wurden. So hielt der bereits erwähnte Reisebericht fest, dass „in Deutschland einiges getan" werde, viele Fragen „aber recht kontrovers" seien.[126] Zu den umstrittenen Fragen zählten auch die Abgabe bzw. Einnahme von Kaliumjodid bei Strahlenunfällen. Das Kaliumjodid sollte dabei die Einlagerung von radioaktivem Jod in die Schilddrüse verhindern. Dessen Wirksamkeit wurde unter Strahlenschutzexperten allerdings unterschiedlich beurteilt. So hielt beispielsweise Karl-Rüdiger Trott gemäß Reisebericht „wenig von den Kaliumjodid-Tabletten".[127]

Die Jodprophylaxe beschäftigte indessen nicht nur die ASK, sondern auch den Alarmausschuss der Eidgenössischen Kommission zur Überwachung der Radioaktivität, welcher die Abgabe von Jodtabletten an die Bevölkerung als eine der möglichen Schutzmaßnahmen bei Kernkraftwerkunfällen in Betracht zog.[128] Da der Alarmausschuss jedoch nicht über die nötigen Spezialisten verfügte, wandte sich das Bundesamt für Gesundheitswesen (BAG) im Oktober 1979 im Namen des Alarmausschusses an die Subkommission für medizinische Strahlenschutzfragen der EKS mit der Bitte,[129] „eine Reihe von medizinischen und pharmakologischen Fragen generell und speziell für schweizerische Verhältnisse [...] abzuklären".[130] Insbesondere sollten die Vor- und Nachteile – etwa der angenommene Schutzeffekt und die befürchteten Nebenwirkungen – abgewogen werden, damit ein Entscheid über die Einführung der Maßnahme

125   CH-BAR#E8190B-01#1985/59#195*, Schreiben von P. Courvoisier an den Delegierten, 29.4.1968. Vgl. auch Archiv BAG, 18.2.6, Eidg. Kommission für Strahlenschutz, Protokoll der 2. Sitzung der EKS, 25.4.1968.

126   CH-BAR#E8190C#2003/447#226*, Diskussion mit Prof. Trott, 13.2.1981.

127   Ebd.

128   Vgl. CH-BAR#E3300C#1996/215#877*, Verabreichung von inaktivem Jod zur Schilddrüsenblockierung nach KKW-Unfall (Beilage), ohne Datum.

129   Im April 1967 ernannte die EKS eine Subkommission für medizinische Strahlenschutzfragen. Diese sollte das EGA in Fragen, welche die medizinischen Aspekte des Vollzuges der Strahlenschutzverordnung betrafen, beraten. Vgl. Archiv BAG, 18.2.6, Eidg. Kommission für Strahlenschutz, Subkommission der Eidg. Kommission für Strahlenschutz, 29.5.1967.

130   CH-BAR#E3300C#1996/290#516*, Schreiben des BAG an H. R. Renfer, 24.10.1979.

möglich würde. Auch diese Initiative – dies zeigt der Zeitpunkt der Bitte an die Subkommission – lässt sich als Reaktion auf den Reaktorunfall in Harrisburg interpretieren, wiewohl die Idee der Jodprophylaxe an sich schon um einiges älter war.[131]

Zusammen mit Vertretern der ASK erstellte die von Hans-Rudolf Renfer präsidierte Subkommission für medizinische Strahlenschutzfragen einen Bericht, der Ende Dezember 1980 vorlag.[132] Darin antwortete die Subkommission, dass sie „primär positiv zur Bereitstellung von inaktivem Jodid" stehe. In ihrer Begründung stellte sie indessen nicht allein auf medizinische Gesichtspunkte ab, wie folgendes Zitat verdeutlicht:

> Beim Für und Wider sind auch psychologische Aspekte zu beachten. Der Schutzeffekt der Jodidprophylaxe ist durch die moderne Publizistik in die Oeffentlichkeit getragen worden, so besonders durch die kritisierte Nichtverfügbarkeit von KJ [Kaliumjodid] in Harrisbourg (Kemeny-Report). Diesem Umstand ist im Hinblick auf eine Vorratshaltung und rasche Verfügbarkeit am gefährdeten Ort ebenfalls Beachtung zu schenken.[133]

Die Kaliumjodidtabletten sollten somit auch als eine Art Beruhigungspille für die Bevölkerung fungieren.

Das BAG ließ die Ergebnisse des Berichtes durch ihre Sektion für Strahlenschutz überprüfen.[134] Nachdem diese interne Überprüfung zum gleichen Ergebnis gelangt war wie diejenige der Subkommission für medizinische Strahlenschutzfragen, teilte der Chef der Strahlenschutzsektion Werner Hunzinger der ASK im Juni 1981 mit, dass, wolle man die Folgen eines schweren Kernkraftwerkunfalls mildern, „die Einnahme von Kaliumjodid bei Schilddrüsen-Prognosedosen oberhalb 30 rad angezeigt" sei.[135]

Die ASK beschloss daraufhin, für die Bevölkerung der sogenannten Zone 1 – ein Gebiet mit einem Radius von wenigen Kilometern rund um Kernkraftwerke – eine Million Jodtabletten zu beschaffen.[136] Ihr Konzept sah vor, dass die eine Hälfte dieser Tabletten als Reserve zentral, etwa bei der ASK selbst, gelagert würde. Die andere Hälfte sollte in der Umgebung der

---

131   Vgl. bspw. Archiv BAG, 18.10.57, Alarmorganisation für den Fall erhöhter Radioaktivität, Zur Beeinflussung der Jodaufnahme, 15.8.1966.

132   Vgl. CH-BAR#E3300C#1996/290#518*, Schreiben des BAG an O. Huber, 30.11.1981.

133   CH-BAR#E3300C#1996/290#517*, Jodid-Prophylaxe zur Abschirmung der Schilddrüse gegenüber radioaktivem Jod, Oktober 1980.

134   Vgl. ebd., Jodidprophylaxe zur Unterdrückung der Radiojodaufnahme in die Schilddrüse, 24.6.1981; CH-BAR#E3300C#1996/290#518*, Schreiben des BAG an O. Huber, 30.11.1981.

135   CH-BAR#E3300C#1996/290#517*, Schreiben von W. Hunzinger an die ASK, 24.6.1981.

136   Zur Zoneneinteilung der Umgebung von Kernkraftwerken vgl. Kapitel 6.3.

Kernkraftwerke deponiert werden, und zwar so, dass die Tabletten im Bedarfsfall rasch an die Bevölkerung verteilt werden könnten. Als mögliche Lagerstellen
waren Zivilschutzstellen, Polizeiposten, Feuerwehrposten, Schulen, große Betriebe und allenfalls Spitäler vorgesehen. Derart sollten etwa 200.000 Personen
rasch und während mehrerer Tage mit Kaliumjodidtabletten versorgt werden
können. Den Entscheid über die Einnahme der Tabletten sollte der Alarmausschuss oder dessen Überwachungszentrale treffen. Um die Bevölkerung über
den Zweck, die Dosierung sowie mögliche Risiken und Nebenwirkungen der
Kaliumjodidtabletten zu informieren, würden entsprechende Merkblätter verteilt. Die Bundesrepublik Deutschland habe in dieser Hinsicht – so hieß es im
Konzept – „wichtige Vorarbeit geleistet", sodass die Schweiz „die in Deutschland erarbeiteten Informationsschriften sicher fast unverändert übernehmen
[könnte]".[137]

Im Sommer 1981 führte die ASK zu ihrem Konzept bei den verantwortlichen
Stellen des Bundes, den betroffenen Kantonen und den Kernkraftwerkbetreibern eine Vernehmlassung durch. Die eingegangenen Stellungnahmen
zeigten – so hielt der Auswertungsbericht fest – keine „[p]rinzipielle Opposition gegen die Beschaffung der Jodid-Tabletten [...]". Trotzdem bestanden bei
einigen Punkten Differenzen. So gaben die Kernkraftwerkbetreiber zu bedenken, „dass es vernünftiger wäre, im Rahmen der Zivilschutzvorkehrungen
die ganze Schweiz mit solchen Tabletten zu versorgen."[138] Tatsächlich spielte
zu diesem Zeitpunkt auch der Alarmausschuss mit dem Gedanken, dass
Kaliumjodidtabletten eventuell auch bei einem Nuklearwaffeneinsatz verab-
reicht werden könnten.[139] Die Schweizer Armee wiederum legte ab 1983 für
jeden Soldaten einen Vorrat von zehn Stück Kaliumjodidtabletten an.[140] Die
ASK war zwar der Meinung, dass die Idee der Kernkraftwerkbetreiber „einiges
für sich" habe, man aber bedenken müsse, dass in der Zone 1 eine rasche Verfügbarkeit der Tabletten unerlässlich sei und dieser Anspruch den Rahmen
des heutigen Zivilschutzkonzeptes sprengen würde.[141] Dennoch weisen diese
Ideen und Projekte erneut darauf hin, wie stark die Vorbereitung auf einen

137   CH-BAR#E3300C#1996/290#517*, Die Bereitstellung von Kaliumjod-Tabletten, 22.6.1981.
      Vgl. auch CH-BAR#E3300C#2002/40#570*, Anpassung der deutschen Merkblätter für die
      Jodprophylaxe an die schweizerischen Gegebenheiten, 22.9.1981.
138   CH-BAR#E3300C#1996/290#518*, Stellungnahme zum Vorgehen der ASK, 10.5.1982.
139   Vgl. CH-BAR#E3300C#1996/215#877*, Verabreichung von inaktivem Jod zur Schild-
      drüsenblockierung nach KKW-Unfall (Beilage), ohne Datum.
140   Vgl. CH-BAR#E3300C#1996/290#517*, Die Bereitstellung von Kaliumjod-Tabletten,
      22.6.1981.
141   CH-BAR#E3300C#1996/290#518*, Stellungnahme zum Vorgehen der ASK, 10.5.1982.

zivilen und einen militärischen atomaren Notfall zusammen gedacht und miteinander verflochten wurden.

Was die Begrenzung der Jodprophylaxe auf die Zone 1 anbelangte, so forderten die Kantone Bern und Aargau, dass auch die circa 20 Kilometer umfassende Zone 2 der Kernkraftwerke mit Tabletten versorgt oder für diese zumindest eine Reserve angelegt werden solle. Hinsichtlich der geplanten Verteilung der Tabletten sprachen sich die Kantone Solothurn und Bern sowie auch die Eidgenössische Kommission für die Sicherheit von Atomanlagen zudem für eine direkte Abgabe der Tabletten an die Bevölkerung aus.[142] Diesen beiden Begehren wurde jedoch vorerst nicht berücksichtigt.[143] Ebenfalls kein Gehör fand der von der Gesellschaft der Kernkraftwerkbetreiber und Projektanten geäußerte Vorschlag, die Einnahme der Tabletten erst bei einem Unfallgrenzwert von 150 rem Schilddrüsendosis anzuordnen. Hier sah die ASK vor, beim vom BAG vorgeschlagenen tieferen Grenzwert von 30 rad zu bleiben. Bei schnell ablaufenden Unfällen, bei denen keine Zeit bleiben würde, die Schilddrüsendosen abzuschätzen, hielt sie zudem dafür, „eine einfache Regelung" zu treffen und die Aufforderung zur Einnahme der Kaliumjodidtabletten an die Auslösung des Strahlenalarms zu koppeln.[144]

Schließlich gab auch die Dosierung Anlass zu Diskussionen. Die Dosierungsfrage war deshalb nicht einfach zu lösen, weil der Schutzfaktor des Kaliumjodids unter anderem vom Speicherwert der Bevölkerung abhing und dieser wiederum davon, wie hoch der Versorgungsgrad von Jod mittels der Ernährung war. Um Auskunft über den Speicherwert zu erhalten, bedurfte es also Angaben zur Jodversorgung der Schweizer Bevölkerung. Solche Zahlen lagen aber nicht vor, und es war fraglich, ob sich die vorhandenen Zahlen aus anderen Ländern auf die Schweiz übertragen ließen, da die Jodversorgung verschiedener Länder oder Regionen bisweilen stark variierte und mitunter von der Höhe der Kochsalzjodierung abhing.[145] Das BAG wandte sich im Frühjahr

142   Vgl. ebd. Zur KSA vgl. Kapitel 3.3.

143   Mitte der 1990er Jahre wurden dann zum ersten Mal Tabletten für beide Zonen angeschafft. Diejenigen für die Zone 1 wurden direkt an die Bevölkerung und die Betriebe abgegeben, während diejenigen für die Zone 2 bei den Gemeinden gelagert wurden. Bei einer erneuten Verteilung Mitte der 2000er Jahre wurden dann auch die Tabletten der Zone 2 direkt verteilt. Vgl. Schlussbericht (Webseite).

144   CH-BAR#E3300C#1996/290#518*, Stellungnahme zum Vorgehen der ASK, 10.5.1982.

145   Die Schweiz galt als Jod-unterversorgt. 1980 wurde deshalb eine Erhöhung der Kochsalzjodierung beschlossen. Vgl. CH-BAR#E3300C#1996/290#517*, Schreiben von H. Studer an W. Hunzinger, 23.4.1981. Die Jodierung des Kochsalzes wurde seit den 1920er Jahren in verschiedenen Kantonen und 1938 auf Bundesebene eingeführt und diente der Prophylaxe von Jodmangelerkrankungen wie Kropf oder Kretinismus. Dazu: Germann 2017; Germann 2007; Merke 1974.

1981 deshalb an den Leiter der Medizinischen Klinik des Inselspitals, Professor Hugo Studer, und bat diesen um entsprechende Auskünfte.[146] Studer vertrat die Ansicht, „dass eine Dosis von ca. 100 mg anorganischem Jod pro Tag ungefähr maximalen Schutzeffekt geben dürfte."[147] Die von Studer empfohlene Dosis stimmte mit der US-amerikanischen und einer früheren bundesdeutschen Empfehlung überein.[148] Im Rahmen der Vernehmlassung wurde zudem übereinstimmend „eine einfache Dosierung von einer Tablette täglich" befürwortet.[149] Das BAG und der Kanton Bern plädierten indessen für die Abgabe von Kaliumjodidtabletten mit einem höheren Gewicht von 130 statt von nur 100 mg. Auf dieses Begehren wollte die ASK jedoch nicht eingehen. Zum einen erachtete auch die Subkommission für medizinische Strahlenschutzfragen eine Dosierung von 100 mg als genügend. Zum anderen – so die ASK – „möchten wir nicht durch zu viele Spezialwünsche den Preis der Tabletten erhöhen. Es gibt gemäss unserem Wissen keine Schweizer Firma, welche solche Tabletten herstellt, und die deutschen Firmen stellen alle Tabletten mit einem Gewicht von 100 mg her."[150] Die Festsetzung der Dosierung basierte folglich nicht nur auf medizinischen, sondern wesentlich auch auf pragmatischen Kriterien. So ging es einmal mehr darum, eine möglichst kostengünstige Lösung zu finden. Zudem sollte die getroffene Lösung für die betroffene Bevölkerung möglichst einfach handhabbar sein.

Bis Mitte der 1980er Jahre wurde ein Vorrat an Kaliumjodidtabletten für die Bevölkerung in der Nähe der Kernkraftwerke beschafft. Obwohl damit neben dem bereits bestehenden Notfallplan für Strahlenunfälle eine zusätzliche medizinische Rettungsmaßnahme für mögliche Strahlenverletzte realisiert werden konnte, war die Hauptabteilung für die Sicherheit der Kernanlagen im April 1985 der Meinung, bei der medizinischen Notfallplanung seien „noch weitere Anstrengungen nötig", da sich die bisherige Notfallplanung – etwa im Rahmen des Aufbaus des raschen Alarmsystems für Kernkraftwerke[151] – „mit medizinischen Fragen nur am Rande beschäftigt" habe.[152] Sie schlug deshalb zum einen vor, auf nationaler Ebene durch die Subkommission für

---

146   Vgl. CH-BAR#E3300C#1996/290#517*, zwei Schreiben W. Hunzinger an H. Studer, 10.2.1981 und 9.4.1981.

147   Ebd., Schreiben von H. Studer an W. Hunzinger, 23.4.1981.

148   Ab dem Jahr 1980 befürworteten die bundesdeutschen Behörden allerdings eine Einnahme von 100 mg Kaliumjodid alle acht Stunden. Vgl. ebd., Die Bereitstellung von Kaliumjod-Tabletten, 22.6.1981.

149   CH-BAR#E3300C#1996/290#518*, Stellungnahme zum Vorgehen der ASK, 10.5.1982.

150   Ebd.

151   Vgl. dazu Kapitel 6.3.

152   CH-BAR#E3300C#2002/40#570*, Stand der medizinischen Notfallplanung innerhalb der Alarmorganisation für die Umgebung der Kernkraftwerke, 19.4.1985.

medizinische Strahlenschutzfragen der EKS ein Informationsblatt über die
ärztlichen Aufgaben bei einem Kernkraftwerkunfall erarbeiten zu lassen. Zum
anderen sollte die Eidgenössische Kommission für AC-Schutz um einen Arzt
erweitert werden, der die Belange des medizinischen Notfallschutzes auch
in dieses Gremium einbringen konnte.[153] Der Reaktorunfall von Tschernobyl
rund ein Jahr später verlieh diesen Vorschlägen dann die notwendige Dringlichkeit. So erschien 1988 eine von der Subkommission für medizinische Strahlenschutzfragen erarbeitete „Informationsschrift für Ärzte zur Behandlung
Strahlenverletzter".[154]

Betrachtet man die in den 1970er und frühen 1980er Jahren geplanten und
umgesetzten medizinischen Maßnahmen für Strahlen- und Atomunfälle, so
fallen insbesondere drei Zusammenhänge auf: Erstens stellten sowohl die
Notfallplanung für strahlenverletzte Personen als auch die präventive Abgabe
von Kaliumjodidtabletten Reaktionen auf öffentlich-mediale Diskursereig-
nisse dar. Die anhaltende Kritik am Bau von Kernkraftwerken und der Reaktorunfall in Harrisburg verhalfen diesen medizinischen Rettungsmaßnahmen
zu einer Relevanz und einer Dringlichkeit, welche auch auf die gouvernementalen Problemdefinitionen zurückwirkten. Dies führte etwa zu einem
Umdenken bei der ASK, die ihre kritische Haltung gegenüber medizinischen
Notfallmaßnahmen Anfang der 1980er Jahre aufgab. Gleichzeitig wird einmal mehr deutlich, dass Unfälle wie Harrisburg im Hinblick auf die Wahrnehmung der Strahlensicherheit als katalytische Ereignisse fungierten und
direkte gouvernementale Interventionen und inhaltliche Neuorientierungen
zur Folge hatten.[155]

Zweitens orientierten sich die schweizerischen Behörden stark am Standard
der medizinischen Notfallplanungen in anderen Ländern. So kam es zu
einem transnationalen Know-how- und Wissenstransfer, etwa bei der Frage
der Dosierung der Kaliumjodidtabletten und dem dazugehörigen Merkblatt,
aber auch beim Einrichtungsstandard der geplanten Behandlungsstation für
Strahlenverletzte. Gleichzeitig boten die Notfallvorkehrungen anderer Länder
auch eine Richtschnur dafür, welche Rettungsmaßnahmen mindestens vorbereitet werden mussten, um nicht aus der internationalen Norm zu fallen.
Die Schweiz wollte hier gegenüber den anderen ‚westlichen' Industrieländern
nicht in Rückstand geraten.

---

153   Vgl. ebd., CH-BAR#E3300C#2002/40#579*, Schreiben von S. Prêtre an O. Huber, 30.4.1985,
      und Schreiben von S. Prêtre an H. Graf, 30.4.1985.
154   Vgl. CH-BAR#E3300C#2002/40#584*, Informationsschrift fuer Aerzte zur Behandlung
      Strahlenverletzter, Entwurf 1988.
155   Vgl. dazu auch Kapitel 4.3.

Drittens zeigte sich erneut, dass sich die Präventionsmaßnahmen für den Notfall im nuklearen Alltag nicht trennscharf von denjenigen für einen möglichen Atomkriegsfall unterscheiden ließen. So wurde diskutiert, ob Kaliumjodid im Rahmen des Bevölkerungsschutzes auch bei Nuklearwaffeneinsätzen abgegeben werden könnte. Die Notfallorganisation für Strahlenunfälle wiederum sollte möglichst organische Übergänge zur Alarmorganisation des Alarmausschusses und zur Organisation des Totalen Sanitätsdienstes aufweisen. Gerade dieser enge inhaltliche Zusammenhang mit der totalen Landes- bzw. Gesamtverteidigung, wie er etwa im Memorandum von Oberfeldarzt Reinhold Käser zum Ausdruck kam, verlieh dem Problem der medizinischen Maßnahmen für Strahlen- und Atomunfälle hohe Priorität. Es waren folglich nicht neue medizinische Erkenntnisse über die Strahlenprophylaxe, die dazu führten, dass in der Schweiz der 1970er und frühen 1980er Jahre ein medizinisches Notfalldispositiv formuliert und implementiert wurde. Vielmehr erwiesen sich innenpolitische Auseinandersetzungen, internationale Standards und öffentliche Debatten als zentral. Die getroffenen Vorkehrungen betrafen dabei nicht nur Strahlenunfälle im nuklearen Alltag, sondern auch Rettungsmaßnahmen für den Fall eines Atomkrieges. Für letztere war der bereits erwähnte Totale Sanitätsdienst, welcher den Gegenstand des nächsten Teilkapitels bildet, von besonderer Bedeutung.

7.3 Medizin für Atomkatastrophen. Aufbau des Koordinierten Sanitätsdienstes, 1965–1984

Die Entwicklung der Kampfmittel und ihr voraussichtlicher Einsatz hat es mit sich gebracht, dass die Zivilbevölkerung im Kriegsfall in zunehmendem Masse direkten Waffenwirkungen unterliegt. Diese Entwicklung hält an, und es ist zu befürchten, dass in einem Zukunftskrieg die Zivilbevölkerung erheblich mehr Verluste erleiden muss als die Armee. Für die A-Waffen stellen die Agglomerationen die „lohnendsten" Ziele dar [...].[156]

Mit diesen Worten beantragte das Eidgenössische Militärdepartement (EMD) beim Bundesrat im Februar 1968 die Schaffung eines Totalen Sanitätsdienstes. Im Totalen Sanitätsdienst sollten alle personellen und materiellen Mittel des militärischen und des zivilen Sanitätswesens derart koordiniert sein, dass – so heißt es im Antrag des EMD weiter – „nicht nur für die Armee, sondern für das ganze Schweizervolk die Ueberlebensaussichten verbessert werden."

---

156 Archiv BAG, 18.2.60, Totaler Sanitätsdienst und umfassende AC-Schutzmassnahmen, Antrag des EMD, 8.2.1968.

Während nämlich für die Angehörigen der Armee der Armeesanitätsdienst bestehe, der nach einer Mobilmachung „beinahe gleich stark wie die dem zivilen Gesundheitswesen verbleibenden Kräfte und Mittel" sei, werde der Ausbau des Zivilschutzes dem zivilen Gesundheitswesen zwar „eine Vermehrung der Betten, nicht aber der Aerzte bringen". In Gesprächen, die der Oberfeldarzt mit kantonalen Sanitätsdirektoren und Zivilschutzleitern geführt habe, sei „das Bedürfnis nach ‚offizielleren' Koordinationsmassnahmen deutlich feststellbar" gewesen. Eine Koordination erweise sich in der Tat als „unentbehrlich und dringlich", da weder die Kantone und die Gemeinden noch die Zivilspitäler dazu in der Lage seien, eine Gesamtbeurteilung „unter Wahrung der allseitigen Interessen" vorzunehmen. Im Rahmen des Totalen Sanitätsdienstes gelte es deshalb – wie das EMD zum Schluss betonte –, „eine Lösung anzustreben, die auch in Friedenszeiten für den Fall einer Grosskatastrophe günstige Voraussetzungen für die Hilfeleistung schafft."[157]

Der ab Mitte der 1960er Jahre sich vollziehende Aufbau des Totalen Sanitätsdienstes, ab 1973 Koordinierter Sanitätsdienst genannt, steht im Zentrum dieses Teilkapitels. Dabei analysiere ich Zusammenhänge, welche bereits im Antrag des EMD angesprochen wurden: Zunächst handelte es sich beim Totalen bzw. Koordinierten Sanitätsdienst um eine Organisation, die sowohl im Krieg wie im Frieden zum Einsatz kommen sollte. Es zeigt sich im Rettungswesen also erneut die in der Schweiz des Kalten Krieges besonders ausgeprägte Parallelität der Vorbereitungen auf militärische und zivile „Grosskatastrophen". Zudem verlangte der Totale Sanitätsdienst nach einer Koordination der sanitätsdienstlichen Ressourcen von Bund, Kantonen, Gemeinden und zivilem Sanitätswesen. Der Bund war dabei insbesondere auf die Kooperationsbereitschaft und das Wohlwollen der Kantone angewiesen, denn im Gegensatz zum Strahlenschutz fielen die Belange des Gesundheitswesens im Frieden und im Krieg in den Kompetenzbereich der Kantone.[158] Schließlich sah der Totale Sanitätsdienst eine Umverteilung der sanitätsdienstlichen Mittel von der Armee in Richtung Zivilbereich vor. Das Problem, dass es auch einem weiter ausgebauten Zivilschutz an Personal mangeln würde, um die als erforderlich erachteten Spital- und Sanitätseinrichtungen für die Zivilbevölkerung betreiben zu können, war damit indessen noch nicht gelöst. Insgesamt zielte der Totale bzw. Koordinierte Sanitätsdienst darauf ab, das Überleben der Nation zu sichern, wie der vom EMD verwendete Begriff des „Schweizervolkes" verdeutlicht. Bei den Bemühungen der Kriegs- und Katastrophenmedizin stand also nicht die Rettung einzelner Individuen, sondern das Weiterbestehen

---

157   Ebd.
158   Vgl. ebd.

des nationalen Kollektivs im Vordergrund. Diese Abwendung von individual-medizinischen Prinzipien gab in den 1980er Jahren Anlass zu scharfer Kritik.

Notfallföderalistisches Sanitätsdispositiv für Krieg und Frieden

Der einleitend erwähnte Antrag des EMD, einen Totalen Sanitätsdienst zu schaffen, erhielt die Unterstützung des Bundesrates. Im April 1968 ernannte der Bundesrat Oberfeldarzt Reinhold Käser zu seinem Beauftragten für die Koordination der Planung und Vorbereitung des Totalen Sanitätsdienstes und der umfassenden AC-Schutzmassnahmen.[159] Aus dieser komplizierten Benennung wird ersichtlich, dass die Koordination von Maßnahmen im Sanitätswesen und im Strahlenschutz als miteinander verknüpfte Probleme wahrgenommen wurde. Dies lag hauptsächlich daran, dass der zu schaffende Sanitätsdienst nicht ausschließlich, aber doch wesentlich auf den Fall eines künftigen Atomkrieges ausgerichtet war.

Die Ernennung des Oberfeldarztes zum Beauftragten des Bundesrates lässt sich auf die Ergebnisse der Landesverteidigungsübung des Jahres 1963 zurück-führen, die unter anderem einen ungenügenden Schutz der Zivilbevölkerung vor nuklearen und anderen Massenvernichtungswaffen zutage gefördert hatten.[160] Daraufhin hatte der Generalstabschef Oberfeldarzt Reinhold Käser damit beauftragt, Studien über eine mögliche Ausgestaltung eines Totalen Sanitätsdienstes und eines umfassenden AC-Schutzes durchzuführen und Vor-schläge für die Anpassung des Armeesanitätsdienstes an die Anforderungen eines totalen Sanitätsdienstes zu unterbreiten. Zu diesem Zweck bildete Oberfeldarzt Käser Ende 1965 eine Studiengruppe Totaler Sanitätsdienst, in der verschiedene Stellen des EMD – darunter die Abteilung für Sanität, die Dienststelle des Rotkreuzchefarztes, der Koordinationsausschuss für zivile und militärische Landesverteidigung und die Abteilung für Territorialdienst und Luftschutztruppen – sowie das Eidgenössische Gesundheitsamt, das Bundesamt für Zivilschutz und die Zentralstelle für zivile Kriegsvorbereitung vertreten waren.[161] In institutioneller Hinsicht gehörte die Studiengruppe ab 1967 dem Unterausschuss Totaler Sanitätsdienst und umfassende AC-Schutzmaßnahmen des Koordinationsausschusses für zivile und militärische Landesverteidigung an. Der Koordinationsausschuss stellte ein Organ des Bundesrates dar, welches – wie sein Name verdeutlicht – dafür verantwortlich

---

159 Vgl. ebd., Beschluss des Bundesrates, 3.4.1968. Vgl. auch ebd., Weisungen betreffend die Koordination der Planung und Vorbereitung des Totalen Sanitätsdienstes und der um-fassenden AC-Schutzmassnahmen, 3.4.1968.

160 Vgl. dazu Kapitel 5.1.

161 Vgl. Archiv BAG, 18.2.60, Totaler Sanitätsdienst und umfassende AC-Schutzmassnahmen, Antrag des EMD, 8.2.1968.

war, Koordinationsprobleme auf dem Gebiet der totalen Landesverteidigung
zu lösen.[162] Zu diesen Problemen zählte auch der Aufbau eines Totalen
Sanitätsdienstes.

Die Ende der 1960er Jahre eingeleitete Neuorganisation der nationalen
Verteidigung, anlässlich welcher auf Bundesebene neue Koordinations- und
Führungsorgane entstanden, zog auch eine Umstrukturierung hinsichtlich
der Vorbereitung des Totalen Sanitätsdienstes nach sich.[163] So setzte der Stab
für Gesamtverteidigung, eine Nachfolgeorganisation des Koordinationsausschusses für zivile und militärische Landesverteidigung, im Oktober 1973 einen
Ausschuss Sanitätsdienst ein, der wiederum unter dem Vorsitz des Oberfeldarztes stand. Wie die Bezeichnung schon vermuten lässt, war dieser Ausschuss
nur noch dafür zuständig, ein Konzept für den Totalen Sanitätsdienst –
inzwischen Koordinierter Sanitätsdienst genannt – zu erarbeiten. Für die
Entwicklung von AC-Schutzmaßnahmen hingegen zeichnete nun der vom
Stab für Gesamtverteidigung fast zeitgleich eingesetzte Ausschuss AC-Schutz
verantwortlich.[164] Ab Herbst 1973 wurden die Koordinationsarbeiten im Bereich des AC-Schutzes und des Sanitätsdienstes also getrennt voneinander
weiterbearbeitet. Am 1. September 1976 erließ der Bundesrat eine Verordnung
über die Vorbereitung des Koordinierten Sanitätsdienstes und ernannte
den Oberfeldarzt zum Beauftragten des Bundesrates für den Koordinierten
Sanitätsdienst.[165]

Es zeigt sich hier, dass die Vorbereitungs- und Planungsarbeiten für einen
Sanitätsdienst und für Maßnahmen im Bereich AC-Schutz ursprünglich als
zusammenhängende Probleme betrachtet, im Zuge der Reorganisation und
Neustrukturierung der nationalen Verteidigung zu Beginn der 1970er Jahre
jedoch separiert wurden. Die organisatorische Trennung dieser beiden Auf-
gabenbereiche darf indessen nicht zu dem Schluss verleiten, Strahlenschutz
und Sanitätsdienst würden ab diesem Zeitpunkt keinen inhaltlichen Zusammenhang mehr aufweisen. Die maßgebende Bedrohungsvorstellung, bei
welcher der Koordinierte Sanitätsdienst zum Einsatz kommen sollte, stellte
nach wie vor eine imaginierte Atomkatastrophe dar. Die Schaffung eines
Totalen bzw. Koordinierten Sanitätsdienstes bildete damit eine Präventions-
maßnahme im Hinblick auf einen künftigen Atomkrieg. Von Anfang an war
jedoch vorgesehen, den Totalen Sanitätsdienst auch bei zivilen (atomaren)

---

162   Vgl. Senn 1983, S. 48 f.
163   Zur Reorganisation der Landesverteidigung Ende der 1960er Jahre vgl. Kapitel 5.2.
164   Vgl. dazu Kapitel 6.1.
165   Vgl. CH-BAR#E4113A#2000/390#78*, Bundesratsbeschluss, 1.9.1976.

Katastrophen einzusetzen. Diese doppelte Funktion prägte auch die Ausarbeitung des Konzeptes für den Koordinierten Sanitätsdienst. So betonte Oberfeldarzt André Huber, der Nachfolger von Reinhold Käser, Ende 1973 explizit, „dass er den Begriff ‚Katastrophenfall‘ so verstanden wissen will, dass sich eine Katastrophe in Friedens- und/oder Kriegszeiten ereignen kann."[166] Hier zeigt sich somit erneut, dass die Ausrichtung der Gesamtverteidigung auf zivile Notfälle nicht erst ein Phänomen der 1980er, sondern schon der 1970er Jahre darstellt. Der Totale bzw. Koordinierte Sanitätsdienst bildete von Beginn an eine hybride Organisation – ich werde auf diesen Punkt zurückkommen –, die sowohl auf Katastrophen im Krieg als auch im Frieden ausgelegt war.

Im 1973 geschaffenen Ausschuss Sanitätsdienst waren praktisch dieselben Bundesstellen vertreten wie in der ehemaligen Studiengruppe Totaler Sanitätsdienst. Hinzu kamen nun allerdings noch Vertreter der Kantone und privater Organisationen. Zu ersteren gehörten je drei Repräsentanten der Schweizerischen Sanitätsdirektorenkonferenz und der Konferenz der Chefs der kantonalen Zivilschutzämter, zu letzteren zählten solche des Schweizerischen Roten Kreuzes, des Schweizerischen Krankenhausinstituts, der Vereinigung Schweizerischer Krankenhäuser, des Schweizerischen Samariterbundes, der Vereinigung der Kantonsärzte der Schweiz, der Verbindung Schweizer Ärzte und der Schweizerischen Gesellschaft der Offiziere der Sanitätstruppen. Wie vorgesehen erarbeitete der Ausschuss Sanitätsdienst ein Grundkonzept für den Koordinierten Sanitätsdienst, das der Stab für Gesamtverteidigung im Oktober 1974 genehmigte. Dieses Grundkonzept wurde zwischen 1975 und 1977 allen Kantonen unterbreitet, wobei ihm sämtliche Kantone zustimmten. Diese Aussprachen mit den Kantonen führten zur Formulierung eines definitiven Konzeptes, das im Dezember 1980 vorlag.[167] Im Februar 1981 nahm der Bundesrat das Konzept des Koordinierten Sanitätsdienstes zur Kenntnis und empfahl es den Kantonen zur Annahme. Alle Kantone erkannten das Konzept in der Folge als Grundlage für ihre Vorbereitungen im Bereich des Koordinierten Sanitätsdienstes an.[168] Damit zwischen den zivilen und den militärischen Führungsorganen des Bundes und der Kantone ein Bindeglied bestand, sah das Konzept die Schaffung eines eidgenössischen sanitätsdienstlichen Koordinationsorgans vor, das mit der Verordnung des Bundesrates vom 18. Juni 1984 geschaffen wurde.[169] Damit kamen die konzeptionellen, institutionellen

---

166   CH-BAR#E5540E#1994/14#64*, Protokoll der Sitzung des Büros Ausschuss San D, 28.11.1973.

167   Vgl. CH-BAR#E5540E#1984/63#1*, Koordinierter Sanitätsdienst KSD Konzept, 1.12.1980.

168   Vgl. CH-BAR#E4113A#2000/390#92*, Antrag des EMD, 10.5.1984.

169   Vgl. ebd., Verordnung über das Eidgenössische sanitätsdienstliche Koordinationsorgan, 18.6.1984.

und rechtlichen Arbeiten für den Koordinierten Sanitätsdienst gegen Mitte der 1980er Jahre zu einem (vorläufigen) Abschluss.

Für den Totalen bzw. Koordinierten Sanitätsdienst war kennzeichnend, dass er staatliche und private Akteure aller föderalen Ebenen einband. Die Pläne für den Koordinierten Sanitätsdienst nahmen gigantische Ausmaße an. Gemäß dem Konzept aus dem Jahr 1980 sollten dem Koordinierten Sanitätsdienst im Endausbau eine große Anzahl geschützter – das heißt unterirdischer – sanitätsdienstlicher Anlagen zur Verfügung stehen. Geplant waren 1.500 Sanitätsposten, 400 Sanitätshilfsstellen und 30 Notspitäler, welche der Zivilschutz betreuen würde. Des Weiteren waren 150 geschützte Operationsstellen vorgesehen, für deren Betrieb das öffentliche Gesundheitswesen zuständig wäre.[170] Hinzu kamen 40 von der Armee unterhaltene Militärspitäler. Diese sanitätsdienstlichen Einrichtungen, die für zwei Prozent der gesamten Bevölkerung geschützte Patientenplätze bereitstellen sollten, verteilten sich über die ganze Schweiz auf etwas mehr als 200 sogenannte sanitätsdienstliche Räume (Abb. 29). Jeder dieser Räume umfasste ein Einzugsgebiet von rund 38.000 Personen, für die sechs bis acht geschützte Arztpraxen als Sanitätsposten, ein bis zwei geschützte Notfallstationen als Sanitätshilfsstellen und ein Basisspital vorgesehen waren. Beim Basisspital konnte es sich um ein Zivilspital mit geschützter Operationsstelle, ein Notspital des Zivilschutzes oder um ein Militärspital handeln. Zu Beginn der 1980er Jahre war von diesen Einrichtungen ungefähr die Hälfte erstellt. Bis zum Vollausbau mussten deshalb auch oberirdische Sanitäts- und Spitaleinrichtungen ins sanitätsdienstliche Dispositiv miteinbezogen werden.[171]

Die im Konzept des Koordinierten Sanitätsdienstes geplante Führungsstruktur sah vor, dass die zivilen Behörden, der Zivilschutz und die Armee für die Leitung und den Betrieb ihrer sanitätsdienstlichen Einrichtungen jeweils selbst verantwortlich waren. Um anfallende Koordinationsprobleme – etwa bei der Umverteilung von Patientinnen und Patienten oder der Zuteilung von Behandlungspersonal[172] – zu bewältigen, wurden auf der Ebene des Bundes und der Kantone Koordinationsorgane eingesetzt. Das bereits erwähnte, mit der bundesrätlichen Verordnung vom Juni 1984 geschaffene eidgenössische Koordinationsorgan sollte die Verbindung zwischen den Kantonen und der Armee sicherstellen und stand unter der Leitung des Beauftragten des Bundesrates für den Koordinierten Sanitätsdienst, also des Oberfeldarztes.

---

170   Vgl. CH-BAR#E5540E#1984/63#1*, Koordinierter Sanitätsdienst KSD Konzept, 1.12.1980.
171   Vgl. Senn 1983, S. 84 f.
172   Vgl. bspw. CH-BAR#E5540E#1994/14#58*, Koordinierter Sanitätsdienst: Beurteilung der sanitätsdienstlichen Lage, 31.10.1973.

Die Koordinationsorgane auf kantonaler Ebene bestanden aus Vertretern der kantonalen Führungsstäbe und der Territorialkreisstäbe der Armee. Sie hatten die Aufgabe, das kantonale Gesundheitswesen mit den Sanitätsdiensten des Zivilschutzes und der militärischen Einheiten zu koordinieren.[173]

Die militärischen und zivilen Führungsstrukturen blieben also auf allen Stufen bestehen. Es lässt sich somit nicht von einer Zentralisierung des Koordinierten Sanitätsdienstes sprechen. Vielmehr bildete sich in der Struktur des Koordinierten Sanitätsdienstes – in den Begrifflichkeiten von Stephen Collier und Andrew Lakoff ausgedrückt – erneut ein auf „distributed preparedness" ausgelegter „emergency federalism" ab.[174] Das heißt, es entstand ein sanitätsdienstliches Notfallmanagement, das zwar zentral koordiniert, gleichzeitig jedoch föderalistisch aufgebaut und sowohl kooperativ als auch autonom einsetzbar sein sollte. Beim Koordinierten Sanitätsdienst handelte es sich somit wiederum um eine komplexe Organisation des Notfallföderalismus im Modus der ‚koordinierten Sicherheit'.

Das definitive Konzept und die Grundsätze des Koordinierten Sanitätsdienstes wurden von mehreren vom Ausschuss Sanitätsdienst gebildeten Arbeitsgruppen erarbeitet, die sich aus Vertretern der involvierten staatlichen und privaten Institutionen zusammensetzten und sich etwa mit „Rechtsfragen", „Definitionen", „Pharmazeutischen Produkten" und „Normen für den Personalbedarf" beschäftigten.[175] Diese Arbeitsgruppen, die bisweilen noch über Unterarbeitsgruppen verfügten, definierten, normierten, klassifizierten und reglementierten in den ihnen zugewiesenen Aufgabenbereichen sämtliche Gegenstände akribisch und detailliert. So war – um nur ein Beispiel zu nennen – im sogenannten Behelf Basisspital peinlich genau beschrieben, welche Räume, Ausrüstungen und Vorräte für den Betrieb der rund 220 geplanten Basisspitäler unerlässlich seien.[176] Dieser Behelf enthielt nicht nur gründliche Angaben über die erforderliche sanitätsdienstliche Grundausstattung und das notwendige Minimum der Spitalhygiene, sondern auch exakte Prozentzahlen zu den Verletzungen des erwarteten Patientenguts sowie Pläne für die genaue Anordnung und Unterteilung der vorgesehenen Räume, die von Ambulatorien und Operationsvorbereitungsräumen über Maschinen- und Ventilationsräume bis hin zu Leichenräumen reichten. Auch die Einrichtung jedes einzelnen dieser geplanten Räume war präzise

---

173 Vgl. Senn 1983, S. 85.

174 Für Literaturangaben vgl. Kapitel 6, Fn. 112.

175 Vgl. bspw. die Dokumente zur Arbeitsgruppe „Rechtsfragen" in: CH-BAR#E4113A#2000/390#91*; zur Arbeitsgruppe „Definitionen" in: CH-BAR#E5540E#1994/14#287*; zur Arbeitsgruppe „Pharmazeutische Produkte" in: CH-BAR#E5540E#1994/14#533*.

176 Vgl. CH-BAR#E5540E#1984/63#5*, Behelf Basisspital (BBS) Ausgabe 1980, Mai 1980.

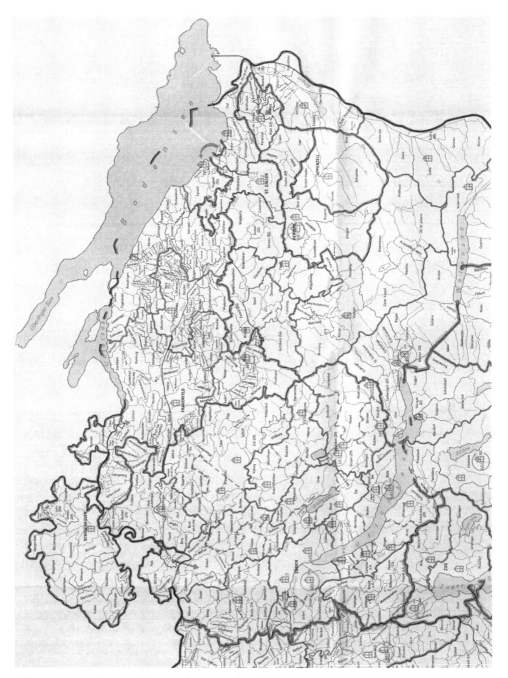

Abb. 29   Ausschnitt aus der Karte der sanitätsdienstlichen Räume, 1985.

Legende
Légende
Leggenda

Territorialzone / Zone territoriale / Zona territoriale

Kanton / Canton / Cantone

Sanitätsdienstlicher Raum / Secteur sanitaire / Settore sanitario

Amtsbezirk / district / distretto

Gemeinde / Commune / Comune

Basisspital ungeschützt
Hôpital de base non protégé
Ospedale di base non protetto

Ziviles Basisspital
Hôpital de base civil
Ospedale di base civile

Militärisches Basisspital
Hôpital de base militaire
Ospedale di base militare

Militärisches Basisspital ohne Verantwortung für
einen sanitätsdienstlichen Raum
Hôpital de base militaire sans responsabilité d'un
secteur sanitaire
Ospedale di base militare senza responsabilità di un
settore sanitario

Basisspital geschützt
Hôpital de base protégé
Ospedale di base protetto

Geschützte Operationsstelle (GOPS)
Centre opératoire protégé (COP)
Centro operatorio protetto (COP)

Notspital (NS)
Hôpital de secours (HS)
Ospedale di soccorso (OS)

Militärisches Basisspital
Hôpital de base militaire
Ospedale di base militare

Militärisches Basisspital ohne Verantwortung für
einen sanitätsdienstlichen Raum
Hôpital de base militaire sans responsabilité d'un
secteur sanitaire
Ospedale di base militare senza responsabilità
di un settore sanitario

definiert. Die Küche beispielsweise musste unter anderem mit „2 Dampf-
kochtopfapparaten à 75 Liter", „1 Vierplattenherd" und „2 Doppelspültischen"
ausgerüstet sein.[177] Ebenso war auf Dutzenden Seiten exakt aufgelistet,
welches Material für den Spitalbetrieb als unerlässlich galt. Diese Aufzählung
umfasste nicht nur das gesamte medizinisch, chirurgisch und pflegerisch
notwendige Instrumentarium, sondern etwa auch eine ausführliche Liste un-
entbehrlicher Nahrungsmittel inklusive Kilogrammangaben pro Tag, einen
Katalog der benötigten Reinigungs- und Waschmittel sowie Toilettenartikel
und eine Nennung der unverzichtbaren Büromaterialien. Zu den erforderlichen Materialvorräten zählten etwa „15 Handlampen mit Nickel-Kadmium
Akkumulatoren" und „15 Notabortausrüstungen", aber auch „2 Sortimente
Geräte für Selbstbefreiung", „2 Sortimente Dekontaminationsmaterial" sowie
„3 Holzleisten zum Offenhalten des Deckels am Dampfsterilisator C 70/C 74",
deren „Stärke ca 1 cm" betragen sollte.[178] Ebenso enthielt der Behelf Stellenbe-
schreibungen für sämtliche im Basisspital auszuführenden Tätigkeiten sowie
Sollbestandszahlen für das dafür berechnete Personal, das mit insgesamt 272
Personen beziffert wurde.[179] Allein für den Betrieb der rund 220 Basisspitäler
waren für den Kriegsfall also fast 60.000 Personen eingeplant.

Neben dem Behelf Basisspital, der nicht weniger als 83 Seiten umfasste und
deshalb zu einem „Kurzbehelf Basisspital" komprimiert werden musste, zeugen
massenweise Sitzungsprotokolle, zahlreiche Studien, unzählige Bedarfs-,
Personal- und andere Listen sowie Dokumentationsmappen, Faltblätter,
Broschüren und Karten von einer fortschreitenden Bürokratisierung, welche
die Ausrichtung der Militärmedizin des 20. Jahrhunderts prägte. Im modernen
und totalen Krieg beschränkte sich die Rolle der Medizin nicht mehr nur auf
ärztliche Behandlung und Pflege; vielmehr erforderte eine effiziente Kriegsmedizin auch umfangreiche Planungen und aufwändige Logistiken sowie
bürokratische Technologien und administrative Rationalitäten.[180]

Der umfassende Anspruch und die Akribie, mit welcher der Koordinierte
Sanitätsdienst konzipiert und aufgebaut wurde, lassen sich als Strategie zur
Eindämmung eines befürchteten Kontrollverlustes deuten. Kontrolle war im
sanitätsdienstlichen Dispositiv permanent gefährdet und prekär, und dies
insbesondere in dessen Kernbereich, der Kriegschirurgie. In den sanitätsdienstlichen Planungszahlen wurde davon ausgegangen, dass in einem konventionell geführten Krieg an einem Kampftag innerhalb von 24 Stunden

---

177   Ebd.
178   Ebd.
179   Vgl. ebd.
180   Zu diesem Zusammenhang von Medizin, Krieg und Moderne: Cooter/Sturdy 1998.

landesweit 6.000 Personen aus der Zivilbevölkerung und 9.000 Soldaten verletzt würden und auf medizinische Behandlung angewiesen wären. Von diesen 15.000 Patientinnen und Patienten würden drei Viertel eine Spitalbehandlung benötigen und wiederum 80 Prozent von diesen einen chirurgischen Eingriff. Somit müssten 9.000 Personen pro Tag operiert werden, was gegenüber dem Normalfall eine Verfünffachung bedeutete.[181] Unter diesen schwierigen Verhältnissen hatte die Behandlung der Patientinnen und Patienten – so sah es das Konzept des Koordinierten Sanitätsdienstes vor – nach den Grundsätzen der Katastrophen- und Kriegsmedizin zu erfolgen.[182] Die Katastrophenmedizin entstand – wie die Historikerinnen Cécile Stephanie Stehrenberger und Svenja Goltermann dargelegt haben – im frühen 20. Jahrhundert im zivilen Kontext der Industrialisierung, um den dort zunehmenden Massenunfällen, verursacht etwa durch Explosionen in Fabriken, Eisenbahntunneln und Minen, zu begegnen. In den 1950er und 1960er Jahren wurde dieser medizinische Ansatz angesichts eines drohenden Nuklearkrieges mit vielen Verletzten sowohl in den USA als auch in Westeuropa wieder aufgenommen und für einen Einsatz im Bereich des Bevölkerungsschutzes weiterentwickelt.[183]

Die Kriterien der Katastrophen- bzw. Kriegsmedizin waren in der Schweiz im sogenannten Reglement Kriegschirurgie festgelegt.[184] Im Behelf Basisspital wurde der Begriff der Kriegschirurgie wie folgt definiert: „Kriegschirurgie ist Friedenschirurgie mit Hindernissen, Chirurgie der Komplikationen und Nichtchirurgen, Chirurgie der Anpassung und des behelfsmässigen Ersatzes des Fehlenden, Chirurgie der durch neuersonnene Kampfmittel bedingten Ueberraschungen." Und weiter: „Die Kriegschirurgie wird durch Eigenart der Verletzungen, Massenanfall, Knappheit an Fachpersonal und Mitteln, verzettelte und verzögerte Behandlung charakterisiert. Medizinische Gesichtspunkte haben sich oft den taktisch-militärischen Bedürfnissen unterzuordnen."[185] Kriegschirurgie, mit anderen Worten, war immer von Unordnung und chaotischen Zuständen bedroht.

Der Medizinhistoriker Thomas Schlich hat die Geschichte der modernen Chirurgie als Geschichte der allmählichen Errichtung eines Netzwerkes von Kontrolltechnologien interpretiert. Diese Technologien zielen unter anderem darauf ab, ein streng ritualisiertes Verhalten zu ermöglichen und

---

181 Vgl. CH-BAR#E5540E#1984/63#8*, Bedrohung im sanitätsdienstlichen Bereich; Planungszahlen für Lagebeurteilungen, Ausgabe 1981.
182 Vgl. CH-BAR#E5540E#1984/63#1*, Koordinierter Sanitätsdienst KSD Konzept, 1.12.1980.
183 Vgl. Stehrenberger/Goltermann 2014.
184 Vgl. Schweizer Armee 1970.
185 CH-BAR#E5540E#1984/63#5*, Behelf Basisspital (BBS) Ausgabe 1980, Mai 1980.

drohenden Kontrollverlusten zu begegnen.[186] Die Festsetzung sämtlicher Aufgaben, Prozesse und Materialien und deren Auflistung, mit welcher für einen
künftigen Notfall alle Handgriffe und Vorgehensweisen reglementiert wurden,
sollten – so meine These – eine ähnliche Funktion erfüllen: Es ging darum,
den Eindruck zu vermitteln, dass Kontrolle selbst im Katastrophenfall noch
möglich sei. Denn gerade angesichts der Kontingenz und Unberechenbarkeit
der imaginierten Bedrohungen war es essenziell, zumindest eine Illusion von
Kontrolle zu erwecken und atomare und andere „Grosskatastrophen" damit als
berechen- und bewältigbar erscheinen zu lassen. Derartige Rationalisierungs-
versuche finden sich zwar bereits in der Kriegsmedizin der vorangehenden,
‚realen' modernen Kriege. Für die schweizerische Katastrophen- bzw. Kriegsmedizin sind sie jedoch – wie auch das Beispiel der Blutspendeorganisation
gezeigt hat – im Kalten Krieg vom Ausmaß her neu. Die fehlende Kriegserfahrung führte in der Schweiz dazu, dass erst die Nuklearkriegsbedrohung
großangelegte katastrophenmedizinische und kriegschirurgische Planungs-
und Steuerungsmaßnahmen in Gang setzte. In der Schweiz fungierte der Kalte
Krieg somit als wesentlicher Motor für die Entwicklung eines umfassenden,
totalen Sanitätsdispositivs.

(Un-)Freiwillige Einbindung der Nation

Beim Aufbau des Totalen bzw. Koordinierten Sanitätsdienstes stellten
sich zwei große, miteinander verknüpfte Probleme: Erstens verfügten im
Gesundheitswesen nur die Kantone, nicht aber der Bund über rechtliche
Kompetenzen. Deshalb war der Bund zunächst darauf angewiesen, dass ihm
die Kantone erlaubten – so der Bundesrat 1968 in einem Schreiben an die
Kantonsregierungen –, seine „Koordinationstätigkeit […] auf den Bereich der
Kantone auszudehnen […]".[187] Zweitens benötigte der Koordinierte Sanitäts-
dienst gemäß dem anvisierten Konzept sehr viel Personal. Selbstredend waren
in erster Linie die Angehörigen der Sanitätsdienste von Armee und Zivil-
schutz für den Koordinierten Sanitätsdienst vorgesehen. Um die gewünschten
Personalsollbestände zu erfüllen, sollten zudem Freiwillige geworben werden.
Schließlich wurden bestimmte Berufsgruppen per Verordnung oder Gesetz
zur Mitarbeit im Koordinierten Sanitätsdienst herangezogen. Dazu meinte
Generalstabschef Hans Senn im Jahr 1983: „Das weder in der Armee noch im
Zivilschutz eingeteilte berufstätige Medizinal- und Pflegepersonal wird durch
entsprechende Rechtsgrundlagen zum Dienst in den sanitätsdienstlichen

---

186   Vgl. Schlich 2008.
187   Archiv BAG, 18.2.60, Totaler Sanitätsdienst und umfassende AC-Schutzmassnahmen,
      Schreiben des Bundesrates an die Kantonsregierungen, 3.4.1968.

Einrichtungen des öffentlichen Gesundheitswesens verpflichtet."[188] Hinter diesem zunächst unscheinbaren Satz versteckt sich eine Problematik, die bis zum heutigen Tag zu politischen Kontroversen Anlass gibt: die Dienstpflicht für Frauen.[189] Mit dem „weder in der Armee noch im Zivilschutz eingeteilten berufstätigen Medizinal- und Pflegepersonal" waren nämlich vor allem Frauen gemeint, für welche keine Dienstpflicht bestand, die in den 1980er Jahren aber – wie auch heute noch – die überwiegende Mehrzahl der Beschäftigten im Gesundheitswesen sowie insbesondere in den Pflegeberufen bildeten.[190] Während sich die in den Medizinal- und Gesundheitsberufen tätigen Männer über die allgemeine Wehrpflicht relativ mühelos in den Armee- bzw. Zivilschutzsanitätsdienst einbinden ließen, war dies bei den Frauen nicht (oder zumindest nicht so einfach) möglich – es sei denn, diese stellten sich freiwillig entweder für eine Mitarbeit im Rotkreuzdienst oder im Zivilschutz zur Verfügung. Der Koordinierte Sanitätsdienst war folglich stark von der freiwilligen Mithilfe der Frauen abhängig. Im Folgenden werde ich zunächst darauf eingehen, wie der Bund in Zusammenarbeit mit den Kantonen versuchte, eine – so ein zeitgenössischer Kritiker – „Frauendienstpflicht auf Umwegen" zu installieren.[191] Danach werde ich erläutern, welche Maßnahmen unternommen wurden, um Frauen (und Männer) als Freiwillige für den Koordinierten Sanitätsdienst zu gewinnen.

Auf Bundesebene existierten, wie bereits erwähnt, keine Gesetzesgrundlagen, mit denen im Bereich der Gesamtverteidigung eine Dienstpflicht für Frauen hätte statuiert werden können. So gelangten auch mehrere in den 1980er Jahren durchgeführte Studien übereinstimmend zum Ergebnis, dass eine Mitwirkung von Frauen in der Gesamtverteidigung nur mittels einer Änderung der Bundesverfassung möglich wäre. Zudem hielt es der Bund gegenüber den Kantonen nicht für opportun, selbst über Notrecht eine Lösung zu forcieren.[192] Deshalb sah das Konzept des Koordinierten Sanitätsdienstes vor, dass die Kantone entweder auf Gesetzes- oder auf Verordnungsstufe entsprechende rechtliche Regelungen erlassen sollten.[193] Zu diesem Zweck enthielt das Konzept des Koordinierten Sanitätsdienstes einen Mustervorschlag

---

188 Senn 1983, S. 85.
189 Zur Wehrpflicht von Frauen bzw. der allgemeinen Dienstpflicht in der Schweiz: Bondolfi 2012; Schindler 1997.
190 Vgl. Brändli 2012.
191 Lauterburg 1988, S. 208.
192 Das Konzept des Koordinierten Sanitätsdienstes hielt fest, die Koordination im Sanitätsdienst müsse auf allen Stufen ohne Notrechtskompetenzen des Bundesrates möglich sein. Vgl. CH-BAR#E5540E#1984/63#1*, Koordinierter Sanitätsdienst KSD Konzept, 1.12.1980.
193 Vgl. Lauterburg 1988, S. 208–211.

für mögliche kantonale Rechtsgrundlagen.[194] Ende der 1980er Jahre hatten die meisten Kantone entsprechende Regelungen bereits eingeführt oder standen kurz vor deren Einführung. Mit dieser Lösung befanden sich die Kantone rechtlich gesehen in einer Grauzone. Zwar sahen Juristen des Bundesamtes für Justiz in einem Gutachten aus dem Jahr 1986 unter bestimmten Voraussetzungen die Möglichkeit, Frauen spezifischer Berufsgruppen einer Dienstpflicht zu unterstellen, brachten allerdings den Vorbehalt an, diese Rechtsauffassung müsse durch das Bundesgericht abschließend bestätigt werden.[195] In einem Präzedenzurteil vom Mai 1989 stützte das Schweizerische Bundesgericht die Sichtweise des Bundesamtes für Justiz und wies in der Urteilsbegründung speziell auf den Umstand hin, dass dem Zivilschutz, dem Rotkreuzdienst und dem militärischen Frauendienst gemäß Sollbeständen noch mehrere zehntausend Frauen fehlen würden.[196] Die fragwürdige, über kantonale Gesetzgebungen statuierte Dienstpflicht für weibliches Medizinalpersonal im Rahmen des Koordinierten Sanitätsdienstes war laut Bundesgericht somit verfassungskonform und wurde von diesem mit Verweis auf die Erfordernisse der Gesamtverteidigung gestützt.

Um für den Koordinierten Sanitätsdienst einerseits Akzeptanz und Unterstützung zu gewinnen sowie andererseits Frauen und weitere Personen, etwa pensioniertes Medizinal- und Pflegepersonal, für diesen anzuwerben, wurden seitens der Verantwortlichen vielfältige Informations-, Ausbildungs- und Werbemaßnahmen ergriffen. Zu Beginn leistete insbesondere Oberfeldarzt Reinhold Käser Öffentlichkeitsarbeit für den zu schaffenden Totalen Sanitätsdienst. So hielt er regelmäßig Vorträge – etwa vor Zivilschutzverbänden und Offiziersgesellschaften, aber auch an Tagungen und Fortbildungskursen –, in welchen er die Notwendigkeit und Dringlichkeit eines Totalen Sanitätsdienstes hervorhob. Ebenso verfasste er eine Vielzahl von Artikeln für militärische und andere Zeitschriften.[197] Mit der Bildung des Ausschusses Sanitätsdienst durch den Stab für Gesamtverteidigung im Herbst 1973 ging eine Professionalisierung der Public Relations für den Koordinierten Sanitätsdienst einher. So wurden

---

194 Vgl. CH-BAR#E5540E#1984/63#3*, Kanton „Rigi": KSD-Dokumentation (Provisorische Ausgabe), 1.1.1981.

195 Vgl. Lauterburg 1988, S. 208–211.

196 Dieser Bundesgerichtsentscheid behandelte eine staatsrechtliche Beschwerde gegen ein im Dezember 1987 in einer Volksabstimmung angenommenes Gesetz des Kantons Basel-Land über den zivilen Schutz der Bevölkerung und der Kulturgüter, welches ein Dienst- und Ausbildungsobligatorium für weibliche Medizinal- und weitere Personen vorsah. Vgl. Bundesgerichtsentscheid 115 Ia 277 (Webseite). Vgl. auch Lauterburg 1988, S. 210 f.

197 Vgl. die entsprechenden Referatsmanuskripte und Zeitschriftenartikel in: CH-BAR #E4113A#1982/54#38*.

nun etwa Standardreferate verfasst,[198] insbesondere aber ein spezifisches Informationskonzept erstellt. Mittels dieses Informationskonzeptes sollte zwischen den im Koordinierten Sanitätsdienst vereinigten Partnern ein – wie es in einem internen Papier hieß – „gemeinsames Denken, eine *Unité de doctrine*" geschaffen werden. Dies schien deshalb nötig, weil angenommen wurde, dass die involvierten militärischen, zivilen und privaten Institutionen „vermutlich über einen KSD [Koordinierten Sanitätsdienst] verschiedene Meinungen [haben]".[199] Insgesamt zielte das Informationskonzept darauf ab, für den Koordinierten Sanitätsdienst Imagewerbung zu machen und ein Gemeinschaftsgefühl zu wecken. Durch „entsprechende Information im eigenen Bereich" sollte auch jedes Mitglied des Ausschusses Sanitätsdienst selbst dazu beitragen, dass – so das Informationskonzept weiter – „der ‚Good Will' für den KSD [Koordinierten Sanitätsdienst] erweitert" werde.[200]

Was die Ausbildung anbelangte, so wurde im Rahmen des Koordinierten Sanitätsdienstes mit verschiedenen staatlichen und privaten Institutionen zusammengearbeitet, namentlich mit dem leitenden Ausschuss für die eidgenössischen Medizinalprüfungen, den medizinischen Fakultäten sowie den für die Ausbildung des Pflegepersonals, des medizinisch-therapeutischen und des medizinisch-technischen Personals zuständigen kantonalen und privaten Stellen.[201] Die Kooperation mit der universitären Medizin ging auf eine Initiative von Oberfeldarzt Reinhold Käser zurück. Dieser setzte sich bei den medizinischen Fakultäten dafür ein, dass die Katastrophenmedizin als obligatorisches Unterrichtsfach in das Medizinstudium integriert wurde, „in der Meinung, dass nicht nur die angehenden Militärärzte, sondern alle Aerzte im totalen Kriege diese Kenntnisse erwerben müssen."[202] Nachdem

---

198 Vgl. CH-BAR#E4113A#2000/390#73*, Standard-Referat mit Folien, 1.5.1979, Standard-Referat mit Folien, 1.10.1980, und Standardreferat Koordinierter Sanitätsdienst Konzept mit Folien, 25.7.1984.

199 CH-BAR#E5540E#1994/14#291*, Koordinierter Sanitätsdienst: Informationskonzept, 17.6.1974, Hervorh. i. Orig.

200 Ebd. Das Informationskonzept regelte die Informationsbeschaffung, -bearbeitung und -verbreitung. Zu letzterer zählte hauptsächlich die Herausgabe einer Informationsschrift. So erschienen ab 1974 zwei- bis dreimal pro Jahr die „KSD-Informationen". Vgl. die Nrn. 1/75–2/79 in: CH-BAR#E4113A#2000/390#76*. Die „KSD-Informationen" wurden 1983 von der professionell aufgemachten Zeitschrift „Koordinierter Sanitätsdienst. Informationsschrift über den KSD in der Schweiz" abgelöst, von der jeweils vier Ausgaben pro Jahr publiziert wurden. Vgl. die Nrn. 2/83, 4/84 und 1/85 in: CH-BAR#E4113A #2000/390#76*.

201 Vgl. CH-BAR#E5540E#1984/63#1*, Koordinierter Sanitätsdienst KSD Konzept, 1.12.1980.

202 CH-BAR#E5540E#1994/14#59*, Schreiben von Oberstdivisionär Käser an W. König, 16.2.1973.

sich sämtliche medizinische Fakultäten zustimmend geäußert hatten, wurden unter dem Vorsitz von Oberfeldarzt Käser Lernziele erarbeitet. Daraufhin fand an der Universität Zürich im Wintersemester 1972/1973 ein erster Kurs in Katastrophenmedizin statt, weitere Kurse in Basel, Genf, Lausanne und Bern folgten.[203] Auch das angehende Pflegepersonal wurde während der Ausbildung katastrophen- und kriegsmedizinisch geschult. So hatten die Schülerinnen in Krankenpflegeschulen des Schweizerischen Roten Kreuzes in den Grundausbildungslehrgängen Unterricht über „Krankenpflege im Katastrophenfall".[204] Auch Kurse des Schweizerischen Roten Kreuzes, die sich an Laien richteten, etwa der Kurs „Krankenpflege zu Hause" und der „Grundpflegekurs für nichtberufliches Hilfspersonal", dienten mitunter der Ausbildung zum Dienst im Koordinierten Sanitätsdienst.[205] Die in diesen Kursen vollzogene Verknüpfung von Ausbildung und Öffentlichkeitsarbeit für den Koordinierten Sanitätsdienst war gewollt. Dessen Konzept sah nämlich vor, dass die daran beteiligten staatlichen und privaten Institutionen, unterstützt von den Berufsverbänden und Ausbildungsstätten, „durch Informations- und Werbemittel eine breitere Öffentlichkeit für den Dienst an der Allgemeinheit im Rahmen des Koordinierten Sanitätsdienstes an[sprechen]."[206]

Die Ausbildung für den Koordinierten Sanitätsdienst und die Werbung von Freiwilligen gingen also Hand in Hand. Sowohl die Kurse als auch die Werbung waren dabei hauptsächlich auf die Rekrutierung von Frauen ausgerichtet. So hielt Oberfeldarzt André Huber in einem Referat vor Mitgliedern des Schweizerischen Zivilschutzverbandes und der Schweizerischen Offiziersgesellschaft zu Beginn des Jahres 1979 in Schaffhausen fest, die „Personalreserve" für den Koordinierten Sanitätsdienst liege „bei unseren Mitbürgerinnen, bei unseren Frauen", wobei er die Anwesenden dazu aufrief: „[W]erben Sie überall dort, wo Sie Einfluss haben, bei unseren Frauen *für einen Dienst an der Allgemeinheit.*"[207] Diese Bitte von Oberfeldarzt Huber ging einher mit den zum gleichen Zeitpunkt durchgeführten Werbeaktionen

---

203   Vgl. ebd. Vgl. auch ebd., Katastrophenmedizin WS 1972/73 Zürich, ohne Datum, und Katastrophenmedizin, Katastrophenorganisation im Kantonsspital und im Raume Basel, 14.4.1973.

204   CH-BAR#E5540F#1989/97#16*, Protokoll der Sitzung des Büros des Ausschusses Sanitätsdienst, 21.9.1978; Lauterburg 1988, S. 209.

205   Vgl. Lauterburg 1988, S. 209.

206   CH-BAR#E5540E#1984/63#1*, Koordinierter Sanitätsdienst KSD Konzept, 1.12.1980.

207   CH-BAR#E5540F#1989/97#27*, Referat vor Mitgliedern der Sektionen Schaffhausen des Schweizerischen Zivilschutz-Verbandes und der Schweizerischen Offiziersgesellschaft, 29.12.1978, Hervorh. i. Orig.

„Die Frau im Dienst der Allgemeinheit".[208] Im Koordinierten Sanitätsdienst sollten die Schweizer Frauen folglich ihren patriotischen Dienst an der Nation leisten. Dabei hatten sie allerdings ihren angestammten Platz gemäß den traditionellen Geschlechterrollen einzunehmen und waren in erster Linie für weiblich konnotierte Pflege- und Hilfsarbeiten vorgesehen. Demgegenüber waren sie in Führungs- oder Beratungspositionen der Gesamtverteidigung nach wie vor praktisch inexistent. So befanden sich beispielsweise unter den Experten aus der Zivilbevölkerung an den Landesverteidigungsübungen nur ganz wenige Frauen.[209]

All diese Informations-, Ausbildungs- und Werbemaßnahmen waren jedoch nur mäßig erfolgreich. In den 1980er Jahren wies der Koordinierte Sanitätsdienst gemäß Konzept – wie Generalstabschef Hans Senn im Jahr 1983 beklagte – noch einen Fehlbestand von 75.000 freiwilligen Frauen auf.[210] Dies lag zum einen daran, dass sich die Erfassung und Registrierung von Personen, die aufgrund der kantonalen Rechtsgrundlagen (unfreiwillig) zum Dienst verpflichtet werden konnten, als schwierig und problematisch erwiesen. Grundsätzlich hätten die Chefs der rund 200 über die ganze Schweiz verteilten sanitätsdienstlichen Räume in Zusammenarbeit mit den Ortschefs des Zivilschutzes Listen anfertigen müssen, in denen das nicht mehr berufstätige oder das nicht öffentlich angestellte Medizinal- und Pflegepersonal sowie auch das sanitätsdienstliche Laienpersonal, das hätte rekrutiert werden können, erfasst worden wäre.[211] Einer solchen Erfassung und Registrierung standen indessen, da eindeutige Rechtsgrundlagen fehlten, rechtliche Bedenken entgegen, sodass diese Aufgabe wenig systematisch angegangen wurde.[212] Ein weiterer Grund dafür, wieso sich trotz aller Werbeanstrengungen nicht mehr Frauen als Freiwillige gewinnen ließen, ist zum anderen in einer sich in den 1980er Jahren verstärkenden Armee- und Zivilschutzkritik zu suchen. Diese machte auch vor dem Koordinierten Sanitätsdienst nicht halt, wie der nächste Abschnitt zeigt.

Kritik an der Katastrophenmedizin

Ende der 1970er Jahre kam es zu einer erneuten Verhärtung in den Ost-West-Beziehungen, die 1983 in der Stationierung von Marschflugkörpern und Mittelstreckenraketen in der Bundesrepublik Deutschland, in Italien und

---

208   CH-BAR#E5540F#1989/97#16*, Protokoll der Sitzung des Büros des Ausschusses Sanitätsdienst, 21.6.1978.

209   Vgl. dazu Kapitel 5.1.

210   Vgl. Senn 1983, S. 85. Aufgrund dieses Personalmangels mussten die Sollbestandszahlen schließlich nach unten korrigiert werden. Vgl. Lauterburg 1988, S. 207 f.

211   Vgl. CH-BAR#E5540E#1984/63#1*, Koordinierter Sanitätsdienst KSD Konzept, 1.12.1980.

212   Vgl. Lauterburg 1988, S. 210.

in Großbritannien kulminierte. Als Reaktion auf diese geopolitischen Spannungen entstand zu Beginn der 1980er Jahre auf beiden Seiten des ‚Eisernen Vorhangs' eine neue Friedensbewegung. Auch in der Schweiz demonstrierten in den Jahren zwischen 1981 und 1983 mehrmals Zehntausende Menschen gegen den Atomkrieg und für den Frieden. Parallel zu diesen weltweiten zivilgesellschaftlichen Forderungen nach nuklearer Abrüstung setzte in der Schweiz eine zunehmende Kritik an Armee und Zivilschutz ein. Letztere richtete sich in erster Linie gegen die optimistische Annahme der Gesamtverteidiger, ein Nuklearkrieg sei überlebbar, man müsse dafür nur die richtigen Schutzmaßnahmen treffen. Daneben fanden in den 1980er Jahren mehrere eidgenössische Abstimmungen über Volksinitiativen statt, die eine armeekritische Stoßrichtung hatten. So wollte die Zivildienstinitiative den Wehrpflichtigen 1984 die Wahl zwischen Militär- und Zivildienst lassen, die sogenannte „Rothenthurm-Initiative" 1987 den Bau eines Waffenplatzes verhindern und die Armeeabschaffungsinitiative 1989 – wie der Name schon sagt – die Armee ganz abschaffen.[213]

Vor dem Hintergrund dieser grundsätzlichen gesellschaftlichen Kontroversen über Sinn und Unsinn von Armee und Zivilschutz setzte auch eine Kritik ein, die sich spezifisch gegen den Koordinierten Sanitätsdienst richtete. So organisierten Medizinstudierende Vorlesungsboykotte und Gegenveranstaltungen, um gegen die Ausbildung in Katastrophenmedizin zu protestieren. Zudem kam es zu einer staatsrechtlichen Beschwerde gegen ein Zivilschutzgesetz, mit welchem das Medizinal- und Pflegepersonal für den Koordinierten Sanitätsdienst zwangsverpflichtet wurde. Des Weiteren reichten Gruppierungen aus dem Gesundheitswesen Petitionen ein, die sich gegen die Einbindung des Gesundheitswesens in die Gesamtverteidigung richteten.[214]

Kritik an der Katastrophenmedizin kam indessen nicht nur von zivilgesellschaftlicher, sondern auch von wissenschaftlicher Seite. In der Schweiz warnte die 1981 gegründete schweizerische Sektion der Ärzte für Soziale Verantwortung besonders öffentlichkeitswirksam vor den desaströsen Folgen eines Nuklearkrieges.[215] Die Ärzte für Soziale Verantwortung waren den Verantwortlichen des Koordinierten Sanitätsdienstes und insbesondere Oberfeldarzt André Huber ein Dorn im Auge. Dies verdeutlicht ein Sitzungsprotokoll des Ausschusses Sanitätsdienst vom November 1983, in welchem sich nachlesen lässt, dass Oberfeldarzt Huber gezielt Militärärzte an eine Versammlung der Ärzte für Soziale Verantwortung entsandte:

---

213   Vgl. dazu Kapitel 5.3.
214   Vgl. Lauterburg 1988, S. 216.
215   Zu den Ärzten für Soziale Verantwortung vgl. Kapitel 5.3.

Der Vorsitzende [Der Oberfeldarzt] hat an diese Sitzung einige Aerzte delegiert, welche die Ansichten dieser Vereinigung bekämpfen sollten. [...] Diese Vereinigung verlangt im Prinzip die Abschaffung des Zivilschutzes, des Koordinierten Sanitätsdienstes und der Gesamtverteidigung. Dies wäre nach Ansicht des Vorsitzenden die Zerstörung des Staates. Der Vorsitzende hat zum Ziel, seine Ausführungen bei jeder sich bietenden Gelegenheit zu wiederholen. Er will dadurch den Leuten Vertrauen geben und damit sagen, dass wir auch bei einem Atomkrieg eine Ueberlebenschance haben.[216]

Oberfeldarzt Huber deutete Kritik am Koordinierten Sanitätsdienst folglich als Defätismus und Subversion, und beides galt es mit aller Macht zu bekämpfen. Mit einer bemerkenswerten Hartnäckigkeit hielten die Verantwortlichen des Koordinierten Sanitätsdienstes somit sowohl an den perpetuierten Feindbildern als auch an den zivilschützerischen Machbarkeitsillusionen des Kalten Krieges fest. Diese Irritationsresistenz der Gesamtverteidiger ließ erst gegen Ende der 1980er Jahre langsam nach, als die im Auftrag der Zentralstelle für Gesamtverteidigung erstellte Studie Weiterleben, in welcher die Auswirkungen eines Atomkrieges auf die Schweiz untersucht wurden, nicht nur die Annahmen der schweizerischen Ärzte für Soziale Verantwortung bestätigte, sondern auch mit den Ergebnissen internationaler Studien übereinstimmte, die eindringlich vor den desaströsen Folgen eines Nuklearkrieges warnten.[217]

Eine andere wesentliche Kritik am Koordinierten Sanitätsdienst betraf weniger dessen optimistische Annahmen als vielmehr die Orientierung an den Kriterien der Katastrophen- und Kriegsmedizin, welche sowohl bei der medizinischen Behandlung als auch bei der Pflege angewandt werden sollten. Im Behelf Basisspital hieß es bezüglich der ärztlichen Hilfe, deren Hauptaufgabe sei „nicht die spektakuläre therapeutische Einzelleistung, sondern die Lebenserhaltung und Heilung möglichst vieler Patienten." Ähnliches galt für die Pflege: „Im Gegensatz zur Pflege in Friedenszeiten steht bei der Katastrophen- und Kriegspflege nicht mehr die Berücksichtigung der individuellen Bedürfnisse jedes einzelnen, sondern die Lebenserhaltung und Heilung möglichst vieler Patienten im Mittelpunkt."[218] In der katastrophen- bzw. kriegsmedizinischen Behandlung fand also – wie Katastrophenmediziner selbst festhielten – *„eine radikale Umstellung von der zivilen Individualmedizin auf massenmedizinische Versorgung"* statt.[219]

---

216   CH-BAR#E5540F#1989/97#11*, Protokoll der Ausschuss-Sitzung, 22.11.1983.
217   Zur Studie Weiterleben vgl. Kapitel 5.3.
218   CH-BAR#E5540E#1984/63#5*, Behelf Basisspital (BBS) Ausgabe 1980, Mai 1980.
219   H. Eberle in R. Lanz und M. Rossetti zit. in: Lauterburg 1988, S. 203, Hervorh. i. Orig.

Das Reglement Kriegschirurgie, gemäß welchem die medizinischen Be-
handlungen erfolgen sollten, führte noch etwas expliziter aus, was diese
Umstellung bedeutete. Deren Kern bildete die seit dem Ersten Weltkrieg
praktizierte Triage, also die Sortierung der Verwundeten. Wesentlich war dafür
unter anderem die Beurteilung der Patienten und Patientinnen nach der Dringlichkeit ihrer Verletzungen. Unterschieden wurden dabei drei Kategorien:
Die „Leichtverletzten", die nach Möglichkeit ambulant zu behandeln waren,
die „chirurgisch zu behandelnden Verletzten", die je nach Verletzungsgrad
entweder sofort behandelt, abtransportiert oder erst später betreut werden
mussten, und die „Hoffnungslosen", die „gesondert gelagert und bestmöglich
betreut" werden sollten.[220] Bei einem sogenannten „Massenanfall", etwa nach
einem Atomwaffeneinsatz oder einem Flächenbombardement, müssten – so
bestimmte das Reglement Kriegschirurgie – „die Triage-Entscheide realistisch
den Bedürfnissen und Möglichkeiten angepasst werden. Nur durch Beschränkung der Erstbehandlung auf das Wesentliche und die Behandlung der
Verletzten mit guter Überlebenschance wird die *Hauptaufgabe*, die *Erhaltung
möglichst vieler Leben*, noch durchzuführen sein."[221] Auch mit dem Konzept
des Koordinierten Sanitätsdienstes wurde das Ziel verfolgt, „durch Einsatz aller
sanitätsdienstlichen Mittel möglichst vielen Patienten Ueberlebenschancen
bieten zu können."[222] Die Triage stellte demnach – das war auch Katastrophen-
medizinern klar – „die genaue Umkehr der normalen ärztlichen Gewohnheiten
dar und muss das Gesetz, zuerst für den Schwerstverletzten zu sorgen, bewusst
verletzen."[223] Genau aus diesem Grund, das heißt der verlangten Aufgabe der
berufsethisch verankerten ärztlichen Prioritäten, kritisierten insbesondere
Ärztinnen und Ärzte sowie auch Pflegende die Katastrophenmedizin bisweilen scharf. Befürworterinnen und Befürworter der Katastrophenmedizin
taten derartige Einwände wiederum als Verteidigungsmüdigkeit ab. So sah
sich etwa Hans-Rudolf Renfer, Militärarzt und Mitglied der Eidgenössischen
Kommission für Strahlenschutz, im September 1982 in einem Artikel in der
Neuen Zürcher Zeitung dazu veranlasst, „[g]egen den Defaitismus in der
Katastrophenmedizin" anzuschreiben und „eine angebliche Unvereinbarkeit
der hippokratischen Thesen mit den Maximen der Katastrophenmedizin im
Falle von A-Waffen-Einsatz" vehement zurückzuweisen.[224]

---

220 Schweizer Armee 1970, S. 11.
221 Ebd., S. 14, Hervorh. i. Orig.
222 CH-BAR#E5540E#1984/63#1*, Koordinierter Sanitätsdienst KSD Konzept, 1.12.1980.
223 R. Lanz und M. Rossetti zit. in: Lauterburg 1988, S. 203.
224 CH-BAR#E4390C#1997/14#525*, Medizinische Vorsorge gegen den Atomkrieg, in: Neue
     Zürcher Zeitung, Nr. 207, 7.9.1982.

In besonders luzider Weise hat Wolfgang Lauterburg, Arzt und Vor-
standsmitglied der Ärzte für soziale Verantwortung Schweiz, in einem
zivilschutzkritischen Buch mit dem Titel „Schutzraum Schweiz" die
Katastrophenmedizin – und damit den Koordinierten Sanitätsdienst – bereits
Ende der 1980er Jahre einer grundlegenden Kritik unterzogen. Lauterburg
kritisierte, dass diese konstitutiv in die Logik der Kriegsaufrüstung eingebunden
sei und mit einer undifferenzierten und unverantwortlichen Gleichsetzung
von ziviler Notfall- und Kriegsmedizin einhergehe. Lauterburg kam deshalb
zu dem Schluss, dass die Katastrophenmedizin bzw. der Koordinierte Sanitätsdienst zu einer *„Militarisierung unseres Gesundheitswesens"* führen.[225] Aus
geschichtswissenschaftlicher Perspektive hat der Historiker Jakob Tanner die
wachsende Zahl der Zivilschutz- und Armeegegner der 1980er Jahre – zu denen
auch Lauterburg gehörte – ebenfalls als Ausdruck eines „Unbehagen[s]" gegen
„die Militärzentrierung des schweizerischen Staatsverständnisses [...] und die
materielle Aufrüstung" interpretiert.[226] Diese Deutungen haben einiges für
sich. Ich möchte hier indessen nicht am Konzept der Militarisierung festhalten,
sondern vielmehr erneut die für die Schweiz des Kalten Krieges konstitutive
Verflechtung von zivilen und militärischen Aufgaben und Strukturen betonen.

Der Koordinierte Sanitätsdienst bildete eine typische Organisation der
schweizerischen Gesamtverteidigung, für die kennzeichnend war, dass
weder das Militärische noch das Zivile allein die Kontrolle ausübte, da
militärische und zivile Führungs- und Aufgabenstrukturen im Wesentlichen
beibehalten wurden. Gerade *weil* – so meine These – es sich bei den Gesamtverteidigungsorganisationen um Hybride handelte, die sich nicht durch eine
einfache Militarisierung des Zivilen (und umgekehrt auch nicht durch eine
Zivilisierung des Militärischen), sondern vielmehr durch eine tendenzielle Un-
unterscheidbarkeit zwischen zivilem und militärischem Auftrag und Aufbau
auszeichneten, war es der Gesamtverteidigung möglich, in sämtliche Bereiche
der Gesellschaft einzudringen. Deren Organisationen – so auch der Koordinierte Sanitätsdienst – sollten dabei durch eine Koordination aller Kräfte
im Modus der ‚koordinierten Sicherheit' funktionieren, sodass alle Beteiligten
ihre Kompetenzen gemäß den ideologischen Vorgaben des Gesamtver-
teidigungskonzeptes einbringen konnten. Derart ließen sich ganz unterschiedliche gesellschaftliche Kräfte – im Falle des Koordinierten Sanitätsdienstes
etwa die medizinischen Fakultäten, der Schweizerische Samariterbund und
private Krankenhäuser – in die Gesamtverteidigung einbinden und für das

---

225   Lauterburg 1988, S. 215, Hervorh. i. Orig.
226   Vgl. Tanner 1997, S. 337–340, Zitat S. 338.

gemeinsame Ziel, die Nation zu verteidigen und deren Weiterbestehen zu sichern, mobilisieren.

7.4   Fazit

Die Herstellung von Strahlensicherheit bedurfte – gewissermaßen als letztes Mittel – auch medizinischer Notfall- und Rettungsdispositive. Die getroffenen notfallmedizinischen und sanitätsdienstlichen Präventionsmaßnahmen waren dabei sowohl auf eine große Nuklearkatastrophe – einen Atomkrieg oder einen Reaktorunfall – als auch auf kleinere Strahlenunfälle im nuklearen Alltag ausgerichtet. Befeuert durch die Anti-Atomkraft-Debatte und später den Reaktorunfall von Harrisburg sowie zusätzlich vorangetrieben durch den Transfer von Wissen und Know-how, Standards und Normen aus dem Ausland, erlangte die medizinische Notfallplanung für mögliche Strahlenverletzte in den 1970er Jahren eine neue Dringlichkeit. Dies führte nicht nur zu Vorkehrungen wie der Einrichtung einer Behandlungsstation für Strahlenpatientinnen und -patienten und der Beschaffung von Kaliumjodidtabletten für die Bevölkerung in der Nähe von Kernkraftwerken. Vielmehr dehnten sich in den 1970er Jahren auch die Maßnahmen und Organisationen der Gesamtverteidigung auf zivile (atomare) Notfälle aus. Dabei zeigte sich sowohl beim Aufbau des Koordinierten Sanitätsdienstes als auch beim Ausbau des schweizerischen Blutspendedienstes, der bereits in den 1950er Jahren einsetzte, die für Sicherheitsdispositive charakteristische Expansionsdynamik. Diese Ausweitung hatte zur Folge, dass beide Organisationen permanente Lücken hinsichtlich ihres Vorbereitungsstandes konstatierten, da die realisierte Umsetzung den ambitionierten Plänen konstitutiv hinterherhinkte.

Die dominante Ideologie und Logik dieser totalen Landes- bzw. Gesamtverteidigungsorganisationen zielten darauf ab, das Überleben der Nation – oder genauer: des „Schweizervolkes" – zu sichern. Die vorgesehenen notfallmedizinischen und sanitätsdienstlichen Maßnahmen orientierten sich dabei wesentlich an den Kriterien der Katastrophen- und Kriegsmedizin, die – in ethisch fragwürdiger Weise – individualmedizinische Prinzipien außer Kraft setzten. Damit wird erneut deutlich, dass die gegen Atom- und Strahlengefahren errichteten Präventionsregime während des Kalten Krieges primär auf ein (imaginäres) Kollektiv fokussierten.[227]

Die Sicherung des Fortbestehens der Nation verlangte deren Mobilisierung. Auf einer individuellen Ebene richtete sich der Aufruf zum Dienst an der

---

227   Vgl. dazu auch Kapitel 3.2.

Nation in erster Linie an Frauen. So sollten diese als grundsätzlich nicht wehrpflichtige Personen im Koordinierten Sanitätsdienst freiwillig Pflege- und Hilfsarbeiten übernehmen. Da diese freiwillige Mobilisierung der Bürgerinnen nicht zu den als notwendig erachteten Rekrutierungszahlen führte, wurden Frauen schließlich über kantonale Gesetzgebungen zum Dienst im Katastrophenfall verpflichtet. Auf institutioneller Ebene richtete sich die Mobilisierung neben den Kantonen und Gemeinden hauptsächlich auf die Zusammenarbeit mit privaten Akteuren des nationalen Gesundheits- wesens. Bei der Blutspendeorganisation betraf diese Kooperation vor allem das Schweizerische Rote Kreuz, im Rahmen des Koordinierten Sanitätsdienstes aber beispielsweise auch den Schweizerischen Samariterbund, die Verbindung der Schweizer Ärzte und die Vereinigung Schweizerischer Krankenhäuser. Das im Hinblick auf eine atomare Großkatastrophe als konstitutiv betrachtete Zusammenwirken einer Vielzahl von militärischen und zivilen, staatlichen und privaten, kommunalen, kantonalen und eidgenössischen medizini- schen Rettungsdiensten und Einrichtungen machte insbesondere den Ko- ordinierten Sanitätsdienst zu einer notfallföderalistischen Organisation, welche in charakteristischer Weise dem Prinzip der ‚koordinierten Sicherheit‘ verpflichtet war.

Die medizinischen Rettungsdispositive, welche die schweizerische Gesamt- verteidigung während des Kalten Krieges hervorbrachte, wurden sowohl in der historischen Forschung als auch in der zivilgesellschaftlichen Kritik bis- lang meistens mit dem Begriff der Militarisierung kritisiert. Ich habe hier eine andere Interpretation vorgeschlagen. Der Koordinierte Sanitätsdienst, aber auch der Blutspendedienst fungierten als hybride Organisationen – und zwar in verschiedenerlei Hinsicht: So verwischten in ihnen die Grenzen zwischen Frieden und Krieg, Zivilem und Militärischem, Normalfall und Notfall. Ebenso sollte das Notfalldispositiv für Strahlenunfälle im nuklearen Alltag, falls not- wendig, in organischen Übergängen fließend in das Rettungsdispositiv für den Krisen- und Kriegsfall übergehen. In diesem Sinne zielten die Gesamtver- teidigungsorganisationen sogar noch stärker auf eine Durchdringung der Ge- sellschaft ab, als es die Militarisierungsthese vermuten lässt: In ihrer Hybridität spiegelte sich die „totale Politik" des schweizerischen Kalten Krieges wider.

Ernstfall

KAPITEL 8

Strahlen nach Tschernobyl

Während des Kalten Krieges fand nur ein atomarer Ernstfall statt, bei dem die schweizerische Alarmorganisation getestet wurde. Am 26. April 1986 ereignete sich in der Nähe der sowjetischen Stadt Tschernobyl (auf dem Gebiet der heutigen Ukraine) in einem Atomkraftwerk ein schwerer Unfall, bei dem es zu einer Reaktorexplosion kam. Vier Tage nach dem Reaktorunfall war die dabei freigesetzte Radioaktivität auch in der Schweiz feststellbar, wobei die gemessenen Werte doppelt und in bestimmten Gegenden sogar vierfach so hoch waren wie normal.[1] Nicht zuletzt aufgrund dieser auch in der Schweiz feststellbaren Auswirkungen wurde die Atomkatastrophe von Tschernobyl in den Medien, der Politik und der Bevölkerung stark rezipiert.[2]

Beim Reaktorunfall von Tschernobyl handelte es sich um einen katastrophalen atomaren Ernstfall, der zwar geografisch relativ weit von der Schweiz entfernt stattfand, für die zuständigen Behörden des Bundes jedoch auch hier zu einem Problemfall wurde. Weil Tschernobyl den gouvernementalen Umgang mit Strahlen sowohl im Normalfall als auch im Notfall veränderte, laufen im Folgenden zentrale Stränge der vorangehenden Kapitel zusammen. Im Zentrum steht dabei die Frage, welche Folgen Tschernobyl für das Regieren von Strahlen in der Schweiz am Ende des Kalten Krieges zeitigte.

8.1   Tschernobyl als schweizerischer Problemfall

Die Weltöffentlichkeit erfuhr erst mit einer zweitägigen Verspätung von der Reaktorexplosion in Tschernobyl. Noch am selben Tag, am 28. April 1986, wurde die Nationale Alarmzentrale in Zürich alarmiert und in der Folge die unter fachlicher Führung der Eidgenössischen Kommission für AC-Schutz (KAC) stehende Alarmorganisation aufgeboten.[3] Am 30. April löste das Netz für Automatische Dosis-Alarmierung und -Messung, kurz NADAM, aufgrund

---

1   Vgl. Huber/Jeschki/Prêtre/Völkle 1995, S. 48.
2   Zu den Auswirkungen von Tschernobyl auf Westeuropa: Kalmbach 2014; Kalmbach 2011; Sabrow 2011; Arndt 2010. Für Osteuropa: Arndt 2016. Zu Folgen von Tschernobyl in der Schweiz: Stricker 2012; Moser 2003.
3   Zur Alarmorganisation, der Nationalen Alarmzentrale und der KAC vgl. Kapitel 6.2.

erhöhter Radioaktivitätswerte Strahlenalarm aus. Der von der Reaktor-explosion in Tschernobyl verursachte radioaktive Niederschlag hatte auch die Schweiz erreicht. Aufgrund einer wahrgenommenen starken Beunruhigung und Verunsicherung in der Bevölkerung richteten die Bundesbehörden am 6. Mai schließlich verschiedene Sorgentelefone ein. Zudem beauftragte der Bundesrat die Generaldirektion der Schweizerischen Rundspruchgesellschaft, Sendungen zu produzieren, in denen im Radio und Fernsehen live Fragen von Hörerinnen und Hörern bzw. Zuschauerinnen und Zuschauern beantwortet werden sollten.[4]

Die Messorganisation der Alarmorganisation, das heißt der Einsatz der Frühwarnposten, der bereits bestehenden NADAM-Stationen und der mobilen Messwagen, aber auch der Labororganisation und der aufgebotenen militärischen Mittel, mit denen die Radioaktivität in der ganzen Schweiz kontinuierlich gemessen und daraus fortlaufend die Verstrahlungslage bestimmt wurde, bewährte sich.[5] So gab die KAC bereits seit dem 29. April täglich ein Bulletin über die Strahlensituation in der Schweiz heraus. Trotzdem wurde die Alarmorganisation seitens der Medien und der Politik teilweise scharf kritisiert.[6] Diese Kritik bezog sich indessen weniger auf deren fachliche Arbeit, als vielmehr auf organisatorische Schwachstellen, welche insbesondere bei der Informationstätigkeit deutlich zutage traten.[7] Dies zog eine Umdeutung des Ereignisses von Tschernobyl nach sich, indem schließlich nicht mehr die lückenhafte sowjetische Informationspolitik, sondern diejenige der schweizerischen Regierung und Behörden als ungenügend taxiert wurde. Der Historiker Marius Stricker gelangt deshalb zu dem Schluss, in der Schweiz habe Tschernobyl in erster Linie als „Informationskatastrophe" eine prägende Wirkung entfaltet.[8] Dafür erwiesen sich im Wesentlichen zwei Gründe als ausschlaggebend: Erstens war die Informationszentrale der Alarmorganisation schlecht geplant und organisiert und deshalb ständig überlastet, was sich durch personelle Engpässe zusätzlich verschärfte. So war der Informationsfluss nicht nur zwischen den Bundesbehörden, den Kantonen, den Medien und der Bevölkerung gestört, sondern auch innerhalb der verschiedenen Teile der Alarmorganisation selbst. Zweitens waren die Informationen der Bundesbehörden verwirrend und bisweilen gar widersprüchlich. Dies zeigte sich etwa daran, dass die KAC keine einheitlichen Größen und Maßeinheiten

---

4 Vgl. Stricker 2012, S. 26, S. 28 und S. 42.
5 Vgl. CH-BAR#E3300C#1996/294#799*, Folgerungen aus dem KKW-Unfall von Tschernobyl: Schlussbericht, 1.12.1987. Zur Messorganisation der Alarmorganisation vgl. Kapitel 6.2.
6 Vgl. Stricker 2012, S. 29, S. 33, S. 39 und S. 71.
7 Vgl. CH-BAR#E3310A#2003/209#48*, Antrag des EDI, 8.4.1987.
8 Vgl. Stricker 2012, S. 28 f. und S. 36.

für Radioaktivitäts- und Grenzwerte verwendete und so insbesondere im Vergleich zur Bundesrepublik Deutschland der Eindruck entstand, in der Schweiz würde die Verstrahlungslage verharmlost. Die mediale Berichterstattung verstärkte diese Wahrnehmung, weshalb die Medien – so Stricker – gewissermaßen als „Koproduzenten der Informationskatastrophe" fungiert hätten.[9] Insgesamt resultierte aus diesen Informationsdefiziten ein Vertrauensverlust in den Bundesrat und die Bundesbehörden und ihre öffentlich auftretenden Experten, deren Glaubwürdigkeit angeschlagen schien.[10] Diese Informationsprobleme, die anlässlich des atomaren Ernstfalls von Tschernobyl zutage traten, sind indessen wenig erstaunlich. Vielmehr lassen sie sich – wie in dieser Arbeit immer wieder deutlich wurde – in eine Reihe von Organisationsmängeln und Koordinationsproblemen im Alarmierungs- und Kommunikationsbereich einordnen, wie sie insbesondere anlässlich verschiedener Landes- und Gesamtverteidigungsübungen feststellbar waren.

Werden der Reaktorunfall von Tschernobyl und die Reaktionen, welche dieses Ereignis in der Schweiz auslöste, in den größeren Kontext der Mitte der 1980er Jahre immer noch laufenden gesellschaftlichen Auseinandersetzungen um den Bau von Kernkraftwerken gestellt, lassen sich folgende Phasen unterscheiden: Bis zum Reaktorunfall von Tschernobyl Ende April 1986 herrschte zwischen den Gegnerinnen und Gegnern und den Befürworterinnen und Befürwortern der Kernenergie eine Pattsituation vor, wobei sich mit der Ablehnung der (zweiten) Atominitiative im September 1984, die gegen den Bau von Atomkraftwerken gerichtet war, die befürwortende Seite tendenziell im Aufwind befand. Zwischen Mai 1986 und März 1988 löste der Unfall von Tschernobyl einen zweiten Höhepunkt der Atomenergiediskussion aus, welcher durch zwei Sondersessionen des Bundesparlamentes, die Lancierung von zwei eidgenössischen Volksinitiativen und eine hohe öffentlich-mediale Aufmerksamkeit gekennzeichnet war. Daraufhin beschlossen die dominierenden bürgerlichen Bundesratsparteien im April 1988 einen radikalen Kurswechsel, indem sie nun ebenfalls dafür plädierten, auf den umstrittenen Bau des Kernkraftwerkes Kaiseraugst zu verzichten. Mit der Annahme der sogenannten Moratoriumsinitiative wurde im September 1990 schließlich ein vorübergehender Stopp beim Atomkraftwerkbau beschlossen.[11] Insgesamt bewirkte die Reaktorkatastrophe von Tschernobyl – wie der Historiker Patrick Kupper betont – bezüglich der Bewertung der Atomenergie in der Schweiz einen „längerfristig wirksame[n] Einstellungswandel in der Öffentlichkeit".[12]

---

9   Ebd., S. 54, S. 56–59 und S. 77, Zitat S. 77.
10 Vgl. ebd., S. 73 f.
11 Vgl. Moser 2003, S. 185–187. Gleichzeitig wurde eine Ausstiegsinitiative abgelehnt.
12 Kupper 2003a, S. 245.

Doch nicht nur die Öffentlichkeit und die Medien, sondern auch die Politik reagierte umgehend auf den Reaktorunfall von Tschernobyl. Davon zeugen eine Vielzahl von parlamentarischen Vorstößen und die beiden Sondersessionen der eidgenössischen Räte vom Juni und Oktober 1986. In der ersten Debatte nach dem Reaktorunfall wurden in zwanzig dringlichen Interpellationen über zweihundert Fragen gestellt, deren Inhalte vom Ablauf des Ereignisses und den Schutzmaßnahmen des Bundes über die gesetzlichen Grundlagen und die Informationspolitik bis hin zu gesundheitlichen, wirtschaftlichen und energiepolitischen Auswirkungen reichen. Der Bundesrat kündigte in seiner Antwort auf diese Interpellationen ein 12-Punkte-Programm an, „in welchem wesentliche Aspekte der Krise und ihrer Bewältigung auf Bundesebene kritisch untersucht und Verbesserungen realisiert werden sollten."[13] Dieses Programm sah unter anderem vor, zügig bestimmte Gesetze und Verordnungen zu erarbeiten oder aufgrund der Erfahrungen von Tschernobyl zu revidieren, die KAC personell und materiell zu verstärken, eine Informationszentrale zu schaffen, Notfallkonzepte für die ganze Bevölkerung zu erstellen sowie eine Harmonisierung von internationalen Strahlenschutzregelungen und -konzepten anzustreben.[14]

Ähnlich wie nach dem Kernkraftwerkunfall in Harrisburg befasste sich auch die Geschäftsprüfungskommission des Nationalrates mit der Nuklearkatastrophe von Tschernobyl. Ihre Untersuchung sah vor – wie sie dem Bundesrat im Juni 1986 mitteilte – sich „mit den Folgerungen zu befassen, welche die Bundesverwaltung daraus [aus dem Kernkraftwerkunfall von Tschernobyl] zieht."[15] Der Bundesrat stellte der Geschäftsprüfungskommission im Dezember 1986 sowie im März und im Juli 1987 einen Zwischenbericht und im Dezember 1987 einen Schlussbericht zu, welche über die aus dem Reaktorunfall gezogenen Folgerungen sowie über den Stand der Realisierung des 12-Punkte-Programmes informierten.[16] Als der Schlussbericht des Bundesrates vorlag, begann eine Arbeitsgruppe der Geschäftsprüfungskommission mit ihren materiellen Prüfungen. An zwei zweitägigen Hearings befragte sie die verantwortlichen Beamten des Bundes sowie einige weitere Experten zu Fragen der Sicherheitsstandards, bezüglich des Systems der Grenzwerte und Maßnahmen, der Qualität der Informationspraxis der Behörden in

---

13   CH-BAR#E3300C#1996/294#799*, Folgerungen aus dem KKW-Unfall von Tschernobyl: Schlussbericht, 1.12.1987.

14   Vgl. ebd., Folgerungen aus dem KKW-Unfall von Tschernobyl (insbesondere 12-Punkte-Programm), [22.12.1986].

15   Ebd., Schreiben der Geschäftsprüfungskommission des Nationalrates an den Bundesrat, 19.6.1986.

16   Vgl. ebd., Folgerungen aus dem KKW-Unfall von Tschernobyl: Schsbericht, 1.12.1987.

Krisenfällen, der Funktionsweise der Alarmorganisation sowie zu den Lehren in Bezug auf die Sicherheit der schweizerischen Kernkraftwerke. Daraus resultierte im November 1988 ein Bericht, in welchem die Geschäftsprüfungskommission des Nationalrates achtzehn Maßnahmen empfahl, welche unter anderem das System der Grenzwerte, die Einsatzorganisation bei erhöhter Radioaktivität, die Information der Öffentlichkeit und die Sicherheit der Kernkraftwerke betrafen.[17] Dieser Bericht und die Stellungnahme des Bundesrates dazu wurden im Frühjahr 1989 in den eidgenössischen Räten behandelt.[18] Damit gelangte das Thema Tschernobyl in der öffentlich-politischen Diskussion vorläufig an ein Ende. Was indessen das Regieren von Strahlen betraf, so hatte das Ereignis von Tschernobyl Folgen, welche über das Ende des Kalten Krieges hinausreichten.

8.2   Regieren von Strahlen im Normalfall und im Notfall nach 1986

Die Atomkatastrophe von Tschernobyl fungierte als Katalysator für prägende Reorganisationen und Umstrukturierungen auf dem Gebiet des Strahlenschutzes. Diese hatten sich zwar teilweise bereits seit den 1970er Jahren abgezeichnet, nach Tschernobyl wurden sie indessen unverzüglich in Angriff genommen. Vor allem die Dispositive zur Überwachung, zur Regulierung und zur Alarmierung erfuhren im Zuge der schweizerischen Aufarbeitung dieses gravierenden Reaktorunfalls wesentliche Anpassungen und Veränderungen.

Überwachen

Der Reaktorunfall von Tschernobyl führte zu einer Professionalisierung und Aufwertung des Strahlenschutzes und der Strahlenüberwachung in der Bundesverwaltung. So wurde die Sektion für Strahlenschutz am 1. Januar 1987 zur Abteilung Strahlenschutz des Bundesamtes für Gesundheitswesen (BAG) aufgewertet.[19] Gleichzeitig wurde ihr die neu geschaffene Sektion Überwachung der Radioaktivität unterstellt. Letztere bestand aus der ehemaligen Laboreinheit der Eidgenössischen Kommission zur Überwachung der Radioaktivität (KUeR) in Fribourg, die nun als Verwaltungssektion in die

---

17   Vgl. CH-BAR#E3300C#1996/294#801*, Bericht der Geschäftsprüfungskommission des Nationalrates an den Bundesrat (Entwurf), 16.9.1988.

18   Vgl. ebd., Stellungnahme des Bundesrates zum Bericht der Geschäftsprüfungskommission, 27.12.1988.

19   Vgl. Müller 1989, S. 33.

Abteilung Strahlenschutz integriert wurde.[20] Im April 1987 wurde zudem eine
Änderung von Artikel 45 der Schweizerischen Strahlenschutzverordnung vor-
genommen.[21] Dieser Artikel hatte bisher festgehalten, dass die KUeR für die
Radioaktivitätsüberwachung der Umwelt verantwortlich sei. Nun sollte die
Verantwortung für die dauernde Überwachung der Radioaktivität der Umwelt
beim BAG liegen.[22]

Die nach wie vor bestehende KUeR wollte sich mit diesen Kompetenz- und
Ressourcenbeschneidungen nicht einfach abfinden, weshalb es zwischen ihr
und dem BAG zu länger andauernden Auseinandersetzungen kam. In einem
Schreiben an den Vorsteher des Eidgenössischen Departements des Innern
(EDI), Bundesrat Flavio Cotti, bestand die KUeR insbesondere darauf, „ihre
bisherige Unabhängigkeit nach aussen glaubhaft bewahren" zu können.[23]
Dazu wollte sie weiterhin verwaltungsunabhängig agieren können und verlangte deshalb, dass ihr die Sektion Überwachung der Radioaktivität fachlich
(wenn auch nicht administrativ) wieder unterstellt werde.[24] Im Prinzip wollte
die KUeR den bisherigen Status quo somit auch – respektive gerade – nach
dem Reaktorunfall von Tschernobyl beibehalten. Demgegenüber argumentierte
das BAG, das Ereignis von Tschernobyl habe gezeigt, „dass dauernde Vollzugs-
aufgaben in der Regel von der Verwaltung und nicht von einer Kommission
mit nebenamtlich tätigen Mitgliedern wahrgenommen werden sollen."[25] Die
Rolle der KUeR sah das BAG lediglich noch in beratender Funktion.

Auch die Organisation der Überwachung der Radioaktivität der Lebensmittel
wurde im Nachgang zum Reaktorunfall von Tschernobyl professionalisiert.
Ab dem 1. Juli 1989 übernahm der Verband der Kantonschemiker der Schweiz
die Aufgaben der seit 1957 bestehenden, jedoch auf freiwilliger Mitarbeit
beruhenden Arbeitsgemeinschaft zur Überwachung der Radioaktivität der
Lebensmittel.[26] Auch für diese neue Zuständigkeit gab die Kernkraftwerk-

---

20   Vgl. CH-BAR#E3300C#2002/40#561*, Schreiben der Mitglieder der KUeR an A. Egli,
      11.12.1986. Die Überführung des Labors der KUeR in eine Verwaltungseinheit war im Zu-
      sammenhang mit einer beabsichtigten Reorganisation der Sektion für Strahlenschutz
      bereits seit mehreren Jahren ein Thema gewesen. Vgl. CH-BAR#E3300C#2002/40#550*,
      Aktennotiz betreffend Schaffung einer Sektion Radioaktivitätsüberwachung, 23.4.1982.
21   Vgl. zu Art. 45 der Schweizerischen Strahlenschutzverordnung auch Kapitel 3.3.
22   Vgl. CH-BAR#E3300C#2002/40#561*, Antrag des EDI, 10.10.1989.
23   CH-BAR#E3300C#2002/40#564*, Schreiben von H. Loosli an F. Cotti, 21.2.1989. Vgl. auch
      ebd., Schreiben von H. Loosli an E. Marthaler, 16.2.1988; CH-BAR#E3300C#2002/40#561*,
      Schreiben der Mitglieder der KUeR an A. Egli, 11.12.1986.
24   Vgl. CH-BAR#E3300C#2002/40#564*, Schreiben von H. Loosli an E. Marthaler, 16.2.1988.
25   Ebd., Schreiben von B. Roos an Ed. Marthaler, 30.3.1988.
26   Die Kontrolle der Lebensmittel ist eine Aufgabe der Kantone, nicht des Bundes. Zur
      Arbeitsgemeinschaft zur Überwachung der Radioaktivität der Lebmittel vgl. Kapitel 3.2.

katastrophe von Tschernobyl den Ausschlag. So betonte der Chef der Abteilung Lebensmittelkontrolle des BAG, die Erfahrungen von Tschernobyl hätten gezeigt, dass bei erhöhter Radioaktivität eine Übertragung allfällig notwendiger Maßnahmen im Lebensmittelsektor an die kantonalen Laboratorien der Lebensmittelkontrolle „sinnvoll und zweckmässig" sei.[27]

Am Beispiel der Zurückstufung der KUeR und der Eingliederung ihres ehemaligen Labors in die Verwaltung sowie der Neuorganisation der Lebensmittelüberwachung zeigt sich exemplarisch das Ende der Ära der außerparlamentarischen Expertenkommissionen und anderer Milizorgane. Zu Beginn des Kalten Krieges hatte die Strategie der Bundesverwaltung mangels eigener Expertise wesentlich darin bestanden, gouvernementale Aufgaben an mit entsprechenden externen Experten besetzte Milizgremien abzugeben. Seit dem Ende der 1970er bzw. dem Anfang der 1980er Jahre gab es indessen politische Bestrebungen, die Anzahl außerparlamentarischer Kommissionen zu reduzieren bzw. deren Tätigkeitsfelder auf beratende Funktionen einzuschränken.[28] Im letzten Jahrzehnt des Kalten Krieges erlitten die Experten- bzw. Milizkommissionen dann nicht zuletzt aufgrund der steigenden Komplexität der zu bearbeitenden Probleme einen allgemeinen Bedeutungsverlust.[29] Nun wollten – und konnten – Verwaltungsorgane wie das BAG oder die Kantonschemiker Kernaufgaben wie die Radioaktivitätsüberwachung selbst übernehmen. Der Reaktorunfall von Tschernobyl wirkte hier beschleunigend auf schon bestehende Professionalisierungspläne ein oder stieß derartige Bestrebungen an.

Regulieren

Als Katalysator fungierte Tschernobyl auch im Bereich der Strahlenregulierung. 1994 trat das neue Strahlenschutzgesetz in Kraft, welches die bereits 1982 beschlossene Trennung der beiden lange Zeit miteinander verknüpften Bereiche

---

27   CH-BAR#E3310A#2003/209#106*, Scheiben von H. R. Strauss an die Kantonalen Laboratorien der Schweiz, an die Lebensmittelinspektorate der Kantone, an die Lebensmittelkontrolle des Fürstentums Liechtenstein, an die Kantonstierärzte der Schweiz, an die Mitglieder und Experten der KUeR und weitere interessierte Kreise, 4.7.1989. Vgl. auch CH-BAR#E3310A#2003/209#480*, Schreiben von B. Michaud an die kantonalen Laboratorien der Schweiz, an die Lebensmittelinspektorate der Kantone und an die Lebensmittelkontrolle des Fürstentums Liechtenstein, 20.10.1988, und Grundsätze der Zusammenarbeit zwischen der Einsatzorganisation des Bundes und den kantonalen Laboratorien bei erhöhter Radioaktivität im Ereignisfall, ohne Datum.

28   Vgl. bspw. die entsprechenden Dokumente in: Archiv BAG, 18.1.1.37, Änderung der Strahlenschutzverordnung sowie des Reglements der Eidg. Kommission für Strahlenschutz.

29   Vgl. Germann 2002.

Strahlenschutz und Atomenergienutzung definitiv festschrieb.[30] Bemerkenswert ist, dass der Vorentwurf für das neue Gesetz, welcher noch vor dem
Reaktorunfall in Tschernobyl vorlag, nicht mehr von einer juristischen
Expertenkommission oder der Eidgenössischen Kommission für Strahlenschutz (EKS), sondern in erster Linie von Angestellten der Bundesverwaltung
erarbeitet wurde.[31] Dieses Vorgehen stellt ein weiteres Indiz für den bereits erwähnten Trend dar, Tätigkeiten von Milizkommissionen in den 1980er Jahren
zunehmend in die Verwaltung zu verlagern.

Der verwaltungsinternen Arbeitsgruppe, welche den Vorentwurf aus-
arbeitete, gehörten Vertreter des Bundesamtes für Justiz, des Bundesamtes
für Energiewirtschaft, der Hauptabteilung für die Sicherheit der Kernanlagen,
der Schweizerischen Unfallversicherungsanstalt, des EDI und des BAG sowie
der EKS an, wobei der Chef der Sektion für Strahlenschutz Hans-Rudolf
Stadelmann den Vorsitz übernahm.[32] Mit Serge Prêtre von der Hauptabteilung für die Sicherheit der Kernanlagen und dem Präsidenten der EKS
Gerhart Wagner hatten mehrere Mitglieder der Arbeitsgruppe schon bei der
Strahlenschutzverordnung von 1976 mitgewirkt.[33] Wagner war sogar bereits
an der Verordnung von 1963 und den Technischen Richtlinien von 1954 maßgeblich beteiligt gewesen und kann als die prägende Figur der schweizerischen
Strahlenregulierung während des Kalten Krieges bezeichnet werden.

Ende November 1985 ging der Vorentwurf der Arbeitsgruppe in die
Vernehmlassung, die bis Ende Juni 1986 dauerte. Der Reaktorunfall von
Tschernobyl fiel somit mitten in die Vernehmlassungsfrist. Zwar hielt das EDI
in seinem Auswertungsbericht fest, der Vorentwurf sei „als Ganzes positiv aufgenommen" worden. Die nun vollzogene Trennung von Strahlenschutz und
Kernenergie sei „von keiner Seite bestritten" und die Absicht, den Strahlenschutz nun auf Gesetzesebene und nicht wie bisher auf der Stufe der Verordnung zu regeln, werde sogar „[a]usdrücklich begrüsst". Trotzdem hätten
einzelne Abschnitte oder Artikel „eine sehr vielfältige und teilweise auch
massive Kritik" erfahren. Hier stehe – wie das EDI weiter ausführte – „bei
zahlreichen Vernehmlassern das Katastrophenereignis von Tschernobyl mit
seinen auch in der Schweiz festgestellten Folgen im Vordergrund".[34]

---

30   Vgl. zu dieser Trennung Kapitel 4.3.
31   Vgl. CH-BAR#E3310A#2003/209#22*, Schreiben von U. Frey an den Chef der Sektion
      für Strahlenschutz, 14.1.1983, und Protokoll der 1. Sitzung der Arbeitsgruppe für die Aus-
      arbeitung eines Strahlenschutzgesetzes, 28.3.1983.
32   Vgl. ebd., Schreiben von U. Frey an den Chef der Sektion für Strahlenschutz, 14.1.1983.
33   Vgl. ebd., Protokoll der 1. Sitzung der Arbeitsgruppe für die Ausarbeitung eines Strahlen-
      schutzgesetzes, 28.3.1983.
34   CH-BAR#E3310A#2003/209#29*, Auswertung der Vernehmlassung zum Vorentwurf des
      EDI zu einem Strahlenschutzgesetz, ohne Datum.

Den eingegangenen Stellungnahmen ließen sich vier Kritikpunkte entnehmen: Erstens müsse die Informationspflicht gegenüber der Bevölkerung
und den Kantonen durch die Organe des Bundes gesetzlich verankert werden,
zweitens seien die Kompetenzen zwischen Bund und Kantonen klarer ab-
zugrenzen, drittens solle ein differenziertes Maßnahmenkonzept für den
Alarmfall ausgearbeitet werden und viertens brauche es eine internationale
Vereinheitlichung bestimmter Konzepte, Normen und Regelungen, etwa im
Bereich der Haftpflicht.[35] Die als ungenügend wahrgenommene Information
von Öffentlichkeit und Kantonalbehörden sowie die aufgedeckten Mängel
in der Alarmorganisation wurden indessen nicht nur in der Vernehmlassung
kritisiert. Vielmehr spiegelten die Vernehmlassungsantworten diesbezüglich
die prägenden Argumente der medialen und politischen Debatte wider.

Interessant ist nun, dass der Vorentwurf, der wie erwähnt bereits vor dem
Ereignis von Tschernobyl formuliert worden war, schon eine stärkere Gewichtung einer möglichen gefährlichen Erhöhung der Radioaktivität enthielt. So sollte das neue Strahlenschutzgesetz wichtige Bestimmungen von
Verordnungs- auf Gesetzesstufe heben und Möglichkeiten für Vorschriften
und Maßnahmen schaffen, für welche die gesetzlichen Grundlagen bis dahin
gefehlt hatten.[36] Die kritischen Vernehmlassungsrückmeldungen forderten
bezüglich der Vorbereitung auf einen atomaren Notfall also nichts genuin
Neues; vor dem Hintergrund „der mit dem Reaktorunglück von Tschernobyl
gemachten Erfahrungen" erhielten die vorgeschlagenen Bestimmungen
jedoch bedeutend mehr Aufmerksamkeit.[37] Verschiedene Entwicklungen in
der Strahlenschutzgesetzgebung, die schon seit einiger Zeit im Gang gewesen
waren, erlangten nach dem Reaktorunfall von Tschernobyl somit eine erhöhte
Dringlichkeit.

Die Nuklearkatastrophe von Tschernobyl führte dazu, dass die Arbeit
am Strahlenschutzgesetz und die Schaffung einer neuen Strahlenschutzverordnung erste Priorität erhielten.[38] Das neue Strahlenschutzgesetz trat
schließlich 1994 fast gleichzeitig mit der ebenfalls neuen Strahlenschutzverordnung in Kraft.[39] Im Vernehmlassungsverfahren zu dieser neuen Verordnung bildete die Radioaktivität von Lebensmitteln einen der kontrovers
diskutierten Punkte. Wie eine Pressemitteilung des EDI festhielt, waren

---

35   Vgl. ebd., Antrag des EDI, 15.5.1987.
36   Vgl. CH-BAR#E3310A#2003/209#24*, Antrag des EDI, 18.10.1985.
37   CH-BAR#E3310A#2003/209#30*, Antrag des EDI, 25.1.1988. Vgl. auch CH-
     BAR#E3300C#1996/294#799*, Folgerungen aus dem KKW-Unfall von Tschernobyl:
     Schlussbericht, 1.12.1987.
38   Vgl. CH-BAR#E3300C#1996/294#799*, Folgerungen aus dem KKW-Unfall von Tschernobyl
     (insbesondere 12-Punkte-Programm), [22.12.1986].
39   Vgl. CH-BAR#E3310A#2003/209#44*, Beschluss des Bundesrates, 22.6.1994.

radioaktive Lebensmittel „seit Tschernobyl ein aktuelles Thema".[40] Diese
Feststellung lässt außer Acht, dass die Frage radioaktiver Lebensmittel schon
während der Fallout-Debatte zur Zeit der oberirdischen Atomwaffentests
thematisiert worden und damit als Problem bereits seit Jahrzehnten bekannt
war.[41] In der Schweiz gelangte die Regulierung der Radioaktivität in Lebensmitteln jedoch erst durch den Reaktorunfall von Tschernobyl auf die gouvernementale Agenda.

Dementsprechend sah die neue Strahlenschutzverordnung nun erstmals
vor, Toleranz- und Grenzwerte für radioaktive Nuklide in Lebensmitteln festzulegen. Umweltverbände hielten die vorgeschlagenen Grenzwerte – so das
EDI im Bericht über die Vernehmlassungsergebnisse – für „völlig unannehm-
bar", da sie „deutlich höher" seien als die „Katastrophen-Toleranzwerte'", die
der Bundesrat nach Tschernobyl temporär festgelegt hatte. „Bedenklich" sei
für die Umweltorganisationen – wie das EDI weiter ausführte – zudem die
Einführung von Toleranzwerten für Radionuklide in Lebensmitteln, zumal
diese Werte nicht als Toleranz-, sondern als Grenzwerte bezeichnet werden
müssten.[42]

Während Umweltorganisationen die geplanten Grenz- und Toleranzwerte
also aus grundsätzlichen Überlegungen ablehnten, argumentierten Vertreter
aus Wirtschaftskreisen in entgegengesetzter Richtung. So verlangte eine
Stellungnahme „das vorläufige Zurückstellen" der Bestimmungen über die
Radioaktivität in Lebensmitteln mit der Begründung, dass bestimmte Vorschriften „nicht EG- [Europäische Gemeinschaft-] kompatibel" seien. Die
Strahlenschutzgesetzgebung der Europäischen Gemeinschaft kenne beispielsweise keine Grenzwerte für natürliche Nuklide wie Tritium oder Kohlenstoff-14.
Solche Abweichungen würden somit „unweigerlich zu neuen Handelshinder-
nissen führen".[43] Eine andere Stellungnahme begrüßte zwar die konsequente
Angleichung der Grenzwerte an diejenigen der Europäischen Gemeinschaft,
zweifelte jedoch grundsätzlich an deren Berechtigung. Die Werte seien „viel zu
tief angesetzt", wodurch sie „den Kontrollorganen einen viel zu grossen Spielraum zur Anordnung von Auflagen für die Verwertung" geben würden.[44] Für
die Wirtschaftsorganisationen waren also zwei Argumente wesentlich: Die
Bestimmungen über die zulässige Radioaktivität in Lebensmitteln durften die

---

40   CH-BAR#E3310A#2003/209#38*, Presserohstoff: Strahlenschutzverordnung; Vernehm-
      lassung, 22.12.1992.
41   Vgl. dazu Kapitel 3.2.
42   CH-BAR#E3310A#2003/209#38*, Bericht über die Ergebnisse des Vernehmlassungsver-
      fahrens zur Strahlenschutzverordnung, Oktober 1993.
43   Ebd.
44   Ebd.

Handelsfreiheit nicht einschränken, und das schweizerische Recht musste den europäischen Normen entsprechen. Der letzte Punkt entsprach einer grundsätzlichen Forderung, wie das EDI betonte: Seitens der Vernehmlasser werde darauf hingewiesen, „dass die Verordnung eurokompatibel sein müsse. Eine ‚Helvetisierung' von internationalen Normen sei abzulehnen; der übermässige schweizerische Perfektionismus verursache hohe Kosten, ohne dass entsprechende praktische Vorteile daraus entstünden."[45] Diese Argumente der Wirtschaftsvertreter stießen bei den Bundesbehörden auf offene Ohren. So überprüfte das EDI das Verhältnis zum europäischen Recht und kam dabei zu dem Schluss, „[i]m Hinblick auf einen möglichst freien Personen- und Warenverkehr" würden sich „keine Probleme bzw. technischen Handelshemmnisse" ergeben.[46]

Die Strahlenschutzvorschriften bezüglich der Radioaktivität von Lebensmitteln stehen exemplarisch dafür, dass die Kompatibilität von schweizerischem mit europäischem Recht zu Beginn der 1990er Jahre ein zunehmend virulentes Problem darstellte.[47] Zwischen den Bundesbehörden und den Wirtschaftsvertretern war diesbezüglich ein Konsens dahingehend vorherrschend, dass eine rechtliche Angleichung sinnvoll und gerade aus ökonomischer Sicht zwingend erforderlich sei. Das Beispiel der schweizerischen Strahlenschutzverordnung von 1994 zeigt somit erneut, dass die voranschreitende Internationalisierung bzw. Europäisierung des Rechts für die Regulierung von Strahlen prägend war und einen Harmonisierungsdruck ausübte, dem sich die Schweiz weder entziehen konnte noch wollte. Den notwendigen politischen Anstoß für eine stärkere Strahlenregulierung, insbesondere im Bereich der Radioaktivität von Lebensmitteln, hatte indessen das Ereignis von Tschernobyl und die damit verbundene mediale und öffentliche Aufmerksamkeit gegeben.

Alarmieren

Bereits vor dem Reaktorunfall in Tschernobyl bestanden Reformabsichten bezüglich des nuklearen Alarmierungsdispositivs. Mit dem Bau der Anlage „Metalert" war im Herbst 1984 die Nationale Alarmzentrale bei der Schweizerischen Meteorologischen Zentralanstalt in Zürich verwirklicht worden. Im Normalfall führte die bereits 1981 geschaffene Sektion Überwachungszentrale des EDI deren Betrieb; im Notfall konnte diese durch einen Armeestabsteil verstärkt werden. Für die fachliche Leitung der Nationalen Alarmzentrale war die Eidgenössische Kommission für AC-Schutz (KAC)

---

45   Ebd.
46   CH-BAR#E3310A#2003/209#44*, Antrag des EDI, 2.6.1994.
47   Vgl. Tanner 2015, S. 507–511.

zuständig, welche den Alarmausschuss für den Fall erhöhter Radioaktivität sowie den Ausschuss AC-Schutz des Stabes für Gesamtverteidigung ersetzte.[48]

Um diese technischen Verbesserungen und strukturellen Neuerungen der Alarmorganisation rechtlich festzuhalten, sollte die Verordnung über die Alarmorganisation, die noch aus dem Jahr 1966 stammte, angepasst werden. Als sich die Nuklearkatastrophe von Tschernobyl ereignete, stand die Änderung dieser Verordnung kurz vor dem Abschluss. Aufgrund der Erfahrungen mit dem Reaktorunfall von Tschernobyl wurde dieses Revisionsvorhaben im Rahmen des 12-Punkte-Programmes des Bundesrates nochmals überarbeitet, was in einen neuen Verordnungsentwurf mündete, der Ende November 1986 vorlag.[49] Die anvisierte Neustrukturierung der Alarmorganisation erwies sich indessen als stark problembehaftet, sodass hinsichtlich der Vorbereitung für einen atomaren Notfall Ende der 1980er Jahre eine regelrechte Revisionskaskade in Gang kam.

Die Verordnung über die Einsatzorganisation bei erhöhter Radioaktivität, die am 1. Mai 1987 in Kraft trat,[50] nahm zwei wesentliche organisatorische Neuerungen auf, mit denen der Bund derjenigen Kritik Rechnung tragen wollte, welche Politik, Medien und Kantone im Zusammenhang mit der Bewältigung des Ereignisses von Tschernobyl vorgebracht hatten: Erstens oblag die Leitung der Alarmorganisation – nun Einsatzorganisation genannt – für atomare Notfälle nicht mehr der KAC, sondern der Bundesverwaltung. Dadurch sollte – so hieß es in den Erläuterungen zum Verordnungsentwurf – ein „nahtloser Übergang sowohl vom Normalzustand ins Krisen-Management als auch umgekehrt" gewährleistet werden.[51] Zweitens war die Information der Medien und der Bevölkerung nun in allen Fällen Sache einer Informationszentrale der Bundeskanzlei, welche auch für den Informationsfluss zu den Kantonsregierungen und die Nachrichtenbeschaffung verantwortlich zeichnen sollte.[52]

Die neue Einsatzorganisation bestand aus drei Teilen: Die Gesamtleitung – der erste Teil – lag in den Händen des Leitenden Ausschusses Radioaktivität. Diesem ämterübergreifenden Ausschuss gehörten unter der Federführung des EDI die Direktoren aller Bundesämter an, die von einem atomaren Ereignis

---

48   Vgl. dazu Kapitel 6.2.

49   Vgl. CH-BAR#E3310A#2003/209#47*, Schreiben von Ed. Marthaler an die mitinteressierten Bundesstellen, 25.11.1986, und Ämterkonsultation zum Entwurf der Verordnung zum Schutz der Bevölkerung bei erhöhter Radioaktivität, ohne Datum.

50   Vgl. CH-BAR#E3310A#2003/209#49*, Verordnung über die Einsatzorganisation bei erhöhter Radioaktivität, 15.4.1987.

51   CH-BAR#E3310A#2003/209#47*, Ämterkonsultation zum Entwurf der Verordnung zum Schutz der Bevölkerung bei erhöhter Radiktivität, ohne Datum.

52   Vgl. ebd.

in erster Linie betroffen wären, so unter anderem das BAG, das Bundesamt
für Energiewirtschaft und das Bundesamt für Zivilschutz.[53] Über die entsprechenden Departemente sollte auch eine direkte Verbindung zum Bundesrat gewährleistet sein. Aufgabe des Leitenden Ausschusses Radioaktivität
war es, im Notfall die Gesamtlage zu beurteilen, beim Bundesrat Anträge für
Schutzmaßnahmen zu stellen und den Vollzug der angeordneten Maßnahmen
zu überwachen.[54]

Der Leitende Ausschuss Radioaktivität wurde vom Stab Gesundheitsschutz bei erhöhter Radioaktivität – dem zweiten Teil der neuen
Einsatzorganisation – unterstützt. Das EDI erläuterte dazu, das Ereignis von
Tschernobyl habe gezeigt, dass die KAC zwar „von richtigen theoretischen
Voraussetzungen ausgegangen ist, in der Praxis aber überfordert war, weil sie
vor allem personell über eine zu schmale Basis verfügte und deshalb auch
nicht alle wesentlichen und bei A-Ereignissen relevanten Fachrichtungen abdecken konnte."[55] Der Stab Gesundheitsschutz, dessen Tätigkeit rund um die
Uhr gewährleistet sein musste, und der, um die permanente Einsatzbereitschaft zu erleichtern, als Armeestabteil organisiert war, sollte diese Lücke nun
füllen.[56] Als Chef des Stabes Gesundheitsschutz fungierte der Direktor des
BAG; als Mitglieder amteten je zwei Vertreter der KAC, der KUeR, der EKS
und der Eidgenössischen Kommission für die Sicherheit der Atomanlagen
sowie der Abteilung Strahlenschutz und der Hauptabteilung für die Sicherheit
der Kernanlagen.[57] Der Stab Gesundheitsschutz, in welchen somit alle wesentlichen in dieser Arbeit behandelten Strahlenschutzbehörden und -gremien
eingebunden waren, sollte im Notfall die radiologische Lage im Hinblick auf
die Gesundheit der Bevölkerung beurteilen und für den Leitenden Ausschuss
Radioaktivität Anträge für entsprechende Schutzmaßnahmen ausarbeiten. Der
Stab war somit als fachliches Führungsorgan der neuen Einsatzorganisation
vorgesehen.[58]

Den dritten Teil der neuen Einsatzorganisation stellten die „weiteren Mittel"
dar. Dazu zählte in erster Linie die Nationale Alarmzentrale. In diese war die

---

53   Vgl. CH-BAR#E3310A#2003/209#48*, Pressemitteilung betreffend Verordnung über Ein-
     satzorganisation bei erhöhter Radioaktivität, ohne Datum.
54   Vgl. ebd., Antrag des EDI, 8.4.1987.
55   Ebd.
56   Vgl. ebd.
57   Vgl. CH-BAR#E3310A#2003/209#49*, Verordnung über die Einsatzorganisation bei
     erhöhter Radioaktivität, 15.4.1987. Die Vertreter der vier mit Radioaktivität und Strahlen-
     schutz befassten Kommissionen bildeten darüber hinaus schon in der Vorbereitungs-
     phase, also im Normalfall, den sogenannten Koordinationsausschuss Radioaktivität.
58   Vgl. CH-BAR#E3310A#2003/209#48*, Antrag des EDI, 8.4.1987.

schon bestehende Alarmstelle Radioaktivität integriert, die rund um die Uhr Meldungen aus dem In- und Ausland entgegenzunehmen und bei einem Ereignis unverzüglich den Pikettdienst der Sektion Überwachungszentrale zu informieren hatte. Bei Bedarf konnte zur Verstärkung zusätzlich der Armeestabsteil der Nationalen Alarmzentrale aufgeboten werden.[59] Zu den „weiteren Mitteln" der Einsatzorganisation gehörten nach wie vor auch die Messorganisation sowie die bereits erwähnte, bei der Bundeskanzlei angesiedelte neue Informationszentrale, die ebenfalls als Armeestabsteil organisiert war, sowie ein Radio-Detachement der Schweizerischen Rundspruchgesellschaft, das sich gleichzeitig mit dem Armeestabsteil der Nationalen Alarmzentrale aufbieten ließ.[60] Wiewohl bestimmte Reformabsichten schon im Raum gestanden hatten, führte der Reaktorunfall von Tschernobyl also auch bei der Alarmorganisation zu einem Reorganisationsdruck und entsprechenden Umstrukturierungen.

Die vorgenommenen strukturellen Änderungen betrafen vor allem die Leitungsebene der neuen Einsatzorganisation. Das EDI hielt dazu fest: „Mit einer Kombination von Verwaltungseinheiten und ‚Milizpersonal' wird ein genügend grosses Potential von Fachwissen zur Bewältigung einer A-Krise geschaffen, ohne einen bürokratischen Apparat unterhalten zu müssen."[61] Es steht jedoch außer Frage, dass die neue Einsatzorganisation auf eine Professionalisierung und damit auf eine Zurückdrängung der Milizorgane abzielte, sollten die Entscheidungen doch nicht mehr durch eine Kommission, sondern durch Verwaltungsorgane getroffen werden. Der KAC kam, wie den anderen Kommissionen im Bereich Radioaktivität und Strahlenschutz auch, nur noch eine beratende, jedoch keine Führungsfunktion mehr zu. In einem Zeitungsartikel der Luzerner Neuen Nachrichten von Ende April 1987 hieß es lapidar, gemäß der neuen Verordnung werde „die vor einem Jahr federführende und stark kritisierte Kommission für AC-Schutz weitgehend entmachtet [...]".[62] Hier zeigt sich somit erneut der Bedeutungsverlust außerparlamentarischer Expertenkommissionen.

Gleichzeitig verdeutlicht die neue Einsatzorganisation, wie stark das Bedrohungsbild einer Atomkatastrophe, die sich zu Friedenszeiten ereignen würde, inzwischen das Denken der Verantwortlichen bestimmte. Die Führung des Leitenden Ausschusses Radioaktivität lag nun beim EDI und diejenige

---

59   Am 1.1.1989 wurde die Sektion Überwachungszentrale in Sektion Nationale Alarmzentrale umbenannt. Vgl. E3300C#1996/294#842*, Schreiben von H. J. Knaus an Ed. Marthaler, 24.11.1988.

60   Vgl. CH-BAR#E3310A#2003/209#48*, Antrag des EDI, 8.4.1987.

61   Ebd.

62   Ebd., Radioaktivität und Krisenfall, in: Luzerner Neue Nachrichten, 27.4.1987.

des Stabes Gesundheitsschutz beim Direktor des BAG, also bei zwei zivilen Organen. Bemerkenswert ist auch, dass mit dem Begriff Gesundheitsschutz eine Bezeichnung gewählt wurde, die keinerlei militärische Konnotationen mehr aufwies. Dementsprechend standen jetzt eindeutig zivile Nuklearkatastrophen wie Kernkraftwerkunfälle oder Unfälle mit Atomwaffen im Fokus atomarer Bedrohungsvorstellungen.[63] Auf diese atomaren Gefahren sollte das neue Alarmierungsdispositiv der Einsatzorganisation nun reagieren. Das Bedrohungsszenario eines Nuklearkrieges trat demgegenüber – beschleunigt durch das sich abzeichnende Ende des Kalten Krieges – erneut stark in den Hintergrund.

Die Reform der ehemaligen Alarmorganisation erwies sich jedoch als vertrackte Angelegenheit. Wie die obige Beschreibung klar gemacht hat, wies die nach Tschernobyl neu geschaffene Einsatzorganisation eine äußerst komplizierte, wenn nicht gar unübersichtliche Struktur auf. Diese wurde anlässlich der Gesamtverteidigungsübung des Jahres 1988, der letzten während des Kalten Krieges, getestet. Aufgrund der Erfahrungen mit dem Reaktorunfall von Tschernobyl sah die Übung eine „Mehrfachkrise" vor. Bei deren Bewältigung unterstützte die Armee die zivilen Schutz- und Rettungsdienste – und nahm insofern die spätere Neuausrichtung der sogenannten Armee 95 vorweg.[64] Allerdings zeigten sich im Bereich der atomaren Bedrohung – wie in sämtlichen nationalen Verteidigungsübungen während des Kalten Krieges – wiederum zahlreiche Koordinationsprobleme. So funktionierten zwar die einzelnen Elemente der neuen Einsatzorganisation für sich allein gut, doch es gab Schwierigkeiten in deren Zusammenspiel. Dies hatte in der Übung, in welcher laut der Übungsanlage ein Nuklearereignis im benachbarten Ausland stattfand, eine späte Alarmierung der Bevölkerung sowie fehlende oder unklare Anweisungen zur Folge. Eine Überprüfung der neuen Organisation schien deshalb angebracht.[65] Tatsächlich wurde die Verordnung über die Einsatzorganisation bei erhöhter Radioaktivität bereits ab Mitte 1989 einer erneuten Revision unterzogen.

Es wird hier somit einmal mehr deutlich, welch zentrale Rolle Übungen – oder genauer formuliert: Simulationen – für die Weiterentwicklung von Alarmorganisationen und Strahlenschutzmaßnahmen zukam. Im Simulationsprozess gewonnene Resultate und Erkenntnisse wurden häufig in

---

63   Vgl. CH-BAR#E3310A#2003/209#47*, Schreiben von Mitgliedern der Ei Gr KAC und der NAZ an A. Egli, 3.9.1986, und Der Einsatz der Alarmorganisation beim Ereignis Tschernobyl, [20.10.1986].

64   Vgl. Bericht des Bundesrat 1992.

65   Vgl. CH-BAR#E5680C#1999/267#73*, Feststellungen des zivilen Übungsleiters, 20.11.1988.

konkrete Vorhaben übersetzt. Dies geschah auch nach der Gesamtverteidigungsübung 1988. Diese und weitere Übungen hätten – so ist den Erläuterungen zum neuen Verordnungsentwurf zu entnehmen – „die Bedeutung
des Faktors ‚Zeit' mit aller Deutlichkeit in den Vordergrund gerückt". Es gelte
nun deshalb,

> die an sich reibungslos funktionierende Organisation zu straffen, was auf dem
> Wege der Eliminierung von Schnittstellen zu erfolgen habe. Insbesondere bei
> einem Unfall in einem schweizerischen Kernkraftwerk sei die Interventions-
> grenze zu Beginn eines Ereignisses so zu ziehen, dass in längestens zwei Stunden
> erste entscheidende Schutzmassnahmen angeordnet werden können.[66]

Es waren also die vielen „Schnittstellen" in der komplexen Struktur der Einsatzorganisation, die nicht richtig zusammenspielten und deren Abstimmung
und Einbindung zu viel Zeit kosteten. Eine „Eliminierung" bedeutete nichts
anderes, als dass der Stab Gesundheitsschutz, kaum eingeführt, bereits wieder
abgeschafft wurde. In der revidierten Verordnung über die Einsatzorganisation
bei erhöhter Radioaktivität, die ab Juli 1991 in Kraft war, bestand die Einsatzorganisation nur noch aus zwei Teilen: der Nationalen Alarmzentrale und dem
Leitenden Ausschuss Radioaktivität. Letzterer sollte die notwendigen fachlichen Einschätzungen zur radiologischen Situation künftig direkt bei den entsprechenden Bundesämtern abholen.[67]

Die bestehenden Milizkommissionen auf dem Gebiet der Radioaktivität und des Strahlenschutzes, insbesondere die KAC, wurden zu Beginn der
1990er Jahre folglich weiter „entmachtet". Sie waren seit 1987 sowieso nur
noch im Stab Gesundheitsschutz vertreten gewesen – und dieser fiel nun
weg. Gemäß der neuen Verordnung standen die Mitglieder der vier Expertenkommissionen dem Leitenden Ausschuss Radioaktivität lediglich noch als
Fachleute zur Verfügung.[68] Zugleich spiegelt die bereits Mitte der 1980er Jahre
einsetzende Revisionskaskade bei der Verordnung der Einsatzorganisation
die anhaltenden Koordinationsprobleme im Bereich der Alarmierung und
Information der Bevölkerung bei Atomkatastrophen wider. Augenscheinlich
bildete die ‚koordinierte Sicherheit' gegen die von Strahlen ausgehenden Gefahren während des gesamten Kalten Krieges (und darüber hinaus) ein unlös-
bares Problem.

---

66   CH-BAR#E3300C#2002/40#561*, Erläuterungen zum Entwurf der Verordnung über die
      Einsatzorganisation bei erhöhter Radioaktivität, 19./21.6.1990.
67   Vgl. ebd.
68   Vgl. ebd.

8.3 Fazit

Der Reaktorunfall von Tschernobyl gab den Ausschlag dafür, die Sicherheitsdispositive für das Regieren von Strahlen im Normalfall wie im Notfall maßgeblich zu reformieren. Die Aufwertung der Sektion für Strahlenschutz zu einer Abteilung, die Schaffung der Sektion Überwachung der Radioaktivität, die Übernahme der Lebensmittelüberwachung durch den Verband der Kantonschemiker, der Erlass eines separaten Strahlenschutzgesetzes und einer neuen Strahlenschutzverordnung sowie die neu geschaffene Einsatzorganisation bei erhöhter Radioaktivität verdeutlichen die Aufwertung des Strahlenschutzes in der Schweiz am Ende der 1980er bzw. Anfang der 1990er Jahre. All diese Entwicklungen wurden durch den Reaktorunfall von Tschernobyl entweder entscheidend befeuert oder sogar erst angestoßen. Tschernobyl fungierte für das Regieren von Strahlen in der Schweiz somit zwar nicht als eine Zäsur, aber als ein äußerst wichtiger Treiber und Verstärker von Reformbestrebungen.

Sowohl die Organisation im Normalfall als auch die Vorbereitung auf einen atomaren Notfall wurden dabei professionalisiert. Was die Herstellung von Strahlensicherheit anbelangte, offenbarten die Auswirkungen des Reaktorunfalls von Tschernobyl auf die Schweiz die Schwächen von Milizkommissionen. Als Folge verlor das schweizerische Strahlenschutznetzwerk mit seinen milizbasierten Expertenkommissionen zugunsten professioneller Verwaltungseinheiten an Bedeutung und Einfluss. Die Strahlenüberwachung und die Alarmorganisation wurden reorganisiert und in die Verwaltung eingegliedert. Dies war in den 1980er Jahren auch deshalb möglich, weil die Verwaltung nun im Gegensatz zum Beginn des Kalten Krieges selbst über Know-how und Strahlenwissen verfügte. Die ‚Koordination‘ von Sicherheit blieb indessen, wie die Gesamtverteidigungsübung von 1988 zeigte, weiterhin ein struktureller Schwachpunkt des schweizerischen Gesamtverteidigungssystems, welcher bereits nach kürzester Zeit zu wiederholten Reformen der neuen Einsatzorganisation Anlass gab.

Darüber hinaus führte der Reaktorunfall von Tschernobyl dazu, dass der Bau des Kernkraftwerkes Kaiseraugst, das Pièce de Résistance der Anti-Atomkraft-Bewegung, aufgegeben wurde. Auch in befürwortenden Kreisen büßte die Förderung der Atomenergie ihre vormalige uneingeschränkte Unterstützung ein. Damit erodierte als direkte Folge des Ereignisses von Tschernobyl ein zentraler Pfeiler des schweizerischen Kalte-Krieg-Konsenses. Strahlenhistorisch gesehen endete der schweizerische Kalte Krieg im Jahr 1986.

KAPITEL 9

Strahlen im Kalten Krieg. Zusammenfassung und Schluss

Strahlen avancierten in der Schweiz erst nach 1945 zu einem Problem des Regierens. Fasziniert von möglichen Anwendungen von Strahlen in einem nuklearen Alltag und überzeugt von der Bewältigbarkeit eines künftigen Atomkrieges, begannen sich verschiedene Bundesstellen bereits kurz nach den Atombombenabwürfen auf Hiroshima und Nagasaki für Strahlen zu interessieren. In den folgenden Jahrzehnten war das Regieren von Strahlen von den Bedingungen und Konjunkturen des internationalen Kalten Krieges geprägt, aber auch von innenpolitischen Konflikten um die militärische und vor allem die zivile Nutzung der Atomenergie.

Der schweizerische Kalte Krieg zeichnete sich durch eine starke „Nuklearität" aus, weil wichtige gesellschaftliche Auseinandersetzungen, maßgebende Verteidigungskonzepte und leitende Bedrohungsszenarien an die zunehmende Verfügbarkeit von Atomenergie und Strahlen gekoppelt waren. Das gouvernementale Handeln zielte darauf ab, die Zirkulation dieser Stoffe und Energiequellen zu ermöglichen. Dafür musste es im Gegenzug die Herstellung von Strahlensicherheit gewährleisten. Um dieses Ziel zu erreichen, wurde eine enorme Menge an Personal, Ressourcen, Geräten und Ideen in Sicherheitsdispositive gegen Strahlen eingebunden. Im Verlaufe des Kalten Krieges waren so unterschiedliche Akteure wie Wissenschaftler, Industrieunternehmen, Armeeoffiziere, Kernkraftwerkbetreiber, kantonale Laboratorien und Pflegefachleute, aber etwa auch die Schweizerische Unfallversicherungsanstalt, die Schweizerische Rundspruchgesellschaft und der Blutspendedienst des Schweizerischen Roten Kreuzes in die Produktion von Strahlensicherheit involviert: In dieser umfassenden gesamtgesellschaftlichen Mobilisierung spiegelt sich die politische Kultur des schweizerischen Kalten Krieges wider.

Im ersten Jahrzehnt des Kalten Krieges bestimmte die Vorbereitung auf einen künftigen Atomkrieg das gouvernementale Interesse an ionisierenden Strahlen und radioaktiven Stoffen. Dabei verfügten die Bundesbehörden zunächst nur über äußerst bescheidenes Wissen und Know-how. In der bereits 1945 gegründeten Schweizerischen Studienkommission für Atomenergie, aber auch in der im Zuge der Fallout-Debatte 1956 eingesetzten Eidgenössischen Kommission zur Überwachung der Radioaktivität gaben deshalb Wissenschaftler der verschiedenen Schweizer Hochschulen, namentlich Physiker

© SIBYLLE MARTI, 2021 | DOI:10.30965/9783657704439_010

und Mediziner, später auch Biologen und Chemiker, den Ton an. Innerhalb der Bundesverwaltung war es vor dem Hintergrund der angestrebten totalen Landesverteidigung zunächst hauptsächlich das Militär, das sich durch die Förderung der Strahlenforschung und den Aufbau eines ABC-Schutzdienstes Wissen über die gesundheitsschädigenden Wirkungen der Radioaktivität sowie über mögliche Strahlenschutzmaßnahmen aneignen wollte. Bei der dazu notwendigen Entwicklung von Geräten kam es zu mehreren gewinnbringenden Kooperationen zwischen dem Militär und der schweizerischen Industrie, so bei der Herstellung eines Teilchenbeschleunigers oder bei der Produktion von Strahlenmessgeräten. Gleichzeitig nutzten die Schweizer Forscher alle verfügbaren Kontakte, vor allem in den USA, aber auch in Großbritannien, der Bundesrepublik Deutschland und weiteren Ländern des ‚Westblocks‘, um als notwendig erachtetes Know-how, Wissen und Material zu erlangen. Die ‚strategische Multioptionalität‘, mittels welcher die Schweiz versuchte, von vielfältigen transnationalen Wissenstransfers zu profitieren, kontrastierte mit den im Rahmen der totalen Landesverteidigung propagierten Autarkievorstellungen, welche die nationalen Joint Ventures prägten. Nationalen Alleingängen waren auch bei der Regulierung von Strahlen Grenzen gesetzt. Die Verpflichtung der Schweiz, bestimmte bindende Abkommen umzusetzen, aber auch das Erfordernis, die nationalen Strahlenschutzbestimmungen mit internationalen und später auch mit europäischen Normen kompatibel zu machen, führten dazu, dass die Formulierungen der 1963 in Kraft tretenden schweizerischen Strahlenschutzverordnung während des ganzen Kalten Krieges jeweils so weit möglich mit internationalen Bestimmungen harmonisiert wurden. Gleichzeitig waren es vielfach auch wirtschaftliche Interessen, welche die Ausgestaltung des Strahlenschutzes beeinflussten.

Ab dem Ende der 1950er bis zum Ende der 1960er Jahre wurde im Kontext des internationalen Kalten Krieges unter dem Slogan *Atoms for Peace* die zivile Nutzung der Atomenergie vorangetrieben. In der Folge verschob sich der Fokus der Strahlenforschung wie auch der Strahlenüberwachung immer mehr auf den expandierenden nuklearen Alltag. Die steigende Verfügbarkeit von Radioisotopen und hochenergetischen Strahlenquellen befeuerte nicht nur die Strahlenmedizin und hier insbesondere die Krebstherapie und -diagnostik, sondern auch die aufstrebende molekularbiologische Forschung. Die Forschungsförderung der 1958 geschaffenen, dem Schweizerischen Nationalfonds zur Förderung der wissenschaftlichen Forschung angegliederten Kommission für Atomwissenschaft wirkte in dieser Phase als bedeutender Katalysator für die biomedizinische Forschung in der Schweiz. Auch im Bereich der Strahlenüberwachung verlagerte sich das Gewicht der durchgeführten Messungen zunehmend auf die Abgabe von radioaktiven Stoffen durch Industriebetriebe, Spitäler und Atomanlagen.

Die 1970er Jahre erwiesen sich für das Regieren von Strahlen als wichtiges Jahrzehnt der Transformation. Wesentlich vorangetrieben durch die virulenten gesellschaftlichen Auseinandersetzungen um die zivile Nutzung der Atomenergie, rückten mögliche Kernkraftwerkunfälle und andere Katastrophenszenarien des nuklearen Alltags als neue Strahlenrisiken in die öffentlich-politische Diskussion. Dadurch weitete sich die Wahrnehmung der atomaren Gefahren auf den Zivilbereich aus und neuartige Bedrohungsvorstellungen wie eine mögliche Sabotage in Atomkraftwerken gewannen bei den schweizerischen Gesamtverteidigern stark an Plausibilität. Gleichzeitig rückte während der Entspannungsphase des Ost-West-Konfliktes das Bedrohungsbild eines Atomkrieges vorübergehend in den Hintergrund. Dieser Wandel in der wahrgenommenen Bedrohungslage spiegelte sich in den regelmäßig durchgespielten nationalen Verteidigungsübungen, aber auch in den im Zuge der Verwissenschaftlichung der Sicherheitspolitik neu erarbeiteten Bedrohungsstudien wider. In diesen unterschiedlichen Formen der Simulation, die darauf abzielten, das Gesamtverteidigungssystem zu testen und fortlaufend zu optimieren, wurde der „war-like character" des schweizerischen Kalten Krieges permanent aktualisiert. Über diese ständige performative Reifikation der imaginierten Bedrohungen wurden auch gesellschaftliche Ausgrenzungslinien gezogen – etwa dann, wenn der demokratische Protest gegen den Bau von Atomkraftwerken in den entworfenen Szenarien mit der subversiven Tätigkeit ‚innerer Feinde' und der Gewaltbereitschaft ‚linksterroristischer' Gruppierungen assoziiert wurde. Die gouvernementale Sicht auf die Anti-Atomkraft-Bewegung wurde folglich von den Bedrohungs- und Feindbildern des Kalten Krieges mitgeformt.

Das Szenario der Nuklearkatastrophe bildete sowohl im Militär- als auch im Zivilbereich die zentrale Bedrohung des Kalten Krieges. Bereits ab den 1970er Jahren war mit der Ausweitung und Verlagerung der Atomgefahr auf den Zivilbereich auch eine Neuausrichtung der schweizerischen Gesamtverteidigung verbunden. Die Konzeptionen für die Alarmorganisation für den Fall erhöhter Radioaktivität sowie für den Koordinierten Sanitätsdienst sollten deshalb einen flexiblen Übergang von Unfällen des nuklearen Alltags auf große atomare Katastrophen- und Kriegsereignisse und von den Bedingungen des Normalfalls auf die Vorbereitungen für den Notfall ermöglichen. In diesen hybriden Organisationen verdeutlicht sich die „totale Politik" des schweizerischen Kalten Krieges: In ihnen vermischten sich Ziviles und Militärisches, womit auch die Grenzen zwischen Frieden und Krieg unscharf wurden.

Durch die Anti-Atomkraft-Debatte geriet die gouvernemental propagierte zivile Nutzung der Atomenergie in den 1970er Jahren stark unter Druck. Damit begann ein wesentlicher Pfeiler des schweizerischen Kalte-Krieg-Konsenses brüchig zu werden. Gleichzeitig avancierten öffentlich-medial verbreitete Strahlenängste und zivilgesellschaftliche Kritik an der Kernenergie zunehmend zu einem nicht vernachlässigbaren politischen Faktor. Die maßgebenden Strahlenschutzakteure aus der Verwaltung, dem Militär, der Wissenschaft und der Wirtschaft waren deshalb bestrebt, gegenüber der erstarkenden Anti-Atomkraft-Bewegung in der schweizerischen Öffentlichkeit geeint aufzutreten. Obwohl mitunter langwierige Konflikte um Kompetenzen und Vormachtstellungen im Strahlenschutz ausbrachen, so etwa zwischen der Eidgenössischen Kommission zur Überwachung der Radioaktivität und den nuklearen Sicherheitsbehörden des Bundes, begünstigten die Auseinandersetzungen um den Bau von Kernkraftwerken insgesamt die Konsensbereitschaft innerhalb der „small world" des schweizerischen Strahlenschutz-Netzwerkes. Der Reaktorunfall im US-amerikanischen Harrisburg von 1979 fügte der Unterstützung der Atomenergie auch in der Schweiz einen bedeutenden Dämpfer zu und trug Anfang der 1980er Jahre zum Entschluss bei, die Nutzung der Atomenergie und den Schutz vor Strahlen künftig in zwei separaten Gesetzen zu regeln.

Das Regieren von Strahlen begann sich folglich bereits in den 1970er Jahren zu wandeln. Der gravierende Kernkraftwerkunfall von Tschernobyl 1986 beschleunigte diese Veränderungen aber deutlich. Insbesondere verstärkte sich die Tendenz, den zivilen Bevölkerungsschutz im Rahmen der schweizerischen Gesamtverteidigung auf einen in Friedenszeiten stattfindenden, zivilen (atomaren) Notfall auszurichten. Um der öffentlich-medialen Kritik am Handling dieses Katastrophenereignisses durch die Behörden des Bundes und hier insbesondere die Alarmorganisation der Eidgenössischen Kommission für AC-Schutz zu begegnen, fand eine Professionalisierung der Sicherheitsdispositive gegen Strahlen statt, die mit einer Aufwertung der zuständigen Verwaltungsstellen und einer Abwertung der auf Milizbasis arbeitenden Expertenkommissionen einherging. Damit verloren zahlreiche Akteure, namentlich die Eidgenössische Kommission für AC-Schutz, die Eidgenössische Kommission zur Überwachung der Radioaktivität, die Eidgenössische Kommission für die Sicherheit von Atomanlagen und die Eidgenössische Kommission für Strahlenschutz, die das Regieren von Strahlen in der Schweiz seit 1945 stark geprägt hatten, bedeutend an Einfluss.

Gleichzeitig büßten am Ende des Kalten Krieges auch Armee und Zivilschutz deutlich an gesellschaftlicher Zustimmung ein. Die erneute atomare

Aufrüstung während des Zweiten Kalten Krieges zu Beginn der 1980er Jahre hatte in der Schweiz wie in vielen anderen Ländern in ‚West‘ und ‚Ost‘ zu einem Wiedererstarken der Friedensbewegung sowie einer zunehmend lauter werdenden Kritik am Machbarkeitsglauben sowie an Sinn und Zweck von Zivilschutz und Armee geführt. Kritische Wissenschaftlerinnen und Wissenschaftler, aber auch breite Kreise der schweizerischen Bevölkerung stellten ein Weiterleben nach der Bombe infrage. Eine Studie der Zentralstelle für Gesamtverteidigung, die sich dieser Problematik widmete, musste am Ende des Jahrzehnts eingestehen, dass die absolut verheerenden sozialen, politischen und ökologischen Auswirkungen eines Atomkrieges bislang sträflich unterschätzt worden waren. Indem sich die Bewältigbarkeit eines Nuklearkrieges immer offensichtlicher als technokratische Illusion erwies, verloren die auf das Überleben des nationalen Kollektivs ausgerichteten Zivilschutz- und Verteidigungsmaßnahmen entscheidend an gesellschaftlicher Unterstützung und Glaubwürdigkeit.

Die in diesem Buch erzählte Geschichte des Regierens von Strahlen verdeutlicht, wie die Dichotomien und Verläufe, Bedrohungsvorstellungen und Wahrnehmungen des Kalten Krieges einen wesentlichen Einfluss auf die Herstellung von Strahlensicherheit in der Schweiz ausübten. In dieser historischen Konstellation bildeten sich Überwachungs-, Regulierungs-, Alarmierungs- und Rettungsdispositive heraus, die sowohl auf den expandierenden nuklearen Alltag als auch einen künftigen Atomkrieg abzielten. Die dominante Regierungsweise unterschied sich je nachdem, ob ein Sicherheitsdispositiv unter ‚normalen‘ oder unter Notfallbedingungen zu funktionieren hatte. Im Normalfall dominierte die ‚Verteilung‘ von Sicherheit, indem eine Vielzahl der oben genannten Akteure, aber auch einige private Organisationen eigenständig für einen Teilbereich des Strahlenschutzes verantwortlich zeichneten. Demgegenüber stand im Notfall die ‚Koordination‘ von Sicherheit im Zentrum. Bei einem so verheerenden Ereignis wie einer Atomkatastrophe bestand die einzige Strategie zur Bewältigung darin, alle verfügbaren militärischen und zivilen, staatlichen und privaten Institutionen und Mittel sämtlicher föderalen Ebenen bestmöglich aufeinander abgestimmt einzusetzen. Der helvetische Notfallföderalismus funktionierte indessen, wie zahlreiche nationale Verteidigungsübungen stets von Neuem vor Augen führten, mehr schlecht als recht. Nicht zuletzt aufgrund immanenter Strukturprobleme des schweizerischen Gesamtverteidigungssystems blieb die ‚koordinierte Sicherheit‘ während des ganzen Kalten Krieges prekär.

Die gegen Strahlen entworfenen Sicherheitsdispositive weiteten sich im Untersuchungszeitraum dieser Arbeit fortlaufend aus. So wuchsen nicht nur die zuständigen Verwaltungseinheiten und Expertenkommissionen, etwa die

Sektion für Strahlenschutz oder die Abteilung für die Sicherheit der Kernanlagen, die Alarmorganisation für den Fall erhöhter Radioaktivität oder
der Koordinierte Sanitätsdienst. Vielmehr nahmen auch die überwachten
Personen und Gegenstände sowie die regulierten Anwendungen von Strahlen
zu. Diese expansive Logik ist der Tendenz von Sicherheitsdispositiven geschuldet, fortlaufend neue Objekte zu integrieren. Studiert man – wie dies
für die vorliegende Arbeit notwendig war – im Schweizerischen Bundes- und
weiteren Archiven Quellenbestände zum Regieren von Strahlen im Kalten
Krieg, so finden sich überwältigende Mengen an Protokollen, Konzepten, Ab-
handlungen, Briefen, Notizen, Dokumentationen, Berichten, Organigrammen,
Plänen, Tabellen, Listen und Karten – und es ist anzunehmen, dass sich in
diversen Staats-, Stadt-, Gemeinde- und Organisationsarchiven unzählige
weitere Bestände zum Problem des Strahlenschutzes sichten ließen. Diese
monströsen Papierberge sind ein Indikator für die große Bedeutung, welche
dem Regieren von Strahlen in der Schweiz nach 1945 zukam. Die zunehmende
Komplexität, welche den Umgang mit Strahlen im Verlaufe des Kalten Krieges
kennzeichnete, verlangte nach dem Reaktorunfall von Tschernobyl mit Nachdruck nach professionellen Strukturen im Strahlenschutz.

　　Diese Ausdehnung der Sicherheitsdispositive gegen Strahlen lässt sich als
Teil einer zunehmenden funktionalen Differenzierung der Bundesverwaltung
beschreiben. Der Bund übernahm in der Nachkriegszeit eine Vielzahl neuer
Aufgaben – so auch den Strahlenschutz –, die zu einem stetigen Ausbau seiner
Verwaltung führten. Verwaltungsstellen avancierten damit zu zunehmend ge-
staltenden und steuernden gouvernementalen Strahlenschutzakteuren. Die
schier endlosen Laufmeter archivierter Quellen verweisen jedoch auch auf
den beispiellosen akribischen Eifer und die bemerkenswerte bürokratische
Sorgfalt, mit welcher unzählige Personen und Institutionen über mehrere
Jahrzehnte die Vorbereitung auf eine imaginierte Atomkatastrophe in Angriff nahmen. Nicht alle Konzeptionen wurden umgesetzt, nicht sämtliche
Maßnahmen verwirklicht, nicht jedes Projekt abgeschlossen. Vieles wurde zu
Makulatur – doch alles hinterließ Papier. In diesem papiernen Erbe manifestiert sich der Anspruch der permanenten *preparedness* der totalen Landes-
bzw. Gesamtverteidigung. Die politische Kultur des schweizerischen Kalten
Krieges materialisiert sich so nicht nur, aber auch als ‚Papierkrieg‘, der jedoch –
wie diese Arbeit gezeigt hat – vielfältige und nachhaltige ‚reale‘ Effekte zeitigte.

　　Von den Plänen zur Beschaffung einer eigenen Atombombe über die erhoffte „Isotopenökonomie" bis hin zu den Visionen unendlicher Energie
durch Atomkraftwerke: Immer war den Sicherheitsdispositiven gegen
Strahlen ein Zukunftsversprechen eingeschrieben gewesen: das Versprechen,
Strahlensicherheit in jedem Fall herstellen zu können, sodass radioaktive

Strahlung und Atomenergie gefahrlos und produktiv zirkulieren konnten. Diese positiv konnotierte Verschränkung von Atomenergie und Strahlenschutz hatte ermöglicht, dass Atomlobbyisten mit Strahlenbiologen in denselben Kommissionen Einsitz nahmen, Biowissenschaftler und Kernphysiker von denselben Forschungsförderungsinstitutionen unterstützt wurden und sich Militärstrategen und Spitaldirektoren an denselben Verteidigungsplanungen beteiligten. Was jahrzehntelang zusammen gedacht und geplant, aufgebaut und konzipiert worden war, begann in den 1970er Jahren durch die Kritik am Bau von Atomkraftwerken zu bröckeln und wurde nach dem Reaktorunfall Tschernobyl unwiderruflich auseinanderdividiert. Mit dieser einsetzenden strukturellen Loslösung war auch eine zunehmende mentale Entkopplung verbunden: die Preisgabe des gouvernementalen Konsenses zur uneingeschränkten Förderung von Atomenergie und radioaktiver Strahlung, das Eingeständnis einer Desillusionierung, ja einer Entmystifizierung dieser Energiequellen und Stoffe. Am Ende des Kalten Krieges hatten Strahlen ihre Erhabenheit verloren.

Dank

Während der Arbeit an diesem Buch hatte ich das Glück, von vielen Menschen inner- und ausserhalb der Wissenschaft grosse Unterstützung und anregenden Austausch zu erfahren. Ihnen allen bin ich zu enormem Dank verpflichtet. Philipp Sarasin gebührt ein herzlicher Dank für die Betreuung meiner Doktorarbeit und die Möglichkeit, zunächst als Geschäftsführerin des Zentrums „Geschichte des Wissens" und später als wissenschaftliche Assistentin an der Forschungsstelle für Sozial- und Wirtschaftsgeschichte der Universität Zürich forschen und lehren zu dürfen. Die Jahre an der Forschungsstelle prägten mich stark und boten mir ein inspirierendes Umfeld, um über „Strahlen im Kalten Krieg" nachzudenken. Ein besonderer Dank geht an Monika Dommann für die Zweitbetreuung meiner Arbeit und die produktive Zusammenarbeit an unserem gemeinsamen Band zum „Kriegsmaterial im Kalten Krieg". Ein grosser Dank gilt auch Alexandra Przyrembel, die es mir ermöglichte, mich nach Abschluss meiner Dissertation im Lehrgebiet „Geschichte der Europäischen Moderne" an der FernUniversität in Hagen thematisch auf neues Terrain vorzuwagen. Christian Koller und den übrigen Herausgeber/innen der Reihe „Krieg in der Geschichte" des Ferdinand Schöningh Verlags möchte ich bestens dafür danken, dass sie mein Buch in ihrer Reihe veröffentlichten.

An der Forschungsstelle für Sozial- und Wirtschaftsgeschichte in Zürich durfte ich eine Reihe von Kolleg/innen kennenlernen, die meine Arbeit mit grossem Interesse und freundschaftlichem Wohlwollen begleiteten. Rahel Bühler und Simon Hofmann diskutierten mit mir intensiv über das Konzept und die ersten Kapitelentwürfe. Dafür bin ich ihnen äusserst dankbar. Ein grosser Dank gebührt Manuel Kaiser, Patrick Kilian und Mischa Suter, die verschiedene Kapitel meiner Arbeit kommentierten. Ein spezieller Dank gilt Niklaus Ingold, der nicht nur sein breites Strahlenwissen mit mir teilte, sondern mir auch die Gelegenheit bot, gemeinsam mit Dominic Studer ein Buch über „Strahlenmedizin" zu publizieren. Melanie Wyrsch, Lukas Nyffenegger, Ursina Klauser und Jonathan Pärli waren mir eine riesige und unvergessliche Hilfe in der hektischen Schlussphase vor der Abgabe der Arbeit. Dafür danke ich ihnen von Herzen. Für fruchtbare Anregungen und kollegialen Austausch an der Forschungsstelle danke ich zudem Dorothe Zimmermann und Philip Zölls. Zusammen mit einigen Historiker/innen bin ich nun Teil einer Bürogemeinschaft, zu der auch Konrad J. Kuhn gehört. Für seine langjährige Freundschaft und Unterstützung bin ich sehr dankbar.

Ein wichtiger Diskussionszusammenhang für meine Arbeit bildete auch das Graduiertenkolleg „Geschichte des Wissens" der ETH und der Universität

© SIBYLLE MARTI, 2021 | DOI:10.30965/9783657704439_011

Zürich. Silvia Berger Ziauddin, die das Kolleg umsichtig leitete, gilt ein besonderer Dank für ihre vielen hilfreichen Ratschläge und den anhaltenden freundschaftlichen Austausch. In Anna Joss, Tobias Scheidegger und Koni Weber fand ich im Graduiertenkolleg anregende Gesprächspartner/innen. Auch dafür vielen Dank. Ein spezieller Dank gilt David Eugster für das äusserst produktive Nachdenken über „Das Imaginäre des Kalten Krieges" und die gute Zusammenarbeit bei der gemeinsamen Herausgabe des gleichnamigen Bandes. Ulrich Koch, der mir eine wichtige freundschaftliche Stütze wurde, gebührt ebenfalls ein grosser Dank.

Anlässlich von Forschungsaufenthalten, Konferenzen und Workshops durfte meine Arbeit von wertvollen Hinweisen und Anregungen zahlreicher inspirierender Wissenschaftler/innen profitieren. Zu erwähnen sind insbesondere Michael Geyer, Bernd Greiner, Christian Kehrt, Patrick Kupper, Claudia Kemper, Stefanie van de Kerkhof, Holger Nehring, Carola Sachse, Alexander von Schwerin, Bruno J. Strasser und Jakob Tanner sowie die Mitglieder des „Network for Civil Defense History". Ihnen allen gilt ein herzlicher Dank. Für das sorgfältige Korrektorat des Manuskripts danke ich zudem Lukas Germann und Marie Kumbartzky.

Ein unschätzbarer Dank gebührt meinen Freund/innen von ausserhalb der Wissenschaft. Ihre wunderbare und immerwährende Unterstützung begleitet mich seit Jahren durch sämtliche Höhen und Tiefen meines Lebens. Ein ganz besonderer Dank gilt meinen Eltern Bernadette und Walter Marti, die meine Arbeit stets mit viel Interesse und grosser Anteilnahme verfolgen. Mein unermesslichster und allergrösster Dank geht an meinen Mann Pascal Germann, ohne den es dieses Buch nicht gäbe. Er und unser Sohn Tim machen mein Leben schön.

Zürich, im März 2020
Sibylle Marti

Bibliografie

Ungedruckte Quellen

Schweizerisches Bundesarchiv, Bern (CH-BAR)
E 27*: Landesverteidigung (1848–1950) (1600–1960)

CH-BAR#E27#1000/721#19038*, Az. 09.A.08a, Forschung über die Verwendung der Atomenergie für militärische und zivile Zwecke, Bd 1–9, 1945–1950.

CH-BAR#E27#1000/721#19039*, Az. 09.A.08a, Schweiz. Studienkommission für Atom energie, Bd 1–5, 1945–1950.

CH-BAR#E27#1000/721#19046*, Az. 09.A.08c, Strahlenspührgeräte für radioaktive Substanzen, 1949–1952.

CH-BAR#E27#1000/721#19713*, Az. 10.A.2.d.1, Bluttransfusionsdienst, Bd 1–5, 1934–1957.

CH-BAR#E27#1000/721#19833*, Az. 10.A.6.c, Schaffung eines Zentrallabors für den Bluttransfusionsdienst; Vereinbarung A+S/SRK betr. Sicherstellung der Fabrikation und Lagerhaltung von Plasmatrockenkonserven, 25.9.1947, 1947.

CH-BAR#E27#1000/721#19834*, Az. 10.A.6.c, Eröffnung, 1948–1949.

CH-BAR#E27#1000/721#19835*, Az. 10.A.6.c, Lokale, 1952.

CH-BAR#E27#1000/721#19836*, Az. 10.A.6.c, Protokolle der Sitzungen der Direktion des Blutspendedienstes, 1948–1950.

CH-BAR#E27#1000/721#19837*, Az. 10.A.6.c, Postulat NR Dr. Bucher vom 10.3.1948 betr. Organisation des Blutspendedienstes, 1949–1952.

CH-BAR#E27#1000/721#19840*, Az. 10.A.6.c, Lieferung von Trockenplasma für die Armee-Kriegsreserve, 1951–1956.

E 2001E*: Abteilung für politische Angelegenheiten: Zentrale Ablage (1950–1973) (1848–1980)

CH-BAR#E2001E#1978/84#1013*, Az. B.51.20.13, Kommission zur Überwachung der Radioaktivität. Alarmausschuss, 1964–1967.

CH-BAR#E2001E#1980/83#512*, Az. B.51.20.13, Kommission zur Überwachung der Radioaktivität. Alarmausschuss, 1968–1970.

E 2001E-01*: Politische Direktion: Zentrale Ablage (1973–1981) (1928–1988)

CH-BAR#E2001E-01#1987/78#614*, Az. B.51.20.13, Kommission zur Überwachung der Radioaktivität, 1973–1975.

E 3300C*: Bundesamt für Gesundheitswesen: Zentrale Ablage (1979–1997) (1870–2000)

CH-BAR#E3300C#1968/236#294*, Az. 14.5.032, Expertenkommission für den Schutz gegen ionisierende Strahlen (4 Bände), 1947–1957.

CH-BAR#E3300C#1968/236#295*, Az. 14.5.032, Expertenkommission für den Schutz gegen ionisierende Strahlen, radioaktive Strahlen (6 Bände), 1947–1957.

CH-BAR#E3300C#1993/154#585*, Az. 18.01.1.13, Reglement der Eidg. Kommission zur Überwachung der Radioaktivität der Luft, der Gewässer und des Bodens, 1972.

CH-BAR#E3300C#1993/154#611*, Az. 18.02.04.4, ZGV-Sitzungen betreffend Sicherheit im KKW, 1975.

CH-BAR#E3300C#1993/154#616*, Az. 18.03.01.4, Div. Organisationsschemen, 1975.

CH-BAR#E3300C#1993/154#634*, Az. 18.03.06.2, Postulat Ziegler Kernkraftwerk Verbois, 1974.

CH-BAR#E3300C#1993/154#657*, Az. 18.04.2.14, KUER Alarmübungen, 1976.

CH-BAR#E3300C#1993/155#593*, Az. 18.04.1.9, Zwischenberichte 1976 KUER, 1976–1979.

CH-BAR#E3300C#1993/155#594*, Az. 18.04.2.01, Alarmausschuss Allgemein (Bemerkung: Teile I, II und III), 1976–1979.

CH-BAR#E3300C#1993/155#595*, Az.18.04.1.3, KUER: Jahresberichte bis und mit 1975, 1976–1978.

CH-BAR#E3300C#1993/155#647*, Az. 18.10.6.2, Abteilung für die Sicherheit von Kernanlagen Konzept der raschen Alarmierung in der Umgebung von KKW, 1975–1977.

CH-BAR#E3300C#1993/156#543*, Az. 18.01.4.18, Vereinbarung zwischen den Kontrollinstanzen und der KUER, 1977–1978.

CH-BAR#E3300C#1993/156#547*, Az. 18.01.5.03, Kommission des Nationalrates; Reiniger Teil I/II/III, 1976–1978.

CH-BAR#E3300C#1993/156#560*, Az. 18.02.04.5, Studiengruppe Warnung und Alarmierung, 1978.

CH-BAR#E3300C#1993/156#577*, Az. 18.03.06.1, Allgemeines, 1978.

CH-BAR#E3300C#1993/156#578*, Az. 18.03.06.4, Allgemeine Vorstösse 1978, 1978.

CH-BAR#E3300C#1993/156#628*, Az. 18.04.4.4, Atomkraftwerke, 1976–1978.

CH-BAR#E3300C#1993/156#665*, Az. 18.10.5.1, Allgemeines, 1977–1978.

CH-BAR#E3300C#1993/157#460*, Az. 18.01.4.20, Verhandlungen mit Frankreich über den radiologischen Notfallschutz, 1978–1980.

CH-BAR#E3300C#1993/157#492*, Az. 18.04.1.17, Gesamtverteidigungsübung 1980, 1979–1980.

CH-BAR#E3300C#1996/214#694*, Az. 18.01.05.37, BZS: Weisungen über die Verdichtung der Zivilschutz-Alarmierungsnetze, 1981.

CH-BAR#E3300C#1996/214#697*, Az. 18.01.05.42, BEW: Botschaft über die Verlängerung des Bundesbeschlusses zum Atomgesetz, 1982.

CH-BAR#E3300C#1996/214#718*, Az. 18.04.02.20, Groupe de spécialistes NADAM, 1977–1981.

CH-BAR#E3300C#1996/215#858*, Az. 18.01.01.53, Änderung der Verordnung vom 30. Juni 1976 über den Strahlenschutz, 1981–1984.

CH-BAR#E3300C#1996/215#860*, Az. 18.01.05.21, Revision des Atomgesetzes, 1979.

CH-BAR#E3300C#1996/215#863*, Az. 18.01.05.21, BEW: Expertenkommission für die Totalrevision des Atomgesetzes. (VI–VIII), 1981–1982.

CH-BAR#E3300C#1996/215#877*, Az. 18.04.02.5, Arbeitsgruppe D, 1979–1982.

CH-BAR#E3300C#1996/289#564*, Az. 18.01.05.34, BEW: VO über die Notfallorganisation und die Alarmierung in der Umgebung von Kernanlagen, 1981–1983.

CH-BAR#E3300C#1996/289#574*, Az. 18.04.02.17, Alarmzentrale UWZ bei der MZA (I), 1977–1979.

CH-BAR#E3300C#1996/289#575*, Az. 18.04.02.17, Alarmzentrale UWZ bei der MZA (II), 1977–1979.

CH-BAR#E3300C#1996/289#583*, Az. 18.04.02.34, Übung Prova III, 1982.

CH-BAR#E3300C#1996/290#516*, Az. 18.04.02.11, Ausschuss AC-Schutz (I+II), 1971–1979.

CH-BAR#E3300C#1996/290#517*, Az. 18.04.02.11, Ausschuss AC-Schutz (III–IV), 1979–1981.

CH-BAR#E3300C#1996/290#518*, Az. 18.04.02.11, Ausschuss AC-Schutz (V+VI), 1981–1983.

CH-BAR#E3300C#1996/290#567*, Az. 18.13.08.29, Harrisburg: Unfall im Kernkraftwerk Three Mile Island, 1979–1981.

CH-BAR#E3300C#1996/291#688*, Az. 18.02.04.3, ZGV: Projekt Gammaflinte, 1975–1988.

CH-BAR#E3300C#1996/294#799*, Az. 18.01.01.63, 12-Punkteprogramm des Bundesrates über Radioaktivität (I), 1986–1987.

CH-BAR#E3300C#1996/294#801*, Az. 18.01.01.63, 12-Pkte-Prgm des BR über Radioaktivität (IV–V), 1987–1993.

CH-BAR#E3300C#1996/294#842*, Az. 18.03.08.20, Sektion UWZ/KAC: Allgemeines Dossier, 1987–1991.

CH-BAR#E3300C#2000/262#395*, Az. 18.01.01.4, Revision der Strahlenschutzverordnung (1. Teil), 1970–1972.

CH-BAR#E3300C#2000/262#396*, Az. 18.01.01.4, Revision der Strahlenschutzverordnung (2. Teil), 1973.

CH-BAR#E3300C#2000/262#398*, Az. 18.01.01.4, Revision der Strahlenschutzverordnung (4. Teil), 1975–1976.

CH-BAR#E3300C#2000/262#399*, Az. 18.01.01.4, Revision der Strahlenschutzverordnung (5. Teil), 1976.

CH-BAR#E3300C#2000/262#401*, Az. 18.01.01.4, Revision der Strahlenschutzverordnung (7. Teil), 1975–1978.

CH-BAR#E3300C#2002/40#550*, Az. 18.03.01.20, Reorganisation der „Abt. Strahlenschutz", 1981–1985.

CH-BAR#E3300C#2002/40#560*, Az. 18.04.01.1, Allgemein, 1959–1990.

CH-BAR#E3300C#2002/40#561*, Az. 18.04.01.33, KUER: Aktennotiz von Dr. H. Loosli, 1989–1991.

CH-BAR#E3300C#2002/40#564*, Az. 18.04.01.40, Revision des KUER-Reglements, 1989–1992.

CH-BAR#E3300C#2002/40#570*, Az. 18.04.03.5, Eidg. Kommission für Strahlenschutz. Subkommission für med. Strahlenschutzfragen (Teil 3), 1980–1986.

CH-BAR#E3300C#2002/40#579*, Az. 18.04.11.6, Informationsblatt ärztlicher Aufgaben bei einem Kernkraftwerk-Unfall, 1985.

CH-BAR#E3300C#2002/40#584*, Az. 18.04.50.8, Koordinationsausschuss Radioaktivität (KORA): Akten Direktor Roos, 1987–1989.

CH-BAR#E3300C#2002/40#712*, Az. 18.13.04.27, SR: Überwachung der Radioaktivität in der Schweiz sowie verwandten Lehr- und Forschungsgebieten, 1990–1991.

CH-BAR#E3300C#2002/40#715*, Az. 18.13.06.44, Aufhebung der Dosimetriemessstelle beim BAG. Schaffung einer Referenzmessstelle, 1981–1982.

E 3310A*: Bundesamt für Gesundheit: Zentrale Ablage (1998–) (1943–2003)

CH-BAR#E3310A#2003/209#22*, Az. 18.01.01.28, Bundesgesetz über den Strahlenschutz (Band 1), 1977–1984.

CH-BAR#E3310A#2003/209#24*, Az. 18.01.01.28, Bundesgesetz über den Strahlenschutz (Band 4), 1985–1985.

CH-BAR#E3310A#2003/209#29*, Az. 18.01.01.28, Bundesgesetz über den Strahlenschutz (Band 7), 1987–1987.

CH-BAR#E3310A#2003/209#30*, Az. 18.01.01.28, Bundesgesetz über den Strahlenschutz (Band 9), 1984–1988.

CH-BAR#E3310A#2003/209#33*, Az. 18.01.01.28, Bundesgesetz über den Strahlenschutz, Handakten Mi (Band 12), 1989–1993.

CH-BAR#E3310A#2003/209#38*, Az. 18.01.01.69, Revision der SSVO, 1987 (Band 4), 1991–1993.

CH-BAR#E3310A#2003/209#44*, Az. 18.01.01.69, Revision der SSVO, 1987 (Band 7), 1993–1996.

CH-BAR#E3310A#2003/209#47*, Az. 18.01.01.76, Revision der Verordnung über die Einsatzorganisation bei erhöhter Radioaktivität (Band 1), 1986–1987.

CH-BAR#E3310A#2003/209#48*, Az. 18.01.01.76, Revision der Verordnung über die Einsatzorganisation bei erhöhter Radioaktivität (Band 2), 1987–1987.

CH-BAR#E3310A#2003/209#49*, Az. 18.01.01.76, Revision der Verordnung über die Einsatzorganisation bei erhöhter Radioaktivität (Band 5), 1989–1991.

CH-BAR#E3310A#2003/209#106*, Az. 18.04.01.4, KUER: Sitzungen (Band 6), 1987–1989.

CH-BAR#E3310A#2003/209#121*, Az. 18.04.03.4, Eidg. Kommission für Strahlenschutz: Sitzungen (Band 1), 1974–1977.

CH-BAR#E3310A#2003/209#122*, Az. 18.04.03.4, Eidg. Kommission für Strahlenschutz: Sitzungen (Band 2), 1977–1979.

CH-BAR#E3310A#2003/209#127*, Az. 18.04.03.4, Eidg. Kommission für Strahlenschutz: Sitzungen (Band 7), 1984–1987.

CH-BAR#E3310A#2003/209#480*, Az. 18.13.04.15, Überwachung der Radioaktivität in Lebensmitteln, 1987–1996.

E 3801*: Eidgenössisches Departement des Innern: Handakten Hans-Peter Tschudi, Bundesrat (1960–1973) (1944–1977)

CH-BAR#E3801#1975/8#188*, Az. 1–03.3, Eidg. Gesundheitsamt, 1960–1961.

CH-BAR#E3801#1975/8#189*, Az. 1–03.3, Eidg. Gesundheitsamt, 1962–1963.

E 4001D*: Departementssekretariat des eidgenössischen Justiz- und Polizeidepartements: Zentrale Ablage (1952–1979) (1918–1980)

CH-BAR#E4001D#1973/126#353*, Az. 014.29, Landesverteidigungsübungen 1956: Akten nach Übung, Sitzung bei Generalstabschef vom 16.6.1955, Verschiedenes, 1955–1956.

CH-BAR#E4001D#1973/126#356*, Az. 014.29, Landesverteidigungsübungen 1963, 24.–29.6.1963; Schlussbericht der Arbeitsgruppe JPD vom 12.9.1963; Bericht des Generalstabschefs vom 3.12.1964; Auswertung der Landesverteidigungsübung, 1962–1966.

CH-BAR#E4001D#1976/136#343*, Az. 014.29, Landesverteidigungsübungen, Kurse, 1966–1971.

CH-BAR#E4001D#1980/86#37*, Az. 014.29, Handakten BR Feldmann: Landesverteidigungsübung 1956, Militärfragen, 1954–1956.

E 4001E*: Generalsekretariat des eidgenössischen Justiz- und Polizeidepartements: Zentrale Ablage (1979–1984) (1946–1984)

CH-BAR#E4001E#1992/116#60*, Az. 0014.29, GVU-80, Auswertung, Dossier des Generalsekretärs, 1977–1981.

E 4113A*: Dienst für kriegsnotrechtliche Sonderfragen: Zentrale Ablage (1963–1983) (1914–1997)

CH-BAR#E4113A#1982/54#38*, Az. 281.1, ASAN, 1963–1972.

CH-BAR#E4113A#2000/390#73*, Az. 281.1, Ausschuss Sanitätsdienst, 1976–1984.

CH-BAR#E4113A#2000/390#76*, Az. 282, Informationen, 1979–1985.

CH-BAR#E4113A#2000/390#86*, Az. 286.0, Allgemeiner Ausschuss, 1975–1985.

CH-BAR#E4113A#2000/390#91*, Az. 287.5, Sitzungen, 1974–1985.

CH-BAR#E4113A#2000/390#92*, Az. 287.60, Allgemeine Entwürfe, 1980–1984.

E 4390A*: Bundesamt für Zivilschutz: Zentrale Ablage (1963–1970) (1933–1969)

CH-BAR#E4390A#1000/862#518*, Az. 3200, Warn- und Suchgeräte für radioaktive Seuchensubstanzen, 1950.

CH-BAR#E4390A#1000/862#519*, Az. 3200, Warn- und Suchgeräte für radioaktive Seuchensubstanzen, 1951.

CH-BAR#E4390A#1000/862#521*, Az. 3200, Warn- und Suchgeräte für radioaktive Seuchensubstanzen, 1952.

CH-BAR#E4390A#1000/862#522*, Az. 3200, Warn- und Suchgeräte für radioaktive Seuchensubstanzen, 1953.

E 4390C*: Bundesamt für Zivilschutz: Zentrale Ablage (1976–2002) (1928–1999)

CH-BAR#E4390C#1977/164#352*, Az. 074.501, KUER, 1966–1972.

CH-BAR#E4390C#1977/164#355*, Az. 074.501.5, AGr E Kompetenzen, Organisation, 1970–1972.

CH-BAR#E4390C#1977/164#862*, Az. 171.2, Landesverteidigungsübung, 1971.

CH-BAR#E4390C#1981/147#238*, Az. 074.501.0, Allgemeines, 1973–1975.

CH-BAR#E4390C#1997/14#204*, Az. 074.240, Studiengruppe Forschung, 1976.

CH-BAR#E4390C#1997/14#223*, Az. 074.501.0, Allgemeines, 1976–1980.

CH-BAR#E4390C#1997/14#224*, Az. 074.501.0, Allgemeines, 1981–1984.

CH-BAR#E4390C#1997/14#226*, Az. 074.501.1, Arb. Gr. B Warnung, Übermittlung, 1976–1984.

CH-BAR#E4390C#1997/14#229*, Az. 074.501.5, Arb. Gr. E Kompetenzen, Organisation, 1976–1979.

CH-BAR#E4390C#1997/14#230*, Az. 074.501.6, Arb. Gr. F Weisungen, Massnahmen, 1976–1978.

CH-BAR#E4390C#1997/14#523*, Az. 137.0, Allgemeines, 1976–1985.

CH-BAR#E4390C#1997/14#525*, Az. 137.110, Allgemeines, 1982.

CH-BAR#E4390C#1997/14#526*, Az. 137.113, Radioaktive Strahlung, 1976–1982.

E 5001F*: Direktion der Eidgenössischen Militärverwaltung: Zentrale Ablage (1945–1959) (1894–1971)

CH-BAR#E5001F#1000/1866#3334*, Az. 614.3, Landesverteidigungsübung 1956, 1955–1956.

E 5001G*: Direktion der Eidgenössischen Militärverwaltung: Zentrale Ablage (1959–1989) (1902–2002)

CH-BAR#E5001G#1982/121#2184*, Az. 646.1, Landesverteidigungsübung 1971, 1970–1973.
CH-BAR#E5001G#1993/175#788*, Az. 646.3, Gesamtverteidigungsübung 1984 (GVU/ Op U84), 1981–1987.

E 5003-02*: Eidgenössische Militärbibliothek: Diverse Provenienzen Eidgenössisches Militärdepartement (1848–1997) (1848–1997)

CH-BAR# E5003-02#2009/193#2*, Az. 41, Landesverteidigungsübung 1956, Teil 1. Darin: Übung 2, 1956.
CH-BAR#E5003-02#2009/193#3*, Az. 41, Landesverteidigungsübung 1956, Teil 2. Darin: Übung 3, 1956.

E 5150 B*: Kriegstechnische Abteilung: Zentrale Ablage (1949–1967) (1903–1965)

CH-BAR#E5150B#1968/10#680*, Az. 74.01, Diverse, 1949–1949.
CH-BAR#E5150B#1968/10#683*, Az. 74.12, Atomkommission und mitarbeitende Institute, 1949–1949.
CH-BAR#E5150B#1968/10#1175*, Az. 74.01, Diverse, 1950–1950.
CH-BAR#E5150B#1968/10#1635*, Az. 74.01, Diverse, 1951–1951.
CH-BAR#E5150B#1968/10#1638*, Az. 74.12, Atomkommission und mitarbeitende Institute, 1951–1951.

E 5540C*: Abteilung für Sanität: Zentrale Ablage (1874–1952) (1952)

CH-BAR#E5540C#1982/81#83*, Az. 31, ABC-Waffenabwehr, 1952.
CH-BAR#E5540C#1982/81#89*, Az. 323, Mess- und Nachweisgeräte, 1952.

E 5540D*: Abteilung für Sanität: Zentrale Ablage (1953–1972) (1947–1974)

CH-BAR#E5540D#1967/106#70*, Az. 30, Organisation ABC-Dienst, 1953–1957.

CH-BAR#E5540D#1967/106#73*, Az. 302, ABC-Berichte ausländischer Armeen, 1953–1955.

CH-BAR#E5540D#1967/106#105*, Az. 332, Mess- und Nachweisgeräte, 1953–1957.

E 5540E*: Bundesamt für Sanität: Zentrale Ablage (1979–1982) (1922–1988)

CH-BAR#E5540E#1984/63#1*, Az. 1.1280.1, Konzept vom 1.12.1980, 1980.

CH-BAR#E5540E#1984/63#3*, Az. 1.1280.12, KSD-Dokumentation Fachkurse „Sanitätsdienst III", ständige Weisungen, Kanton „RIGI", Prov. Ausgabe Stand der Erkenntnisse 1.1.1981, 1981.

CH-BAR#E5540E#1984/63#5*, Az. 1.1280.4, Behelf Basisspital (BBS) Ausg. 1980, 1980.

CH-BAR#E5540E#1984/63#8*, Az. 1.1280.4, Koordinierter Sanitätsdienst (KSD) Bedrohung im sanitätsdienstlichen Bereich, Planungszahlen für Lage-Beurteilung Ausgabe 1981, 1981.

CH-BAR#E5540E#1994/14#58*, Az. 1.12, Koordinierter Sanitätsdienst (Allg), 1973.

CH-BAR#E5540E#1994/14#59*, Az. 1.1200, Katastrophen-(Medizin), 1973.

CH-BAR#E5540E#1994/14#64*, Az. 1.1280, Ausschuss Sanitätsdienst Stab für Gesamtverteidigung, 1973.

CH-BAR#E5540E#1994/14#287*, Az. 1.12, Koordinierter Sanitätsdienst (Allg), 1974.

CH-BAR#E5540E#1994/14#291*, Az. 1.1280, Ausschuss Sanitätsdienst Stab für Gesamtverteidigung, 1974.

CH-BAR#E5540E#1994/14#533*, Az. 1.1280, Ausschuss Sanitätsdienst Stab für Gesamtverteidigung, 1975.

E 5540F*: Bundesamt für Sanität: Zentrale Ablage (1983–1995) (1928–1997)

CH-BAR#E5540F#1989/97#11*, Az. 12.2, Ausschuss-Sitzungen 1973–77, 1979–1984.

CH-BAR#E5540F#1989/97#16*, Az. 12.2, Büro KSD, 1973–1982.

CH-BAR#E5540F#1989/97#27*, Az. 12.2, KSD September 1978–März 1979 (Protokolle), 1978–1979.

E 5560C*: Generalstabsabteilung, Zentrale Ablage (1946–1968) (1944–1966)

CH-BAR#E5560C#1975/46#2917*, Az. 791-21, Kurse für Landesverteidigungsübung, 1955–1956.

E 5560D*: Stab der Gruppe für Generalstabsdienste: Zentrale Ablage (1964–1995) (1892–1999)

CH-BAR#E5560D#1996/188#2924*, Az. 791.21, Landesverteidigungsübung, 1962–1966.

CH-BAR#E5560D#1996/188#2925*, Az. 791.21, Landesverteidigungsübung, 1967–1970.

CH-BAR#E5560D#1997/160#1645*, Az. 791.21, GVU 80, 1979–1981.

CH-BAR#E5560D#2003/31#193*, Az. 791.21, Bericht des GCS über die Landesverteidigungsübung 71, 1971.

E 5680A*: Zentralstelle für Gesamtverteidigung: Zentrale Ablage (1970–1975) (1948–1975)

CH-BAR#E5680A#1981/40#68*, Az. 151.3, Landesverteidigungsübung 1971/Korrespondenzen, 1971–1972.

E 5680C*: Zentralstelle für Gesamtverteidigung: Zentrale Ablage (1994 1998) (1939–2000)

CH-BAR#E5680C#1998/161#116*, Az. 78, GV-Übungen der Armee, GVU, Ablauf 72, 1977.

CH-BAR#E5680C#1998/161#117*, Az. 78, GV-Übungen der Armee, GVU, Auswertung 73, 1977.

CH-BAR#E5680C#1998/161#119*, Az. 78, GV-Übungen der Armee, GVU, 1980.

CH-BAR#E5680C#1998/161#122*, Az. 78, GV-Übungen der Armee, Kritiken, 1980.

CH-BAR#E5680C#1998/161#139*, Az. 78, GV-Übungen der Armee, GVU 88, 1979.

CH-BAR#E5680C#1999/14#153*, Az. 462.3, Studie Weiterleben; Diverse Schreiben inkl. Protokolle und Aktennotizen aus Sitzungen, 1983.

CH-BAR#E5680C#1999/14#154*, Az. 462.3, Studie Weiterleben; Diverse Schreiben, 1984.

CH-BAR#E5680C#1999/14#155*, Az. 462.3, Studie Weiterleben; Diverse Schreiben, 1985.

CH-BAR#E5680C#1999/14#160*, Az. 462.3, Studie Weiterleben; Diverse Dokumente, 1988.

CH-BAR#E5680C#1999/14#178*, Az. 462.3, Studie Weiterleben; Diverse Dokumente und Schlussrapport, 1989.

CH-BAR#E5680C#1999/267#73*, Az. 78, GVU 1988, 1988.

E 5680-04*: Zentralstelle für Gesamtverteidigung: Handakten H.-R. Schaad (1970–1998)

CH-BAR#E5680-04#2000/96#2*, Az. 1-2, Gesamtverteidigungsübung 1977, 1976–1977.

CH-BAR#E5680-04#2000/96#4*, Az. 1–4, Forschung Arbeitsgruppe Bedrohung, 1972–1979.

CH-BAR#E5680-04#2000/96#7*, Az. 1–7, Forschungsplan ZGV, 1974–1987.

CH-BAR#E5680-04#2000/96#8*, Az. 1–8, Studiengruppe Forschung, 1974–1978.

CH-BAR#E5680-04#2000/96#9*, Az. 1–9, Forschung, 1978–1981.

E 6100B*: Eidgenössische Finanzverwaltung: Zentrale Ablage (1950–1989) (1917–1972)

CH-BAR#E6001B#1970/314#32*, Az. 800.44, Landesverteidigungsübung, 1955–1956.

E 7170B*: Bundesamt für Industrie, Gewerbe und Arbeit: Zentrale Ablage (1949–1997) (1883–2000)

CH-BAR#E7170B#1968/105#57*, Az. 043.217, Schweiz. Studienkommission für Atomenergie: Einladungen und Protokolle, 1947–1952.
CH-BAR#E7170B#1968/105#58*, Az. 043.217, Schweiz. Studienkommission für Atomenergie: Allgemeines (u. a. Arbeitsberichte, Korrespondenz), 1948–1953.
CH-BAR#E7170B#1968/105#70*, Az. 043.217, Schweiz. Studienkommission für Atomenergie: Einladungen und Protokolle, 1953–1958.
CH-BAR#E7170B#1968/105#72*, Az. 043.217, Gesamtbericht und Jahresberichte: „Bericht über die Tätigkeit der Schweiz. Kommission für Atomenergie von 1946 bis 1958"; Jahresberichte, Jahresberichte über die Tätigkeit der wissenschaftlichen Forschungsgruppen der S.K.A. 1946–1958, 1946–1960.
CH-BAR#E7170B#1968/105#141*, Az. 068.002, Atom: Allgemeines. Gesetzgebung: Konstituierung der Schweiz. Studienkommission für Atomenergie zur Verfolgung aller mit der Auswertung der Atomenergie zusammenhängender Fragen (Ernennung durch Bundesrat), Sitzungsprotokolle (u. a. bez. Verfassungsrevision in Bezug auf die Atomenergie), 1945–1947.
CH-BAR#E7170B#1970/182#78*, Az. 041.23, Interpellation Arnold vom 17.6.1959 betr. Schutz gegen radioaktive Strahlen, 1956–1960.

E 7310B*: Delegierter für wirtschaftliche Kriegsvorsorge: Zentrale Ablage (1969–1979) (1938–1992)

CH-BAR#E7310B#1981/146#29*, Az. 074.240, Studiengruppe Forschung, 1970–1972.
CH-BAR#E7310B#1988/178#244*, Az. 074.08, Studiengruppe Forschung ZGV, 1974–1975.

E 8190B-01*: Bundesamt für Energiewirtschaft: Zentrale Ablage (1937–1993) (1948–2004)

CH-BAR#E8190B-01#1985/59#2*, Az. 200.10, Allgemeines, 1970–1976.
CH-BAR#E8190B-01#1985/59#4*, Az. 200.12, Allgemeines, 1972–1977.
CH-BAR#E8190B-01#1985/59#46*, Az. 200.13, Schwarze Broschüre „Atomkraftwerke – Nein", 1971.
CH-BAR#E8190B-01#1985/59#194*, Az. 261.10, Mühleberg, 1967–1973.

CH-BAR#E8190B-01#1985/59#195*, Az. 262, Hilfsmassnahmen bei nuklearen Unfällen, Notfallorganisationen, 1968–1973.

CH-BAR#E8190B-01#1986/181#96*, Az. 062.240, Allgemeines, 1959–1979.

CH-BAR#E8190B-01#1986/181#99*, Az. 062.240, Kompetenzabgrenzung, 1971–1976.

CH-BAR#E8190B-01#1986/181#116*, Az. 062.240, Protokolle, 1960–1973.

CH-BAR#E8190B-01#1986/181#130*, Az. 062.261, Protokolle, 1956–1980.

E 8190C*: Bundesamt für Energiewirtschaft: Zentrale Ablage (1983–1997) (1950–1998)

CH-BAR#E8190C#1993/149#49*, Az. 244, Notfallverordnung, 1981–1982.

CH-BAR#E8190C#2003/447#218*, Az. 214.700, KKW Notfallplanung, Handakten Direktor Kiener, Kantonskonferenz 1977, Stellungnahmen, 1977, 1977.

CH-BAR#E8190C#2003/447#224*, Az. 214.700, KKW Notfallplanung, 31.1.1978–29.10.1979, 1978–1979.

CH-BAR#E8190C#2003/447#226*, Az. 214.700, KKW Notfallplanung, 7.1.1980–6.1.1983, 1980–1983.

CH-BAR#E8190C#2004/496#61*, Az. 214.012, Kernkraftwerk Mühleberg Diverses, 1965–1980.

E 8210A*: Delegierter für Fragen der Atomenergie: Zentrale Ablage (1956 1969) (1951–1971)

CH-BAR#E8210A#1972/73#28*, Az. 02.8, Kommission für Atomwissenschaft (02.8), 1958–1962.

CH-BAR#E8210A#1972/73#130*, Az. 221.1, ENEA/OCDE: Comité de direction: Band 7–11 (221.1), 1961–1965.

CH-BAR#E8210A#1985/91#27*, Az. 2215, Sous-comité de la santé et de la sécurité, 1956–1961.

E 9500.174*: Eidgenössische Kommission für die Sicherheit von Atomanlagen: Zentrale Ablage (1960–1983) (1960–1977)

CH-BAR#E9500.174#1985/11#9*, Az. prov. 13, KSA-AN. 1–86, 1960–1970.

E 9500.77*: Schweizerische Studienkommission für Atomenergie: Zentrale Ablage (1945–1950)

CH-BAR#E9500.77#1971/159#2*, Az. prov. 1, Verschiedene Korrespondenzen, 1948–1949.

CH-BAR#E9500.77#1971/159#3, Az. prov. 1, Verschiedene Korrespondenzen, 1950.

J 2.15-01*: Schweizerisches Rotes Kreuz: Zentrale Ablage (1956–2003) (1898–1994)

CH-BAR#J2.15-01#2010/1#249*, Az. 42, Korrespondenz 1970–72, Expertengruppe Oberfeldarzt, OfazBlutpräparate Schweiz, 1970–1981.

Archiv des Bundesamtes für Gesundheit, Liebefeld bei Bern (Archiv BAG)

Archiv BAG, 18.1.1.4k, Vernehmlassung zum definitiven Entwurf der Verordnung über
den Schutz vor ionisierenden Strahlen (VO).

Archiv BAG, 18.1.1.26, Bundesratsbeschluss, Alarmorganisation vom 24.2.64.

Archiv BAG, 18.1.1.37, Änderung Strahlenschutzverordnung sowie des Reglements der
Eidg. Kommission für Strahlenschutz.

Archiv BAG, 18.2.1, Eidg. Kommission zur Überwachung der Radioaktivität der Luft
und der Gewässer Erster Teil.

Archiv BAG, 18.2.1a, Eidg. Kommission zur Überwachung der Radioaktivität
Sitzungsprotokolle.

Archiv BAG, 18.2.1b, Eidg. Kommission zur Überwachung der Radioaktivität Berichte
der EAWAG.

Archiv BAG, 18.2.1b, Sitzungsprotokolle.

Archiv BAG, 18.2.1h, Saharastaub Untersuchung von Boden, Gras und Heu auf Sr-90
durch EGA.

Archiv BAG, 18.2.1k, Eidg. Kommission zur Überwachung der Radioaktivität monatliche Pressemitteilungen.

Archiv BAG, 18.2.1l, Arbeitsgemeinschaft zur Überwachung der Radioaktivität der
Lebensmittel (ARL).

Archiv BAG, 18.2.18, Schweizerische Gesellschaft für Strahlenbiologie.

Archiv BAG, 18.2.45, Medizinische Hilfeleistung bei Strahlenunfällen.

Archiv BAG, 18.2.45, Medizinische Hilfeleistung bei Strahlenunfällen 1971–1972.

Archiv BAG, 18.2.6, Eidg. Kommission für Strahlenschutz.

Archiv BAG, 18.2.60, Totaler Sanitätsdienst und umfassende AC-Schutzmassnahmen.

Archiv BAG, 18.2.63, Ausschuss AC-Schutz des Stabes ZGV.

Archiv BAG, 18.2.7, Schweizerische Vereinigung für Atomenergie.

Archiv BAG, 18.2.7b, Schweizerische Vereinigung für Atomenergie, Subkommission
gegen die Atomangst.

Archiv BAG, 18.2.9, Eidg. Kommission für Atomenergie.

Archiv BAG, 18.4.65, Symposium – Internationale Tagung in Zürich.

Archiv BAG, 18.6.1, Eidg. Kommission zur Überwachung der Radioaktivität, der Luft
und der Gewässer (KUeR), 1. Teil.

Archiv BAG, 18.6.1, Eidg. Kommission zur Überwachung der Radioaktivität, der Luft
und der Gewässer (KUeR), 2. Teil.

Archiv BAG, 18.6.1, Eidg. Kommission zur Überwachung der Radioaktivität KUeR, 3. Teil.

Archiv BAG, 18.6.1, Eidg. Kommission zur Überwachung der Radioaktivität KUER 4. Teil.

Archiv BAG, 18.6.1, Eidg. Kommission zur Überwachung der Radioaktivität KUeR, 5. Teil.

Archiv BAG, 18.6.2, Alarmorganisation.

Archiv BAG, 18.6.2, Alarmorganisation, Arbeitsgruppe „A-Bedrohung" (Dübi).

Archiv BAG, 18.6.2, Alarmorganisation, Arbeitsgruppe „Umfassender AC-Schutzdienst" (Flückiger).

Archiv BAG, 18.6.3, Alarmausschuss I. Teil.

Archiv BAG, 18.6.3, Alarmausschuss II. Teil.

Archiv BAG, 18.6.10, Eidg. Kommission für Strahlenschutz, 1. Teil, 1971–1972.

Archiv BAG, 18.6.10, Eidg. Kommission für Strahlenschutz, II. Teil, 1973 bis Febr. 1974.

Archiv BAG, 18.8.1, Anschaffung eines „Human-Counter".

Archiv BAG, 18.9.2, Biologische Forschungen in Würenlingen und Diverse.

Archiv BAG, 18.9.5, Schaffung eines Institutes für Strahlenschutz.

Archiv BAG, 18.10.57, Alarmorganisation für den Fall erhöhter Radioaktivität.

Archiv BAG, 18.10.57, Katastrophenfall.

Archiv BAG, 18.10.57a, Alarmzentrale.

Archiv BAG, 18.10.57a, Arbeitsgruppe „Alarmzentrale".

Archiv BAG, 18.10.84, Landesverteidigungsübung 1963.

Archiv BAG, Pressemitteilung.

Archiv BAG, Symposium: Internationale Tagung über den Strahlenunfall in Zürich, Organisation.

Archiv der Schweizerischen Akademie der Medizinischen Wissenschaften, Institut für Medizingeschichte, Universität Bern (Archiv SAMW)

Archiv SAMW, B01/3, Protokolle Vorstand 15. Febr. 58–1.12.61.

Archiv SAMW, B01/6, Protokolle Vorstand 10.2.68–26.2.70.

Archiv SAMW, B01/7, Vorstand Protokolle 25.6.70–4.12.74 (114.–126./a.o.).

Archiv SAMW, E18/8, Kernkraftwerke Gesamt-Entwurf Protokolle.

Archiv der Schweizerischen Gesellschaft für Strahlenbiologie und Medizinische Physik, Inselspital Bern (Archiv SGSMP)

Archiv SGSMP, Ordner „SGSMP Archiv 1963–1981".

Archiv SGSMP, Ordner „SGSMP Archiv 1982–1986".

Archiv SGSMP, Ordner „SGSMP Archiv 1987–1990".

Archiv SGSMP, Ordner „SGSS Schweizerische Gesellschaft für Strahlenbiologie und Strahlenphysik 1964–".

Archiv SGSMP, Ordner „SSRPM Comité 1995–1997".
Archiv SGSMP, Ordner „SGSP Vorstand".

Archiv des Schweizerischen Nationalfonds, Bern (Archiv SNF)
Archiv SNF, Gesuche Kommission für Atomwissenschaft (KAW), 1958–1962.
Gesuch A 58
Gesuch A 81
Gesuch A 89
Gesuch A 115
Gesuch A 210
Gesuch A 222

Archiv SNF, Gesuche Abteilung Biologie und Medizin, 1963–1970.
Gesuch Nr. 750
Gesuch Nr. 1299
Gesuch Nr. 1356
Gesuch Nr. 2887
Gesuch Nr. 3462

Archiv SNF, Ordner „90/908 bis 1960 Nr. 5 Berichte an den Bundesrat / Budget-
    kommission KAW / Departement des Innern / Politisches Departm. / Delegierter
    für Fragen der Atomenergie".
Archiv SNF, Ordner „Kommission für Atomwissenschaft Korrespondenz I Jan. 58–30.
    Juni 59".
Archiv SNF, Protokolle der Sitzungen des Nationalen Forschungsrates, Band 6,
    127.–134. Sitzung, 1964.
Archiv SNF, Schachtel „Atomforschung 1960- Nr. 3 Memorandum Finanzielles
    ~~Nachwuchs~~".
Archiv SNF, Schachtel „Atomforschung 1960- Nr. 4 Diverses FK Texte Hochschulbeitrag".
Archiv SNF, Schachtel „Atomforschung 1960- Nr. 5 Rundschreiben Reglemente
    Einladungen".
Archiv SNF, Schachtel „Atomkollektion Prof. A. v. Muralt 1958–1959".

Staatsarchiv des Kantons Bern, Bern (StABE)
StABE, BB 8.1.2003, 1015.11, 1950–1966.
StABE, Insel II 762, Onkologie: Isolationszentrum für Strahlengeschädigte, 1969–1972.

Staatsarchiv des Kantons Zürich, Zürich (StAZH)
StAZH, Z 70.2886, Medizinische Fakultät Protokolle 30.4.1958–3.3.1960 Dekan F.
    Leuthard.

Universitätsarchiv Zürich, Zürich (UAZ)

UAZ, E.5.1.119, Presseorientierung: Eröffnung des Strahlenbiologischen Instituts, 26.1.1970.

UAZ, E.18.1.055, Strahlenbiologie.

UAZ, E.18.2.595, Medizinische Fakultät, Strahlenbiologie.

UAZ, I.1.0022, Jahresberichte 1988/89 und Forschungsberichte 1987, 1988, 1989.

UAZ, I.1.0043, Akademische Berichte 1996/97.

Archiv für Zeitgeschichte, Zürich (AfZ)

Landis & Gyr Historisches Archiv (1896–1998) (LG-Archiv), Dossier Nr. 2203.

Landis & Gyr Historisches Archiv (1896–1998) (LG-Archiv), Dossier Nr. 2835.

Gedruckte Quellen

25 Jahre Eidg. Kommission für Strahlenschutz [1992], https://www.bag.admin.ch › str › 25-jahre-ksr-1991.pdf.download.pdf › eks (acc. 10.12.2019).

Arber, Werner (1964): Schweizerisches Komitee für Biophysik, in: Verhandlungen der Schweizerischen Naturforschenden Gesellschaft. Wissenschaftlicher und administrativer Teil 144, S. 132.

Arber, Werner (1965): Schweizerisches Komitee für Biophysik, in: Verhandlungen der Schweizerischen Naturforschenden Gesellschaft. Wissenschaftlicher und administrativer Teil 145, S. 148.

Ärzte für Soziale Verantwortung (1983): Eine Megatonne über Bern. Die medizinischen Auswirkungen von Kernwaffen, Bern.

Auerbach, Charlotte (1957a) [1956]: Gefährdete Generationen. Erbgesundheit im Atomzeitalter, Stuttgart.

Auerbach, Charlotte (1957b) [1956]: Weh' dir, dass du ein Enkel bist. Erbgesundheit im Atomzeitalter, Stuttgart.

Berichte der Eidgenössischen Kommission zur Überwachung der Radioaktivität (KUeR) (1956/1957–1990).

Braunbek, Werner/Alfred Hofmann/W. F. Reinig/J. Schurz/Klaus Stierstadt (1957): Gefährliche Strahlen. Vom Atom und von radioaktiver Strahlung, Stuttgart.

Brenner, Hans-Peter (1982): Die Alarmierung der Bevölkerung, in: Zivilschutz 29/5, S. 23–28.

Bröndsted, Holger W. (1956): Das Atomzeitalter und unsere biologische Zukunft, Göttingen.

Bulletin der Schweizerischen Vereinigung für Atomenergie (1959–1970).

Bundesgerichtsentscheid (BGE) 115 Ia 277 – Katastrophenfall, 3.5.1989, in: http://relevancy.bger.ch/php/clir/http/index.php?lang=de&type=show_document&

page=1&from_date=&to_date=&from_year=1954&to_year=2019&sort=relevance&
insertion_date=&from_date_push=&top_subcollection_clir=bge&query_words=
&part=all&de_fr=&de_it=&fr_de=&fr_it=&it_de=&it_fr=&orig=&translation=&
rank=0&highlight_docid=atf%3A%2F%2F115-IA-277%3Ade&number_of_
ranks=0&azaclir=clir (acc. 11.12.2019).

Bundesgesetz über die friedliche Verwendung der Atomenergie und den Strahlenschutz (1959), in: Bundesblatt 110/2, S. 1422–1437.

Bundesrat (1946): Botschaft des Bundesrates an die Bundesversammlung zum Entwurf
eines Bundesbeschlusses über die Förderung der Forschung auf dem Gebiete der
Atomenergie vom 17. Juli 1946, in: Bundesblatt 98/2, S. 928–935.

Bundesrat (1957): Botschaft des Bundesrates an die Bundesversammlung betreffend
die Förderung der Forschung und Ausbildung auf dem Gebiete der Atomenergie
vom 26. November 1957, in: Bundesblatt 109/2, S. 997–1012.

Bundesrat (1958): Botschaft des Bundesrates an die Bundesversammlung betreffend
weitere Massnahmen zur Förderung der Forschung und Ausbildung auf dem Gebiete der Atomenergie vom 11. Juli 1958, in: Bundesblatt 110/2, S. 505–528.

Bundesrat (1973): Bericht des Bundesrates an die Bundesversammlung über die Sicherheitspolitik der Schweiz (Konzeption der Gesamtverteidigung) vom 27. Juni 1973,
in: Bundesblatt 125/2, S. 112–153.

Bundesrat (1992): Bericht des Bundesrates an die Bundesversammlung über die
Konzeption der Armee in den neunziger Jahren (Armeeleitbild 95), in: Bundesblatt
145/1, S. 850–1015.

Bureau International du Travail (1949): Règlement-Type de sécurité pour les
établissments industriels. A l'usage des gouvernments et de l'industrie, Anmasse.

Dahrendorf, Ralf (1977): International Power: A European Perspective, in: Foreign
Affairs 56/1, S. 72–88.

Das Schweizerische Rote Kreuz (1953): Diese Nummer gehört dem Blutspender
(Themenheft), Das Schweizerische Rote Kreuz 62/2.

Der jährliche Sirenentest, in: http://www.babs.admin.ch/de/alarmierung/sirenentest.
html (acc. 5.12.2019).

Der Zivilschutz und die Aufgaben des Strahlenschutzes. Das Bundesamt für Zivilschutz übernimmt die ersten Ausrüstungen (1969), in: Zivilschutz 16/9, S. 276–277.

Eidgenössisches Gesundheitsamt (Hg.) (1955): Richtlinien für den Schutz gegen
ionisierende Strahlen in der Medizin, in Laboratorien, Gewerbe und Fabrikations-
betrieben, Bern.

Eidgenössische Kommission zur Überwachung der Radioaktivität (KUeR) (1982):
25 Jahre Radioaktivitätsüberwachung in der Schweiz, Freiburg.

Fritz-Niggli, Hedi (Hg.) (1962): Strahlenwirkung und Milieu. Internationales Radio-
biologisches Symposium in Montreux vom 28. Mai bis 3. Juni 1961, München.

Fritz-Niggli, Hedi (1988): Klinische Strahlenbiologie, in: Schweizerische Medizinische Wochenschrift 118, Suppl. 25, S. 76–84.

Hässig, Alfred (1954): Der Blutspendedienst des Schweizerischen Roten Kreuzes. Ein Rückblick und Ausblick, in: Schweizerische Apotheker-Zeitung 92, S. 736–751.

Hässig, Alfred/R. Heiz/K. Stampfli (1955): Wo steht unser Blutspendedienst heute?, in: Das Schweizerische Rote Kreuz 64/8, S. 6–9.

Hässig, Alfred/H. Imfeld/H. Sager (1953): Der Blutspendedienst des Schweizerischen Roten Kreuzes, in: Der Blutspendedienst des Schweizerischen Roten Kreuzes (Themenheft), 153. Neujahrsblatt der Hülfsgesellschaft in Zürich auf das Jahr 1953, S. 24–29.

Huber, Paul (1967): Die Eidgenössische Kommission zur Überwachung der Radio-aktivität, in: Schutz und Wehr. Zeitschrift der Gesamtverteidigung 33/9–10, S. 81–85.

Imfeld, H./Alfred Hässig (1953): Der Blutspendedienst in Kriegszeiten, in: Der Blut-spendedienst des Schweizerischen Roten Kreuzes (Themenheft), 153. Neujahrsblatt der Hülfsgesellschaft in Zürich auf das Jahr 1953, S. 40–44.

Jahresberichte des Schweizerischen Nationalfonds zur Förderung der wissenschaft-lichen Forschung (SNF) (1952–1996).

Kellenberger, Eduard (1965): Die Elektronenmikroskopie in Molekularbiologie und Mikrobiologie, in: Pathologia et Microbiologia. Schweizerische Zeitschrift für all-gemeine Pathologie und Bakteriologie 28, S. 540–560.

Kernenergiehaftpflichtgesetz (1983), in: Bundesblatt 135/1, S. 1196–1207.

Kernkraftwerke: Zonen, in: https://www.naz.ch/de/themen/kkw_zonen.html (acc. 5.12.2019).

Leupold, Otto (1969): Bericht über die Tätigkeit der Schweizerischen Kommission für Molekularbiologie vor dem Senat der SNG, in: Verhandlungen der Schweizerischen Naturforschenden Gesellschaft 149, S. 21.

Marquardt, Hans (1957): Natürliche und künstliche Erbänderungen. Probleme der Mutationsforschung, Hamburg.

Marquardt, Hans/Gerhard Schubert (1959): Die Strahlengefährdung des Menschen durch Atomenergie. Probleme der Strahlenbiologie im technischen Zeitalter, Hamburg.

Messnetze, in: https://www.naz.ch/de/themen/messnetze.html (acc. 5.12.2019).

Milestones, in: http://www.oekozentrum.ch/47-0-Milestones.html (acc. 26.11.2019).

Mitteilungsblatt des Delegierten für Fragen der Atomenergie (1957/1–1960/Juli), Bern.

OECD (1962): System of Measurement of Environmental Radioactivity in the European Countries of OECD: 1961 Air – Fallout, Paris.

OECE (1959): Dispositif de mesure de la radioactivité ambiante dans les pays de l'OECE, Paris.

Recommendations of the International Commission on Radiological Protection (Revised December 1, 1954), British Journal of Radiology, Suppl. No. 6, 1955.

Schlussbericht über den Rückzug und die Neuverteilung von Kaliumiodidtabletten 65 mg in den Zonen 1 und 2 vom Oktober 2004 bis Mai 2005, in: http://www. iodtabletten.ch/download.php?id=50_8b87fd2d (acc.11.12.2019).

Schweizer Armee (1951): Allgemeine Vorschriften Truppenführung, Bern.

Schweizer Armee (1970): Kriegschirurgie (Sanitätsreglement 4). Gültig ab 1. Juli 1970, [Bern].

Schweizerische Akademie der Medizinischen Wissenschaften (1976): Stellungnahme zur Frage der Strahlengefährdung der Bevölkerung durch Kernkraftwerke (Sonderdruck), Basel.

Schweizerische Bewegung gegen die atomare Aufrüstung [1962]: Zum Schutze der Schweiz. Atomwaffenverbot JA, Zürich.

Schweizerische Naturforschende Gesellschaft (Hg.) (1978a): Strahlengefährdung durch Kernkraftwerke, in: Berichte der SNG zur Kernenergie 1, Beiheft zum Bulletin 1978/1 der Schweizerischen Naturforschenden Gesellschaft und der Schweizerischen Geistesgesellschaftlichen Gesellschaft, S. 9–26.

Schweizerische Naturforschende Gesellschaft (Hg.) (1978b): Emission radioaktiver Stoffe aus Kernkraftwerken im Normalbetrieb, in: Berichte der SNG zur Kernenergie 2, Beiheft zum Bulletin 1978/3 der Schweizerischen Naturforschenden Gesellschaft und der Schweizerischen Geistesgesellschaftlichen Gesellschaft, S. 9–38.

Schweizerische Zentralstelle für Friedensarbeit (1957): Atomgefahr über der Schweiz!, Zürich.

Scientific Committee on Problems of the Environment (SCOPE) of the International Council of Scientific Unions (ICSU) (Hg.) (1985–1986): Environmental Consequences of Nuclear War, 2 Bände, Chichester.

Stahel, Albert A./Urs Luterbacher (1977): Empirische Studien als Grundlage der schweizerischen Sicherheitspolitik, in: Schweizerisches Jahrbuch für Politische Wissenschaft 17, S. 213–233.

Studienkommission für Atomenergie (Hg.) (1960): Bericht über die Tätigkeit der Schweizerischen Studienkommission für Atomenergie von 1946 bis 1958, Basel/ Stuttgart.

Verordnung über den Strahlenschutz (1963), in: Amtliche Sammlung 163/14, S. 279–346.

von Albertini, Ambrosius/Alfred Hässig (1960): Der Blutspendedienst des Schweizerischen Roten Kreuzes 1939–1959, in: Therapeutische Umschau 27/2, S. 35–39.

Wideröe, Rolf/Hedi Fritz-Niggli (1963): A European Center of Radiobiological Research, Clinical Radiology and Related Scientific Fields, in: Acta Ibérica. Radiologica. Cancerologica 18, S. 1–14.

Wolf, Francis (1960): La protection internationale des travailleurs contre les radiations ionisantes, in: Annuaire français de droit international 6/1, S. 660–668.

World Health Organization (WHO) (1984): Effects of Nuclear War on Health and Health Services: Report of the International Committee of Experts in Medical Sciences and Public Health to Implement Resolution WHA34.38, Genf.

Zentralstelle für Gesamtverteidigung (Hg.) (1988/10): Human- und sozialwissenschaftliche Aspekte der Erholungsfähigkeit der Schweiz im Falle atomarer Kriegsereignisse, verfasst von W. Bierter, Bern.

Zentralstelle für Gesamtverteidigung (Hg.) (1988/12): Bericht Weiterleben: Auswirkungen von A-, B- und C-Kriegsereignissen auf die Schweiz und Abschätzung der Erholungsfähigkeit (technisch-naturwissenschaftliche Aspekte), Bern.

Zentralstelle für Gesamtverteidigung (Hg.) (1989/1): Schlussbericht Weiterleben, Bern.

Zentralstelle für Gesamtverteidigung (Hg.) (1989/6): Human- und sozialwissenschaftliche Aspekte der Erholungsfähigkeit der Schweiz im Falle atomarer Kriegsereignisse. Eine zusammenfassende Darstellung der wichtigsten Ergebnisse, verfasst von W. Bierter, Bern.

Zuppinger, Adolf (1957): Das Betatron, mit Demonstrationen, in: Mitteilungen der Naturforschenden Gesellschaft in Bern. Neue Folge 15, S. V–VI.

Zuppinger, Adolf (1960): Röntgeninstitut und radiotherapeutische Abteilung des Inselspitals und der Universität Bern, in: Studienkommission für Atomenergie (Hg.): Bericht über die Tätigkeit der Schweizerischen Studienkommission für Atomenergie von 1946 bis 1958, Basel/Stuttgart, S. 57–62.

Literatur

Abele, Johannes (2000): Strahlenkontrolle und Informationskontrolle: Geigerzähler in der Geschichte des Strahlenschutzes, 1950–1963, in: Christoph Meinel (Hg.): Instrument – Experiment. Historische Studien, Berlin, S. 336–349.

Abele, Johannes (2002): „Wachhund des Atomzeitalters". Geigerzähler in der Geschichte des Strahlenschutzes, München.

Abir-Am, Pnina G. (2003) [1979]: The Molecular Transformation of Twentieth-Century Biology, in: John Krige/Dominique Pestre (Hg.): Companion to Science in the Twentieth Century, London/New York, S. 495–524.

Achermann-Knoepfli, Alex (1990): Das Bundesgesetz über die wirtschaftliche Landesversorgung, insbesondere der Pflichtlagervertrag, Basel.

Aeberhard, Robert (1978): Zivilschutz in der Schweiz, Frauenfeld.

Aeberhard, Robert (1983): Vom Luftschutz zum Zivilschutz. Aus der Geschichte des passiven (blauen) Luftschutzes und des Zivilschutzes, Solothurn.

Albrecht, Peter u. a. (Autorenkollektiv) (Hg.) (1988): Schutzraum Schweiz. Mit dem Zivilschutz zur Notstandsgesellschaft, Bern.

Almond, Peter R. (2013): Cobalt Blues: The Story of Leonard Grimmett, the Man behind the first Cobalt-60 Unit in the United States, New York.

Amherd, Leander (1984): Die Friedensbewegung in der Schweiz (1945–1980), Lizenziatsarbeit Universität Bern.

Arndt, Melanie (2010): Verunsicherung vor und nach der Katastrophe. Von der Anti-AKW-Bewegung zum Engagement für die „Tschernobyl-Kinder", in: Zeithistorische Forschungen 7/2, S. 240–258.

Arndt, Melanie (Hg.) (2016): Politik und Gesellschaft nach Tschernobyl. (Ost-) Europäische Perspektiven, Berlin.

Ash, Mitchell G. (2002): Wissenschaft und Politik als Ressourcen für einander, in: Rüdiger vom Bruch/Brigitte Kaderas (Hg.): Wissenschaften und Wissenschafts-politik. Bestandsaufnahmen zu Formationen, Brüchen und Kontinuitäten im Deutschland des 20. Jahrhunderts, Stuttgart, S. 32–51.

Ash, Mitchell G. (2006): Wissenschaftswandlungen und politische Umbrüche im 20. Jahrhundert – was hatten sie miteinander zu tun?, in: Rüdiger vom Bruch/ Uta Gerhardt/Aleksandra Pwaliczek (Hg.): Kontinuitäten und Diskontinuitäten in der Wissenschaftsgeschichte des 20. Jahrhunderts, Stuttgart, S. 19–37.

Ash, Mitchell G. (2016): Reflexionen zum Ressourcenansatz, in: Sören Flachowsky/ Rüdiger Hachtmann/Florian Schmaltz (Hg.): Ressourcenmobilisierung. Wissen-schaftspolitik und Forschungspraxis im NS-Herrschaftssystem, Göttingen, S. 535–553.

Augustine, Dolores L. (2018): Taking on Technocracy: Nuclear Power in Germany, 1945 to the Present, New York/Oxford.

Aumann, Philipp (2009): Mode und Methode. Die Kybernetik in der Bundesrepublik Deutschland, Göttingen.

Bächi, Beat (2002): Kommunikationstechnologischer und sozialer Wandel: „Der schweizerische Weg zur digitalen Kommunikation" (1960–1985), Zürich.

Badash, Lawrence (1979): Radioactivity in America: Growth and Decay of a Science, Baltimore/London.

Badash, Lawrence (2001): Nuclear Winter: Scientists in the Political Arena, in: Physics in Perspective 3/1, S. 76–105.

Badash, Lawrence (2009): A Nuclear Winter's Tale: Science and Politics in the 1980s, Cambridge/MA/London.

Balke, Friedrich/Bernhard Siegert/Joseph Vogl (Hg.) (2016): Medien der Bürokratie, Paderborn.

Balmer, Manuel (2015): Walter Winkler, in: Historisches Lexikon der Schweiz (HLS), Version vom 17.11.2015, https://hls-dhs-dss.ch/de/articles/046502/2015-11-17/ (acc. 17.12.2019).

Balz, Hanno (2008): Von Terroristen, Sympathisanten und dem starken Staat. Die öffentliche Debatte über die RAF in den 70er Jahren, Frankfurt am Main.

Baudrillard, Jean (1978): Agonie des Realen, Berlin.

Baudrillard, Jean (2011) [1976]: Der symbolische Tausch und der Tod, Berlin.

Bauerkämper, Arnd/Natalia Rostislavleva (Hg.) (2014): Sicherheitskulturen im Vergleich. Deutschland und Russland/UdSSR seit dem späten 19. Jahrhundert, Paderborn.

Beck, Roland/Peter Braun (2003): Integration oder autonome Verteidigung? Die schweizerische Landesverteidigung im Spannungsfeld von nuklearen Gefechtswaffen und bewaffneter Neutralität (1955–1961), in: Schweizerische Vereinigung für Militärgeschichte und Militärwissenschaften (Hg.): Die Schweiz und der Kalte Krieg, Bern, S. 49–73.

Becker-Schaum, Christoph/Philipp Gassert/Martin Klimke/Wilfried Mausbach/ Marianne Zepp (Hg.) (2012): „Entrüstet euch!" Nuklearkrise, NATO-Doppelbeschluss und Friedensbewegung, Paderborn/München/Wien/Zürich.

Becker-Schaum, Christoph/Philipp Gassert/Martin Klimke/Wilfried Mausbach/ Marianne Zepp (Hg.) (2016): The Nuclear Crisis: The Arms Race, Cold War Anxiety, and the German Peace Movement of the 1980s, New York/Oxford.

Bein, Thomas/Rudolf Epple (1986): Die Friedensbewegung heute. Rahmenbedingungen und Tendenzen, in: Forum für praxisbezogene Friedensforschung (Hg.): Handbuch Frieden Schweiz, Basel, S. 91–122.

Bell, Wendell (2003) [1997]: Foundations of Futures Studies: Human Science for a New Era, Vol. 1: History, Purposes, and Knowledge, New Brunswick/London 2003.

Bennesved, Peter/Fredrik Norén (2018): Urban Catastrophe and Sheltered Salvation: The Media System of Swedish Civil Defence, 1937–1960, in: Media History, published online: 19 July 2018, DOI: https://doi.org/10.1080/13688804.2018.1491792.

Benninghoff, Martin/Jean-Philippe Leresche: La recherche, affaire d'Etat? Enjeux et luttes d'une politique fédérale des sciences, Lausanne 2003.

Berger Ziauddin, Silvia (2015a): Überlebensinsel und Bordell. Zur Ambivalenz des Bunkers im atomaren Zeitalter, in: David Eugster/Sibylle Marti (Hg.): Das Imaginäre des Kalten Krieges. Beiträge zu einer Kulturgeschichte des Ost-West-Konfliktes in Europa, Essen, S. 69–93.

Berger Ziauddin, Silvia (2015b): Vom Tasten, Hören, Riechen und Sehen unter Grund. „Sensory Politics" im Angesicht der nuklearen Apokalypse, in: Traverse. Zeitschrift für Geschichte 22/2, S. 131–144.

Berger Ziauddin, Silvia (2017a): Superpower Underground: Switzerland's Rise to Global Bunker Expertise in the Atomic Age, in: Technology and Culture 58/4, S. 921–954.

Berger Ziauddin, Silvia (2017b): (De)Territorializing the Home: The Nuclear Shelter as a Malleable Site of Passage, in: Society and Space 35/4, S. 674–693.

Berger Ziauddin, Silvia (2018): Atombunker, in: Frank Reichherzer/Emmanuel Droit/ Jan Hansen (Hg.): Den Kalten Krieg vermessen. Über Reichweite und Alternativen einer binären Ordnungsvorstellung, Berlin/Boston, S. 15–31.

Berger Ziauddin, Silvia (2019): Calculating the Apocalypse: The Unexpected Career of the Swiss Nuclear Bunker, in: Samia Henni (Hg.): War Zones, Zürich, S. 38–48.

Berger Ziauddin, Silvia/David Eugster/Sibylle Marti/Martin Meier/Yves Meier/Nadine Ritzer (2017): Geschichte ohne Forschung? Anmerkungen zum Verhältnis von akademischer und populärer Geschichtsschreibung, in: Schweizerische Zeitschrift für Geschichte 67/2, S. 230–237.

Berger Ziaudin, Silvia/Sibylle Marti (2020): Life after the Bomb: Nuclear Fear, Science, and Security Politics in Switzerland in the 1980s, in: Cold War History 20/2, S. 95–113.

Bernhard, Patrick/Holger Nehring (Hg.) (2014): Den Kalten Krieg denken. Beiträge zur sozialen Ideengeschichte seit 1945, Essen.

Biess, Frank (2009): „Everybody has a Chance": Nuclear Angst, Civil Defence, and the History auf Emotions in Postwar West Germany, in: German History 27/2, S. 215–243.

Biess, Frank/Daniel M. Gross (Hg.) (2014): Science and Emotions after 1945: A Transatlantic Perspective, Chicago/London.

Bigg, Charlotte/Jochen Hennig (Hg.) (2009): Atombilder. Ikonografie des Atoms in Wissenschaft und Öffentlichkeit des 20. Jahrhunderts, Göttingen 2009.

Blanc, Jean-Daniel/Christine Luchsinger (Hg.) (1994): achtung: die 50er Jahre! Annäherung an eine widersprüchliche Zeit, Zürich.

Blask, Falko (2005) [1995]: Jean Baudrillard zur Einführung, Hamburg.

Bloor, David (2005): Toward a Sociology of Epistemic Things, in: Perspectives on Science 13/3, S. 285–312.

Bluma, Lars (2004): Norbert Wiener und die Entstehung der Kybernetik im Zweiten Weltkrieg. Eine historische Fallstudie zur Verbindung von Wissenschaft, Technik und Gesellschaft, Münster.

Boemeke, Manfred F./Roger Chickering/Stig Förster (Hg.) (1999): Anticipating Total War: The German and American Experiences, 1871–1914, Cambridge.

Bondolfi, Sibilla (2012): Wehrpflicht und Geschlechterdiskriminierung. Verfassungsrechtliche und völkerrechtliche Anforderungen an die Wehrpflicht im Vergleich zum Modell Israel, Zürich.

Boos, Susan (1999): Strahlende Schweiz. Handbuch zur Atomwirtschaft, Zürich.

Bormann, Patrick/Thomas Freiberger/Judith Michel (Hg.) (2010): Angst in den Internationalen Beziehungen, Göttingen.

Bösch, Frank (Hg.) (2018): Wege in die digitale Gesellschaft. Computernutzung in der Bundesrepublik 1955–1990, Göttingen.

Bösch, Frank (2019): Zeitenwende 1979. Als die Welt von heute begann, München.

Boschung, Urs (2001): Hugo Aebi, in: Historisches Lexikon der Schweiz (HLS), Version vom 6.3.2001, https://hls-dhs-dss.ch/de/articles/042565/2001-03-06/ (acc. 14.11.2019).

Bott, Sandra/Janick Marina Schaufelbuehl (2017): Switzerland and Détente: A Revised Foreign Policy Characterized by Distrust, 1969–1975, in: Martin Klimke/Reinhild

Kreis/Christian F. Ostermann (Hg.): „Trust, but Verify": The Politics of Uncertainty and the Transformation of the Cold War Order, 1969–1991, Stanford, S. 259–278.

Bott, Sandra/Janick Marina Schaufelbuehl/Sacha Zala (Hg.) (2011): Die internationale Schweiz in der Zeit des Kalten Krieges, Basel.

Bott, Sandra/Jussi M. Hanhimäki/Janick Marina Schaufelbuehl/Marco Wyss (Hg.) (2015): Suisse et Guerre froide dans le Tiers-monde (Themenheft), Relations internationales 163.

Bott, Sandra/Jussi M. Hanhimäki/Janick Marina Schaufelbuehl/Marco Wyss (Hg.) (2017): Neutrality and Neutralism in the Global Cold War: Between or Within the Blocs?, Abingdon.

Boudia, Soraya (2007): Global Regulation: Controlling and Accepting Radioactivity Risks, in: History and Technology 23/4, S. 389–406.

Boudia, Soraya (2008): Sur les dynamiques de constitution des systèmes d'expertise scientifique: Le cas des rayonnements ionisants, in: Genèses. Sciences sociales et histoire 70, S. 26–44.

Boudia, Soraya (2009): Radioisotopes „Economy of Promises": On the Limits of Biomedicine in Public Legitimization of Nuclear Activities, in: Dynamis 29, S. 241–259.

Boyer, Paul (1998). Fallout: A Historian Reflects on America's Half-Century Encounter with Nuclear Weapons, Columbus.

Brändli, Sebastian (2012): Gesundheitswesen, in: Historisches Lexikon der Schweiz (HLS), Version vom 6.12.2012, https://hls-dhs-dss.ch/de/articles/016593/2012-12-06/ (acc. 22.11.2019).

Brandt, Christina (2004): Metapher und Experiment. Von der Virusforschung zum genetischen Code, Göttingen.

Brassel, Ruedi/Jakob Tanner (1986): Zur Geschichte der Friedensbewegung in der Schweiz, in: Forum für praxisbezogene Friedensforschung (Hg.): Handbuch Frieden Schweiz, Basel, S. 17–90.

Brauer, Juliane (2015): „Mit neuem Fühlen und neuem Geist". Heimatliebe und Patriotismus in Kinder- und Jugendliedern der frühen DDR, in: David Eugster/ Sibylle Marti (Hg.): Das Imaginäre des Kalten Krieges. Beiträge zu einer Kulturgeschichte des Ost-West-Konfliktes in Europa, Essen, S. 163–185.

Braun, Peter (2006): Von der Reduitstrategie zur Abwehr. Die militärische Landesverteidigung der Schweiz im Kalten Krieg 1945–1966, Baden.

Braun, Peter (2007): Karl Schmid und die Frage einer schweizerischen Atombewaffnung, in: Military Power Revue 2, S. 44–51.

Breitenmoser, Christoph (2002): Strategie ohne Aussenpolitik. Zur Entwicklung der schweizerischen Sicherheitspolitik im Kalten Krieg, Bern.

Bretscher-Spindler, Katharina (1997): Vom heissen zum Kalten Krieg. Vorgeschichte und Geschichte der Schweiz im Kalten Krieg 1943–1968, Zürich.

Bröckling, Ulrich (2008): „Vorbeugen ist besser ...". Zur Soziologie der Prävention, in: Behemoth: A Journal of Civilisation 1/1, S. 38–48.

Bröckling, Ulrich (2012): Dispositive der Vorbeugung: Gefahrenabwehr, Resilienz, Precaution, in: Christopher Daase/Philipp Offermann/Valentin Rauer (Hg.): Sicherheitskultur. Soziale und politische Praktiken der Gefahrenabwehr, Frankfurt am Main/New York, S. 93–108.

Brookes, Martin (2002) [2001]: Drosophila. Die Erfolgsgeschichte der Fruchtfliege, Reinbek bei Hamburg.

Brunner, Ursula/Lini Culetto/Helga Habicht/Agnes Hohl/Helen Müller-Berger/Johanna Müller-Vonder Mühll/Marie-Louise Stoll-Bauer (Hg.) (2006): Friedfertig und widerständig. Frauen für den Frieden Schweiz, Frauenfeld.

Buclin, Hadrien (2017): Swiss Intellectuals and the Cold War: Anti-Communist Policies in a Neutral Country, in: Journal of Cold War Studies 19/4, S. 137–167.

Bud, Robert (2012): „Applied Science": A Phrase in Search of Meaning, in: Isis 103/3, S. 537–545.

Bühler, Rahel (2018): Jugend beobachten. Debatten in Öffentlichkeit, Politik und Wissenschaft in der Schweiz, 1945–1979, Zürich.

Buomberger, Thomas (2004): Kampf gegen unerwünschte Fremde. Von James Schwarzenbach bis Christoph Blocher, Zürich.

Buomberger, Thomas (2017): Die Schweiz im Kalten Krieg 1945–1990, Baden.

Buomberger, Thomas/Peter Pfrunder (Hg.) (2012): Schöner leben, mehr haben. Die 50er Jahre in der Schweiz im Geiste des Konsums, Zürich.

Burkett, Jodi (2012): The Campaign for Nuclear Disarmament and Changing Attitudes Towards the Earth in the Nuclear Age, in: The British Journal for the History of Science 45/4, S. 625–639.

Burmeister, Karl Heinz (1998): 100 Jahre HSG. Geschichte der Universität St. Gallen, Bern.

Burri, Boris (2004): Notrechtliches Vorgehen gegen die Kommunisten. Der Umgang der Schweizer Behörden mit ausländischer Propaganda nach dem Zweiten Weltkrieg (1945–1953), in: Schweizerische Zeitschrift für Geschichte 52/2, S. 158–172.

Buser, Marcos (1988): Mythos „Gewähr". Geschichte der Endlagerung radioaktiver Abfälle der Schweiz, Zürich.

Buser, Marcos (2019): Wohin mit dem Atommüll? Das nukleare Abenteuer und seine Folgen. Ein Tatsachenbericht, Zürich.

Buser, Marcos/Walter Wildi (1984): Das „Gewähr"-Fiasko. Materialien zum gescheiterten Projekt „Gewähr" der NAGRA, Zürich.

Caillat, Michel/Mauro Cerutti/Jean-François Fayet/Stéphanie Roulin (Hg.) (2009): Geschichte(n) des Antikommunismus in der Schweiz, Zürich.

Calvert, Jane (2004): The Idea of „Basic Research" in Language and Practice, in: Minerva 42/3, S. 251–268.

Calvert, Jane (2006): What's Special about Basic Research?, in: Science, Technology, & Human Values 31/2, S. 199–220.

Campos, Luis A. (2015): Radium and the Secret of Life, Chicago.

Campos, Luis A./Alexander von Schwerin (2016): Transatlantic Mutants: Evolution, Epistemics, and the Engineering of Variation, 1903–1930, in: Staffan Müller-Wille/Christina Brandt (Hg.): Heredity Explored: Between Public Domain and Experimental Science, 1850–1930, Cambridge/MA, S. 395–415.

Cantor, David (2007): Introduction: Cancer Control and Prevention in the Twentieth Century, in: Bulletin of the History of Medicine 81/1, S. 1–38.

Canzler, Weert (1991): Länderbericht: Zukunftsforschung in der Schweiz, in: Rolf Kreibich/Ders./Klaus Burmeister (Hg.): Zukunftsforschung und Politik in Deutschland, Frankreich, Schweden und der Schweiz, Weinheim/Basel, S. 207–236.

Carlisle, Rodney P. (1997): Probabilistic Risk Assessment in Nuclear Reactors: Engineering Success, Public Relations Failure, in: Technology and Culture 38/4, S. 920–941.

Caufield, Catherine (1994) [1989]: Das strahlende Zeitalter. Von der Entdeckung der Röntgenstrahlen bis Tschernobyl, München.

CERN (2004): Infiniment CERN: Témoins de cinquante ans de recherche, Genf.

Cerutti, Mauro (2000): La Suisse dans la Guerre froide: la neutralité suisse face aux pressions américaines à l'époque de la guerre de Corée, in: Michel Porret/Jean-François Fayet/Carine Fluckiger (Hg.): Guerres et paix. Mélanges offerts à Jean-Claude Favez, Chêne-Bourg, S. 321–342.

Cerutti, Mauro (2011): Neutralité et sécurité: le projet atomique suisse 1945–1969, in: Sandra Bott/Janick Marina Schaufelbuehl/Sacha Zala (Hg.): Die internationale Schweiz in der Zeit des Kalten Krieges, Basel, S. 47–63.

Chickering, Roger/Stig Förster (Hg.) (2000): Great War, Total War: Combat and Mobilization on the Western Front, 1914–1918, Cambridge.

Chickering, Roger/Stig Förster (Hg.) (2003): The Shadows of Total War: Europe, East Asia, and the United States, 1919–1939, Cambridge.

Chickering, Roger/Stig Förster/Bernd Greiner (Hg.) (2010): A World at Total War: Global Conflict and the Politics of Destruction, 1937–1945, Cambridge.

Clark, Claudia (1997): Radium Girls: Women and Industrial Health Reform, 1910–1935, Chapel Hill/London.

Collier, Stephen J. (2008): Enacting Catastrophe: Preparedness, Insurance, Budgetary Rationalization, in: Economy and Society 37/2, S. 224–250.

Collier, Stephen J./Andrew Lakoff (2006): Vital Systems Security, ARC Working Paper No. 2, February 2.

Collier, Stephen J./Andrew Lakoff (2008a): Distributed Preparedness: Space, Security, and Citizenship in the United States, in: Deborah Cowen/Emily Gilbert (Hg.): War, Citizenship, Territory, London/New York, S. 119–143.

Collier, Stephen J./Andrew Lakoff (2008b): Distributed Preparedness: The Spatial Logic of Domestic Security in the United States, in: Environment and Planning D: Society and Space 26/1, S. 7–28.

Collier, Stephen J./Andrew Lakoff (2008c): The Vulnerability of Vital Systems: How ,Critical Infrastructure' Became a Security Problem, in: Myriam Dunn Cavelty/ Kristian Søby Kristensen (Hg.): Securing ,the Homeland': Critical Infrastructure, Risk and (In)Security, London/New York, S. 17–39.

Collier, Stephen J./Andrew Lakoff (2009): On Vital Systems Security, International Affairs Working Paper, https://stephenjcollier.files.wordpress.com/2012/07/vital-systems-security.pdf (acc. 22.11.2019).

Conze, Eckart (2005): Sicherheit als Kultur. Überlegungen zu einer „modernen Politikgeschichte" der Bundesrepublik Deutschland, in: Vierteljahrshefte für Zeitgeschichte 53/3, S. 357–380.

Conze, Eckart (2009): Die Suche nach Sicherheit. Eine Geschichte der Bundesrepublik Deutschland von 1949 bis in die Gegenwart, München.

Conze, Eckart (2010): Modernitätsskepsis und die Utopie der Sicherheit. NATO-Nachrüstung und Friedensbewegung in der Geschichte der Bundesrepublik, in: Zeithistorische Forschungen 7/2, S. 220–239.

Conze, Eckart (2018): Geschichte der Sicherheit. Entwicklung – Themen – Perspektiven, Göttingen.

Conze, Eckart/Martin Klimke/Jeremy Varon (2017): Nuclear Threats, Nuclear Fear: Cold War of the 1980s, Cambridge.

Cooter, Roger/Steve Sturdy (1998): Of War, Medicine and Modernity: Introduction, in: Roger Cooter/Mark Harrison/Steve Sturdy (Hg.): War, Medicine and Modernity, Stroud, S. 1–21.

Cottier, Maurice (2014): Liberalismus oder Staatsintervention. Die Geschichte der Versorgungspolitik im Schweizer Bundesstaat, Zürich.

Creager, Angela N. H. (2002): Tracing the Politics of Changing Postwar Research Practices: The Export of ,American' Radioisotopes to European Biologists, in: Studies in History and Philosophy of Biological and Biomedical Sciences 33/3, S. 367–388.

Creager, Angela N. H. (2004): The Industrialization of Radioisotopes by the U.S. Atomic Energy Commission, in: Karl Grandin/Nina Wormbs/Sven Widmalm (Hg.): The Science-Industry Nexus: History, Policy, Implications, Sagamore Beach, S. 141–167.

Creager, Angela N. H. (2006): Nuclear Energy in the Service of Biomedicine: The U.S. Atomic Energy Commission's Radioisotope Program, 1946–1950, in: Journal of the History of Biology 39/4, S. 649–684.

Creager, Angela N. H. (2009): Radioisotopes as Political Instruments, 1946–1953, in: Dynamis 29, S. 219–239.

Creager, Angela N. H. (2013): Life Atomic: A History of Radioisotopes in Science and Medicine, Chicago/London.

Creager, Angela N. H. (2014): Atomic Tracings: Radioisotopes in Biology and Medicine, in: Naomi Oreskes/John Krige (Hg.): Science and Technology in the Global Cold War, Cambridge/MA/London, S. 31–73.

Creager, Angela N. H. (2015): Radiation, Cancer, and Mutation in the Atomic Age, in: Historical Studies in the Natural Sciences 45, S. 14–48.

Cronqvist, Marie (2009): Die Sicherheit der Angst. *Welfare* versus *Warfare* im schwedischen Zivilschutz, in: Greiner, Bernd/Christian Th. Müller/Dierk Walter (Hg.) (2009): Angst im Kalten Krieg, Hamburg, S. 149–170.

Cronqvist, Marie (2012): Survivalism in the Welfare Cocoon: The Culture of Civil Defense in Cold War Sweden, in: Annette Vowinckel/Thomas Lindenberger/Marcus M. Payk. (Hg.): Cold War Cultures. Perspectives on Eastern and Western European Societies, New York/Oxford, S. 191–210.

Cronqvist, Marie (2015): Evacuation as Welfare Ritual: Cold War Media and the Swedish Culture of Civil Defense, in Valur Ingimundarson/Rosa Magnusdottir (Hg.): Nordic Cold War Cultures: Ideological Promotion, Public Reception, and East-West Inter-actions, Helsinki, S. 75–95.

Cross, Roger (2001): Fallout: Hedley Marston and the British Bomb Tests in Australia, Adelaide.

Daase, Christopher (2009): Der erweiterte Sicherheitsbegriff, in: Mir A. Ferdowsi (Hg.): Internationale Politik als Überlebensstrategie, München, S. 137–153.

Daase, Christopher (2010): Wandel der Sicherheitskultur, in: Aus Politik und Zeit-geschichte 50/13. Dezember, S. 9–16.

Daase, Christopher (2011): Der Wandel der Sicherheitskultur – Ursachen und Folgen des erweiterten Sicherheitsbegriffs, in: Peter Zoche/Stefan Kaufmann/Rita Haverkamp (Hg.): Zivile Sicherheit. Gesellschaftliche Dimensionen gegenwärtiger Sicherheits-politiken, Bielefeld, S. 139–158.

Daase, Christopher (2012a): Sicherheitskultur als interdisziplinäres Forschungs-programm, in: Ders./Philipp Offermann/Valentin Rauer (Hg.): Sicherheitskultur. Soziale und politische Praktiken der Gefahrenabwehr, Frankfurt am Main/New York, S. 23–44.

Daase, Christopher (2012b): Die Historisierung der Sicherheit. Anmerkungen zur historischen Sicherheitsforschung aus politikwissenschaftlicher Sicht, in: Cornel Zwierlein (Hg.): Sicherheit und Epochengrenzen (Themenheft), Geschichte und Gesellschaft 38/3, S. 387–405.

Daase, Christopher/Philipp Offermann/Valentin Rauer (Hg.) (2012): Sicherheits-kultur. Soziale und politische Praktiken der Gefahrenabwehr, Frankfurt am Main/New York.

Däniker, Gustav/Kurt R. Spillmann (1992): Die Konzeption der schweizerischen Sicher-heitspolitik, in: Alois Riklin/Hans Haug/Raymond Probst (Hg.): Neues Handbuch der schweizerischen Aussenpolitik, Bern/Stuttgart/Wien, S. 591–605.

Daston, Lorraine/Peter Galison (2007): Objektivität, Frankfurt am Main.

Davis, Belinda (2009): Europe is a Peaceful Woman, America is a War-Mongering Man? The 1980s Peace Movement in NATO-Allied Europe: Contribution to the Web-Feature „European History – Gender History", in: Themenportal Europäische Geschichte, www.europa.clio-online.de/essay/id/fdae-1504 (acc. 27.12.2019).

Davis, Tracy C. (2007): Stages of Emergency: Cold War Nuclear Civil Defense, Durham/London.

Dawson, Jane I. (1996): Eco-Nationalism: Anti-Nuclear Activism and National Identity in Russia, Lithuania, and Ukraine, Durham.

de Chadarevian, Soraya (2002): Designs for Life: Molecular Biology after World War II, Cambridge.

de Chadarevian, Soraya (2006): Mice and the Reactor: The „Genetics Experiment" in 1950s Britain, in: Journal of the History of Biology 39/4, S. 707–735.

de Chadarevian, Soraya/Bruno J. Strasser (2002): Molecular Biology in Postwar Europe: Towards a ‚Glocal' Picture, in: Studies in History and Philosophy of Biological and Biomedical Sciences 33/3, S. 361–365.

Degen, Bernard (2007): Gesamtverteidigung gegen den gesellschaftlichen Wandel. Militärische und zivile Verteidigungspolitik in der Schweiz seit dem Zweiten Weltkrieg, in: Widerspruch. Beiträge zu sozialistischer Politik 27/53, S. 77–85.

Degen, Bernard (2009): Die totale Verteidigungsgesellschaft, in: Christoph Maeder/Ueli Mäder/Sarah Schilliger (Hg.): Krieg, S. 89–105.

Degen, Bernard (2017): Gruppe Schweiz ohne Armee (GSoA), in: Historisches Lexikon der Schweiz (HLS), Version vom 24.8.2017, https://hls-dhs-dss.ch/de/articles/015312/2017-08-24/ (acc. 22.11.2019).

Demirovic, Alex (2008): Liberale Freiheit und das Sicherheitsdispositiv. Der Beitrag von Michel Foucault, in: Patricia Purtschert/Katrin Meyer/Yves Winter (Hg.): Gouvernementalität und Sicherheit. Zeitdiagnostische Beiträge im Anschluss an Foucault, Bielefeld, S. 229–250.

Deville, Joe/Michael Guggenheim (2015): Vom nuklearen Krieg zu all hazards. Die Katastrophe versprachlichen, materialisieren und berechnen, in: David Eugster/Sibylle Marti (Hg.): Das Imaginäre des Kalten Krieges. Beiträge zu einer Kulturgeschichte des Ost-West-Konfliktes in Europa, Essen, S. 269–296.

Devlin, Judith/Christoph Hendrik Müller (Hg.) (2013): War of Words: Culture and the Mass Media in the Making of the Cold War in Europe, Dublin.

Diamond, Louis K. (1980): A History of Blood Transfusion, in: Maxwell M. Wintrobe (Hg.): Blood, Pure and Eloquent: A Story of Discovery, of People, and of Ideas, New York, S. 659–688.

Diebel, Martin (2017): Atomkrieg und andere Katastrophen. Zivil- und Katastrophenschutz in der Bundesrepublik und Großbritannien nach 1945, Paderborn.

Doering-Manteuffel, Anselm/Lutz Raphael (2012) [2008]: Nach dem Boom. Perspektiven auf die Zeitgeschichte seit 1970, Göttingen.

Dommann, Monika (2003): Durchsicht, Einsicht, Vorsicht. Eine Geschichte der Röntgenstrahlen 1896–1963, Zürich.

Dommann, Monika (2006): From Danger to Risk: The Perception and Regulation of X-Rays in Switzerland, 1896–1970, in: Thomas Schlich/Ulrich Tröhler (Hg.): The Risk of Medical Innovation: Risk Perception and Assessment in Historical Context, London/New York, S. 93–115.

Dommann, Monika/Kijan Malte Espahangizi/Svenja Goltermann (2015): Editorial, in: Dies. (Hg.): Wissen, was Recht ist, Berlin/Zürich, S. 7–11.

Dommann, Monika/Sibylle Marti (Hg.) (2020): Kriegsmaterial im Kalten Krieg. Rüstungsgüter in der Schweiz zwischen Militär, Industrie, Politik und Öffentlichkeit, Basel.

Dörries, Matthias (2008): The „Winter" Analogy Fallacy: From Superbombs to Supervolcanoes, in: History of Meteorology 4, S. 41–56.

Dörries, Matthias (2011): The Politics of Atmospheric Sciences: „Nuclear Winter" and Gobal Climate Change, in: Osiris 26/1, S. 198–223.

Dry, Sarah (2006): The Population as the Patient: Alice Stewart and the Controversy over Low-Level Radiation in the 1950s, in: Thomas Schlich/Ulrich Tröhler (Hg.): The Risk of Medical Innovation: Risk Perception and Assessment in Historical Context, London/New York, S. 116–132.

Dülffer, Jost (2003): Die Protestbewegungen gegen Wiederbewaffnung 1951–55 und atomare Aufrüstung 1957/58 in der Bundesrepublik Deutschland – Ein Vergleich, in: Ders./Martin Kröger (Hg.): Im Zeichen der Gewalt. Frieden und Krieg im 19. und 20. Jahrhundert, Köln/Weimar/Wien, S. 205–218.

Dülffer, Jost (2004): Europa im Ost-West-Konflikt 1945–1991, München.

Dülffer, Jost (2006): „Self-Sustained Conflict" – Systemerhaltung und Friedensmöglichkeiten im Ost-West-Konflikt 1945–1991, in: Corinna Hauswedell (Hg.): Deeskalation von Gewaltkonflikten seit 1945, Essen, S. 33–60.

Dunn Cavelty, Myriam (2008): Like a Phoenix from the Ashes: The Reinvention of Critical Infrastructure Protection as Distributed Security, in: Dies./Kristian Søby Kristensen (Hg.): Securing ‚the Homeland': Critical Infrastructure, Risk and (In)Security, London/New York, S. 40–62.

Eckart, Wolfgang Uwe (Hg.) (2000): 100 Jahre organisierte Krebsforschung, Stuttgart.

Edwards, Paul N. (2010): A Vast Machine: Computer Models, Climate Data, and the Politics of Global Warming, Cambridge/MA.

Emmenegger, Lukas (2018a): Die Verwendung von Radiumleuchtfarben in der Schweizer Uhrenindustrie (1907–1963). Historischer Bericht im Auftrag des Bundesamtes für Gesundheit, Bern.

Emmenegger, Lukas (2018b): La matière miraculeuse. Die Verwendung von Radiumleuchtfarben in der Schweizer Uhrenindustrie und der Schutz der Radiumsetzer_innen vor ionisierenden Strahlen im Kontext des Arbeitsschutzes (1907–1963), Masterarbeit Universität Bern.

Engel, Christoph/Jost Halfmann/Martin Schulte (Hg.) (2002): Wissen – Nichtwissen – Unsicheres Wissen, Baden-Baden.

Engerman, David C. (2003): Review Essay: Rethinking Cold War Universities: Some Recent Histories, in: Journal of Cold War Studies 5/2, S. 80–95.

Engerman, David C. (2007): Bernath Lecture: American Knowledge and Global Power, in: Diplomatic History 31/4, S. 599–622.

Engerman, David C. (2010): Social Science in the Cold War, in: Isis 101/2, S. 393–400.

Epple, Ruedi (1986): Die schweizerische Friedensbewegung: Alte Wurzeln – Neue Blüten, in: Jahrbuch der Schweizerischen Vereinigung für politische Wissenschaft 26, S. 193–210.

Epple, Ruedi (1995): Zurück in die 50er Jahre?, in: Katharina Rengel (Hg.): Hoffen heisst Handeln. Friedensarbeit in der Schweiz seit 1945. 50 Jahre Schweizerischer Friedensrat, Zürich, S. 75–88.

Epple-Gass, Rudolf (1988): Friedensbewegung und direkte Demokratie in der Schweiz, Frankfurt am Main.

Epple-Gass, Ruedi (1994): Zur Friedensbewegung in den 50er Jahren, in: Jean-Daniel Blanc/Christine Luchsinger (Hg.): achtung: die 50er Jahre! Annäherungen an eine widersprüchliche Zeit, Zürich, S. 147–156.

Erickson, Paul/Judy L. Klein/Lorraine Daston/Rebecca Lemov/Thomas Sturm/ Michael D. Gordin (2013): How Reason Almost Lost Its Mind: The Strange Career of Cold War Rationality, Chicago/London.

Eugster, David (2018): Manipuliert! Die Schweizer Werbebranche kämpft um ihren Ruf, 1900–1989, Zürich.

Eugster, David/Sibylle Marti (Hg.) (2015a): Das Imaginäre des Kalten Krieges. Beiträge zu einer Kulturgeschichte des Ost-West-Konfliktes in Europa, Essen.

Eugster, David/Sibylle Marti (2015b): Einleitung. Das Imaginäre des Kalten Krieges, in: Dies. (Hg.): Das Imaginäre des Kalten Krieges. Beiträge zu einer Kulturgeschichte des Ost-West-Konfliktes in Europa, Essen, S. 3–16.

Favez, Jean-Claude/Ladislas Mysyrowicz (1987): Le Nucléaire en Suisse. Jalons pour une histoire difficile, Lausanne.

Feld, Michael/Michel De Roo (2000): Geschichte der Nuklearmedizin in Europa, hrsg. von Harald Schicha/Klaus Bergdolt, Stuttgart.

Ferguson, Niall/Charles S. Maier/Erez Manela/Daniel J. Sargent (Hg.) (2011) [2010]: The Shock of the Global: The 1970s in Perspective, Cambridge/MA.

Fink, Paul (1999): Vom Personalstopp zum New Public Management. Verwaltungsreformen beim Bund 1974–1998, in: Ulrich Pfister/Maurice de Tribolet (Hg.): Sozialdisziplinierung – Verfahren – Bürokraten. Entstehung und Entwicklung der modernen Verwaltung, Basel, S. 180–202.

Fischer, Michael (2019): Atomfieber. Eine Geschichte der Atomenergie in der Schweiz, Baden.

Fischer, Thomas (2004): Die Grenzen der Neutralität. Schweizerisches KSZE-Engagement und gescheiterte UNO-Beitrittspolitik im Kalten Krieg 1969–1986, Zürich.

Flam, Helena (Hg.) (1994): States and Anti-Nuclear Movements, Edinburgh.

Fleury, Antoine/Frédéric Joye (2002): Die Anfänge der Forschungspolitik in der Schweiz. Gründungsgeschichte des Schweizerischen Nationalfonds zur Förderung der wissenschaftlichen Forschung 1934–1952, Baden.

Flury, Reto (2004): Gefahren der Luft. Militärischer und ziviler Gasschutz in der Schweiz 1918–1939, Lizenziatsarbeit Universität Zürich.

Flury-Dasen, Eric (2004): Die Schweiz und Schweden vor den Herausforderungen des Kalten Krieges 1945–1970. Neutralitätspolitik, militärische Kooperation, Osthandel und Korea-Mission, in: Schweizerische Zeitschrift für Geschichte 54/2, S. 123–145.

Fordham, Benjamin O. (1998): Building the Cold War Consensus: The Political Economy of U.S. National Security Policy, 1949–51, Ann Arbor.

Förster, Stig/Jörg Nagler (Hg.) (1997): On the Road to Total War: The American Civil War and the German Wars of Unification, 1861–1871, Cambridge.

Foucault, Michel (1978): Dispositive der Macht. Über Sexualität, Wissen und Wahrheit, Berlin.

Foucault, Michel (2003) [1994]: Die „Gouvernementalität" (Vortrag), in: Ders.: Schriften in vier Bänden, Band III, 1976–1979, hrsg. von Daniel Defert und François Ewald unter Mitarbeit von Jacques Lagrange, Frankfurt am Main, S. 796–823.

Foucault, Michel (2006a) [2004]: Sicherheit, Territorium, Bevölkerung. Geschichte der Gouvernementalität I. Vorlesung am Collège de France 1977–1978, Frankfurt am Main.

Foucault, Michel (2006b) [2004]: Die Geburt der Biopolitik. Geschichte der Gouvernementalität II. Vorlesung am Collège de France 1978–1979, Frankfurt am Main.

Fox Keller, Evelyn (2001) [2000]: Das Jahrhundert des Gens, Frankfurt am Main/New York.

Frey, Stefanie (2002): Switzerland's Defence and Security Policy during the Cold War (1945–1973), Lenzburg.

Frey-Wettstein, Manuel (2004): Die Entwicklung der Transfusionsmedizin in der Schweiz vom Zweiten Weltkrieg bis 2003, in: Transfusion Medicine and Hemotherapy 31, Suppl. 2, S. 86–94.

Frickel, Scott (2001): The Environmental Mutagen Society and the Emergence of Genetic Toxicology: A Sociological Perspective, in: Mutation Research 488, S. 1–8.

Frickel, Scott (2004): Chemical Consequences: Environmental Mutagens, Scientist Activism, and the Rise of Genetic Toxicology, New Brunswick/New Jersey/London.

Friedberg, Errol C. (1997): Correcting the Blueprint of Life: An Historical Account of the Discovery of DNA Repair Mechanisms, Plainview/New York.

Fuhrer, Hans Rudolf/Marc Ramel (2007): Réduit I, Zürich.

Fuhrer, Hans Rudolf/Matthias Wild (2010): Alle roten Pfeile kamen aus Osten – zu Recht? Das Bild und die Bedrohung der Schweiz 1945–1966 im Licht östlicher Archive, Baden.

Furrer, Markus (1998): Die Apotheose der Nation. Konkordanz und Konsens in den 1950er Jahren, in: Urs Altermatt/Catherine Bosshart-Pfluger/Albert Tanner (Hg.): Die Konstruktion einer Nation. Nation und Nationalisierung in der Schweiz, 18.–20. Jahrhundert, Zürich, S. 101–118.

Furrer, Markus/Bruno H. Weder/Beatrice Ziegler (2008): 1973–1989/91 – Krisenjahrzehnte, in: Markus Furrer/Kurt Messmer/Bruno H. Weder/Beatrice Ziegler (Hg.): Die Schweiz im kurzen 20. Jahrhundert. 1914 bis 1989 – mit Blick auf die Gegenwart, Zürich, S. 134–157.

Gaddis, John Lewis (1982): Strategies of Containment: A Critical Appraisal of Postwar American National Security Policy, Oxford.

Gaffino, David (2006): Autorités et entreprises suisses face à la guerre du Viêt Nam, 1960–1975, Neuchâtel.

Galison, Peter (1997): Die Ontologie des Feindes. Norbert Wiener und die Vision der Kybernetik, in: Hans-Jörg Rheinberger/Michael Hagner/Bettina Wahrig-Schmidt (Hg.): Räume des Wissens. Repräsentation, Codierung, Spur, Berlin, S. 281–324.

Gassert, Philipp/Tim Geiger/Hermann Wentker (Hg.) (2011): Zweiter Kalter Krieg und Friedensbewegung. Der NATO-Doppelbeschluss in deutsch-deutscher und internationaler Perspektive, München.

Gaudillière, Jean-Paul (2006): Normal Pathways: Controlling Isotopes and Building Biomedical Research in Postwar France, in: Journal of the History of Biology 39/4, S. 737–764.

Gees, Thomas (2012): Die Schweiz und die internationalen Organisationen, in: Patrick Halbeisen/Margrit Müller/Béatrice Veyrassat (Hg.): Wirtschaftsgeschichte der Schweiz im 20. Jahrhundert, Basel, S. 1131–1158.

Geiger, Roger L. (1992): Science, Universities, and National Defense, 1945–1970, in: Osiris 7, S. 26–48.

Geiger, Roger L. (2003) [1997]: Science and the University: Patterns from the US Experience in the Twentieth Century, in: John Krige/Dominique Pestre (Hg.): Companion to Science in the Twentieth Century, London/New York, S. 159–174.

Germann, Pascal (2007): Transformationen einer Krankheit. Eine Wissensgeschichte des Kretinismus im Alpenraum, 1840–1920, Lizenziatsarbeit Universität Zürich.

Germann, Pascal (2015): Mobilisierung des Blutes. Blutspendedienst, Blutgruppenforschung und totale Landesverteidigung in der Schweiz, 1940–1960, in: Gesnerus. Schweizerische Zeitschrift für Geschichte der Medizin und der Naturwissenschaften 72/2, S. 289–313.

Germann, Pascal (2016): Laboratorien der Vererbung. Rassenforschung und Humangenetik in der Schweiz, 1900–1970, Göttingen.

Germann, Pascal (2017): Wie kam das Jod ins Salz? Eine Präventionsgeschichte, 1820–1920, in: Schweizerische Zeitschrift für Ernährungsmedizin 5, S. 14–17.

Germann, Pascal/Sibylle Marti (2013): Mobilization of Blood: Blood Transfusion Service, Blood Group Research, and National Defense in Cold War Switzerland, 1945–1960, unpubliziertes Vortragsmanuskript.

Germann, Raimund E. (2002): Ausserparlamentarische Kommissionen, in: Historisches Lexikon der Schweiz (HLS), Version vom 17.1.2002, https://hls-dhs-dss.ch/de/articles/010393/2002-01-17/ (acc. 11.12.2019).

Geyer, Michael (1990): Der kriegerische Blick. Rückblick auf einen noch zu beendenden Krieg, in: Sowi. Sozialwissenschaftliche Informationen 19/2, S. 111–117.

Geyer, Michael (2001) [2001]. Der Kalte Krieg, die Deutschen und die Angst. Die westdeutsche Opposition gegen Wiederbewaffnung und Kernwaffen, in: Klaus Naumann (Hg.): Nachkrieg in Deutschland, Hamburg, S. 267–318.

Ghamari-Tabrizi, Sharon (2000): Simulating the Unthinkable: Gaming Future War in the 1950s and 1960s, in: Social Studies of Science 30/2, S. 163–223.

Ghamari-Tabrizi, Sharon (2005): The Worlds of Herman Kahn: The Intuitive Sciences of Thermonuclear War, Cambridge/MA/London.

Ghamari-Tabrizi, Sharon (2013): Death and Resurrection in the Early Cold War: The Grand Analogy of the Disaster Researchers, in: Leon Hempel/Marie Bartels/Thomas Markwart (Hg.): Aufbruch ins Unversicherbare. Zum Katastrophendiskurs der Gegenwart, Bielefeld, S. 335–378.

Gilg, Peter/Peter Halblützel (2006) [1986]: Beschleunigter Wandel und neue Krisen (seit 1945), in: Geschichte der Schweiz und der Schweizer, Basel, S. 821–968.

Gillabert, Matthieu (2014): The Sovietology of Jozef M. Bocheriski: Transnational Activism in Catholic Switzerland, 1955–65, in: Luc van Dongen/Stéphanie Roulin/Giles Scott-Smith (Hg.): Transnational Anti-Communism and the Cold War: Agents, Activities, and Networks, Basingstoke, S. 177–188.

Gisler, Monika (2014): Unternehmerisches Risiko? Schweizer Atompolitik der 1950er-Jahre, in: Traverse. Zeitschrift für Geschichte 21/3, S. 94–104.

Göldi, Wolfgang (2011): Alois Riklin, in: Historisches Lexikon der Schweiz (HLS), Version vom 25.11.2011, https://hls-dhs-dss.ch/de/articles/044849/2011-11-25/ (acc.22.11.2019).

Gooday, Graeme (2012): „Vague and Artificial": The Historically Elusive Distinction between Pure and Applied Science, in: Isis 103/3, S. 546–554.

Göppner, Nadine (2013): Vorgeschichte und Entstehung des Atomgesetzes [vom 23.12.1959], Frankfurt am Main.

Graeber, David (2016) [2015]: Bürokratie. Utopie der Regeln, Stuttgart.

Graf, Nicole (2003): Das Zeitalter der subatomaren Energie? Die Deutungsmuster der Kernenergie zwischen 1969 und 1985, in: Manuel Eisner/Nicole Graf/Peter Moser

(Hg.): Risikodiskurse. Die Dynamik öffentlicher Debatten über Umwelt- und Risikoprobleme in der Schweiz, Zürich, S. 125–151.

Graf, Rüdiger (2014): Öl und Souveränität. Petroknowledge und Energiepolitik in den
USA und Westeuropa in den 1970er Jahren, Berlin/Boston.

Grant, Matthew/Benjamin Ziemann (Hg.) (2016): Understanding the Imaginary War:
Culture, Thought and Nuclear Conflict, 1945–90, Manchester.

Greene, Gayle (2000): The Woman Who Knew Too Much: Alice Stewart and the
Secrets of Radiation, Ann Arbor.

Greiner, Bernd (2003): Zwischen „Totalem Krieg" und „Kleinen Kriegen". Überlegungen zum historischen Ort des Kalten Krieges, in: Mittelweg 36. Zeitschrift
des Hamburger Instituts für Sozialforschung 12/2, S. 3–20.

Greiner, Bernd (2009a): Angst im Kalten Krieg. Bilanz und Ausblick, in: Ders./Christian
Th. Müller/Dierk Walter (Hg.): Angst im Kalten Krieg, Hamburg, S. 7–31.

Greiner, Bernd (2009b): Angst im Kalten Krieg. Bilanz und Ausblick, in: Mittelweg
36. Zeitschrift des Hamburger Instituts für Sozialforschung 18/4, S. 65–87.

Greiner, Bernd (2011): Antikommunismus, Angst und Kalter Krieg. Versuch einer erneuten Annäherung – Essay, in: Aus Politik und Zeitgeschichte 51–52, S. 44–49.

Greiner, Bernd/Regina Seiler (2015): Die Entwicklungen der Radioonkologie in den
vergangenen 50 Jahren. Teil 1: Gründung der Gesellschaften und Klinik der Radioonkologie, in: Schweizer Zeitschrift für Onkologie 1, S. 10–13.

Greiner, Bernd/Christian Th. Müller/Dierk Walter (Hg.) (2009): Angst im Kalten Krieg,
Hamburg.

Grisard, Dominique (2011): Gendering Terror. Eine Geschlechtergeschichte des Linksterrorismus in der Schweiz, Frankfurt am Main.

Grunwald, Armin (2009): Wovon ist die Zukunftsforschung eine Wissenschaft?, in:
Reinhold Popp/Elmar Schüll (Hg.): Zukunftsforschung und Zukunftsgestaltung.
Beiträge aus Wissenschaft und Praxis, Berlin/Heidelberg, S. 25–35.

Gugerli, David (2001): „Nicht überblickbare Möglichkeiten". Kommunikations-
technischer Wandel als kollektiver Lernprozess, 1960–1985, Zürich.

Gugerli, David (2018): Wie die Welt in den Computer kam. Zur Entstehung digitaler
Wirklichkeit, Frankfurt am Main.

Gugerli, David/Patrick Kupper/Daniel Speich Chassé (2005): Die Zukunftsmaschine.
Konjunkturen der ETH Zürich 1855–2005, Zürich.

Gugerli, David/Patrick Kupper/Tobias Wildi (2000): Kernenergie in der Schweiz
1950–1990, in: Bulletin SEV/VSE 91/21, S. 24–27.

Guisolan, Jérôme (2003): Le corps des officiers de l'état-major général suisse pendant la
guerre froide (1945–1966): des citoyens au service de l'Etat? L'apport de la prosopo-
graphie, Baden.

Guttmann, Aviva (2013): Ernst Cinceras nichtstaatlicher Staatsschutz im Zeichen von Antisubversion, Gesamtverteidigung und Kaltem Krieg, in: Schweizerische Zeitschrift für Geschichte 63/1, S. 65–86.

Gyr, Marcel (2016): Schweizer Terrorjahre. Das geheime Abkommen mit der PLO, Zürich.

Hacker, Barton C. (1987): The Dragon's Tail: Radiation Safety in the Manhattan Project, 1942–1946, Berkeley/Los Angeles/London.

Hacker, Barton C. (1994): Elements of Controversy: The Atomic Energy Commission and Radiation Safety in Nuclear Weapons Testing, 1947–1974, Berkeley/Los Angeles/London.

Hacking, Ian (2007): Kinds of People. Moving Targets, in: Proceedings of the British Academy 151, S. 285–318.

Hager, Thomas (1995): Force of Nature: The Life of Linus Pauling, New York.

Hagner, Michael/Erich Hörl (Hg.) (2008): Die Transformation des Humanen. Beiträge zur Kulturgeschichte der Kybernetik, Frankfurt am Main.

Haltiner, Karl W. (2011): Vom schmerzlichen Verlieren alter Feindbilder – Bedrohungs- und Risikoanalysen in der Schweiz, in: Thomas Jäger/Ralph Thiele (Hg.): Transformation der Sicherheitspolitik. Deutschland, Österreich, Schweiz im Vergleich, Wiesbaden, S. 39–58.

Häni, David (2018): Kaiseraugst besetzt!   Die Bewegung gegen das Atomkraftwerk, Basel.

Haupt, Heinz-Gerhard/Jörg Requate (Hg.) (2004): Aufbruch in die Zukunft. Die 1960er Jahre zwischen Planungseuphorie und kulturellem Wandel. DDR, ČSSR und Bundesrepublik Deutschland im Vergleich, Weilerswist.

Hebeisen, Erika/Elisabeth Joris/Angela Zimmermann (Hg.) (2008): Zürich 68. Kollektive Aufbrüche ins Ungewisse, Baden.

Hecht, Gabrielle (2006): Nuclear Ontologies, in: Constellations 13/3, S. 320–331.

Heims, Steve Joshua (1991): The Cybernetics Group, Cambridge/MA.

Heiniger, Markus (1980): Die Schweizerische Antiatombewegung 1958–1963. Eine Analyse der politischen Kultur, Lizenziatsarbeit Universität Zürich.

Heiniger, Markus (1990): Vorüberlegungen zu einer Geschichte der Forschung und Entwicklung (F&E) in der Schweiz, 1930–1970. Untersuchung im Auftrag des Bundesamtes für Statistik, Bern.

Heiniger, Markus (1995): Hansjörg Braunschweig – Engagement gegen Atomrüstung, in: Katharina Rengel (Hg.): Hoffen heisst Handeln. Friedensarbeit in der Schweiz seit 1945. 50 Jahre Schweizerischer Friedensrat, Zürich, S. 89–100.

Hellema, Duco (2019): The Global 1970s: Radicalism, Reform, and Crisis, London.

Hempel, Leon/Marie Bartels/Thomas Markwart (Hg.) (2013): Aufbruch ins Unversicherbare. Zum Katastrophendiskurs der Gegenwart, Bielefeld.

Hempel, Leon/Susanne Krasmann/Ulrich Bröckling (Hg.) (2011): Sichtbarkeitsregime. Überwachung, Sicherheit und Privatheit im 21. Jahrhundert, Wiesbaden.

Hermann, Armin/John Krige/Ulrike Mersits/Dominique Pestre (1987): History of CERN, Band 1, Amsterdam.

Hermann, Armin/John Krige/Ulrike Mersits/Dominique Pestre (1990): History of CERN, Band 2, Amsterdam.

Herran, Néstor/Xavier Roqué (2009): Tracers of Modern Technoscience, in: Dynamis 29, S. 123–130.

Herring, Horace (2006): From Energy Dreams to Nuclear Nightmares: Lessons from the Anti-Nuclear Power Movement in the 1970s, Charlbury.

Heyck, Hunter/David Kaiser (Hg.) (2010): New Perspectives on Science and the Cold War (Focus), Isis 101/2.

Higuchi, Toshihiro (2010): Atmospheric Nuclear Weapons Testing and the Debate on Risk Knowledge in Cold War America, 1945–1963, in: J. R. McNeill/Corinna R. Unger (Hg.): Environmental Histories of the Cold War, Cambridge/MA, S. 301–322.

Hill, Wilhelm/Ignaz Rieser (1983): Die Förderungspolitik des Nationalfonds im Kontext der schweizerischen Forschungspolitik, Basel/Stuttgart.

Höchner, Francesca (2004): Zivilverteidigung – ein Normenbuch für die Schweiz, in: Schweizerische Zeitschrift für Geschichte 54/2, S. 188–203.

Hof, Tobias (2011): Staat und Terrorismus in Italien 1969–1982, München.

Hofmann, Matthias (2008): Lernen aus Katastrophen. Nach den Unfällen von Harrisburg, Seveso und Sandoz, Berlin.

Hogg, Jonathan (2012): „The Family that Feared Tomorrow": British Nuclear Culture and Individual Experience in the Late 1950s, in: The British Journal for the History of Science 45/4, S. 535–549.

Holtzmann Kevles, Bettyann (1998): Naked to the Bone: Medical Imaging in the Twentieth Century, Reading/MA.

Honegger, Claudia/Hans-Ulrich Jost/Susanne Burren/Pascal Jurt (2007): Konkurrierende Deutungen des Sozialen. Geschichts-, Sozial- und Wirtschaftswissenschaften im Spannungsfeld von Politik und Wissenschaft, Zürich.

Horn, Eva (2004): War Games. Der Kalte Krieg als Gedankenexperiment, in: Thomas Macho/Annette Wunschel (Hg.): Science & Fiction. Über Gedankenexperimente in Wissenschaft, Philosophie und Literatur, Frankfurt am Main, S. 310–328.

Horváth, Franz (1998): Im Windschatten der Wissenschaftspolitik. Ständisch-föderalistische Interessenentfaltung im Zeitalter des „Bildungsnotstandes", in: Mario König/Georg Kreis/Franziska Meister/Gaetano Romano (Hg.): Dynamisierung und Umbau. Die Schweiz in den 60er und 70er Jahren, Zürich, S. 81–93.

Hounshell, David A. (1997): The Cold War, RAND, and the Generation of Knowledge, 1946–1962, in: Historical Studies in the Physical and Biological Sciences 27/2, S. 237–267.

Hounshell, David A. (2001): Rethinking the Cold War; Rethinking Science and Technology in the Cold War; Rethinking the Social Study of Science and Technology, in:
Social Studies of Science 31/2, S. 289–297.

Huber, Christine (2015): Der Geschäftsgang von Landis & Gyr während des Zweiten
Weltkriegs, Lizenziatsarbeit Universität Zürich.

Huber, Hans Jörg (1960): Die Landesverteidigungskommission. Versuch einer
Geschichte und Darstellung, Freiburg.

Huber, Otto/Wolfgang Jeschki/Serge Prêtre/Hansruedi Völkle (1995): Auswirkungen
der Reaktorkatastrophe von Tschernobyl in der Schweiz und Schutz der Bevölkerung vor Radioaktivität, in: Bulletin de la société Fribourgeoise des sciences
naturelles 84/1–2, S. 23–69.

Hug, Peter (1987): Geschichte der Atomtechnologieentwicklung in der Schweiz,
Lizenziatsarbeit Universität Bern.

Hug, Peter (1988): Mit dem Zivilschutz zur Notstandsgesellschaft. Von der Zivilschutz-
Konzeption 1971 zum Jahr 2000, in: Peter Albrecht u. a. (Autorenkollektiv) (Hg.):
Schutzraum Schweiz. Mit dem Zivilschutz zur Notstandsgesellschaft, Bern,
S. 111–197.

Hug, Peter (1991): La genèse de la technologie nucléaire en Suisse, in: Relations internationales 68 (Winter), S. 325–344.

Hug, Peter (1994): Elektrizitätswirtschaft und Atomkraft. Das vergebliche Werben
der Schweizer Reaktorbauer um die Gunst der Elektrizitätswirtschaft 1945–1964,
in: David Gugerli (Hg.): Allmächtige Zauberin unserer Zeit. Zur Geschichte der
elektrischen Energie in der Schweiz, Zürich, S. 167–184.

Hug, Peter (1997): Biologische und chemische Waffen in der Schweiz zwischen
Aussen-, Wissenschafts- und Militärpolitik, in: Studien und Quellen. Zeitschrift des
Schweizerischen Bundesarchivs 23, S. 15–120.

Hug, Peter (1998): Atomtechnologieentwicklung in der Schweiz zwischen
militärischen Interessen und privatwirtschaftlicher Skepsis, in: Bettina Heintz/
Bernhard Nievergelt (Hg.): Wissenschafts- und Technikforschung in der Schweiz.
Sondierungen einer neuen Disziplin, Zürich, S. 225–242.

Hug, Peter (2011): Atomenergie, in: Historisches Lexikon der Schweiz (HLS), Version
vom 20.4.2011, https://hls-dhs-dss.ch/de/articles/017356/2011-04-20/ (acc. 20.11.2019).

Hürter, Johannes (2010): Die bleiernen Jahre. Staat und Terrorismus in der Bundesrepublik Deutschland und Italien 1969–1982, München.

Imhof, Kurt (1996a): Wiedergeburt der geistigen Landesverteidigung: Kalter Krieg
in der Schweiz, in: Ders./Heinz Kleger/Gaetano Romano (Hg.): Konkordanz und
Kalter Krieg. Analyse von Medienereignissen in der Schweiz der Zwischen- und
Nachkriegszeit, Zürich, S. 173–247.

Imhof, Kurt (1996b): Das kurze Leben der geistigen Landesverteidigung. Von der „Volks-
gemeinschaft" vor dem Krieg zum Streit über die „Nachkriegsschweiz" im Krieg, in:

Ders./Heinz Kleger/Gaetano Romano (Hg.): Konkordanz und Kalter Krieg. Analyse von Medienereignissen in der Schweiz der Zwischen- und Nachkriegszeit, Zürich, S. 19–83.

Imhof, Kurt (1996c): Die Schweiz im Kalten Krieg oder der „Sonderfall" im Westblock, in: Georg Kreis (Hg.): Die Schweiz im internationalen System der Nachkriegszeit 1943–1950, S. 179–186.

Imhof, Kurt (2010): Das Böse. Zur Weltordnung des Kalten Krieges in der Schweiz, in: Juerg Albrecht (Hg.): Expansion der Moderne. Wirtschaftswunder, Kalter Krieg, Avantgarde, Populärkultur, Zürich, S. 81–104.

Imhof, Kurt/Heinz Kleger/Gaetano Romano (Hg.) (1996): Konkordanz und Kalter Krieg. Analyse von Medienereignissen in der Schweiz der Zwischen- und Nach-kriegszeit, Zürich.

Imhof, Kurt/Heinz Kleger/Gaetano Romano (Hg.) (1999): Vom kalten Krieg zur Kultur-revolution. Analyse der Medienereignisse in der Schweiz der 50er und 60er Jahre, Zürich.

Imhof, Kurt/Patrick Ettinger/Martin Kraft/Stephan Meier von Bock/Guido Schätti (2000): Die Schweiz in der Welt – die Welt in der Schweiz: eine vergleichende Studie zu Bedrohungsaufbau und Bedrohungsverlust als Koordinaten schweizerischer Aussenpolitik (1944–1998), Bern.

Ingold, Niklaus (2015): Lichtduschen. Geschichte einer Gesundheitstechnik, 1890–1975, Zürich.

Jacobi, Adrian (2014): Das Unternehmen Landis & Gyr, seine Arbeiterschaft und die gewerkschaftliche Entwicklung in der Stadt Zug in den Jahren 1914–1925, Lizenziatsarbeit Universität Zürich.

Jacobi, Adrian (2015): „… trotz der schwierigen Zeiten ein befriedigendes Ergebnis er-zielt". Die Firma Landis & Gyr während des Ersten Weltkrieges, in: Tugium. Jahrbuch des Staatsarchivs des Kantons Zug, des Amtes für Denkmalpflege und Archäologie, des Kantonalen Museums für Urgeschichte Zug und der Burg Zug 31, S. 151–162.

Jarausch, Konrad H. (Hg.) (2006): Die 1970er-Jahre – Inventur einer Umbruchzeit (Themenheft), Zeithistorische Forschungen 3/3.

Jarausch, Konrad H. (Hg.) (2008): Das Ende der Zuversicht? Die siebziger Jahre als Geschichte, Göttingen.

Jaun, Rudolf (2001): Totaler Krieg – Forschungsstand und Forschungsproblematik, in: The Total War: The Total Defense 1789–2000, Akten XXVIth International Military History Congress, Stockholm, S. 54–61.

Jaun, Rudolf (2019): Geschichte der Schweizer Armee. Vom 17. Jahrhundert bis in die Gegenwart, Zürich.

Jorio, Marco (2006): Geistige Landesverteidigung, in: Historisches Lexikon der Schweiz (HLS), Version vom 23.11.2006, https://hls-dhs-dss.ch/de/articles/017426/2006-11-23/ (acc. 22.11.2019).

Jost, Hans-Ulrich/Kurt Imhof (1998) (in einem Streitgespräch): Geistige Landesverteidigung: helvetischer Totalitarismus oder antitotalitärer Basiskompromiss?,
in: Die Erfindung der Schweiz 1848–1998. Bildentwürfe einer Nation. Sonderausstellung im Schweizerischen Landesmuseum in Zürich 26. Juni–4. Oktober 1998,
Zürich, S. 364–380.

Joye-Cagnard, Frédéric (2008): Des effets de la politique de la science américaine internationale sur la construction de la politique de la science en Suisse (1945–1960),
e-Paper für die Tagung „Wissenschaft und Aussenpolitik: Die Schweizer Wissenschaftsräte in Washington und in der Welt (1958–2008)“, Dezember 2008, Bern.

Joye-Cagnard, Frédéric (2009): „La logistique de la connaissance“ comme outil de
construction de la politique de la science en Suisse, 1945–1970, in: Traverse. Zeitschrift für Geschichte 16/3, S. 77–87.

Joye-Cagnard, Frédéric (2010): La construction de la politique de la science en Suisse.
Enjeux scientifiques, stratégiques et politiques (1944–1974), Neuchâtel.

Joye-Cagnard, Frédéric/Bruno J. Strasser (2009): Energie atomique, guerre froide et
neutralité. La Suisse et le plan Atomes pour la Paix, 1945–1957, in: Traverse. Zeitschrift für Geschichte 16/2, S. 37–53.

Kaldor, Mary (1992) [1990]: Der imaginäre Krieg. Eine Geschichte des Ost-West
Konflikts, Hamburg/Berlin.

Kälin, Fritz (2018): Die schweizerische „Gesamtverteidigung“. Totale Landesverteidigung im Kalten Krieg als kleinstaatliche Selbstbehauptungsstrategie im
20. Jahrhundert, Bern.

Kalmbach, Karena (2011): Tschernobyl und Frankreich. Die Debatte um die Auswirkungen des Reaktorunfalls im Kontext der französischen Atompolitik und
Elitenkultur, Frankfurt am Main.

Kalmbach, Karena (2014): Strahlen und Grenzen. Tschernobyl als nationaler und transnationaler Erinnerungsort, in: Frank Uekötter (Hg.): Ökologische Erinnerungsorte,
Göttingen, S. 185–218.

Kaufmann, Stefan (2006): Kriegsspiel. Krieg modellieren und simulieren, in: Stefan
Poser/Joseph Hoppe/Bernd Lüke (Hg.): Spiel mit Technik. Katalog zur Ausstellung
im Deutschen Technikmuseum Berlin, Leipzig, S. 120–126.

Kaufmann, Stefan (2011): Zivile Sicherheit: Vom Aufstieg eines Topos, in: Leon Hempel/
Susanne Krasmann/Ulrich Bröckling (Hg.): Sichtbarkeitsregime. Überwachung,
Sicherheit und Privatheit im 21. Jahrhundert, Wiesbaden, S. 101–123.

Kauz, Daniel (2010): Vom Tabu zum Thema? 100 Jahre Krebsbekämpfung in der
Schweiz 1910–2010, hrsg. von der Krebsliga Schweiz, Basel.

Kay, Lily E. (2001) [1999]: Das Buch des Lebens. Wer schrieb den genetischen Code?,
München/Wien.

Kehrt, Christian (2012): Tagungsbericht: Science and Politics at War: New Relations in
the Postwar Era, 13.–14.12.2011 Aarhus, in: H-Soz-Kult, 10.02.2012, www.hsozkult.de/
conferencereport/id/tagungsberichte-4050 (acc. 11.12.2019).

Kemper, Claudia (2012): International, national, regional. Die Organisation „Internationale Ärzte zur Verhütung des Atomkrieges" und der Wandel im anti-atomaren Protest in der ersten Hälfte der 1980er Jahre, in: Archiv für Sozialgeschichte 52, S. 555–579.

Kemper, Claudia (2016): Medizin gegen den Kalten Krieg. Ärzte in der anti-atomaren Friedensbewegung der 1980er Jahre, Göttingen.

Kessler, Mario (2011): Zur Futurologie von Ossip K. Flechtheim, in: Bernd Greiner/ Tim B. Müller/Claudia Weber (Hg.): Macht und Geist im Kalten Krieg, Hamburg, S. 239–257.

Kieninger, Stephan (2016): Dynamic Détente: The United States and Europe, 1964–1975, Lanham.

Kleger, Heinz (1999): Normalfall und Sonderfall. Unheimliche Stabilität bei rasanten Veränderungen 1956–1963, in: Kurt Imhof/Ders./Romano Gaetano (Hg.): Vom kalten Krieg zur Kulturrevolution. Analyse der Medienereignisse in der Schweiz der 50er und 60er Jahre, Zürich, S. 191–234.

Kline, Ronald R. (2015): The Cybernetics Moment or Why We Call our Age the Information Age, Baltimore.

Klöti, Ulrich (1993): Verkehr, Energie und Umwelt. Die Infrastruktur und ihre Begrenzung, in: Handbuch politisches System der Schweiz, Band 4: Politikbereiche, hrsg. von Gerhard Schmid, Bern/Stuttgart/Wien, S. 225–300.

Koelbing, Huldrych M. F. (1983): Die Medizinische Fakultät seit 1933, in: Die Universität Zürich 1933–1983. Festschrift zur 150-Jahr-Feier der Universität Zürich, hrsg. vom Rektorat der Universität Zürich, Zürich, S. 339–443.

König, Mario/Georg Kreis/Franziska Meister/Gaetano Romano (Hg.) (1998a): Dynamisierung und Umbau. Die Schweiz in den 60er und 70er Jahren, Zürich.

König, Mario/Georg Kreis/Franziska Meister/Gaetano Romano (1998b): Einleitung. Reformprojekte, soziale Bewegungen und neue Öffentlichkeit, in: Dies. (Hg.): Dynamisierung und Umbau. Die Schweiz in den 60er und 70er Jahren, Zürich, S. 11–20.

Kott, Sandrine/Joëlle Droux (Hg.) (2013): Globalizing Social Rights: The International Labour Organization and Beyond, Basingstoke.

Kraushaar, Wolfgang (Hg.) (2006): Die RAF und der linke Terrorismus, 2 Bände, Hamburg.

Kreis, Georg (Hg.) (1993): Staatsschutz in der Schweiz. Die Entwicklung von 1935–1990. Eine multidisziplinäre Untersuchung im Auftrage des schweizerischen Bundesrates, von Georg Kreis, Jean-Daniel Delley und Otto K. Kaufmann unter Mitwirkung von Otmar Wigger, Bern/Stuttgart/Wien.

Kreis, Georg (Hg.) (1996): Die Schweiz im internationalen System der Nachkriegszeit 1943–1950, Basel.

Kreis, Georg (2004): Kleine Neutralitätsgeschichte der Gegenwart. Ein Inventar zum neutralitätspolitischen Diskurs in der Schweiz seit 1943, Basel.

Kreis, Georg (2014): Viel Zukunft – erodierende Gemeinsamkeit. Die Entwicklung nach 1943, in: Ders. (Hg.): Die Geschichte der Schweiz, Basel, S. 548–605.

Kriesi, Hanspeter (1982): AKW-Gegner in der Schweiz. Eine Fallstudie zum Aufbau des Widerstands gegen das geplante AKW in Graben, Diessenhofen 1982.

Kriesi, Hanspeter (1985): Der Widerstand gegen das geplante AKW in Graben, in: Ders. (Hg.): Bewegung in der Schweizer Politik. Fallstudien zu politischen Mobilisierungsprozessen in der Schweiz, Frankfurt am Main/New York, S. 238–250.

Krige, John (Hg.) (1996): History of CERN, Band 3, Amsterdam.

Krige, John (2003) [1997]: The Politics of European Scientific Collaboration, in: Ders./ Dominique Pestre (Hg.): Companion to Science in the Twentieth Century, London/ New York, S. 897–918.

Krige, John (2006): American Hegemony and the Postwar Reconstruction of Science in Europe, Cambridge/MA.

Krige, John (2008): Science, Technology and the Instrumentalization of Swiss Neutrality, e-Paper für die Tagung „Wissenschaft und Aussenpolitik: Die Schweizer Wissenschaftsräte in Washington und in der Welt (1958–2008)", Dezember 2008, Bern.

Krige, John (2011): Die Führungsrolle der USA und die transnationale Koproduktion von Wissen, in: Bernd Greiner/Tim B. Müller/Claudia Weber (Hg.): Macht und Geist im Kalten Krieg, Hamburg, S. 68–86.

Krige, John (2015): Euratom and the IAEA: The Problem of Self-Inspection, in: Cold War History 15/3, S. 341–352.

Kühn, Cornelia (2015): „Kunst ohne Zonengrenzen". Zur Instrumentalisierung der Volkskunst in der frühen DDR, in: David Eugster/Sibylle Marti (Hg.): Das Imaginäre des Kalten Krieges. Beiträge zu einer Kulturgeschichte des Ost-West-Konfliktes in Europa, Essen, S. 187–211.

Kupper, Patrick (1998): „Kein blinder Widerstand gegen den Fortschritt, aber Widerstand gegen einen blinden Fortschritt!" Die Auseinandersetzungen um die zivile Nutzung der Atomenergie, in: Mario König/Georg Kreis/Franziska Meister/ Gaetano Romano (Hg.): Dynamisierung und Umbau. Die Schweiz in den 60er und 70er Jahren, Zürich, S. 227–239.

Kupper, Patrick (2001): From the 1950s Syndrome to the 1970s Diagnose: Environmental Pollution und Social Perception: How Do they Relate?, Zürich.

Kupper, Patrick (2003a): Atomenergie und gespaltene Gesellschaft. Die Geschichte des gescheiterten Projektes Kernkraftwerk Kaiseraugst, Zürich.

Kupper, Patrick (2003b): Sonderfall Atomenergie. Die bundesstaatliche Atompolitik 1945–1970, in: Schweizerische Zeitschrift für Geschichte 53/1, S. 87–93.

Kupper, Patrick (2003c): Die „1970er Diagnose". Grundsätzliche Überlegungen zu einem Wendepunkt der Umweltgeschichte, in: Archiv für Sozialgeschichte 43, S. 325–348.

Kupper, Patrick (2005a): Expertise und Risiko, Vertrauen und Macht. Gesellschaftliche Ursachen und Folgen erodierender Autorität von Kernenergie-Experten in den 1970er Jahren, in: Schweizerische Zeitschrift für Geschichte 55/1, S. 60–69.

Kupper, Patrick (2005b): Gestalten statt Bewahren: Die umweltpolitische Wende der siebziger Jahre am Beispiel des Atomenergiediskurses im Schweizer Naturschutz, in: Franz-Josef Brüggemeier/Jens Ivo Engels (Hg.): Natur- und Umweltschutz nach 1945. Konzepte, Konflikte, Kompetenzen, Frankfurt am Main/New York, S. 145–161.

Kupper, Patrick (2006): From Prophecies of the Future to Incarnations of the Past: Cultures of Nuclear Technology, in: Helga Nowotny (Hg.): Cultures of Technology and the Quest for Innovation, Oxford/New York, S. 155–166.

Kurz, Hans Rudolf (1985): Geschichte der Schweizer Armee, Frauenfeld.

Kutcher, Gerald J. (2009): Contested Medicine: Cancer Research and the Military, Chicago.

Lange, Hans-Jürgen/Michaela Wendekamm/Christian Endress (Hg.) (2014): Dimensionen der Sicherheitskultur, Wiesbaden.

Lanthemann, Christoph (1999): Das „utopische Atomzeitalter" (1954–1959). Die Entstehung des schweizerischen Atomgesetzes von 1959 unter besonderer Berücksichtigung des Schweizerischen Handels- und Industrie-Vereins (Vorort), Zürich.

Latour, Bruno (2002) [1999]: Zirkulierende Referenz. Bodenstichproben aus dem Urwald am Amazonas, in: Ders.: Die Hoffnung der Pandora, Frankfurt am Main, S. 36–95.

Latour, Bruno (2008) [1991]: Wir sind nie modern gewesen. Versuch einer symmetrischen Anthropologie, Frankfurt am Main.

Latzel, Günther (1979): Prioritäten der schweizerischen Forschungspolitik im internationalen Vergleich. Die nationalen Forschungsprogramme, Bern.

Lauterburg, Wolfgang (1988): Aufrüstung mit anderen Mitteln. Der Koordinierte Sanitätsdienst und die Katastrophenmedizin, in: Peter Albrecht u. a. (Autorenkollektiv) (Hg.): Schutzraum Schweiz. Mit dem Zivilschutz zur Notstandsgesellschaft, Bern, S. 199–217.

Leimgruber, Matthieu/Schmelzer, Matthias (Hg.) (2017): The OECD and the International Political Economy Since 1948, Basingstoke.

Leimgruber, Walter/Werner Fischer (Hg.) (1999): „Goldene Jahre". Zur Geschichte der Schweiz seit 1945, Zürich.

Lengwiler, Martin (2006): Risikopolitik im Sozialstaat. Die schweizerische Unfallversicherung 1870–1970, Köln.

Lengwiler, Martin (2007): Männliches Risikoverhalten und sozialstaatliche Risikoprofile. Berufskrankheiten des Bergbaus in der schweizerischen Unfallversicherung (1930–1970), in: Martin Dinges (Hg.): Männlichkeit und Gesundheit im historischen Wandel, ca. 1800–ca. 2000, Stuttgart, S. 259–276.

Lengwiler, Martin/Jeanette Madarász (Hg.) (2010): Das präventive Selbst. Eine Kulturgeschichte moderner Gesundheitspolitik, Bielefeld.

Lengwiler, Martin/Stefan Beck (2008): Historizität, Materialität und Hybridität von Wissenspraxen. Die Entwicklung europäischer Präventionsregime im 20. Jahrhundert, in: Geschichte und Gesellschaft 34/4, S. 489–523.

Leopold, Ellen (2009): Under the Radar: Cancer and the Cold War, New Brunswick.

Lepori, Benedetto (2006): Public Research Funding and Research Policy: A Long-term Analysis for the Swiss Case, in: Science and Public Policy 33/3, S. 205–216.

Leu, Fritz (Hg.) (2006): Das Inselspital. Geschichte des Universitätsspitals Bern 1954–2004, Gwatt.

Levin, Miriam R. (2000): Contexts of Control, in: Dies. (Hg.): Cultures of Control, Amsterdam, S. 15–39.

Levsen, Sonja (Hg.) (2016): Die 1970er Jahre in Westeuropa (Themenheft), Geschichte und Gesellschaft 42/2.

Lindee, Susan M. (1994): Suffering Made Real: American Science and the Survivors at Hiroshima, Chicago.

Lindell, Bo (2004) [1996]: Geschichte der Strahlenforschung. Über Strahlung, Radioaktivität und Strahlenschutz. Teil 1: Pandoras Büchse. Die Zeit vor dem Zweiten Weltkrieg, Bremen.

Lindell, Bo (2006) [1999]: Geschichte der Strahlenforschung: Über Strahlung, Radioaktivität und Strahlenschutz. Teil 2: Das Damoklesschwert. Jahrzehnt der Atombombe: 1940–1950, Bremen.

Link, Fabian (2018): Sozialwissenschaften im Kalten Krieg: Mathematisierung, Demokratisierung und Politikberatung, in: H-Soz-Kult 15.05.2018, www.hsozkult.de/literaturereview/id/forschungsberichte-3095 (acc. 11.12.2019).

Linke, Angelika/Joachim Scharloth (2008): Der Zürcher Sommer 1968. Zwischen Krawall, Utopie und Bürgersinn, Zürich.

Locher, Alexandra (2013): Bleierne Jahre. Linksterrorismus in medialen Aushandlungsprozessen in Italien 1970–1982, Wien.

Löffler, Rolf (2004): „Zivilverteidigung" – die Entstehungsgeschichte des „roten Büchleins", in: Schweizerische Zeitschrift für Geschichte 54/2, S. 173–187.

Lorenz, Sophie (2015): Konstruktionen einer Emotionskultur des Kalten Krieges, in: David Eugster/Sibylle Marti (Hg.): Das Imaginäre des Kalten Krieges. Beiträge zu einer Kulturgeschichte des Ost-West-Konfliktes in Europa, Essen, S. 213–239.

Löwy, Ilana (2003): Cancer: The Century of the Transformed Cell, in: John Krige/Dominique Pestre (Hg.): Companion to Science in the Twentieth Century, London/New York, S. 461–475.

Lussi, Barbara (1986): Landis & Gyr 1896–1980. Eine Unternehmensgeschichte, Lizenziatsarbeit Universität Zürich.

Lüthi, Barbara/Patricia Purtschert (Hg.) (2009): Sicherheit und Mobilität (Themenheft), Traverse. Zeitschrift für Geschichte 16/1.

Lüthy, Herbert/Hedi Fritz-Niggli (1989): Zur Geschichte der Strahlenbiologie in der Schweiz, in: Josef Wellauer/Constant Wieser/Hans Etter (Hg.): Radiologie in der

Schweiz. Zu ihrem 75jährigen Bestehen herausgegeben von der Schweizerischen Gesellschaft für Radiologie und Nuklearmedizin, Bern/Stuttgart/Toronto, S. 221–230.

Mahaffey, James (2014): Atomic Accidents: A History of Nuclear Meltdowns and
Disasters: From the Ozark Mountains to Fukushima, New York.

Mantovani, Mauro (1999): Schweizerische Sicherheitspolitik im Kalten Krieg (1947–
1963). Zwischen angelsächsischem Containment und Neutralitäts-Doktrin,
Zürich.

Marti, Sibylle (2014a): Horten für den Ernstfall. Konsum, Kalter Krieg und geistige
Landesverteidigung in der Schweiz, 1950–1969, in: Patrick Bernhard/Holger Nehring
(Hg.): Den Kalten Krieg denken. Beiträge zur sozialen Ideengeschichte seit 1945,
Essen, S. 207–234.

Marti, Sibylle (2014b): Vom Scheitern einer technokratischen Vision. Kybernetik, Zukunftsforschung und Szenariotechnik in der schweizerischen Gesamtverteidigung,
1973–1989, in: Technikgeschichte 81/2, S. 147–172.

Marti, Sibylle (2015a): Den modernen Krieg simulieren. Imaginationen und Praxis
totaler Landesverteidigung in der Schweiz, in: David Eugster/Dies. (Hg.): Das
Imaginäre des Kalten Krieges. Beiträge zu einer Kulturgeschichte des Ost-West-
Konfliktes in Europa, Essen, S. 243–268.

Marti, Sibylle (2015b): Wissenschaft im Kalten Krieg: Hedi Fritz-Niggli und die Strahlenbiologie, in: Patrick Kupper/Bernhard C. Schär (Hg.): Die Naturforschenden. Auf der
Suche nach Wissen über die Schweiz und die Welt, 1800–2015, Baden, S. 227–243.

Marti, Sibylle (2017a): Einstieg in die Hochvolttherapie. Militärische und zivile
Strahlenanwendungen und der Kalte Krieg, 1945–1965, in: Niklaus Ingold/Dies./
Dominic Studer: Strahlenmedizin. Krebstherapie, Forschung und Politik in der
Schweiz, 1920–1990, Zürich, S. 71–114.

Marti, Sibylle (2017b): Nuklearer Winter – emotionale Kälte. Rüstungswettlauf, Psycho-
logie und Kalter Krieg in den Achtzigerjahren, in: Silvia Berger Ziauddin/David
Eugster/Christa Wirth (Hg.): Der *kalte* Krieg. Kältegrade eines globalen Konflikts,
Berlin/Zürich, S. 157–174.

Marti, Sibylle (2020): Industrie und Militär als Ressourcen füreinander. Produktion und
Handel von Strahlenmessgeräten in der Schweiz, 1948–1975, in: Monika Dommann/
Dies. (Hg.): Kriegsmaterial im Kalten Krieg. Rüstungsgüter in der Schweiz zwischen
Militär, Industrie, Politik und Öffentlichkeit, Basel, S. 51–84.

Marti, Simon (2007): Die aussenpolitischen Eliten der Schweiz und der Beginn
der europäischen Integration. Eine rollentheoretische Untersuchung der
schweizerischen Teilnahme an der Lancierung des Marshallplans und an der Errichtung der Organisation für wirtschaftliche Zusammenarbeit in Europa 1947–
1948, Basel.

Masco, Joseph (2006): The Nuclear Borderlands: The Manhattan Project in Post-Cold
War New Mexico, Princeton.

Masco, Joseph (2008): „Survival is Your Business": Engineering Ruins and Affect in Nuclear America, in: Cultural Anthropology 23/2, S. 361–398.

Masco, Joseph (2010): Bad Weather: On Planetary Crisis, in: Social Studies of Science 40/1, S. 7–40.

Masco, Joseph (2015): The Age of Fallout, in: History of the Present 5/2, S. 137–168.

Masco, Joseph (2016): Terraforming Planet Earth: The Age of Fallout, in: Rens van Munster/Casper Sylvest (Hg.): The Politics of Globality since 1945: Assembling the Planet, London, S. 44–70.

Mauerhofer, Roland (2001): Die schweizerische Europapolitik vom Marschallplan zur EFTA 1947 bis 1960, Bern.

Maul, Daniel (2007): Menschenrechte, Sozialpolitik und Dekolonisation. Die Internationale Arbeitsorganisation (IAO) 1940–1970, Essen.

Maul, Daniel (2019): The International Labour Organization: 100 Years of Global Social Policy, Berlin.

Mausbach, Wilfried (2017): Nuclear Winter: Prophecies of Doom and Images of Desolation during the Second Cold War, in: Eckart Conze/Martin Klimke/Jeremy Varon (Hg.): Nuclear Threats, Nuclear Fear and the Cold War of the 1980s, Cambridge, S. 27–54.

Mazuzan, George T./Samuel J. Walker (1984): Controlling the Atom: The Beginnings of Nuclear Regulation 1946–1962, Berkeley/Los Angeles/London.

Meier, Martin (2007): Von der Konzeption 71 zum Zivilschutz 95. Schweizer Zivilschutz zwischen Sein und Schein, Lizenziatsarbeit Universität Freiburg.

Meier, Yves (2007): Die gesellschaftliche und institutionelle Verankerung des schweizerischen Zivilschutzes in den 1950er- und 1960er-Jahren, Lizenziatsarbeit Universität Freiburg.

Meier, Yves/Martin Meier (2010): Zivilschutz – Ein Grundpfeiler der Schweizer Landesverteidigung im Diskurs, in: Schweizerische Zeitschrift für Geschichte 60/2, S. 212–236.

Mendelsohn, Everett/Merritt Roe Smith/Peter Weingart (Hg.) (1988): Science, Technology and the Military, 2 Bände, Dordrecht/Boston/London.

Merke, Friedrich (1974): Die hundertjährige Leidensgeschichte der Jodsalzprophylaxe des endemischen Kropfes, in: Gesnerus 31/1–2, S. 47–55.

Merlin, Mark D./Ricardo M. Gonzalez (2010): Environmental Impacts of Nuclear Testing in Remote Oceania, 1946–1996, in: J. R. McNeill/Corinna R. Unger (Hg.): Environmental Histories of the Cold War, Cambridge/MA, S. 167–202.

Metha, Michael D. (2005): Risky Business: Nuclear Power and Public Protest in Canada, Lanham.

Metzler, Dominique Benjamin (1997): Die Option einer Nuklearbewaffnung für die Schweizer Armee 1945–1969, in: Studien und Quellen. Zeitschrift des Schweizerischen Bundesarchivs 23, S. 121–169.

Metzler, Gabriele (2005): Konzeptionen politischen Handelns von Adenauer bis Brandt. Politische Planung in der pluralistischen Gesellschaft, Paderborn.

Meylan, Claude (1983): L'option nucléaire et les entreprises suisses, Bern/Frankfurt am Main/New York.

Möckli, Daniel (2000): Neutralität, Solidarität, Sonderfall. Die Konzeptionierung der schweizerischen Aussenpolitik der Nachkriegszeit, 1943–1947, Zürich.

Mooser, Josef (1997): Die „Geistige Landesverteidigung" in den 1930er Jahren. Profile und Kontexte eines vielschichtigen Phänomens der schweizerischen politischen Kultur in der Zwischenkriegszeit, in: Schweizerische Zeitschrift für Geschichte 47/4, S. 685–708.

Morange, Michel (1998): A History of Molecular Biology, Cambridge/MA/London.

Moscucci, Ornella (2007): The „Ineffable Freemasonry of Sex": Feminist Surgeons and the Establishment of Radiotherapy in Early Twentieth-Century Britain, in: Bulletin of the History of Medicine 81/1, S. 139–163.

Moser, Peter (2003): „Tschernobyl ist überall" – Die schweizerische Kernkraftdiskussion nach der Katastrophe, in: Manuel Eisner/Nicole Graf/Ders. (Hg.): Risikodiskurse. Die Dynamik öffentlicher Debatten über Umwelt- und Risikoprobleme in der Schweiz, Zürich, S. 183–211.

Müller, Eduard (1989): Ein Beitrag zur Geschichte des Strahlenschutzes in der Schweiz, in: http://www.unifr.ch/sfsn/pdf/muellerstrahlenschutz.pdf (acc. 11.12.2019).

Müller, Tim B. (2013): The Rockefeller Foundation, the Social Sciences, and the Humanities in the Cold War, in: Journal of Cold War Studies 15/3, S. 108–135.

Museum für Kommunikation Bern (Hg.) (2001): Loading History – Computergeschichte(n) aus der Schweiz, Zürich.

Naegelin, Roland (2007): Geschichte der Sicherheitsaufsicht über die schweizerischen Kernanlagen 1960–2003, Villigen.

Nehring, Holger (2004): Cold War, Apocalypse and Peaceful Atoms: Interpretations of Nuclear Energy in the British and West German Anti-Nuclear Weapons Movements, 1955–1964, in: Historical Social Research 29/3, S. 150–170.

Nehring, Holger (2005a): The British and the West German Protests against Nuclear Weapons and the Cultures of the Cold War, 1957–64, in: Contemporary British History 19/2, S. 223–241.

Nehring, Holger (2005b): Politics, Symbols and the Public Sphere: The Protests against Nuclear Weapons in Britain and West Germany, 1958–1963, in: Zeithistorische Forschungen 2/2, S. 180–202.

Nehring, Holger (2009): Angst, Gewalterfahrungen und das Ende des Pazifismus. Die britischen und westdeutschen Proteste gegen Atomwaffen, 1957–1964, in: Bernd Greiner/Christian Th. Müller/Dierk Walter (Hg.): Angst im Kalten Krieg, Hamburg, S. 436–464.

Nehring, Holger (2012): Review-Article: What was the Cold War?, in: English Historical Review 127/527, S. 920–949.

Nehring, Holger (2013): Politics of Security: British and West German Protest Movements and the Early Cold War, 1945–1970, Oxford.

Nellen, Stefan/Agnes Nienhaus/Frédéric Sardet/Hans-Ueli Schiedt (2011): Verwalten und Regieren – Administrer et gouverner, in: Traverse. Zeitschrift für Geschichte 18/2, S. 15–28.

Oakes, Guy (1994): The Imaginary War: Civil Defense and American Cold War Culture, New York/Oxford.

Oreskes, Naomi/John Krige (Hg.) (2014): Science and Technology in the Global Cold War, Cambridge/MA/London.

Osietzki, Maria (1993): Die Technisierung der Strahlenforschung und Hochenergiephysik als Durchsetzungsstrategie, in: Berichte zur Wissenschaftsgeschichte 16, S. 203–215.

Overpeck, Deron (2012): „Remember! It's Only a Movie!" Expectations and Receptions of The Day After, in: Historical Journal of Film, Radio and Television 32/2, S. 267–292.

Perrig, Igor (1993): Geistige Landesverteidigung im Kalten Krieg. Der Schweizerische Aufklärungsdienst (SAD) und Heer und Haus 1945–1963, Brig.

Pestre, Dominique (2003) [1997]: Science, Political Power and the State, in: John Krige/ Ders. (Hg.): Companion to Science in the Twentieth Century, London/New York, S. 61–75.

Pias, Claus (2004a): Zeit der Kybernetik – Eine Einstimmung, in: Ders. (Hg.): Kybernetik. The Macy-Conferences 1946–1953, Band II, Essays und Dokumente, Zürich/Berlin 2004, S. 9–41.

Pias, Claus (2004b): Elektronenhirn und verbotene Zone. Zur kybernetischen Ökonomie des Digitalen, in: Jens Schröter/Alexander Böhnke (Hg.): Analog/Digital – Opposition oder Kontinuum? Zur Theorie und Geschichte einer Unterscheidung, Bielefeld, S. 295–310.

Pias, Claus (2009): Abschreckung denken. Hermann Kahns Szenarien, in: Ders.: Abwehr. Modelle – Strategien – Medien, Bielefeld, S. 169–187.

Pias, Claus (2010): Computer Spiel Welten, Zürich.

Pickstone, John V. (2007): Contested Cumulations: Configurations of Cancer Treatments through the Twentieth Century, in: Bulletin of the History of Medicine 81/1, S. 164–196.

Pielke, Roger A. (2012): „Basic Research" as a Political Symbol, in: Minerva 50/3, S. 339–261.

Pieper Mooney, Jadwiga E./Fabio Lanza (Hg.) (2013): De-Centering Cold War History: Local and Global Change, London/New York 2013.

Pont, Michel (2010): Chronique de l'EPFL, 1978–2000. L'âge d'or de l'ingénierie, Lausanne.

Porter, Theodore M. (1995): Trust in Numbers: The Pursuit of Objectivity in Science and Public Life, Princeton.

Pritzker, Andreas (2013): Geschichte des SIN, Küttigen.

Pritzker, Andreas (2014): Das Schweizerische Institut für Nuklearforschung SIN, Norderstedt.

Proctor, Robert N./Londa Schiebinger (Hg.) (2008): Agnotology: The Making and Unmaking of Ignorance, Stanford.

Purtschert, Patricia/Katrin Meyer/Yves Winter (Hg.) (2008a): Gouvernementalität und Sicherheit. Zeitdiagnostische Beiträge im Anschluss an Foucault, Bielefeld.

Purtschert, Patricia/Katrin Meyer/Yves Winter (2008b): Einleitung, in: Dies. (Hg.): Gouvernementalität und Sicherheit. Zeitdiagnostische Beiträge im Anschluss an Foucault, Bielefeld, S. 7–18.

Rader, Karen A. (2006): Alexander Hollaender's Postwar Vision for Biology: Oak Ridge and Beyond, in: Journal of the History of Biology 39/4, S. 685–706.

Radkau, Joachim (1983): Aufstieg und Krise der deutschen Atomwirtschaft 1945–1975. Verdrängte Alternativen in der Kerntechnik und der Ursprung der nuklearen Kontroverse, Reinbek bei Hamburg.

Radkau, Joachim (2011): Eine kurze Geschichte der Antiatomkraftbewegung, in: Aus Politik und Zeitgeschichte 61/46–47, S. 7–15.

Rasmussen, Nicolas (1997): The Mid-Century Biophysics Bubble: Hiroshima and the Biological Revolution in America, Revisited, in: History of Science 35, S. 245–293.

Rausch, Heribert (1980): Schweizerisches Atomenergierecht, Zürich.

Reichenbach, Heinz (2005): Nachruf auf Dr. Albert Sittkus, in: Zivilschutz-Forschung. Schriftenreihe der Schutzkommission beim Bundesminister des Innern, hrsg. vom Bundesamt für Bevölkerungsschutz und Katastrophenhilfe im Auftrag des Bundesministeriums des Innern, Neue Folge 55, S. 101–104.

Reitmayer, Morten/Thomas Schlemmer (Hg.) (2014): Die Anfänge der Gegenwart. Umbrüche in Westeuropa nach dem Boom, München.

Rengel, Katharina (Hg.) (1995): Hoffen heisst Handeln. Friedensarbeit in der Schweiz seit 1945. 50 Jahre Schweizerischer Friedensrat, Zürich.

Rentetzi, Maria (2008a): Trafficking Materials and Gendered Experimental Practices: Radium Research in Early 20th Century Vienna, New York.

Rentetzi, Maria (2008b): The U.S. Radium Industry: Industrial In-house Research and the Commercialization of Science, in: Minerva 46/4, S. 437–462.

Reuter-Boysen, Christiane (1992): Von der Strahlen- zur Umweltforschung. Geschichte der GSF 1957–1972, Frankfurt am Main/New York.

Reynolds, David (2010): Science, Technology, and the Cold War, in: Melvyn P. Leffer/ Odd Arne Westad (Hg.): The Cambridge History of the Cold War, Band 3: Endings, Cambridge, S. 513–534.

Rheinberger, Hans-Jörg (1992): Experiment, Differenz, Schrift: Zur Geschichte epistemischer Dinge, Marburg an der Lahn.

Rheinberger, Hans-Jörg (2001): Putting Isotopes to Work: Liquid Scintillation Counters, 1950–1970, in: Bernward Joerges/Terry Shinn (Hg.): Instrumentation between Science, State and Industry, Dordrecht, S. 143–173.

Rheinberger, Hans-Jörg (2005): A Reply to David Bloor: Toward a Sociology of Epistemic Things, in: Perspectives on Science 13/3, S. 406–410.

Rheinberger, Hans-Jörg (2006a) [1997]: Experimentalsysteme und epistemische Dinge. Eine Geschichte der Proteinsynthese im Reagenzglas, Frankfurt am Main.

Rheinberger, Hans-Jörg (2006b): Spuren von Radioaktivität – Szintillationsmaschinen, in: Ders.: Epistemologie des Konkreten. Studien zur Geschichte der modernen Biologie, Frankfurt am Main, S. 245–292.

Rid, Thomas (2016) [2016]: Maschinendämmerung. Eine kurze Geschichte der Kybernetik, Berlin.

Ritzer, Nadine (2015): Der Kalte Krieg in den Schweizer Schulen. Eine kulturgeschichtliche Analyse, Bern.

Romano, Gaetano (1999): Vom Sonderfall zur Überfremdung. Zur Erfolgsgeschichte gemeinschaftsideologischen Denkens im öffentlichen Diskurs der späten fünfziger und sechziger Jahre, in: Kurt Imhof/Heinz Kleger/Ders. (Hg.): Vom kalten Krieg zur Kulturrevolution. Analyse der Medienereignisse in der Schweiz der 50er und 60er Jahre, Zürich, S. 55–93.

Rothschild, Rachel (2013): Environmental Awareness in the Atomic Age: Radioecologists and Nuclear Technology, in: Historical Studies in the Natural Sciences 43/4, S. 492–530.

Röttger, Ulrike (2015): Berufsgeschichte der Public Relations in der Schweiz, in: Romy Fröhlich/Peter Szysza/Günter Bentele (Hg.): Handbuch Public Relations, Wiesbaden, S. 529–539.

Rubinson, Paul (2014): The Global Effects of Nuclear Winter: Science and Antinuclear Protest in the United States and the Soviet Union during the 1980s, in: Cold War History 14/1, S. 47–69.

Rubinson, Paul (2016): Imagining the Apocalypse: Nuclear Winter in Science and the World, in: Matthew Grant/Benjamin Ziemann (Hg.): Understanding the Imaginary War: Culture, Thought and Nuclear Conflict, 1945–90, Manchester, S. 238–259.

Rütti-Rohrer, Hanspeter (1984): Die Leitungsorganisation für Gesamtverteidigung als besondere Stabsorganisation des Bundesrates, Zürich.

Sabrow, Martin (2011): „Tschernobyl" als historische Zäsur. Key Note Lecture zur Konferenz „After Chernobyl" am 7. April 2011 im Institute for Advanced

Sustainability Studies (IASS) in Potsdam, in: Zeitgeschichte-online, April 2011, https://zeitgeschichte-online.de/kommentar/tschernobyl-als-historische-zaesur (acc. 11.12.2019).

Sachse, Carola (2014): Grundlagenforschung. Zur Historisierung eines wissenschafts-politischen Ordnungsprinzips am Beispiel der Max-Planck-Gesellschaft (1945–1970), Berlin.

Sandmeier, Stefan (2011): Modelling Plans and Planning Models: The Cybernetic Vision of a Swiss Integral Concept for Transport (1972–1977), in: Planning Perspectives 26/1, S. 3–27.

Santesmases, Maria Jesus (2006): Peace Propaganda and Biomedical Experimentation: Influential Uses of Radioisotopes in Endocrinology and Molecular Genetics in Spain (1947–1971), in: Journal of the History of Biology 39/4, S. 765–794.

Sarasin, Philipp (2003): Metaphern der Ambivalenz: Philipp Etters Reden an das Schweizervolk von 1939 und die Politik der Schweiz im Zweiten Weltkrieg, in: Ders.: Geschichtswissenschaft und Diskursanalyse, Frankfurt am Main, S. 177–190.

Sarasin, Philipp (2007): Unternehmer seiner Selbst, in: Deutsche Zeitschrift für Philo-sophie 55/3, S. 473–479.

Sarasin, Philipp (2016): Michel Foucault zur Einführung, 6., ergänzte Auflage, Hamburg.

Sarasin, Philipp/Regina Wecker (Hg.) (1998): Raubgold – Réduit – Flüchtlinge. Zur Geschichte der Schweiz im Zweiten Weltkrieg, Zürich.

Schaufelbuehl, Janick Marina (Hg.) (2009): 1968–1978. Ein bewegtes Jahrzehnt in der Schweiz, Zürich.

Schaufelbuehl, Janick Marina/Marco Wyss/Sandra Bott (2015): Choosing Sides in the Global Cold War: Switzerland, Neutrality and the Divided States of Vietnam and Korea, in: International History Review 37/5, S. 1014–1036.

Schaufelbuehl, Janick Marina/Mario König (Hg.) (2009): Schweiz – USA im Kalten Krieg (Themenheft), Traverse. Zeitschrift für Geschichte 16/2.

Schauz, Désirée (2014): What is Basic Research? Insights from Historical Semantics, in: Minerva 52/3, S. 273–328.

Schiendorfer, Cyril (2015): Kontrolliert – Attackiert – Reorganisiert. Die Kriegs-technische Abteilung zwischen 1950 und 1962, Seminararbeit Universität Zürich.

Schiendorfer, Cyril (2020): Kriegsmaterialbeschaffungen im Spannungsverhältnis von Armee, Wirtschaft und Politik. Die Rüstungsdienste der Schweiz in den 1950er und 1960er Jahren, in: Monika Dommann/Sibylle Marti (Hg.): Kriegsmaterial im Kalten Krieg. Rüstungsgüter in der Schweiz zwischen Militär, Industrie, Politik und Öffentlichkeit, Basel, S. 24–50.

Schindler, Roxane D. (1997): Die allgemeine Dienstpflicht, Zürich.

Schlich, Thomas (1994): „Welche Macht über Tod und Leben!" Die Etablierung der Blut-transfusion im Ersten Weltkrieg, in: Wolfgang U. Eckart/Christoph Gradmann (Hg.): Die Medizin und der Erste Weltkrieg, Pfaffenweiler, S. 109–130.

Schlich, Thomas (2008): Ein Netzwerk von Kontrolltechnologien. Eine neue Perspektive auf die Entstehung der modernen Chirurgie, in: N.T.M. Zeitschrift für Geschichte der Wissenschaften, Technik und Medizin 16/3, S. 333–361.

Schmelzer, Matthias (2016): The Hegemony of Growth: The OECD and the Making of the Economic Growth Paradigm, Cambridge.

Schmid, Hans-Peter (1986): Entwicklung der medizinischen Radiologie an der Universität Zürich von 1918–1985 unter besonderer Berücksichtigung der Radiotherapie und der Nuklearmedizin, Zürich.

Schmidt-Gernig, Alexander (1998): Die gesellschaftliche Konstruktion der Zukunft. Westeuropäische Zukunftsforschung und Gesellschaftsplanung zwischen 1950 und 1980, in: WeltTrends. Zeitschrift für internationale Politik und vergleichende Studien 6/18, S. 63–84.

Schmidt-Gernig, Alexander (2001): Europäische Zukunftsforschung und Prognostik der 60er und 70er Jahre, in: Forschungsjournal Neue Soziale Bewegungen 14/4, S. 78–83.

Schmidt-Gernig, Alexander (2002): The Cybernetic Society: Western Future Studies of the 1960s and 1970s and Their Predictions for the Year 2000, in: Richard N. Cooper/ Richard Layard (Hg.): What the Future Holds: Insights from Social Science, Cambridge/MA/London, S. 233–259.

Schmidt-Gernig, Alexander (2003): Das Jahrzehnt der Zukunft. Leitbilder und Visionen der Zukunftsforschung in den 60er Jahren in Westeuropa und den USA, in: Uta Gerhardt (Hg.): Zeitperspektiven. Studien zu Kultur und Gesellschaft. Beiträge aus der Geschichte, Soziologie, Philosophie und Literaturwissenschaft, Stuttgart, S. 305–345.

Schmidt-Gernig, Alexander (2004): „Futorologie" – Zukunftsforschung und ihre Kritiker in der Bundesrepublik der 60er Jahre, in: Heinz-Gerhard Haupt/Jörg Requate (Hg.): Aufbruch in die Zukunft. Die 1960er Jahre zwischen Planungseuphorie und kulturellem Wandel. DDR, CSSR und Bundesrepublik Deutschland im Vergleich, Weilerswist, S. 109–131.

Schneider, Olivier (2013): Von der autarken Landesverteidigung zur Annäherung an die NATO: Schweizer Sicherheitspolitik im Zeichen sicherheitspolitischer Richtungsstreits, Egg bei Einsiedeln.

Schneider, William H. (1997): Blood Transfusion in Peace and War, 1900–1918, in: Social History of Medicine 10/1, S. 105–126.

Schneider, William H. (2003): Blood Transfusion Between the Wars, in: Journal of the History of Medicine and Allied Sciences 58/2, S. 187–224.

Schnetzer, Dominik (2009): Bergbild und Geistige Landesverteidigung. Die visuelle Inszenierung der Alpen im massenmedialen Ensemble der modernen Schweiz, Zürich.

Schnyder, Thomas (1988): Aufklärung oder Überlebensfolklore? Vom Nutzen des Zivil-schutzes, in: Peter Albrecht u. a. (Autorenkollektiv) (Hg.): Schutzraum Schweiz. Mit dem Zivilschutz zur Notstandsgesellschaft, Bern, S. 18–58.

Schregel, Susanne (2009): Konjunktur der Angst. „Politik der Subjektivität" und „neue Friedensbewegung", in: Bernd Greiner/Christian Th. Müller/Dierk Walter (Hg.): Angst im Kalten Krieg, Hamburg, S. 495–520.

Schregel, Susanne (2011): Der Atomkrieg vor der Wohnungstür. Eine Politikgeschichte der neuen Friedensbewegung in der Bundesrepublik 1970–1985, Frankfurt am Main/New York.

Schull, William J. (1995): Effects of Atomic Radiation: A Half-Century of Studies from Hiroshima and Nagasaki, New York.

Schwegler, Regina (2008): Moralisches Handeln von Unternehmen. Eine Weiter-entwicklung des neuen St. Galler Management-Modells und der ökonomischen Ethik, Wiesbaden.

Schweizer, Andrea (2017): Die Beratungsstelle für Militärverweigerer. Militärkritik und Obstruktion in der Schweiz 1981–1989, Masterarbeit Universität Zürich.

Schweizerische Gesellschaft der Kernfachleute (1992): Geschichte der Kerntechnik in der Schweiz. Die ersten 30 Jahre 1939–1969, Oberbözberg.

Schweizerische Gesellschaft für Strahlenbiologie und Medizinische Physik (SGSMP) (Hg.) (1989): Jubiläumsschrift 1964–1989, Kerzers.

Seefried, Elke (2015): Zukünfte. Aufstieg und Krise der Zukunftsforschung 1945–1980, Berlin.

Seibel, Wolfgang (2016): Verwaltung verstehen. Eine theoriegeschichtliche Einführung, Frankfurt am Main.

Senn, Hans (1983): Friede in Unabhängigkeit. Von der Totalen Landesverteidigung zur Sicherheitspolitik, Frauenfeld.

Serwer, Daniel Paul (1976): The Rise of Radiation Protection: Science, Medicine and Technology in Society, 1896–1935, Washington.

Sidler, Roger (2006): Arnold Künzli. Kalter Krieg und „geistige Landesverteidigung" – eine Fallstudie, Zürich.

Siegenthaler, Hansjürg (1983): Entscheidungshorizonte im sozialen Wandel, in: Schweizerische Zeitschrift für Geschichte 33/4, S. 414–431.

Skenderovic, Damir/Christina Späti (2012): Die 1968er-Jahre in der Schweiz. Aufbruch in Politik und Kultur, Baden.

Skenderovic, Damir/Gianni D'Amato (2008): Mit dem Fremden politisieren. Rechts-populistische Parteien und Migrationspolitik in der Schweiz seit den 1960er Jahren, Zürich.

Smith, Jennifer (2002): The Antinuclear Movement, San Diego.

Solovey, Mark (2001): Science and the State During the Cold War: Blurred Boundaries and a Contested Legacy, in: Social Studies of Science 31/2, S. 165–170.

Solovey, Mark/Hamilton Cravens (Hg.) (2012): Cold War Social Science: Knowledge Production, Liberal Democracy, and Human Nature, New York.

Speich Chassé, Daniel (2013): Internationale Organisationen und die Schweiz. Chancen eines globalgeschichtlichen Forschungsfeldes, in: Traverse. Zeitschrift für Geschichte 20/1, S. 258–274.

Spillmann, Kurt R./Andreas Wenger/Christoph Breitenmoser/Marcel Gerber (2001): Schweizer Sicherheitspolitik seit 1945. Zwischen Autonomie und Kooperation, Zürich.

Spoerhase, Carlos/Dirk Werle/Markus Wild (Hg.) (2009): Unsicheres Wissen. Skeptizismus und Wahrscheinlichkeit 1550–1850, Berlin/New York.

Spörri, Myriam (2013): Reines und gemischtes Blut. Zur Kulturgeschichte der Blutgruppenforschung, 1900–1933, Bielefeld.

Steffen Gerber, Therese (2011): Jakob Burckhardt, in: Historisches Lexikon der Schweiz (HLS), Version vom 22.12.2011, https://hls-dhs-dss.ch/de/articles/031862/2011-12-22/ (acc. 14.11.2019).

Steffen Gerber, Therese (2012): Ulrich Frey, in: Historisches Lexikon der Schweiz (HLS), Version vom 26.1.2012, https://hls-dhs-dss.ch/de/articles/031844/2012-01-26/ (acc. 20.11.2019).

Stehrenberger, Cécile Stefanie/Svenja Goltermann (2014): Disaster Medicine: Genealogy of a Concept, in: Social Science & Medicine 120, S. 317–324.

Steinmüller, Karlheinz (Hg.) (2000): Zukunftsforschung in Europa. Ergebnisse und Perspektiven, Baden-Baden.

Steinmüller, Karlheinz (2012): Szenarien. Ein Methodenkomplex zwischen wissenschaftlichem Anspruch und zeitgeistiger Bricolage, in: Reinhold Popp (Hg.): Zukunft und Wissenschaft, Berlin/Heidelberg, S. 101–137.

Stettler, Niklaus (2002): Natur erforschen. Perspektiven einer Kulturgeschichte der Biowissenschaft an Schweizer Universitäten 1945–1975, Zürich.

Stölken-Fitschen, Ilona (1994): Der verspätete Schock – Hiroshima und der Beginn des atomaren Zeitalters, in: Michael Salewski/Dies. (Hg.): Moderne Zeiten. Technik und Zeitgeist im 19. und 20. Jahrhundert, Stuttgart, S. 139–155.

Stölken-Fitschen, Ilona (1995a): Atombombe und Geistesgeschichte. Eine Studie der fünfziger Jahre aus deutscher Sicht, Baden-Baden.

Stölken-Fitschen, Ilona (1995b): Bombe und Kultur, in: Michael Salewski (Hg.): Das Zeitalter der Bombe. Die Geschichte der atomaren Bedrohung von Hiroshima bis heute, München, S. 258–281.

Stöver, Bernd (2011) [2007]: Der Kalte Krieg 1947–1991. Geschichte eines radikalen Zeitalters, durchgesehene und aktualisierte Sonderausgabe, München.

Strasser, Bruno J. (2002): Institutionalizing Molecular Biology in Post-war Europe: A Comparative Study, in: Studies in History and Philosophy of Biological and Biomedical Sciences 33/3, S. 515–546.

Strasser, Bruno J. (2004): „Atoms for Peace": A European Perspective on Biology and Medicine in the Atomic Age, unpubliziertes Vortragsmanuskript.

Strasser, Bruno J. (2006): La fabrique d'une nouvelle science. La biologie moléculaire à l'âge atomique (1945–1964), Florenz.

Strasser, Bruno J. (2009): The Coproduction of Neutral Science and Neutral State in Cold War Europe: Switzerland and International Scientific Cooperation, 1951–69, in: Osiris 24, S. 165–187.

Strasser, Bruno J./Frédéric Joye (2005a): Une science „neutre" dans la Guerre froide? La Suisse et la coopération scientifique européenne (1951–1969), in: Schweizerische Zeitschrift für Geschichte 55/1, S. 95–112.

Strasser, Bruno J./Frédéric Joye (2005b): L'atome, l'espace et les molécules: La coopération scientifique internationale comme nouvel outil de la diplomatie helvétique (1951–1969), in: Relations internationales 121, S. 59–72.

Strehle, Samuel (2012): Zur Aktualität von Jean Baudrillard. Einleitung in sein Werk, Wiesbaden.

Stricker, Marius (2012): Tschernobyl in der Schweiz. Informationskatastrophe 1986 – oder: Geschichte einer Unsicherheit, Lizenziatsarbeit Universität Zürich.

Studer, Dominic (2017): Von gemeinnützigen Stiftungen und kolonialem Rohstoffhandel. Die Versorgung der Schweizer Krebsmedizin mit Radium, 1920–1945, in: Niklaus Ingold/Sibylle Marti/Ders.: Strahlenmedizin. Krebstherapie, Forschung und Politik in der Schweiz, 1920–1990, Zürich, S. 23–69.

Stüssi-Lauterburg, Jürg (1995): Historischer Abriss zur Frage einer Schweizer Nuklearbewaffnung, Bern.

Tanner, Jakob (1988a): Le pacifisme Suisse après 1945, in: Relations internationales 53 (Frühling), S. 69–82.

Tanner, Jakob (1988b): Totale Verteidigung im bedrohten Kleinstaat. Vom Luftschutz der Zwischenkriegszeit bis zur Zivilschutz-Konzeption 1971, in: Peter Albrecht u. a. (Autorenkollektiv) (Hg.): Schutzraum Schweiz. Mit dem Zivilschutz zur Notstandsgesellschaft, Bern, S. 59–109.

Tanner, Jakob (1992): Zwischen „American Way of Life" und „Geistiger Landesverteidigung". Gesellschaftliche Widersprüche in der Schweiz der fünfziger Jahre, in: Unsere Kunstdenkmäler 43/3, S. 351–363.

Tanner, Jakob (1994): Nationalmythos und „Überfremdungsängste". Wie und warum die Immigration zum Problem wird, dargestellt am Beispiel der Schweizer Geschichte des 19. und 20. Jahrhunderts, in: Udo Rauchfleisch (Hg.): Fremd im Paradies. Migration und Rassismus, Basel, S. 11–26.

Tanner, Jakob (1997): Militär und Gesellschaft in der Schweiz nach 1945, in: Ute Frevert (Hg.): Militär und Gesellschaft im 19. und 20. Jahrhundert, Stuttgart, S. 314–341.

Tanner, Jakob (1999): Switzerland and Cold War: A Neutral Country between the „American Way of Life" and „Geistige Landesverteidigung", in: Joy Charnley/

Malcolm Pender (Hg.): Switzerland and War, Bern/Berlin/Bruxelles/Frankfurt am Main/New York/Oxford/Wien, S. 113–128.

Tanner, Jakob (2015): Geschichte der Schweiz im 20. Jahrhundert, München.

Taylor, Lauriston S. (1979): Organization for Radiation Protection: The Operations of the ICRP and NCRP 1928–1974, Springfield.

Terhoeven, Petra (2014): Deutscher Herbst in Europa. Der Linksterrorismus der siebziger Jahre als transnationales Phänomen, München.

Thut, Walter (2005): Vom Zwei-Mann-Labor zum Weltkonzern. Georg Wander (1841–1897), Albert Wander (1867–1950), Georg Wander (1898–1969), Zürich.

Timmermann, Carsten/Elizabeth Toon (Hg.) (2012): Cancer Patients, Cancer Pathways: Historical and Sociological Perspectives, Basingstoke.

Tolon, Kaya (2012): Futures Studies: A New Social Science Rooted in Cold War Strategic Thinking, in: Mark Solovey/Hamilton Cravens (Hg.): Cold War Social Science: Knowledge Production, Liberal Democracy, and Human Nature, New York, S. 45–62.

Tönsmeyer, Tatjana/Annette Vowinckel (2010): Sicherheit und Sicherheitsempfinden als Thema der Zeitgeschichte: Eine Einleitung, in: Tatjana Tönsmeyer/Annette Vowinckel/Jan-Holger Kirsch (Hg.): Sicherheit (Themenheft), Zeithistorische Forschungen 7/2, S. 163–169.

Tönsmeyer, Tatjana/Annette Vowinckel/Jan-Holger Kirsch (Hg.) (2010): Sicherheit (Themenheft), Zeithistorische Forschungen 7/2.

Trachsler, Daniel (2002): Neutral zwischen Ost und West? Infragestellung und Konsolidierung der schweizerischen Neutralitätspolitik durch den Beginn des Kalten Krieges, 1947–1952, Zürich.

Ulrich, Albert/René Baumann (1997): Zur Frage der Atombewaffnung der Schweizer Armee in den fünfziger und sechziger Jahren, Zürich.

Unger, Corinna R. (2006): Cold War Science: Wissenschaft, Politik und Ideologie im Kalten Krieg, in: Neue Politische Literatur 51, S. 49–68.

Urio, Paolo (2008): Mirage-Affäre, in: Historisches Lexikon der Schweiz (HLS), Version vom 29.04.2008, übersetzt aus dem Französischen, https://hls-dhs-dss.ch/de/articles/017348/2008-04-29/ (acc. 11.12.2019).

van Creveld, Martin (2013): Wargames: From Gladiators to Gigabytes, London/New York.

van Dongen, Jeroen (Hg.) (2015): Cold War Science and the Transatlantic Circulation of Knowledge, Leiden.

van Dongen, Luc (2011): La Suisse dans les rets de l'anticommunisme transnational durant la Guerre froide: réflexions et jalons, in: Sandra Bott/Janick Marina Schaufelbuehl/Sacha Zala (Hg.): Die internationale Schweiz in der Zeit des Kalten Krieges, Basel, S. 17–30.

van Dongen, Luc (2014): „Brother Tronchet": A Swiss Trade Union Leader within the US Sphere of Influence, in: Ders./Stéphanie Roulin/Giles Scott-Smith (Hg.):

Transnational Anti-Communism and the Cold War: Agents, Activities, and Networks, Basingstoke, S. 50–63.

van Dongen, Luc/Stéphanie Roulin/Giles Scott-Smith (Hg.) (2014): Transnational Anti-Communism and the Cold War: Agents, Activities, and Networks, Basingstoke.

van Laak, Dirk (2008): Planung. Geschichte und Gegenwart des Vorgriffs auf die Zukunft, in: Geschichte und Gesellschaft 34/3, S. 305–326.

van Laak, Dirk (2010): Planung, Planbarkeit und Planungseuphorie, Version: 1.0, in: Docupedia-Zeitgeschichte, 16.2.2010, http://docupedia.de/zg/van_laak_planung_v1_de_2010 (acc. 17.12.2019).

van Laak, Dirk (2012): Technokratie im Europa des 20. Jahrhunderts – eine einflussreiche „Hintergrundideologie", in: Lutz Raphael (Hg.): Theorien und Experimente der Moderne. Europas Gesellschaften im 20. Jahrhundert, Wien/Köln/Weimar, S. 101–128.

van Lente, Dick (Hg.) (2012): The Nuclear Age in Popular Media: A Transnational History, 1945–1965, New York.

Vautravers, Alexandre (2013): L'armement en Suisse: un secteur économique et stratégique particulier, in: Rudolf Jaun/David Rieder (Hg.): Schweizer Rüstung. Politik, Beschaffungen und Industrie im 20. Jahrhundert, Baden, S. 14–129.

Vautravers, Alexandre (2004): L'armement en Suisse depuis 1850. Carrefour des armées, de la technique et de l'économie, Dissertation Universität Genf und Universität Lyon 2.

Völkle, Hansruedi (2000): 40 Jahre Überwachung der Radioaktivität in der Schweiz. Geschichte und Geschichten, in: Bulletin de la société Fribourgeoise des sciences naturelles 84/1–2, S. 11–38.

von Falkenstein, Rainer (1997): Vom Giftgas zur Atombombe. Die Schweiz und die Massenvernichtungswaffen von den Anfängen bis heute, Baden.

von Schwerin, Alexander (2008): Der gefährdete Organismus. Biologie und Regierung der Gefahren am Übergang vom „Atomzeitalter" zur Umweltpolitik (1950–1970), in: Florence Vienne/Christina Brandt (Hg.): Wissensobjekt Mensch. Humanwissenschaftliche Praktiken im 20. Jahrhundert, Berlin, S. 187–214.

von Schwerin, Alexander (2009): Prekäre Stoffe. Radiumökonomie, Risikoepisteme und die Etablierung der Radioindikatortechnik in der Zeit des Nationalsozialismus, in: N.T.M. Zeitschrift für Geschichte der Wissenschaften, Technik und Medizin 17, S. 5–33.

von Schwerin, Alexander (2010a): Die Deutsche Atomkommission. Eine biopolitische Institution der frühen Bundesrepublik und die Naturalisierung der Risikopolitik, in: Axel C. Hüntelmann/Michael C. Schneider (Hg.): Jenseits von Humboldt. Wissenschaft im Staat 1850–1990, Frankfurt am Main, S. 103–116.

von Schwerin, Alexander (2010b): Staatsnähe und Grundlagenorientierung. Biowissenschaftliche Strahlen- und Radioaktivitätsforschung 1920–1970, in: Karin Orth/Willi Oberkrome (Hg.): Die Deutsche Forschungsgemeinschaft 1920–1970.

Forschungsförderung im Spannungsfeld von Wissenschaft und Politik, Stuttgart, S. 309–324.

von Schwerin, Alexander (2010c): The Origins of German Biophysics in Medical Physics: Material Configurations Between Clinic, Physics and Biology (1900–1930), in: Helmuth Trischler/Mark Walker (Hg.): Physics and Politics: Research and Research Support in Twentieth Century Germany in International Perspective, Stuttgart, S. 37–59.

von Schwerin, Alexander (2010d): The Hollaender Legacy: Mutagens and a New Problematisation of the Consumer Society, 1954–1970, unpubliziertes Vortragsmanuskript.

von Schwerin, Alexander (2010e): Low Dose Intoxication and a Crisis of Regulatory Models: Chemical Mutagens in the Deutsche Forschungsgemeinschaft (DFG), 1963–1973, in: Berichte zur Wissenschaftsgeschichte 33, S. 401–418.

von Schwerin, Alexander (2012): Österreich im Atomzeitalter. Anschluss an die Ökonomie der Radioisotope, in: Silke Fengler/Carola Sachse (Hg.): Kernforschung in Österreich. Wandlungen eines interdisziplinären Forschungsfeldes 1900–1978, Wien/Köln/Weimar, S. 367–394.

von Schwerin, Alexander (2015): Strahlenforschung. Bio- und Risikopolitik der DFG, 1920–1970, Stuttgart.

Vowinckel, Annette/Marcus M. Payk/Thomas Lindenberger (Hg.) (2012): Cold War Cultures: Perspectives on Eastern and Western European Societies, New York/Oxford.

Wagner, Gerhart (2009): Gründung und erste Ziele der Sektion für Strahlenschutz vor 50 Jahren, in: Bundesamt für Gesundheit (Hg.): Strahlenschutz und Überwachung der Radioaktivität in der Schweiz. Ergebnisse 2008, Bern, S. 10–13.

Wagner-Menzi, Regula (2014): Nachfolgeprozess im Schweizer Familienunternehmen Landis & Gyr 1946–1956, Lizenziatsarbeit Universität Zürich.

Walker, J. Samuel (1992): Containing the Atom: Nuclear Regulation in a Changing Environment, 1963–1971, Berkeley/Los Angeles/London.

Walker, J. Samuel (1994): The Atomic Energy Commission and the Politics of Radiation Protection, 1967–1971, in: Isis 81/1, S. 57–78.

Walker, J. Samuel (2000): Permissible Dose: A History of Radiation Protection in the Twentieth Century, Berkeley/Los Angeles/London.

Walker, J. Samuel (2004): Three Mile Island: A Nuclear Crisis in Historical Perspective, Berkeley/Los Angeles/London.

Waloschek, Pedro (2002): Als die Teilchen laufen lernten. Leben und Werk des Grossvaters der modernen Teilchenbeschleuniger, 2. korrigierte Auflage, Braunschweig.

Weart, Spencer R. (1988): Nuclear Fear: A History of Images, Cambridge/MA.

Weart, Spencer R. (2008): The Discovery of Global Warming, Cambridge/MA.

Weart, Spencer R. (2012): The Rise of Nuclear Fear, Cambridge/MA.

Weber, Koni (2014): Umstrittene Repräsentation der Schweiz. Soziologie, Politik und Kunst bei der Landesausstellung 1964, Tübingen.

Weingart, Peter (2001): Die Stunde der Wahrheit? Zum Verhältnis der Wissenschaft zu Politik, Wirtschaft und Medien in der Wissensgesellschaft, Weilerswist.

Weinhauer, Klaus (2006): Terrorismus in der Bundesrepublik. Medien, Staat und Subkulturen in den 1970er Jahren, Frankfurt am Main.

Weiss, Burghard (2000a): Die Megavolt-Röntgenanlage des Allgemeinen Krankenhauses Hamburg-Barmbek (1938–1945). Vom Therapiegerät zur Strahlenwaffe, in: Medizinhistorisches Journal 3, S. 55–84.

Weiss, Burghard (2000b): Von der Hochvolt- zur Megavolttherapie – Strahlentherapie und Grosstechnologie in Deutschland und den USA, in: Wolfgang Uwe Eckart (Hg.): 100 Jahre organisierte Krebsforschung, Stuttgart, S. 137–142.

Wellauer, Josef/Constant Wieser/Hans Etter (Hg.) (1989): Radiologie in der Schweiz. Zu ihrem 75jährigen Bestehen herausgegeben von der Schweizerischen Gesellschaft für Radiologie und Nuklearmedizin (SGRNM), Bern/Stuttgart/Toronto.

Welsome, Eileen (1999): The Plutonium Files: Americas Secret Medical Experiments in the Cold War, New York.

Wette, Wolfram (1998): Von der Anti-Atombewegung zur Friedensbewegung (1958–1984), in: Michael Salewski (Hg.): Das nukleare Jahrhundert. Eine Zwischenbilanz, Stuttgart, S. 174–187.

Wette, Wolfram (2000): Der Beitrag des Nuklearpazifismus zur Ausbildung einer Friedenskultur, in: Thomas Kühne (Hg.): Von der Kriegskultur zur Friedenskultur? Zum Mentalitätswandel in Deutschland seit 1945, Hamburg, S. 144–167.

Whitfield, Stephen J. (1996): The Culture of the Cold War, Baltimore/London.

Whitfield, Stephen J. (2006): The Culture of the Cold War, in: Christopher Bigsby (Hg.): The Cambridge Companion to Modern American Culture, Cambridge/New York/Melbourne/Madrid/Cape Town/Singapore/São Paulo, S. 256–274.

Wiebecke, Dieter/K. Fischer/G. Keil/R. Leibling/H. Reissigl/W. Stangel (2004): Zur Geschichte der Transfusionsmedizin in der ersten Hälfte des 20. Jahrhunderts (unter besonderer Berücksichtigung ihrer Entwicklung in Deutschland), in: Transfusion Medicine and Hemotherapy 31, Suppl. 2, S. 12–31.

Wieser, Constant (1988): 75 Jahre Schweizerische Röntgen-Gesellschaft. Rückblick und Ausblick, in: Schweizerische Medizinische Wochenschrift 118, Suppl. 25, S. 89–98.

Wiesmann, Matthias (2012): Karl Heinrich Gyr (1879–1946). Der Aufbau des Weltkonzerns Landis & Gyr, Zürich.

Wiher, Marius (2012): Wenn die Stadt Zürich Kansas-City wäre …? Schweizer Medienberichterstattung über „The Day After", Seminararbeit Universität Zürich.

Wildi, Tobias (2003): Der Traum vom eigenen Reaktor. Die schweizerische Atomtechnologieentwicklung 1945–1969, Zürich.

Wildi, Tobias (2005): Die Reaktor AG: Atomtechnologie zwischen Industrie, Hochschule und Staat, in: Schweizerische Zeitschrift für Geschichte 55/1, S. 70–83.

Wipf, Matthias (2011): Kurt Schoch, in: Historisches Lexikon der Schweiz (HLS), Version vom 25.8.2011, https://hls-dhs-dss.ch/de/articles/006104/2011-08-25/ (acc. 20.11.2019).

Wittner, Lawrence S. (1997): Resisting the Bomb: A History of the World Nuclear Disarmament Movement, 1954–1970, Stanford.

Wittner, Lawrence S. (2003): Toward Nuclear Abolition: A History of the World Nuclear Disarmament Movement, 1971 to the Present, Stanford.

Wittner, Lawrence S. (2009): Confronting the Bomb: A Short History of the World Nuclear Disarmament Movement, Stanford.

Wolfe, Audra J. (2013): Competing with the Soviets: Science, Technology, and the State in Cold War America, Baltimore.

Wollenmann, Reto (2004): Zwischen Atomwaffe und Atomsperrvertrag. Die Schweiz auf dem Weg von der nuklearen Option zum Nonproliferationsvertrag (1958–1969), Zürich.

Wörndl, Barbara (1992): Die Kernkraftwerkdebatte. Eine Analyse von Risikokonflikten und sozialem Wandel, Wiesbaden.

Wyss, Marco (2012): Neutrality in the Early Cold War: Swiss Arms Imports and Neutrality, in: Cold War History 12/1, S. 25–49.

Wyss, Sabine (1995): Radiologie in Bern 1896–1946, Dissertation Universität Bern.

Yi, Doogab (2007): The Coming of Reversibility: The Discovery of DNA Repair Between the Atomic Age and the Information Age, in: Historical Studies in the Physical and Biological Sciences 37, Suppl., S. 35–72.

Zala, Sacha/Thoma Bürgisser/Yves Steiner (2016): Die Debatte zu einem geheimen Abkommen zwischen Bundesrat Graber und der PLO. Eine Zwischenbilanz, in: Schweizerische Zeitschrift für Geschichte 66/1, S. 80–103.

Zaretsky, Natasha (2018): Radiation Nation: Three Mile Island and the Political Transformation of the 1970s, New York.

Zeman, Scott C./Michael A. Amundson (Hg.) (2004): Atomic Culture: How We Learned to Stop Worrying and Love the Bomb, Boulder.

Zetti, Daniela (2001): Three Mile Island und Kaiseraugst. Die Auswirkungen des Störfalls im US-Kernkraftwerk Harrisburg 1979 auf das geplante KKW Kaiseraugst, Zürich.

Ziemann, Benjamin (2009): A Quantum of Solace? European Peace Movements during the Cold War and their Elective Affinities, in: Archiv für Sozialgeschichte 49, S. 351–389.

Zimmermann, Dorothe (2019): Antikommunisten als Staatsschützer. Der Schweizerische Vaterländische Verband, 1930–1948, Zürich.

Zoche, Peter/Stefan Kaufmann/Rita Haverkamp (Hg.) (2011): Zivile Sicherheit. Gesellschaftliche Dimensionen gegenwärtiger Sicherheitspolitiken, Bielefeld.

Zwierlein, Cornel (Hg.) (2012a): Sicherheit und Epochengrenzen (Themenheft), Geschichte und Gesellschaft 38/3.

Zwierlein, Cornel (2012b): Sicherheitsgeschichte. Ein neues Feld der Geschichtswissenschaften, in: Ders. (Hg.): Sicherheit und Epochengrenzen (Themenheft), Geschichte und Gesellschaft 38/3, S. 365–386.

Zwierlein, Cornel/Rüdiger Graf/Magnus Ressel (Hg.) (2010): Die Produktion von Human Security in Vormoderne und Zeitgeschichte (Themenheft), Historische Sozialforschung 35/4.

Abbildungsverzeichnis

Abkürzungsverzeichnis

AEW	Eidgenössisches Amt für Energiewirtschaft (später BEW)
ASK	Abteilung für die Sicherheit der Kernanlagen (vormals SSA)
BAG	Bundesamt für Gesundheitswesen (vormals EGA)
BBC	Brown, Boveri & Cie.
BEW	Bundesamt für Energiewirtschaft (vormals AEW)
BIGA	Bundesamt für Industrie, Gewerbe und Arbeit
EDI	Eidgenössisches Departement des Innern
EGA	Eidgenössisches Gesundheitsamt (später BAG)
EKS	Eidgenössische Kommission für Strahlenschutz
EMD	Eidgenössisches Militärdepartement
ETH	Eidgenössische Technische Hochschule
EVED	Eidgenössisches Verkehrs- und Energiewirtschaftsdepartement
KAC	Eidgenössische Kommission für AC-Schutz
KAW	Kommission für Atomwissenschaft
KSA	Eidgenössische Kommission für die Sicherheit von Atomanlagen
KTA	Kriegstechnische Abteilung
KUeR	Eidgenössische Kommission zur Überwachung der Radioaktivität
SKA	Schweizerische Studienkommission für Atomenergie
SNF	Schweizerischer Nationalfonds zur Förderung der wissenschaftlichen Forschung
SSA	Sektion für Sicherheitsfragen von Atomanlagen (später ASK)
SUVA	Schweizerische Unfallversicherungsanstalt
ZGV	Zentralstelle für Gesamtverteidigung